제 17 판 민법의 세계

친족상속법

양형우

Family Inheritance Law

정독
DEEP READING

2026년도 대법원 판례 업데이트
(3월말, 5월말, 7월말, 9월말)

제17판 머리말

독자 여러분의 성원에 머리 숙여 감사드리며, 이번 개정판에서도 기존의 구성 및 설명 방법을 그대로 유지하면서 내용을 수정·보완하였다.

첫째, 내용을 정비하였다. 민법의 기본법리에 대한 정확한 이해를 위하여 필요한 부분에 설명을 추가하였으며, 오탈자를 수정하고 문장을 다듬었다.

둘째, 제7판이 출간된 후 2025. 11. 15.까지 발간된 법원공보(제718호)뿐만 아니라 대법원 2025. 10. 30. 선고 판결까지 분석하여 중요한 것은 모두 반영하였다. 이 가운데 이혼을 원인으로 재산분할을 청구하는 경우 불법원인급여의 반환청구를 배제한 민법 제746조의 입법 취지가 고려되어야 하는지 여부에 관한 대법원 2025.10.16. 선고 2024므13669,13676 판결이 주목된다.

셋째, '2025.11.1. 이후의 대법원 최신판결'은 홈페이지(www.jeongdok.co.kr) 자료실에서 다운받을 수 있으며 QR코드를 통해 확인할 수도 있다.

끝으로 이 자리를 빌어 『민법의세계 - 친족상속법』을 기본교재로 삼아 강의하시는 전국의 교수님, 보완할 부분을 알려주신 영남대학교 법학전문대학원 김수민 교수님, 경북대학교 법학전문대학원 엄복현 교수님, 영진사이버대학교 부동산학과 김영수 교수님, 류홍석 법무사님, 유병태 법무사님께 무한한 감사의 말씀을 드린다. 또한 이 책을 세심하게 읽고 수정·보완이 필요한 부분을 알려준 사랑스런 제자 이푸름 군, 조세영 군, 유순희 양에게 고마움을 표하며, 로스쿨에 진학하여 우수한 성적으로 변호사시험에 합격하여 국가사회에 봉사하는 법조인으로 대성하길 기원한다. 아울러 김중용 사장님, 심성보 편집이사님, 김인숙 과장님을 비롯한 도서출판 정독 관계자 여러분의 노고에 대해 감사의 말씀을 전한다.

2025. 11.
홍문관 연구실에서
양형우

제16판 머리말

독자 여러분의 성원 덕분에 『민법의 세계』가 어느덧 제16판에 이르게 되었다. 독자 여러분께 머리 숙여 감사드린다.

이 책이 법학의 기초인 민법을 체계적으로 이해하려는 학생들에게 길잡이 노릇을 한다는 점, 각종 국가시험 수험서로 활용된다는 점 등을 감안하여 그 내용을 충실히 하기 위해 개정판에는 다음의 것을 반영하였다.

첫째, 내용을 정비하고 가독성을 높였다. 내용적으로 비교적 많은 부분을 수정하고 보완하였고, 가독성을 위해 줄간을 조정하였으며, 그 결과 제15판에 비해 20면 상당의 분량이 늘어났다.

둘째, 지난 1년 동안에 새로 나온 판례를 충실하게 소개하였다. 지난해에도 새로운 판례들이 쏟아져 나왔는데, 그러한 판례들의 소개에 소홀함이 없도록 노력했다. 즉 2024. 11. 15. 법원공보(제694호)에 수록된 판결뿐만 아니라 대법원 2024. 10. 31. 선고 주요 판결까지 반영하였다. 또한 상속분가액지급청구권을 행사하는 경우에도 상속회복청구권에 관한 10년의 제척기간이 적용하도록 한 제1014조의 위헌여부에 관한 헌법재판소 2024.6.27. 선고 2021헌마1588 결정, 피상속인의 형제자매의 유류분을 규정한 제1112조 4호 및 유류분상실사유를 별도로 규정하지 않은 제1112조 1호부터 3호 및 기여분에 관한 제1008조의2를 준용하는 규정을 두지 않은 제1118조의 위헌여부에 관한 헌법재판소 2024.4.25. 선고 2020헌가4,14 결정을 반영하였다.

셋째 기본 판례의 내용을 본문 속에서 설명하였다. 수험생의 부담을 줄이기 위해 기존에 수록된 판례 중 이론적으로 중요한 것은 본문에서 서술하였다.

넷째, '2024.11.1. 이후의 대법원 최신판결'은 홈페이지(www.jeongdok.co.kr) 자료실에서 다운받을 수 있으며 QR코드를 통해 확인할 수도 있다.

이 책이 나오는 데에는 여러 사람의 도움이 있었다. 이 자리를 빌어 감사의 말씀을 전하고자 한다. 먼저 『민법의 세계－친족상속법』을 기본교재로 삼아 강의하시는 전국의 교수님께 머리 숙여 감사드리며, 이 책을 세심하게 읽고 수정·보완이 필요한 부분을 알려준 사랑스런 홍익대 제자에게 고마움을 표한다. 아울러 김중용 사장님,

심성보 편집이사님, 김인숙 과장님을 비롯한 도서출판 정독 관계자 여러분의 노고에 대해 감사의 말씀을 드린다.

2024. 11.
홍문관 연구실에서
양 형 우

머리말

Ⅰ. 민법을 체계적으로 이해하기 위해서는 민법이 규정하고 있는 각종 제도와 규범 내용을 정확하게 이해하여야 한다. 우리 민법이 따르는 판덱텐(Pandekten)체계는 공통분모를 총칙에 규정하고 있으므로 논리적이고 체계적이지만, 지나치게 체계를 중시하다 보니 이해하기가 어렵고 또 현실분쟁에 대한 적용에 많은 어려움이 발견된다. 이러한 이유로 법학을 전공하는 학생이나 각종 국가자격시험을 준비하는 수험생들이 민법을 이해하는데 어려움을 겪는 경우가 많다. 따라서 한권의 교재에 기본적인 내용을 체계적이고 유기적으로 기술하는 것이 학생들의 민법에 대한 이해도를 높이고 사례해결능력을 배양할 수 있을 것으로 생각하여, 부끄러운 마음으로 민법의 세계를 독자여러분에게 내놓게 되었다. 이 책의 출간으로 오랫동안 미루던 작업을 완성하였다는 기쁜 마음이야 이루 말할 수 없지만, 마음한 구석에는 아쉬움이 여전히 남아 있다. 앞으로 기회가 있을 때마다 부족한 점을 계속 보완해 나갈 생각이며, 이와 관련하여 선·후배 동학의 기탄없는 조언과 비판을 기대한다.

Ⅱ. 민법전반에 대한 학생들의 체계적인 이해를 도모하면서 법률적 사고능력을 배양하기 위하여, 이 책은 다음과 같은 서술방식을 따르고 있다. 첫째 민법의 내용을 학생들이 이해하기 쉽고 기억에 오래 남을 수 있도록 가능한 모든 제도를 요건화하였으며, 다른 제도 및 규정과의 상호관계를 종합적으로 이해할 수 있도록 하였다. 둘째 수험준비에 필요한 기초개념과 근본이론을 정리하여 민법상 대두되는 논점과 문제점을 학생들로 하여금 쉽게 파악하게 하고, 최근의 학설과 판례를 가능한 한 빠뜨리지 않으면서도 민법전반의 내용을 압축하여 분량을 줄여 보려고 하였다. 물론 모든 논점들을 망라하여 서술하였으며, 중요한 쟁점에 관하여는 학설과 판례의 내용을 기술하고 결론을 제시하였다. 셋째 2007. 7.까지 선고된 대법원 판례 중 중요하다고 판단되는 최근의 것을 중심으로 판례를 인용하면서 동시에 기존의 판례 중에서도 중요한 것을 망라하려고 노력하였다. 특히 판례인용의 불필요한 중복을 피하고 판례와 이론을 체계적으로 이해할 수 있도록 하기

위해, 판례의 요점 내지 쟁점을 본문 중의 관련부분에서 기술하였다. 넷째 오늘날 민사관계는 민법전 이외에 많은 각종의 특별법에 의하여 규율되고 있다. 따라서 민법을 제대로 이해하기 위해서는 특별법의 내용을 잘 알아야 한다. 이 책에서는 해당 부분에서 각종의 특별법을 인용·설명하였다. 특히 최근에 제정되어 시행되고 있는 이자제한법, 호적법의 대체입법으로 제정된 가족관계등록에 관한 법률까지 반영하였다. 다섯째 친족상속법 부분은 2008. 1. 1부터 시행되는 개정 내용에 맞추어 기술하였다. 다시 말하면 2007년까지만 효력을 가지는 가·가족·호주제도에 관한 논의는 불필요한 낭비로 생각되어 설명하지 않았다. 여섯째 논점을 서술하는 경우에 기존의 교재가 대부분 장문으로 되어 있는 반면에 이 책은 논점마다 문단을 구별하여 문제의 초점을 뚜렷이 나타나게 하고, 민법학의 특성상 이론적 설명만으로는 이해의 어려움을 느끼는 부분이 많기 때문에 풍부한 예를 들어 이론과 판례를 설명하였다. 따라서 독자들은 이론과 구체적인 예를 연결하여 이해하기 바란다. 끝으로 다른 교재와 달리 이 책에서는 법률행위의 대리를 3면관계 중심이 아니라 요건 중심으로 기술하였고, 물권적 청구권과 점유자·회복자 관계를 함께 설명함으로써 체계적인 이해를 도모하고자 하였으며, 소유권유보·매도인의 담보책임·부당이득 및 사무관리 등에 많은 지면을 할애하였다.

Ⅲ. 이 책이 나오기까지는 많은 분의 격려와 도움을 받았다. 이 자리를 빌어서 그 고마움을 표시하고 싶다. 무엇보다 저자를 물심양면으로 격려해 주시고 항상 따뜻하게 보살펴주신 연세대 주영은 교수님, 저자의 생각과 강의기법에 직·간접적으로 영향을 주신 연세대 백태승 교수님과 독일 프라이부르크(Freiburg)대 Rolf Stürner 교수님께 머리 숙여 감사드린다. 또한 이 책의 집필방향으로 이끌게 한 민법교재 기타 문헌을 저술한 여러 교수님, 사법시험 준비로 바쁜 와중인데도 귀중한 시간을 할애하여 교정작업으로 고생한 최나영 석사에게도 감사의 뜻을 표하고 싶다. 최나영 양의 꿈이 빨리 이루어져 훌륭한 법조인으로 대성하길 고대한다. 그리고 이 책의 출간을 흔쾌히 받아 주신 진원사 양진수 사장님, 편집과 실무적인 지원을 아끼지 않은 강수연 실장님께 심신한 감사를 드린다. 끝으로 필자가 아무런 근심걱정 없이 여유 있게 연구와 집필에 몰두할 수 있는 연구실생활 뒤에는 부모님·장인장모님의 노심초사와 꾸준히 뒷바라지를 해 준 아내 및 사랑하는 아들·딸의 희생이 숨겨져 있다. 특히 저자의 뒷바라지로 훌쩍 늙어버리신 부모님과 언제나 사위건강을 먼저 생각하시는 장인장모님 그리고 사랑하는 아내에게 마음

속으로는 무한히 감사하면서도 면전에서는 감사드리고 사랑한다는 말도 하지 못한 것을 늘 미안하게 생각할 뿐이다. 끝으로 이 책의 집필을 위한 그동안의 노력이 학생들의 민법에 대한 체계적 이해와 실력향상에 미력하나마 도움이 되었으면 하는 것이 저자의 소박한 심정이다.

2007년 8월 15일
연구실에서 저자 씀

차 례

제 1 장 서 론

제2장 친족법

참고문헌

I. 참고문헌

1. 친족상속법

곽윤직, 상속법, 개정판, 박영사, 2004 ········· 곽윤직

김용한, 친족상속법, 보정판, 박영사, 2003 ········· 김용한

김주수/김상용, 친족상속법, 제17판, 법문사, 2020 ········· 김주수/김상용

박동섭/양경승, 친족상속법, 제5판, 박영사, 2020 ········· 박동섭/양경승

박병호, 가족법, 한국방송통신대학, 1999 ········· 박병호

박정기/김연, 가족법, 삼영사, 2005 ········· 박정기/김연

배경숙/최금숙, 친족상속법강의, 제1법규, 2006 ········· 배경숙/최금숙

윤진수, 친족상속법 강의, 제4판, 박영사, 2022 ········· 윤진수

이경희, 가족법, 5정판, 법원사, 2006 ········· 이경희

조은희, 친족상속법, 도서출판 정독, 2023 ········· 조은희

2. 그 밖의 문헌

김준호, 민법강의, 제27판, 법문사, 2021 ········· 김준호

김형배/김규완/김명숙, 민법학강의, 제9판, 신조사, 2012 ········· 김형배

권오승, 민법특강, 홍문사, 1994 ········· 권오승

송덕수, 신민법강의, 제13판, 박영사, 2020 ········· 송덕수

이은영, 민법 I, II, 제4판, 박영사, 2005 ········· 이은영

지원림, 민법강의, 제19판, 홍문사, 2022 ········· 지원림

Gernhuber, Bürgerliches Recht, 3.Aufl., 1991

Larenz/Canaris, Methodenlehre der Rechtswissenschaft, 3.Aufl., 1995

Medicus, Bürgerliches Recht, 19.Aufl., 2002

Musielak, Grundkurs BGB, 4.Aufl., 1994

Schmalz, Methodenlehre für das juristische Studium, 3.Aufl., 1992

Ⅱ. 범 례

1. 판 례

대법원 2010. 9. 30. 선고 2009다46873 판결

→ 대판 2010.9.30, 2009다46873

헌법재판소 2010. 7. 29. 선고 2005헌바89 전원재판부

→ 헌재결 2010.7.29, 2005헌바89

2. 법령약어의 예

가등기담보 등에 관한 법률 → 가등기담보법

가족관계의 등록 등에 관한 법률 → 가족관계등록법

공간정보의 구축 및 관리 등에 관한 법률 → 공간정보법

방문판매 등에 관한 법률 → 방문판매법

부동산거래신고 등에 관한 법률 → 부동산거래신고법

부동산실권리자명의등기에 관한 법률 → 부동산실명법

약관의 규제에 관한 법률 → 약관규제법

집합건물의 소유 및 관리에 관한 법률 → 집합건물법

채무자회생 및 파산에 관한 법률 → 채무자회생법

할부거래에 관한 법률 → 할부거래법

동산·채권 등 담보에 관한 법률 → 동산·채권담보법

Civil Law

제1장 서 론

제1장 서 론

제1장 서 론

제 1 절 가족법 일반

Ⅰ. 가족법의 의의

민법 중 가족관계, 즉 남녀의 성적결합과 부모·자식관계, 유언 및 상속의 관계를 규율하는 부분을 친족상속법(가족법)이라고 한다. 친족상속법은 친족들 상호간의 권리·의무를 규율하는 친족법과 사망한 사람의 재산을 그 자녀 등이 무상 승계하는 권리·의무를 규율하는 상속법으로 이루어져 있다.

Ⅱ. 가족법의 특성

1. 보 수 성

거래의 신속과 원활함을 추구하는 재산법은 그 성질상 사회경제의 변화에 민감하고 진보적인 성향이 강한 데 비해, 가족법은 그 사회의 전통적 관습이나 습속에 의해 지배되기 때문에 보수적 성향이 강하게 나타난다.

2. 비합리성

재산법은 매매나 임대차처럼 당사자 양쪽의 관계가 타산성과 합리성을 바탕으로 하는 데 비해, 가족법은 부부관계나 친자관계와 같이 성적·혈연적 관계를 규율하는 법이므로 일반적으로 비타산적·비합리적인 성격을 띤다. 다만 대리모·정략결혼·타산적 입양·혼수문제 등은 타산성을 바탕으로 하지만, 이는 일부의 사회적 병리현상에 불과하다.

3. 강행법규성

재산법 중 채권법은 임의법규인 데 반하여, 가족법은 이미 사회적으로 형성·승인된 가족관계의 유지를 목적으로 하므로 원칙적으로 강행법규이다. 다시 말하면 가족법은 사회의 선량한 풍속이나 그 밖의 사회질서에 중대한 영향을 주기 때문에, 그 요건이나 효과가 법률로 규정되어 있으며, 개인의 의사에 의해서 그 요건이나 효과가 변경되는 것을 허용하지 않는다. 다만 부부 사이의 재산귀속(제829조)·이혼시의 재산분할(제839조의2) 등과 같이 가족 사이의 재산관계에 관한 규정은 대체로 임의규정이다.

Ⅲ. 가족법상 권리 — 신분권

1. 신 분 권

신분권이란 부모와 자녀, 배우자 등 일정한 친족 상호간에 인정되는 권리이다. 친족이라는 신분 그 자체 또는 친족이라는 신분적 지위에서 발생하는 권리이다. 예컨대 부모와 자녀 사이나 배우자 사이에는 동거·부양·협조 등의 의무가 있고, 이에 대응하여 각각 동거·부양·협조청구권이 생기고 상속권 등도 생긴다.

2. 일신전속권

(1) 신분권은 일신전속적 성질을 가지므로, 양도나 처분을 할 수 없다(귀속상의 일신전속권). 가령 부부간의 동거의 권리, 부양청구권(제979조) 등은 양도할 수 없다. 가족법상 위자료청구권은 행사상의 일신전속권이어서 채권자대위권의 객체가 되지 않는다. 다만 당사자 사이에 그 배상에 관한 계약이 성립하거나 소를 제기한 후에는 양도나 승계가 허용된다(제806조 3항). 상속회복청구권, 상속의 승인·포기권, 유류분반환청구권(대판 2010.5.27, 2009다93992)도 행사상의 일신전속권이어서 채권자대위권의 객체가 되지 않는다. 그러나 상속재산분할청구권은 행사상의 일신전속권이 아니므로 타인의 대위행사가 가능하다.

(2) 가족법상의 권리(신분권)는 일신전속권이므로, 대리인에 의하여 행사할 수 없다. 즉 가족법상의 법률행위에는 대리가 원칙적으로 허용되지 않는다. 다만 ① 신분행위

에 관한 소송에 대해서는 대리가 허용된다. 예컨대 인지청구의 소(제863조), 입양취소의 소(제885조, 제886조), 파양청구의 소(제906조) 등은 당사자가 제한능력자인 경우 법정대리인에 의한 소송대리가 가능하다. ② 가족관계등록의 신고에서 말로 하는 신고의 경우, 신고인이 질병 또는 그 밖의 사고로 출석할 수 없는 때에는 대리인에 의한 신고가 허용된다(가족관계등록법 제31조 3항 본문). 그러나 이 경우에도 창설적 신고(예: 혼인·협의이혼·인지·입양·협의파양신고)는 대리신고가 허용되지 않는다(동법 제31조 3항 단서).

3. 배타적 권리

신분권은 일정한 신분을 가진 사람만의 권리이고 배타적 성질을 가지므로, 신분권이 침해된 경우에는 방해배제청구나 손해배상청구가 인정된다.

제 2 절 가족법상 법률행위

Ⅰ. 의 의

가족법상의 법률행위는 친족·상속관계에 관한 법률효과의 발생을 의욕하는 법률요건이며, 일반적으로 법률행위는 재산법상 일정한 법률효과 발생을 의미하므로, 이를 가족행위 내지 신분행위라 한다. 가족행위에도 법률행위자유의 원칙이 적용되지만, 가족행위의 자유는 정형화된 효과를 전체적으로 받아들이느냐·않느냐의 자유에 한정된다. 따라서 가족행위의 법률효과는 당사자의 의사에 관계없이 획일적으로 정하여진다.

Ⅱ. 가족행위(신분행위)의 종류

1. 형성적 가족행위

가족관계의 발생·변경·소멸을 야기하는 법률행위로서, 혼인·협의이혼·입양·협의파양·인지 등이 이에 해당한다. 가족관계의 변동을 제3자에게 공시하기 위하여, 형성적 가족행위는 모두 가족관계등록신고를 요하는 요식행위이다.

2. 지배적 가족행위

특정한 친족법상의 지위에 기하여 일정한 관계에 있는 타인의 행위를 지배하는 행위로서, 친권의 행사·후견인의 각종 동의·후견감독인의 동의 등이 이에 속한다. 지배적 신분행위의 내용으로서 행해지는 가족법상의 동의행위는 원칙적으로 불요식행위이다.

3. 부수적 가족행위

형성적 가족행위 또는 그 밖의 사실에 의하여 발생된 신분관계에 부수되어 행해지는 행위로서, 혼인에 부수하는 부부재산계약이나 협의이혼에 부수하는 재산분할계약 등이 이에 해당한다.

Ⅲ. 가족행위(신분행위)의 요식성

1. 가족행위와 신고

친족·상속관계의 번동을 초래하는 가족행위(신분행위)는 당사자뿐만 아니라 제3자에게 중대한 영향을 미치므로, 가족행위는 당사자 사이의 합의가 필요할 뿐만 아니라 가족관계등록관서 등에 반드시 신고하여야 효력이 발생하는 경우가 많다. 예컨대 혼인·협의이혼·입양·협의파양·인지는 가족관계등록법에서 정한 바에 따라, 상속인의 한정승인이나 포기는 법률이 정한 기간 내(제1019조 1항)에 가정법원에 신고하지 않으면 효력이 생기지 않는다. 따라서 혼인신고를 하지 않고 남녀가 부부처럼 살고 있더라도 그들은 사실혼부부에 불과하다.

2. 가족행위의 방식

민법총칙은 법률행위 방식의 자유를 전제로 하고 있으나, 가족행위는 엄격한 요식성을 특색으로 한다. 예컨대 유언은 민법에서 정한 방식에 따라 하여야 하고, 그렇지 않은 때에는 무효이다(제1060조). 특히 당사자의 합의에 의한 가족행위는 창설적 신고를 원칙으로 한다. 다만 가족행위의 요식성은 제3자에 대한 가족관계의 공시를 목적으로 하므로, 그렇지 않은 행위의 경우에는 방식을 요하지 않는다. 예컨대 가족행위 중 부모나 법정대리인의 동의는 원칙적으로 불요식이다.

3. 가족행위의 요식성 완화

(1) 가족행위의 요식성은 제3자에게 공시하기 위한 것이므로, 제3자에 대하여 영향을 미치지 않는 한 이를 완화하여 해석할 수 있다. 예컨대 공시되어 있지 않는 사실혼부부 사이의 부부 공동생활관계에서 발생하는 권리·의무는 법률혼의 경우와 마찬가지로 유효하다. 또한 사실혼관계에 부당하게 간섭하여 파탄시킨 자는 불법행위로 인한 손해배상책임을 진다(대판 1983.9.27, 83므26).

(2) 부가 혼인외의 자에 대하여 친생자출생의 신고를 한 경우, 인지의 효력을 인정한다(가족관계등록법 제57조). 또한 허위친생자출생신고에 대해 입양의 실질적 요건을 갖춘 경우 입양의 효력을 인정한다(대판 1977.7.26, 77다492). 그 밖에 비밀증서 유언이 무효인 경우, 자필증서 유언의 요건을 갖춘 때에는 자필증서에 의한 유언으로 인정한다(제1071조).

Ⅳ. 가족법과 민법총칙의 관계

1. 가족법에도 적용되는 민법총칙 규정

가족행위(신분행위)는 재산상 법률행위와 여러 면에서 차이가 있으므로, 원칙적으로 민법총칙 규정은 가족행위에는 적용되지 않는다. 다만 법원(제1조)·신의성실의 원칙과 권리남용금지의 원칙(제2조)·주소(제18조-제21조)·부재와 실종(제22조-제30조)·물건(제98조-제102조)·반사회적 법률행위(제103조)·무효행위의 전환(제138조)·기간(제155조, 제156조, 제158조-제161조)에 관한 규정은 가족법에도 적용된다.

2. 가족법에 적용되지 않는 민법총칙 규정

권리능력·행위능력·법인·법률행위·대리·조건과 기한·소멸시효에 관한 규정은 가족법에 적용되지 않는다.

3. 구체적 검토

(1) 법원과 신의칙

민사의 법원(法源)에 관한 제1조 및 신의칙과 권리남용금지에 관한 제2조는 재산법과 가족법에 모두 적용된다. 예컨대 외국에 이민 가서 살고 있는 주택소유자인 딸이 父를 모시고 사는 남동생을 상대로 명도를 구하고 父를 상대로 퇴거를 구하는 청구는 권리남용에 해당한다(대판 1998.6.12, 96다52670).

(2) 권리능력

권리능력에 관한 제3조의 예외로서 태아의 권리능력은 개별적으로 보호하는 규정을 두고 있다(제1000조 3항, 제1064조, 제858조, 제762조). 법인은 원칙적으로 가족법상 권리나 의무의 주체가 될 수 없으므로, 법인에 관한 규정은 가족법에 적용되지 않는다. 예컨대 민법은 상속인을 자연인에 한정되므로 법인은 상속권을 갖지 못하지만, 유증을 받을 수 있다. 또한 법인은 미성년후견인이 될 수 없지만, 성년·한정·특정후견인이나 후견감독인이 될 수 있다(제930조 3항, 제940조의7, 제959조의3 제2항, 제959조의5 제2항, 제959조의9 제2항, 제959조의10 제2항).

(3) 행위능력

(가) 재산법상의 행위능력에는 본인이 독립하여 합리적으로 판단할 수 있는 능력을 필요로 하지만, 가족법상의 행위에는 특별규정이 없는 한 의사능력으로 충분하다(김주수/김상용, 19면; 박동섭/양경승, 11면). 예컨대 미성년자는 자신의 자녀에 대한 인지를 단독으로 할 수 있고, 17세에 달하면 유언을 단독으로 할 수 있다. 또한 피성년후견인은 의사능력이 있으면 부모나 성년후견인의 동의를 얻어 완전한 법률행위(예: 약혼·혼인·이혼·입양·파양 등)를 할 수 있다. 다만 피성년후견인이 유언하는 데 성년후견인의 동의를 필요로 하지 않는다(제1063조). 한편 피한정후견인은 원칙적으로 완전한 행위능력을 보유한다.

(나) 재산법적 신분행위, 예컨대 부부재산계약(제829조)·재산상속의 승인과 포기(제1025조 이하)의 경우는 재산법상의 행위능력을 갖추어야 한다(박동섭/양경승, 11면; 이은영, 민법Ⅱ, 570면). 즉 부수적 가족행위가 재산행위로 되는 경우에는 행위능력을 필요로 한다. 그리고 지배적 가족행위의 경우는 행위능력이 요구된다. 예컨대 미성년자는 친권행사자가 될 수 없고(제911조, 제948조), 제한능력자는 후견인이 될 수 없다(제937조).

(4) 법률행위

(가) 법률행위의 규정은 원칙적으로 가족법 관계에 적용되지 않는다는 견해가 지배적이다. 다만 선량한 풍속 기타 사회질서에 반하는 법률행위를 무효로 하는 제103조의 규정은 가족법에 적용되지만, 불공정한 법률행위에 관한 제104조는 신분행위에 적용되지 않는다(김주수/김상용, 19면; 박동섭/양경승, 10면; 이경희, 9면; 이은영, 571면). 혼인당사자의 경솔 또는 무경험으로 인한 혼인을 무효로 한다는 것이 상당히 곤란하기 때문이다. 주의할 것은 가족법에는 선량한 풍속 기타 사회질서에 위반하는 행위라도 무효로 되지 않는 경우가 있다는 점이

다. 예컨대 중혼은 사회질서에 반하지만 혼인의 취소사유가 될 뿐이다(제816조).

(나) 비진의표시(제107조), 허위표시(제108조), 착오로 인한 의사표시(제109조) 등에 관한 규정은 가족법에 적용될 수 없다. 가족법상의 법률행위에는 당사자의 진정한 의사가 절대적으로 존중되어야 하기 때문이다. 신분행위에 의사와 표시의 불일치에 관한 총칙규정이 배제되는 것은 형성적 가족행위에서 강하게 나타난다(예: 혼인 등). 따라서 지배적 가족행위나 부수적 가족행위에는 총칙규정이 적용될 수 있다(박동섭/양경승, 12면; 이은영, 572면). 가령 상속재산분할의 협의(제1013조), 재산상속의 포기(제1041조) 등과 같이 재산관계와 밀접한 관계가 있는 신분행위에는 제108조가 적용된다(다수설).

한편 사기·강박에 의한 의사표시는 취소할 수 있다는 제110조는 가족법상의 행위에 적용될 수 없다. 혼인(제816조 3호)·이혼(제838조)·친생자의 승인(제854조)·인지(제861조)·입양(제884조 3호) 등의 법률행위가 사기·강박에 의한 경우에는 각각 별도의 특별규정을 두고 있다. 재산관계와 밀접한 관계가 있는 상속·유증의 승인·포기에는 총칙의 규정이 준용된다(제1024조 2항, 제1075조 2항).

(다) 신분행위는 대리에 친하지 않는 행위이므로, 특별규정을 두고 있다(예: 입양승낙에 관한 제869조, 친권의 대행에 관한 제910조와 제948조, 자녀의 재산관리에 관한 제920조, 피후견인의 재산관리에 관한 제949조 등). 다만 예외적으로 대리규정이 유추적용되는 경우가 있다. 예컨대 부부의 일상가사대리의 경우, 월권대리에 관한 제126조가 유추적용된다(대판 1987.11.10, 87다카1235).

(라) 무효행위의 전환에 관한 규정(제137조-제138조)은 신분행위에 적용된다. 예컨대 입양신고에 갈음하여 적출자(혼인관계에 있는 남녀 사이에 출생한 자녀)로 신고를 한 경우에 실질적 성립요건이 모두 구비되어 있다면 입양의 효력이 발생한다(대판 1977.7.26, 77다492). 한편 제139조는 무효행위를 추인할 수 없다고 하지만, 학설과 판례는 무효의 신분행위에 대한 추인을 인정한다(대판 1965.12.28, 65므61; 김주수/김상용, 21면; 김용한, 23면; 박동섭/양경승, 10면; 조은희, 12면). 가령 사실혼관계에 있는 아내가 남편과 상의하지 않고 합의가 있는 것처럼 허위로 혼인신고를 한 후 그들 사이에 자녀가 출생하자 남편이 혼인 중의 출생자로 출생신고한 경우, 혼인에 대한 추인이 있는 것으로 되어 그 혼인은 유효하게 된다. 또한 무효인 혼인(사실상의 일방당사자 모르게 혼인신고한 경우)이라도 양쪽 당사자가 그 혼인에 만족하고 그대로 부부생활을 계속한 경우에 그 혼인을 무효로 할 것이 아니다(대판 1995.11.21, 95므731). 이처럼 추인의 소급효를 인정하는 점에서 재산법상 무효행위의 추인과 다르다(대판 1991.12.27, 91므30).

(마) 재산행위와 달리 가족행위의 취소에는 원칙적으로 소급효가 인정되지 않는다(제824조, 제897조). 소급효를 인정하는 경우에는 취소 전의 출생자의 보호, 선의의 제3자보호 등

의 문제가 생기기 때문이다. 또한 가족행위의 취소효과는 누구에게나 대항할 수 있을 뿐만 아니라 취소방법은 재판절차에 의하여야 한다(제816조, 제838조, 제884조 등).

(바) 조건이나 기한에 관한 규정도 가족법상의 법률행위에 적용되지 않는다. 왜냐하면 조건은 행위의 효력발생·소멸을 불확정하게 하므로, 기한은 효과의 발생을 장래로 미루기 때문에 즉시 효과의 발생을 바라는 신분행위인 혼인·이혼·입양 등에 기한을 붙일 수 없다. 예컨대 회사취직과 동시에 혼인하기로 약속하였더라도 실제로 취직과 동시에 혼인이 성립하는 것은 아니다. 다만 신분행위 중 약혼이나 유언은 사회질서에 어긋나지 않는 범위 내에서 조건이나 기한을 붙일 수 있다(제1073조 2항, 제1089조 2항).

판 례

친생자가 아닌 자에 대하여 한 인지신고는 당연무효이며 이런 인지는 무효를 확정하기 위한 판결 기타의 절차에 의하지 아니하고도, 또 누구에 의하여도 그 무효를 주장할 수 있는 것이다(대판 1992.10.23, 92다29399).

(5) 기 간

기간의 규정은 가족법에도 적용됨이 원칙이지만 예외가 있다. 즉 제157조에 의하면 기간계산의 기산일은 원칙적으로 다음 날부터이지만, 가족법상으로는 당일부터 계산한다(제844조 2항). 또한 학설은 혼인이 성립한 날부터 200일 후 또는 혼인관계가 종료된 날부터 300일 이내에 출생한 자녀는 혼인 중 임신한 것으로 추정한다고 할 때(제844조 2항, 3항), 그 기간은 다음 날부터 계산하는 것이 아니라 당일부터 계산하여야 한다고 한다(김주수/김상용, 21면; 김용한, 26면; 박동섭/양경승, 10면; 이은영, 575면).

(6) 소멸시효

가족법상의 권리에는 소멸시효에 관한 규정이 적용되지 않는다. 소멸시효는 채권 등의 재산권에 관하여만 인정되는 것이기 때문이다. 예컨대 사실상 별거가 오래 지속되더라도 그것만으로는 이혼이 되지 않으며, 자녀를 오래 버려두었더라도 친권이 소멸하지 않는다. 한편 가족법에 규정되어 있는 권리행사의 기한은 제척기간이다. 즉 소멸시효기간이 아니다.

제 3 절 가족법의 법원

Ⅰ. 서 설

형식적 의미의 가족법은 민법 제4편 친족과 제5편 상속규정을 지칭한다. 실질적 의미의 가족법으로는 형식적 의미의 가족법 이외에 가족관계등록법·혼인신고특례법·가사소송법·비송사건절차법·국적법·국제사법·입양특례법 등의 특별법(시행령 및 시행규칙 포함)이 있다. 이하에서는 가족관계등록법과 가사소송법에 대해서만 살펴보기로 한다.

Ⅱ. 가족관계등록법

1. 의 의

국민의 출생·혼인·사망 등 가족관계의 발생 및 변동사항에 관한 등록과 그 증명에 관한 사항을 규정한 법률이 가족관계등록법이다. 가족관계등록부란 가족법상의 중요한 사항(동법 제15조)을 기재한 공정증서 그 자체를 말한다. 이와 같이 가족관계등록부는 신분관계를 기록하는 공적 장부이지만, 그 기재는 공신력을 가지지 않으며 가족관계등록부의 기재사실은 강력한 추정을 받을 뿐이다.

2. 가족관계등록신고

(1) 일 반

신고는 원칙적으로 신고사건의 본인의 등록기준지 또는 신고인의 주소지나 현재지의 시·읍·면의 장에게 하여야 한다(가족관계등록법 제20조). 그러나 출생신고는 그 자의 출생지에서 할 수 있고(제45조), 사망신고는 사망지·매장지 또는 화장지에서도 할 수도 있다(제86조). 신고는 서면이나 말로 할 수 있으며(제23조 1항), 타인에게 신고와 제출을 위탁하거나 우송할 수 있는데, 신고인이 생존 중에 우송한 신고서가 그 사망 후에 도달한 때에는 사망시에 수리한 것으로 된다(제41조).

(2) 가족관계등록신고의 종류

가족관계등록법이 가족법상 특히 중요하다고 하는 이유는 가족법상의 행위가 거의 요식행위이며, 요식이란 것이 가족관계등록신고를 하는 데 있기 때문이다.

(가) 창설적 신고

창설적 신고란 가족관계등록신고의 수리에 의하여 가족관계가 창설되는 것을 말한다. 예컨대 사실상 부부관계가 수년간 계속되어도 혼인신고가 되기 전까지는 부부인 신분관계가 법률적으로 창설되지 않는다(민법 제812조). 이러한 창설적 신고로는 혼인신고, 협의이혼신고, 인지신고, 입양신고, 협의파양신고 등이 있다.

(나) 보고적 신고

보고적 신고란 일정한 법적 사실이 발생하였을 때 가족관계의 변동이 일어나고, 신고는 사실의 보고에 불과한 것을 말한다. 예컨대 사람이 사망하면 그 순간에 상속은 개시되는 것이며, 사망신고에 의하여 개시되는 것은 아니다. 여기에는 출생신고, 재판 또는 유언에 의한 인지신고, 인지된 태아의 사산신고, 입양취소신고, 재판에 의한 파양·파양취소신고, 재판에 의한 혼인신고, 혼인취소신고, 재판에 의한 이혼·이혼취소신고, 친권변동신고, 후견개시·경질·종료신고, 사망신고, 실종선고·취소신고 등이 있다.

(다) 쌍방의 성질을 동시에 가지는 신고

창설적 신고와 보고적 신고의 성질을 가지는 신고가 있다. 예컨대 생부가 혼인외의 자녀에 대하여 친생자출생의 신고를 한 때에는 그 신고는 인지의 효력이 생긴다(제57조). 이 경우 보고적 신고로서의 출생신고와 창설적 신고로서의 인지신고를 겸한다(김주수/김상용, 57면).

3. 가족관계등록신고의 수리 및 기재

(1) 가족관계등록신고의 수리

가족관계등록관계에서 모든 신고는 담당공무원의 수리에 의하여 종료된다. 즉 가족관계의 변동은 담당공무원의 수리에 의하여 완료되며, 가족관계등록부에 기재가 있어야 하는 것은 아니다.

(2) 가족관계등록부의 작성

가족관계등록신고가 수리되면 담당공무원은 일정한 사항을 개인별로 구분하여 가족관계등록부를 작성하여야 한다(제9조). 가족관계등록부의 기재사항은 이를 번복할 만한 명백한 반증이 없는 한 진실에 부합하는 것으로 추정한다(대판 2002.6.14, 2001므1537; 대결 1997.11.27, 97스4 참조).

4. 목적별 증명서의 종류

가족관계등록부에는 등록기준지, 성명·본·성별·출생연월일 및 주민등록번호, 출생·혼인·사망 등 가족관계의 발생 및 변동에 관한 사항 및 그 밖에 가족관계에 관한 사항으로서 대법원 규칙이 정한 사항이 기록된다(제9조 2항). 가족관계등록법에 의한 증명서로는 ① 기본적 신분사항에 관한 증명을 위한 '기본증명서', ② 가족관계에 관한 증명을 위한 '가족관계증명서', ③ 혼인 및 이혼에 관한 사항을 증명하는 '혼인관계증명서', ④ 입양사실에 관한 증명을 위한 '입양관계증명서', ⑤ 친양자 입양관계 증명을 위한 '친양자입양관계증명서' 5종류가 있다(제15조 1항). 5가지 증명서에는 '본인'의 등록기준지·성명·성별·본·출생연월일 및 주민등록번호가 공통적 기재사항이고, 그 외에 ① 기본증명서에는 본인의 출생·사망·개명·친권·국적관련 등에 관한 사항, ② 가족관계증명서에는 부모·양부모, 배우자, 자녀의 성명·성별·본·출생연월일 및 주민등록번호가 기재사항이다. 따라서 형제자매는 가족관계증명서에 나타나지 않으며 부모의 가족관계 증명서를 발급받아야 확인 가능하며, 만일 부모의 가족관계증명서에도 나타나지 않을 경우, 제적등본을 발급받거나 형제자매의 가족관계 증명서를 따로 발급받아 부모가 동일함을 증명하는 방법으로 확인한다. ③ 혼인관계증명서에는 배우자의 성명·성별·본·출생연월일 및 주민등록번호, 혼인 및 이혼에 관한 사항, ④ 입양관계증명서에는 양부모 또는 양자의 성명·성별·본·출생연월일 및 주민등록번호, 입양 및 파양에 관한 사항이 기재된다. 결국 가족관계증명서와 입양관계증명서에는 입양사실이 나타난다. ⑤ 친양자입양관계증명서에는 친생부모·양부모 또는 친양자의 성명·성별·본·출생연월일 및 주민등록번호, 입양 및 파양에 관한 사항이 기재되며, 친양자 입양은 양자의 성과 본까지 변경하여 법률상 완전한 친생자 관계를 형성하고 친양자 입양사실을 원칙적으로 공개하지 않으므로 다른 증명서와 달리 가족은 물론 본인에게도 발급이 제한된다. 친양자입양관계증명서는 친양자 본인이 성년이 되거나 혼인당사자가 혼인의 무효 또는 취소사유에 해당하는 친족관계를 확인하고자 하는 경우, 법원의 사실조회촉탁이나 수사기관이 수사목적으로 신청한 경우 등에 한하여 예외적으로 발급될 수 있다(제14조 2항, 대법원 규칙 제23조).

판 례

(ㄱ) 가족관계등록부는 그 기재가 적법하게 되었고 기재사항이 진실에 부합한다는 추정을 받는다. 그러나 가족관계등록부의 기재에 반하는 증거가 있거나 그 기재가 진실이 아니라고 볼 만한 특별한 사정이 있을 때에는 그 추정은 번복될 수 있다. 따라서 어떠한 신분에 관한 내용이 가족관계등록부에 기재되었더라도 기재된 사항이 진실에 부합하지 않음이 분명한 경우

에는 그 기재내용을 수정함으로써 가족관계등록부가 진정한 신분관계를 공시하도록 하여야 한다(대결 2020.1.9, 2018스40).

(ㄴ) 자녀의 가족관계등록부에 부의 출생연월일과 본이 기록되지 않은 경우 이를 부의 제적부 기재내용과 동일하게 기록하는 것은 친족법상 또는 상속법상 중대한 영향을 미칠 수 있는 사항이므로 이는 가족관계등록법 제107조에 따라 '확정판결'에 의하여 이루어져야 한다. 혼인 중의 출생자는 친생자관계존재확인의 확정판결을 받아 가족관계등록법 제107조에 따른 등록부 정정신청을 할 수 있는데, 위 판결에서는 친생자관계의 존부에 대한 판단 외에 부모의 혼인 여부가 주문으로 확정되지는 않으므로 혼인 중의 출생자라는 점은 가족관계등록부 등을 통하여 별도로 인정되어야 한다(대결 2024.6.13, 2024스536).

Ⅲ. 가사소송법

1. 서 설

가사소송법은 가사소송사건에 대한 기본적인 절차법으로, 가사에 관한 소송과 비송 및 조정에 대한 절차의 특례를 규정하고 있다(동법 제1조). 가사소송법에 특별한 규정이 있는 경우를 제외하고 가사소송사건에 대하여는 민사소송법, 가사비송사건에 대해서는 비송사건절차법 그리고 가사조정사건에 대해서는 민사조정법을 준용한다(제12조, 제34조, 제49조).

2. 가사재판절차의 내용과 특징

(1) 가사사건의 종류

가사소송법은 가사사건을 그 성질에 따라 가사소송사건과 가사비송사건으로 구별하고, 가사소송사건은 가류·나류·다류, 가사비송사건은 라류·마류로 세분하여 그 중 나류 및 다류 가사소송사건과 마류 가사비송사건을 조정의 대상으로 하고 있다(제2조, 제50조).

(가) 가사소송사건(제2조 1항 가목)

1) 가류 사건

가류는 '…의 무효' 사건이 이에 해당한다. 혼인의 무효, 이혼의 무효, 인지의 무효, 친생자관계존부확인, 입양의 무효, 파양의 무효 등이다. 가류 사건의 특징은 ① 소의 성질이 확인의 소이며, ② 조정의 대상이 아니다. ③ 임의로 처분할 수 없는 사항이므로, 당사자 사이에 합의가 되어도 효력을 인정받을 수 없다.

판 례

친생자관계의 존부 확인과 같이 현행 가사소송법상의 가류 가사소송사건에 해당하는 청구는 성질상 당사자가 임의로 처분할 수 없는 사항을 대상으로 하는 것으로, 이에 관하여 조정이나 재판상 화해가 성립하더라도 효력이 없다(대판 2007.7.26, 2006므2757,2764; 대판 1999.10.8, 98므1698).

2) 나류 사건 — 조정전치주의

나류는 '…의 취소' 사건이 이에 해당한다. 사실상 혼인관계 존부확인, 혼인의 취소, 이혼의 취소, 친생부인, 재판상 이혼, 인지청구, 입양의 취소, 파양의 취소 등이다. 나류 사건의 특징은 ① 형성의 소이며, ② 조정의 대상이다(조정전치주의 적용). ③ 그러나 임의로 처분할 수 있는 사항(예: 이혼이나 파양, 사실혼의 존부, 인지 등)에 대해서만 조정이 성립할 수 있고, 그렇지 않은 경우 합의가 되어도 조정이 성립되지 않는다. 예컨대 혼인취소는 당사자가 임의로 처분할 수 있는 사항이 아니어서 조정의 성립만으로 확정판결과 동일한 효력을 인정할 수 없다(통설).

판 례

친생부인 조정조서는 당사자가 임의로 처분할 수 없는 사항에 관한 것이어서 그 효력이 없다(대판 1968.2.27, 67므34).

3) 다류 사건 — 조정전치주의

다류는 위자료, 손해배상청구 사건이 이에 해당한다. ① 약혼해제 또는 사실혼관계 부당파기로 인한 손해배상청구(제3자에 대한 청구 포함) 및 원상회복의 청구, ② 혼인의 무효·취소 또는 이혼을 원인으로 하는 손해배상청구(제3자에 대한 청구 포함) 및 원상회복의 청구, ③ 입양의 무효·취소, 파양의 무효·취소 또는 파양을 원인으로 하는 손해배상청구(제3자에 대한 청구 포함) 및 원상회복의 청구, ④ 민법 제839조의3에 따른 재산분할청구권보전을 위한 사해행위 취소 및 원상회복청구 등 4가지이다. 이는 본래 민사사건으로 다루어야 할 것이지만, 신분관계와 관련된 손해배상사건이어서 편의상 가사사건으로 규정한 것이다. 다류 사건의 특징은 ① 이행의 소이고, ② 조정의 대상이며, ③ 임의로 처분이 가능하다. 따라서 합의에 의한 조정의 성립이 가능하다.

(나) 가사비송사건(제2조 1항 나목)

1) 라류 사건

가사비송사건은 상대방이 없는 사건이다. 성년·한정후견개시와 그 종료의 심판, 실종선고와 그 취소, 친권행사방법의 결정, 부재자재산에 관한 처분 등 68개 항목이다. 라류 사건의 특징은 ① 상대방이 없는 사건이며, ② 상대방이 없으므로 조정의 대상이 아니다.

2) 마류 사건 — 조정전치주의

부부의 동거·부양·협조 또는 생활비용 부담에 관한 처분, 기여분의 결정, 상속재산의 분할에 관한 청구 등 10개 항목이다. 마류 사건의 특징은 ① 비송사건이지만 상대방이 있으며, ② 조정의 대상이다. ③ 임의로 처분이 가능한 사건이므로 당사자간에 합의가 되면 조정이 성립할 수 있다.

한편 가사소송법 제2조 1항의 나류 가사소송사건과 마류 가사비송사건은 통상의 민사사건과는 다른 종류의 소송절차에 따르는 것이므로, 원칙적으로 위와 같은 가사사건에 관한 소송에서 통상의 민사사건에 속하는 청구를 병합할 수는 없다(대판 2006.1.13, 2004므1378). 가령 부부간의 명의신탁해지를 원인으로 한 소유권이전등기청구나 민법 제829조 2항에 의한 부부재산약정의 목적물이 아닌 부부 공유재산의 분할청구는 모두 통상의 민사사건으로, 그 소송절차를 달리하는 나류 가사소송사건 또는 마류 가사비송사건인 이혼 및 재산분할청구와는 병합할 수 없다.

(2) 가사소송절차의 특징

가사소송절차에는 가사소송법에 특별한 규정이 있는 경우를 제외하고는 민사소송법의 규정이 준용된다(가사소송법 제12조). 그러나 가사소송절차는 통상의 민사소송절차와 비교할 때, 여러 가지 특례가 인정된다.

(가) 가정법원의 전속관할

가사사건에 대한 심리와 재판은 가정법원의 전속관할로 한다(제2조 1항). 현재 가정법원이 설치되어 있는 곳은 서울뿐이고, 다른 지역에서는 가사사건을 해당 지방법원이 관할하고 있다.

(나) 조정전치주의

가사사건 중 일정한 사건(나류, 다류, 마류)에 대하여 가정법원에 소를 제기하거나 심판을 청구하려는 사람은 먼저 조정을 신청하여야 한다(제50조).

(다) 직권탐지주의

가정법원이 가류 또는 나류 가사소송사건을 심리할 때에는 직권으로 사실조사 및 필요한 증거조사를 하여야 하며, 언제든지 당사자 또는 법정대리인을 신문할 수 있다(제17조).

(라) 본인출석주의

당사자 본인이나 법정대리인은 변론기일의 소환장을 받으면 반드시 본인이 출석하여야 하고, 대리인을 출석하게 하려면 재판장의 허가를 얻어야 한다(제7조).

(마) 보도금지

가정법원에서 처리하였거나 처리 중에 있는 사건에 관하여는 성명·나이·직업·용모 등에 의하여 당사자 본인임을 알 수 있는 정도의 사실이나 사진을 신문·잡지·그 밖의 출판물에 게재하거나 방송할 수 없다(제10조).

(바) 사정판결 — 사정에 의한 항소기각의 판결

가정법원의 판결에 대한 불복으로 항소하는 경우, 그것이 설령 이유 있더라도 제1심 판결을 취소하거나 변경하는 것이 사회정의와 형평의 이념에 맞지 않거나 가정의 평화와 미풍양속의 유지에 적합하지 아니하다고 인정되는 때에는 항소를 기각할 수 있다(제19조 3항).

(사) 확정판결의 대세효

가류·나류 가사소송사건의 청구를 인용한 확정판결은 제3자에게도 효력이 있다(제21조).

(아) 소송절차의 승계

가류 또는 나류 가사소송사건의 원고가 사망이나 그 밖의 사유(소송능력을 상실한 경우는 제외)로 소송절차를 계속하여 진행할 수 없게 된 때에는 다른 제소권자가 소송절차를 승계할 수 있다(제16조).

(자) 가사채무의 이행명령과 그 이행강제(과태료·감치)

판결·심판·조정(조정조서·조정결정)에 따라 금전의 지급 등 재산상 의무, 유아의 인도의무 또는 자녀와의 면접교섭 허용의무를 이행하여야 할 사람이 정당한 이유 없이 그 의무를 이행하지 아니할 때는 당사자의 신청에 따라 가정법원은 일정한 기간 내에 그 의무를 이행할 것을 명령할 수 있다(제64조). 이러한 명령을 정당한 이유 없이 위반한 경우, 법원은 위반자에게 1,000만원 이하의 과태료를 부과할 수 있고, 그래도 의무를 이행하지 아니하면 위반자를 감치(최장 30일까지)에 처할 수 있다(제67조 1항, 제68조).

(3) 가사비송절차의 특징

가사비송사건의 재판은 결정으로 하는 것이 아니라 심판으로 한다. 심판에 대하여는 일정한 경우에 한하여 즉시항고가 인정될 뿐이다(제43조). 또한 일정한 심판은 집행권원이 되어 집행력이 있고, 이로써 강제집행할 수도 있다(제41조). 그 밖에 증거조사시에 본인 출석이 요구되고, 보도가 금지됨은 가사소송절차와 동일하다.

3. 가사조정절차

(1) 조정전치주의

나류·다류 가사소송사건과 마류 가사비송사건에 대하여 가정법원에 소를 제기하거나 심판을 청구하고자 하는 자는 먼저 가사조정을 신청하여야 한다(제50조 1항). 이러한 사건에 관하여 조정을 신청하지 않고 소를 제기하거나 심판을 청구한 때에는 가정법원은 그 사건을 조정에 회부하여야 한다(제50조 2항).

(2) 조정기관

가사조정사건은 조정장 1명과 2명 이상의 조정위원으로 구성된 조정위원회가 처리한다(제52조 1항).

(3) 조정의 성립

조정은 당사자 사이에 합의된 사항을 조서에 적음으로써 성립되며(제59조 1항), 재판상의 화해와 동일한 효력이 있다(제59조 2항). 주의할 것은 친생자관계의 존부 확인과 같이 가사소송법상의 '가류 가사소송사건'에 해당하는 청구는 성질상 당사자가 임의로 처분할 수 없는 사항을 대상으로 하는 것으로, 이에 관하여 조정이나 재판상 화해가 성립하더라도 효력이 없다는 점이다(대판 2007.7.26, 2006므2757,2764; 대판 1999.10.8, 98므1698).

(4) 재판과 이행확보절차

(가) 소송으로의 이행

사건에 관하여 조정하지 않기로 하는 결정이 있거나 조정이 성립되지 않고 조정에 갈음하는 결정이 없는 때 또는 조정에 갈음하는 결정이 이의신청으로 효력을 상실한 때에는 조정신청을 한 때에 소의 제기·심판청구가 있는 것으로 본다(제60조). 이는 제척기간 준수의 불이익을 방지하기 위한 것이다.

(나) 이행확보

가사채무에 관해서는 민사소송법의 규정에 의한 강제집행을 할 수 있음은 물론이다. 그러나 가사채무는 그 성질상 강제집행이 어려운 경우가 많다. 이와 같은 어려움을 보충하기 위하여 가사소송법은 사전처분(제62조), 가압류와 가처분(제63조), 이행명령(제64조), 금전의 임치(제65조), 과태료와 감치(제67조) 등의 여러 제도를 두고 있다.

Civil Law

제2장 친 족 법

제2장 친족법

제1절 서 설
제2절 혼 인
제3절 부모와 자녀
제4절 후 견
제5절 부 양

제2장 ‖ 친 족 법

제 1 절 서 설

Ⅰ. 친 족

1. 친족의 의의와 종류

(1) 의 의

친족(親族)은 부모·형제와 같이 혈연관계에 있는 자, 양친자와 같이 혈연관계에 있는 것과 동일시되는 자 사이 및 혼인을 통해서 연결되는 자 사이에 생기는 신분관계이다.

(2) 종 류

민법상 친족의 종류에는 배우자·혈족 및 인척이 있다(제767조).

(가) 배 우 자

배우자는 혼인으로 인하여 결합된 남녀, 즉 부부관계이다. 따라서 사실혼의 부부나 첩은 배우자가 아니다. 그러나 사실혼의 부부도 특별법이나 학설·판례에 의하여 법률상의 배우자에 준하는 보호를 받는 경우가 있다. 배우자관계는 혼인성립(제812조)으로 발생하며, 당사자 한쪽의 사망·혼인의 무효·취소 또는 이혼으로 인하여 소멸한다. 한편 민법상 배우자를 친족으로 규정한 것에 대하여, 배우자는 배우자로서 법적 지위를 갖는 것이지, 친족의 지위에서 배우자의 법률효과가 발생하는 것이 아니기 때문에 배우자를 친족으로 규정한 것은 바람직하지 않다는 견해가 있다(조은희, 39면).

(나) 혈 족

혈족(血族)은 혈통으로 연결된 사람을 말하며, 여기에는 자연혈족과 법정혈족이 있다.

1) 자연혈족

자연혈족이란 부모와 자·형제자매처럼 혈통의 연결이 서로 있는 사람을 말한다. 자기의 직계존속과 직계비속을 직계혈족이라 하고, 자기의 형제자매와 형제자매의 직계비속·직계존속의 형제자매 및 그 형제자매의 직계비속을 방계혈족이라 한다(제768조). 자연혈족에는 부계혈족과 모계혈족이 있다. 즉 친가의 친족들(예: 조부모·아버지·숙부·고모 등)이 부계혈족이고, 외가의 혈족들(예: 외조부모·외숙부·이모 등)이 모계혈족이다. 자연혈족관계는 출생에 의하여 발생하고, 사망으로 인하여 소멸한다. 이와 같이 사망으로 자연혈족관계가 소멸하지만, 생존자들 사이의 혈족관계에는 영향이 없다. 예컨대 부모가 사망하더라도 조부모와 손자 또는 형제자매 사이의 혈족관계는 소멸하지 않는다. 한편 혼인외의 출생자와 母의 혈족관계는 '출생'에 의하여 발생하지만, 父와의 혈족관계는 '인지'에 의하여 발생한다(제855조). 물론 인지의 무효나 취소로 인하여 혼인외의 출생자와 그 부계혈족관계는 소멸한다(제861조, 제862조).

판 례

(ㄱ) 혈족의 범위를 정한 제768조에서 말하는 '형제자매'라 함은 부계 및 모계의 형제자매를 모두 포함하므로, 이복형제가 정치자금법 제45조 제1항 단서의 '친족'에서 제외되는 것은 아니다(대판 2007.11.29, 2007도7062).

(ㄴ) 제1000조 1항 3호의 '피상속인의 형제자매'라 함은, 민법 개정시 친족의 범위에서 부계와 모계의 차별을 없애고, 상속의 순위나 상속분에 관하여도 남녀 간 또는 부계와 모계 간의 차별을 없앤 점 등에 비추어 볼 때, 부계 및 모계의 형제자매를 모두 포함하는 것으로 해석하는 것이 상당하다(대판 1997.11.28, 96다5421).

2) 법정혈족

(i) 법정혈족은 사실상 혈연(피의 연결)은 없으나 법률이 혈족으로 의제하는 것으로 양친자관계가 이에 해당한다. 즉 혈연관계가 없는 상호간에 자연혈족과의 동일한 관계를 인정하는 자를 말한다. 참고로 종래 계모자(계모와 전처자식)관계·적모서자(가족관계등록부상 모와 인지된 혼인외 출생자)관계는 법정혈족으로 인정되었지만, 1990년의 민법개정으로 인척관계로 변경되었다. 그러므

로 미성년자에 대한 적모·계모의 친권이나 모자 사이의 상속권이 없으며, 계모는 법률상의 모가 아니다(대판 1997.2.28, 96다53857).

(ii) 양친자관계는 입양의 성립에 의하여 발생하며(제878조), 입양신고가 이루어지면 '양부모 및 그 혈족·인척과 양자(그 직계비속) 사이에는 친족관계가 발생한다(제772조 1항). 입양 후 양자나 그 직계비속이 혼인한 경우, 새로운 배우자는 양친과 그 혈족과의 사이에 법정친족관계가 발생한다(제772조 2항). 주의할 것은 부부공동입양제를 채택하는 현행법상 양부모가 이혼하더라도 양부자관계나 양모자관계는 소멸되지 않는다는 점이다(대판 2001.5.24, 2000므1493). 그러나 친양자의 경우에는 원칙적으로 입양 전의 친족관계가 소멸한다(제908조의3 제2항). 또한 입양 후 양친이 혼인한 경우, 양친의 새로운 배우자와 양자 사이에는 새로 입양계약을 하지 않는 한 인척관계가 생길 뿐이고, 양친자관계는 생기지 않는다는 점이다(제777조, 제769조). 한편 양친자관계는 양친이나 양자의 사망으로 소멸하지만, 사망자를 제외한 나머지 생존자들 사이의 친족관계에는 변함이 없다. 입양신고로 생긴 친족관계는 입양의 취소 또는 파양으로 인하여 소멸한다(제776조).

판 례

(ㄱ) 1990. 1. 13. 법률 제4199호로 민법이 개정됨으로써 계모는 더 이상 법률상의 모(母)는 아닌 것으로 되었으나, 피보험자의 계모가 부(父)의 배우자로 실질적으로 가족의 구성원으로 가족공동체를 이루어 생계를 같이 하고 피보험자의 어머니의 역할을 하면서 피보험자동차를 이용하고 있다면, 특별약관조항을 둔 취지에 비추어 볼 때 이러한 경우의 계모는 자동차종합보험의 가족운전자 한정운전 특별약관상의 모에 포함된다(대판 1997.2.28, 96다53857).

(ㄴ) 약관의 해석은 평균적 고객의 이해가능성을 기준으로 하되 보험단체 전체의 이해관계를 고려하여 객관적, 획일적으로 해석하여야 하므로, 자동차종합보험의 가족운전자 한정운전 특별약관에 정한 기명피보험자의 모(母)에 기명피보험자의 법률상의 모가 아닌 기명피보험자의 부(父)의 사실상의 배우자는 포함되지 아니한다(대판 2009.1.30, 2008다68944).

(다) 인 척

인척이란 혼인에 의하여 성립되는 친족관계로서, '혈족의 배우자'(예: 계모, 적모, 형제의 처, 자매의 남편, 고모·이모의 남편, 백숙부의 처 등), '배우자의 혈족'(예: 배우자의 부모나 형제자매 등), '배우자의 혈족의 배우자'(예: 처의 자매의 남편, 남편의 형제자매의 처나 남편 등)를 인척으로 한다(제769조). 인척관계는 혼인에 의하여 발생하고, 혼인의 무효·취소 또는 이혼, 부부 한쪽의 사망 후의 재혼으로 종료한다(제775조 2항). 즉 남편 또는 아내가 법률상 재혼하지 않는 한 인척관계는 소멸하지 않는다. 따라서 재혼한 배우자는 대습상속의 경우 그 상속자격을 잃게 된다(제1003조 2항). 한편 친족관계로 인한 법률상의 효력이 미치는 인척의 범위는 4촌 이내이다(제777조 2호). 참고로 구법은 인척의 범위에 '혈족의 배우자의 혈족'(예: 형제의 처의 부모·형제자매·조카, 고모 남편의 부모·형제자매, 자매 남편의 부모·형제자매·조카 등 관습상 사돈)을 포함하였으나, 현행법에서는 삭제되었다. 따라서 사돈과 혼인이 가능하다. 가령 甲과 乙이 혼인한 부부인 경우, 甲의 동생 丙과 乙의 동생 丁은 서로간에 혈족의 배우자의 혈족으로 사돈이지만, 친족이 아니므로 丙과 丁은 서로 혼인할 수 있다. 그리고 甲남과 乙녀가 재혼하였는데, 甲에게는 전처와의 사이에서 낳은 자 A가 있고, 乙에게는 전남편과의 사이에서 낳은 자 B가 있는 경우, A와 B는 혈족의 배우자의 혈족 사이이지만, 인척이 아니므로 상호간에 혼인이 가능하다.

(3) 친족의 범위

친족관계로 인한 법률상 효력은 민법이나 다른 법률에 특별한 규정이 없는 한 ① 8촌 이내의 혈족(부계혈족·모계혈족 포함), ② 4촌 이내의 인척, ③ 배우자에 미친다(제777조).

2. 친계와 촌수

(1) 친 계

친계(親系)란 세대간의 혈족의 연결관계, 즉 혈통적 연결관계를 말한다. 친계는 다음과 같이 분류할 수 있다. ① 혈연이 수직으로 내려가서 연결되는 친족을 직계친(예: 부모와 자녀, 조부모(외조부모)와 손자·손녀 등)이라 하고, 공동의 시조에 의하여 연결되는 친족을 방계친(예: 형제자매, 백·숙부, 종형제자매, 조카나 질녀 등)이라 한다. ② 부모 또는 부모와 동등 이상의 항렬에 속하는 친족을 '존속친'이라 하고, 자녀 또는 자녀와 동등 이하의 항렬에 속하는 친족을 '비속친'이라 한다. 따라서 동일한 항렬에 속하는 친족(예: 형제자매·종형제자매 등)들 사이는 존속도 비속도 아니다. ③ 아버지와 그 혈족, 즉 본가의 혈족을 부계친(예: 조부모·고모·당숙 등)이라 하고, 어머니와 그 혈족, 즉 외가의 혈족을 모계친(예: 외조부모·외숙부·이모 등)이라 한다.

(2) 촌 수

촌수(寸數, 寸은 원래 손마디의 뜻임)는 친족관계의 멀고 가까움을 측정하는 척도의 단위를 말한다. 직계혈족 사이의 촌수는 자기로부터 직계존속이나 직계비속에 이르는 세수를 계산하여(예: 자기를 기준으로 부모는 1촌, 조부모는 2촌, 손자녀는 2촌) 정한다(제770조 1항). 방계혈족 사이의 촌수는 자기와 촌수를 알고자 하는 방계혈족의 공동시조를 중심으로 그 공동시조로부터 각자에 이르는 세수를 각각 합한 수(예: 부모를 공동시조로 하는 형제자매는 2촌, 조부모를 공동시조로 하는 숙부·고모는 3촌)이다(제770조 2항). 한편 인척은 배우자의 혈족에 대하여는 배우자의 그 혈족에 대한 촌수에 따르고, 혈족의 배우자에 대하여는 그 혈족에 대한 촌수에 따른다(제771조). 예컨대 남편이나 아내의 부모는 인척 1촌이고, 남편이나 아내의 형제자매는 2촌이다. 또한 양자의 촌수는 입양한 때부터 혼인 중의 출생자의 그것과 동일하다(제772조). 한편 부부 사이에는 혈연관계가 없으므로 촌수가 없다(즉 무촌(0촌)이다).

3. 친족관계의 변동

친족관계의 발생원인은 출생·혼인·입양·인지 4가지이다. 친족관계는 사망·이혼·혼인의 취소·파양·입양의 취소·인지의 취소로 종료·소멸한다. 한편 부부 중 한쪽이 사망하더라도 인척관계는 소멸하지 않는다. 생존배우자는 혼인이 종료·해소되었으므로 재혼할 수 있으며, 재혼으로 인척관계는 종료된다(제775조 2항). 또한 부모가 이혼하거나 사망하여도 조부모와 손자 사이의 관계는 소멸하지 않으므로, 부모가 먼저 사망한 후 조부모가 나중에 사망한 때에 그 유산을 손자 등이 대습상속할 수 있다.

4. 친족관계의 효과

(1) 민법상의 효과

민법이 인정하는 친족관계의 효과는 제777조가 정하는 범위의 친족에게 일반적으로 인정되는 효과와 일정 범위의 친족에게만 인정되는 효과로 구별된다. 즉 ① 친족(제777조)에게 일반적으로 인정되는 법률상 효과로서, 친권상실선고의 청구(제924조), 미성년인 자녀의 친권자 대리권과 재산관리권의 상실선고의 청구(제925조), 친권에 대한 실권회복선고의 청구(제926조), 후견인선임청구(제936조), 생계를 같이하는 친족간의 부양의무(제974조 3호) 등이 있다. ② 일정 범위의 친족에게만 개별적으로 인정되는 법률상의 효과로, 성년·한정후견개시와 그 종료의 심판청구(제9조, 제11조, 제12조, 제14조), 특별후견의 심판청구(제14조의2), 타인의 생명침해에 대한 손해배상청구(제752조), 혼인의 장애사유(제809조 2항, 제815조 2호-4호), 인지에 대한 이의의 소의 제기(제862조), 미성년자의 입양에 대한 입양취소청구(제885조), 후견인의 자격(제932조-제934조), 상속권(제1000조, 제1003조), 유류분권(제1112조) 등이 있다.

(2) 형법·소송법상의 효과

형법상의 효과로서 형벌이 감면되는 경우와 형벌이 가중되는 경우가 있다. 즉 범인은닉죄(제151조 2항), 증거인멸죄(제155조 4항), 권리행사방해죄(제328조), 절도죄(제344조), 사기·공갈죄(제354조), 횡령·배임죄(제361조), 장물죄(제365조) 등의 경우에는 형벌이 감면된다. 반면에 살인죄(제250조 2항),

상해·폭행죄(제257조 2항, 제258조 3항, 제259조 2항, 제260조 2항), 유기·학대죄(제271조 2항, 제273조 2항) 등의 경우에 형벌이 가중된다. 그리고 소송법상·특별법상 효과로서 법관 등의 제척원인(민사소송법 제41조, 형사소송법 제17조) 등이 있다.

Ⅱ. 가 족

1. 일 반

가족이란 일가의 구성원을 말한다. 본인을 기준으로 '배우자, 직계혈족 및 형제자매'뿐만 아니라 '생계를 같이 하는 직계혈족의 배우자, 배우자의 직계혈족 및 배우자의 형제자매'도 가족에 속한다(제779조). 즉 ① 본인을 기준으로 당연히 가족에 포함되는 자는 '배우자, 직계혈족 및 형제자매'이다. 여기의 배우자는 현재 혼인관계에 있는 자만을 가리키고, 사별 또는 이혼한 배우자는 제외된다. 직계혈족은 생존하고 있는 한 모두 가족으로 되며, 부계와 모계를 모두 포함되며(예: 부모, 조부모, 외조부모 등), 형제자매도 부계·모계를 불문한다. 이와 달리 ② 직계혈족의 배우자(예: 계모, 계부, 며느리, 사위 등), 배우자의 직계혈족(예: 장인, 장모, 시부모, 배우자가 전혼에서 출생한 자녀 등) 및 배우자의 형제자매(예: 시누이, 시숙, 처남, 처제 등)는 생계를 같이하는 경우에 한하여 가족의 범위에 포함된다. 여기의 배우자의 형제자매도 부계·보계를 묻지 않는다. 또한 '생계를 같이 한다'는 것은 공동의 가계(家計)에서 생활하는 것을 의미하므로, 동거하면서 공동생활을 하는 경우는 물론 반드시 공동생활을 하고 있지 않더라도 공동의 가계에 속하고 있으면 여기에 해당한다고 할 것이다(김주수/김상용, 422면; 송덕수, E-217). 다만 가족에 관한 제779조는 상징적인 의미밖에 없다(김주수/김상용, 423면). 가족에 대하여 민법이 법률효과를 부여하고 있지 않기 때문이다.

2. 자녀의 성과 본 및 이름

(1) 자녀의 성과 본의 결정과 변경

(가) 자녀의 성과 본의 결정

① 자녀는 父의 성과 본을 따른다(제781조 1항). ② 父를 알 수 없는 자는 母의 성과 본을 따른다(제781조 3항). 아버지를 알 수 없는 경우란 혼인외의 자녀가 아버지로부터 인지를 받지 못하고 있는 경우가 이에 해당하며, 이때에는 모의 성과 본을 따른다. ③ 父가 외국인인 경우에는 자녀는 母의 성과 본을 따를 수 있다(제781조 2항).

(나) 부모의 협의에 의한 자녀의 성과 본의 결정

1) 의 의

자녀는 父의 성과 본을 따르지만, 부모가 혼인신고시 모의 성과 본을 따르기로 협의한 경우에는 모의 성과 본을 따른다(제781조 1항). 후술하는 바와 같이 자녀의 복리를 위하여 자녀의 성과 본을 변경할 필요가 있을 때에는 이를 변경할 수 있는데(제781조 6항), 이 경우에는 부모의 협의에 의해서는 변경할 수 없고, 부·모 또는 자녀의 청구에 의하여 법원의 허가를 받아야 한다.

2) 요 건

(i) 혼인신고시에 부모의 협의로 미리 정할 것

부모가 '혼인신고시'에 협의로 미리 정해야 하며, 혼인 후에 자녀가 출생한 때에 협의로 정하는 것이 아니다. 혼인신고시에 미리 자녀의 성과 본을 정하게 함으로써 그 혼인에서 출생한 자녀들의 성과 본은 동일하게 된다. 그러나 별도의 협의가 없어 자녀가 아버지의 성과 본을 따른 후에 그 부부가 이혼한 다음 동일한 당사자가 재결합하면서 모의 성과 본을 따르기로 협의하면, 그 후에 출생한 자녀는 모의 성과 본을 따르게 되므로, 동일한 부모 사이에서 출생한 자녀들의 성과 본이 출생시부터 서로 다른 경우도 있을 수 있다.

(ii) 모의 성과 본을 따르기로 협의할 것

혼인신고시에 부모의 협의로 자녀가 모의 성과 본을 따르기로 협의할 수 있고, 아버지나 어머니의 성이 아닌 제3의 성과 본을 따르기로 정할 수 없다. 또한 부모의 협의가 성립하여야 한다.

3) 절 차

자녀가 모의 성을 따르기로 하는 부모의 협의가 있는 때에는 혼인신고시 혼인당사자의 협의서를 첨부하여야 한다(가족관계의 등록 등에 관한 법률 제71조). 또한 자녀의 출생신고를 할 때에도 부모의 협의가 있었다는 사실을 신고서에 기재하여야 한다(동법 제44조 2항 5호).

4) 효 과

자녀가 모의 성과 본을 따르더라도 부자관계에 법률상 아무런 영향을 미치지 않는다. 이와 같이 부모가 혼인신고시 모의 성과 본을 따르기로 협의하면 모의 성과 본을 따르기 때문에 종전의 입부혼 제도는 폐지되었다.

(다) 혼인외의 출생자의 성과 본의 유지

혼인외의 출생자는 부의 인지가 있기 전에는 모의 성과 본을 따르고, 인지가 되면 원칙적으로 부의 성과 본을 따른다. 다만 혼인외의 출생자가 인지된 경우에도 자녀는 부모의 협의에 따라 종전의 성과 본을 계속 사용할 수 있다. 만일 부모가 협의할 수 없거나 협의가 이루어지지 아니한 경우에는 자녀는 법원의 허가를 받아 종전의 성과 본을 계속 사용할 수 있다(제781조 5항). 이는 자녀의 복리를 위하여 성과 본이 자동으로 변경되지 않을 수 있도록 한 것이다.

(라) 부모를 알 수 없는 경우의 성과 본의 창설

부모를 알 수 없는 자녀는 법원의 허가를 받아 성과 본을 창설한다. 여기서 부모를 알 수 없는 자란 주로 고아나 기아(棄兒)의 경우를 의미한다. 다만 성과 본을 창설한 후 부 또는 모를 알게 된 때에는 부 또는 모의 성과 본을 따를 수 있다(제781조 4항). 즉 종전의 창설된 성과 본을 그대로 유지할 수도 있다.

판 례

민법상의 본이란 원래 소속 시조발상의 지명을 표시하여 혈족계통을 나타내는 제도이므로 자신의 종전 이름으로 본을 창설하겠다는 신청은 본 제도의 취지에 어긋난다고 할 것이다(대결 1984.3.31, 84스8,9).

(마) 성과 본의 변경청구

1) 의 의

자녀의 복리를 위하여 자녀의 성과 본을 변경할 필요가 있을 때에는 부, 모 또는 자녀의 청구에 의하여 법원의 허가를 받아 이를 변경할 수 있다. 다만 자녀가 미성년자이고 법정대리인이 청구할 수 없는 경우에는 제777조의 규정에 따른 친족 또는 검사가 청구할 수 있다(제781조 6항). 이는 주로 재혼가정에서 자라는 자녀들이 계부(繼父)와 성이 달라서 고통받는 경우의 문제를 해결하기 위하여 도입된 규정이다(김주수/김상용, 292면; 송덕수, E-99). 물론 친양자 제도를 이용하여 이 문제를 해결할 수도 있으나, 친양자로 입양하려면 친생부모의 동의가 필요하고(제908조의2 제1항 3호) 친양자로 되면 입양 전의 친족관계가 종료되기 때문에(제908조의3 제2항) 성의 변경제도가 필요하게 된다.

2) 변경절차

(i) 자녀의 성과 본의 변경은 신분관계의 혼란을 가져올 염려가 있으므로, 당사자의 의사만으로는 할 수 없고 청구권자의 청구에 의하여 가정법원의 허가를 받아야

한다(가사소송법 제2조 1항 라류사건 6호). 물론 법원은 '자의 복리'를 기준으로 성의 변경허가 여부를 판단하여야 한다. 이와 같이 법원의 허가를 받으면 되므로, 가령 부의 성과 본을 다른 성과 본으로 변경하는 경우에 부의 동의를 받을 필요는 없다. 다만 가정법원은 성과 본의 변경청구가 있는 경우, 부·모 및 자녀(단 13세 이상인 때)의 의견을 들을 수 있고, 자녀의 부모 중 자녀와 성과 본이 동일한 사람의 사망이나 그 밖의 사유로 의견을 들을 수 없는 때에는 자녀와 성과 본이 동일한 최근친 직계존속의 의견을 들을 수 있다(가사소송규칙 제59조의2 제2항).

(ii) 자녀의 성과 본을 변경하고자 하는 사람은 재판확정일로부터 1개월 이내에 재판서의 등본 및 확정증명서를 첨부하여 신고하여야 한다(가족관계등록법 제100조 1항). 그리고 신고서에는 변경 전의 성·본, 변경한 성·본 그리고 재판확정일을 기재하여야 한다(제100조 2항).

판 례

> 제781조 제6항에 정한 '자의 복리를 위하여 자의 성과 본을 변경할 필요가 있을 때'에 해당하는지 여부는 자의 나이와 성숙도를 감안하여 자 또는 친권자·양육자의 의사를 고려하되, 먼저 자의 성·본 변경이 이루어지지 아니할 경우에 내부적으로 가족 사이의 정서적 통합에 방해가 되고 대외적으로 가족 구성원에 관련된 편견이나 오해 등으로 학교생활이나 사회생활에서 겪게 되는 불이익의 정도를 심리하고, 다음으로 성·본 변경이 이루어질 경우에 초래되는 정체성의 혼란이나 자와 성·본을 함께 하고 있는 친부나 형제자매 등과의 유대 관계의 단절 및 부양의 중단 등으로 인하여 겪게 되는 불이익의 정도를 심리한 다음, 자의 입장에서 위 두 가지 불이익의 정도를 비교형량하여 자의 행복과 이익에 도움이 되는 쪽으로 판단하여야 한다. 이와 같이 자의 주관적·개인적인 선호의 정도를 넘어 자의 복리를 위하여 성·본의 변경이 필요하다고 판단되고, 범죄를 기도 또는 은폐하거나 법령에 따른 각종 제한을 회피하려는 불순한 의도나 목적이 개입되어 있는 등 성·본 변경권의 남용으로 볼 수 있는 경우가 아니라면, 원칙적으로 성·본 변경을 허가함이 상당하다(대결 2009.12.11, 2009스23).

3) 효 과

성과 본의 변경에 의해서 부자·모자관계에는 영향이 없다. 예컨대 자가 계부의 성과 본으로 변경하였다고 해서 생부와의 부자관계가 소멸하는 것은 아니며, 계부와 그 자 사이에 법률상 부자관계가 성립하는 것도 아니다. 따라서 생부와의 상속관계나 부양관계는 존속하며, 계부와의 상속관계가 인정되는 것도 아니다. 다만 계부는 직계혈족의 배우자이므로, 상호간의 부양의 권리의무는 인정된다(제974조). 계부와의 법률상 부자관계가 성립하기 위해서는 입양(친양자입양 포함)을 하는 등의 절차를 거쳐야 한다.

(2) 이름의 결정과 변경

(가) 이름의 결정

사람의 이름은 출생신고시에 결정하여 신고한다. 자녀의 이름에는 한글 또는 통상 사용되는 한자를 사용하여야 한다. 통상 사용하는 한자의 범위는 대법원규칙으로 정한다(가족관계등록법 제44조 3항).

(나) 이름의 변경(개명)

이름은 바꿀 수 있으나 바꾸고자 하는 사람은 주소지(재외국민의 경우 등록기준지)를 관할하는 가정법원의 허가를 받고 그 허가서의 등본을 받은 날부터 1개월 이내에 신고하여야 한다. 신고서에는 변경 전의 이름, 변경한 이름, 허가연월일을 기재하여야 하고, 허가서의 등본을 첨부하여야 한다(동법 제99조). 가정법원의 개명허가와 관련하여, 판례는 개명을 허가할 만한 상당한 이유가 있다고 인정되고, 범죄를 기도 또는 은폐하거나 법령에 따른 각종 제한을 회피하려는 불순한 의도나 목적이 개입되어 있는 등 개명신청권의 남용으로 볼 수 있는 경우가 아니라면(대결 2009.10.16, 2009스90), 원칙적으로 개명을 허가함이 상당하다고 한다(대결 2009.8.13, 2009스65; 대결 2005.11.16, 2005스26).

제 2 절 혼 인

Ⅰ. 혼인제도

혼인이란 사회적으로 정당하다고 시인되고 동시에 국가의 법질서에 의하여 승인된 남녀의 일평생 공동생활을 목적으로 하는 결합으로서, 대표적인 가족법상의 법률행위이다. 즉 혼인은 남녀의 영속적인 공동생활을 위한 하나의 결합체로서, 모든 남녀의 결합을 혼인으로 볼 수 없고, 반드시 그 사회의 법률·도덕·관습 등에 따른 정당한 남녀의 결합관계로 용인되는 것이어야 한다. 이러한 의미에서 혼인은 하나의 사회제도라고 할 수 있다. 혼인은 사회의 기초단위인 부부관계를 형성하는 기초이므로, 사회적·국가적 문제이고 국민의 윤리나 풍속에 미치는 영향이 지대하다. 따라서 혼인의 요건 등은 법률에 규정되어 있다.

Ⅱ. 약 혼

1. 의 의

약혼은 장래 혼인을 성립시키려는 당사자 사이의 합의이다. 약혼은 혼인의사 없이 동거생활을 하는 동서(同棲), 실제로는 혼인생활을 하면서 혼인신고만을 하지 않고 있는 사실혼 및 배우자 있는 남자가 다른 여자를 두고 성적 관계를 계속하는 부첩관계(夫妾關係)와 구별된다.

2. 약혼의 성립요건 — 당사자의 의사가 합치될 것

약혼은 혼인하려는 당사자의 합의로 성립하며, 혼인에서의 신고와 같은 특별한 방식이 요구되지 않는다(대판 1998.12.8, 98므961). 이러한 합의는 당사자 사이에 직접 이루어져야 하며, 대리는 허용되지 않는다. 따라서 당사자 아닌 제3자에 의해서 합의가 이루어지는 정혼, 즉 부모들이 정한 약혼은 무효이다.

판 례

일반적으로 약혼은 특별한 형식을 거칠 필요 없이 장차 혼인을 체결하려는 당사자 사이에 합의가 있으면 성립하는 데 비하여, 사실혼은 주관적으로는 혼인의 의사가 있고, 또 객관적으로는 사회통념상 가족질서의 면에서 부부공동생활을 인정할 만한 실체가 있는 경우에 성립한다(대판 1998.12.8, 98므961).

3. 약혼의 효력요건

(1) 약혼연령에 이를 것

성년에 이른 자는 자유로이 약혼할 수 있다(제800조). 그러나 당사자가 미성년자인 때에는 남·녀 모두 18세에 이르러야 약혼을 할 수 있다(제801조). 연령미달자의 약혼에 대하여 무효라는 견해도 있지만(송덕수, E-10), 제817조를 유추적용하여 취소할 수 있다고 할 것이다(김주수/김상용, 75면; 박동섭/양경승, 77면). 미성년자가 약혼을 하는 경우에는 부모의 동의를 받아야 하며, 부모 중 한쪽이 동의권을 행사할 수 없을 때에는 다른 한쪽의 동의를 받아야 하고, 만일 부모가 모두 동의권을 행사할 수 없을 때에는 미성년후견인의 동의를 받아야 한다(제801조, 제808조 1항). 한편 피한정후견인은 타인의 동의 없이 단독으로 약혼을 할 수 있고, 피성년후견인은 부모나 성년후견인의 동의를 받아 약혼을 할 수 있다(제802조). 미성년자나 피성년후견인이 부모나 후견인의 동의를 받지 않고 약혼을 한 경우, 제816조 1호를 유추적용하여 취소할 수 있다(통설).

(2) 선량한 풍속이나 그 밖의 사회질서에 반하지 않을 것

조건이나 기한이 붙은 약혼은 선량한 풍속이나 그 밖의 사회질서에 반하지 않는 한 허용된다. 예컨대 '배우자와 이혼하면' 또는 '배우자가 사망하면' 등과 같은 경우에는 현재 정당하게 성립되고 있는 혼인의 해소를 바라거나 촉진시키는 것이 되므로 무효이지만, '학교를 졸업한 후에' 혼인하기로 한 약혼은 유효하다.

(3) 2중 약혼 등이 아닐 것

배우자 있는 자의 약혼이나 이중약혼은 원칙적으로 무효이다. 따라서 약혼한 자가 다른 자와 약혼을 하려면 먼저 한 약혼을 해제한 후에 하여야 한다. 다만 이미 파탄상태에 빠져 있는 혼인의 당사자 한쪽이 그 혼인을 해소한 후 혼인하기로 한 약정처럼 사회질서에 반하지 않는 경우에는 약혼의 효력을 인정해도 상관없을 것이다(김주수/김상용, 76면; 박동섭/양경승, 78면; 이경희, 134면; 지원림, 6-22).

(4) 혼인장애사유가 존재하지 않을 것

혼인장애가 되는 근친관계에 있는 자(직계혈족, 8촌 이내의 방계혈족 등) 사이의 약혼은 불능을 목적으로 하는 것이므로(제809조) 무효이다(김주수/김상용, 76면; 김용한, 102면; 박동섭/양경승, 78면; 지원림, 6-22; 송덕수, E-10). 이 경우 선의의 당사자는 손해배상을 청구할 수 있을 것이다.

판 례

부첩관계를 맺음에 있어서 처의 사망 또는 이혼이 있을 경우에 첩과 혼인신고를 하여 입적하게 한다는 부수적 약정도 공서양속에 위반한 무효한 행위이다(대판 1955.7.14, 4288민상156).

4. 약혼의 효과

(1) 당사자는 서로 성실하게 교제하고 가까운 시기에 부부공동체를 성립시킬 의무를 진다. 그러나 약혼당사자의 한쪽이 이 의무를 이행하지 않더라도 상대방은 손해배상(즉 약혼의 파기로 인하여 발생한 재산적 손해 및 정신적 손해)을 청구할 수 있을 뿐, 강제이행을 청구할 수 없다(제803조). 그것은 이미 혼인을 성립시킬 의사가 없는 자를 강제로 혼인시켜도 혼인의 목적을 달성할 수 없기 때문이다.

(2) 약혼 중에 제3자가 그 약혼관계를 침해하였을 때에는 당연히 불법행위가 성립한다. 예컨대 甲男과 乙女 사이에 약혼이 성립하였는데, 제3자 丙이 이러한 사실을

알면서 乙을 사통하여 자녀를 낳게 하여 甲으로 하여금 혼인할 수 없게 한 경우, 이는 약혼으로 인한 甲의 권리를 침해한 것이므로 甲은 丙에 대하여 불법행위로 인한 손해배상을 청구할 수 있다(대판 1975.1.14, 74므11).

(3) 약혼자 사이에 친족관계는 발생하지 않으며, 약혼 중에 출생한 자녀는 혼인 전의 자녀이므로 '혼인외의 출생자'가 된다. 그러나 그 후 약혼당사자가 혼인을 하면, 그 자녀는 준정(準正)이 되어 혼인 중의 출생자가 된다(제855조 2항).

5. 약혼의 해제

(1) 약혼해제의 요건

(가) 약혼의 내용을 이행하지 않는 경우 강제이행을 청구할 수 없으므로, 약혼을 무한정 존속시키는 것은 무의미하다. 따라서 약혼은 언제든지 해제할 수 있다. 다만 정당한 이유 없는 약혼의 파기는 손해배상청구의 원인이 된다.

(나) 정당한 약혼해제사유는 ① 약혼 후 자격정지 이상의 형을 선고받은 경우, ② 약혼 후 성년후견개시나 한정후견개시의 심판을 받은 경우, ③ 성병, 불치의 정신병, 그 밖의 불치의 질병이 있는 경우, ④ 약혼 후 다른 사람과 약혼이나 혼인(사실혼도 포함)을 한 경우, ⑤ 약혼 후 다른 사람과 간음(姦淫)한 경우, ⑥ 약혼 후 1년 이상 생사(生死)가 불명한 경우, ⑦ 정당한 이유 없이 혼인을 거절하거나 그 시기를 늦추는 경우, ⑧ 그 밖에 중대한 사유가 있는 경우이다(제804조). 여기서 '그 밖에 중대한 사유'란 약혼자의 사회적 환경을 감안하여 약혼의 계속이나 그 혼인의 성립이 약혼당사자의 한쪽에게 사회통념상 정당하다고 할 수 없는 상태가 되는 것을 말한다. 예컨대 약혼과정에서 당사자 본인의 나이·학력·직업·경력 등을 속인 경우(대판 1995.12.8, 94므1676,1683), 약혼 후 가족을 부양할 수 없을 정도로 재산상태가 악화된 경우(파산선고 등), 상대방 또는 그 부모에 의한 중대한 모욕, 심한 불구자가 된 경우, 약혼 전에 자격정지 이상의 형의 선고를 받은 사실이 있는 경우 등이 이에 해당한다. 다만 임신불능 또는 빈곤한 환경은 정당한 약혼해제사유가 될 수 없다(대판 1960.8.18, 4292민상995).

판 례

제840조 1호의 재판상 이혼사유인 배우자에 부정한 행위가 있었을 때라 함은 혼인한 부부간의 일방이 부정한 행위를 한 때를 말하는 것이므로, 혼인 전 약혼단계에서 부정한 행위를 한 때에는 1호의 이혼사유에 해당한다고 할 수는 없다(대판 1991.9.13, 91므85,92).

(2) 약혼해제의 방법

약혼의 해제는 상대방에 대한 의사표시로 한다(제805조 본문). 그러나 상대방에 대하여 의사표시를 할 수 없는 경우(예 생사불명)에는 그 해제원인이 있음을 안 때에 해제된 것으로 본다(제805조 단서). 따라서 모든 약혼해제에 반드시 해제의 의사표시가 필요한 것은 아니며, 또한 예물반환 등 특별한 형식이 요구되지 않는다.

(3) 약혼해제의 효과

(가) 손해배상의 청구

1) 약혼을 해제한 때에는 당사자 한쪽은 과실 있는 상대방에 대하여 손해배상을 청구할 수 있다(제806조 1항). 손해배상의 범위는 재산상의 손해 이외에 정신상의 손해(위자료)도 포함된다(제806조 2항). 예컨대 약혼 준비 및 약혼식에 소요된 비용, 혼인을 위하여 사직한 경우 등과 같이 약혼으로 인한 일실이익, 중매인에 대한 사례 등이 포함될 수 있다. 한편 정신적 고통에 대해서도 손해배상을 청구할 수 있지만, 그 배상청구권은 행사상 일신전속권이므로 타인에게 양도·승계할 수 없다(제806조 3항 본문). 그러나 당사자 사이에 이미 그 배상에 관한 계약이 성립되거나 소를 제기한 후에는 양도 또는 승계될 수 있다(제806조 3항 단서).

2) 약혼해제로 인한 손해배상청구에 있어 약혼을 부당히 파기한 약혼당사자뿐만 아니라 약혼당사자의 부모가 부당파기에 가담한 경우에는 그 부모에게도 손해배상을 청구할 수 있고, 약혼을 부당히 파기당한 자뿐만 아니라 당연히 정신적 고통을 받게 되는 그 부모도 손해배상을 청구할 수 있다(대판 1975.1.14, 74므11).

(나) 예물반환청구권

1) 약혼예물의 성격

약혼할 때에 흔히 교환하는 예물은 혼인의 성립을 예정하고 행한 증여이며 혼인이 성립하지 않으면 주지 않았을 증여이다. 그러므로 혼인의 불성립을 해제조건으로 하는 증여라고 할 수 있다(통설; 대판 1976.12.28, 76므41,42). 따라서 약혼이 혼인에 이르지 못하게 되면, 약혼당사자는 서로 교환한 예물의 반환을 부당이득의 법리에 따라 청구할 수 있다.

2) 혼인이 성립된 경우

혼인이 성립한 이상 해제조건은 성취불능이 되었으므로, 혼인성립 후 혼인이 해소되더라도 예물이나 그 밖의 증여물의 반환문제는 생기지 않는다(대판 1996.5.14, 96다5506; 대판 1994.12.27, 94므895).

이 경우 혼인은 반드시 법률혼일 필요가 없고 사실혼이라도 무방하다고 할 것이다(김주수/김상용, 92면; 이경희, 138면). 그러나 혼인성립 후 극히 짧은 시일 내에 이혼한 경우는 신의·형평의 원칙상 이를 혼인불성립의 경우에 준하여 처리하여야 할 것이다(통설; 대판 2014.6.12, 2014므329,336,343). 따라서 甲과 乙사이의 사실혼관계가 불과 1개월만에 파탄된 경우, 甲이 혼인 후 동거할 주택구입 명목으로 乙에게 교부한 금전은 형평의 원칙상 원상회복으로서 전액 반환되어야 한다(대판 2003.11.14, 2000므1257,1264). 반면에 혼인이나 사실혼이 성립되어 상당기간 지속된 이상 그 후 혼인이 파탄되고 그 파탄책임이 예물수령자(예: 며느리)에게 있더라도 그 예물은 수령자(예: 며느리)의 소유로 확정된다(대판 1996.5.14, 96다5506).

판 례

일단 혼인이 성립되어 지속된 이상, 부부공동체로서 의미 있는 혼인생활을 하였다고 인정할 수 없을 만큼 단기간에 파탄되거나 당초부터 혼인을 계속할 의사가 없어 그로 인하여 혼인의 파국을 초래하였다고 인정되는 등 신의칙 내지 형평의 원칙에 비추어 혼인 불성립에 준하여 처리함이 타당한 특별한 경우가 아니라면, 일방 당사자는 배우자를 상대로 재산분할을 청구하는 외에 결혼식 등 혼인 생활을 위하여 지출한 비용 또는 예물·예단 등의 반환을 구하거나 그 상당액의 손해배상을 구할 수 없다(대판 2014.6.12, 2014므329,336).

3) 혼인이 불성립한 경우

(i) 약혼의 합의해제의 경우　합의해제의 경우 예물반환의 여부는 합의로 결정된다. 만일 아무런 합의가 없는 때에는 당사자는 서로 교환한 예물의 반환을 부당이득의 법리에 따라 청구할 수 있다. 또한 당사자 양쪽의 귀책사유 없이 혼인이 불성립한 경우(예: 당사자 일방의 사망 등)에도 마찬가지이다(김용한, 106면; 박동섭/양경승, 86면). 이에 대해 예물이 단순한 상품이 아니라 조상전래의 상징물(예: 가문의 일원임을 나타내는 반지 등)인 경우에는 반환청구를 인정할 수 있지만, 일반적인 상품인 경우에는 반환청구권이 없다고 보는 것이 사회통념에 적합하다는 견해가 있다(이경희, 137면).

(ii) 당사자 한쪽의 과실로 약혼이 파기된 경우　당사자 한쪽의 과실로 인하여 약혼이 해제된 경우, 과실이 없는 당사자는 준 예물의 반환청구권을 가지고 받은 예물의 반환의무는 없다. 즉 무과실의 당사자만이 반환청구권을 행사할 수 있고, 과실 있는 당사자는 반환청구를 할 수 없고 오히려 자신이 받은 예물을 반환하여야 한다(다수설; 대판 1976.12.28, 76므41,42). 그러나 유책당사자는 손해배상책임을 지므로, 이와 별도로 예물반환청구권도 상실하게 하는 것은 부당하고 손해배상책임의 범위를 정하면서 배상액 인정에 이를 반영하는 것이 바람직하다는 이유로 유책당사자도 반환청구권이

있다는 견해가 있다(박병호, 66면; 오종근, "약혼예물의 반환에 관한 일고찰", 판례월보 제232호, 27면; 송덕수, E-13).

(iii) 당사자 양쪽의 과실로 약혼이 해제된 경우 약혼당사자 양쪽에게 과실이 있는 경우에는 부당이득의 법리에 따라 예물의 반환을 청구할 수 있지만, 과실상계의 법리(제396조)를 적용하여 부당이득반환의 범위를 정하여야 할 것이다(다수설).

Ⅲ. 혼인의 성립

1. 서 설

혼인이란 한 남자와 한 여자의 결합이 법적으로 승인받은 것을 말한다. 즉 혼인은 남녀가 일생의 공동생활을 목적으로 하여 도덕 및 풍속상 정당시되는 결합을 이루는 법률상, 사회생활상 중요한 의미를 가지는 신분상의 계약이다(대판 2015.2.26, 2014므4734,4741). 혼인의 자유는 헌법상 기본권으로 인정되고 있으며(헌재결 1997.7.16, 95헌가6 내지 13), 헌법 제36조 1항은 "혼인과 가족생활은 인간존엄과 양성평등을 기초하며, 국가의 보호를 받는다"고 규정하고 있다.

혼인은 모든 가족적·친족적 생활의 기초가 되며 부부관계에 관한 법질서는 국가적·사회적으로 중요한 문제로, 국민의 윤리·풍습에 미치는 영향이 크다. 따라서 법률은 이러한 점을 고려하여 미리 혼인의 요건을 정하고 이에 적합한 남녀의 결합만을 정당한 법률상의 혼인으로 보호하고 있다(법률혼주의). 즉 혼인이 성립하기 위해서는 당사자 사이에 혼인에 대한 합의와 혼인신고가 있어야 한다. 신분행위에서 신고는 신분행위의 의사를 표시하는 방식이며, 그것이 흠결되면 신분행위가 성립하지 않는다. 또한 혼인이 유효하게 효력이 발생하기 위해서는 혼인의 장애사유가 없어야 한다.

2. 혼인의 성립요건

(1) 당사자 사이에 혼인의사의 합치가 있을 것

(가) 혼인도 계약인 이상 당사자 사이에 혼인하려는 의사의 합치가 있어야 한다(제815조 1항). 여기서 혼인의사란 사회관습적 의미에서 부부관계를 창설하려는 의사 또는 사회통념상 인정되는 부부관계를 설정하려는 효과의사와 혼인신고서를 제출하려는 의사(신고의사)를 말한다(실질적 의사설: 다수설). 결국 혼인이 성립하려면 '신고의사의 합치'뿐만 아니라 사회관습적 의미의 부부관계를 창설하려는 의사, 즉 '효과의사의 합치'가 있어야 한다. 예컨대 남녀사이의 출생자를 혼인 중인 자로 만들기 위하여 또는 초등학교 교사직

에서 면직당하지 않도록 하기 위한 혼인신고처럼 부부로서 결합할 의사 없이 어떤 방편을 위한 혼인신고(즉 가장혼인)는 무효이다(대판 1980.1.29, 79므62,63). 이와 같이 혼인의 합의는 남녀가 부부로서 정신적·육체적 결합을 이루려는 의사의 합치이므로, 동성간의 혼인·동거하지 아니할 것을 조건으로 하는 혼인은 무효이다. 물론 성전환자는 법적으로 전환된 성(性)으로 인정되는 때(대결 2006.6.22, 2004스42)에는 다른 性의 사람과 혼인할 수 있다. 그러나 혼인의사를 신고에 의하여 법률상 혼인관계를 형성하려는 의사로 파악하여 사회습속적인 의미에서 부부가 될 의사는 없이 단지 혼인신고를 해서 가족관계등록부상 부부의 형태를 형성하겠다는 경우에도 혼인이 성립한다는 견해가 있다(형식적 의사설: 정광현, 753면). 이 견해에 따르면, 가장혼인도 유효하게 된다.

(나) 판례는 동거하지는 않고 별거하면서 왕래하려는 의사도 혼인의 합의가 있다고 한다. 즉 약 30년간 A의 첩으로 살면서 2남 2녀를 출산한 B가 A의 본처가 사망하자 A에게 혼인신고를 요구하여, A가 이를 응낙하고 혼인신고를 하도록 인장을 딸에게 교부하였다. 그 인장을 사용하여 B가 혼인신고를 한 사안에서, 판례는 당사자 사이에 이후 동거하기로 하는 합의가 따로 없이 혼인신고 후에도 계속 별거하면서 왕래하려는 의사만 있었더라도 혼인의 실질적 합의가 없었다고는 할 수 없다고 한다(대판 1990.12.26, 90므293).

(다) 혼인의사의 성립에는 의사능력이 필요하다. 따라서 남편이 뇌졸중으로 혼수상태에 빠져 있는 사이에 또는 남편이 사망하기 며칠 전에 아내가 혼인신고를 하였다면 그 혼인은 무효이다(대판 1996.6.28, 94므1089). 또한 혼인할 의사는 혼인신고서를 작성할 때뿐만 아니라 신고서가 수리될 때 모두 존재해야 한다. 그러므로 혼인신고서 제출 전에 당사자 한쪽이 혼인의사를 철회하거나 담당공무원에게 철회의사를 명백히 표시한 경우는 그 후 착오로 수리되더라도 혼인은 성립되지 아니한다(대판 1983.12.27, 83므28).

그러나 당사자 사이에 사실상의 부부공동생활관계가 존속하고 있다면 혼인신고서가 당사자 일방에 의하여 작성되어 수리될 때, 다른 일방이 의사능력을 잃고 있었더라도 신고서 수리 이전에 혼인의사를 철회하지 않은 이상, 혼인은 유효하게 성립한다고 보아야 할 것이다(대판 2012.11.29, 2012므2451; 김주수/김상용, 91면; 이경희, 45면). 주의할 것은 조정이나 재판에 의한 혼인신고의 경우에는 보고적 신고이기 때문에, 신고서를 작성할 때나 신고가 수리될 때에 당사자의 의사는 필요 없다는 점이다(박동섭/양경승, 91면). 따라서 철회는 불가능하다.

(라) 혼인의 의사는 남녀가 평생 동거할 의사이므로, 선량한 풍속 기타 사회질서에 반하는 조건부·기한부 혼인 등은 무효이다. 따라서 장래의 일정한 시기에 또는

장래 일정한 조건이 성취된 때에 혼인한다는 합의는 약혼이지 혼인의 합의는 아니다. 또한 일정한 시기에 또는 장래 일정한 조건이 성취한 때에 혼인을 해소한다는 합의는 이혼요건의 잠탈을 시인하기 때문에 허용되지 않는다. 이러한 합의가 있더라도 혼인의사로서는 무조건·무기한으로 성립한다고 보아야 할 것이다.

판 례

(ㄱ) 혼인의 합의란 법률혼주의를 택하고 있는 우리나라 법제하에서는 법률상 유효한 혼인을 성립케 하는 합의를 말하는 것이므로 비록 양성간의 정신적·육체적 관계를 맺는 의사가 있다는 것만으로는 혼인의 합의가 있다고 할 수 없다(대판 1983.9.27, 83므22).

(ㄴ) 제815조 1호가 혼인무효의 사유로 규정하는 '당사자 간에 혼인의 합의가 없는 때'란 당사자 사이에 사회관념상 부부라고 인정되는 정신적·육체적 결합을 생기게 할 의사의 합치가 없는 경우를 의미하므로, 당사자 일방에게만 그와 같은 참다운 부부관계의 설정을 바라는 효과의사가 있고 상대방에게는 그러한 의사가 결여되었다면 비록 당사자 사이에 혼인신고 자체에 관하여 의사의 합치가 있어 일응 법률상의 부부라는 신분관계를 설정할 의사는 있었더라도 그 혼인은 당사자 간에 혼인의 합의가 없는 것이어서 무효라고 보아야 한다(대판 2010.6.10, 2010므574). 가령 외국인 乙이 甲과의 사이에 참다운 부부관계를 설정하려는 의사 없이 단지 한국에 입국하여 취업하기 위한 방편으로 혼인신고에 이르렀다고 봄이 상당한 경우, 설령 乙이 한국에 입국한 후 한 달 동안 甲과 계속 혼인생활을 해왔더라도 이는 乙이 진정한 혼인의사 없이 위와 같은 다른 목적의 달성을 위해 일시적으로 혼인생활의 외관을 만들어 낸 것이라고 보일 뿐이므로, 甲과 乙 사이에는 혼인의사의 합치가 없어 그 혼인은 제815조 1호에 따라 무효이다.

(2) 혼인신고가 있을 것

혼인이 성립하려면 가족관계등록법에서 정한 바에 따라 신고하여야 한다(제812조 1항, 제813조, 제814조, 가족관계등록법 제71조). 당사자의 자발적인 의사에 의한 신고를 임의적 혼인신고라 하며, 예외적으로 조정이나 재판에 의한 혼인신고도 인정된다.

(가) 혼인신고

1) 신고의 법적 성질

민법은 신고함으로써 '그 효력이 생긴다'고 하고 있으나, 신고는 단순한 유효요건이 아니라 성립요건이다(다수설). 따라서 신고 없이 수십 년 계속해서 부부공동생활을 하더라도 법률상의 혼인으로 인정되지 않는다.

2) 신고절차

(i) 혼인신고는 당사자 양쪽과 성년자인 증인 2인이 연서한 서면에 의하지만(제812조 2항), 가족관계등록법은 구술에 의한 신고를 인정한다(동법 제23조 1항). 대리인에 의한 신고

는 허용되지 않지만(동법 제31조 3항 단서), 신고서를 담당공무원에게 제출하는 일은 우편이나 사자(수임인)를 통해서도 가능하다. 혼인이 성립하기 위해서는 당사자 사이에 혼인의 합의가 있어야 하고, 이러한 혼인의 합의는 혼인신고를 할 당시에도 존재하여야 한다(대판 1996.6.28, 94므1089). 다만 당사자가 신고서를 작성한 후 그의 제출 또는 도달 전에 당사자 한 쪽이 사망한 경우, 담당공무원은 이를 수리하여야 하며, 그 신고가 수리되었을 때에는 신고인의 사망시에 신고한 것으로 본다(동법 제41조).

한편 사망자 사이 또는 생존하는 자와 사망한 자 사이의 혼인은 인정될 수 없으므로, 그러한 혼인신고는 받아들여질 수 없다(대판 1995.11.14, 95므694). 다만 예외적으로 일정한 경우(예: 전쟁 또는 사변에서 전투에 참가하거나 전투수행을 위한 공무에 종사함으로 인하여 혼인신고를 당사자 쌍방이 하지 못하고 그 일방이 사망한 경우), 생존하는 당사자는 가정법원의 확인을 얻어서 단독으로 혼인신고를 할 수 있다(혼인신고특례법 제1조, 제2조).

(ii) 신고는 담당공무원의 수리로 완료되며, 수리된 신고는 가족관계등록부에 기재되지 않아도 혼인은 성립한다(대판 1991.12.10, 91므344 참조). 이때 담당공무원은 제807조 내지 제810조, 제812조 2항 및 기타 법령의 준수 여부에 관한 형식적 심사권을 가지며(제813조), 실질적 심사권(예: 혼인의사의 진부여부)은 없다(대판 1987.9.22, 87다카1164).

(iii) 한편 재외한국인은 국내에서의 신고절차에 의할 수도 있고, 외국에 주재하는 대사·공사 또는 영사에게 신고하든지(제814조 1항), 거주하는 외국의 법률이 정하는 방식으로 혼인을 성립시킬 수도 있다(국제사법 제63조 2항).

판 례

국제사법 제63조는 우리나라 사람들 사이 또는 우리나라 사람과 외국인 사이의 혼인이 외국에서 거행되는 경우 그 혼인의 방식, 즉 형식적 성립요건은 그 혼인거행지의 법에 따라 정하여야 한다는 취지라고 해석되므로, 그 나라의 법이 정하는 방식에 따른 혼인절차를 마친 경우에는 혼인이 유효하게 성립하는 것이고 별도로 우리나라의 법에 따른 혼인신고를 하지 않더라도 혼인의 성립에 영향이 없으며, 당사자가 가족관계등록법 제34조, 제35조에 의하여 혼인신고를 한다 하더라도 이는 창설적 신고가 아니라 이미 유효하게 성립한 혼인에 관한 보고적 신고에 불과하다(대판 1994.6.28, 94므413).

3) 신고의 효력

혼인신고가 수리되면 그것이 법령에 위반된 경우에도 혼인의 효력이 발생하고, 일정한 위법이 있을 경우는 혼인의 무효나 취소의 문제가 생길 뿐이다. 이와 같이 혼인신고는 담당공무원이 신고서를 접수(수리)함으로써 그 효력이 발생하는 것이고 가족관계등록부의 기재는 그 효력요건이 아니므로, 부부가 일단 혼인신고를 하였다면 혼인관계는 성립한다(대판 1991.12.10, 91므344).

4) 사실혼의 당사자 한쪽이 혼인신고를 한 경우

당사자 한쪽 또는 제3자가 일방적으로 혼인신고를 한 경우는 원칙적으로 무효이다. 다만 사실혼의 당사자가 신고를 게을리하고 있는 때에 당사자 한쪽이 혼인신고를 한 경우, 혼인은 성립하고 있다고 보아야 할 것이다(김주수/김상용, 88면; 박동섭/양경승, 91면). 가령 당사자 한쪽이 모르는 사이에 혼인신고가 이루어진 경우에도 그 후 당사자 양쪽이 혼인에 만족하고 그대로 부부생활을 계속하고 있다면, 그 혼인은 처음부터 유효하다고 할 것이다(대판 1965.12.28, 65므61). 판례도 사실혼관계에 있는 당사자 한쪽이 혼인신고를 한 경우, 상대방에게 혼인의사가 결여되었다고 인정되는 한 그 혼인은 무효이지만, 상대방의 혼인의사가 불분명한 경우에는 혼인의 관행과 신의성실의 원칙에 따라 사실혼관계를 형성시킨 상대방의 행위에 기초하여 혼인의사의 존재를 추정할 수 있으므로, 혼인의사를 명백히 철회하였다거나 당사자 사이에 사실혼관계를 해소하기로 합의하였다는 등의 사정이 인정되지 않는 한 혼인을 무효라고 할 수 없다고 한다(대판 2000.4.11, 99므1329). 또한 협의이혼한 후 배우자 한쪽이 일방적으로 혼인신고를 하였더라도 그 사실을 알고 혼인생활을 계속한 경우, 상대방에게 혼인할 의사가 있었거나 무효인 혼인을 추인하였다고 한다(대판 1995.11.25, 95므731). 즉 학설과 판례는 무효인 혼인신고의 추인은 원칙적으로 인정하지 않으면서도 신고 당시에 이미 실질적인 부부로서의 생활관계가 존재하고 있었으며, 신고의사가 없었던 당사자 한쪽이 신고사실을 알면서 이를 용인하는 등의 태도를 취한 경우에는 추인을 인정하고 있다.

판 례

혼인, 입양 등의 신분행위에 관하여 제139조 본문을 적용하지 않고 추인에 의하여 소급적 효력을 인정하는 것은 무효인 신분행위 후 그 내용에 맞는 신분관계가 실질적으로 형성되어 쌍방 당사자가 이의 없이 그 신분관계를 계속하여 왔다면, 그 신고가 부적법하다는 이유로 이미 형성되어 있는 신분관계의 효력을 부인하는 것은 당사자의 의사에 반하고 그 이익을 해칠 뿐 아니라 그 실질적 신분관계의 외형과 등록부의 기재를 믿은 제3자의 이익도 침해할 우려가 있기 때문에 추인에 의하여 소급적으로 신분행위의 효력을 인정함으로써 신분관계의 형성이라는 신분관계의 본질적 요소를 보호하는 것이 타당하다는 데에 그 근거가 있다고 할 것이므로, 당사자 간에 무효인 신고행위에 상응하는 신분관계가 실질적으로 형성되어 있지도 아니하고 또 앞으로도 그럴 가망이 없는 경우에는 무효의 신분행위에 대한 추인의 의사표시만으로 그 무효행위의 효력을 인정할 수 없다(대판 1991.12.27, 91므30; 대판 2004.11.11, 2004므1484).

(나) 조정·재판에 의한 혼인신고

혼인신고는 당사자 양쪽의 신고의사가 모두 필요하기 때문에 어느 한쪽이 이에 협조하지 않으면 신고가 사실상 불가능하다. 그러나 사실상 혼인관계에 있는 사람은 상대방의 의사에 구애받지 않고 일방적으로 사실상 혼인관계존재확인청구를 통하여 혼인신고를 할 수 있다(가사소송법 제2조 1항 나류 사건 1호). 사실상 혼인관계존재확인청구에 의하여 혼인신고를 하기 위해서는 먼저 조정을 신청하여야 하며(가사소송법 제50조), 조정이 이루어지지 않으면 사실상 혼인관계존재확인의 소를 제기할 수 있다. 조정의 성립이나 재판의 확정이 있으면 1개월 이내에 조정조서 또는 재판서의 등본 및 확정증명서를 첨부하여 혼인신고를 하여야 한다(가족관계등록법 제72조). 재판에 의한 혼인신고에 관하여, 판례는 창설적 신고라고 보고 있으나(대결 1991. 8.13, 91스6), 학설은 보고적 신고라고 한다(다수설).

판 례

혼인신고특례법에 의한 혼인확인심판을 받고 그 확인심판에 기하여 혼인신고를 한 경우, 비록 그 혼인당사자가 배우자의 사망 후에 타인과 동거하였다고 하여 그 이전의 혼인관계에 영향을 미친다고 할 수 없을 뿐만 아니라 그와 같은 사유로 혼인신고특례법에 의한 혼인확인심판의 효력을 다툴 수도 없다(대판 1986.11.11, 86므97).

3. 혼인의 효력요건

(1) 혼인연령에 이를 것

(가) 성년에 이른 자는 자유로이 혼인할 수 있다. 다만 당사자가 미성년자인 때에는 남·녀 모두 18세에 이르러야 혼인을 할 수 있다(제807조). 나이위반의 혼인은 무효혼인이 아니고 당사자나 그 법정대리인이 취소할 수 있을 뿐이다(제817조). 다만 그 후 혼인적령에 이르거나 혼인 중 임신(胞胎: 포태)한 경우는 제819조를 유추적용하여 취소할 수 없다고 할 것이다(김주수/김상용, 92면). 또한 미성년자가 혼인을 하는 경우에는 부모의 동의를 받아야 하며, 부모 중 한쪽이 동의권을 행사할 수 없을 때에는 다른 한쪽의 동의를 받아야 하고, 부모가 모두 동의권을 행사할 수 없을 때에는 미성년후견인의 동의를 받아야 한다(제808조 1항). 피성년후견인은 부모나 성년후견인의 동의를 받아 혼인할 수 있다(제808조 2항). 그러나 피한정후견인은 제한 없이 단독으로 혼인할 수 있다.

(나) 여기서 부모란 문자 그대로 부모를 의미하며, 반드시 친권자일 필요는 없다. 그러나 양자가 혼인하는 경우에는 양부모의 동의만 있으면 되고, 양자제도의 취지상 친생부모의 동의는 필요 없다. 또한 계모·적모 및 인지하지 아니한 생부의 동의는 필요 없다. 계모나 적모는 전처의 자식과는 법정혈족관계가 아니고, 자녀를 인지하지 아니한 생부와 그 자녀 사이에는 친자관계가 없기 때문이다.

한편 친권이 상실된 경우에는 그 친권을 상실한 부모에게는 동의권이 없다고 볼 수 있다(다수설). 그러나 명문상 동의권자는 어디까지나 부모이지, 친권자 등 법정대리인이 아니기 때문에 친권상실자도 동의권을 가진다는 반대견해가 있다(박동섭/양경승, 93면). 물론 이혼으로 인해 일방 부모만이 친권자가 된 경우에는 원칙적으로 비양육친인 부모 중 일방도 동의권이 있다고 보아야 한다. 반면에 비양육친인 일방 부모가 이혼 후 자녀를 전혀 돌보지 않고 관계가 끊어진 경우라면 그 일방 부모의 동의는 필요로 하지 않는다고 할 것이다(조은희, 64면).

(다) 미성년자나 피성년후견인이 부모나 성년후견인의 동의를 받지 않고 혼인신고를 하려고 하면 그 신고는 수리거부가 될 것이다. 그러나 부모의 동의 등은 혼인신고의 수리(접수)요건이지 혼인의 성립요건이 아니므로, 동의가 없더라도 혼인신고가 수리되면 혼인은 성립하며, 다만 당사자 또는 그 법정대리인이 취소할 수 있을 뿐이다(제816조 1호, 제817조). 그러나 당사자가 19세가 된 후 또는 성년후견종료의 심판이 있은 후 3개월이 지나거나 혼인 중에 임신한 경우에는 그 취소를 청구하지 못한다(제819조).

(2) 중혼이 아닐 것

(가) 중혼(重婚)이란 혼인신고가 이중으로 접수되어 법률상 혼인이 성립된 경우를 말하는데, 가족법은 일부일처혼을 혼인의 기본원리로 하기 때문에 중혼을 인정하지 않는다(제810조). 일부일처혼주의는 법률상의 혼인을 기준으로 하므로 한쪽은 법률혼을 하고 다른 한쪽은 사실혼관계에 불과한 때에는 중혼이 아니며, 이혼원인이 될 뿐이다. 중혼이 발생하는 경우는 ① 담당공무원의 과실에 의하여 혼인신고를 이중으로 수리한 경우, ② 이혼 후 재혼하였으나 그 이혼이 무효·취소된 경우, ③ 실종선고 후 잔존배우자가 악의로 재혼을 하였는데 그 실종선고가 취소된 경우, ④ 인정사망 후 재혼하였으나 배우자가 생존한 경우, ⑤ 국내와 국외에서 이중으로 혼인한 경우 등을 생각할 수 있다.

(나) 중혼이 성립하면 당연무효가 되는 것은 아니고, 중혼으로 인한 후혼은 당사자 및 그 배우자·직계혈족·4촌 이내의 방계혈족 또는 검사가 취소를 청구할 수 있다(제816조 1호, 제818조). 중혼의 취소는 후혼을 배제하기 위한 제도이다. 따라서 후혼이 취소되기 전에 전혼이 이혼으로 인하여 해소된 경우에는 후혼의 하자는 없어져서 취소할 수 없다(김주수/김상용, 102면).

한편 중혼이 취소되지 않는 한 유효한 혼인이 된다(박동섭/양경승, 99면; 이경희, 50면). 그 결과 중혼자가 사망하면 전혼배우자와 후혼배우자는 모두 상속권을 가지며, 중혼자는 전혼배우자와 후혼배우자의 상속인이 된다. 또한 중혼에 의한 출생자는 혼인 중의 출생자이며, 혼인 취소의 확정판결이 없는 한 법률상의 부부로서 재판상 이혼청구도 가능하다(대판 1991.12.10, 91므344). 즉 전혼의 배우자는 중혼배우자가 악의이면 배우자의 부정행위를 이유로(제840조 1호), 또 선의이면 혼인을 계속하기 어려운 중대한 사유를 이유로(제840조 6호) 이혼을 청구할 수 있다(김주수/김상용, 102면; 이경희, 50면).

(다) 판례는 甲男이 乙女를 상대로 한 이혼심판을 청구하여 승소확정되자 丙女와 결혼하여 혼인신고를 하였으나 乙과의 이혼심판이 乙의 허위주소신고에 기한 부적법 공시송달을 이유로 한 재심청구에 의하여 취소된 경우, 甲男과 丙女 사이의 혼인은 중혼에 해당하고, 乙이 실제로는 혼인생활을 계속할 의사가 없다든가, 이혼심판을 믿고 혼인한 선의의 제3자인 丙이나 그 자녀들의 이익이 크게 침해된다는 등의 사유만으로는 중혼의 취소를 구하는 심판청구가 권리남용이라고 할 수 없다고 한다(대판 1991.5.28, 89므211).

(3) 일정범위의 근친 사이의 혼인이 아닐 것—근친혼금지

(가) 우생학적 이유와 윤리적 이유에서 일정한 범위의 근친자 사이의 혼인은 금지된다(제809조). 근친혼의 금지는 가족 내에서의 성적 경쟁을 완화하며, 각 가족구성원으로 하여금 가족 외에서 혼인관계를 맺을 것을 강제하는 기능을 가진다는 점에 그 근거가 있다. 즉 ① 8촌 이내의 혈족(친양자의 입양 전의 혈족을 포함한다) 사이에서는 혼인하지 못한다(제809조 1항). 여기의 혈족은 자연혈족·법정혈족(양부모계의 혈족), 부계혈족·모계혈족(모계혈족은 모계의 부계혈족만을 의미함), 직계혈족·방계혈족을 가리지 않는다. 친양자입양이 되면 입양 전의 친족관계는 종료되지만(제908조의3 제2항), 입양되기 전에 친양자의 8촌 이내의 혈족은 입양이 성립된 후에도 계속적으로 혼인이 금지된다. ② 6촌 이내의 혈족의 배우자, 배우자의 6촌 이내의 혈족, 배우자의 4촌 이내의 혈족의 배우자인 인척(배우자가 사망하여 혼인관계는 종료되었으나 생존배우자가 재혼하지 않은 경우)이거나 이러한 인척이었던 자(혼인의 취소, 이혼, 부부 일방의 사망 후 재혼, 친양자 성립 등이 인척관계의 종료원인이다) 사이에서는 혼인하지 못한다(제809조 2항). 따라서 형부와 처제 사이의 혼인은 허용되지 않는다. ③ 6촌 이내의 양부모계(養父母系)의 혈족이었던 자와 4촌 이내의 양부모계의 인척이었던 자 사이에서는 혼인하지 못한다(제809조 3항).

(나) 제809조에 위반된 혼인신고는 수리되지 않으나(제813조) 일단 수리되면 혼인은 성립하게 되고, 다만 무효로 되거나 취소할 수 있는 것으로 된다(제815조, 제816조).

Ⅳ. 혼인의 무효와 취소

1. 서 설

혼인은 민법이 정하는 일정한 요건을 갖추면 성립한다. 따라서 혼인신고가 있는데 신고의사 내지는 혼인의사가 없었던 경우에 혼인무효 내지는 혼인불성립의 문제가 발생한다. 그런데 매매와 같은 재산상의 계약은 무효·취소되더라도 원상회복이 가능하지만, 혼인은 사실관계와 밀접한 법률행위이고 혼인의 효력을 부정하더라도 그때까지 있는 남녀관계의 사실이나 이미 출생한 자의 존재를 혼인 이전의 상태로 되돌린다는 것은 불가능하다. 즉 하자 있는 혼인을 재산법상의 계약의 무효나 취소와 동일하게 다룰 수는 없다. 이런 이유로 민법은 혼인이 당연무효로 되는 경우를 제한하고 있으며, 효력요건을 위반한 혼인을 취소할 수 있도록 하고 취소의 소급효를 제한하고 있다. 즉 취소혼은 취소청구권자의 청구에 의하여 취소된 날부터 효력이 부정된다(비소급효).

2. 혼인의 무효

혼인의 무효는 남녀가 혼인신고를 하여 가족관계등록부상 부부로 되어 있으나 실제로 당사자 사이에 혼인의 합의가 없거나 근친혼이라서 혼인의 효력이 발생할 수 없는 경우를 말한다. 따라서 혼인신고를 하지 않고 남녀가 동거하는 경우는 혼인의 불성립이므로 혼인무효와 구별된다.

(1) 혼인이 무효로 되는 경우(제815조)

(가) 당사자 사이에 혼인의사의 합치(즉 혼인의 합의)가 없는 때(제815조 1호)

혼인의사는 사회통념상 인정되는 부부관계를 설정하려는 효과의사와 혼인신고서를 제출하려는 의사를 말한다(실질적 의사설). 따라서 어떠한 방편을 위해서 하는 것으로 정신적·육체적 결합을 가질 의사가 없는 경우(가장혼인: 대판 1980.1.29, 79므62,63), 혼인신고 없이 가족관계등록부에 혼인한 것으로 기재된 경우, 당사자가 혼인신고의 수리 전에 혼인의사를 철회한 경우, 당사자 한쪽 또는 양쪽의 사망 후에 수리되었을 경우(다만 가족관계등록법 제41조에 의하여 생존 중 우송한 혼인신고는 사망 후라도 이를 수리하여야 하며, 수리되면 사망시에 신고한 것으로 된다), 혼인당사자 본인에 대한 인적 착오가 있는 경우, 혼인당사자의 한쪽이 임의로 혼인신고서를 위조하여 신고한 경우(대판 1986.7.22, 86므41; 대판 1983.9.27, 83므22) 등은 무효이다. 예컨대 사실혼관계가 해소된 상태에서 혼인신고가 일방적으로 이루어졌다면 이는 당사자 사이에 혼인의 합의가 없는 경우로 무효이다(대판 1989.1.24, 88므795). 또한 일방적인 혼인신고 후 혼인의 실체 없이 몇 차례의 육체적 관계로 자녀를 출산하였더라도 무효인 혼인을 추인하였다고 보기 어렵다(대판 1993.4.19, 93므430).

판 례

(ㄱ) 결혼식을 올린 다음 동거까지 하였으나 성격의 불일치 등으로 계속 부부싸움을 하던 끝에 사실혼관계를 해소하기로 합의하고 별거하는 상황하에서 당사자 일방이 상대방의 승낙 없이 자기 마음대로 혼인신고를 하였다면 그 혼인은 무효이다(대판 1986.7.22, 86므41).

(ㄴ) 관례에 따라 결혼식을 하고 부부로서 상당기간 동거하며 그 사이에 자녀까지 출산하여 혼인의 실제는 갖추었으나 혼인신고만이 되어있지 않은 관계에서 당사자 일방의 부재중 혼인신고가 이루어졌다고 특별한 사정이 있는 경우를 제외하고는 그 신고에 의하여 이루어진 혼인을 당연히 무효라고 할 수는 없다(대판 1980.4.22, 79므77).

(ㄷ) 중국 국적의 조선족 여성과 혼인한 것으로 신고한 자가, 혼인할 의사가 전혀 없음에도 그 여성을 한국에 입국시킬 목적으로 혼인신고를 하여 공전자기록에 불실의 사실을 기재하게 하였다는 등의 범죄사실로 유죄판결을 받아 확정된 경우, 위 혼인은 혼인의사의 합치가 결여되어 무효임이 명백하므로 혼인무효판결을 받지 않았더라도 가족관계등록법 제105조에 따라 가정법원의 허가를 받아 가족관계등록부를 정정할 수 있다(대결 2009.10.8, 2009스64).

(나) 근친자 사이의 혼인인 때

1) 8촌 이내의 혈족(친양자의 입양 전의 혈족을 포함한다) 사이의 혼인(제815조 2호, 제809조 1항), 당사자 사이에 직계인척관계가 있거나 있었던 때(제815조 3호) 또는 당사자 간에 양부모계의 직계혈족관계가 있었던 때(제815조 4호)에는 무효이다. 예컨대 계모자 사이·계부자 사이·적모서자 사이·시아버지와 며느리 사이·장모와 사위 사이의 혼인 등은 무효이다.

2) 참고로 헌법재판소는 제815조 2호에 대해 헌법불합치 결정하고, 2024. 12. 31.을 시한으로 개정될 때까지 계속 적용된다고 하였다. 즉 제815조 2호는 제809조(금혼조항)의 실효성을 보장하기 위한 것으로서 정당한 입법목적 달성을 위한 적합한 수단에 해당한다. 다만 이미 근친혼이 이루어져 당사자 사이에 부부간의 권리와 의무의 이행이 이루어지고 있고, 자녀를 출산하거나 가족 내 신뢰와 협력에 대한 기대가 발생하였다고 볼 사정이 있는 때에 일률적으로 그 효력을 소급하여 상실시킨다면, 이는 가족제도의 기능 유지라는 본래의 입법목적에 반하는 결과를 초래할 가능성이 있다. 제815조 2호의 입법목적은 가령 직계혈족 및 형제자매 사이의 혼인과 같이 근친혼이 가족제도의 기능을 심각하게 훼손하는 경우에 한정하여 그 혼인을 무효로 하고, 그 밖의 근친혼에 대하여는 혼인의 취소를 통해 장래를 향하여 혼인이 해소될 수 있도록 규정함으로써 기왕에 형성된 당사자나 그 자녀의 법적 지위를 보장하더라도 충분

히 달성될 수 있다. 따라서 제815조 2호는 제809조의 금혼조항을 위반한 경우를 전부 무효로 하고 있어서 침해최소성과 법익균형성에 반하기 때문에, 과잉금지원칙에 위배하여 혼인의 자유를 침해한다고 한다(헌재결 2022.10.27, 2018헌바115).

(2) 혼인무효의 주장방법

(가) 혼인무효의 법적 성질

혼인무효는 당연무효인지 재판에 의한 무효선언에 의하여 비로소 소급적으로 무효가 되는 형성무효인지가 문제이다. ① 당연무효설은 혼인의 무효는 처음부터 당연히 무효이므로, 당사자는 일반원칙에 따라 기간의 제한 없이 언제든지 무효확인의 소를 제기할 수 있고, 그러한 판결이 없더라도 이해관계인은 다른 소송에서 혼인의 무효를 주장할 수 있다고 한다(다수설). ② 형성소송설은 당연무효설에 의하면 혼인의 유효·무효가 소송 없이 상대적으로 결정되게 되어 당사자 자신은 혼인무효를 주장하지 않는데, 제3자가 자신의 재산적 이익을 위하여 혼인의 무효를 주장할 수 있게 되므로, 혼인의 무효는 소송을 통한 판결에 의하여 확정된다고 한다(이경희, 71면).

(나) 혼인무효의 소

1) 혼인무효의 소는 당사자·법정대리인 또는 4촌 이내의 친족이 언제든지 제기할 수 있고(가사소송법 제23조), 부부의 한쪽이 이를 제기하는 경우에는 상대방 배우자가 피고가 되고 상대방이 사망한 경우에는 검사를 상대로 한다(동법 제24조 1항, 3항). 제3자가 이를 제기하는 경우에는 부부를 피고로 하고 부부의 한쪽이 사망한 때에는 그 생존자를 상대방으로 하고, 부부가 모두 사망한 때에는 검사를 피고로 한다(동법 제24조 2항, 3항).

2) 피한정후견인은 신분행위에 관하여 행위능력이 있으므로 법정대리인의 대리 없이 단독으로 혼인무효확인의 소를 제기할 수 있다. 피성년후견인의 경우, 법정대리인이 소송을 대리하여야 할 것이지만(가사소송법 제23조), 피성년후견인의 배우자가 자동으로 성년후견인이 되는 것이 아니므로, 성년후견인이 피성년후견인의 배우자가 아닌 경우에는 혼인무효확인 소송을 대리할 수 있을 것이다. 만약 피성년후견인의 배우자가 성년후견인으로 선임되어 있는 경우라면, 성년후견인을 변경한 후(제940조) 혼인무효확인의 소를 제기하도록 해야 할 것이다(조은희, 73면). 이 경우에도 후견감독인이 있으면 후견감독인의 동의를 받아야 한다(제950조 1항).

3) 혼인무효·인지무효 등 청구사건은 가사소송법상 가류 사건으로 당사자의 임의처분이 허용되지 않는다. 즉 조정이나 화해의 대상이 될 수 없으므로, 조정전치주

의가 적용되지 않는다. 다만 이로 인한 손해배상청구사건은 다류 사건으로서 조정의 대상이다. 한편 혼인무효의 소에는 제소기간이 없으므로 확인의 이익이 있는 이상 언제든지 혼인무효의 소를 제기할 수 있다. 판례는 협의이혼으로 혼인관계가 해소된 경우에도 과거의 혼인관계의 무효확인을 구할 수 있다고 한다(대판 1978.7.11, 78므7).

4) 일반적으로 과거의 법률관계는 확인의 소의 대상이 될 수 없지만, 그것이 이해관계인 사이에 현재 또는 잠재적 분쟁의 전제가 되어 과거의 법률관계 자체의 확인을 구하는 것이 관련된 분쟁을 한꺼번에 해결하는 유효·적절한 수단이 될 수 있는 경우에는 예외적으로 확인의 이익이 인정된다. 이혼으로 혼인관계가 이미 해소되었다면 기왕의 혼인관계는 과거의 법률관계가 된다. 그러나 신분관계인 혼인관계는 그것을 전제로 하여 수많은 법률관계가 형성되고 그에 관하여 일일이 효력의 확인을 구하는 절차를 반복하는 것보다 과거의 법률관계인 혼인관계 자체의 무효 확인을 구하는 편이 관련된 분쟁을 한꺼번에 해결하는 유효·적절한 수단일 수 있으므로, 특별한 사정이 없는 한 혼인관계가 이미 해소된 이후라고 하더라도 '혼인무효의 확인'을 구할 이익이 인정된다(대판 2024.5.23, 2020므15896). 무효인 혼인과 이혼은 법적 효과가 다르기 때문이다. 즉 무효인 혼인은 처음부터 혼인의 효력이 발생하지 않는다. 따라서 인척이거나 인척이었던 사람과의 혼인금지 규정(제809조 2항) 등이 적용되지 않는다. 반면 혼인관계가 이혼으로 해소되었더라도 그 효력은 장래에 대해서만 발생하므로 이혼 전에 혼인을 전제로 발생한 법률관계는 여전히 유효하다. 가령 이혼 전에 부부의 일방이 일상의 가사에 관하여 제3자와 법률행위를 한 경우 다른 일방은 이혼한 이후에도 그 채무에 대하여 연대책임을 부담할 수 있지만(제832조), 혼인무효 판결이 확정되면 기판력은 당사자뿐 아니라 제3자에게도 미치므로(가사소송법 제21조 1항) 제3자는 다른 일방을 상대로 일상가사채무에 대한 연대책임을 물을 수 없게 된다. 그러므로 이혼 이후에도 혼인관계가 무효임을 확인할 실익이 존재한다.

(3) 혼인무효의 효과

(가) 당사자 간의 효과

1) 당연무효

무효혼(無效婚)은 혼인으로서 아무런 효과도 생기지 않는다. 즉 무효혼의 당사자는 처음부터 부부가 아니었던 것으로 되므로 부부를 전제로 하는 상속 기타의 권리변동은 무효로 된다.

판 례

(ㄱ) 확인의 소는 다른 특별한 사정이 없는 한 분쟁의 당사자 간에 '현재'의 권리 또는 법률관계에 관하여 즉시 확정할 이익이 있는 경우에 허용될 뿐 일반적으로 과거의 법률관계는 확인의 소의 대상이 될 수 없다(대판 1996.5.10, 94다35565,35572). 다만 과거 일정기간 동안의 혼인관계의 존부의 문제라 해도 혼인무효의 효과는 기왕에 소급하는 것이고 그것이 적출자의 추정 등 당사자의 신분법상의 관계 또는 연금관계법에 기한 유족연금의 수급자격, 재산상속권 등 재산법상의 관계에 있어 현재의 법률상태에 직접적인 중대한 영향을 미치는 이상 그 무효확인을 구할 정당한 법률상의 이익이 있다(대판 1978.7.11, 78므7).

(ㄴ) 일반적으로 과거의 법률관계는 확인의 소의 대상이 될 수 없으나, 혼인, 입양과 같은 신분관계나 회사의 설립, 주주총회의 결의무효, 취소와 같은 사단적 관계, 행정처분과 같은 행정관계와 같이 그것을 전제로 하여 수많은 법률관계가 발생하고 그에 관하여 일일이 개별적으로 확인을 구하는 번잡한 절차를 반복하는 것보다 과거의 법률관계 그 자체의 확인을 구하는 편이 관련된 분쟁을 일거에 해결하는 유효 적절한 수단일 수 있는 경우에는 예외적으로 확인의 이익이 인정된다(대판 1995.3.28, 94므1447).

(ㄷ) 甲의 친모 乙이 丙과 혼인하여 혼인신고를 마치고 甲을 출생하고 동거하다가 가출하여 타인과 혼인신고까지 마치고 동거하고 있던 중, 甲의 부 丙이 丁과 동거하여 오다가 사망하자, 甲이 乙과 공동상속하게 될 유산 처분 등의 곤란을 회피하고자 丙의 등록부상에 허위로 乙의 사망신고를 하고 나서 다시 丙과 丁의 혼인신고를 한 뒤 丙의 사망신고를 하였는데 丁이 유산처분을 반대하고 나서자 분란 끝에 甲이 丁을 공동상속인 지위에서 제거하기 위하여 乙의 승낙도 없이 乙의 이름으로 丁을 상대로 혼인무효의 심판청구를 제기하였으나 패소확정되자 다시 甲이 직접 혼인무효심판청구를 제기하였다면, 비록 丁과 丙 사이의 혼인신고는 丙의 사망 後에 이루어진 것으로서 무효라 할 것이나 위 혼인무효가 확정되는 경우 되살아나게 될 丙과 乙의 부부관계는 위 시기에 사실상 소멸되어 돌이킬 수 없는 상태에 이르게 되었으므로 乙과 丙의 각 사망신고와 丁과 丙 사이의 혼인신고를 사실과 다르게 신고한 지위에서 오로지 乙과 丙 사이의 혼인관계가 형식상 존속함을 이용하여 乙의 상속권을 회복할 목적으로 제기된 이 사건 혼인무효심판청구는 신의에 좇은 권리행사라고 볼 수 없어 사회생활상 용인될 수 없다(대판 1987.4.28, 86므130).

2) 손해배상청구권

혼인이 무효가 된 경우에 당사자 한쪽은 과실 있는 상대방에 대하여 손해(재산상·정신상 손해) 배상을 청구할 수 있다(제825조, 제806조). 물론 손해배상을 청구하기 위해서는 가정법원에 조정을 신청하여야 한다(가사소송법 제2조 1항 다류 사건 2호, 제50조). 한편 선의·무과실의 당사자는 위자료청구권을 양도하거나 승계하지 못하지만, 당사자 사이에 협의가 성립되었거나 소를 제기한 경우는 가능하다(제825조, 제806조).

(나) 자녀에 대한 효과

무효혼으로 인한 출생자는 혼인외의 출생자로 되며(제855조 1항), 그 출생자가 미성년자인 경우에 친권행사자나 양육자를 지정하여야 하는데, 이는 이혼의 경우와 동일하다. 한편 혼인신고가 위법하여 무효인 경우에도 무효 혼인 중의 출생자를 생부가 친생자 출생신고하면 인지의 효력이 있다(대판 1971.11.15, 71다1983).

3. 혼인의 취소

당사자 사이에 혼인신고가 되어 있으나 그 혼인에 위법사유가 있어서 혼인의 효력을 장래에 향하여 소멸시키는 것이 혼인의 취소이다.

(1) 혼인취소의 원인으로 되는 경우

(가) ① 나이위반의 혼인(제817조, 제807조), ② 동의를 받지 않은 미성년자나 피성년후견인의 혼인(제817조, 제808조), ③ 제809조의 사유 중에서 무효사유를 제외한 근친혼(제817조), ④ 중혼(제818조, 제810조), ⑤ 혼인 당시 당사자 한쪽에 부부생활을 계속할 수 없는 악성 질병이나 그 밖의 중대한 사유가 있음을 알지 못한 경우(제816조 2호, 제822조), ⑥ 사기·강박에 의한 혼인(제816조 3호, 제823조)은 취소할 수 있다.

(나) 제816조 3호가 규정하는 '사기'에는 혼인의 당사자 한쪽 또는 제3자가 적극적으로 허위의 사실을 고지한 경우뿐만 아니라 소극적으로 고지를 하지 아니하거나 침묵한 경우도 포함된다. 그러나 불고지 또는 침묵의 경우에는 법령, 계약, 관습 또는 조리상 사전에 사정을 고지할 의무가 인정되어야 위법한 기망행위로 볼 수 있다(대판 2016.2.18, 2015므654,661).

(2) 혼인취소의 주장방법

(가) 취소권자

1) 나이위반 혼인

18세 미만의 사람이 혼인한 경우(제807조), 당사자 또는 그 법정대리인이 취소할 수 있다(제816조 1호, 제817조). 다만 당사자가 혼인적령에 이르거나 혼인 중에 임신한 경우는 그 취소를 청구할 수 없다(제819조 유추적용).

2) 동의 없는 혼인

미성년자·피성년후견인이 동의 없이 혼인한 경우(제808조), 당사자 또는 그 법정대리인이 취소할 수 있다(제816조 1호, 제817조). 다만 당사자가 19세가 된 후 또는 성년후견종료의 심판이 있은 후 3개월이 지나거나 혼인 중에 임신한 경우에는 그 취소를 청구하지 못한다(제819조).

3) 근 친 혼

일정범위의 근친혼 중(제809조)에서도 제815조에 해당하는 것은 무효혼이 되므로, 제815조의 혼인무효사유에 해당하지 않는 혼인만이 취소의 대상이 된다. 즉 '직계인척관계가 있거나 있었던 자'를 제외한 6촌 이내의 혈족의 배우자, 배우자의 6촌 이내의 혈족, 배우자의 4촌 이내의 혈족의 배우자인 인척이거나 이러한 인척이었던 자 사이의 혼인(제815조 3호, 제816조 1호), '양부모계의 직계혈족관계가 있었던 자'를 제외한 6촌 이내의 양부모계의 혈족이었던 자와 4촌 이내의 양부모계의 인척이었던 자 사이의 혼인(제815조 4호, 제816조 1호)은 당사자, 그 직계존속 또는 4촌 이내의 방계혈족이 그 취소를 청구할 수 있다(제817조). 다만 당사자가 혼인 중 임신한 때에는 그 취소를 청구하지 못한다(제820조).

4) 중 혼

(i) 배우자 있는 사람이 중복하여 혼인(혼인신고)한 경우, 당사자 및 그 배우자, 직계혈족, 4촌 이내의 방계혈족 또는 검사가 그 취소를 청구할 수 있다(제816조 1호, 제818조). 가사소송에서 검사를 취소청구권자로 규정한 유일한 경우인데, 그 이유는 공익의 견지에서 1부 1처제를 유지하기 위한 것이다(김주수/김상용, 122면; 박동섭/양경승, 118면).

(ii) 협의이혼 후 재혼하였으나 협의이혼이 무효이거나 취소된 경우에 재혼이 중혼으로 된다. 즉 협의이혼이 이혼의사의 합치 없이 이혼신고가 되었다는 이유로 무효가 되면 그 후의 재혼은 중혼이 되어 혼인취소사유가 된다(대판 1987.1.20, 86므74). 또한 재판상 이혼을 한 후 재혼하였으나 재심청구에 의해 이혼판결이 취소되고 이혼청구가 기각되어 이혼이 되지 않은 경우에도 재혼이 중혼으로 되며(대판 1985.9.10, 85므35), 이중의 가족관계등록부에 의한 이중혼도 중혼이 된다(대판 1986.6.24, 86므9). 그 밖에 외국에서 혼인을 하는 경우, 혼인거행지의 법률이 정하는 방식으로 혼인할 수 있다(국제사법 제63조 2항). 따라서 혼인거행지의 방식으로 혼인한 경우 국내에 혼인신고를 하지 않더라도 법률혼으로 인정되므로, 이에 따라 혼인한 후 다시 국내법에 따라 다른 사람과 혼인하고 혼인신고를 하는 경우에도 중혼이 성립할 수 있다.

(iii) 중혼자가 사망한 후에도 그 사망에 의하여 중혼으로 인하여 형성된 신분관계가 소멸하는 것은 아니므로 전혼의 배우자는 생존한 중혼의 당사자 한쪽을 상대로 중혼의 취소를 구할 이익이 있다(대판 1991.12.10, 91므535). 주의할 것은 ① 취소할 수 있는 것은 중혼당사자의 선·악의를 불문하고 나중의 혼인(後婚)이며, 전혼(前婚)은 이혼원인이 되는데 지나지 않는다(제840조 1호). ② 혼인이 성립되면 그것이 위법한 중혼이더라도 당연히 무효가

되는 것이 아니라 법원의 판결에 의하여 취소될 때에 그 효력이 소멸될 뿐이므로, 혼인취소의 확정판결이 없는 한 법률상 부부이므로 재판상 이혼청구도 가능하다는 점이다(대판 1991.12.10, 91므344). 따라서 중혼자가 취소 전에 사망하면 전·후혼의 2배우자는 모두 사망자의 상속인이 된다. 취소청구권의 소멸기간에 관하여는 명문의 규정이 없으므로 중혼이 존재하는 한 취소청구권은 소멸하지 않는다(헌재결 2014.7.29, 2011헌바275). 다만 중혼남편의 이복동생이 중혼성립 후 10여년 후 중혼취소청구를 한 사안에서, 판례는 중혼당사자는 이미 사망한 후이고 아무런 이해관계 없는 원고의 취소청구는 권리남용이 된다고 한다(대판 1993.8.24, 92므907).

판 례

(ㄱ) 甲남이 법률상 부부였던 乙녀를 상대로 이혼심판을 청구하여 승소심판을 선고받고 그 심판이 확정되자 곧 丙녀와 혼인하여 혼인신고를 마쳤으나 그 후 乙녀의 재심청구에 의하여 그 이혼심판의 취소 및 이혼청구기각의 심판이 확정되었다면 甲남과 丙녀 사이의 혼인은 중혼에 해당하므로 취소되어야 한다(대판 1994.10.11, 94므932). 이 경우 乙녀가 실제로는 혼인생활을 계속할 의사가 없다든가, 이혼심판을 믿고 혼인한 선의의 제3자인 丙녀나 그 자녀들의 이익이 크게 침해된다는 등의 사유만으로는 중혼의 취소를 구하는 심판청구가 권리남용이라고 할 수 없다(대판 1991.5.28, 89므211).

(ㄴ) 중혼관계에 있어 전혼의 배우자가 사망한 상대방과 이미 사실상 이혼상태에 있었다든가 그 혼인사실을 뒤늦게 공관장에게 신고하였다는 사정만 가지고 전혼의 배우자가 생존한 중혼의 일방 당사자를 상대로 제기한 혼인취소청구가 오로지 피청구인을 괴롭히기 위한 소송으로 권리남용에 해당하거나 신의칙에 반하여 위법한 것이 된다고 할 수 없다(대판 1991.12.10, 91므535).

5) 악질 등 중대한 사유가 있는 혼인

혼인 당시 당사자 한쪽에 부부생활을 계속할 수 없는 악성 질병이나 그 밖의 중대한 사유가 있음을 알지 못한 경우, 상대방이 그 사유 있음을 안 날부터 6개월 이내에 그 취소를 청구할 수 있다(제816조 2호, 제822조). 임신가능 여부는 제816조 2호의 부부생활을 계속할 수 없는 악성 질병이나 그 밖의 중대한 사유에 해당하지 않는다. 그리고 '혼인을 계속하기 어려운 중대한 사유'에 관한 제840조 6호의 이혼사유와는 다른 문언 내용 등에 비추어 제816조 2호의 '부부생활을 계속할 수 없는 중대한 사유'는 엄격히 제한하여 해석함으로써 그 인정에 신중을 기하여야 한다(대판 2015.2.26, 2014므4734,4741).

6) 사기 · 강박에 의한 혼인

사기 또는 강박으로 인하여 혼인의 의사표시를 한 때에는 사기 등을 당한 당사자(한쪽 또는 양쪽)는 사기를 안 날 또는 강박을 면한 날부터 3개월 이내에 취소를 청구할 수 있다(제816조 3호, 제823조). 여기서 사기란 허위의 사실을 고지하여 착오에 빠뜨려서 혼인의사를 결정시키는 것을 말하며, 강박은 해악을 예고하여 공포심을 느끼고 그로 인하여 혼인의사를 결정하게 한 것을 말한다. 사기에 의한 착오가 사람의 동일성에 관한 것일 때에는 혼인무효의 문제가 되지만, 사람의 성질·나이·건강·재산 또는 신분 등에 관하여 크게 속이거나 침묵한 경우에는 취소 문제만이 생긴다. 사기를 이유로 혼인을 취소하기 위해서는 만일 그러한 착오가 없었더라면 누구라도 혼인을 승낙하지 않았으리라는 정도로 위법성이 강하여야 한다(박동섭/양경승, 121면). 가령 과거의 혼인사실과 자녀가 있다는 사실을 알리지 않은 경우나 혼인 전에 임신하였는데 그 태아가 혼인할 남자 이외의 다른 남자와의 관계에서 임신되었을 가능성이 있는데도 침묵한 경우 등이 그것이다. 물론 혼인 전에 출산경력을 고지하지 않았다고 해서 일률적으로 혼인취소 사유가 된다고 볼 수 없다. 판례도 베트남 여성과 한국 남성이 국제혼인을 한 상황에서 여성이 13세 당시 베트남의 관습에 의한 약탈혼으로 성폭력을 당하여 임신·출산하였는데, 국제혼인 당시 여성이 출산경력을 상대방에게 고지하여야 할 의무가 있는지에 관하여, "당사자가 성장과정에서 본인의 의사와 무관하게 아동성폭력범죄 등의 피해를 당해 임신을 하고 출산까지 하였으나 이후 자녀와의 관계가 단절되고 상당한 기간 동안 양육이나 교류 등이 전혀 이루어지지 않은 경우라면, 출산의 경력이나 경위는 개인의 내밀한 영역에 속하는 것으로서 당사자의 명예 또는 사생활 비밀의 본질적 부분에 해당하고, 나아가 사회통념상 당사자나 제3자에게 그에 대한 고지를 기대할 수 있다거나 이를 고지하지 아니한 것이 신의성실 의무에 비추어 비난받을 정도라고 단정할 수도 없으므로, 단순히 출산의 경력을 고지하지 않았다고 하여 그것이 곧바로 제816조 3호에서 정한 혼인취소사유에 해당한다고 보아서는 아니 된다. 그리고 이는 국제결혼의 경우에도 마찬가지이다"고 한다(대판 2016.2.18, 2015므654,661).

한편 사기자 또는 강박자는 혼인의 당사자이든 제3자이든 불문하며, 또 제3자에 의하여 사기가 행하여진 경우에 혼인의 상대방이 그것을 알고 있었는지 여부는 문제되지 않으며, 제110조는 적용되지 않는다. 자신의 배우자를 선택하는 혼인의 중요성에 비추어 볼 때 이것은 당연하다(김주수/김상용, 124면).

(나) 취소의 상대방

혼인취소의 소의 상대방은 혼인무효의 소의 경우와 같다. 즉 부부의 한쪽이 혼인취소의 소를 제기한 때에는 배우자를 상대방으로 하며(가사소송법 제24조 1항), 제3자가 취소의 소를 제기할 때에는 부부를 상대방으로 하고, 부부 중 한쪽이 사망한 때에는 그 생존자를 상대방으로 한다(동법 제24조 2항). 만일 부부가 모두 사망한 경우에는 검사를 상대방으로 한다(동법 제24조 3항).

(다) 취소의 방법

혼인의 취소는 가정법원에 취소소송을 제기하여야 한다. 즉 혼인취소의 소는 형성의 소로서, 취소권자의 의사표시나 부부간의 합의만으로 혼인을 취소할 수 없고, 가정법원에 혼인취소소송을 제기하여 승소판결을 받아야만 혼인을 취소할 수 있다. 이 경우 먼저 가정법원에 조정을 신청하여야 한다(가사소송법 제2조 1항 나류 사건 2호, 제50조 1항). 또한 취소의 소는 무효와 달리 형성의 소이기 때문에 다른 소의 전제로 주장할 수 없다.

(3) 혼인취소의 효과

혼인취소의 판결은 형성판결로서 제3자에 대하여도 효력이 생긴다(가사소송법 제21조).

(가) 혼인관계의 종료 — 불소급

혼인의 취소는 혼인에 의해 발생하는 신분관계를 '장래에 향하여' 소멸시키고 (불소급), 그때까지 발생한 신분관계에는 아무런 영향을 미치지 않는다. 즉 혼인취소의 효력은 이혼과 동일하다. 따라서 취소할 혼인으로부터 출생한 자녀는 혼인 중의 출생자의 지위를 잃지 않으며, 배우자 사이에 재산상속이 있는 후에 그 혼인이 취소되더라도 그 상속은 그대로 유효하므로 부당이득이 되지 않는다(대판 1996.12.23, 95다48308). 미성년자가 혼인하면 성년자로 간주되며(제826조의2), 이러한 성년의제의 효력은 그 혼인이 취소되더라도 계속 유지된다(통설). 혼인이 취소되면 이혼의 경우처럼, 혼인으로 인하여 성립한 인척관계는 종료한다(제775조 1항).

판 례

제824조는 "혼인의 취소의 효력은 기왕에 소급하지 아니한다"고 규정하고 있을 뿐 재산상속 등에 관해 소급효를 인정할 별도의 규정이 없는바, 혼인 중에 부부 일방이 사망하여 상대방이 배우자로서 망인의 재산을 상속받은 후에 그 혼인이 취소되었다는 사정만으로 그 전에 이루어진 상속관계가 소급하여 무효라거나 또는 그 상속재산이 법률상 원인 없이 취득한 것이라고는 볼 수 없다(대판 1996.12.23, 95다48308).

(나) 손해배상청구

혼인무효의 경우와 같이 혼인취소의 경우에 선의의 당사자는 '과실 있는' 상대방 또는 사기·강박에 가담한 제3자에 대하여 손해배상을 청구할 수 있다(제825조, 제806조). 손해배상을 청구하기 위해서는 가정법원에 우선 조정신청을 하여야 한다(가사소송법 제2조 1항 다류 사건 2호, 제50조). 한편 혼인취소와 재판상 이혼의 경우에는 그 원인에 책임 있는 상대방에게 손해배상을 청구할 수 있으나(제825조, 제843조), 협의이혼의 경우에는 손해배상규정이 없다. 그러나 판례는 사기 또는 강박으로 인해서 혼인하게 된 사람이 혼인의 취소 또는 이혼판결에 의하지 않고 협의이혼한 경우에도 손해배상청구를 할 수 있다고 한다(대판 1977.1.25, 76다2223).

판 례

혼인의사결정에 당사자 일방 또는 제3자의 사기 또는 강박 등의 위법행위가 개입되어 그로 인해서 혼인을 하게 된 경우에는 상대방은 그것을 이유로 혼인의 취소를 구한다던가 또는 사기 강박 등 위법행위에 관한 사항이 이혼사유에 해당되면 그 사유를 내세우고 재판에 의한 이혼을 구한다던가 혹은 그것이 연유가 되어 당사자 협의에 의하여 이혼을 한다던가 등 어떠한 방식을 취할 것인가는 오로지 당사자의 선택에 달려있다 할 것이고 혼인해소가 사기 또는 강박 등의 위법행위에 연유한 이상 사기 또는 강박으로 인해서 혼인을 하게 된 자가 그로 인해서 받은 재산상 또는 정신상의 손해배상 청구를 하는데 있어서 반드시 어떠한 혼인해소방식에 구애되어 혼인취소 또는 이혼판결이 있어야만 된다고 하여야 할 이유는 없다(대판 1977.1.25, 76다2223).

(다) 재산분할청구

혼인을 직접원인으로 하여 생긴 재산의 분할청구권(제839조의2)에 관하여는 명문의 규정이 없다. 그러나 그 권리의 성질에 비추어 볼 때 혼인취소의 경우에도 제839조의2가 유추적용되어야 하며(김주수/김상용, 133면; 박동섭, 133면; 이경희, 73면), 가사소송법은 이를 가사비송사건(동법 제2조 1항 마류 사건 4호)으로 인정하고 있다.

(라) 친권행사자 등의 지정

혼인이 취소된 경우에 가정법원은 직권으로 친권자를 정한다(제909조 5항). 혼인취소신고 시에 친권자 지정에 관하여 신고하여야 한다(가족관계등록법 제77조). 그 밖에 자녀의 양육책임에 관한 제837조와 면접교섭권에 관한 제837조의2를 혼인취소의 경우에 준용한다(제824조의 2). 즉 양육자결정, 양육비용의 부담, 면접교섭권 행사 여부 및 그 방법 등 양육에 관한 사항은 당사자의 협의로 정하고 협의가 이루어지지 않거나 협의할 수 없는 때에는 가정법원이 직권으로 또는 당사자의 청구에 의하여 정한다(제824조의2, 제837조, 제837조의2).

V. 혼인의 효과

혼인에 의하여 당사자는 부부라는 생활공동체를 형성하고, 그들 사이에는 친족적·재산적 효과가 발생한다. 민법은 이를 일반적 효력과 재산적 효력으로 나누어 규정하고 있다.

1. 혼인의 일반적 효과

(1) 친족관계의 발생

부부는 배우자로서 서로 친족이 되고(제777조 3호), 상대방이 사망한 경우에 상속인이 된다(제1003조). 또한 부부는 상대방의 4촌 이내의 혈족, 4촌 이내의 혈족의 배우자와의 사이에 인척관계가 생긴다(제777조 2호).

(2) 부부의 성

부부의 성(姓)에 관하여는 성불변의 원칙을 채택하므로 성의 변동은 없다.

(3) 부부 상호간의 의무

(가) 동거의무

1) 부부는 동거의무를 진다(제826조 1항). 여기서 동거(同居)란 주택을 공동으로 하여 함께 생활하고 있다는 단순한 공간적 의미는 아니며, 생활공동체를 형성한다는 것을 의미한다. 그러나 직업상 필요·질병으로 인한 입원·자녀의 교육상의 필요성 등과 같이 정당한 이유로 부부가 일시적으로 동거할 수 없을 때에는 서로 인용하여야 한다(제826조 1항 단서). 그 밖에 부부의 한쪽이 징역 또는 금고를 받고 있을 때, 폭행 또는 동거 중에 참을 수 없는 학대를 할 때, 이혼소송을 제기하였을 때, 남편이 첩과 동거할 때 등에는 다른 한쪽은 동거할 의무를 지지 않는다. 동거장소는 부부의 협의로 정하고, 협의가 이루어지지 않는 경우에는 당사자의 청구에 의하여 가정법원이 이를 정한다(제826조 2항).

2) 한편 정당한 사유 없이 동거의무를 불이행한 경우에는 동거를 명하는 직·간접의 강제는 허용되지 않는다. 그것은 부부공동생활의 본질에 적합하지 않기 때문이다. 다만 부당한 동거의무의 위반은 부양의무(좀 더 정확히는 혼인생활비용공동부담의무이다) 및 협조의무의 면제사유가 될 수도 있고(대판 1991.12.10, 91므245; 대판 1976.6.22, 75므17), 악의의 유기로서 이혼원인(제840조 2호)이 될 수도 있다.

판 례

부부의 일방이 상대방에 대하여 동거에 관한 심판을 청구한 결과로 그 심판절차에서 동거의무의 이행을 위한 구체적인 조치에 관하여 조정이 성립한 경우에 그 조치의 실현을 위하여 서로 협력할 법적 의무의 본질적 부분을 상대방이 유책하게 위반하였다면, 부부의 일방은 바로 그 의무의 불이행을 들어 그로 인하여 통상 발생하는 비재산적 손해의 배상을 청구할 수 있고, 그에 반드시 이혼의 청구가 전제되어야 할 필요는 없다(대판 2009.7.23, 2009다32454).

(나) 부양의무

1) 부부는 서로 부양할 의무가 있다(제826조 1항). 부부 사이의 부양은 미성년의 자녀를 포함한 일체의 공동생활을 영위하기 위하여 상대방의 생활이 '자기의 생활과 같은 수준으로' 보장하는 것을 의미한다. 부부 사이의 부양의무는 한쪽에게 경제적 여유가 있는 경우에만 인정되는 친족간의 부양(즉 2차적 부양의무)과 달리 무조건적인 부양이다. 이와 같이 부부 사이의 부양의무는 그 내용이 재산적인 것이기 때문에 한쪽이 부양의무를 위반한 경우에 다른 한쪽은 부양심판을 청구할 수 있고, 부양이행명령이 있는데도 이를 이행하지 않은 경우에는 가사채무의 이행확보절차에 따른 강제이행이 가능하다(가사소송법 제62조-제65조). 그 밖에 부양의무의 위반은 악의의 유기로서(제840조 2호) 이혼사유가 될 수 있다.

2) 제826조 1항의 부부 사이의 상호부양의무는 부부의 한쪽에게 부양을 받을 필요가 생겼을 때 당연히 발생하는 것이다. 다만 과거의 부양료에 관하여는 부양을 받을 자가 부양의무자에게 부양의무의 이행을 청구하였는데도 부양의무자가 부양의무를 이행하지 아니함으로써 '이행지체에 빠진 이후의 것'에 대하여만 부양료의 지급을 청구할 수 있을 뿐, 부양의무자가 부양의무의 이행을 청구받기 이전의 부양료의 지급은 청구할 수 없다(대결 2008.6.12, 2005스50; 대결 1991.10.8, 90므781,798).

3) 제826조 1항이 규정하고 있는 부부간의 동거·부양·협조의무는 정상적이고 원만한 부부관계의 유지를 위한 광범위한 협력의무를 구체적으로 표현한 것으로서 서로 독립된 별개의 의무가 아니다. 따라서 정당한 이유 없이 동거의무를 이행하지 않고 있는 배우자는 상대방에게 부양청구를 할 수 없다. 예컨대 부부의 한쪽이 정당한 이유 없이 동거를 거부함으로써 자신의 협력의무를 스스로 저버리고 있다면, 상대방의 동거청구가 권리의 남용에 해당하는 등의 특별한 사정이 없는 한, 상대방에게 부양료의 지급을 청구할 수 없다(대판 1991.12.10, 91므245).

4) 부부간 부양의무는 부부가 동거하면서 정상적인 부부관계를 유지하는 경우보다는 부부가 어떤 이유에서든지 별거하여 배우자 일방이 상대방에 대하여 부양의무를 이행할 필요성이 있는 경우에 더 큰 의미가 있고, 협의이혼 신고의 수리 전 철회나 재판상 이혼청구의 종국판결 확정 전 취하를 통해 사실상 종료된 혼인관계를 다시 유지할 수도 있다. 따라서 혼인이 사실상 파탄되어 부부가 별거하면서 서로 이혼소송을 제기하는 경우라고 하더라도, 특별한 사정이 없는 한 이혼을 명한 판결의 확정 등으로 법률상 혼인관계가 완전히 해소될 때까지는 부부간 부양의무가 소멸하지 않는다고 보아야 한다(대결 2023.3.24, 2022스771). 즉 배우자 일방이 스스로 정당한 이유 없이 동거를

거부하면서도 상대방에게 부양료의 지급을 청구할 수는 없지만, 그러한 귀책사유 없는 배우자 일방이 상대방에게 부양료의 지급을 청구하는 것은 부양료 지급의 요건 및 필요성이 인정되지 않는 특별한 사정이 없는 한 비록 당사자 쌍방이 이혼소송을 서로 제기한 경우라도 인정되어야 한다.

5) 한편 제833조는 "부부의 공동생활에 필요한 비용의 부담은 당사자 간의 특별한 약정이 없으면 부부가 공동으로 부담한다"고 규정하고 있어서, 부부간의 혼인생활비용 공동부담의무와 부부간의 부양의무의 관계가 문제된다. 제826조의 부부 간의 부양·협조는 부부가 서로 자기의 생활을 유지하는 것과 같은 수준으로 상대방의 생활을 유지시켜 주는 것을 의미한다. 이러한 부양·협조의무를 이행하여 자녀의 양육을 포함하는 공동생활로서의 혼인생활을 유지하기 위해서는 부부 간에 생활비용의 분담이 필요한데, 제833조는 그 기준을 정하고 있다. 즉 제826조 1항은 부부 간의 부양·협조의무의 근거를, 제833조는 부양·협조의무 이행의 구체적인 기준을 제시한 조항이다. 따라서 제833조에 의한 생활비용청구가 제826조와는 무관한 별개의 청구원인에 기한 청구라고 볼 수 없다(대결 2017.8.25, 2014스26).

판 례

부부간의 부양의무 중 과거의 부양료에 관하여는 특별한 사정이 없는 한 부양을 받을 사람이 부양의무자에게 부양의무의 이행을 청구하였음에도 불구하고 부양의무자가 부양의무를 이행하지 아니함으로써 이행지체에 빠진 후의 것에 관하여만 부양료의 지급을 청구할 수 있을 뿐이므로, 부양의무자인 부부의 일방에 대한 부양의무 이행청구에도 불구하고 배우자가 부양의무를 이행하지 아니함으로써 이행지체에 빠진 후의 것이거나, 그렇지 않은 경우에는 부양의무의 성질이나 형평의 관념상 이를 허용해야 할 특별한 사정이 있는 경우에 한하여 이행청구 이전의 과거 부양료를 지급하여야 한다(대판 2012.12.27, 2011다96932).

(다) 협조의무

부부는 서로 협조할 의무가 있다(제826조 1항). 협조라 함은 부부가 혼인생활을 계속하기 위해서 각자의 필요한 일을 분담하는 것을 말한다. 만일 부부 한쪽이 협조의무를 이행하지 않는 경우에는 강제이행의 방법이 없고, 다만 이혼사유가 될 뿐이다(제840조 6호).

(라) 정조의무

명문의 규정이 없지만, 일부일처제와 혼인의 본질상 당연히 인정된다. 당사자 한쪽이 정조의무를 위반한 경우에 이혼원인이 되고(제840조 1호), 그 한쪽은 손해배상책임도 부담한다(제843조, 제806조). 그리고 부정행위의 상대방도 배우자 있음을 알고서 정을 통한 때에는 공동불법행위자로서 배상책임을 지게 된다(제760조).

판 례

(ㄱ) 乙녀가 배우자 있는 甲남과 동거생활을 함으로써 甲의 자녀들이 일상생활에 있어 甲으로부터 애정을 품고 그 감호교육을 받을 수 없게 되었다 하여도 乙이 악의로써 甲의 자녀에 대한 감호 등을 적극적으로 저지하는 등 특별한 사정이 없는 한 乙의 행위는 甲의 자녀에 대하여 불법행위를 구성하는 것은 아니다(대판 1981.7.28, 80다1295; 대판 2005.5.13, 2004다1899).

(ㄴ) 부부가 장기간 별거하는 등의 사유로 실질적으로 부부공동생활이 파탄되어 실체가 더 이상 존재하지 아니하게 되고 객관적으로 회복할 수 없는 정도에 이른 경우에는 혼인의 본질에 해당하는 부부공동생활이 유지되고 있다고 볼 수 없다. 따라서 비록 부부가 아직 이혼하지 아니하였지만 이처럼 실질적으로 부부공동생활이 파탄되어 회복할 수 없을 정도의 상태에 이르렀다면, 제3자가 부부의 일방과 성적인 행위를 하더라도 이를 두고 부부공동생활을 침해하거나 유지를 방해하는 행위라고 할 수 없고 또한 그로 인하여 배우자의 부부공동생활에 관한 권리가 침해되는 손해가 생긴다고 할 수도 없으므로 불법행위가 성립한다고 보기 어렵다. 그리고 이러한 법률관계는 재판상 이혼청구가 계속 중에 있다거나 재판상 이혼이 청구되지 않은 상태라고 하여 달리 볼 것은 아니다(대판 2014.11.20, 2011므2997).

(ㄷ) 동거의무 내지 부부공동생활 유지의무의 내용으로서 부부는 부정행위를 하지 아니하여야 하는 성적 성실의무를 부담한다. 부부의 일방이 부정행위를 한 경우에 부부의 일방은 그로 인하여 배우자가 입은 정신적 고통에 대하여 불법행위에 의한 손해배상의무를 진다. 한편 제3자도 타인의 부부공동생활에 개입하여 부부공동생활의 파탄을 초래하는 등 그 혼인의 본질에 해당하는 부부공동생활을 방해하여서는 아니 된다. 제3자가 부부의 일방과 부정행위를 함으로써 혼인의 본질에 해당하는 부부공동생활을 침해하거나 유지를 방해하고 그에 대한 배우자로서의 권리를 침해하여 배우자에게 정신적 고통을 가하는 행위는 원칙적으로 불법행위를 구성한다. 그리고 부부의 일방과 제3자가 부담하는 불법행위책임은 공동불법행위책임으로서 부진정연대채무 관계에 있다(대판 2015.5.29, 2013므2441).

(4) 성년의제

(가) 의 의

미성년자가 혼인을 하면 성년에 이른 것으로 본다(제826조의2). 성년의제 제도는 미성년자가 혼인을 하였는데 친권에 복종하여야 한다면 혼인의 독립성을 보장할 수 없기 때문에, 혼인하면 미성년자도 친권 또는 후견을 벗어나서 행위능력을 가지는 것으로 한 것이다. 이러한 혼인에 의한 성년의제는 '법률혼'에 한하고, 사실혼에는 적용되지 않는다.

(나) 적용범위

미성년자가 혼인하면 ① 민법상 행위능력을 가지며, 자기의 자녀에 대해서 친권을 행사할 수 있다. ② 타인의 후견인이 될 수 있고 유언의 증인·유언집행자가 될 수 있으며, 소송능력도 인정된다(민사소송법 제55조). 다만 미성년자가 혼인을 하여 성년의제가 되어도 양부모는 될 수 없다고 보아야 한다(김주수/김상용, 134면; 이경희, 75면; 이은영, 615면; 지원림, 6-49). 양자의 복리를 최대 이념으로 하는 양자제도에 비추어 볼 때, 양친이 되기 위해서는 성년일 것이 요구되기 때문이다. 그러나 성년의제를 인정하는 이상 혼인을 한 미성년자에 대하여 양자를 할 수 있는 능력을 부정할 필요가 없다는 견해가 있다(김용한, 131면; 송덕수, E-38; 조은희, 87면). 그 밖에 성년의제는 그 제도의 취지에 비추어 원칙적으로 공법이나 그 밖의 사회법규 등에는 적용되지 않는다. 따라서 대통령선거법·국회의원선거법·미성년자보호법·근로기준법 등의 경우에는 여전히 미성년자에 지나지 않는다.

(다) 혼인의 해소와 성년의제

혼인으로 인하여 성년으로 의제된 미성년자는 19세에 이르기 전에 혼인이 이혼·혼인취소·배우자의 사망으로 해소된 경우에 성년의제의 효과는 소멸하지 않는다(통설). 성년자가 다시 미성년자로 되돌아가는 것은 거래의 안전이나 혼인 중에 출생한 자녀의 친권문제 등에 복잡한 문제가 생기기 때문이다. 물론 미성년자 사이의 혼인이 무효혼인인 경우, 이러한 성년의제의 효과는 생기지 않는다.

2. 혼인의 재산적 효과 — 부부재산제

(1) 서 설

혼인이 해소(예: 이혼)된 경우, 부부의 한쪽이 제3자와의 재산상 분쟁이 발생한 경우, 배우자 한쪽의 사망으로 상속이 개시된 경우 등을 대비하여 배우자 사이의 재산관계를 법적으로 분명히 해 둘 필요가 있다. 이와 같이 부부 사이의 재산관계를 규율하는 제도를 부부재산제라고 한다.

(2) 부부재산계약

(가) 의 의

부부재산계약이란 장래 혼인하려는 당사자가 혼인 후의 재산적 법률관계를 사전에 약정하는 계약을 말한다. 부부재산계약은 혼인하기 전의 혼인당사자들의 재산관계에 대한 자유로운 의사를 존중하고 이를 혼인 후에도 보호하기 위한 제도이다.

(나) 성립요건

1) 당사자는 장래 혼인하려는 남녀일 것

장래 혼인하려는 남녀가 계약을 체결할 수 있다. 따라서 부부 한쪽과 다른 한쪽의 부모 사이에 맺은 계약은 그 효력이 없다. 한편 이러한 약정을 하려면 재산상 행위능력이 있어야 한다는 견해가 있지만(이은영, 626면; 이승우, "부부재산계약", 가족법연구 제3호, 78면), 부부재산계약은 혼인에 따르는 것이므로 혼인체결의 능력이 있으면(즉 의사능력) 충분하다고 할 것이다(다수설).

2) 계약이 혼인 전에 체결될 것

부부재산계약은 혼인계약에 따르는 부수적인 계약으로, 부부가 될 당사자가 '혼인성립 전'(즉 혼인신고 전)에 그 재산에 관하여 약정을 한 경우에 부부재산계약이 성립한다(제829조 1항). 즉 당사자는 '혼인 중의 부부재산관계'에 대해서 자유롭게 계약을 체결할 수 있다. 그러나 혼인성립 전이나 혼인해소 또는 취소 후의 재산관계를 결정할 수 없다. 부부재산계약은 혼인이 성립하였을 때 비로소 그 효력이 발생하고, 효력이 발생한 부부재산계약도 혼인이 해소 또는 취소되면 그때부터 효력을 잃게 되기 때문이다.

혼인 중에는 부부 한쪽의 강박이나 애정에 의해 비합리적인 계약이 맺어질 소지가 많다는 것과 부부와 거래하는 제3자의 이익보호를 이유로 혼인 중의 부부재산계약이 금지된다. 이와 같이 민법은 혼인성립 전으로 체결시기를 제한하고 혼인 중의 변경·해소를 원칙적으로 금지하고 있다. 만일 혼인 중 이를 변경하려면 가정법원의 허가를 얻어야 한다(제829조 2항 단서, 가사소송법 제2조 1항 라류 사건 7호).

3) 혼인 후의 재산적 법률관계를 대상으로 할 것

부부재산계약은 혼인 후의 재산적 법률관계를 대상으로 하여야 한다. 이 점에서 혼인해소시의 재산분할에 대비하기 위하여 부부재산계약이 이용될 수 있을 것이다.

4) 혼인의 본질적 요소나 선량한 풍속에 위반하는 내용이 아닐 것

부부재산계약의 내용은 부부가 자유로이 정할 수 있으며, 특별한 방식을 필요로 하지 않는다(계약자유의 원칙). 다만 부부재산계약의 내용이 혼인의 본질적 요소나 남녀평등 내지 선량한 풍속이나 그 밖의 사회질서에 반하지 않아야 한다. 가령 부부 사이의 부양의무면제, '아내의 재산은 남편의 재산으로 한다', '아내는 남편의 동의를 얻어야 재산상 법률행위를 할 수 있다'는 등의 내용은 정할 수 없고, 그러한 계약은 무효이다. 부부재산계약은 신분계약이므로 조건부·기한부로 체결할 수 없다(김주수/김상용, 138면; 박동섭/양경승, 134면). 이에 대해 부부재산계약은 재산적 성질을 가지므로 선량한 풍속에 반하지 않는 한 조건부나 기한부로 체결되어도 무방하다는 견해가 있다(이은영 626면).

(다) 제3자에 대한 대항요건 — 혼인신고시까지 등기할 것

부부는 부부재산계약을 혼인신고시까지 등기하여야 그러한 계약의 존재와 내용을 부부의 승계인(예: 상속인·포괄적 수유자 등) 등 제3자에게 대항할 수 있다. 계약변경도 등기하여야 대항할 수 있음은 동일하다(제829조 4항). 즉 이러한 등기는 계약의 성립요건이 아니라 대항요건이다. 따라서 혼인하려는 당사자 한쪽이 상대방에 대하여 부동산을 증여하기로 약정한 경우, 이를 등기하여야 부동산 양수인 등 제3자에게 대항할 수 있다. 부부재산계약의 등기는 당사자 양쪽이 남편이 될 사람의 주소지를 관할하는 지방법원, 지원 또는 등기소에 신청하여야 한다(비송사건절차법 제68조, 제70조). 다만 부부 어느 한쪽의 사망으로 인한 부부재산 약정 소멸의 등기는 다른 한쪽이 신청할 수 있다(동법 제70조 단서).

(라) 부부재산계약의 변경

부부재산계약은 원칙적으로 혼인 중에는 변경하지 못한다(제829조 2항 본문). 다만 예외적으로 ① 정당한 사유가 있을 때에는 가정법원의 허가를 얻어 변경할 수 있다(제829조 2항 단서). ② 계약에 의해 부부의 한쪽이 상대방의 재산을 관리하는 경우, 부적당한 관리로 인하여 그 재산을 위태하게 한 때에 상대방은 자기가 관리할 것을 법원에 청구할 수 있고, 그 재산이 부부의 공유인 때에는 그 분할을 청구할 수 있다(제829조 3항). ③ 부부는 약정으로 관리자를 변경하거나 공유재산을 분할할 수 있다(제829조 5항). 즉 관리자 또는 공유재산의 변경에 관해서는 부부재산계약의 변경이 가능하다. 물론 관리자를 변경하거나 공유재산을 분할하였을 때에는 그 등기를 하지 아니하면 이로써 부부의 승계인 또는 제3자에게 대항하지 못한다(제829조 5항).

(마) 부부재산계약의 효과 및 종료

1) 재산계약의 효과

부부재산계약에 의하여 재산의 귀속과 관리에 관한 규정(제830조, 제831조: 법정재산제)의 적용이 배제된다. 그러나 일상가사로 인한 채무의 연대책임(제832조)은 배제되지 않는다.

2) 재산계약의 종료

① 사기·강박에 의한 부부재산계약은 취소할 수 있다(제816조 3호 유추적용). 취소의 효과는 제3자의 권리를 해치지 않는 범위 내에서 소급한다. 부부재산계약의 결과가 사해행위

가 되는 경우, 부부의 채권자는 채권자취소권을 행사할 수 있다(김주수/김상용, 138면; 박동섭/양경승, 135면). 재산계약이 취소되면 법정재산제로 전환된다. ② 이혼·혼인취소·배우자 한쪽의 사망으로 인하여 혼인이 해소·종료되면 재산계약도 효력을 잃는다. 이 경우 계약종료의 효력은 소급하지 않는다(제824조).

(3) 법정재산제

(가) 의 의

부부가 혼인신고 전에 부부재산계약을 체결하지 않거나 체결된 계약이 무효인 경우, 그 재산관계는 제830조 내지 제833조에 규정된 법정재산제에 의한다(제829조 1항). 법정재산제에는 ① 부부재산을 공유로 하는 공유제(예: 프랑스), ② 부부재산은 혼인 후에도 독립적으로 존재하지만, 재산관리는 남편이 하는 관리공통제(예: 우리 구민법), ③ 부부가 각자 별도로 재산을 소유·관리하는 별산제(예: 영국·일본·한국 등)가 있다. 부부별산제는 개인주의를 바탕으로 배우자의 재산에 대한 독립성을 인정하고 부부평등을 실현하는 제도이므로, 우리 민법은 이를 채택하고 있다.

(나) 부부재산별산제

1) 특유재산

가) 재산귀속과 관리

부부 한쪽이 혼인 전부터 가진 고유재산과 혼인 중에 자기 명의로 취득한 재산(예: 상속이나 증여받은 재산, 그로부터 생긴 수익, 각자의 장신구·의복 등)은 그의 특유재산으로 하고(제830조 1항), 이 특유재산은 부부 각자가 관리·사용·수익한다(제831조).

나) 특유재산의 추정과 번복

(i) 부부 한쪽의 명의로 된 농지나 예금 등의 재산은 그의 특유재산으로 추정된다(제830조 1항). 따라서 재산취득에 상대방 배우자가 대가나 채무를 부담하였다거나 적극적인 재산증식의 노력이 있었다는 등의 실질적인 사유에 관한 아무런 증명이 없는 이상 상대방 배우자가 가정주부로서 남편의 약국경영을 도왔다는 것만으로는 그 추정을 번복할 수 없다(대판 1998.6.12, 97누7707). 판례도 부부의 한쪽이 혼인 중 그의 단독 명의로 취득한 재산은 그 명의자의 특유재산으로 추정되고, 그 재산의 취득에 있어 다른 한쪽의 협력이 있었다거나 내조의 공이 있었다는 것만으로는 그 추정이 번복되지 않지만(대판 1992.12.11, 92다21982), 다른 한쪽이 실제로 당해 재산의 대가를 부담하여 취득하였음을 증명한 경우에는 그 추정이 번복되고, 그 대가를 부담한 다른 한쪽이 실질적인 소유자로서 편

의상 명의자에게 이를 명의신탁한 것으로 인정할 수 있다고 한다(대판 2008.9.25, 2006두8068; 대판 2007.4.26, 2006다79704). 즉 실질적으로 다른 한쪽 또는 양쪽이 그 재산의 대가를 부담하여 취득한 것이 증명된 때에는 특유재산의 추정은 번복되어 다른 '한쪽의 소유'이거나 '양쪽의 공유'라고 보아야 한다(대결 2007.8.28, 2006스3,4). 가령 부동산을 부부 각자가 대금의 일부씩을 분담하여 매수하였다거나 부부가 연대채무를 부담하여 매수하였다는 등의 실질적 사유가 주장·증명되는 경우, 그 부동산을 부부의 공유로 인정할 수 있다(대판 1995.2.3, 94다42778; 대판 1986.9.9, 85다카1338).

(ii) 판례는 부동산매입자금의 원천이 남편의 수입에 있더라도 아내가 남편과 18년간의 혼인생활을 하면서 여러 차례 부동산을 매입하였다가 이익을 남기고 처분하는 등의 방법으로 증식한 재산으로 그 부동산을 매입하게 된 것이라면, 부동산 취득은 부부 양쪽의 자금과 증식노력으로 이루어진 것으로서 부부의 공유재산이라고 볼 여지가 있다고 한다(대판 1990.10.23, 90다카5624; 대판 1995.10.12, 95다25695). 참고로 판례는 혼인 중 부부의 일방 명의로 취득되어 그의 특유재산으로 추정되는 부동산을 다른 일방이 형식적인 재판절차를 통하여 명의신탁해지를 원인으로 한 소유권이전등기를 받았다고 한다면, 그 특유재산의 추정을 번복할 만한 주장·증명이 없는 이상, 그 등기시에 명의신탁해지의 형식을 빌어 부부 사이에 부동산의 증여가 이루어진 것으로 보아야 한다고 한다(대판 1998.12.22, 98두15177).

판 례

(ㄱ) 명의신탁등기가 부동산실명법 제4조에 따라 무효로 된 경우에도 그 후 신탁자와 수탁자가 혼인하여 그 등기의 명의자가 배우자로 된 경우에는 조세포탈, 강제집행의 면탈 또는 법령상 제한의 회피를 목적으로 하지 아니하는 한 제8조 2호의 특례를 적용하여 그 명의신탁등기는 당사자가 혼인한 때부터 유효하게 된다고 보아야 한다(대판 2002.10.25, 2002다23840; 대결 2002.10.28, 2001마1235).

(ㄴ) 부부의 일방이 혼인 중 단독 명의로 취득한 부동산은 그 명의자의 특유재산으로 추정되므로 당해 부동산의 취득자금의 출처가 명의자가 아닌 다른 일방 배우자인 사실이 밝혀졌다면 일단 그 명의자가 배우자로부터 취득자금을 증여받은 것으로 추정할 수 있고, 이 경우 당해 부동산이 명의자의 특유재산이 아니고 다른 일방 배우자로부터 명의신탁된 것이기 때문에 그 취득자금을 증여받은 것으로 볼 수 없다는 점에 대하여는 납세자가 이를 주장·증명하여야 한다(대판 2008.9.25, 2006두8068).

(ㄷ) 부부 중 일방이 상속받은 재산이거나 이미 처분한 상속재산을 기초로 형성된 부동산이더라도 이를 취득하고 유지함에 있어 상대방의 가사노동 등이 직·간접으로 기여한 것이라면 재산분할의 대상이 되는 것이고, 이는 부부 중 일방이 제3자로부터 증여받은 재산도 마찬가지이다(대결 2009.6.9, 2008스111; 대판 1998.4.10, 96므1434).

2) 공유재산

부부의 누구에게 속한 것인지 분명하지 아니한 재산, 즉 귀속불명재산은 부부의 공유로 추정된다(제830조 2항). 이 경우 지분도 균등한 것으로 추정된다. 공유재산에는 부부가 협력하여 구입한 가정용품 기타 재산도 포함된다. 혼수품이라고 하여 그것이 당연히 부부의 공유로 추정되는 것은 아니다(헌재결 2002.7.18, 2002헌마202).

(4) 혼인생활비용의 부담

부부가 통상의 공동생활을 유지하는데 필요한 비용을 혼인생활비용이라고 한다. 예컨대 가족의 의식주에 관한 비용, 자녀의 출산·양육·교육에 관한 비용, 의료비·조세 등 혼인생활을 영위하기 위하여 필요한 모든 비용이 이에 해당한다. 이러한 부부의 공동생활에 필요한 비용은 당사자 사이에 특별한 약정이 없으면 부부가 공동으로 부담한다(제833조). 부담의 비율과 방법은 부부의 협의에 의하여 결정되며, 협의가 이루어지지 않을 때에는 가정법원의 조정·심판에 의한다(가사소송법 제2조 1항 마류 사건 1).

(5) 일상가사대리권과 일상가사로 인한 채무의 연대책임

(가) 서 설

1) 의 의

일상가사(日常家事)란 부부가 일상의 공동생활을 형성·유지하는데 필요로 하는 일체의 사무를 말한다. 즉 가정생활상 상시 행하여지는 행위로서, 아내와 남편으로서의 동거생활을 유지하기 위하여 각각 필요한 범위 내의 법률행위를 말한다(대판 1999.3.9, 98다46877). 부부는 일상가사에 관하여 서로 대리권이 있고(제827조 1항), 부부 한쪽이 일상가사에 관하여 제3자와 법률행위를 한 때에는 다른 한쪽은 이로 인한 채무에 대하여 연대책임을 진다(제832조). 일상가사대리권과 일상가사채무의 연대책임은 법률혼 부부뿐만 아니라 사실혼 부부 사이에도 인정된다(대판 1980.12.23, 80다2077).

2) 일상가사의 범위

일상가사의 구체적인 범위는 부부공동체의 사회적 지위나 재산, 수입, 능력 등 현실적 생활상태뿐만 아니라 그 부부의 생활장소인 지역사회의 관습 등에 의하여 정하여진다. 다만 당해 구체적인 법률행위가 일상의 가사에 관한 법률행위인지 여부를 판단할 때에는 그 법률행위를 한 부부공동체의 내부 사정이나 그 행위의 개별적인 목적만을 중시할 것이 아니라 그 법률행위의 객관적인 종류나 성질 등도 충분히 고려하여 판단하여야 한다(대판 2009.2.12, 2007다77712; 대판 2000.4.25, 2000다8267).

(i) 일상가사의 범위에 속하는 경우　　　부부공동생활에 통상 필요로 하는 식료품·일용품의 구입, 연료·의복(고가의 것은 제외)의 구입, 주택의 임차, 집세·방세 등의 지급과 수수, 수도·전기·전화요금·세금 등 공과금의 납부, 의료비·오락비(예: TV시청료 등)·교제비·자녀의 양육과 교육비 지급 등에 관한 사무가 이에 속한다. 판례는 아내가 남편명의로 분양받은 45평형 아파트의 분양금을 납입하기 위한 명목으로 금전을 차용하여 분양금을 납입하였고, 그 아파트가 남편의 유일한 부동산으로서 가족들이 거주하고 있는 경우, 그 금전차용행위는 일상가사에 해당한다고 한다(대판 1999.3.9, 98다46877; 대판 1999.4.27, 98다59750).

판 례

금전차용행위도 금액, 차용 목적, 실제의 지출용도, 기타의 사정 등을 고려하여 그것이 부부의 공동생활에 필요한 자금조달을 목적으로 하는 것이라면 일상가사에 속한다고 보아야 할 것이므로, 아파트 구입비용 명목으로 차용한 경우 그와 같은 비용의 지출이 부부공동체 유지에 필수적인 주거 공간을 마련하기 위한 것이라면 일상가사에 속한다고 볼 수 있다(대판 1999.3.9, 98다46877).

(ii) 일상가사의 범위에 속하지 않는 경우　　　객관적으로 일상가사비용의 범위를 초과한 과다한 소비대차·주택의 임대행위, 아내가 자가용차를 구입하기 위하여 타인으로부터 금전을 차용하는 행위(대판 1985.3.26, 84다카1621), 아내가 외국에 체류 중인 남편의 재산을 처분하는 행위(대판 1993.9.28, 93다16369), 저당권의 설정행위, 신원보증·연대보증행위 등은 일상가사에 속하지 않는다. 판례는 "부인이 교회에의 건축헌금, 가게의 인수대금, 장남의 교회 및 주택임대차보증금의 보조금, 거액의 대출금에 대한 이자지급 등의 명목으로 금원을 차용한 행위는 일상가사에 속한다고 볼 수는 없으며, 주택 및 아파트 구입비용 명목으로 차용한 경우 그와 같은 비용지출이 부부공동체를 유지하기 위하여 필수적인 주거공간을 마련하기 위한 것이라면 일상가사에 속한다고 볼 여지가 있을 수 있으나, 그 주택 및 아파트의 매매대금이 거액에 이르는 대규모의 주택이나 아파트라면 그 구입 또한 일상가사에 속하는 것이라고 보기는 어렵다"고 한다(대판 1997.11.28, 97다31229). 또한 "남편의 돈과 은행으로부터 차용한 금원으로 의류매장을 경영하면서 경영부진으로 거액의 채무를 부담하고 있는 아내가 4,000만원의 계금(契金)채무를 부담한 행위는 일상의 가사에 속하지 않는다"고 한다(대판 2000.4.25, 2000다8267).

판 례

부부간의 일상가사대리권은 그 동거생활을 유지하기 위하여 각각 필요한 범위내의 법률행위에 국한되어야 할 것이고 아내가 남편 소유의 부동산을 매각하는 것과 같은 처분행위는 일상가사의 대리권에는 속하지 아니한다(대판 1966.7.19, 66다863).

(나) 일상가사대리권(제827조)

일상가사에 관한 법률행위에 관하여 부부는 서로 대리권이 있다(제827조 1항). 이를 일상가사대리권이라 한다. 일상가사의 범위를 넘은 사항에 관하여는 각자가 책임을 진다.

1) 일상가사대리와 현명주의

일상가사에 관한 법률행위가 일상가사에 관한 것임을 법률행위의 상대방이 알 수 있으면 되고, 명시적으로 현명할 필요는 없다. 즉 현명주의(제114조, 제115조)의 예외에 속한다.

2) 일상가사와 표현대리

(i) 부부 한쪽이 일상가사의 범위를 넘어서 법률행위를 한 경우, 일상가사대리권을 기본대리권으로 하여 권한을 넘은 표현대리(제126조)를 인정하고 부부에게 책임을 지우는 것이 타당하다(다수설). 즉 제3자가 일상가사의 범위를 외부로부터 정확하게 판단하기는 어렵고, 부부의 공동생활 내부적 사정에 의해 그 범위를 한정하면 제3자를 해할 우려가 있기 때문에, 제3자가 일상가사의 범위에 속한다고 믿을 만한 정당한 사유가 있을 경우에 제126조를 적용하여 제3자를 보호하여야 한다. 이에 대해 일반적·추상적 일상가사의 범위 내에서만 표현대리규정이 유추적용되고, 그 밖의 경우에는 대리권의 수여가 있는 경우에 한하여 그것을 기초로 하여 제126조의 표현대리가 적용되어야 한다는 견해가 있다(김주수/김상용, 153면; 이경희, 83면).

(ii) 판례는 일상가사의 범위를 벗어난 행위에 일상가사대리권을 기본대리권으로 하여 제126조의 적용을 긍정하고 있으며, 다만 그 표현대리의 성부 판단을 정당한 사유의 유무에 집중하고 있다. 즉 사회통념상 남편이 아내에게 자신의 부동산을 담보제공 또는 이전등기하거나 그 원인된 행위를 함에 필요한 대리권을 수여하는 것은 이례(異例)에 속하므로, 아내가 특별수권 없이 남편소유의 부동산에 관해 위와 같은 행위를 한 경우에 제126조의 표현대리가 성립하려면 아내에게 가사대리권이 있는 외에 상대방이 아내에게 남편이 그러한 대리권을 주었다고 믿었음을 정당화할 만한 객관적인 사정이 있어야 한다고 한다(대판 1997.4.8, 96다54942; 대판 1981.6.23, 80다609). 예컨대 아내가 임의로 남편의 인감도장과 용도란에 아무런 기재 없이 대리방식으로 발급받은 인감증명서를 소지하고 남편을 대리하여 친정오빠의 할부판매보증보험계약상의 채무를 연대보증한 경우, 아내가 남편명의의 인감증명서와 인감도장을 소지하고 있었던 사실만으로는 남편이 아내에게

보증행위에 대한 대리권을 부여하였을 것이라는 상대방의 믿음에 정당화할 만한 객관적인 사정이 존재하지 않는다. 따라서 남편의 표현대리책임은 부정된다(대판 1998.7.10, 98다18988).

판례는 사실혼관계에 있는 부부간에도 제126조의 표현대리의 성립을 긍정한다(대판 1980.12.23, 80다2077). 또한 아내 乙이 남편 丙의 해외취업 중 丙으로부터 경영권을 위임받아 공장을 경영하면서 공장운영자금의 조달을 위하여 금전을 빌리고 이를 담보하기 위한 가등기를 경료함에 있어 채권자 甲이 乙로부터 丙 명의의 가등기설정용 인감증명서를 교부받고, 乙이 丙의 인감을 소지하고 있는 것을 본 경우(대판 1987.11.10, 87다카1325), 일상가사대리권 외에 저당권설정의 기본대리권이 있는 아내가 그 범위를 넘어서 남편의 부동산에 관하여 근저당권설정을 해 준 경우(대판 1995.12.22, 94다45098), 판례는 아내의 다른 대리권을 기초로 표현대리를 인정하고 있다.

3) 일상가사대리권의 제한

부부의 한쪽은 일상가사대리권을 제한할 수 있다. 가령 부부재산계약으로 일상가사의 범위를 축소하는 등의 제한이 가능하다. 다만 그 제한으로 선의의 제3자에게 대항하지 못한다(제827조 2항).

판 례

대리가 적법하게 성립하기 위하여는 대리행위를 한 자, 즉 대리인이 본인을 대리할 권한을 가지고 그 대리권의 범위 내에서 법률행위를 하였음을 요하며, 부부의 경우에도 일상의 가사가 아닌 법률행위를 배우자를 대리하여 행함에 있어서는 별도로 대리권을 수여하는 수권행위가 필요한 것이지, 부부의 일방이 의식불명의 상태에 있어 사회통념상 대리관계를 인정할 필요가 있다는 사정만으로 그 배우자가 당연히 채무의 부담행위를 포함한 모든 법률행위에 관하여 대리권을 갖는다고 볼 것은 아니다(대판 2000.12.8, 99다37856).

(다) 일상가사채무의 연대책임(제832조)

1) 연대책임

부부 한쪽이 일상가사에 관하여 제3자와 법률행위를 한 때에는 다른 한쪽은 이로 인한 채무에 대하여 연대책임을 진다(제832조). 학설은 '연대하여 책임을 진다'는 의미를 부부공동생활의 대외적 일체성을 전제로 하여 한쪽이 부담한 채무와 동일한 내용의 채무를 다른 한쪽이 병존적으로 부담한다는데 일치하고 있다. 따라서 통상의 연대채무와 달리 제3자와의 관계에서는 부담부분에 관한 연대채무의 규정(제418조 2항, 제419조~제421조)은 적용되지 않는다. 결국 부부 한쪽은 다른 한쪽의 채권으로 제한 없이 상계할 수 있고, 면제의 효과도 전면적으로 발생하며, 부부 한쪽의 채무가 시효로 인하여 소멸한 경우에는 다른 한쪽의 채무도 소멸한다. 또한 일상가사채무의 연대채무는 혼인이 종료한 경우에도 소멸하지 않지만, 보통의 연대채무로 변경되어 존속하게 된다(김주수/김상용, 155면; 박동섭/양경승, 144면; 조은희, 94면).

2) 연대책임의 면제

일상가사로 인한 연대책임은 부부공동생활의 원만한 유지·운영을 위한 것이므로, 부부재산계약에 의하여 배제할 수 없다. 다만 부부의 연대책임은 부부 한쪽이 미리 제3자에게 '책임을 지지 않는다'는 것을 명시한 경우에 한하여 책임을 면할 수 있다(제832조 단서). 그 명시방법은 배우자가 제3자와 법률행위를 하기 전에 개별적·구체적으로 채무의 종류와 액수를 명시하여(예: 거래금액이나 거래종류를 한정하는 경우) 책임 없음을 알려야 한다(박동섭/양경승, 144면). 이러한 명시를 일반적인 불특정의 다수인을 상대로 할 수 없다.

Ⅵ. 혼인의 해소

1. 서 설

혼인은 배우자의 사망과 이혼에 의하여 해소된다. 혼인의 해소는 완전하고 유효하게 성립한 혼인이 종료하는 것을 의미하므로, 처음부터 혼인에 하자가 있는 것을 이유로 취소되는 혼인의 취소와는 본질적으로 다르다.

2. 사망에 의한 혼인의 해소

(1) 배우자의 사망

부부 한쪽이 사망하면 혼인은 장래를 향하여 해소된다. 따라서 배우자관계는 소멸하여 동거·부양·협조·정조의무가 소멸하고 재혼도 자유로이 할 수 있다. 부부재산제의 구속도 없어지고 부부재산계약도 그 효력을 잃는다. 다만 소급효가 없으므로 이미 발생한 일상가사로 인한 연대책임에는 영향이 없다. 그리고 생존배우자는 재산상속을 하게 된다(제1003조). 한편 부부 한쪽이 사망한 경우에 생존배우자의 인척관계가 당연히 소멸하는 것은 아니며, 생존배우자가 재혼한 때에만 소멸한다(제775조 2항).

(2) 실종선고

부부 한쪽이 실종선고를 받으면 그 실종기간이 만료된 때에 사망한 것으로 간주되므로(제28조), 혼인이 해소된다. 따라서 잔존배우자는 재혼할 수 있다. 한편 잔존배우자가 재혼한 후에 실종선고가 취소된 경우 전혼과 후혼과의 관계에 대하여, 다수설은 재혼한 당사자 양쪽이 선의인 때에는 전혼은 부활하지 않고 후혼만이 유효하지만, 재혼당사자 양쪽 또는 한쪽이 악의인 때에는 전혼은 부활하여 전혼에 관하여는 이혼원인(제840조 1호), 후혼에 관하여는 중혼으로 인한 취소원인(제810조, 제816조 1호)이 된다고 한다.

3. 이혼에 의한 혼인의 해소

(1) 협의이혼

(가) 의 의

부부는 그 원인을 묻지 않고 협의에 의하여 이혼할 수 있다(제834조). 이를 협의이혼이라고 한다.

(나) 성립요건

1) 당사자 사이에 이혼의사의 합치가 있을 것

협의이혼을 하려면 당사자 사이에 이혼의사의 합치가 있어야 하며, 합의가 없는 협의이혼은 무효이다. 이혼의사는 이혼신고서 작성 당시는 물론이고 그 신고서의 제출·수리시에도 존재하여야 한다. 이혼은 부부관계를 영구적으로 종료시키는 것이므로 이혼에 조건·기한을 붙일 수 없다. 여기서 이혼의사가 무엇인가에 대하여, 견해가 나누어져 있다.

가) 학 설

(i) 실질적 의사설　　이혼의사란 사회통념상 이혼을 하려는 의사, 즉 혼인의 실체를 해소하려는 의사를 말하며, 단지 이혼신고를 한다는 의사만으로는 부족하다고 한다(다수설). 따라서 사실상 부부공동생활을 폐지할 의사 없이 단지 어떤 목적을 달성하기 위하여 협의이혼의사의 확인을 받아 이혼신고를 하는 가장이혼은 무효라고 한다.

(ii) 형식적 의사설　　이혼의사는 법률상 이혼할 의사, 즉 형식적으로 이혼신고를 할 의사를 말한다고 한다(박병호, 110면). 이 견해에 의하면 실질적으로 이혼할 의사까지는 필요로 한 것이 아니므로 가장이혼은 유효하게 된다.

나) 판 례

판례는 종래에는 이혼의사를 실질적 의사설에 따라 판단하였으나(대판 1976.2.7, 66다2542 등), 현재에는 형식적 의사설에 따르고 있다(대판 1997.1.24, 95도448; 대판 1991.6.25, 90므699). 즉 협의이혼에서 이혼의사는 법률상 부부관계를 해소하려는 의사를 말하므로, 일시적으로 법률상 부부관계를 해소하려는 당사자 사이의 합의하에 협의이혼신고가 된 이상 협의이혼에 다른 목적이 있더라도 양자간에 이혼의사가 없다고는 말할 수 없고, 따라서 협의이혼은 무효로 되지 아니한다고 한다(대판 1993.6.11, 93므171). 또한 법률상의 부부관계를 해소하려는 당사자 간의 합의에 따라 이혼이 성립한 경우 그 이혼에 다른 목적이 있다 하더라도 당사자 간에 이혼의 의사가 없다고 말할 수 없고, 이혼이 가장이혼으로서 무효가 되려면 누구나 납득할 만한 특별한 사정이 인정되어야 한다고 한다(대판 2017.9.12, 2016두58901).

판 례

협의이혼이 가장이혼으로서 무효로 인정되려면 누구나 납득할 만한 특별한 사정이 인정되어야 하고, 그렇지 않으면 이혼당사자 간에 일시적으로나마 법률상 적법한 이혼을 할 의사가 있었다고 보는 것이 이혼신고의 법률상 및 사실상의 중대성에 비추어 상당하다(대판 1997.1.24, 95도448).

2) 가정법원의 확인을 얻을 것

협의이혼을 하려는 자는 가정법원의 확인을 받아야 한다(제836조 1항). 그러기 위해서는 먼저 부부가 함께 등록기준지 또는 주소지를 관할하는 가정법원에 출석하여 협의이혼의사 확인신청서를 제출하여야 한다(가족관계등록법 제75조 1항, 가족관계등록규칙 제73조 1항). 이는 혼인신고와 달리 축출이혼의 방지를 위하여 당사자 양쪽의 이혼의사에 대한 가정법원의 확인을 거치도록 한 것이다.

(i) 협의이혼을 하려는 자는 가정법원이 제공하는 이혼에 관한 안내를 받아야 하고, 가정법원은 필요한 경우 당사자에게 상담에 관하여 전문적인 지식과 경험을 갖춘 전문상담인의 상담을 받을 것을 권고할 수 있다(제836조의2 제1항). 가정법원에 이혼의사의 확인을 신청한 당사자는 이 안내를 받은 날부터 일정한 기간(즉 이혼 숙려기간)이 지난 후에 이혼의사의 확인을 받을 수 있다. 이는 신중하지 아니한 이혼을 방지하기 위한 것이다. 숙려기간은 양육하여야 할 자(임신 중인 자를 포함한다)가 있는 경우에는 3개월이고(제836조의2 제2항 1호), 그 밖의 경우에는 1개월이다(제836조의2 제2항 2호). 다만 가정법원은 폭력으로 인하여 당사자 한쪽에게 참을 수 없는 고통이 예상되는 등 이혼을 하여야 할 급박한 사정이 있는 경우에는 이혼숙려기간을 단축 또는 면제할 수 있다(제836조의2 제3항).

(ii) 양육하여야 할 자녀가 있는 경우, 협의이혼을 하고자 하는 부부는 양육자의 결

정, 양육비용의 부담, 면접교섭권의 행사 여부 및 그 방법 등이 기재된 양육사항(제837조)과 친권자결정에 관한 협의서(제909조 4항) 또는 가정법원의 심판정본(제837조, 제909조 4항)을 이혼 확인시 의무적으로 제출하여야 한다(제836조의2 제4항).

(iii) 이혼 숙려기간이 지난 뒤 가정법원은 부부 양쪽을 출석시켜 그 진술을 듣고 이혼의사의 유무, 당사자 사이에 미성년자인 자녀가 있는지 여부와 그 자녀에 대한 친권자 지정의 협의 또는 가정법원에의 지정청구 여부를 확인한다(가족관계등록법규칙 제74조 1항, 2항). 부부 양쪽의 이혼의사가 확인되면 가정법원은 확인서를 작성하고, 이혼신고서에 확인서등본을 첨부하여 부부 양쪽에게 교부하거나 송달하여야 한다(동 규칙 제78조). 협의이혼의 신고는 확인서등본을 교부 또는 송달 받은 날부터 3개월 이내에 그 등본을 첨부하여야 하며, 확인받은 후 신고하지 않고 3개월을 경과한 때에는 가정법원의 확인은 그 효력을 상실한다(가족관계등록법 제75조 2항, 3항). 즉 협의이혼 확인이 있었다는 것만으로는 이혼의 효력이 생기는 것은 아니다(대판 1983.7.12, 83므11). 물론 이혼신고서의 제출은 부부 중 한쪽이 할 수 있다(동 규칙 제79조).

(iv) 한편 협의이혼의사의 확인은 어디까지나 당사자들의 합의를 근간으로 하는 것이고 법원의 역할은 그들의 의사를 확인하여 증명하여 주는 데 그치고, 법원의 확인에 소송법상의 특별한 효력이 주어지는 것도 아니다. 따라서 협의이혼확인이 있었다는 것만으로 곧 재판상 이혼사유가 될 수 없으며(대판 1983.7.12, 83므11), 그 의사확인 당시에 더 이상 혼인을 계속할 수 없는 중대한 사유가 있었다고 추정될 수도 없다(대판 1988.4.25, 87므28). 또한 이혼협의의 효력은 민법상의 원칙에 의하여 결정되어야 하며, 만일 이혼의사 표시가 사기·강박에 의하여 이루어졌다면 제838조에 의하여 취소할 수 있다(대판 1987.1.20, 86므86).

판 례

협의이혼의사확인절차는 확인 당시에 당사자들이 이혼할 의사를 가지고 있는가를 밝히는 데 그치는 것이고, 그들이 의사결정의 정확한 능력을 가졌는지 또는 어떠한 과정을 거쳐 협의이혼 의사를 결정하였는지 하는 점에 관하여서는 심리하지 않는다(대판 1987.1.20, 86므86).

3) 이혼신고를 할 것

당사자 사이에 이혼합의가 있더라도 신고를 하여 그것이 수리되지 않는 한, 이혼의사의 확인만으로 혼인은 해소되지 않는다(대판 1983.7.12, 83므11). 이혼신고는 가족관계등록법이 정한 바에 따라 당사자 양쪽과 성년자인 증인 2인이 연서한 서면으로 하여야 한다

(제836조 2항). 다만 협의이혼신고서에 가정법원의 이혼의사확인서등본을 첨부한 경우에는 제836조 2항에서 정한 증인 2인의 연서가 있는 것으로 본다(가족관계등록법 제76조). 가정법원의 확인이 없는 이혼신고서는 담당공무원에 의하여 수리될 수 없으며, 가정법원으로부터 확인서등본을 교부 또는 송달받은 날부터 3개월 이내에 그 등본을 첨부하여 이혼신고를 하여야 하며, 이 기간이 지나면 가정법원의 확인은 효력을 상실하게 된다(가족관계등록법 제75조 2항, 3항). 그 밖에 가정법원의 확인이 없는 이혼신고 또는 이혼의사철회신고서가 제출된 후의 이혼신고는 무효이다(대판 1994.2.8, 93도2869).

(다) 협의이혼의 효력요건 — 피성년후견인은 부모나 성년후견인의 동의를 받을 것

이혼의사는 혼인의 실체를 영구적으로 해소하려는 효과의사이기 때문에 당사자가 이혼의사를 표명함에는 의사능력이 필요하다. 따라서 피성년후견인이 의사능력이 있으면 이혼합의를 할 수 있지만, 이때에는 부모나 성년후견인의 동의를 받아야 한다(제835조, 제808조 2항). 그러나 미성년자는 혼인하면 성년으로 의제되므로(제826조의2), 피한정후견인은 신분행위를 함에 아무런 제한이 없으므로, 누구의 동의를 받을 필요 없이 이혼할 수 있다(통설).

(라) 협의이혼의 무효와 취소

1) 협의이혼의 무효

(i) 이혼신고서가 수리되었으나 당사자 사이에 '이혼합의가 없는 경우'에는 그 협의이혼은 무효이다. 이혼의사는 이혼의사의 확인 후에도 신고서 작성시는 물론 신고서 제출시에도 존재하여야 한다. 따라서 제3자가 제출한 이혼신고, 의사무능력자의 이혼합의 등은 무효이다. 한편 이혼합의와 관련하여, 부부공동생활을 해소할 의사 없이 채권자의 강제집행을 면하거나 혼인외의 출생자를 혼인 중의 출생자로 하기 위한 목적으로 부부가 가장이혼을 합의하여 이혼신고를 한 경우가 문제이다. 이에 대해 실질적 의사설에 의하면 가장이혼은 무효이지만, 형식적 의사설과 판례(대판 1993.6.11, 93므171)에 의하면 유효하다. 즉 판례는 청구인은 피청구인이 외국이민을 떠났다가 3년 후에 다시 귀국하여 혼인신고를 해 주겠다고 하여 이를 믿고 이혼신고를 하였다면, 별다른 사정이 없는 한 당사자 간에 일시적이나마 법률상의 부부관계를 해소할 의사가 있었다고 할 것이니 그 이혼신고는 유효하다고 한다(대판 1981.7.28, 80므77).

(ii) 협의이혼의 무효는 당연무효이며, 당사자·법정대리인 또는 4촌 이내의 친족은 언제든지 협의이혼 무효확인의 소를 제기할 수 있다(가사소송법 제23조). 협의이혼 무효청구

를 인용하는 확정판결은 제3자에게도 효력이 있으며(가사소송법 제21조 1항), 이혼무효가 판결로 확정되었을 때에는 소를 제기한 자가 판결확정일로부터 1개월 이내에 판결의 등본 및 그 확정증명서를 첨부하여 등록부의 정정을 신청하여야 한다(가족관계등록법 제107조).

2) 협의이혼의 취소

(i) '사기·강박으로 인한 이혼'은 사기를 안 날 또는 강박을 면한 날부터 3개월 이내에 이혼의 취소를 청구할 수 있다(제838조, 제839조, 제823조). 예컨대 2명의 딸을 출산한 후 정신 이상 증세를 보인 아내가 그 후 어느 정도 회복되었는데 남편이 그러한 아내를 기망하여 법원에 데리고 가서 협의이혼한 경우, 아내는 이혼을 취소할 수 있다(대판 1987.1.20, 86므86). 여기서 사기 또는 강박이란 이혼의사를 결정시킬 목적으로, 사기의 경우는 허위의 사실을 고지하여 착오에 빠뜨림으로써, 강박의 경우는 해악을 고지하여 공포에 몰아넣음으로써 이혼의사를 결정시키는 것을 말한다. 사기자 또는 강박자는 배우자이건 제3자이건 묻지 않는다. 따라서 제3자가 행한 사기·강박에 의한 이혼은 상대방 배우자가 선의인 경우에도 취소할 수 있다(김주수/김상용, 176면; 윤진수, 89면).

(ii) 협의이혼의 취소는 사기 또는 강박을 당한 배우자만이 할 수 있고, 그 상대방은 다른 한쪽의 배우자이다. 이혼을 취소하려면 먼저 가정법원에 조정을 신청하여야 하며(가사소송법 제2조 1항 나류 사건 3호, 제50조), 조정이 성립되지 않으면 제소신청을 할 수 있다(동법 제49조, 민사조정법 제36조). 이 소는 형성의 소이며 혼인취소와 같이 가사소송법에 의한다(동법 제22조-제25조). 이혼취소가 판결로 확정되었을 때에는 소를 제기한 사람은 판결의 확정일로부터 1개월 이내에 판결의 등본 및 확정증명서를 첨부하여 그 취지를 신고하여야 한다(가족관계등록법 제78조, 제58조).

(iii) 이혼이 취소되면 혼인취소와는 달리 소급효가 인정되어야 하며, 제824조가 준용되지 않는다(통설). 그것은 성질상 이혼이 없었던 상태로 회복시켜야 하기 때문이다. 따라서 당사자가 이혼신고 후에 재혼한 때에는 이혼취소로 인하여 중혼이 된다. 한편 피성년후견인이 부모나 성년후견인의 동의를 받지 않고 협의이혼한 경우에 관하여 제835조와 같은 규정이 없다. 만일 이혼신고가 수리된 경우, 피성년후견인의 보호를 위하여 제816조 1호를 유추적용하여 취소할 수 있다고 하여야 할 것이다(송덕수, E-56; 지원림, 6-57). 그러나 명문규정 없이 해석에 의하여 취소사유를 창설할 수 없으므로 이혼신고가 수리된 이상 이혼은 취소할 수 없고 유효하다는 견해가 있다(김주수/김상용, 177면; 박동섭/양경승, 159면; 윤진수, 89면).

(2) 재판상 이혼

(가) 의 의

재판상 이혼이란 당사자 한쪽의 청구로 법원의 판결에 의하여 혼인을 해소시키는 것을 말한다. 재판상 이혼은 당사자 한쪽의 이혼요구에 대해서 상대방이 이에 동의하지 않는 경우에 이혼을 용인하는 유일한 방법이며, 강제적인 이혼방법인 점에서 중요한 의의를 가진다. 재판상 이혼은 법정이혼원인이 있는 경우에 한하여 청구할 수 있다(제840조). 재판상 이혼에 관한 입법주의에는 ① 혼인파탄을 자초하여 파탄에 책임 있는 사람은 스스로 그 파탄을 이유로 이혼청구를 할 수 없고, 오히려 상대방이 그 책임자(유책자)를 상대로 이혼청구를 할 수 있다는 유책주의(有責主義), ② 혼인이 파탄된 이상 당사자의 책임유무를 불문하고 이혼청구를 인정하는 파탄주의(破綻主義)가 있다. 학설은 재판상 이혼의 경우 제840조 6호를 파탄주의적 일반조항을 채택하고 있는 것으로 파악하여 파탄주의 입법유형에 속한다고 한다(다수설).

판 례

의식불명의 식물상태와 같은 의사무능력 상태에 빠져 성년후견개시의 심판을 받은 자의 배우자에게 부정행위나 악의의 유기 등과 같이 제840조 각 호가 정한 이혼사유가 존재하고 나아가 피성년후견인의 이혼의사를 객관적으로 추정할 수 있는 경우에는, 제947조, 제949조에 의하여 피성년후견인의 요양·감호와 그의 재산관리를 기본적 임무로 하는 성년후견인(제940조에 의하여 배우자에서 변경된 후견인이다)으로서는 의사무능력 상태에 있는 피성년후견인을 대리하여 그 배우자를 상대로 재판상 이혼을 청구할 수 있다(대판 2010.4.29, 2009므639).

(나) 재판상 이혼원인

민법은 재판상 이혼원인으로 제840조 제1호~제6호에서 ① 부정행위, ② 악의의 유기, ③ 배우자나 그 직계존속에 의한 심히 부당한 대우, ④ 직계존속에 대한 배우자의 부당한 대우, ⑤ 3년 이상의 생사불명, ⑥ 기타 혼인을 계속하기 어려운 중대한 사유를 들고 있다. 여기서 제840조 1호 내지 5호와 6호의 관계에 대하여, 학설은 대체로 1호 내지 5호를 6호의 단순예시에 해당된다고 보며, 따라서 제840조 1호 내지 6호 전체에 대하여 한 개의 이혼청구권이 성립한다(단순예시설)고 한다(김주수/김상용, 181면; 김용한, 147면; 이경희, 105면). 즉 제840조 1호 내지 5호에 직접 해당하지 않는 사유라도 '혼인을 계속하기 어려운 중대한 사유'에 해당한다면 제6호의 상대적 이혼원인이 있는 것으로 판단할 수 있다고 한다. 그러나 판례는 6개의 이혼사유가 독립적인 지위를 갖고 있다고 한다(절대적 독립설). 즉 제840조의 각 이혼사유는 그 각 사유마다 독립된 이혼청구원인이 되므로 법원은 원고가 주장한 이혼사유에 관하여서만 심판하여야 하고, 원고가 주장하지 않은 이혼사유에 관하여는 심판을 할 필요가 없고 그 사유에 의하여 이혼을 명해서는 안 된다고 한다(대판 1963.1.31, 62다812). 반면에 이혼청구를 구하면서 제840조 각 호의 수 개의 사유를 주장하는 경우, 법원은 그중 어느 하나를 받아들여 청구를 인용할 수 있다고 한다(대판 2000.9.5, 99므1886).

1) 배우자의 부정한 행위(제840조 1호)

(i) 부정한 행위란 '배우자의 정조의무에 충실하지 못한 일체의 행위'를 포함하며, 간통보다는 넓은 개념이다(통설; 대판 1993.4.9, 92므938). 부정행위인지 여부는 개개의 구체적인 사안에 따라 그 정도와 상황을 참작하여 평가하여야 한다(대판 1987.5.26, 87므5,6). 이러한 부정행위는 혼인 중의 행위이어야 하며, 혼인 전이나 약혼 중의 행위는 이혼사유인 부정행위에 해당하지 아니한다(대판 1991.9.13, 91므85,92).

(ii) 배우자에게 부정한 행위가 있었더라도 다른 한쪽이 '사전동의나 사후용서'를 한 때에는 이혼을 청구하지 못한다(제841조). 여기서 사전동의란 스스로 부정행위를 교사하거나 방조한 경우를 말하며, 단순히 사전에 예견한 정도는 여기에 속하지 않는다(박병호, 116면; 이경희, 106면). 또 사후용서(事後容恕)란 부정행위의 완료 후 이를 문책하지 않겠다는 감정의 표시이다. 즉 배우자 한쪽이 상대방의 부정행위 사실을 알면서도 혼인관계를 지속시킬 의사로 악감정을 포기하고 상대방에게 그 행위에 대한 책임을 묻지 않겠다는 뜻을 표시하는 일방행위이다(대판 1991.11.26, 91도2049). 따라서 부정한 행위를 한 남편에 대하여 그 사실을 알면서 부부생활을 지속한 아내의 경우는 남편의 부정한 행위를 용서한 것으로 볼 수 있다.

또한 배우자의 부정행위가 있었더라도 상대방 배우자가 이를 '안 날부터 6개월, 그 사유 있는 날부터 2년을 경과한 때'에는 이혼을 청구하지 못한다(제841조). 부정한 행위가 있은 후 상당한 기간이 지난 후에도 이 문제를 둘러싼 분쟁이 계속되는 것은 오히려 가정의 안정을 저해할 우려가 있기 때문이다.

판 례

(ㄱ) 고령이고 중풍으로 정교능력이 없어 실제로 정교를 갖지는 못하였다 하더라도 배우자 아닌 자와 동거한 행위는 배우자로서의 정조의무에 충실치 못한 것으로서 부정한 행위에 해당한다(대판 1992.11.10, 92므68).

(ㄴ) 제840조 1호 소정 배우자에 부정(不貞)한 행위가 있었을 때의 부정한 행위라고 함은 객관적으로 그것이 부정한 행위에 해당한다고 볼만한 사실이 있어야 하고, 또 이것이 내심의 자유로운 의사에 의하여 행하여 졌다는 두 가지의 요소를 필요로 하는 것으로서 비록 객관적으로는 부정한 행위라고 볼 수 있는 사실이 있다고 하더라도 그것이 자유로운 의사에 의하여 이루어지지 않은 경우는 여기에서 말하는 부정한 행위라고 할 수는 없다(대판 1976.12.14, 76므10). 즉 자유의사에 따른 부정행위만 해당하고, 강간 등은 이에 해당하지 않는다.

(ㄷ) 당사자가 더 이상 혼인관계를 지속할 의사가 없고 이혼의사의 명백한 합치가 있는 경우에는 비

록 법률적으로는 혼인관계가 존속한다 하더라도 상대방의 간통에 대한 사전 동의라고 할 수 있는 종용에 관한 의사표시가 그 합의 속에 포함되어 있는 것으로 보아야 한다(대판 2008.7.10, 2008도3599).

(ㄹ) 제841조 소정의 제척기간은 부정행위를 원인으로 한 이혼청구권의 소멸에 관한 규정으로서 이는 부권침해를 원인으로 하여 그 정신상 고통에 대한 위자료를 청구하고 있는 경우에는 적용될 수 없다(대판 1985. 6.25, 83므18).

2) 배우자의 악의의 유기(제840조 2호)

(i) 악의의 유기란 배우자 한쪽이 정당한 이유 없이 동거·부양·협조하여야 할 부부로서의 의무를 포기하고 다른 한쪽을 버린 경우 또는 배우자를 버리고 부부공동생활을 계속할 의사를 폐지하는 경우를 말한다(대판 2009.12.24, 2009므2413; 대판 1986.6.24, 85므6). 따라서 건강·직업·경제상 또는 자녀의 교육상 필요하여 별거하는 것은 유기에 해당하지 않는다. 악의의 유기는 혼인생활을 상당한 정도로 포기하는 것이기 때문에 상당한 기간 계속되어야 한다(김주수/김상용, 187면; 박병호, 117면; 이경희, 107면). 판례는 남편이 정신이상의 증세가 있는 아내를 두고 가출하여 비구승이 된 경우(대판 1990.11.9, 90므583,590), 혼인신고 후 약 20일간 동거하다가 농사일이 힘들고 남편의 건강이 나쁘다는 이유로 가출한 경우(대판 1986.10. 28, 86므83,84)를 악의의 유기에 해당한다고 한다.

(ii) 악의의 유기로 인한 이혼청구권의 제척기간과 관련하여, 판례는 악의의 유기를 원인으로 하는 재판상 이혼청구권이 법률상 그 행사기간의 제한이 없는 형성권으로서 10년의 제척기간에 걸리지만, 피고가 부첩관계를 계속 유지함으로써 제840조 2호에 해당하는 배우자가 악의로 다른 한쪽을 유기하는 것이 이혼청구 당시까지 존속되고 있는 경우에는 기간 경과에 의하여 이혼청구권이 소멸할 여지는 없다고 한다(대판 1998.4.10, 96므1434).

판 례

악의의 유기라 함은 정당한 이유 없이 배우자를 버리고 부부공동생활을 폐지하는 것을 말하는 바, 가정불화가 심화되어 처 및 자녀들의 냉대가 극심하여지자 가장으로서 이를 피하여 자제케 하고 그 뜻을 꺾기 위하여 일시 집을 나와 별거하고 가정불화가 심히 악화된 기간 이래 생활비를 지급하지 아니한 것뿐이고 달리 부부생활을 폐지하기 위하여 가출한 것이 아니라면 이는 제840조 2호의 악의의 유기에 해당할 수 없다(대판 1986.6.24, 85므6).

3) 배우자 또는 그 직계존속에 의한 심히 부당한 대우(제840조 3호)

(i) '심히 부당한 대우를 받았을 때'라 함은 혼인관계의 지속을 강요하는 것이 참으로 가혹하다고 여겨질 정도의 폭행이나 학대 또는 모욕을 받았을 경우를 말한다

(대판 2021.3.25, 2020므14763). 따라서 가정불화의 와중에서 서로 격한 감정에서 오고간 몇 차례의 폭행 및 모욕적인 언사는 그것이 비교적 경미한 때에는 심히 부당한 대우에 해당하지 않는다(대판 1986.6.24, 85므6). 제840조는 파탄주의를 규정하고 있으므로, 배우자의 직계존속으로부터의 심히 부당한 대우로 인하여 부부관계의 유지·계속이 기대될 수 없는 정도로 파탄된 경우에 비로소 이혼을 인용할 수 있다고 보아야 한다. 결국 심히 부당한 대우에 해당하는지 여부는 사회통념과 당사자의 사회적 지위 등을 참작하여 구체적으로 판단하여야 한다.

(ii) 심히 부당한 대우를 이혼사유로 하는 경우 제척기간에 대한 명문의 규정이 없다. 따라서 당사자는 언제든지 이혼청구의 소를 제기할 수 있다. 판례는 제842조의 제척기간에 관한 규정은 제840조 6호의 사유에 기한 이혼청구에만 적용될 뿐, 제840조 3호의 사유에 기한 이혼청구에 유추적용될 수 없다고 한다(대판 1993.6.11, 92므1054,1061).

4) 자기의 직계존속에 대한 배우자의 심히 부당한 대우(제840조 4호)

예컨대 며느리가 시부모에 대해서 또는 사위가 장인·장모에 대해서 심히 부당한 대우를 하는 경우를 말한다. 심히 부당한 대우의 의미뿐만 아니라 그 판단기준은 제840조 3호의 경우와 동일하다.

5) 배우자의 3년 이상의 생사불명(제840조 5호)

배우자 한쪽의 생존도 사망도 증명할 수 없는 상태가 현재까지 3년간 계속된 경우이다. 3년이란 기산점은 최후의 소식이 있었던 시점, 가출의 경우는 가출시, 전쟁·재난 등 위난의 경우는 그 위난이 사라진 때부터이다. 생사불명의 원인은 묻지 않는다. 이혼소송은 공시송달과 결석재판이라는 절차를 밟아서 행하여진다. 한편 제840조 5호에 의한 이혼은 실종선고에 의한 혼인해소와 아무런 관계가 없다. 즉 이혼심판청구가 확정된 후에 배우자가 생환하더라도 실종선고가 취소되는 경우와 달리 혼인이 부활하지 않는다(통설).

6) 기타 혼인을 계속하기 어려운 중대한 사유(제840조 6호)

(i) 혼인을 계속하기 어려운 중대한 사유가 있을 때라 함은 부부간의 애정과 신뢰가 바탕이 되어야 할 혼인의 본질에 상응하는 부부공동생활관계가 회복할 수 없을 정도로 파탄되고 그 혼인생활의 계속을 강제하는 것이 배우자 한쪽에게 참을 수 없는 고통이 되는 경우를 말한다(대판 2021.3.25, 2020므14763; 대판 2009.12.24, 2009므2130). 예컨대 아내가 뚜렷한 합리적인 이유 없이 남편과의 성행위를 거부하고 혼인생활동안 거의 매일 외간 남자와 전화통화를 하였으며 그로 인하여 남편이 이혼소송을 제기하고 별거에 이르게 되었다면 부부

공동 생활관계는 회복할 수 없을 정도로 파탄되었고, 그 혼인생활의 계속을 강제하는 것이 남편에게는 참을 수 없는 고통이 된다고 볼 여지가 있다(대판 2002.3.29, 2002므74). 혼인을 계속하기 어려운 중대한 사유가 있는지는 혼인계속의사의 유무, 파탄원인에 관한 당사자의 책임 유무, 혼인생활의 기간, 자녀의 유무, 당사자의 나이, 이혼 후의 생활보장, 기타 혼인관계의 제반사정을 고려하여 판단해야 한다(대판 2021.8.19, 2021므12108; 대판 2007.12.14, 2007므1690).

(ii) 판례에 나타난 '기타 혼인을 계속하기 어려운 중대한 사유'를 보면, ① 육체적 파탄원인으로 부당한 피임·성병의 감염·이유 없는 성교거부·성교불능(대판 1994.5.13, 93므1020; 대판 1966.1.31, 65므65) 등을 들 수 있는데, 임신불능·남편의 생식불능은 그 사유에 해당하지 않는다고 한다(대판 1991.2.26, 89므365,367; 대판 1982.11.23, 82므36). ② 정신적·윤리적 파탄원인으로는 불치의 정신병(대판 1995.5.26, 95므90)·부부간의 애정상실·성격불일치(대판 1986.3.25, 85므72)·장기간의 별거(대판 1991.1.11, 90므552)·혼전부정으로 인한 부부간의 갈등·신앙의 차이·과도한 신앙생활(대판 1996.11.15, 96므851)·알코올(마약)중독·혼인 중 발생한 중증의 우울증(대판 1997.3.28, 96므608,615)을 들 수 있다. ③ 경제적 파탄원인으로 남편의 방탕·상습적인 도박·지나친 사치 등으로 가정경제를 위협한 경우 등을 들 수 있다. 그 밖의 파탄원인으로 선의의 중혼·배우자의 범죄행위(대판 1974.10.22, 74므1)·시부모의 지나친 간섭 등을 들 수 있다. 이와 달리 ① 정신병 증세가 있으나 그 증상이 가벼운 정도에 그치거나 회복가능한 경우(대판 2004.9.13, 2004므740), ② 우울증 증세를 보였으나 치료를 받아 일상생활을 하는 데 별다른 지장이 없는 경우(대판 1995.12.22, 95므861), ③ 이혼합의 사실의 존재(대판 1996.4.26, 96므226) 등은 중대한 사유에 해당하지 않는다고 한다.

(iii) 기타 혼인을 계속하기 어려운 중대한 사유는 다른 한쪽이 이를 안 날부터 6개월, 그 사유가 있은 날부터 2년을 경과하면 이혼청구권이 소멸된다(제842조). 그런데 혼인생활을 계속하기 어려운 중대한 사유는 그 사유로 인하여 이혼청구 당시까지 혼인파탄상태가 계속되고 있는 경우가 많다. 따라서 제840조 6호의 사유가 이혼청구 당시까지 계속 존재하는 때에는 이혼청구권의 제척기간에 관한 제842조는 적용되지 아니한다(대판 2001.2.23, 2000므1561; 대판 1996.11.8, 96므1243).

판 례

(ㄱ) 이혼원인으로서의 혼인을 계속하기 어려운 중대한 사유란 반드시 상대방 배우자의 귀책사유로 말미암을 필요는 없으나 주로 이혼을 구하는 배우자의 귀책사유로 말미암은 경우는 포함되지 않는다고 해석함이 상당하므로, 혼인관계가 파탄되었다고 인정되는 경우에는 법원으로서는 그 파탄이 피청구인의 귀책사유에 기인한 것인가를 심리할 것이 아니라 파탄의 주된 원인이 청구인의 귀책사유에 있는 것인가를 심리판단하여 제840조 6호에의 해당여부를 가려야 할 것이다

(대판 1982.5.11, 80므60).

(ㄴ) 혼인 중 처에게 발생한 조울증이 장기간 지속되어 회복이 거의 불가능한 정신질환으로 이환되어 그 증상이 가벼운 정도에 그치는 경우라 할 수 없고, 그 질환이 단순히 애정과 정성으로 간호되거나 예후가 예측될 수 있는 것이 아닌 경우, 남편에게 계속하여 배우자로서의 의무에 따라 한정 없는 정신적, 경제적 희생을 감내한 채 처와의 혼인관계를 지속하고 살아가라고 하기에는 지나치게 가혹하다고 보아 제840조 6호의 재판상 이혼사유에 해당한다(대판 1997.3.28, 96므608,615).

(ㄷ) 혼인생활 중 부부가 일시 이혼에 합의하고 위자료 명목의 금전을 지급하거나 재산분배를 하였다고 하더라도 그것으로 인하여 부부관계가 돌이킬 수 없을 정도로 파탄되어 부부 쌍방이 이혼의 의사로 사실상 부부관계의 실체를 해소한 채 생활하여 왔다는 등의 특별한 사정이 없다면 그러한 이혼 합의사실의 존재만으로는 이를 제840조 6호의 재판상 이혼사유인 혼인을 계속할 수 없는 중대한 사유에 해당한다고 할 수 없다(대판 1996.4.26, 96므226).

(ㄹ) 부부의 일방이 정신병적 증세를 보여 혼인관계를 유지하는 데 어려움이 있다고 하더라도 그 증상이 가벼운 정도에 그치는 경우라든가, 회복이 가능한 경우인 때에는 그 상대방 배우자는 사랑과 희생으로 그 병의 치료를 위하여 진력을 다하여야 할 의무가 있는 것이고, 이러한 노력을 제대로 하여 보지 않고 정신병 증세로 인하여 혼인관계를 계속하기 어렵다고 주장하여 곧 이혼청구를 할 수는 없다(대판 2004.9.13, 2004므740).

(ㅁ) 부부간의 성관계는 혼인의 본질적 요소이므로 성적 불능 기타 부부 상호간의 성적 요구의 정상적인 충족을 저해하는 사실이 존재하는 경우, 이는 '혼인을 계속하기 어려운 중대한 사유'가 될 수 있으므로, 정당한 이유 없이 성교를 거부하거나 성적 기능의 불완전으로 정상적인 성생활이 불가능한 경우에는 혼인을 계속하기 어려운 중대한 사유가 있다고 할 것이나, 전문적인 치료와 조력을 받으면 정상적인 성생활로 돌아갈 가능성이 있는 경우에는 일시적인 성기능의 장애가 있거나 부부간의 성적인 접촉이 단기간 부존재 하더라도 그 정도의 성적 결함만으로는 '혼인을 계속하기 어려운 중대한 사유'가 될 수 없다(대판 2010.7.15, 2010므1140). 따라서 혼인 후 약 2년간 성관계를 맺지 않은 사실만으로는 '혼인을 계속하기 어려운 중대한 사유'가 있다고 하기 어렵다(대판 2009.12.24, 2009므2413).

(ㅂ) 혼인생활 중 부양·협조의무 등을 통하여 공동으로 이룩한 재산의 주요 부분을 부부의 일방이 정당한 이유 없이 상대방 배우자와의 협의나 그의 동의 없이 일방적으로 처분하는 등으로 가정공동체의 경제적 기반을 형해화하거나 위태롭게 하는 행위는, 상대방 배우자의 기초적인 생존과 독립적이고 자율적인 생활을 매우 곤란하게 하는 것으로서 그로 인하여 부부간의 애정과 신뢰가 회복할 수 없을 정도로 훼손되었고 혼인생활의 계속을 강제하는 것이 한쪽 배우자에게 참을 수 없는 고통이 되는 경우라면 제840조 제6호의 '혼인을 계속하기 어려운 중대한 사유'에 해당할 수 있다(대판 2025.9.4, 2025므10730).

(다) 유책배우자의 이혼청구권

혼인생활관계가 당사자 중 한쪽의 잘못으로 인하여 파탄된 경우, 이러한 유책배우자에게 이혼청구권을 인정할 것인지가 문제이다.

1) 유책배우자의 이혼청구를 긍정하면 신의성실의 원칙에 반하며 축출이혼을 시인하는 결과가 되므로 원칙적으로 부정되지만, 특수한 사정이 있는 경우에는 예외적으로 이혼을 허용하여야 한다(다수설). 이에 대해 혼인은 자유의사의 존중을 기조(基調)로 하고 있으므로, 파탄된 혼인을 계속시키는 것은 오히려 비도의적이라는 이유로 긍정하는 견해가 있다(김용한, 150면).

2) 판례는 ① 혼인생활의 파탄에 대하여 주된 책임이 있는 배우자는 원칙적으로 그 파탄을 사유로 하여 이혼을 청구할 수 없고, 다만 상대방도 그 파탄 이후 혼인을 계속할 의사가 없음이 객관적으로 명백함에도 오기나 보복적 감정에서 이혼에 응하지 아니하고 있을 뿐이라는 등의 특별한 사정이 있는 경우에만 예외적으로 유책배우자의 이혼청구권이 인정된다고 한다(대판 2006.1.13, 2004므1378; 대판 2004.9.24, 2004므1033). ② 청구인의 유책이 피청구인의 유책보다 가벼운 경우에는 유책배우자의 이혼청구를 인용한다(대판 1991.7.9, 90므1067; 대판 1990.3.27, 88므375). ③ 상대방 배우자도 혼인을 계속할 의사가 없어 한쪽의 의사에 따른 이혼 내지 축출이혼의 염려가 없는 경우는 물론 이혼을 청구하는 배우자의 유책성을 상쇄할 정도로 상대방 배우자 및 자녀에 대한 보호와 배려가 이루어진 경우, 세월의 경과에 따라 혼인파탄 당시 현저하였던 유책배우자의 유책성과 상대방 배우자가 받은 정신적 고통이 점차 약화되어 양쪽의 책임의 경중을 엄밀히 따지는 것이 더 이상 무의미할 정도가 된 경우 등과 같이 혼인생활의 파탄에 대한 유책성이 이혼청구를 배척해야 할 정도로 남아 있지 아니한 특별한 사정이 있는 경우에는 예외적으로 유책배우자의 이혼청구를 허용할 수 있다고 한다(대판 2022.6.16, 2022므10109; 대판 2015.9.15, 2013므568).

한편 혼인파탄에 있어 유책성은 혼인파탄의 원인이 된 사실에 기초하여 평가할 일이며 혼인관계가 완전히 파탄된 뒤에 있은 일을 가지고 따질 것은 아니라고 한다(대판 2004.2.27, 2003므1890). 따라서 혼인이 이미 다른 원인에 의하여 파탄되고 있는 경우에는 배우자 한쪽에게 부정행위 등과 같은 유책적인 행위가 있더라도 그것으로써 유책배우자라고 할 수 없다고 한다(대판 1979.2.24, 69므13).

판 례

(ㄱ) 신앙생활과 가정생활이 양립할 수 없는 객관적 상황이 아님에도 상대방 배우자가 부당하게 양자택일을 강요하기 때문에 부득이 신앙생활을 택하여 혼인관계가 파탄에 이르렀다면 그 파탄의 주된 책임은 양자택일을 강요한 상대방에게 있다고 할 것이므로 이 배우자의 이혼청구는 허용할 수 없다(대판 1981.7.14, 81므26).

(ㄴ) 부부의 혼인관계가 돌이킬 수 없을 정도로 파탄되었다고 인정된다면 파탄의 원인에 대한 원고

의 책임이 피고의 책임보다 더 무겁다고 인정되지 않는 한 이혼 청구를 받아들여야 한다(대판 2022.4.14, 2021므15398).

(ㄷ) 청구인과 피청구인이 각각 타인과 사실혼관계를 맺고 그 사이에 자녀를 출산하고 있다면 양인이 다시 부부로 돌아가는 것은 불가능하고, 또 부부관계의 파탄은 청구인과 피청구인 모두에게 책임이 있는 것이어서 이는 제840조 6호의 기타 혼인을 계속하기 어려운 중대한 사유 있는 때에 해당한다(대판 1986.3.25, 85므85).

(ㄹ) 혼인생활의 파탄을 초래하는 경위는 대체로 복잡 미묘하여 그 책임이 당사자 어느 한쪽에만 있다고 확정할 수 없는 경우가 많으므로, 부부간의 혼인관계가 돌이킬 수 없을 정도로 파탄되었다면 혼인청구인에게 전적으로 또는 주된 책임을 물어야 할 사유로 그 파탄의 원인이 조성된 경우가 아닌 이상 혼인청구는 허용되어야 한다(대판 1988.4.25, 87므9).

(ㅁ) 혼외파탄의 원인이 직접적으로는 甲남의 다른 여자와의 동거에 있다 하더라도 다른 여자와의 동거가 배우자와 사이에 이혼합의가 있은 후의 일이라면 이를 가르켜 혼인파탄의 주된 책임이 甲남에게 있다고 할 수 없다(대판 1987.12.22, 86므90).

(ㅂ) 이혼에 관하여 파탄주의를 채택하고 있는 여러 나라의 이혼법제는 우리나라와 달리 재판상 이혼만을 인정하고 있을 뿐 협의이혼을 인정하지 아니하고 있다. 우리나라에서는 유책배우자라 하더라도 상대방 배우자와 협의를 통하여 이혼을 할 수 있는 길이 열려 있다. 이는 유책배우자라도 진솔한 마음과 충분한 보상으로 상대방을 설득함으로써 이혼할 수 있는 방도가 있음을 뜻하므로, 유책배우자의 행복추구권을 위하여 재판상 이혼원인에 있어서까지 파탄주의를 도입하여야 할 필연적인 이유가 있는 것은 아니다. 우리나라에는 파탄주의의 한계나 기준, 그리고 이혼 후 상대방에 대한 부양적 책임 등에 관해 아무런 법률 조항을 두고 있지 아니하다. 따라서 유책배우자의 상대방을 보호할 입법적인 조치가 마련되어 있지 아니한 현 단계에서 파탄주의를 취하여 유책배우자의 이혼청구를 널리 인정하는 경우 유책배우자의 행복을 위해 상대방이 일방적으로 희생되는 결과가 될 위험이 크다. 유책배우자의 이혼청구를 허용하지 아니하고 있는 데에는 중혼관계에 처하게 된 법률상 배우자의 축출이혼을 방지하려는 의도도 있는데, 여러 나라에서 간통죄를 폐지하는 대신 중혼에 대한 처벌규정을 두고 있는 것에 비추어 보면 이에 대한 아무런 대책 없이 파탄주의를 도입한다면 법률이 금지하는 중혼을 결과적으로 인정하게 될 위험이 있다. 가족과 혼인생활에 관한 우리 사회의 가치관이 크게 변화하였고 여성의 사회 진출이 대폭 증가하였더라도 우리 사회가 취업, 임금, 자녀양육 등 사회경제의 모든 영역에서 양성평등이 실현되었다고 보기에는 아직 미흡한 것이 현실이다. 그리고 우리나라에서 이혼율이 급증하고 이혼에 대한 국민의 인식이 크게 변화한 것이 사실이더라도 이는 역설적으로 혼인과 가정생활에 대한 보호의 필요성이 그만큼 커졌다는 방증이고, 유책배우자의 이혼청구로 인하여 극심한 정신적 고통을 받거나 생계유지가 곤란한 경우가 엄연히 존재하는 현실을 외면해서도 아니 될 것이다(대판 2015.9.15, 2013므568).

(라) 재판상 이혼의 절차

1) 조정에 의한 이혼

(i) 가사소송법은 조정전치주의를 채용하고 있기 때문에, 재판상 이혼을 하고자

하는 자는 우선 가정법원에 조정을 신청하여야 한다(동법 제2조 1항 나류 사건 4호, 제50조 1항). 만일 조정신청을 하지 않고 이혼의 소를 제기한 경우에는 가정법원은 그 사건을 조정에 회부하여야 한다. 다만 배우자의 생사불명을 이혼원인으로 하는 경우나 그 사건이 조정에 회부되더라도 조정이 성립될 가망이 없다고 인정될 경우는 조정에 회부하지 아니할 수 있다(동법 제50조 2항).

(ii) 조정에서 당사자 사이에 이혼의 합의가 성립하여 이 사실이 조서에 기재되면 조정이혼이 성립하고, 이 기재는 재판상의 화해와 동일한 효력이 있으며(동법 제59조) 혼인은 종료된다. 조정을 신청한 사람은 조정성립의 날부터 1개월 이내에 이혼신고를 하여야 한다(가족관계등록법 제78조, 제58조). 이것은 보고적 신고이다.

(iii) 한편 조정절차에서 부부 사이의 의견대립으로 조정이 성립되지 아니할 경우, 조정위원회·조정담당판사는 '조정에 갈음하는 결정'을 할 수 있다(가사소송법 제49조, 제59조, 민사조정법 제30조, 제32조). 이 강제조정결정은 송달 후 2주일 이내에 이의신청이 없으면 재판상 화해와 동일한 효력이 있다(가사소송법 제49조, 민사조정법 제34조).

2) 재판에 의한 이혼

(i) 이혼사건에 대한 조정을 하지 아니하기로 하는 결정이 있거나 조정이 성립되지 아니한 것으로 종결된 경우 또는 조정에 갈음하는 결정이 이의신청에 의하여 효력을 상실한 경우에는 조정신청을 한 때에 소가 제기된 것으로 본다(가사소송법 제49조, 민사조정법 제36조).

(ii) 이혼의 인용판결이 확정되면 소를 제기한 자는 재판의 확정일로부터 1개월 이내에 재판서의 등본 및 확정증명서를 첨부하여 그 취지를 신고해야 한다(가족관계등록법 제78조, 제58조). 이혼판결의 확정으로 혼인이 해소되며, 협의이혼과 같이 신고해야 이혼이 성립하는 것이 아니다. 따라서 이 신고는 보고적 신고이다.

(iii) 성년의제된 미성년자(제826조의2), 피한정후견인은 독립적인 법률행위를 할 수 있으므로 이혼의 소를 제기할 수 있다(민사소송법 제55조 단서). 피성년후견인은 단독으로 소를 제기하지 못하고 성년후견인이 소를 제기할 수 있으며, 후견감독인이 있으면 후견감독인의 동의(제950조 1항 3호)를 받아야 한다(대판 2010.4.29, 2009므639).

(iv) 재판상 이혼청구권은 부부의 일신전속적 권리이므로 이혼소송 계속 중 배우자 일방이 사망한 때에는 상속인이 수계할 수 없음은 물론 검사가 수계할 수 있는 특별한 규정도 없으므로 이혼소송은 종료된다(대판 1994.10.28, 94므246,253). 이혼소송과 병합한 이혼위자료 청구소송이 계속 중 배우자 일방이 사망한 경우, 이혼소송은 당연히 종료되지만 위자료

청구소송은 종료되지 않는다(대판 1993.5.27, 92므143). 제843조는 약혼해제로 인한 손해배상청구권에 관하여 정신상 고통에 대한 손해배상청구권은 양도 또는 승계하지 못하지만 당사자간에 배상에 관한 계약이 성립되거나 소를 제기한 후에는 그렇지 않다는 제806조 3항을 준용하고 있으므로, 이혼위자료청구권은 원칙적으로 일신전속적 권리로서 양도나 상속 등 승계가 되지 않지만, 이는 행사상 일신전속권이고 귀속상 일신전속권은 아니며, 그 청구권자가 위자료의 지급을 구하는 소송을 제기함으로써 청구권을 행사할 의사가 외부적 객관적으로 명백하게 된 이상 양도나 상속 등 승계가 가능하기 때문이다.

판 례

혼인관계와 같은 신분관계는 성질상 상속될 수 없는 것이고 그러한 신분관계의 재심당사자의 지위 또한 상속될 성질의 것이 아니므로, 이혼소송의 재심소송에서 당사자의 일방이 사망하였더라도 그 재산상속인들이 그 소송절차를 수계할 수 없다. 다만 이혼의 심판이 확정된 경우에 그 심판에 재심사유가 있다면 그 확정판결에 의하여 형성된 신분관계(정당한 부부관계의 해소)는 위법한 것으로서 재심에 의하여 그 확정판결을 취소하여 그 효력을 소멸시키는 것이 공익상 합당하다고 할 것이므로 그 재심피청구인이 될 청구인이 사망한 경우에는 제849조, 제864조, 제865조 등을 유추적용하여 검사를 상대로 재심의 소를 제기할 수 있다고 해석함이 합리적이라고 할 것이고, 같은 이치에서 재심소송의 계속 중 본래 소송의 청구인이며 재심피청구인이었던 당사자가 사망한 경우에는 검사로 하여금 그 소송을 수계하게 함이 합당하다(대판 1992.5.26, 90므1135).

(3) 이혼의 효과

(가) 일반적 효과

이혼에 의하여 배우자관계가 소멸한다. 따라서 배우자 사이의 정조·동거·부양·협조의무, 부부재산관계 등 혼인으로 인하여 배우자 사이에 생긴 모든 권리의무가 소멸한다. 또한 배우자의 혈족 및 배우자의 혈족의 배우자간의 인척관계도 소멸되고(제775조 1항) 재혼할 수 있다. 다만 이혼으로 인척관계가 소멸하여도 6촌 이내의 혈족의 배우자, 배우자의 6촌 이내의 혈족 및 배우자의 4촌 이내의 혈족의 배우자와의 혼인은 금지된다(제809조 2항).

(나) 자녀에 대한 효과

이혼을 할 때에는 부부 사이에 출생한 미성년인 자녀가 있는 경우, 친권자나 양육자를 정할 필요가 있다.

1) 친권자의 결정

부모가 이혼하면 공동친권행사가 어렵게 되므로 친권자를 정할 필요가 있다. 협의이혼의 경우에는 부모의 협의로 친권자를 정하여야 하고, 협의를 할 수 없거나 협의가 이루어지지 않는 경우에는 가정법원은 직권으로 또는 당사자의 청구에 따라 친권자를 지정하여야 한다(제909조 4항 본문). 다만 부모의 협의가 자녀의 복리에 반하는 경우에는 가정법원은 보정을 명하거나 직권으로 친권자를 정한다(제909조 4항 단서). 반면에 재판상 이혼의 경우에는 가정법원이 직권으로 친권자를 정한다(제909조 5항). 그리고 가정법원은 친권자가 정하여졌더라도 자녀의 복리를 위하여 필요하다고 인정되는 경우에는 자녀의 4촌 이내의 친족의 청구에 의하여 정하여진 친권자를 다른 한쪽으로 변경할 수 있다(제909조 6항). 한편 이혼 후 단독 친권자로 정하여진 부모의 한쪽이 사망한 경우, 생존하는 부 또는 모, 미성년자, 미성년자의 친족은 그 사실을 안 날부터 1개월, 사망한 날부터 6개월 내에 가정법원에 생존하는 부 또는 모를 친권자로 지정할 것을 청구할 수 있다(제909조의2 제1항).

2) 양육에 관한 사항의 결정

가) 양육권과 친권의 관계

(i) 양육권은 가족법상 친권과 구별된다. 즉 ① 친권은 자녀의 신분에 관한 권리의무(예: 가족행위에 대한 내리권과 동의권), 재산에 관한 권리의무(예: 재산관리, 재산적 법률행위에 관한 대리권 및 동의권, 영업허락 등), 양육에 관한 권리의무 등을 모두 포함한다. ② 양육권은 원칙적으로 자녀를 보호하고 교육할 권리의무만을 의미할 뿐이다.

(ii) 친권자와 양육자는 동일인이 될 수 있고, 친권자와 양육자를 달리 정할 수 있다(대판 2012.4.13, 2011므4719). 양육자와 친권자가 다른 경우, 친권의 내용 중 양육에 관한 사항에 대한 친권자의 권한은 제한되며, 친권자가 이를 임의로 변경할 수 없다(대판 1985.2.26, 84므86; 박동섭/양경승, 194면). 다만 제3자에 의하여 불법 억류된 자녀에 대한 인도청구권은 친권자와 양육자가 모두 갖지만, 양육자의 권리가 우선한다고 할 것이다.

(iii) 민법은 친권규정(제909조)과 아울러 양육에 관한 규정(제837조)을 별도로 규정하고 있다. 이는 양육자와 친권자가 각각 다른 사람으로 정해질 수 있는 가능성을 열어 놓았다. 1990년 민법 개정 전 부부의 이혼시 모의 친권이 인정되지 않았기 때문에 양육권을 별도로 규정하여야 할 필요가 있었다. 그러나 1990년 이후 모에게도 친권이 인정되므로, 친권과 양육권을 분리하는 민법규정은 그 근거를 상실하였으므로, 일원화하는 것이 바람직하다(김주수/김상용, 217면; 조은희, 129면).

판 례

제837조, 제909조 4항 등이 부부의 이혼 후 그 자의 친권자와 그 양육에 관한 사항을 각기 다른 조항에서 규정하고 있는 점 등에 비추어 보면, 이혼 후 부모와 자녀의 관계에 있어서 친권과 양육권이 항상 같은 사람에게 돌아가야 하는 것은 아니며, 이혼 후 자에 대한 양육권이 부모 중 어느 일방에, 친권이 다른 일방에 또는 부모에 공동으로 귀속되는 것으로 정하는 것은, 비록 신중한 판단이 필요하다고 하더라도, 일정한 기준을 충족하는 한 허용된다(대판 2012.4.13, 2011므4719).

나) 양육자의 결정

(i) 이혼하는 부모는 그 자녀의 양육에 관한 사항을 협의에 의하여 정하여야 하며(제837조 1항), 협의에는 양육자의 결정, 양육비용의 부담, 면접교섭권의 행사 여부 및 그 방법이 포함되어야 한다(제837조 2항). 자녀의 양육에 관한 부모의 협의가 자녀의 복리에 반하는 경우에는 가정법원은 보정을 명하거나 직권으로 그 자녀의 의사·나이와 부모의 재산상황 그 밖의 사정을 참작하여 양육에 필요한 사항을 정한다(제837조 3항). 양육에 관한 사항의 협의가 이루어지지 않거나 협의할 수 없는 때에는 가정법원은 직권으로 또는 당사자의 청구에 따라 이에 관하여 결정하며, 이 경우 가정법원은 자녀의 의사·나이와 부모의 재산상황, 그 밖의 사정을 참작하여야 한다(제837조 4항). 한편 양육자는 부모 중 한쪽이 되는 것이 보통이지만, 부모가 아닌 제3자(예: 탁아소나 사회복지시설 등)를 지정하여도 상관없고, 자녀가 여러 명일 경우 그 양육자를 각각 다르게 정할 수 있다(박동섭/양경승, 192면).

(ii) 가정법원은 자녀의 복리를 위하여 필요하다고 인정하는 경우에는 부·모·자녀 및 검사의 청구 또는 직권으로 자녀의 양육에 관한 사항을 변경하거나 다른 적당한 처분을 할 수 있다(제837조 5항). 양육에 관한 사항의 변경은 그 사항이 당사자의 협의에 의하여 정해진 경우(대결 2006.4.17, 2005스18,19), 가정법원의 심판에 의하여 정해진 경우(대판 1991.6.25, 90므699) 모두에 대하여 할 수 있고, 또한 어느 경우든 당초의 협의 또는 결정 후에 특별한 사정변경이 있는 때뿐만 아니라 이전에 정해진 사항이 부당하다고 인정되는 때에도 변경할 수 있다(대결 2006.4.17, 2005스18,19). 종전 양육비 부담이 '부당'한지는 친자법을 지배하는 기본이념인 '자녀의 복리를 위하여 필요한지'를 기준으로 판단하여야 한다. 특히 양육비의 감액은 일반적으로 자녀의 복리를 위하여 필요한 조치라고 보기 어려우므로, 가정법원이 양육비 감액을 구하는 심판청구를 심리할 때에는 양육비 감액이 자녀에게 미치는 영향을 우선적으로 고려하고 양육비와 재산상태 및 신분관계 등 여러 사정을 종합적으로 참작한 결과 양육비 감액이 불가피하고 그러한 조치가 궁극적으로 자녀의 복리에

필요한 것인지에 따라서 판단하여야 한다(대결 2023.8.18, 2023스574; 대결 2019.1.31, 2018스566). 통상적으로 자녀가 성장함에 따라 양육에 소요되는 비용 또한 증가한다고 봄이 타당하므로 법원은 자녀들의 성장에도 불구하고 양육비의 감액이 필요할 정도로 청구인의 소득과 재산이 실질적으로 감소하였는지 심리·판단하여야 한다(대결 2023.8.18, 2023스574; 대결 2022.9.29, 2022스646).

한편 판례는 양육비에 관한 협정이 이루어진 후에 협의가 되지 않은 것을 전제로 양육비의 부담에 관한 심판을 구하는 경우에 그 청구는 양육에 관한 사항 중 양육비 부담부분의 변경을 구하는 취지로 볼 것이라고 한다(대결 1998.7.10, 98스17,18).

(iii) 양육에 관한 사항이 결정 또는 변경 등이 있더라도 양육에 관한 사항 이외에는 부모의 권리의무에 변경을 가져오지 않는다(제837조 6항). 따라서 양육자가 아닌 부모라도 상속이나 부양에 관한 권리의무를 가지며, 미성년인 자녀가 혼인할 때에는 동의권을 가진다(제808조). 또한 친권자로 된 父 또는 母는 양육 이외의 부분(예: 법정대리권, 법률행위에 대한 동의권)에 대하여 친권을 행사할 수 있다.

판 례

(ㄱ) 이혼시 자녀의 양육에 대한 협정이 없어 법원에 그 사항을 정할 것을 청구한 때에는, 친권자가 누구인가에 관계없이 법원은 자녀의 나이, 부모의 재산상황 기타 모든 사정을 고려하여 부모 중 누구 한편을 양육자로 지정하거나 또는 쌍방 모두에게 양육사항을 나누어 부담케 할 수 있다고 할 것이고, 이때에 제일 우선적으로 고려되어야 할 사항은 부모의 권리 아닌, 자녀의 복지이다(대판 1991.7.23, 90므828,835).

(ㄴ) 자녀의 양육을 포함한 친권은 부모의 권리이자 의무로서 미성년인 자녀의 복지에 직접적인 영향을 미치므로 부모가 이혼하는 경우에 부모 중 누구를 미성년인 자녀의 친권을 행사할 자 및 양육자로 지정할 것인가를 정함에 있어서는, 미성년인 자녀의 성별과 나이, 그에 대한 부모의 애정과 양육의사의 유무는 물론, 양육에 필요한 경제적 능력의 유무, 부 또는 모와 미성년인 자녀 사이의 친밀도, 미성년인 자녀의 의사 등의 모든 요소를 종합적으로 고려하여 미성년인 자녀의 성장과 복지에 가장 도움이 되고 적합한 방향으로 판단하여야 한다(대판 2010.5.13, 2009므1458,1465).

(ㄷ) 이혼 과정에서 친권자 및 자녀의 양육책임에 관한 사항을 의무적으로 정하도록 한 제837조, 제843조, 제909조 제5항의 문언 내용 등을 종합하면, 재판상 이혼의 경우에 당사자의 청구가 없다 하더라도 법원은 직권으로 미성년자인 자녀에 대한 친권자 및 양육자를 정하여야 하며, 따라서 법원이 이혼 판결을 선고하면서 미성년자인 자녀에 대한 친권자 및 양육자를 정하지 아니하였다면 재판의 누락이 있다(대판 2015.6.23, 2013므2397).

(ㄹ) 대한민국 국민과 혼인을 한 후 입국하여 체류자격을 취득하고 거주하다가 한국어를 습득하기 충분하지 않은 기간에 이혼에 이르게 된 외국인이 당사자인 경우, 미성년 자녀의 양육에 있어 한국어 소통능력이 부족한 외국인보다는 대한민국 국민인 상대방에게 양육되는 것이 더 적합할 것이라는 추상적이고 막연한 판단으로 해당 외국인 배우자가 미성년 자녀의 양육자로 지정되기

에 부적합하다고 평가하는 것은 옳지 않다(대판 2021.9.30, 2021므12320,12337).

다) 양육책임의 내용과 양육비청구

(i) 양육에 관한 사항으로 양육자의 지정, 양육·교육을 위한 거소의 지정, 부당하게 자녀를 억류하고 있는 자에 대한 인도청구 등이 포함되지만, 이에 필요한 비용의 부담은 포함되지 않는다. 즉 양육비의 부담은 양육자의 의무가 아니다. 따라서 양육자가 부모의 한쪽인 경우에는 양육자가 아닌 다른 한쪽에 대하여, 양육자가 제3자인 경우(예: 탁아소나 사회복지시설 등)에는 부모 양쪽에 대하여 양육비를 청구할 수 있다(김주수/김상용, 212면; 지원림, 6-64). 다만 당사자의 협정이나 가정법원의 결정에 반하여 양육한 경우(대결 2006.4.17, 2005스18,19; 대판 1992.1.21, 91므689) 또는 부모 한쪽에 의한 양육이 그 양육자의 일방적이고 이기적인 목적이나 동기에 비롯한 것이거나 자녀의 이익을 위하여 도움이 되지 않거나 그 양육비를 상대방에게 부담시키는 것이 오히려 형평에 어긋나게 되는 등의 특별한 사정이 있는 경우(대판 1995.4.25, 94므536; 대결 1994.5.13, 92스21)에는 양육하지 않는 부 또는 모에게 양육비 지급의무가 없다고 할 것이다(송덕수, E-68). 그리고 양육자에게 수입이 있는 경우에는 그에게 양육비의 일부를 부담하게 하는 것이 반드시 부당하다고 할 수 없다(대판 1992.1.21, 91므689).

(ii) 양육비의 부담과 관련하여 과거양육비의 청구가 인정되는지에 대하여, 판례는 이를 긍정한다(대결 1994.5.13, 92스21). 즉 부부의 한쪽에 의한 양육이 양육자의 일방적이고 이기적인 목적이나 동기에서 비롯한 것이라거나 자녀의 이익을 위하여 도움이 되지 아니하거나 상대방에게 양육비를 부담시키는 것이 형평에 어긋나게 되는 등 특별한 사정이 있는 경우를 제외하고는, 양육하는 한쪽은 상대방에 대하여 현재 및 장래의 양육비 중 적정금액의 분담을 청구할 수 있고, 부모의 자녀양육의무는 특별한 사정이 없는 한 자녀의 출생과 동시에 발생하는 것이므로, 과거의 양육비에 대하여도 상대방이 분담함이 상당하다고 인정되는 경우에는 그 비용의 상환을 청구할 수 있다고 한다. 또한 미성숙 자녀를 부양할 의무가 있는 부모가 이혼하면서 한쪽을 자녀의 양육자로 지정하고, 다른 한쪽은 자녀의 양육비를 지급하기로 협정한 경우, 이 협정의 범위 내에서는 과거의 양육비도 청구할 수 있다고 한다(대판 1985.2.26, 84므86). 다만 양육방법에 관하여 소송상의 화해를 하면서 특정시점(예: 아이가 만 3세 될 때)부터는 양육권이 없다고 정하였는데, 그 화해조항에 위반하여 아이를 어느 시점에 상대방에게 인도하지 않고 스스로 양육한 경우에는 양육비청구권이 없다고 한다(대판 1992.1.21, 91므689).

(iii) 이혼한 부부 사이에서 자녀에 대한 양육비의 지급을 구할 권리는 당사자의

협의 또는 가정법원의 심판에 의하여 구체적인 청구권의 내용과 범위가 확정되기 전에는 '상대방에 대하여 양육비의 분담액을 구할 권리를 가진다'라는 추상적인 청구권에 불과하고 당사자의 협의나 가정법원이 당해 양육비의 범위 등을 재량적·형성적으로 정하는 심판에 의하여 비로소 구체적인 액수만큼의 지급청구권이 발생한다. 따라서 ① 당사자의 협의 또는 가정법원의 심판에 의하여 구체적인 청구권의 내용과 범위가 확정되기 전에는 그 내용이 극히 불확정하여 상계할 수 없지만, 가정법원의 심판에 의하여 구체적인 청구권의 내용과 범위가 확정된 후의 양육비채권 중 이미 '이행기에 도달한 후'의 양육비채권은 완전한 재산권(손해배상 청구권)으로서 친족법상의 신분으로부터 독립하여 처분이 가능하고, 권리자의 의사에 따라 포기, 양도 또는 상계의 자동채권으로 하는 것도 가능하다(대판 2006.7.4, 2006므751). ② 이혼한 부부 사이에서 어느 일방이 과거에 미성년 자녀를 양육하면서 생긴 비용의 상환을 상대방에게 청구하는 경우, 자녀의 복리를 위해 실현되어야 하는 과거 양육비에 관한 권리의 성질상 그 권리의 소멸시효는 '자녀가 미성년이어서 양육의무가 계속되는 동안'에는 진행하지 않고 '자녀가 성년이 되어 양육의무가 종료된 때'부터 진행한다(대결 2024.7.18, 2018스724). 자녀가 아직 미성년인 동안 이혼한 부부 사이에서 자녀에 대한 과거 양육비의 지급을 구할 권리는 당사자의 협의 또는 가정법원의 심판에 의하여 구체적인 청구권의 범위와 내용이 확정되지 않는 이상 그 권리의 성질상 소멸시효가 진행하지 않는다고 볼 특별한 사정이 있다고 보아야 하지만, 과거 양육비에 관한 권리는 구상권의 실질을 가지는데, 자녀가 성년이 되어 양육의무 자체가 종료한 이상 이를 과거에 형성된 사실관계를 바탕으로 인정되는 일반적인 금전채권과 비교하여 보더라도 재산적 권리라는 본질에서 아무런 차이가 없기 때문이다. 따라서 과거 양육비에 관한 권리가 아직 당사자의 협의나 가정법원의 심판에 의하여 그 내용과 범위가 확정되지 않았다는 사정만으로 소멸시효가 진행할 수 있는 채권 내지 재산권에 해당하지 않는다고 할 수는 없다.

(ⅳ) 이혼한 부부나 혼인외 출생자의 생모, 생부 사이에서 미성년 자녀에 대한 양육비의 지급을 구할 권리는 당사자의 협의나 가정법원의 심판으로 구체적인 내용과 범위가 정해지기 전에는 추상적인 청구권에 불과하고 당사자의 협의 또는 가정법원의 심판에 의하여 구체적인 청구권의 내용과 범위가 확정되었더라도 그 '이행기가 도래하기 전'의 양육비채권은 친족법상의 신분으로부터 독립하여 처분이 가능한 완전한 재산권이라고 보기 어렵다(대결 2024.7.18, 2018스724). 따라서 당사자의 협의 또는 가정법원의 심판에 의하여 구체적인 청구권의 내용과 범위가 확정되기 전이거나, 확정된 이후라도 그 이행기가 도래하기 전이라면, 장래 양육비채권을 포기하기로 하는 약정을 하

였더라도 다른 특별한 사정이 없는 한 자녀의 복리에 반하여 그 포기의 효력이 자녀에게 미친다고 볼 수 없다(대판 2025.9.11, 2023므11758).

(ⅴ) 한편 '자녀가 성년'에 이르게 되면 이혼한 부부가 공동으로 부담하는 자녀양육의무는 종료하고, 더 이상 자녀에 대한 장래 양육비를 결정하거나 분담하여야 하는 문제가 생기지 않는다. 그 부부 사이에는 어느 일방이 과거에 자녀의 양육을 위해 지출한 비용을 서로 정산하여야 하는 관계만이 남게 된다. 나아가 자녀에 대한 과거 양육비의 분담과 관련하여, 자녀가 성년이 된 때부터는 관련 당사자 사이의 협의나 가정법원의 심판은 과거의 양육 상황과 지출 비용 등에 대한 확인과 평가를 거쳐 과거 양육비 중 상대방이 분담함이 상당하다고 인정되는 금액을 구체적으로 확정한다는 의미만을 가지게 되고, 자녀의 복리를 위해 필요한 양육비 분담액을 재량적으로 형성한다는 의미는 사라지게 된다. 자녀가 성년이 된 후에는 과거 양육비 분담액을 정할 때에 변동 가능성이 내재된 장래 양육비 분담액과 조화롭게 조정하는 과정을 거칠 필요가 없고, 과거 양육비에 관한 권리가 현재 또는 장래 양육의 필요에 제공될 여지가 없으므로 자녀의 복리에 미칠 영향을 고려할 필요도 없게 된다(대결 2024.7.18, 2018스724). 이와 같이 사건본인이 이미 성년에 달한 경우와 미성년자인 경우는 그 과거 양육비의 확정 및 분담의 의미가 다르므로, 이혼한 부부 사이에 성년이 된 자녀에 대한 과거 양육비의 분담을 결정하는 법원으로서는 이러한 차이를 바탕으로 당사자들의 재산 상황이나 경제적 능력, 부담의 형평성 등에 관하여 심리하여 그 결과를 반영할 필요가 있다(대결 2024.10.8, 2023스637).

판 례

(ㄱ) 양육자지정청구를 하면서 양육자로 지정되는 경우 지급받을 양육비의 액수와 그 집행권원을 미리 확정하여 둘 필요가 있는 경우에는 양육자지정청구와 함께 장래의 이행을 청구하는 소로서 양육비지급청구를 동시에 할 수 있다(대판 1988.5.10, 88므92,108).

(ㄴ) 사건본인이 원심판결 선고 후 사망하였다면, 양육자지정청구 및 사건 본인이 사망한 이후의 양육비지급청구부분은 모두 사건 본인의 생존을 전제로 한 일신전속적 법률관계에 기한 것으로 사건 본인의 사망으로 그 청구의 대상이 소멸됨으로써 소송종료되었다고 할 것이다(대판 1995.4.25, 94므536). 즉 자가 사망한 경우 사망 전까지의 양육비는 상환청구할 수 있지만, 사망 이후의 양육비는 상환청구할 수 없다.

(ㄷ) 청구인과 상대방이 이혼하면서 사건 본인의 친권자 및 양육자를 상대방으로 지정하는 내용의 조정이 성립된 경우, 그 조정조항상의 양육방법이 그 후 다른 협정이나 재판에 의하여 변경되지 않는 한 청구인에게 자녀를 양육할 권리가 없고, 그럼에도 불구하고 청구인이 법원으로부터 조정조항을 임시로 변경하는 가사소송법 제62조의 사전처분 등을 받지 아니한 채 임의로 자녀를

양육하였다면 이는 상대방에 대한 관계에서는 상대적으로 위법한 양육이라고 할 것이니, 이러한 청구인의 임의적 양육에 관하여 상대방이 청구인에게 양육비를 지급할 의무가 있다고 할 수는 없다(대결 2006.4.17, 2005스18,19).

(ㄹ) 자녀의 양육에 드는 비용인 양육비는 자녀를 공동으로 양육할 책임이 있는 부모가 원칙적으로 공동으로 부담하여야 한다. 그런데 어떠한 사정으로 부모 중 어느 한쪽만이 자녀를 양육하게 된 경우에는 양육하는 사람이 상대방에게 현재와 장래의 양육비 중 적정 금액의 분담을 청구할 수 있고, 나아가 특별한 사정이 있는 경우를 제외하고는 과거의 양육비에 대하여 상대방이 분담하는 것이 상당한 비용의 상환을 청구할 수 있다. 다만 과거 양육비의 경우 양육비를 청구하기 이전에 이미 소요된 비용을 한꺼번에 상대방에게 부담시키게 되면 상대방은 예상하지 못하였던 금액을 일시에 부담하게 되어 지나치게 가혹하거나 신의성실의 원칙 또는 형평의 원칙에 어긋날 수도 있으므로, 반드시 이행청구 이후의 양육비와 동일한 기준에서 정할 필요는 없고, 부모 중 한 쪽이 자녀를 양육하게 된 경위와 그에 소요된 비용의 액수, 당사자들의 재산 상황이나 경제적 능력과 부담의 형평성 등 여러 사정을 고려하여 적절하다고 인정되는 분담의 범위를 정할 수 있다(대판 2020.5.14, 2019므15302). 특히 현재와 장래의 양육비나 과거 양육비를 불문하고 양육비의 분담 범위를 정할 때에 당사자들의 재산 상황이나 경제적 능력과 부담의 형평성 등과 관련하여, 혼인관계 해소시의 재산분할은 당사자 사이에 청산적 요소뿐만 아니라 이혼 후의 부양적 요소, 정신적 손해(위자료)를 배상하기 위한 급부로서의 성질 등을 포함하여 이루어지는 것이므로(대결 2022.7.28, 2022스613), 당사자들의 이혼시 이루어진 재산분할 또는 재산상 합의의 유무와 내용, 그러한 재산분할 상황 등과 양육비 부담과의 관계 등을 고려할 필요가 있다. 자녀를 두고 혼인관계를 해소하는 부모로서는 이혼 후 자녀의 양육 문제와 혼인 중 공동으로 형성한 재산의 청산 문제를 결정하면서 이 두 가지가 상호 긴밀한 영향을 미치는 관계 속에서 자녀의 양육자 및 양육비, 재산분할 등에 관한 합의에 이르거나 재산분할 또는 양육비의 청구 여부를 결정하게 되기 때문이다(대결 2024.10.8, 2023스637).

(ㅁ) 제1심 가정법원이 이혼 청구를 받아들이면서 변론종결 당시 비양육친이었던 부모 일방을 양육자로 지정하고 제1심판결 선고일 다음날을 기산점으로 삼아 장래양육비의 분담을 정한 경우, 항소심법원이 양육에 관한 사항을 심리한 결과 여전히 비양육친이 양육하지 않고 있는 사실이 확인된다면 이를 반영하여 장래양육비의 지급을 명하는 기산일을 다시 정하여야 한다(대판 2022.1.14, 2021므15145,15152; 대결 2022.11.10, 2021스766).

---

3) 면접교섭권

가) 일 반

(i) 의 의 　면접교섭권이란 친권자나 양육자가 아니기 때문에 현실적으로 자녀를 보호·양육하고 있지 않은 부모의 한쪽과 그 자녀가 상호간에 직접 만나거나 서신교환·방문·숙박과 같은 접촉을 할 수 있는 권리를 말한다(제837조의2). 면접교섭권을 인정하는 이유는 자녀가 건전하게 성장하기 위하여 무엇보다도 친자간의 애정관계가 안정된 가운데 계속되어야 한다는데 있다. 다만 이것은 미성년자의 건전한 성장과 발달

을 위한 것이므로 부모의 권리라는 점이 너무 강조되어서는 안 된다.

(ii) 적용범위 면접교섭권은 협의상 이혼뿐만 아니라 재판상 이혼에 인정되며(제843조), 혼인의 취소 또는 인지에 의하여 부모 중 한쪽이 친권자가 되는 경우에도 준용된다(가사소송법 제2조 1항 마류 사건 3호). 사실혼해소의 경우와 별거의 경우에도 유추적용 되어야 할 것이다(김주수/김상용, 237면; 송덕수, E-72).

나) 성 질

면접교섭권은 부모 등에게 주어진 고유한 권리이고 절대권이며, 일신전속권이므로 양도할 수 없다. 그리고 영속적 성질을 가지므로 포기할 수 없다. 따라서 포기를 하더라도 무효이고, 포기의 합의는 제103조의 위반으로 무효이다(박병호, 291면; 최달곤, "이혼 후의 자녀보호", 가족법연구 제10호, 194면). 면접교섭권에 관한 제837조의2는 양육에 관한 제837조의 특별규정이므로, 면접교섭권은 양육권의 일종 또는 양육권의 구체적인 실현이라고 볼 수 있다(김주수/김상용, 222면; 조은희, 140면; 지원림, 6-65).

다) 면접교섭권자

면접교섭권은 ① 자녀의 父나 母에게 인정되고, 부모의 형제자매 등에게 인정되지 않는다. ② 일정한 경우에 조부모의 손자녀에 대한 면접교섭권이 인정된다. 즉 자녀를 직접 양육하지 않는 부모 한쪽의 직계존속은 그 부모 한쪽이 사망하였거나 질병, 외국 거주, 그 밖에 불가피한 사정으로 자녀를 면접교섭할 수 없는 경우, 가정법원에 자녀와의 면접교섭을 청구할 수 있다. 이 경우 가정법원은 자녀의 의사, 면접교섭을 청구한 사람과 자녀의 관계, 청구의 동기, 그 밖의 사정을 참작해야 한다(제837조의2 제2항). 자녀를 직접 양육하지 않는 부모 한쪽의 면접교섭권이 제한 또는 배제된 경우에도 이 규정이 적용된다. 그런데 자녀를 직접 양육하지 않는 부모의 한쪽이 면접교섭권을 행사할 수 있는데도 행사하지 않는 경우에는 (외)조부모의 면접교섭권은 인정될 수 없는 것으로 해석되지만, 이 경우에도 인정될 수 있도록 개정할 필요가 있다.

라) 내 용

민법은 "자녀를 직접 양육하지 아니하는 부모의 일방과 그 자녀는 상호 면접교섭할 수 있는 권리를 가진다"고 할 뿐(제837조의2 1항), 면접교섭의 내용결정에 관하여는 명문의 규정이 없다. 생각건대 제837조의2는 제837조의 특별규정이므로, 면접교섭권의 행사방법과 범위에 관해서는 부모가 협의에 의해서 정하여야 하며, 협의가 이루어지지 않거나 협의할 수 없는 때에는 가정법원이 당사자의 청구 또는 직권에 의하여 면접교섭권의 행사방법과 범위를 결정하여야 할 것이다. 이때에는 먼저 조정을 신청하여야 한다(가사소송법 제2조 1항 마류 사건 3호, 제50조).

마) 면접교섭권의 제한

자녀의 복리를 위하여 필요한 경우에는 가정법원은 당사자의 청구 또는 직권에 의하여 면접교섭을 제한·배제·변경할 수 있다(제837조의 2 제3항). 가령 자녀에게 폭력을 행사한다거나, 알콜 중독에 빠져 있는 경우, 면접교섭권을 제한하거나 배제할 수 있다.

바) 면접교섭권의 침해에 대한 구제

정당한 이유 없이 면접교섭권을 침해하는 경우에 당사자의 신청에 의하여 가정법원은 이행명령을 내릴 수 있고, 정당한 이유 없이 이행명령에 불복하는 경우에 1,000만원의 과태료를 부과할 수 있으며 30일의 범위 내에서 감치에 처할 수 있다(가사소송법 제64조, 제67조, 제68조). 그러나 권리자의 신청에 의하여 결정으로 30일의 범위 내에서 그 의무이행이 있을 때까지 의무자를 감치에 처할 수 있다는 규정(동법 제68조)은 면접교섭의 경우에는 적용되지 않는다고 할 것이다. 면접교섭에 협력해야 할 의무자는 자녀를 양육하고 있는 부 또는 모인데, 면접교섭에 협력하지 않았다는 이유로 이러한 양육친을 감치에 처하게 되면 양육의 공백사태가 발생하여 자녀의 복리를 해치는 결과가 되기 때문이다(김주수/김상용, 237면; 조은희, 141면). 한편 면접교섭권의 방해·부인이 자녀의 복리를 현저하게 해하는 경우에는 양육자의 변경(제837조)이나 친권상실사유가 될 수 있을 것이다(박동섭/양경승, 201면).

4) 자녀의 신분관계

부모의 이혼에 의하여 자녀의 신분에는 영향이 없다. 즉 母의 자녀에 대한 친족관계는 소멸하지 않으며, 혼인 중에 아내가 임신한 자녀는 이혼 후에 출생하더라도 부모의 혼인 중에 출생한 자녀로 추정된다(제844조 3항).

(다) 재산적 효과

1) 재산분할청구권

가) 일 반

(i) 의 의 재산분할청구권이란 이혼을 한 당사자의 한쪽이 다른 한쪽에 대하여 혼인 중 취득한 재산의 분할을 청구하는 권리를 말한다. 이는 혼인 중 형성된 재산은 부부의 협력으로 이루어진 실질적인 공유재산이므로, 이혼으로 혼인이 해소된 때에는 이를 청산·정리할 필요가 있으며, 또한 이혼 후 경제적 능력이 없는 배우자 한쪽의 생계유지나 부양을 계속하게 함으로써 실질적인 이혼의 자유를 보장하려는 데 있다(대판 2001.5.8, 2000다58804). 따라서 재산분할청구권은 부부라는 신분관계를 기초로 하여 법률규정에 따라 발생하는 일종의 법정채권이다(제839조의2).

(ii) 성 질 ① 재산분할제도는 실질적인 공유재산을 청산·분배하고(청산적 요소) 이혼 후에도 생활능력이 약한 당사자 한쪽의 생계를 유지하기 위한 것(부양적 요소)이다(다수설). 판례는 한편으로 '이혼에 따른 재산분할은 혼인 중 양쪽의 협력으로 형성된 공동재산의 청산이라는 성격에 상대방에 대한 부양적 성격이 가미된 제도'라고 하고(대판 2001.2.9, 2000다63516; 대판 2000.9.29, 2000다25569), 다른 한편으로 분할자의 유책행위에 의하여 이혼함으로 인하여 입게 되는 정신적 손해(위자료)를 배상하기 위한 급부로서의 성질까지 포함하여 분할할 수도 있다고 하여(대판 2005.1.28, 2004다58963), 그 태도가 분명치 않다. ② 이혼으로 인한 재산분할청구권은 이혼이 성립한 때에 법적 효과로서 비로소 발생하는 것일 뿐만 아니라 협의 또는 심판에 따라 구체적 내용이 형성되기까지는 범위 및 내용이 불명확·불확정하기 때문에 구체적으로 권리가 발생하였다고 할 수 없다. 따라서 협의 또는 심판에 따라 구체화되지 않은 재산분할청구권을 혼인이 해소되기 전에 미리 포기하는 것은 성질상 허용되지 않는다(대결 2016.1.25, 2015스451).

나) 성립요건

(i) 이혼이나 혼인취소에 의하여 혼인관계가 종료될 것

이혼이나 혼인취소의 경우에 당사자 한쪽이 청구권자로 된다(제843조, 제839조의2, 가사소송법 제2조 1항 마류 사건 4호). 재산분할제도는 부부가 혼인 중에 취득한 실질적인 공동재산을 청산·분배하는 것을 주된 목적으로 하므로, 유책배우자도 혼인 중에 취득한 실질적 공동재산에 대하여 재산분할을 청구할 수 있다(대결 1993.5.11, 93스6). 또한 사실혼의 배우자도 재산분할청구권을 행사할 수 있다(통설; 대판 2021.5.27, 2020므15841; 대판 1995.3.28, 94므1584). 다만 판례는 중혼적 사실혼에는 재산분할청구를 할 수 없다고 한다(대결 1995.7.3, 94스30). 즉 법률상 배우자 있는 자는 그 법률혼관계가 사실상 이혼상태라는 등의 특별한 사정이 없는 한, 사실혼 관계에 있는 상대방에게 그와의 사실혼 해소를 이유로 재산분할을 청구함은 허용되지 않는다고 한다. 또한 법률상의 혼인을 한 부부의 어느 한쪽이 집을 나가 장기간 돌아오지 않고 있는 상태에서 다른 한쪽이 제3자와 사실혼관계를 맺고 있더라도 같다(대판 2001.4.13, 2000다52943; 대판 1995.9.26, 94므1638). 가령 남편 甲이 법률상 아내 乙이 자식들을 두고 가출하여 행방불명이 된 채 계속 귀가하지 아니한 상태에서 조만간 乙과의 혼인관계를 정리할 의도로 丙과 동거생활을 시작하였으나, 그 후 甲의 부정행위 및 폭행으로 혼인생활이 파탄에 이르게 될 때까지도 甲과 乙 사이의 혼인이 해소되지 아니하였다면, 甲과 丙 사이에는 법률상 보호받을 수 있는 적법한 사실혼관계가 성립되었다고 볼 수는 없고, 따라서 丙의 甲에 대한 사실혼관계 해소에 따른 손해배상청구나 재산분할청구는 허용될 수 없다(대판 1996.9.20, 96므530).

한편 사실혼관계에 있었던 당사자들이 생전에 사실혼관계를 해소한 경우 재산분할청구권이 인정되므로, 사실혼관계가 당사자 한쪽의 사망으로 인하여 종료된 경우에는 그 상대방에게 재산분할청구권이 인정될 수 없다(대판 2006.3.24, 2005두15595).

판 례

(ㄱ) 민법상 재산분할청구권은 이혼을 한 당사자의 일방이 다른 일방에 대하여 재산분할을 청구할 수 있는 권리로서 이혼이 성립한 때에 그 법적 효과로서 비로소 발생하는 것이므로, 당사자가 이혼이 성립하기 전에 이혼소송과 병합하여 재산분할의 청구를 하고, 법원이 이혼과 동시에 재산분할을 명하는 판결을 하는 경우에도 이혼판결은 확정되지 아니한 상태이므로, 그 시점에서 가집행을 허용할 수는 없다(대판 1998.11.13, 98므1193).

(ㄴ) 제839조의2에 따른 재산분할 청구사건은 마류 가사비송사건으로서 즉시항고의 대상에 해당하기는 하지만, 재산분할은 부부가 혼인 중에 취득한 실질적인 공동재산을 청산 분배하는 것을 주된 목적으로 하고, 법원이 당사자 쌍방의 협력으로 이룩한 재산의 액수 기타 사정을 참작하여 분할의 액수와 방법을 정하는 것이므로, 재산분할로 금전의 지급을 명하는 경우에도 판결 또는 심판이 확정되기 전에는 금전지급의무의 이행기가 도래하지 아니할 뿐만 아니라 금전채권의 발생조차 확정되지 아니한 상태에 있다고 할 것이어서, 재산분할의 방법으로 금전의 지급을 명한 부분은 가집행선고의 대상이 될 수 없다. 이는 이혼이 먼저 성립한 후에 재산분할로 금전의 지급을 명하는 경우라고 하더라도 마찬가지이다(대결 2014.9.4, 2012므1656).

(ㄷ) 이혼으로 인한 재산분할청구권은 이혼이 성립한 때에 법적 효과로서 발생하는 것이지만 협의 또는 심판에 의하여 구체적 내용이 형성되기까지는 범위 및 내용이 불명확하기 때문에 구체적으로 권리가 발생하였다고 할 수 없다. 따라서 ① 당사자가 이혼 성립 후에 재산분할 등을 청구하고 법원이 재산분할로서 금전의 지급을 명하는 판결이나 심판을 하는 경우에도, 이는 장래의 이행을 청구하는 것으로서 분할의무자는 금전지급의무에 관하여 판결이나 심판이 확정된 다음날부터 이행지체책임을 지고, 그 지연손해금의 이율에 관하여는 소송촉진 등에 관한 특례법 제3조 1항 본문이 정한 이율도 적용되지 아니한다(대결 2014.9.4, 2012므1656). ② 당사자가 이혼이 성립하기 전에 이혼소송과 병합하여 재산분할의 청구를 한 경우, 아직 발생하지 아니하였고 구체적 내용이 형성되지 아니한 재산분할청구권을 미리 양도하는 것은 성질상 허용되지 아니하며, 법원이 이혼과 동시에 재산분할로서 금전의 지급을 명하는 판결이 확정된 이후부터 채권 양도의 대상이 될 수 있다(대판 2017.9.21, 2015다61286).

(ii) 당사자 양쪽의 협력으로 이룩한 재산일 것

a) 재산분할의 대상 재산분할청구권의 대상이 되는 재산은 '당사자 양쪽의 협력으로 이룩한 재산'이다(제839조의2 제2항). 일반적으로 부부의 재산관계는 특유재산, 공유재산, 실질적 공유재산 및 그 밖의 재산관계 등으로 구분할 수 있다.

① 특유재산 부부 한쪽의 특유재산(예: 상속·증여·유증 등으로 인한 고유재산)은 원칙적으로 재산분할의

대상이 되지 않지만, 다른 한쪽이 특유재산의 유지(감소 방지)·증식에 직·간접적으로 기여한 경우에는 분할의 대상이 된다(대결 2002.8.28, 2002스36).

판 례

제3자 명의의 재산이라도 그것이 부부 중 일방에 의하여 명의신탁된 재산 또는 부부의 일방이 실질적으로 지배하고 있는 재산으로서 부부 쌍방의 협력에 의하여 형성된 것, 부부 쌍방의 협력에 의하여 형성된 유형·무형의 자원에 기한 것 또는 그 유지를 위하여 상대방의 가사노동 등이 직·간접으로 기여한 것이라면 그와 같은 사정도 참작해야 한다는 의미에서 재산분할의 대상이 된다(대판 2009.11.12, 2009므2840,2857).

② 부부의 공동재산 부부가 합의하여 공유로 한 재산, 부부공동명의로 취득한 재산 및 혼인 중에 공동생활을 위하여 취득한 가재도구 등이 부부의 공동재산에 해당되며, 재산분할의 대상이 된다. 제839조의2 제2항의 '쌍방의 협력'에는 부부의 맞벌이는 물론이고 육아 및 가사노동도 포함된다. 따라서 아내가 가사노동을 분담하는 등으로 내조를 함으로써 남편 재산의 유지 또는 증가에 기여하였다면 쌍방의 협력으로 이룩된 재산은 재산분할의 대상이 된다(대결 1993.5.11, 93스6). 또한 혼인 중 부부의 협력으로 취득한 주택이나 그 밖의 부동산·예금·주식 등이 한쪽의 명의로 되어 있을 경우, 판례는 제830조의 특유재산으로서의 추정을 받으나 그 재산 조성에 대한 다른 한쪽의 협력이 있었다는 반증으로 그 추정은 깨진다고 한다(대판 1995.2.3, 94다51388). 결국 추정이 깨진 경우에는 부부 한쪽의 명의로 되어 있더라도 실질적으로는 부부의 공유재산에 속하므로 분할의 대상이 된다.

판 례

(ㄱ) 혼인생활 중에 부부의 일방이 제3자에게 부담한 채무는 일상가사에 관한 것이거나 공동재산의 형성에 수반하여 부담한 것인 경우에 한하여 부부 공동으로 부담한 채무로서 청산의 대상이 되는 것이고, 부부가 혼인 중에 이룬 공동재산을 부부 중의 일방이 별거 중에 임의매각한 경우 그 매각대금이 재산분할의 대상이 되어야 한다(대판 2005.8.19, 2003므1166,1173).

(ㄴ) 파탄 이전의 정상적인 혼인생활 중에 주 수입원으로 영위하였던 사업상의 거래관계에서 발생하여 상대방도 용인하였던 채무는 결국 부부 공동의 이익을 위한 것으로 공동재산의 형성에 수반하여 부담한 것이라고 평가되어야 할 것이고, 혼인관계가 사실상 파탄에 이른 후에 부부 일방이 공동재산을 처분하였다고 하더라도 그 매각이 적정한 시가에 따라 이루어졌고 그 대금으로 부부 공동으로 부담하여야 하는 동액 상당의 채무를 변제하였다면 그 매각대금을 재산분할의 대상이 되는 재산의 가액에 산입할 수는 없으며, 혼인생활 중에 부부의 일방이 부담하였다가 이미 변제하여 파탄 이전에 소멸한 채무에 대하여까지 단지 그 채무의 사용처가 불명하다는 이유로 이를 일방이 개인적으로 탕진한 후 공동재산으로 개인의 채무를 변제한 것으로 보아 그 액수를

재산분할 대상이 되는 재산의 가액에 산입할 수는 없다(대판 2005.8.19, 2003므1166,1173).

③ 퇴직금·연금 등의 무형재산　이혼 당시 이미 수령한 연금·퇴직금·상여금 등은 분할대상이 된다(대판 1995.3.28, 94므1584; 대판 1995.5.23, 94므1713). 혼인시부터 이혼시까지 제공한 근로의 대가에 해당하는 퇴직금 부분이 분할대상이 된다(대결 2000.5.2, 2000스13). 판례는 부부 한쪽이 이혼 당시 아직 퇴직하지 아니한 채 직장에 근무하고 있는 경우, 퇴직급여채권도 재산분할의 대상에 포함된다고 한다. 즉 "퇴직급여를 수령하기 위하여는 일정기간 근무할 것이 요구되며, 그와 같이 근무함에 있어 상대방 배우자의 협력이 기여한 것으로 인정된다면 그 퇴직급여 역시 부부 양쪽의 협력으로 이룩한 재산으로서 재산분할의 대상이 될 수 있다. 비록 이혼 당시 부부 한쪽이 아직 재직 중이어서 실제 퇴직급여를 수령하지 않았더라도 이혼소송의 사실심 변론종결 시에 이미 잠재적으로 존재하여 경제적 가치의 현실적 평가가 가능한 재산인 퇴직급여채권은 재산분할의 대상에 포함시킬 수 있으며, 구체적으로는 이혼소송의 사실심 변론종결 시를 기준으로 그 시점에서 퇴직할 경우 수령할 수 있을 것으로 예상되는 퇴직급여 상당액의 채권이 그 대상이 된다"고 한다(대판 2019.9.25, 2017므11917; 대판 2014.7.16, 2013므2250).

한편 변호사·의사·교수·회계사 등 자격도 청산적 재산분할의 평가대상이 될 수 있고, 평가의 방법은 '기타 사정'으로 참작하면 된다(대판 1998.6.12, 98므213). 혼인 중 이러한 자격을 취득한 경우는 그 자격으로 장차 수입을 올릴 수 있기 때문이다.

판 례

(ㄱ) 이혼소송의 사실심 변론종결 당시에 부부 중 일방이 공무원 퇴직연금을 실제로 수령하고 있는 경우, 혼인기간 중의 근무에 대하여 상대방 배우자의 협력이 인정되는 이상 공무원 퇴직연금수급권 중 적어도 그 기간에 해당하는 부분은 부부 쌍방의 협력으로 이룩한 재산으로 볼 수 있다. 따라서 이미 발생한 공무원 퇴직연금수급권도 부동산 등과 마찬가지로 재산분할의 대상에 포함될 수 있고, 연금수급권자인 배우자가 매월 수령할 퇴직연금액 중 일정 비율에 해당하는 금액을 상대방 배우자에게 정기적으로 지급하는 방식의 재산분할도 가능하다. 다만 이때 그 재산분할에 의하여 분할권리자가 분할의무자에 대하여 가지게 되는 정기금채권은 비록 공무원 퇴직연금수급권 그 자체는 아니더라도 그 일부를 취득하는 것과 경제적으로 동일한 의미를 가지는 권리인 점, 재산분할의 대상인 공무원 퇴직연금수급권이 사회보장적 급여로서의 성격이 강하여 일신전속적 권리에 해당하여서 상속의 대상도 되지 아니하는 점 등을 고려하면, 분할권리자의 위와 같은 정기금채권 역시 제3자에게 양도되거나 분할권리자의 상속인에게 상속될 수 없다(대판 2014.7.16, 2012므2888).

(ㄴ) 공무원 퇴직연금수급권에 대하여 정기금 방식으로 재산분할을 할 경우에는 대체로 가액을 특정

할 수 있는 다른 일반재산과는 달리 공무원 퇴직연금수급권은 연금수급권자인 배우자의 여명을 알 수 없어 가액을 특정할 수 없는 등의 특성이 있으므로, 공무원 퇴직연금수급권과 다른 일반재산을 구분하여 개별적으로 분할비율을 정하는 것이 타당하다(대판 2014.7.16, 2012므2888).

④ 과거의 혼인생활비용 부부의 공동생활비용은 다른 특별한 약정이 없으면 부부가 공동으로 부담하는데(제833조), 이혼에 이르기까지 부부의 한쪽이 그 비용을 부담하지 않은 경우에 미지급된 생활비용 부담금은 '기타 사정'으로 참작할 수 있다(이경희, 126면).

⑤ 부부 한쪽이 혼인 중 제3자에게 부담한 채무 부부 한쪽이 혼인 중 제3자에게 부담한 채무는 일상가사에 관한 것 이외에는 원칙적으로 그 개인의 채무로서 재산분할의 대상이 되지 않지만, 그것이 공동재산의 형성 또는 유지에 수반하여 부담한 채무인 경우에는 재산분할의 대상이 된다(대판 2024.5.17, 2024므10721; 대판 2006.9.14, 2005다74900). 따라서 ① 부동산에 대한 임차보증금반환채무도 혼인 중 재산형성에 수반된 채무로서 재산분할의 대상이 된다(대판 2011.3.10, 2010므4699,4705). ② 재산분할의 대상이 되는 분양권 매도대금을 형성하는데 필수적으로 지출되는 비용인 '양도소득세 및 주민세'도 청산의 대상이 된다(대판 2010.4.15, 2009므4297).

판 례

(ㄱ) 임대차의 목적물인 부동산의 소유권이 이전되는 경우 그 부동산이 주거용 건물로서 주택임대차보호법에 따라 임대인의 지위가 당연히 승계되는 등의 특별한 사정이 없는 한, 재산분할의 방법으로 부동산의 소유권이 이전된다고 하여 그에 수반하여 당해 부동산에 대한 임대차보증금반환채무가 새로운 소유자에게 면책적으로 인수되는 것은 아니다(대판 1997.8.22, 96므912).

(ㄴ) 이혼당사자 각자가 보유한 적극재산에서 소극재산을 공제하는 등으로 재산상태를 따져 본 결과 재산분할 청구의 상대방이 그에게 귀속되어야 할 몫보다 더 많은 적극재산을 보유하고 있거나 소극재산의 부담이 더 적은 경우에는 적극재산을 분배하거나 소극재산을 분담하도록 하는 재산분할은 어느 것이나 가능하다. 그러므로 소극재산의 총액이 적극재산의 총액을 초과하여 재산분할을 한 결과가 결국 채무의 분담을 정하는 것이 되는 경우에도 법원은 재산분할 청구를 받아들일 수 있다. 다만 재산분할 청구 사건에 있어서는 혼인 중에 이룩한 재산관계의 청산뿐 아니라 이혼 이후 당사자들의 생활보장에 대한 배려 등 부양적 요소 등도 함께 고려할 대상이 되므로, 재산분할에 의하여 채무를 분담하게 되면 그로써 채무초과 상태가 되거나 기존의 채무초과 상태가 더욱 악화되는 것과 같은 경우에는 채무부담의 경위, 당사자의 경제적 활동능력과 장래의 전망 등 제반 사정을 종합적으로 고려하여 채무를 분담하게 할지 여부 및 분담의 방법 등을 정할 것이고, 적극재산을 분할할 때처럼 재산형성에 대한 기여도 등을 중심으로 일률적인 비율을 정하여 당연히 분할 귀속되게 하여야 한다는 취지는 아니다(대판 2013.6.20, 2010므4071,4088).

⑥ 제3자 명의의 재산 제3자 명의의 재산이더라도 그것이 부부 중 한쪽에 의하여 명의신탁된 재산 또는 부부의 한쪽이 실질적으로 지배하고 있는 재산으로서 부부 양쪽의 협력에 의하여 형성된 것이거나 부부 양쪽의 협력에 의하여 형성된 유형, 무형의 자원에 기한 것이라면 재산분할의 대상이 된다(대결 2009.6.9, 2008스111; 대판 1998.4.10, 96므1434).

b) 재산분할산정의 시기 재판상 이혼에 따른 재산분할을 할 때 분할의 대상이 되는 재산과 그 액수는 '이혼소송의 사실심 변론종결일'을 기준으로 하여 정하는 것이 원칙이다(대판 2024.5.30, 2024므10370). 재판상 이혼소송에서 이혼하기로 하는 조정이 성립한 이후 어느 한쪽이 상대방에 대하여 재산분할을 청구하는 경우에도 분할의 대상이 되는 재산과 액수는 '조정이 성립한 날'을 기준으로 정하여야 한다(대결 2025.8.14, 2025스595). 다만 혼인관계가 파탄된 이후 변론종결일 사이에 생긴 재산관계의 변동이 부부 중 일방에 의한 후발적 사정에 의한 것으로서 혼인 중 공동으로 형성한 재산관계와 무관하다는 등 특별한 사정이 있는 경우에는 변동된 재산은 재산분할 대상에서 제외하여야 한다(대판 2013.11.28, 2013므1455,1462). 따라서 ① 혼인관계가 파탄된 이후 부부 일방이 부부공동생활이나 부부공동재산의 형성·유지와 관련 없이 적극재산을 처분하였다면 해당 적극재산을 사실심 변론종결일에 그대로 보유한 것으로 보아 분할대상 재산에 포함할 수 있으나, 그 '처분이 부부공동생활이나 부부공동재산의 형성·유지'와 관련된 것이라면 '사실심 변론종결일에 존재하지 않는 재산'을 분할대상으로 삼을 수 없다(대판 2025.10.16, 2024므13669,13676). ② 재산분할 대상 채무가 혼인관계 파탄 이후 변론종결일에 이르기까지 감소하였고, 그 감소가 혼인 중 공동으로 형성한 재산관계와 무관하게 부부 중 일방의 노력이나 비용으로 이루어졌다면, 그 감소 부분은 재산분할의 대상으로 삼을 수 없으므로 결국 혼인관계 파탄 시점의 채무가 재산분할의 대상이 된다(대판 2024.5.17, 2024므10721).

한편 협의이혼을 예정하고 미리 재산분할 협의를 한 경우 협의이혼에 따른 재산분할에 있어 분할의 대상이 되는 재산과 액수는 '협의이혼이 성립한 날'(이혼신고일)을 기준으로 정하여야 한다. 따라서 재산분할 협의를 한 후 협의이혼 성립일까지의 기간 동안 재산분할 대상인 채무의 일부가 변제된 경우 그 변제된 금액은 원칙적으로 채무액에서 공제되어야 한다(대판 2006.9.14, 2005다74900).

판 례

(ㄱ) 재산분할재판에서 분할대상인지 여부가 전혀 심리된 바 없는 재산이 재판확정 후 추가로 발견된 경우에는 이에 대하여 추가로 재산분할청구를 할 수 있다(대판 2003.2.28, 2000므582).

(ㄴ) 재판상 이혼시의 재산분할에 있어 분할의 대상이 되는 재산과 그 액수는 이혼소송의 사실심 변론종결일을 기준으로 하여 정하여야 하므로, 법원은 변론종결일까지 기록에 나타난 객관적인 자

료에 의하여 개개의 공동재산의 가액을 정하여야 한다(대판 2010.4.15, 2009므4297).

(ㄷ) 재산분할액 산정의 기초가 되는 재산의 가액은 반드시 시가감정에 의하여 인정하여야 하는 것은 아니지만 객관성과 합리성이 있는 자료에 의하여 평가하여야 할 것인바, 법원으로서는 위 변론종결일까지 기록에 나타난 객관적인 자료에 의하여 개개의 공동재산의 가액을 정하여야 한다(대판 2023.3.30, 2022므16282,16299; 대판 2024.5.30, 2024므10370).

(ㄹ) 재산분할 제도가 혼인관계 해소 시 부부가 혼인 중 공동으로 형성한 재산을 청산·분배하는 것을 주된 목적으로 하는 것으로서, 부부 쌍방의 협력으로 이룩한 적극재산 및 그 형성에 수반하여 부담한 채무 등을 분할하여 각자에게 귀속될 몫을 정하기 위한 것이므로, 재판상 이혼이 확정된 후 청구된 재산분할심판 사건의 사실심 심문종결 시까지 사이에 혼인 중 공동의 노력으로 형성·유지한 부동산 등에 발생한 외부적, 후발적인 사정으로서, 그로 인한 이익이나 손해를 일방에게 귀속시키는 것이 부부 공동재산의 공평한 청산·분배라고 하는 재산분할제도의 목적에 현저히 부합하지 않는 결과를 가져오는 등의 특별한 사정이 있는 경우에는 이를 분할대상 재산의 가액 산정에 참작할 수 있다(대결 2025.8.14, 2025스595).

(iii) 이혼한 날부터 2년이 지나지 않았을 것

재산분할청구권은 협의상 또는 재판상 이혼한 날부터 2년이 지나면 소멸한다(제839조의2 제3항, 제843조). 이때 2년이라는 기간은 소멸시효기간이 아니라 '제척기간'이며(대결 2018.6.22, 2018스18), 재판 외에서 권리를 행사하는 것으로 족한 기간이 아니라 그 기간 내에 재산분할심판 청구를 하여야 하는 출소기간이다(대결 2022.6.30, 2020스561). 따라서 ① 그 기간이 경과하였는지 여부는 당사자의 주장에 관계없이 법원이 직권으로 조사하여 고려할 사항이다(대판 1994.9.9, 94다17536). ② 2년 제척기간 내에 재산의 일부에 대해서만 재산분할을 청구한 경우, 청구 목적물로 하지 않은 나머지 재산에 대해서는 제척기간을 준수한 것으로 볼 수 없으므로, 재산분할청구 후 제척기간이 지나면 그때까지 청구 목적물로 하지 않은 재산에 대해서는 청구권이 소멸한다(대결 2018.6.22, 2018스18). 재산분할재판에서 분할대상인지 여부가 전혀 심리된 바 없는 재산이 재판확정 후 추가로 발견된 경우에는 이에 대하여 추가로 재산분할청구를 할 수 있지만, 추가 재산분할청구 역시 이혼한 날부터 2년 이내라는 제척기간을 준수하여야 한다(대결 2018.6.22, 2018스18). 그러나 청구인 지위에서 대상 재산에 대해 적극적으로 재산분할을 청구하는 것이 아니라, 이미 제기된 재산분할청구 사건의 상대방 지위에서 분할대상 재산을 주장하는 경우에는 제척기간이 적용되지 않는다(대결 2022.11.10, 2021스766).

판 례

협의상 또는 재판상 이혼을 하였으나 재산분할을 하지 않아 이혼 후 2년 이내에 최초로 법원에 제839조의2에 따라 재산분할청구를 함에 있어 제척기간 내 이루어진 청구에 대하여는 제척기간 준수의 효력이 인정된다(대판 2023.12.21, 2023므11819). 제839조의2 제3항이 정하는 제척기간은 재판 외에서 권리를 행사하는 것으로 족한 기간이 아니라 그 기간 내에 재산분할심판 청구를 하여야 하는 출소기간이기 때문이다(대결 2022.6.30, 2020스561). 따라서 이혼한 날부터 2년 내에 재산분할심판청구를 하였음에도 그 재판에서 특정한 증거신청을 하였는지에 따라 제척기간 준수 여부를 판단할 것은 아니다.

다) 분할의 방법과 지급방법

(i) 분할방법 a) 재산분할을 할 것인가의 여부, 그 액수와 방법은 당사자의 협의 또는 조정에 의하여 정하여지는데(가사소송법 제2조 1항), 액수와 방법에 관하여 법정된 기준은 없다. 여기서 재산분할에 관한 협의는 혼인 중 당사자 양쪽의 협력으로 이룩한 재산의 분할에 관하여 이미 이혼을 마친 당사자 또는 아직 이혼하지 않은 당사자 사이에 행하여지는 협의를 가리킨다(대판 2003.8.19, 2001다14061). 재산분할에 관하여 협의가 되지 않거나 협의할 수 없을 때에는 가정법원은 당사자의 청구에 의하여 당사자 양쪽의 협력에 의하여 이룩한 재산의 액수나 그 밖의 사정을 참작하여 분할의 액수와 방법을 정한다(제839조의2 제2항). 법원은 변론종결일까지 기록에 나타난 객관적인 자료에 의하여 개개의 공동재산의 가액을 정하여야 하고, 부부 각자에게 귀속하게 한 재산가액의 비율과 법원이 인정한 그들 각자의 새산분할비율이 다를 경우에는 그 차액을 금전으로 지급·청산하게 하여야 한다(대판 2000.9.22, 99므906).

b) 아직 이혼하지 않은 당사자가 협의이혼을 하기로 하면서 이를 전제로 재산분할약정을 한 경우, 협의 후 당사자가 약정한 대로 협의이혼한 때에 그 효력이 발생한다(대판 2001.5.8, 2000다58804). 따라서 협의상 이혼이 이루어지지 아니하고 혼인관계가 존속하게 되거나 당사자 한쪽이 제기한 이혼청구의 소에 의하여 재판상 이혼(화해·조정에 의한 이혼 포함)이 이루어진 경우, 재산분할약정은 조건불성취로 인하여 효력이 발생하지 않는다(대판 2003.8.19, 2001다14061; 대판 2000.10.24, 99다33458). 예컨대 재판상 이혼에 이른 당사자가 협의이혼을 전제로 한 재산분할약정에 기하여 소유권이전등기를 청구한 경우에 그 청구는 기각된다. 다만 가정법원이 재산분할의 액수와 방법을 정할 때, 그 협의의 내용과 협의가 이루어진 경위 등을 제839조의2 제2항의 '기타 사정'의 하나로 참작하게 될 것이다(대판 1995.10.12, 95다23156).

c) 재산분할사건은 가사비송으로서, 그 절차에 관하여 비송사건절차법이 준용되고(가사소송법 제34조), 비송사건절차는 민사소송의 경우와 달리 직권탐지주의에 의하고 있으므로(비송사건절차법 제11조), 법원은 당사자의 주장에 구애되지 않고 재산분할의 대상이 무엇인지 직권으로 사실조사를 하여 포함시키거나 제외시킬 수 있다(대판 1999.11.26, 99므1596,1602; 대판 1997.12.26, 96므1076,1083). 따라서

당사자가 소송 중에 일부 재산에 관한 분할방법에 관한 합의를 하였더라도, 당사자가 합의한 대로 법원이 분할을 하여야 하는 것은 아니다(대판 2013.7.12, 2011므1116,1123). 그러나 재산분할심판은 재산분할에 관하여 당사자 사이에 협의가 되지 아니하거나 협의할 수 없는 때에 한하여 하는 것이므로(제843조, 제839조의2 제2항), 쌍방 당사자가 일부 재산에 관하여 분할방법에 관한 합의를 하였고, 그것이 그 일부 재산과 나머지 재산을 적정하게 분할하는 데 지장을 가져오는 것이 아니라면 법원으로서는 이를 최대한 존중하여 재산분할을 명하는 것이 타당하다(대판 2021.6.10, 2021므10898).

판 례

(ㄱ) 부부가 협의이혼하기로 하고 이혼에 따른 자녀양육, 위자료, 재산분할 등의 조건에 관하여 합의하여 공증까지 한 후 부가 그 합의 내용의 일부를 이행하지 아니하므로 처가 이혼, 위자료 및 재산분할 등을 구하는 소송을 제기하고 합의의 해제를 서면으로 통지하였다면 재산분할 합의는 적법하게 해제되어 더 이상 존속하지 아니하므로 처는 여전히 재산분할청구권을 가진다(대판 1993.12.28, 93므409).

(ㄴ) 협의이혼을 전제로 재산분할의 약정을 한 후 재판상 이혼이 이루어진 경우, 재판상 이혼 후 또는 재판상 이혼과 함께 재산분할을 원하는 당사자로서는, 이혼성립 후 새로운 협의가 이루어지지 아니하는 한, 이혼소송과 별도의 절차로 또는 이혼소송 절차에 병합하여 가정법원에 재산분할에 관한 심판을 청구하여야 하는 것이지, 당초의 재산분할에 관한 협의의 효력이 유지됨을 전제로 하여 민사소송으로써 그 협의 내용 자체의 이행을 구할 수는 없다(대판 1995.10.12, 95다23156).

(ㄷ) 합유재산이라는 이유만으로 이를 재산분할의 대상에서 제외할 수는 없고, 다만 부부의 일방이 제3자와 합유하고 있는 재산 또는 그 지분은 이를 임의로 처분하지 못하므로, 직접 당해 재산의 분할을 명할 수는 없으나 그 지분의 가액을 산정하여 이를 분할의 대상으로 삼거나 다른 재산의 분할에 참작하는 방법으로 재산분할의 대상에 포함하여야 한다(대판 2009.11.12, 2009므2840,2857).

(ㄹ) 재산분할심판 사건은 마류 가사비송사건에 해당하고[가사소송법 제2조 제1항 제2호 (나)목 4)], 당사자의 심판청구에 의하여 절차가 개시되며 당사자가 그 청구를 취하하여 절차를 종료시킬 수 있다. 가사비송절차에 관하여 가사소송법에 특별한 규정이 없는 한 비송사건절차법 제1편의 규정을 준용하는데(가사소송법 제34조 본문), 가사소송법에 가사비송사건의 심판청구 취하에 있어서 상대방의 동의 필요 여부에 관하여 특별한 규정을 두고 있지 아니하고, 비송사건절차법은 '소취하에 대한 동의'에 관한 민사소송법 제266조 제2항을 준용하지 않는다. 따라서 상대방이 있는 마류 가사비송사건인 재산분할심판 사건의 경우 심판청구 취하에 상대방의 동의를 필요로 하지 않고, 상대방이 그 취하에 부동의 하였더라도 취하의 효력이 발생한다(대판 2023.11.2, 2023므12218).

(ㅁ) 금전의 지급 등 재산상의 의무이행을 구하는 마류 가사비송사건의 경우 원칙적으로 청구인의 청구취지를 초과하여 의무의 이행을 명할 수 없다(가사소송규칙 제93조 2항 본문). 그러나 한편 가사비송절차에 관하여는 가사소송법에 특별한 규정이 없는 한 비송사건절차법 제1편의 규정을 준용하며(가사소송법 제34조 본문), 비송사건절차에 있어서는 민사소송의 경우와 달리 당사자의 변론에만 의존하는 것이 아니고, 법원이 자기의 권능과 책임으로 재판의 기초가 되는 자료를 수집하는, 이른바 직권탐지주의에 의하고 있으므로(비송사건절차법 제11조), 법원으로서는

당사자의 주장에 구애되지 아니하고 재산분할의 대상과 가액을 직권으로 조사·판단할 수 있다(대판 2023.12.21, 2023므11819; 대결 2022.11.10, 2021스766). 따라서 재산분할사건에서 재산분할 대상과 가액을 주장하는 것은 그에 관한 법원의 직권 판단을 구하는 것에 불과하다(대판 2024.5.30, 2024므10370).

(ii) 분할재산의 지급방법 재산분할의 방법으로는 재산의 전부 또는 일부를 현물로 양도하는 방법, 일정한 금전을 일시불 또는 정기급으로 지급하는 방법, 장래 취득할 봉급·연금 기타 수입의 일정비율에 대한 청구권을 부여하는 방법 등이 있다.

판 례

제839조의2에 의한 재산분할사건은 가사비송사건으로서, 법원으로서는 당사자 쌍방의 일체의 사정을 참작하여 분할의 액수와 방법을 정할 수 있는 것이므로, 가사소송규칙 제98조에 불구하고 당사자 일방의 단독소유인 재산을 쌍방의 공유로 하는 방법에 의한 분할도 가능하다(대판 1997.7.22, 96므318,325).

라) 재산분할청구권의 상속

재산분할청구권은 민법상 당연히 발생하는 권리이므로 청구의 의사표시와 관계없이 승계되는 것으로 보면서, 다만 부양적 요소에 해낭하는 부분은 상속되지 않는다는 견해가 있다(김주수/김상용, 263면). 생각건대 재산분할제도는 부부가 혼인 중에 취득한 실질적인 공동재산을 청산·분배하는 것을 주된 목적으로 하고, 행사상 일신전속권이므로 청구의 의사표시가 객관적으로 나타난 경우(심판청구나 소송의 제기 등)에 상속된다고 할 것이다. 즉 이혼한 날부터 2년 내에 재산분할청구를 하였으나 전 배우자의 한쪽이 사망한 경우에 재산분할청구권뿐만 아니라 재산분할을 하여야 할 의무도 당연히 상속된다(이경희, 130면; 지원림, 6-69). 다만 재산분할청구권 중 부양적 요소에 해당하는 부분은 일신전속적인 것으로서 상속되지 않는다(통설).

한편 판례는 아직 이혼하지 않은 상태에서 이혼 및 재산분할청구소송 계속 중 당사자 한쪽이 사망한 경우에는 그 이혼소송은 종료되고, 이혼성립을 전제로 이혼소송에 부대한 재산분할청구도 종료된다고 한다(대판 1994.10.28, 94므246,253).

마) 다른 제도와의 관계

(i) 위자료청구권과의 관계 재산분할은 혼인파탄에 대한 과실의 유무를 묻지 않고 혼인재산의 청산·부양을 주목적으로 하지만, 위자료청구권은 이혼에 의한 손해배상을 주목적으로 한다. 또한 유책배우자도 재산분할을 청구할 수 있는 데 반해 위자료청구는 할 수 없으며, 재산분할청구권은 2년의 제척기간에 걸리지만(제839조의2 제3항)

위자료청구권은 보통 3년의 단기소멸시효(제766조 1항)에 걸리는 점에 비추어 볼 때, 재산분할청구권과 위자료청구권은 서로 별개 독립된 권리이다. 따라서 재산분할청구에 위자료는 당연히 포함되어 있는 것은 아니며, 당사자는 양 청구권을 각각 청구하거나 동시에 병합 청구할 수 있다고 할 것이다. 또한 위자료와 재산분할은 서로 상계 처리될 수도 있다(대판 1995.3.10, 94므1379,1386). 다만 구체적으로 재산상태와 경제적 능력 등을 고려하여 재산분할과 위자료를 결정해야 할 것이므로, 그 액수를 산정함에는 서로 고려하여야 할 것이다(김용한, 162면; 이경희, 124면).

(ii) 채권자대위권과의 관계 재산분할청구권이 행사되어 협의 또는 심판에 의하여 구체화된 경우에는 채권자대위권(제404조)의 대상이 될 수 있지만, 그 이전에는 채권자대위권을 행사할 수 없다. 그 이유로 학설과 판례는 이혼으로 인한 재산분할청구권은 협의 또는 심판에 의하여 구체적 내용이 형성되기까지는 그 범위와 내용이 불명확·불확정하기 때문에 구체적으로 권리가 발생하였다고 할 수 없음을 든다(대판 1999.4.9, 98다58016; 김주수/김상용, 258면; 김용한, 161면; 박병호, 137면).

(iii) 채권자취소권과의 관계 부부의 한쪽이 다른 한쪽의 재산분할청구권 행사를 해함을 알면서도 재산권을 목적으로 하는 법률행위를 한 때에는, 다른 한쪽은 제406조 1항을 준용하여 그 취소 및 원상회복을 가정법원에 청구할 수 있다(제839조의3 1항, 제843조). 그 소는 다른 한쪽이 취소원인을 안 날부터 1년, 법률행위 있은 날부터 5년 내에 제기하여야 한다(제839조의3 2항, 제843조, 제406조 2항).

한편 ① 채무초과 상태의 채무자가 이혼을 하면서 배우자에게 재산분할로 재산을 양도한 경우, 재산분할액이 상당하다고 인정되는 때에는 사해행위가 되지 않는다(대판 2005.1.28, 2004다58963). 재산분할의 청산적 부분은 배우자 한쪽의 잠재적 지분을 현실화하는 것이며, 부양의 부분은 혼인 중의 부부간 부양의무가 혼인의 사후적 효과로서 확장되는 것이므로 그 분할의 범위가 적정한 경우에는 사해행위가 되지 않기 때문이다. 따라서 상당한 정도를 벗어나는 초과부분에 대하여는 적법한 재산분할이라고 할 수 없기 때문에 사해행위에 해당하여 취소대상이 될 수 있다(대판 2005.1.28, 2004다58963; 대판 2001.2.9, 2000다63516). ② 협의 또는 심판에 의하여 구체화되지 않은 재산분할청구권은 채무자의 책임재산에 해당하지 않고, 이를 포기하는 행위 또한 채권자취소권의 대상이 될 수 없다(대판 2013.10.11, 2013다7936). 재산분할청구권은 이혼이 성립한 때에 그 법적 효과로서 비로소 발생하는 것일 뿐만 아니라, 협의 또는 심판에 의하여 구체적 내용이 형성되기까지는 그 범위 및 내용이 불명확·불확정하기 때문에 구체적으로 권리가 발생하였다고 할 수 없기 때문이다.

판 례

부동산의 명의수탁자가 신탁행위에 기한 반환의무의 이행으로서 신탁부동산의 소유권이전등기를 경료하는 행위는 기존채무의 이행으로서 사해행위를 구성하지 아니한다(대판 2007.4.26, 2006다79704).

(ⅳ) 불법원인 급여와의 관계　　불법의 원인으로 인하여 재산을 급여한 때에는 그 이익의 반환을 청구하지 못한다(제746조). 제746조의 '불법'이 있다고 하려면, 급부의 원인이 된 행위가 그 내용이나 성격 또는 목적이나 연유 등으로 볼 때 선량한 풍속 기타 사회질서에 위반될 뿐 아니라 반사회성·반윤리성·반도덕성이 현저하거나, 급부가 강행법규를 위반하여 이루어졌지만 이를 반환하게 하는 것이 오히려 규범 목적에 부합하지 않는 경우 등에 해당하여야 한다(대판 2017.3.15, 2013다79887,79894).

한편 불법의 원인으로 급부가 이루어졌음에도 부당이득 일반의 법리에 따라 그 반환청구를 인정하는 것은 법의 이념에 어긋나는 행위를 한 사람의 주장을 시인하고 이를 보호하는 것이 되어 공평의 이념에 입각하고 있는 부당이득제도의 근본 취지에 어긋날 뿐만 아니라, 법률 전체의 이념에도 반하게 된다. 그러므로 제746조는 제103조와 함께 사법의 기본이념으로서 사회적 타당성이 없는 행위를 한 사람을 법의 보호영역 외에 두어 스스로 한 급부의 복구를 어떠한 형식으로도 소구할 수 없다는 법의 이상을 표현한 것이라 할 것이고, 단지 부당이득반환청구만을 제한하는 규정은 아니다. 따라서 이혼을 원인으로 제839조의2, 제843조에 따라 부부 일방이 다른 일방에 대하여 재산분할을 청구함에 있어서도 불법원인급여의 반환청구를 배제한 제746조의 입법 취지는 고려되어야 한다. 이혼에 의한 재산분할은 재산의 명의와 상관없이 재산의 형성 및 유지에 기여한 정도 등 실질에 따라 각자의 몫을 분할하여 귀속시키고자 하는 제도이다. 이때 부부 일방의 부모 등이 부부나 그 가족에 대하여 한 경제적·비경제적 지원이 재산의 형성 및 유지에 기여하였다면 이를 그 부부 일방의 기여로 보아 재산분할에 참작하는 것이 형평에 부합한다. 그런데 재산의 형성 및 유지에 대한 기여가 그 내용이나 성격 또는 목적이나 연유 등에 비추어 선량한 풍속 기타 사회질서에 위반되고, 반사회성·반윤리성·반도덕성이 현저함에도 불구하고 이를 재산분할에 참작할 기여로 평가하는 것은 제746조의 취지에 비추어 허용되지 않는다(대판 2025.10.16, 2024므13669,13676).

이는 사회적 타당성이 없는 행위를 한 사람을 법적으로 보호하지 않는다는 제746조의 취지를 확인하였다는 점에 의의가 있다고 할 수 있다. 하지만 제746조는 불법을 원인으로 급여한 자가 수익자에 대해 그 반환을 청구할 수 없는 경우에 적용되는데, 불법원인의 수익자가 제3자에게 급여한 경우까지 그 반환을 제한하는 것이 아니며, 판례의 법리를 일반화하면 수익자가 제3자에게 급여한 금액에 대해서는 불법자금에 대해 추징할 수 없다는 문제가 발생할 수 있다는 점에서 타당하다고 볼 수 없다.

(v) 재산분할과 과세의 관계 재산분할로 취득한 재산에 대하여 증여세를 부과할 수 없다(헌재결 1997.10.30, 96헌바14). 재산분할에 의한 자산의 이전은 양도소득세 과세대상이 되는 유상양도에 포함되지 않는다(대판 2003.11.14, 2002두6433; 대판 1998.2.13, 96누14401). 재산분할제도는 실질적으로는 공유물분할에 해당하는 것이어서 공유물분할에 관한 법리가 준용되어야 하는데, 공유물의 분할은 법적으로는 공유자 상호간의 지분의 교환 또는 매매이지만, 실질적으로는 소유형태가 변경된 것뿐이어서 이를 자산의 유상양도라고 할 수 없기 때문이다.

반면에 재산분할에 의한 부동산취득은 취득세와 등록세에 대하여는 과세대상이다(대판 2003.8.19, 2003두4331). 부동산취득세는 부동산 소유권의 이전이라는 사실 자체에 대하여 부과되는 유통세의 일종으로서 부동산을 사용·수익·처분함으로써 얻게 될 경제적 이익에 대하여 부과되는 것이 아니고, 등록세는 재산권이나 그 밖의 권리의 취득·이전·변경 또는 소멸에 관한 사항을 공부에 등기 또는 등록하는 경우에 등기 또는 등록이라는 사실의 존재에 대하여 부과되는 세금이기 때문이다.

판 례

이혼 및 재산분할 사건에서 위자료 및 재산분할금을 지급하기 위하여 부동산의 처분이 불가피하다 하여 그 처분에 관하여 부과될 양도소득세 상당액을 분할대상 재산의 가액에서 미리 공제하여야 한다고 볼 수 없다(대판 1994.12.2, 94므901,918).

2) 손해배상청구권

(i) 재판상 이혼을 한 경우, 당사자 한쪽은 과실 있는 상대방에 대하여 재산상의 손해와 정신상의 고통에 대한 손해배상을 청구할 수 있다(제843조, 제806조 1항, 2항). 손해배상을 청구하기 위해서는 우선 가정법원에 조정을 신청하여야 한다(가사소송법 제2조 1항 다류 사건 2호, 제50조). 정신적 고통에 대한 손해배상청구권은 원칙적으로 양도 또는 승계할 수 없다. 그러나 당사자 사이에 이미 배상에 관한 계약이 성립되었거나 소를 제기한 후에는 양도 또는 승계가 가능하다(제843조, 제806조 3항).

한편 민법은 재판상 이혼의 경우에만 손해배상청구권을 규정하고 있지만, 위자료 청구권의 법적 성질은 불법행위로 인한 손해배상청구권이므로, 협의이혼의 경우에도 배우자의 불법행위로 재산적·정신적 손해를 입은 때에는 손해배상청구권이 발생한다고 할 것이다.

(ii) 이혼하는 부부 한쪽은 혼인의 파탄에 책임이 있는 제3자에 대하여도 손해배상을 청구할 수 있다. 가령 자녀의 혼인생활에 지나치게 간섭하여 혼인을 파탄상태에 이르게 한 시부모(대판 1970.4.28, 69므37), 배우자와 간통한 제3자(대판 2005.5.13, 2004다1899), 남편과 부첩관계에 있는 여자(대판 1998.4.10, 96므1434) 등에 대하여 위자료청구권을 가진다.

(iii) 제3자가 부부의 일방과 부정행위를 함으로써 혼인의 본질에 해당하는 부부공동생활을 침해하거나 그 유지를 방해하고 그에 대한 배우자로서의 권리를 침해하여 배우자에게 정신적 고통을 가하는 행위는 원칙적으로 불법행위를 구성한다(대판 2014.11.20, 2011므2997). 그러나 ① 부부가 아직 이혼하지 아니하였지만 실질적으로 부부공동생활이 파탄되어 회복할 수 없을 정도의 상태에 이르렀다면, 제3자가 부부의 일방과 성적인 행위를 하더라도 이를 두고 부부공동생활을 침해하거나 유지를 방해하는 행위라고 할 수 없고, 또한 그로 인하여 배우자의 부부공동생활에 관한 권리가 침해되는 손해가 생긴다고 할 수 없으므로 불법행위가 성립한다고 보기 어렵다. 이러한 법률관계는 재판상 이혼청구가 계속 중에 있다거나 재판상 이혼이 청구되지 않은 상태라고 하여 달리 볼 것은 아니다(대판 2014.11.20, 2011므2997). 부부가 장기간 별거하는 등의 사유로 실질적으로 부부공동생활이 파탄되어 실체가 더 이상 존재하지 아니하게 되고 객관적으로 회복할 수 없는 정도에 이른 경우에는 혼인의 본질에 해당하는 부부공동생활이 유지되고 있다고 볼 수 없기 때문이다. ② 부부의 일방과 부정행위를 한 제3자가 실질적으로 부부공동생활이 파탄되어 회복할 수 없을 정도의 상태에 이르게 된 원인을 제공한 경우라 하더라도, 배우자 아닌 자와의 성적인 행위가 부부공동생활이 실질적으로 파탄되어 실체가 더 이상 존재하지 않거나 객관적으로 회복할 수 없는 정도에 이른 상태에서 이루어졌다면 이를 달리 볼 수는 없다(대판 2023.12.21, 2023다265731). 여기서 부부 일방과 부정행위를 할 당시 그 부부의 공동생활이 실질적으로 파탄되어 회복할 수 없는 정도의 상태에 있었다는 사정은 이를 주장하는 제3자가 증명하여야 한다(대판 2024.6.27, 2022므13504,13511).

(iv) 혼인의 파탄에 책임이 있는 제3자가 부담하는 불법행위책임은 부정행위를 한 부부의 일방이 배우자에 대하여 부담하는 불법행위책임과 공동불법행위책임으로서 부진정연대채무 관계에 있다(대판 2015.5.29, 2013므2441). 부진정연대채무자 상호 간에 채권의 목적을 달성시키는 변제와 같은 사유는 채무자 전원에 대하여 절대적 효력을 발생하므로, 부정행위를 한 부부의 일방이 배우자에게 공동불법행위로 인한 손해배상금을 지급한

경우 그 변제의 효과는 부진정연대채무자인 제3자에 대하여도 효력이 있다(대판 2024.6.27, 2023므13723). 다만 부정행위를 한 부부의 일방이 이혼과정에서 배우자에게 위자료 등의 명목으로 금원을 지급하였는데 그 금원에 위자료뿐만 아니라 재산분할금이나 양육비 등 다른 성격의 금원이 포함되어 있고, 그러한 이유로 그 금원 중 공동불법행위로 인한 위자료를 구분·특정하기 어려운 경우가 있다. 이러한 경우 법원은 부부의 일방이 배우자에게 위자료의 일부로서 금원을 지급한 사정을 제3자가 부담하는 위자료 액수를 산정할 때 참작할 수 있다(대판 2024.6.27, 2023므12782; 대판 2005.6.23, 2004다66001).

(v) 부부의 일방이 상대방 배우자의 부정행위로 인하여 혼인관계가 파탄되었다고 주장하면서 배우자를 상대로 위자료 청구를 하였으나, 법원이 혼인관계 파탄에 관한 '부부 쌍방의 책임정도가 대등'하다고 판단하여 위자료 청구를 기각하는 경우, 상대방 배우자에게 혼인관계 파탄에 대한 손해배상의무가 처음부터 성립하지 않는다. 이혼을 원인으로 하는 손해배상책임을 인정하는 근거는 부정행위 등 이혼의 원인이 되는 개별적 유책행위에 있는 것이 아니라 그로 인하여 혼인관계가 파탄되어 이혼에 이르게 된 데에 있으므로, 혼인관계 파탄에 대하여 부부 쌍방의 책임정도가 대등한 경우 부부 일방에게 혼인관계 파탄의 책임을 지울 수 없기 때문이다. 나아가 부정행위를 한 배우자의 손해배상의무가 성립하지 않는 이상 배우자의 부정행위에 가공한 제3자에게도 이혼을 원인으로 하는 손해배상책임이 인정되지 않는다. 이러한 법리는 부부의 일방이 상대방 배우자의 부정행위로 인하여 혼인관계가 파탄되었다고 주장하면서 배우자를 상대로 본소로 위자료 청구를 하고 이에 대하여 상대방 배우자가 반소로 위자료 청구를 하였으나, 법원이 혼인관계 파탄에 관한 부부 쌍방의 책임정도가 대등하다고 판단하여 본소·반소 위자료 청구를 모두 기각하는 경우에도 마찬가지이다(대판 2024.6.27, 2023므16678).

(vi) 참고로 간통한 부녀 및 상간자가 부녀의 자녀에 대한 관계에서 불법행위책임을 부담하는지에 관하여, 판례는 배우자 있는 부녀와 간통행위를 하고, 이로 인하여 그 부녀가 배우자와 별거하거나 이혼하는 등으로 혼인관계를 파탄에 이르게 한 경우, 그 부녀와 간통행위를 한 제3자(상간자)는 그 부녀의 배우자에 대하여 불법행위를 구성하고, 따라서 그로 인하여 그 부녀의 배우자가 입은 정신상의 고통을 위자할 의무가 있다. 다만 이 경우에도 간통행위를 한 부녀 자체가 자녀에 대하여 불법행위책임을 부담한다고 할 수 없고, 또한 간통행위를 한 제3자(상간자) 역시 해의(害意)를 가지고 부녀의 자녀에 대한 양육이나 보호 내지 교양을 적극적으로 저지하는 등의 특별한 사정이 없는 한 그 자녀에 대한 관계에서 불법행위책임을 부담한다고 할 수 없다고 한다(대판 2005.5.13, 2004다1899). 즉 생

명·신체·자유·명예 등의 인격권의 침해도 불법행위가 된다(제750조). 따라서 남편이나 아내의 간통으로 인하여 아내나 남편의 이익이 침해된 경우, 이는 배우자의 권리(인격권)에 대한 침해로서 위법성이 있기 때문에 자신의 배우자와 간통한 제3자에 대하여 위자료의 청구가 인정된다(제750조, 제751조). 여기서 직접 피해를 입은 자가 아닌 자녀가 제3자(상간자)에 대하여 정신적 손해의 배상을 청구할 수 있는가가 문제되는데, 판례는 자녀의 불이익과 상간자의 행위 사이에 상당인과관계가 없다는 이유로 이를 부정하고 있다. 반면에 위자료의 배상이 인격적 이익의 침해에 대한 전보의 필요성에서 인정된 것이라고 할 때, 부모 한쪽의 부정행위와 자녀의 고통 사이에 인과관계가 없다고 하는 차단론은 상당인과관계설에서 볼 때 재검토가 필요하다는 견해가 있다(어인의, "부정행위의 상대방에 대한 손해배상청구", 판례월보 345호, 58면). 즉 부정행위에 의하여 발생하는 자녀의 손해를 통상손해에서 제외해야 할 이유로서 적합하지 않다고 한다.

생각건대 부모가 자녀와 동거하면서 자녀에게 애정을 쏟고 보호·교육하는 것은 부모와 그 자녀 사이의 문제이지 제3자가 관여할 성질의 것이 아니며, 자녀의 상간자에 대한 위자료(손해배상)청구를 인정한다면 간통행위를 한 부모에 대한 자녀의 위자료청구를 부인할 수 없게 되는데, 우리의 가족구조와 가족윤리상으로는 이러한 점을 받아들이기 어렵다는 점 등에 비추어 볼 때, 비록 부부의 이혼과 이로 인한 자녀와의 이별이 자녀들에게 어느 정도 정신적 고통을 준다는 것을 부인할 수는 없지만, 특별한 사정이 없는 한 자녀에 대한 관계에서 불법행위책임을 부담한다고 할 수는 없다고 할 것이다(이민걸, "간통한 부녀와 상간자가 부녀의 자녀에 대한 관계에서 불법행위책임을 부담하는지 여부", 대법원판례해설 2005년 상반기, 338면 참조).

(vii) 이혼을 원인으로 하는 위자료청구권은 상대방 배우자의 유책불법한 행위에 의하여 혼인관계가 파탄상태에 이르러 이혼하게 된 경우 그로 인하여 입게 된 정신적 고통을 위자하기 위한 손해배상청구권으로서, 이혼의 원인이 되는 개별적 유책행위의 발생으로부터 최종적 이혼에 이르기까지 일련의 경과가 전체로서 불법행위로 파악되어 '최종적 이혼시점'에서 확정·평가된다(대판 2021.11.25, 2021다253154,253161). 유책배우자에 대한 위자료 액수를 산정함에 있어서는, 유책행위에 이르게 된 경위와 정도, 혼인관계 파탄의 원인과 책임, 배우자의 연령과 재산상태 등 변론에 나타나는 모든 사정을 참작하여 법원이 직권으로 정하여야 하고, 이러한 사정에는 혼인관계의 파탄 이후 최종적 이혼에 이르기까지 발생한 모든 사정이 포함되며, 개별적 유책행위에 대하여 별개의 손해배상청구를 할 수 있다고 하여 달라지지 않는다(대판 2024.10.25, 2024므11526,11533).

판 례

(ㄱ) 소위 첩계약(妾契約)은 본처(本妻)의 동의 유무를 불문하고 선량한 풍속에 반하는 사항을 내용으로 하는 법률행위로서 무효일 뿐만 아니라 위법한 행위이므로, 부첩관계에 있는 부(夫) 및 첩은 특별한 사정이 없는 한 그로 인하여 본처가 입은 정신상의 고통에 대하여 배상할 의무가 있고, 이러한 손해배상책임이 성립하기 위하여 반드시 부첩관계로 인하여 혼인관계가 파탄에 이를 필요까지는 없고, 한편 본처가 장래의 부첩관계에 대하여 동의하는 것은 그 자체가 선량한 풍속에 반하는 것으로서 무효라고 할 것이나, 기왕의 부첩관계에 대하여 용서한 때에는 그것이 손해배상청구권의 포기라고 해석되는 한 그대로의 법적 효력이 인정될 수 있다(대판 1998.4.10, 96므1434).

(ㄴ) 이혼위자료청구권은 원칙적으로 일신전속적 권리로서 양도나 상속 등 승계가 되지 아니하나 이는 행사상 일신전속권이고 귀속상 일신전속권은 아니므로, 그 청구권자가 위자료의 지급을 구하는 소송을 제기함으로써 청구권을 행사할 의사가 외부적 객관적으로 명백하게 된 이상 양도나 상속 등 승계가 가능하다(대판 1993.5.27, 92므143).

(ㄷ) 이혼을 원인으로 하는 손해배상청구는 제3자에 대한 청구를 포함하여 가사소송법 제2조 제1항 가사소송사건으로서 가정법원의 전속관할에 속한다(대판 2014.5.16, 2013다101104). 피고와 원고 남편 사이의 간통 등 부정행위로 인하여 원고가 남편과 협의이혼을 함으로써 원고의 혼인관계가 파탄에 이르렀음을 원인으로 위자료 및 이에 대한 지연손해금의 지급을 구하는 손해배상청구는 이혼을 원인으로 하는 제3자에 대한 손해배상청구에 해당하고, 따라서 위 손해배상청구는 가정법원의 전속관할에 속한다(대판 2008.7.10, 2008다17762). 즉 배우자의 상간자에 대하여 혼인관계 파탄을 원인으로 한 손해배상청구는 이혼을 원인으로 하는 제3자에 대한 손해배상청구에 해당하여 가정법원의 전속관할에 속한다.

(ㄹ) 부부가 이혼을 하게 되어 남편이 아내에 대한 위자료를 지급하기 위한 방법으로 자신의 소유인 주택의 소유권을 이전하는 것은 아내에 대한 위자료채무의 이행에 갈음한 것으로서 그 주택을 양도한 대가로 위자료를 지급할 채무가 소멸하는 경제적 이익을 얻게 되는 것이므로, 그 주택의 양도는 양도소득세의 부과대상이 되는 유상양도에 해당한다(대판 1995.11.24, 95누4599).

Ⅶ. 사 실 혼

1. 의 의

사실혼(事實婚)이란 남녀가 사실상 부부로서 혼인생활을 하고 있지만, 혼인신고를 하지 아니하여 법률상 혼인으로 인정받지 못하는 부부관계를 말한다. 따라서 사실혼은 부부공동생활의 실체를 가지지 않지만 장래 부부가 되기로 합의가 있는 약혼과 다르며, 법률상 아내가 있는 남자가 혼인의사를 가지지 않고 다른 여자에게 경제적 원조를 하면서 성적 관계를 계속하는 첩관계와 구별된다. 이와 같이 사실혼은 혼인의사와 혼인의 실체가 있으므로, 단지 혼인신고를 하지 않았다는 이유로 부부관계의 일체의 효과를 거부함은 타당하지 않기 때문에, 학설과 판례는 대체로 사실혼의 본질을 혼인에 준한 준혼관계(準婚關係)로 이해하여 법률혼에 대한 민법규정 중 혼인신고와 관련된 것을 제외하고는 혼인에 관한 규정을 유추적용하고 있다(대판 1997.11.11, 97다34273; 대판 1995.3.28, 94므1584; 김주수/김상용, 271면; 박동섭/양경승, 222면; 이경희, 140면). 따라서 사실상의 혼인관계에 있는 부부관계가 정당한 이유 없이 파기되었을 경우에 당사자 한쪽은 과실 있는 상대방에 대하여 채무불이행으로 인한 손해배상을 청구할 수 있는 동시에 불법행위로 인한 손해배상을 청구할 수 있다(대판 1970.4.28, 69므37).

2. 성립요건

(1) 혼인의사의 합치가 있을 것

사실혼이 성립하기 위해서는 사실상의 혼인의사의 합치가 있어야 한다. 이때 혼인의사는 실질적으로 부부가 되겠다는 합의, 즉 실질의사설에 따른 혼인의사를 의미한다.

(2) 사회통념상 부부공동생활이라고 인정할 만한 사회적 사실이 존재할 것

(가) 객관적으로 당사자 사이에 사회통념상 부부공동생활이라고 인정할 만한 사회적 실체가 존재하여야 한다(대판 2001.4.13, 2000다52943). 즉 단기간의 동거 또는 간헐적인 정교관계가 있는 것만으로 혼인의 실체를 인정할 수 없다(대판 2001.1.30, 2000도4942). 사실혼을 법적으로 보호하여야 할 필요성은 바로 이러한 사회적 실체의 존재에 있다. 따라서 혼인적령 미달자의 사실혼, 부모 등의 동의를 받지 못한 사실혼 등은 보호를 받아야 한다. 반면에 선량한 풍속 기타 사회질서에 어긋나는 사실혼은 보호를 받을 수 없다. 예컨대 법률상 혼인을 한 부부가 별거하고 있는 상태에서 그 다른 한쪽이 제3자와 혼인의 의사로 실질적인 부부생활을 영위한 중혼적 사실혼(대판 2001.4.13, 2000다52943; 대판 1996.9.20, 96므530), 일정기간 또는 일정 목적만을 위하여 계약상 부부로 행세하기 위한 결합(대판 1984.8.21, 84므45), 무효혼에 해당하는 근친혼의 사실혼 등은 법률혼에 준하는 보호를 받을 수 없다.

(나) 한편 당사자가 혼례를 올린 후 신혼여행까지 다녀온 경우, 판례는 장래에 혼인할 것을 약속한 정도인 약혼단계는 지났지만 부부공동생활을 하기에까지 이르지 못하였다면 사실혼으로서도 아직 완성되지 않았다고 한다. 그러나 사실혼으로 완성되지 못한 경우에도 부부공동생활로 이어지는 것이 보통이고, 그 단계에서의 남녀간의 결합의 정도는 사실혼에 이른 남녀간의 결합과 크게 다를 바가 없으므로, 이 단계에서 일방당사자에게 책임 있는 사유로 파탄에 이른 때에 다른 당사자는 사실혼의 부당파기와 마찬가지로 책임 있는 일방당사자에 대하여 그로 인한 정신적인 손해

의 배상을 구할 수 있다고 한다(대판 1998.12.8, 98므961).

3. 사실혼의 효과

사실혼의 본질은 준혼관계이기 때문에 혼인의 효과 중에서 부부공동생활의 실체가 있는 것을 전제로 하여 인정되는 효과나 제3자에게 영향을 미치지 않는 효과는 사실혼부부에게도 인정하여야 하지만, 혼인신고가 있는 것을 전제로 하여 획일적으로 인정되는 효과나 제3자에게 영향을 미치는 효과 등은 인정되기 어렵다(통설).

(1) 부부공동생활을 전제로 인정되는 효과

동거·부양·협조의무(제826조) 및 정조의무, 혼인생활비용(제833조)·일상가사대리권(제827조)·일상가사채무의 연대채무(제832조), 특유재산의 각자관리 및 귀속불명재산의 부부공유추정(제830조, 제831조), 재산분할청구권(제839조의2, 제843조) 등은 사실혼에도 유추적용된다(통설; 대판 1998.8.21, 97므544,551; 대판 1994.12.22, 93다52068,52075). 또한 사실혼부부 사이에도 부부재산계약(제829조)을 체결할 수 있는지에 대해 부정하는 견해가 있지만(김용한, 167면; 박동섭/양경승, 226면), 사실혼부부도 부부재산계약을 할 수 있으나, 이를 등기할 수 없어서 제3자에게 대항할 수 없다고 할 것이다(김주수/김상용, 277면; 이경희, 142면).

판 례

(ㄱ) 사실혼관계에 있는 부부의 일방이 사실혼중에 자기 명의로 취득한 재산은 그 명의자의 특유재산으로 추정되나 실질적으로 다른 일방 또는 쌍방이 그 재산의 대가를 부담하여 취득한 것이 증명된 때에는 특유재산의 추정은 번복되어 그 다른 일방의 소유이거나 쌍방의 공유라고 보아야 할 것이다(대판 1994.12.22, 93다52068,52075).

(ㄴ) 부부재산 청산의 의미를 갖는 재산분할 규정은 부부의 생활공동체라는 실질에 비추어 인정되는 것이므로 사실혼 관계에 유추적용할 수 있다. 부부 일방이 혼인 중 제3자에게 부담한 채무는 일상가사에 관한 것 이외에는 원칙적으로 개인의 채무로서 청산 대상이 되지 않으나 그것이 공동재산의 형성에 수반하여 부담한 채무인 경우에는 청산 대상이 된다. 따라서 사실혼 관계에 있는 부부 일방이 혼인 중 공동재산의 형성에 수반하여 채무를 부담하였다가 사실혼이 종료된 후 채무를 변제한 경우 변제된 채무는 특별한 사정이 없는 한 청산 대상이 된다(대판 2021.5.27, 2020므15841).

(ㄷ) 민사집행법 190조는 채무자와 그 배우자의 공유에 속하는 유체동산은 채무자가 점유하거나 그 배우자와 공동점유하는 때에는 제189조의 규정에 의하여 압류할 수 있다고 규정하고 있는바, 위와 같은 규정은 부부공동생활의 실체를 갖추고 있으면서 혼인신고만을 하지 아니한 사실혼관계에 있는 부부의 공유 유체동산에 대하여도 유추적용된다(대판 1997.11.11, 97다34273).

(2) 신고를 전제로 한 효과

사실혼의 효과에는 혼인의 효과가 유추적용되지만, 신고를 전제로 한 것은 유추적용되지 않는다(대판 2021.5.27, 2020므15841). 즉 ① 사실혼의 배우자와 그 혈족과의 사이에 친족관계가 발생하지 않으며, 상속권도 인정되지 않는다(대판 1999.5.11, 99두1540). 따라서 사실혼부부의 한쪽이 다른 사람과 혼인하더라도 중혼이 되지 않으며 오히려 사실혼이 부첩관계로 된다. 물론 혼인한 사람은 손해배상책임을 진다. 다만 특별연고자의 재산분여청구(제1057조의2)는 가능하다. ② 미성년자가 사실혼관계를 맺었다고 하여 성년에 이른 것으로 볼 수 없다(제826조의2). ③ 사실혼 중에 출생한 자녀는 혼인외의 자이다.

(3) 제3자에 대한 관계

사실혼관계를 준혼관계로서 보호하여야 하는 것은 제3자에 대해서도 마찬가지이다. 따라서 제3자가 사실혼의 배우자를 살해하거나(대판 1962.4.26, 62다72) 상해를 가한 경우(대판 1969.7.22, 69다684), 정교관계(간통)를 맺거나(대판 1969.2.19, 4290민상749) 사실혼관계를 부당하게 간섭하여 파탄시킨 경우(대판 1983.9.27, 83므26) 등은 불법행위로 인한 손해배상책임을 진다.

(4) 특별법상의 효과

각종 특별법에서 사실혼부부를 보호하기 위해서 법률상 부부와 동일하게 다루는 규정이 있다. 즉 근로기준법(제82조, 시행령 제48조 1항 1호), 공무원연금법(제3조 1항 2호), 군인연금법(제3조 1항 4호), 사립학교교직원연금법(제2조 1항 2호), 선원법(제99조, 제100조, 시행령 제29조), 산업재해보상보험법(제5조 3호) 등에는 사실상 혼인관계에 있는 자를 배우자에 포함시키고 있다. 또한 주택임대차보호법은 사실혼의 배우자 한쪽이 사망한 경우, 다른 배우자에게도 임차권과 채권적 전세권의 승계를 인정하고 있다(동법 제9조, 제12조).

주의할 것은 사실상 배우자 외에 법률상 배우자가 따로 있는 경우, 그 사실상 배우자와의 관계가 특별법상의 사실혼에 해당하지 않는다. 판례도 법률혼주의 및 중혼금지 원칙을 대전제로 하고 있는 우리 가족법 체계를 고려하여 보면, 군인연금법 제3조 1항 4호가 '사실상 혼인관계에 있던 자'를 유족연금을 받을 수 있는 배우자에 포함하고 있는 취지는, 사실상 혼인생활을 하여 혼인의 실체는 갖추고 있으면서도 단지 혼인신고가 없기 때문에 법률상 혼인으로 인정되지 아니하는 경우에 그 사실상 배우자를 보호하려는 것이지, 법률혼 관계와 경합하고 있는 사실상의 동거관계를 보호하려는 것은 아니다. 만약 사실상 배우자 외에 법률상 배우자가 따로 있는 경우라면, 이혼의사의 합치가 있었는데도 형식상의 절차미비 등으로 법률혼이 남아 있는 등의 예외적인 경우를 제외하고는, 그 사실상 배우자와의 관계는 군인연금법상의 '사실혼'에 해당한다고 볼 수 없다고 한다(대판 2007.2.22, 2006두18584).

판 례

(ㄱ) 사실상 배우자 외에 법률상 배우자가 따로 있는 경우에는, 법률상 배우자 사이에 이혼의사가 합치되어 법률혼은 형식적으로만 존재하고 사실상 혼인관계가 해소되어 법률상 이혼이 있었던 것과 마찬가지로 볼 수 있는 등의 특별한 사정이 없는 한, 법률상 배우자가 유족으로서 연금수급권을 가지고, 사실상 배우자는 공무원연금법에 의한 유족으로 보호받을 수는 없다(대판 1993.7.27, 93누1497).

(ㄴ) 사실혼이란 당사자 사이에 주관적으로 혼인의 의사가 있고, 객관적으로도 사회관념상 가족질서적인 면에서 부부공동생활을 인정할 만한 혼인생활의 실체가 있는 경우라야 하고, 법률상 혼인을 한 부부가 별거하고 있는 상태에서 그 다른 한쪽이 제3자와 혼인의 의사로 실질적인 부부생활을 하고 있더라도, 특별한 사정이 없는 한 이를 사실혼으로 인정하여 법률혼에 준하는 보호를 할 수는 없는 것이다. 이러한 법리는 자동차종합보험의 부부운전자한정운전 특별약관에서 규정하는 '사실혼 관계에 있는 배우자'의 해석에도 적용되고, 이 경우 특별한 사정이 있다는 사실은 이를 주장하는 보험계약자에게 증명책임이 있다고 할 것이다(대판 2010.3.25, 2009다84141).

(ㄷ) 사실혼은 당사자 사이에 주관적으로 혼인의 의사가 있고, 객관적으로도 사회관념상 가족질서적인 면에서 부부공동생활을 인정할 만한 혼인생활의 실체가 있으면 일단 성립하는 것이고, 비록 우리 법제가 일부일처주의를 채택하여 중혼을 금지하는 규정을 두고 있더라도 이를 위반한 때를 혼인무효의 사유로 규정하지 않고 단지 혼인 취소의 사유로만 규정하고 있는 까닭에(민법 제816조) 중혼에 해당하는 혼인이라도 취소되기 전까지는 유효하게 존속하는 것이고, 이는 중혼적 사실혼이라 하여 달리 볼 것이 아니다. 또한 비록 중혼적 사실혼관계일지라도 법률혼인 전 혼인이 사실상 이혼상태에 있다는 등의 특별한 사정이 있다면 법률혼에 준하는 보호를 할 필요가 있을 수 있다(대판 2009.12.24, 2009다64161). 가령 법률상 배우자와의 혼인이 아직 해소되지 않은 상태에서 甲과 혼인의 의사로 실질적인 혼인생활을 하고 있는 乙은, 甲이 가입한 부부운전자한정운전 특별약관부 자동차 보험계약상의 '사실혼관계에 있는 배우자'에 해당한다. 또한 중혼적 사실혼일지라도 군인 또는 군인이었던 자의 퇴직 후 61세 전에 법률혼인 전 혼인의 배우자가 사망함으로써 전 혼인이 해소됨과 동시에 통상적인 사실혼이 된 경우, 전 혼인의 배우자 사망 후에는 사실상 혼인관계에 있던 자를 군인연금법 제3조 1항 4호에 규정된 배우자로 보아야 한다(대판 2010.9.30, 2010두9631).

4. 사실혼의 해소

(1) 당사자 한쪽의 사망에 의한 사실혼의 해소

사실혼은 혼인의 경우와 마찬가지로 당사자의 사망으로 해소된다. 사실혼의 배우자에게는 상속권이 인정되지 않지만, 상속인이 없는 경우 사실혼의 배우자는 특별연고자로서 상속재산분여청구를 할 수 있다(제1057조의2).

(2) 합의에 의한 사실혼의 해소

당사자는 언제든지 그 합의로 사실혼을 종료시킬 수 있다. 부부공유재산의 청산방법 등에 대해서도 당사자의 합의에 의하여 한다. 다만 합의한 내용을 이행하지 않을 때에는 그 이행을 청구할 수 있다. 또한 부부재산의 청산의 의미를 갖는 재산분할에 관한 규정(제839조의2)은 부부의 생활공동체라는 실질에 비추어 인정되는 것이므로, 사실혼관계에도 유추적용할 수 있다(대판 1995.3.28, 94므1584).

(3) 사실혼의 일방적 해소

(가) 혼인은 협의나 조정 또는 재판에 의하지 않으면 해소할 수 없으나, 사실혼의 해소 그 자체는 자유이며 일방적으로 해소할 수 있다. 이 경우에 정당한 이유(예: 학대·폭행행위, 성기능 불완전, 타인과 혼인, 혼인 전의 부정행위로 인한 불화 등)가 없는 한 유책자는 상대방에 대하여 손해배상책임이 있다(통설). 판례도 사실상 혼인관계는 사실상의 관계를 기초로 하여 존재하는 것이므로 당사자 일방의 의사에 의하여 해소될 수 있고, 당사자 일방의 파기로 인하여 공동생활의 사실이 없게 되면 사실상의 혼인관계는 해소된다. 다만 정당한 사유 없이 해소된 때에는 유책자가 상대방에 대하여 손해배상의 책임을 지는데 지나지 않는다고 한다(대판 1977.3.22, 75므28). 사실혼관계의 유지를 강요할 수 없기 때문이다.

(나) 상대방에 대한 유책자의 손해배상범위에는 재산적 손해와 정신적 손해를 포함한다. 재산적 손해에는 사실혼관계의 성립유지와 인과관계가 있는 모든 손해를 포함하며(대판 1989.2.14, 88므146), 정신적 손해는 유책행위에 이르게 된 경위와 정도, 파탄의 원인과 책임, 당사자의 나이·직업·가족상황, 재산상태, 동거기간 등 여러 사정을 참작하여 그 액수를 정하여야 할 것이다(대판 1998.8.21, 97므544,551; 김주수/김상용, 282면; 이경희, 145면).

한편 사실혼관계의 일방적 해소의 경우에도 재산분할청구권(제839조의2)이 유추적용된다(통설, 대판 1995.3.10, 94므1379,1386). 사실혼 해소를 원인으로 한 재산분할에서 분할의 대상이 되는 재산과 액수는 '사실혼이 해소된 날'을 기준으로 하여 정하여야 한다(대판 2023.7.13, 2017므11856,11863). 그러나 중혼적 사실혼이 해소되는 경우(대결 1995.7.3, 94스30; 대판 1996.9.20, 96므530)와 사실혼관계가 당사자 한쪽의 사망으로 인하여 종료된 경우에는 그 상대방에게 재산분할청구권이 인정되지 않는다(대판 2006.3.24, 2005두15595).

판 례

(ㄱ) 원·피고 사이의 사실혼관계가 불과 1개월만에 파탄된 경우, 혼인생활에 사용하기 위하여 결혼 전후에 원고 자신의 비용으로 구입한 가재도구 등을 피고가 점유하고 있다고 하더라도 이는 여전히 원고의 소유에 속한다고 할 것이어서, 원고가 소유권에 기하여 그 반환을 구하거나 원상회복으로 반환을 구하는 것은 별론으로 하고, 이로 인하여 원고에게 어떠한 손해가 발생하였다고 할 수 없다(대판 2003.11.14, 2000므1257,1264).

(ㄴ) 사실혼관계는 사실상의 관계를 기초로 하여 존재하는 것으로서 당사자 일방의 의사에 의하여 해소될 수 있고 당사자 일방의 파기로 인하여 공동생활의 사실이 없게 되면 사실상의 혼인관계는 해소되는 것이며, 다만 정당한 사유 없이 해소된 때에는 유책자가 상대방에 대하여 손해배상의 책임을 지는데 지나지 않는다. 따라서 사실혼관계의 당사자 중 일방이 의식불명이 된 상태에서 상대방이 사실혼관계의 해소를 주장하면서 재산분할심판청구를 한 경우, 사실혼관계는 상대방의 의사에 의하여 해소되었고 그에 따라 재산분할청구권이 인정된다(대결 2009.2.9, 2008스105).

(ㄷ) 재산분할 제도가 혼인관계 해소 시 부부가 혼인 중 공동으로 형성한 재산을 청산·분배하는 것을 주된 목적으로 하는 것으로서, 부부 쌍방의 협력으로 이룩한 적극재산 및 그 형성에 수반하여 부담한 채무 등을 분할하여 각자에게 귀속될 몫을 정하기 위한 것이므로, 사실혼 해소 이후 재산분할 청구사건의 사실심 변론종결 시까지 사이에 혼인 중 공동의 노력으로 형성·유지한 부동산 등에 발생한 외부적, 후발적 사정으로서, 그로 인한 이익이나 손해를 일방에게 귀속시키는 것이 부부 공동재산의 공평한 청산·분배라고 하는 재산분할 제도의 목적에 현저히 부합하지 않는 결과를 가져오는 등의 특별한 사정이 있는 경우에는 이를 분할대상 재산의 가액 산정에 참작할 수 있다(대판 2023.7.13, 2017므11856,11863).

(4) 자녀의 양육문제

사실혼 해소 후의 자녀의 양육문제에 관하여 제837조를 유추적용할 것인가에 대하여, 학설은 자녀의 양육에 대해서 누가 책임을 질 것인가는 이혼의 경우와 차이가 없기 때문에, 자녀의 복리를 위하여 이를 긍정한다(김주수/김상용, 286면; 박동섭/양경승, 235면; 이경희, 146면). 그러나 판례는 이혼당사자의 신청이 있는 경우, 혼인무효 또는 취소의 판결시 그 당사자의 신청이 있는 경우 이외에 자녀의 양육자지정이나 양육에 관한 사항을 정하여 달라는 신청을 할 수 있는 법률상 근거가 없으므로, 사실혼관계나 일시적 정교관계로 출생한 자녀의 생모는 그 자녀의 생부를 상대로 그와 같은 청구를 할 수 없다고 하여, 부정하고 있다(대판 1979.5.8, 79므3).

5. 사실상 혼인관계존재확인의 소

(1) 의 의

사실혼이 성립되었다고 볼 수 있는 상황이 존재하는데 당사자 한쪽이 혼인신고를 협력하지 않는 경우, 혼인신고를 원하는 당사자 한쪽이 사실상 혼인관계존재확인의 소를 제기할 수 있으며, 이를 위하여 먼저 가정법원에 조정을 신청하여야 한다(가사소송법 제2조 1항 나류 사건 1호, 제50조). 조정이 성립하여 혼인신고를 하는 경우에는 당사자 양쪽의 혼인의사의 합치에 의한 것이므로 별문제가 없으나 소송에 의해 혼인신고를 강제할 정도라면 사실혼이 파탄직전에 있는 경우일 것이고, 이 점에서 당사자 사이의 실질적 결합을

법이 강제할 수 없는 한계가 있다. 다만 확인판결에 의하여 혼인신고가 이루어지면 혼인외의 자녀가 준정(準正)이 되어 혼인 중의 자녀로 되고, 당사자가 이혼하기 전에 배우자 한쪽이 사망하면 생존배우자가 법률상 배우자로서 상속권을 가지게 된다는 점에 그 실익이 있다.

(2) 혼인의사의 존재시기

사실혼의 성립 당시를 기준으로 혼인의사가 존재하면 된다(통설). 당사자 한쪽이 종래에는 혼인의사를 가지고 있었으나 사실심 변론종결시에 혼인의사가 없음을 이유로 이 소를 제기할 수 없다면 재판에 의한 혼인신고제도의 실효성이 거의 없어지기 때문이다.

(3) 조정신청과 상대방의 사망

(가) 사실상 혼인관계존재확인을 위해서는 먼저 조정을 신청하여야 한다(가사소송법 제2조 1항 나류 사건 1호, 제50조). 만일 조정을 하지 아니하기로 하는 결정이 있는 때, 조정이 성립되지 아니한 것으로 종결된 때 또는 조정에 갈음하는 결정이 이의신청에 의하여 효력을 상실한 때에는 조정신청을 한 때에 소가 제기된 것으로 본다(동법 제49조, 민사조정법 제36조 1항).

(나) 사실혼 당사자 한쪽이 사망한 후에 다른 한쪽이 사실상 혼인관계존재확인청구를 할 수 있는지에 대하여, 학설과 판례는 이 청구가 신분관계존부확인청구의 일종이므로 친생자관계존부확인청구에 관한 제865조와 인지청구에 관한 제863조를 유추적용하여 한쪽이 사망한 것을 안 날부터 2년 내에 검사를 상대로 청구할 수 있다고 한다(대판 1995.3.28, 94므1447; 대판 1994.6.28, 94므321; 김주수/김상용, 275면; 박동섭/양경승, 237면; 이경희, 149면). 다만 혼인신고를 할 수 없다.

한편 사실혼 당사자가 모두 사망한 경우에는 사실혼관계존부확인청구가 부정되어야 한다. 이들 사이에는 이미 혼인관계가 소멸하였고 또 현행법상 당사자 양쪽이 모두 사망한 경우에 제3자가 그 혼인신고를 할 수 있는 방법이 없으므로, 사망한 당사자의 혼인신고를 위한 과거의 사실혼관계의 존재확인을 구함은 확인의 이익이 없다고 보아야 할 것이기 때문이다(대판 1988.4.12, 87므104).

판 례

사실혼 배우자의 일방이 사망한 경우 생존하는 당사자가 혼인신고를 하기 위한 목적으로서는 사망자와의 과거의 사실혼관계 존재확인을 구할 소의 이익이 있다고는 할 수 없고, 이러한 과거의 사실혼 관계가 생존하는 당사자와 사망자와 제3자 사이의 현재적 또는 잠재적 분쟁의 전제가 되어 있어 그 존부확인청구가 이들 수많은 분쟁을 일거에 해결하는 유효 적절한 수단일 수 있는 경우에는 확인의 이익이 인정될 수 있는 것이지만, 그러한 유효 적절한 수단이라고 할 수 없는 경우에는 확인의 이익이 부정되어야 한다(대판 1995.11.14, 95므694).

---

(4) 혼인신고—조정성립·승소판결의 효과

(가) 조정이 성립되면 조정을 신청한 자가 1개월 이내에 혼인신고를 하여야 하며, 재판으로 사실혼관계의 존재가 확인되면 재판을 청구한 자가 재판의 확정일로부터 1개월 이내에 재판서의 등본과 확정증명서를 첨부하여 혼인신고를 하여야 한다(가족관계등록법 제72조). 이 신고에 대해 학설은 보고적 신고로 본다(다수설). 그러나 판례는 이 소의 성질을 확인의 소로 파악하고 이에 기한 신고를 창설적 신고로 보고 있다(대결 1991.8.13, 91스6; 대판 1973.1.16, 72므25; 이경희, 148면).

(나) 소송계속 중 제3자와 혼인신고가 마쳐진 경우, 그 청구소송이 승소로 확정되었더라도 그에 기인하여 혼인신고를 하지 않는 한 제810조의 중혼이 될 수 없고, 따라서 제816조의 혼인취소사유도 되지 않는다(대판 1973.1.16, 72므25).

(다) 우리 민법에서는 사망자간이나 생존한 자와 사망한 자 사이의 혼인은 인정되지 아니하므로, 사망자와의 사실혼관계존재확인의 심판이 있더라도 이미 당사자 일방이 사망한 경우에는 혼인신고특례법이 정하는 예외적인 경우(전시·사변 등)와 같이 그 혼인신고의 효력을 소급하는 특별한 규정이 없는 한(동법 제2조, 제3조), 이미 그 당사자 사이에는 법률상의 혼인이 불가능하므로 혼인신고를 할 수 없다(대판 1995.11.14, 95므694; 대결 1991.8.13, 91스6).

제 3 절 부모와 자녀

Ⅰ. 서 설

친자관계란 부모와 자녀라는 신분관계를 가리키며, 그것은 부부관계와 더불어 친족적 공동생활의 기초를 이룬다. 민법상 친자관계에는 자연의 혈연관계에 있는 친생자관계와 법률상 친생·친자관계로 의제하는 법정친자관계(양자·양친자관계)가 있다. 친생자관계에는 다시 혼인관계가 있는 부모로부터 출생한 혼인 중의 자녀와 혼인관계가 없는 부모로부터 출생한 혼인외의 자녀가 있다. 혼인외의 출생자에는 父에게 인지된 자녀와 인지되지 않은 자녀가 있다.

Ⅱ. 친 생 자

1. 혼인중의 출생자

(1) 의 의

혼인 중의 출생자(혼생자)란 법률상 혼인관계에 있는 부모 사이에서 출생한 자녀를 말한다. 여기에는 친생자추정을 받는 혼인 중의 출생자, 친생자추정을 받지 않는 혼인 중의 출생자, 준정에 의한 혼인 중의 출생자가 있다.

(2) 친생자로 추정을 받는 혼인중의 출생자

(가) 취 지

모자관계는 임신(포태)과 분만이라고 하는 자연적 사실에 의하여 확정된다. 이에 비해 부자관계의 증명은 어렵다. 따라서 민법은 법률상 부자관계를 빨리 확정하고 부자관계의 존부를 둘러싼 분쟁을 타당하게 처리하기 위하여 혼인 중의 자녀에 대하여 친생(親生)을 추정하는 규정을 두고 있다(제844조).

(나) 친생추정의 요건

1) 부모가 혼인관계에 있을 것

어머니(母)는 아버지(父)의 아내(妻)이어야 한다. 혼인이 취소된 경우에도 그 효과는 소급하지 아니하므로, 취소되기 전에 출생한 자녀는 친생자로 추정된다.

2) 혼인 중에 임신한 자녀일 것

가) 친생추정

(i) 생모가 자녀를 언제 임신(포태)하였는지를 증명하기는 곤란하다. 그리하여 민법은 아내가 혼인 중에 임신한 자녀는 남편의 자녀로 추정하고(제844조 1항), 혼인이 성립한 날부터 200일 후에 또는 혼인관계가 종료된 날부터 300일 이내에 출생한 자녀는 혼인 중에 임신한 것으로 추정한다(제844조 2항, 3항). 따라서 부모의 혼인 중에 임신한 자녀는 비록 이혼 후에 출생하더라도 혼인 중의 출생자로 추정되지만, 혼인 전에 임신한 자녀는 혼인성립 후에 출생하더라도 원칙적으로 혼인 중의 출생자가 되지 않는다. 여기서 혼인성립의 날은 혼인신고일을 의미하지만, 사실혼성립의 날을 포함한다(대판 1963.6.13, 63다228; 김주수/김상용, 296면; 김용한, 175면; 박병호, 158면; 이경희, 163면). 이와 같이 친생자추정을 받는 자녀에 대해서는 원칙적으로 친생부인의 소에 의해서만 부자관계를 다툴 수 있다(제846조). 다만 혼인관계가 종

료된 날부터 300일 이내에 출생한 자녀에 대해 어머니와 어머니의 전(前) 남편은 친생부인의 허가청구를(제854조의 2), 생부(生父)는 인지의 허가청구에 의하여 친생부인의 소보다 간이한 방법으로 친생추정을 배제할 수 있다(제855조의 2).

(ii) 200일 또는 300일의 기간은 날로써 계산하며, 그 당일부터 계산하여야 한다(제157조 참조).

나) 친생추정의 제한

(i) 혼인 중이라는 의미를 형식적·획일적으로 해석하면, 부부가 사실상 이혼하여 별거생활을 하던 중 아내가 임신한 경우처럼 남편의 자녀가 아닌 것이 명백한 경우에도 친생부인의 소에 의해서만 친생부인이 가능하고, 제척기간이 지나면 부자관계의 부존재를 다툴 수 없게 된다. 따라서 혼인 중의 출생자라 하더라도 남편(夫)의 자녀가 아님이 명백한 때에는 친생자의 추정이 미치지 않는다고 보아야 한다. 친생추정이 부정될 수 있는 사유에 대하여, ① 외관설은 가정평화와 부부내부의 개인적 사정에 개입하면서까지 혈연의 진실을 파헤칠 필요가 없기 때문에, 아내가 남편에 의하여 임신하는 것이 불가능한 사정이란 임신기간 중의 동거의 결여라고 하는 '외관상 명백한 사실'이 있는 경우(예: 해외거주·교도소복역·혼인파탄으로 인한 별거 등)에 한정하여야 하며, 남편의 생식불능·혈액형의 배치 등의 경우에는 친생추정이 미친다고 한다(박병호, 159면; 박동섭/양경승, 267면). ② 혈연설은 동거의 결여와 같은 외관상 명백한 사유가 없더라도 개별적·구체적인 사안의 심사결과 객관적으로 혈연(부자)관계가 존재하지 아니함이 명백한 경우에는 친생추정이 부인된다고 한다(조미경, 가족법연구 11호, 167면). 따라서 남편의 생식불능·혈액형의 배치 등에도 친생추정은 미치지 않으며, 이 경우 부자관계의 부인을 위하여 친자관계부존재확인의 소를 제기할 수 있다고 한다. ③ 절충설은 가정의 평화와 혈연진실주의와의 조화를 도모하여야 한다는 견지에서 외관설을 원칙적으로 따르면서 남편의 생식불능·부자간의 혈액형의 배치 등으로 부자관계가 없다는 사실이 명백히 증명되고, 가정이 이미 파탄상태에 빠진 경우는 혈연주의를 우선시켜 친생추정을 배척할 수 있다고 한다(김주수/김상용, 300면; 이경희, 164면).

(ii) 판례는 아내가 남편의 자녀를 임신할 수 없는 것이 외관상 명백한 사정이 있는 경우가 아닌 다른 경우에는 예외를 인정하지 않고 있다. 즉 제844조 1항의 친생추정은 반증을 허용하지 않는 강한 추정이므로, 아내가 혼인 중에 임신한 이상 그 부부의 한쪽이 장기간에 걸쳐 해외에 나가 있거나, 사실상의 이혼으로 부부가 별거하고 있는 경우 등 동거의 결여로 처가 남편의 자녀를 임신할 수 없는 것이 외관상 명백한 사정이 있는 경우에만 그 추정이 미치지 않을 뿐이고, 이러한 예외적인 사유가 없는

한 누구라도 그 자가 부의 친생자가 아님을 주장할 수 없다고 하여(대판 2021.9.9, 2021므13293), 외관설을 따르고 있다. 또한 자녀의 생부모가 가족관계등록부상의 부모와 다른 사실이 객관적으로 명백한 경우에도 친생추정이 미치지 않지만(대판 2001.1.28, 99므1817), 단순히 부부가 평상시에 별거하고 있다는 등의 사정만으로는 친생추정을 부인하는 사유가 될 수 없다고 한다. 따라서 A가 B와 혼인한 후 다른 여자 C와 부첩관계를 맺고 평소에 B와는 별거하고 있었으나 B가 A의 부모를 모시고 본가에서 거주하는 관계로 1년에 한번 정도로 찾아와 만났다면 이 부부 사이는 아내가 남편의 자식을 임신할 수 없음이 객관적으로 명백할 정도로 동서의 결여가 있다고 할 수 없으므로, B가 임신한 자녀는 A의 친생자로 추정된다고 한다(대판 1990.12.11, 90므637).

3) 남편의 자녀일 것

母가 남편과의 성적교섭에 의하여 임신한 자녀이어야 한다. 아이가 남편의 자녀라는 사실을 증명하기 곤란하므로, 민법은 "아내가 혼인 중에 임신한 자녀는 남편의 자녀로 추정한다"고 규정하고 있다(제844조 1항).

판 례

(ㄱ) 아내가 혼인 중 남편이 아닌 제3자의 정자를 제공받아 '인공수정으로' 자녀를 출산한 경우에도 친생추정 규정을 적용하여 인공수정으로 출생한 자녀가 남편의 자녀로 추정된다(대판 2019.10.23, 2016므2510). 친생추정 규정은 혼인 중 출생한 자녀에 대해서 적용되는데, 친생추정 규정의 문언과 입법 취지, 혼인과 가족생활에 대한 헌법적 보장 등에 비추어 혼인 중 출생한 인공수정 자녀도 혼인 중 출생한 자녀에 포함된다고 보아야 하고, 자녀의 복리를 지속적으로 책임지는 부모에게 자녀와의 신분관계를 귀속시키는 것이 자녀의 복리에 도움이 되기 때문이다.

(ㄴ) 혼인 중 아내가 임신하여 출산한 자녀가 '남편과 혈연관계가 없다는 점'이 밝혀졌더라도 친생추정이 미치지 않는다고 볼 수 없다(대판 2019.10.23, 2016므2510). 혈연관계의 유무를 기준으로 친생추정 규정의 효력이 미치는 범위를 정하게 되면 필연적으로 가족관계의 당사자가 아닌 제3자가 부부관계나 가족관계 등 가정 내부의 내밀한 영역에 깊숙이 관여하게 되는 결과를 피할 수 없기 때문이다.

(다) 친생자추정의 효과

친생추정을 받는 자녀는 원칙적으로 친생부인의 소(제846조)에 의하지 않는 한 그 추정이 번복되지 않는다. 다만 혼인관계가 종료된 날부터 300일 이내에 출생한 자녀에 대해 어머니와 어머니의 전(前) 남편은 친생부인의 허가청구를(제854조의 2), 생부(生父)는 인지의 허가청구에 의하여 친생부인의 소보다 간이한 방법으로 친생추정을 배제할 수 있다(제855조의 2). 따라서 친생추정을 받는 자에 대한 친생자관계존부확인의 소(제865조)나 친생추정을 받는 자가 다른 사람을 상대로 제기한 인지청구는 허용되지 않는다(대판 2000.8.22, 2000므292; 대판 1992.7.24, 91므566). 이와 달리 친생추정을 받지 못하는 자녀(혼인성립 후 200일 전이나 혼인종료 후 300일 후의 출생자)에 대하여는 친생부인의 소가 아닌 친생자관계부존재확인의 소로써 부자관계를 다툴 수 있다.

(라) 친생부인의 소

1) 의 의

친생부인(親生否認)의 소란 제844조에 의해 친생자로 추정이 되는 자녀에 대하여 친자관계를 부인하는 소를 말한다. 친생부인의 소는 친생추정을 소급적으로 소멸시키는 형성적 효력을 발생시키는 것을 목적으로 하는 형성의 소이다. 따라서 제844조에 의하여 친생추정을 받는 자녀에 대하여 그 추정을 번복하여 부자관계를 부정하기 위해서는 친생부인의 소를 제기하여야 하고(제846조), 친생자존부확인의 소나 인지청구의 소 등의 선결문제로 친생을 부인하는 것은 허용되지 않는다(대판 1975.7.22, 75다65).

2) 소의 절차와 당사자

가) 절 차

친생부인의 소를 제기하기 위해서는 우선 가정법원에 조정을 신청하여야 한다(가사소송법 제26호, 제조 1항 나류 사건50조). 남편이 자녀의 친생을 승인하는 조정이 성립하여 그 내용이 조정조서에 기재되면 자녀는 남편의 친생자로 확정된다. 그러나 친생부인의 조정이 성립되더라도 친생부인의 효력이 발생하는 것은 아니며(동법 제59조 2항 단서; 대판 1968.2.27, 67므34), 종국적으로 가정법원의 판결이 있어야 한다. 또한 친생부인의 소를 제기하려면 출생신고를 하여야 하지만(가족관계등록법 제47조), 이것이 친생자에 대한 승인으로 되는 것은 아니다.

나) 당 사 자

(i) 부인권자　　　원칙적으로 부부의 한쪽(夫 또는 妻)만이 친생부인의 소를 제기할 수 있다(제847조). 다만 예외적으로 ① 남편(夫)이나 아내(妻)가 피성년후견인인 경우에는 그의 성년후견인이 성년후견감독인의 동의를 받아 친생부인의 소를 제기할 수 있고, 만일 성년후견감독인이 없거나 동의할 수 없을 때에는 가정법원에 그 동의를 갈음하는 허가를 청구할 수 있다(제848조 1항). 또한 성년후견인이 친생부인의 소를 제기하지 아니하는 경우에는 피성년후견인은 성년후견종료의 심판이 있은 날부터 2년 내에 친생부인의 소를 제기할 수 있다(제848조 2항). ② 남편 또는 아내가 유언으로 부인의 의사를 표시한 때에는 유언집행자는 친생부인의 소를 제기하여야 한다(제850조). ③ 남편이 자녀의

출생 전에 사망하거나 남편 또는 아내가 친생부인의 사유가 있음을 안 날부터 2년 내에 사망한 때에는 남편 또는 아내의 직계존속이나 직계비속에 한하여 그 사망을 안 날부터 2년 내에 친생부인의 소를 제기할 수 있다(제851조).

(ii) 소(訴)의 상대방　　　친생부인의 소는 남편 또는 아내가 다른 한쪽 또는 자녀를 상대로 하여 제기하여야 한다(제847조 1항). 다만 상대방이 될 자가 모두 사망한 때에는 그 사망을 안 날부터 2년 내에 검사를 상대로 하여 친생부인의 소를 제기할 수 있다(제847조 2항). 한편 자녀가 사망한 후라도 그 직계비속이 있는 때에는 그 母를 상대로, 母가 없으면 검사를 상대로 소를 제기할 수 있다(제849조).

판 례

(ㄱ) 제846조에서의 '부부의 일방'은 제844조의 경우에 해당하는 '부부의 일방', 즉 제844조 1항에서의 '부'와 '자녀를 혼인 중에 임신한 아내'를 가리키고, 그렇다면 이 경우의 아내(처)는 '자녀의 생모'를 의미하며, 제847조 1항에서의 '처'도 제846조에 규정된 '부부의 일방으로서의 처'를 의미한다고 해석되므로, 결국 친생부인의 소를 제기할 수 있는 '처'는 '자의 생모'를 의미한다. 따라서 친생부인이 주장되는 대상자의 법률상 부와 '재혼한 처'는 포함되지 않는다(대판 2014.12.11, 2013므4591).

(ㄴ) 정상적으로 혼인생활을 하고 있는 부부 사이에서 '인공수정 자녀'가 출생하는 경우 남편은 동의의 방법으로 자녀의 임신과 출산에 참여하게 되는데, 이것이 친생추정 규정이 적용되는 근거라고 할 수 있다. 남편이 인공수정에 동의하였다가 나중에 이를 번복하고 친생부인의 소를 제기하는 것은 허용되지 않는다. 부부가 정상적인 혼인생활을 하고 있는 경우 출생한 인공수정 자녀에 대해서는 남편의 동의가 있었을 개연성이 높다. 따라서 혼인 중 출생한 인공수정 자녀에 대해서는 다른 명확한 사정에 관한 증명이 없는 한 남편의 동의가 있었던 것으로 볼 수 있다. 동의서 작성이나 그 보존 여부가 명백하지 않더라도 인공수정 자녀의 출생 이후 남편이 인공수정 자녀라는 사실을 알면서 출생신고를 하는 등 인공수정 자녀를 자신의 친자로 공시하는 행위를 하거나, 인공수정 자녀의 출생 이후 상당 기간 동안 실질적인 친자관계를 유지하면서 인공수정 자녀를 자신의 자녀로 알리는 등 사회적으로 보아 친자관계를 공시·용인해 왔다고 볼 수 있는 경우에는 동의가 있는 경우와 마찬가지로 취급하여야 한다(대판 2019.10.23, 2016므2510).

3) 부인권의 소멸

(i) 제소기간　　　친생부인의 소는 그 사유가 있음을 안 날부터 2년 내에 제기하여야 한다(제847조 1항). 이 기간은 제척기간이다.

(ii) 승인한 경우　　　자녀의 출생 후에 친생자임을 승인한 자는 다시 친생부인의 소를 제기하지 못한다(제852조). 승인은 명시적·묵시적으로 할 수 있다. 그러나 승인이 사기 또는 강박에 의한 때에는 이를 취소할 수 있다(제854조).

판 례

혈연관계 유무나 그에 대한 인식은 친생부인의 소를 이유 있게 하는 근거 또는 제소기간의 기산점 기준으로서 친생부인의 소를 통해 친생추정을 번복할 수 있도록 하는 사유이다. 이를 넘어서 처음부터 친생추정이 미치지 않도록 하는 사유로서 친생부인의 소를 제기할 필요조차 없도록 하는 요소가 될 수는 없다. 혈연관계가 없다는 점을 친생추정이 미치지 않는 전제사실로 보는 것은 원고적격과 제소기간의 제한을 두고 있는 친생부인의 소의 존재를 무의미하게 만드는 것으로 현행 민법의 해석상 받아들이기 어렵다. 친생부인권을 실질적으로 행사할 수 있는 기회를 부여받았는데도 제소기간이 지나도록 이를 행사하지 않아 더 이상 이를 다툴 수 없게 된 경우 그러한 상태가 남편이 가정생활과 신분관계에서 누려야 할 인격권, 행복추구권, 개인의 존엄과 양성의 평등에 기초한 혼인과 가족생활에 대한 기본권을 침해한다고 볼 수 없다(헌재결 2015.3.26, 2012헌바357; 대판 2019.10.23, 2016므2510). 다만 친생추정 규정은 부부가 정상적인 혼인생활을 영위하고 있는 경우를 전제로 가정의 평화를 위하여 마련된 것이어서 그 전제사실을 갖추지 않은 경우까지 적용하여 요건이 엄격한 친생부인의 소로써 부인할 수 있도록 하는 것은 제도의 취지에 반하여 진실한 혈연관계에 어긋나는 부자관계를 성립하게 하는 등 부당한 결과를 가져올 수 있다(대판 2021.9.9, 2021므13293). 가령 원고가 출생할 무렵 모친과 망인 사이 동거가 결여되어 모친이 망인의 자를 포태할 수 없는 것이 외관상 명백한 사정이 있는 경우, 원고는 망인에 대하여 친생추정이 미치지 않는다. 따라서 망인이 친생부인의 소를 제기하지 아니하였더라도, 원고는 망인과의 친생자관계부존재확인의 소를 제기할 수 있다.

4) 친생부인판결의 효력

친생부인의 판결에 의하여 확정되면 자녀는 母의 혼인외의 출생자로 되고, 母의 남편과는 아무런 관계도 없게 된다. 판결은 제3자에게도 효력이 생긴다(가사소송법 제21조 1항). 따라서 생부가 자녀를 인지할 수 있다(대판 2000.1.28, 99므1817; 대판 1987.10.13, 86므129).

5) 친생부인의 허가청구

'혼인관계가 종료된 날부터 300일 이내에 출생한 자녀'는 혼인 중에 임신한 것으로 추정되지만, 어머니 또는 어머니의 전(前) 남편은 가정법원에 친생부인의 허가를 청구할 수 있다(제854조의2 제1항 본문). 다만 혼인 중의 자녀로 출생신고가 된 경우에는 허가청구를 할 수 없다(제854조의2 제1항 단서). 친생부인의 허가청구가 있는 경우, 가정법원은 혈액채취에 의한 혈액형 검사·유전인자의 검사 등 과학적 방법에 따른 검사결과 또는 장기간의 별거 등 그 밖의 사정을 고려하여 허가 여부를 정한다(제854조의2 제2항). 친생부인의 허가청구에 따라 가정법원의 허가를 받은 경우에는 친생추정의 효력이 미치지 않는다(제854조의2 제3항).

(마) 父를 정하는 소

1) 의 의

배우자의 사망 또는 이혼으로 혼인이 해소된 후 곧바로 재혼한 여자가 자녀를 출산한 경우, 그 출산이 전혼 종료 후 300일 이내이지만 후혼 성립 후 200일 이후인 때에 그 자녀는 전혼의 남편의 자녀로도 추정되고 후혼의 남편의 자녀로도 추정된다. 이처럼 친생자추정이 중복되는 경우에 당사자의 청구에 의하여 가정법원이 父를 정하는데(제845조), 이를 부(父)를 정하는 소라 한다.

2) 절차와 당사자

가) 조정전치주의

부를 정하는 소를 제기하기 전에 우선 조정을 신청하여야 한다(가사소송법 제2조 1항 나류 사건 5호). 그러나 부를 정하는 소는 형성의 소이므로(통설), 소송당사자가 소송물을 임의로 처분할 수 없고, 결국 조정의 성립만으로 父를 정하는 효력이 생기지 않으며(가사소송법 제59조 2항 단서), 종국적으로 가정법원의 판결이 있어야 한다.

나) 당 사 자

소의 원고는 자녀, 母, 母의 전·후배우자이다(가사소송법 제27조 1항). 소의 피고는 ① 자녀가 제기하는 경우에 모, 모의 전·후배우자이고, ② 모, 전·후배우자 3인 중 1인이 소를 제기하는 경우, 피고는 나머지 2인이다(동법 제27조 2항, 3항). 즉 자녀 이외의 자가 소를 제기하는 경우에 자녀는 피고가 될 수 없다. 한편 상대방(피고)이 될 자 중에 사망한 자가 있을 때에는 생존자를 상대방으로 하고, 생존자가 없을 때에는 그 사망을 안 날부터 1년 내에 검사를 상대방으로 하여 소를 제기할 수 있다(동법 제27조 4항).

3) 확정판결의 효력

판결은 대세적 효력이 있으므로 제3자에게도 그 효력이 미친다(동법 제21조). 이와 같이 대세적 효력을 가지므로, 확정판결 이후에는 다시 친생부인의 소를 제기할 수 없다(박동섭/양경승, 284면; 이경희, 171면). 父를 정하는 소의 판결이 있으면, 소를 제기한 사람은 판결확정일로부터 1개월 이내에 판결의 등본 및 그 확정증명서를 첨부하여 등록부의 정정을 신청하여야 한다(가족관계등록법 제107조).

(3) 친생자로 추정을 받지 못하는 혼인중의 출생자

(가) 혼인 중에 출생하기는 하였으나 혼인이 성립한 날부터 200일이 되기 전에 출생한 자녀는 친생자의 추정을 받지 않는다. 친생자로 추정을 받는 혼인 중의 출생자는 친생부인의 소에 의해서만 친생을 부인할 수 있지만, 친생자로 추정을 받지 못하는 혼인 중의 출생자는 친생자관계존부확인의 소에 의해서 부자관계를 해소할 수 있다. 그런데 제844조를 엄격히 해석하면 사실혼관계가 선행하여 혼인신고일로부터

200일 이내에 출생한 자는 혼인 중의 출생자로 추정받지 못하는 문제가 발생하므로, 학설과 판례는 '혼인이 성립한 날'에 사실혼이 성립한 날을 포함시켜 그 출생이 사실혼성립의 날부터 200일 후인 경우에는 친생자의 추정을 받으며, 이러한 자녀는 친생부인의 소에 의하지 않는 한 친생을 부인할 수 없다고 한다(대판 1963.6.13, 63다228; 이경희, 172면; 김주수/김상용, 339면). 그 밖에 혼인이 성립한 날부터 200일 후에 출생하였으나 부부의 한쪽이 장기간에 걸쳐 해외에 나가 있거나, 사실상의 이혼으로 부부가 별거하고 있는 경우 등 동거의 결여로 아내가 남편의 자녀를 임신할 수 없는 것이 외관상 명백한 사정이 있는 경우에도 친생자추정이 미치지 않는다(대판 2000.8.22, 2000므292).

(나) 병원에서 아이가 바뀐 경우, 가령 부부인 甲과 乙 사이의 자녀 丙이 병원에서 부부인 A·B사이에서 출생한 자녀 C와 뒤바뀌어 丙이 A·B의 자녀로 출생신고 되어 있는 경우, 가족관계등록부상의 모 B가 丙을 출산한 사실이 없으므로 친생추정을 받을 여지가 없으며, 입양의 실질적 요건을 갖추지 못하였으므로 A·B와 丙 사이가 입양으로의 전환이 인정될 수 없다. 따라서 丙이 A·B를 상대로 또는 A·B가 丙을 상대로 친생자관계부존재확인의 소를 제기할 수도 있고, 甲과 乙이 丙과 A·B를 공동피고로 하여 친생자관계존재확인의 소를 제기하거나 丙이 甲과 乙을 공동피고로 하여 친생자관계존재확인의 소를 제기할 수도 있다. 물론 C가 甲·乙의 자녀로 출생신고 되어 있는 경우에도 동일한 법리가 적용된다.

(다) 타인이 출산한 혼인외의 출생자를 자기 부부의 친생자로 출생신고를 한 경우, 등록부상 모가 출산한 객관적 사실이 없으므로 친생추정이 미치지 않으며, 따라서 친생자관계존부확인의 소로 다툴 수 있다. 이때 친생자관계부존재확인의 소를 통해 등록부가 정정되지 않는 한 생부가 즉시 그 자녀를 인지신고(임의인지)를 할 수 없지만, 자녀는 친생자관계부존재확인의 소로서 등록부상의 부를 부정할 필요 없이 생부모를 상대로 직접 인지청구를 할 수 있다(대판 2000.1.28, 99므1817). 종래 판례는 당사자가 양친자관계를 창설할 의사로 친생자출생신고를 하고 거기에 입양의 실질적 요건이 모두 구비되어 있다면 입양의 효력이 발생한다. 이 경우 양친자관계는 파양에 의하여 해소될 수 있는 점을 제외하고는 법률적으로 친생자관계와 똑같은 내용을 갖게 되므로, 친생자관계부존재확인의 소로 다툴 수 없다고 한다(대판 2001.5.24, 2000므1493; 대판 1994.5.24, 93므119). 그러나 개정민법에 의하면 미성년자를 입양하려는 사람은 가정법원의 허가를 받아야 하고(제867조 1항), 허가를 받지 않은 경우는 무효이므로(제883조 2호), 이 경우 입양의 효력을 인정할 수 있는지가 의문이다.

2. 혼인외의 출생자 — 인지와 준정

(1) 혼인외의 출생자

법률상 혼인관계가 없는 남녀 사이에 출생한 자녀를 혼인외의 출생자 또는 혼외자라 한다. 따라서 사통관계·사실혼관계·부첩관계·무효혼관계(제855조 1항 후문)로부터 출생한 자녀는 물론 친생부인의 판결 또는 친생자관계부존재확인의 판결에 의하여 남편의 친생자가 아님이 확정된 자녀도 혼인외의 출생자이다. 그러나 혼인의 취소로 인하여 혼인관계가 해소된 경우에는 그 효과가 소급되지 않기 때문에(제824조), 그 혼인관계 중에 출생한 자녀는 혼인 중의 자녀이다.

한편 혼인외의 출생자는 모의 성과 본을 따르고(제781조 3항), 친자관계는 父로부터 인지를 받기 전에는 모와의 사이에서만 생긴다. 즉 혼인외의 출생자와 생모간에는 모의 인지나 출생신고를 기다리지 않고 자녀의 출생으로 당연히 법률상의 친족관계가 생긴다(대판 1986.11.11, 86도1982; 대판 1967.10.4, 67다1791). 따라서 친족·부양·상속관계도 모의 혈족과의 사이에서만 발생한다.

(2) 인 지

(가) 서 설

인지(認知)란 혼인외의 출생자를 그 생부 또는 생모가 자신의 자녀라고 인정하는 행위를 말한다. 혼인외의 출생자와 그 父의 법률상의 부자관계는 오직 인지에 의하여 생긴다. 실제로 母의 인지는 출생확인의 사실적 측면이 강한 반면, 父의 인지는 사실 확인의 측면보다 부자관계를 형성하는 측면이 강하다. 인지에는 임의인지와 강제인지가 있다.

판 례

혼인외 출생자에 대하여는 그 실부가 인지함으로써 비로소 부자간에 법률상의 친자관계가 형성되어 부양의무가 발생하는 것이고 아직 인지되지 않은 혼인외 출생자에 대하여는 그 실부라 할지라도 법률상 부양의무가 있다고 할 수 없지만, 실부가 혼인외 출생자에 대한 인지를 하기 전에 생모에게 자의 양육을 부탁하면서 그 양육비를 지급하기로 약정하였다면 그러한 약정은 유효하다 할 것이고 이러한 경우 약정한 범위 내에서는 과거의 양육비라도 청구할 수 있다(대판 1987.12.22, 87므59).

(나) 임의인지

1) 의 의

父 또는 母가 임의로 하는 인지를 임의인지라 한다. 임의인지의 방식에는 인지신

고에 의하는 인지(생전인지)와 유언에 의한 인지(유언인지)가 있다.

2) 인지자와 피인지자

가) 인 지 자

인지는 생부 또는 생모만이 할 수 있다(제855조 1항). 그런데 모자관계는 분만이라는 외형적 사실에 의하여 객관적으로 확정되므로, 주로 생부의 인지가 문제된다. 인지는 가족행위이므로 의사능력만 있으면 단독으로 할 수 있다. 따라서 미성년자나 피한정후견인은 의사능력이 있는 이상 법정대리인의 동의를 받을 필요 없이 단독으로 인지할 수 있다. 다만 아버지가 피성년후견인인 경우에는 성년후견인의 동의를 받아 인지할 수 있다(제856조).

나) 피인지자

(i) 인지의 대상자는 혼인외의 출생자이다. 혼인외의 출생자인 이상 미성년자이든 성년자이든 불문하며, 피인지자의 승낙·동의를 필요로 하지 않는다. 피인지자는 원칙적으로 생존자이어야 하지만, 예외적으로 ① 사망한 자녀에게 직계비속이 있는 경우에는 그 사망한 자녀를 인지할 수 있다(제857조). 상속·부양의 문제와 관련이 있기 때문이다. 또한 ② 태아에 대해서도 인지할 수 있다(제858조).

(ii) 혼인외의 출생자가 인지를 받을 수 있기 위해서는 가족관계등록부상의 父가 존재하지 않아야 한다. 따라서 '타인의 친생추정을 받는 자녀'는 등록부상의 父가 친생부인을 하지 않는 한 인지할 수 없다(대판 1987.10.13, 86므129). 또한 '친생추정을 받지 않지만 타인의 혼인 중의 출생자로 신고되어 있는 자녀' 및 '타인이 인지한 자녀'를 인지할 수 없다. 이 경우 인지하려는 사람은 우선 친생자관계부존재확인의 소나 인지에 대한 이의의 소를 제기하여 등록부상의 부와 친생자관계가 없다는 것을 확정된 후에 인지할 수 있다.

3) 인지의 방식

임의인지의 방식에는 인지신고에 의한 것(생전인지)과 유언에 의한 것(유언인지)이 있다. ① 생전인지는 가족관계등록법에서 정한 바에 따라 신고함으로써 그 효력이 발생한다(제859조 1항). 이때 신고는 창설적 신고이다. ② 유언인지는 인지자가 유언으로 인지의 의사를 밝히고, 유언집행자가 이를 신고함으로써 성립하며(제859조 2항), 인지의 효력은 유언자가 사망한 때에 발생한다(제1073조 1항). 따라서 이때의 신고는 보고적 신고이다.

4) 인지신고 이외의 신고와 인지의 효력

부가 혼인외의 자녀에 대하여 친생자출생의 신고를 한 때에는 그 신고는 인지신고의 효력이 있고(가족관계등록법 제57조), 그 부모가 혼인하면 준정이 되어 그 자녀는 혼인 중의 출생자가 된다(제855조 2항). 또한 부모의 혼인이 근친혼 등의 이유로 무효가 되면 출생자는 혼인외의 출생자가 되지만(제855조 1항 후문), 생부가 친생자로 출생신고를 하면 인지의 효력이 있다(대판 1993.7.27, 91므306).

5) 인지의 무효와 취소

가) 인지의 무효

(i) 일 반

a) 의 의　　인지의 무효란 혼인외의 자녀에 대하여 법률상 부자관계가 형성된 것으로 가족관계등록부에 기재되어 있으나 그 성립 과정의 하자로 인하여 법률상의 부자관계 형성의 효력이 발생하지 않는 것을 말한다. 무효원인이 있는 인지는 당연무효이며, 인지무효의 소(가사소송법 제2조 1항 가류 사건 3호)를 제기할 수 있음은 물론 상속회복청구·친자관계부존재확인의 소 등 다른 소송에서 선결문제로 인지무효를 주장할 수 있다(대판 1992.10.23, 92다29399).

b) 인지무효의 원인　　무효원인으로는 ① 인지할 때 인지자에게 의사능력이 없었던 경우, ② 조부가 그 아들의 혼인외의 자녀(즉 손자)를 출생신고한 경우처럼 인지자의 의사에 의하지 않고 인지신고가 이루어진 경우(대판 1976.4.13, 75다948), ③ 유언자의 인지유언이 무효인 경우, ④ 생부사망 후에 생모가 혼인신고를 하고 그 자녀를 출생신고한 경우(대판 1985.10.22, 84다카1165), ⑤ 친생자로 추정되고 있는 자녀에 대하여 인지가 이루어진 경우(즉 친생부인의 소로 친생추정을 번복시키지 아니한 상태에서의 인지) 등이 있다. 또한 인지자와 피인지자 사이에 사실상 자연적 혈연관계가 없는 경우(대판 1994.5.24, 93므119; 대판 1992.10.23, 92다29399)에도 인지는 무효이다.

(ii) 인지무효의 소

인지무효의 소는 임의인지(任意認知)를 무효라고 주장하면서 인지로 생긴 법적 부자관계를 소멸시킬 것을 목적으로 하는 소이다. 그러므로 강제인지에 대하여는 상소나 재심의 소를 제기하여 인지의 효력을 다툴 수 있을 뿐, 인지무효나 인지에 대한 이의의 소를 제기할 수 없다(대판 1981.6.23, 80므109; 박동섭/양경승, 313면). 또한 인지에 무효원인이 있으면 그 인지는 당연무효이므로, 인지무효의 소는 확인의 소이다(통설).

a) 당 사 자　　원고는 인지자·피인지자·법정대리인 또는 4촌 이내의 친족이 될 수 있다(가사소송법 제23조). 한편 인지자와 피인지자가 서로 피고로 하여 제소할 수 있으며, 제3자가 원고인 경우에는 인지자와 자녀가 상대방(피고)이 된다. 상대방이 모두 사망한

때에는 검사를 상대방으로 한다(동법 제28조, 제24조).

b) 제소기간　　인지무효의 소에는 제소기간의 제한이 없다.

c) 인지무효판결의 기판력　　인지무효판결이 확정되어도 그 판결의 기판력은 인지청구의 소에는 미치지 아니한다(대판 1991.10.8, 98므1698). 다시 말하면 생부와 자녀 사이에 친생자관계가 존재하는지의 여부에 대해서까지 그 확정심판의 효력이 미치는 것은 아니므로, 그 확정심판의 효력은 자녀와 생부 사이에 친생자관계가 존재함을 전제로 하여 재판상 인지를 구하는 청구에는 미치지 아니한다.

d) 친생자출생신고에 의한 인지의 효력을 다투는 방법　　인지에 대한 이의의 소 또는 인지무효의 소는 생부 또는 생모가 인지신고를 함으로써 혼인외의 자녀를 인지한 경우에 그 효력을 다투기 위한 소송이다. 따라서 '인지신고'에 의하지 않고 '출생신고'에 의하여 등록부상 등재된 친자관계를 다투기 위해서는 친생자관계부존재확인의 소에 의하여야 한다. 다시 말하면 생부가 혼인외의 자녀에 대하여 친생자로 출생신고를 하면 그 신고는 인지의 효력이 있으나(가족관계등록법 제57조), 그 신고가 인지신고가 아니라 출생신고이므로 그 신고로 인한 친자관계의 외관을 배제하려면 인지에 관련된 소송이 아니라 친생자관계부존재확인의 소를 제기하여야 한다(대판 1993.7.27, 91므306).

나) 인지에 대한 이의

인지된 자녀 기타 이해관계인은 인지의 신고가 있음을 안 날부터 1년 내에 인지에 대한 이의의 소를 제기할 수 있다(제862조, 가사소송법 제2조 1항 나류 사건 8호, 제28조). 만일 父 또는 母가 사망한 때에는 그 사망을 안 날부터 2년 이내에 검사를 상대로 하여 인지에 대한 이의의 소를 제기할 수 있다(제864조). 민법은 인지무효의 소와 별도로 인지이의의 소를 규정하고 있는데, 청구원인과 취지가 동일하고 임의인지만을 대상으로 한다는 점에서 본질적인 차이가 없다. 다만 ① 인지무효의 소는 가사소송법상 가류 사건이고 인지에 대한 이의의 소는 나류 사건인 점, ② 인지무효의 소의 제기권자는 인지자·피인지자 및 법정대리인 또는 4촌 이내의 친족이고 인지에 대한 이의의 소는 인지자를 제외한 자녀 기타 이해관계인(진실에 반하는 인지가 존재하기 때문에 불이익을 입을 수 있는 모든 사람)이라는 점, ③ 인지무효의 소에 대한 제척기간은 존재하지 않지만, 인지에 대한 이의의 소에 대한 제척기간이 있다는 점에서 차이가 있을 뿐이다. 이와 같이 인지무효의 소와 인지에 대한 이의의 소에 대한 본질적인 차이점이 없기 때문에 일원화가 바람직하다.

판 례

재판상 인지의 경우에는 그 심판에 대한 재심의 소로서 이를 다투어야 하고, 인지에 대한 이의의 소로서 인지심판의 효력을 다툴 수는 없다(대판 1981.6.23, 80므109).

다) 인지의 취소

인지를 한 사람은 원칙적으로 인지를 취소할 수 없다. 그러나 인지자가 사기·강박 또는 중대한 착오로 인하여 인지한 경우에는 사기나 착오를 안 날 또는 강박을 면한 날부터 6개월 이내에 가정법원에 그 취소를 청구할 수 있다(제861조). 여기서 사기란 인지할 자를 기망하여 착오에 빠뜨림으로써 인지할 의사를 결정시키는 것이고, 강박이란 해악을 고지하여 공포에 몰아넣음으로써 인지할 의사를 결정시키는 것을 의미한다. 사기자 또는 강박자는 인지를 받는 자이건 제3자이건 묻지 않는다. 또 중대한 착오란 그와 같은 일이 없었더라면 인지하지 않았으리라는 정도의 착오를 말한다. 인지의 취소판결은 소급효를 가지며, 제3자에게도 효력이 있다(가사소송법 제21조 1항).

6) 인지의 허가청구

'혼인관계가 종료된 날부터 300일 이내에 출생한 자녀'는 혼인 중에 임신한 것으로 추정되지만, 생부가 가정법원에 인지의 허가를 청구할 수 있다(제855조의 2 제1항 본문). 다만 자녀가 이미 혼인 중의 자녀로 출생신고가 된 경우는 인지허가를 청구할 수 없다(제855조의 2 제1항 단서). 인지의 허가청구가 있는 경우, 가정법원은 혈액채취에 의한 혈액형 검사·유전인자의 검사 등 과학적 방법에 따른 검사결과 또는 장기간의 별거 등 그 밖의 사정을 고려하여 허가 여부를 정한다(제855조의 2 제2항). 인지의 허가청구에 따라 인지 허가를 받은 생부가 가족관계등록법 제57조 1항에 따른 신고를 하는 경우에는 친생추정의 효력이 미치지 않는다(제855조의 2 제3항).

(다) 강제인지 — 인지청구의 소

1) 일 반

가) 의 의

인지청구(認知請求)의 소란 가정법원의 확정판결에 의하여 혼인외의 자녀와 그 부 또는 모와의 사이에 법률상의 친자관계를 형성하거나 확인할 것을 구하는 것을 말한다. 즉 父나 母가 임의로 인지하지 않는 경우에 '자녀와 그 직계비속 또는 그 법정대리인'이 부나 모의 의사와 관계없이 父 또는 母를 상대로 하여 인지청구의 소를 제기할 수 있다(제863조). 이를 강제인지 또는 가정법원의 재판에 의하므로 재판인지라고 한다.

나) 소의 성질

父에 대한 인지청구는 사실상의 친자관계의 존재를 인정하는 판결에 의하여 법률상의 친자관계가 창설되기 때문에 형성의 소이지만, 母에 대한 인지청구는 이미 분만에 의하여 당연히 발생되어 있는 법률상의 모자관계의 확인을 구하는 확인의 소이다(통설; 대판 1967.10.4, 67다1791). 이와 같이 생모와 자녀 사이의 친자관계는 자연혈연으로 정해지므로, 상속을 원인으로 한 지분소유권확인청구에 친자관계존재확인청구가 반드시 전제되어야 하는 것은 아니다(대판 1992.2.25, 91다34103).

다) 인지청구권의 포기

인지청구권은 포기할 수 없고, 포기하였더라도 효력이 발생할 수 없다. 이를 인정한다면 약자의 지위에 있는 혼인외의 출생자에게 불이익을 강요할 우려가 있기 때문이다(통설; 대판 1999.10.8, 98므1698). 이와 같이 인지청구권은 일신전속적인 신분권이므로 이를 포기할 수 없고, 생모가 인지청구권을 포기하여도 그것은 무효이므로 자녀에게 그 효력이 미치지 아니한다(대판 1982.3.9, 81다10). 따라서 생모가 인지청구권을 포기하는 내용의 재판상 화해가 이루어져도 그 화해는 무효이다(대판 1999.10.8, 98므1698; 대판 1987.1.20, 85므70).

2) 절차와 당사자

가) 조정전치주의

인지청구를 할 때는 먼저 가정법원에 조정을 신청하여야 한다(가사소송법 제2조 1항 나류 사건 9호, 제50조). 조정절차에서 조정이 성립되면 조정신청자는 그 조서로 1개월 이내에 인지신고를 하여야 한다(가족관계등록법 제58조 1항). 이것은 보고적 신고이다. 조정이 성립되지 아니하면 판결로써 한다. 만일 인지심판이 진실에 반한 경우에는 인지에 대한 이의의 소가 아니라, 재심의 소로 다투어야 한다(대판 1981.6.23, 80므109).

나) 당 사 자

(i) 원 고 a) 소를 제기할 수 있는 자는 ① 혼인외의 출생자, ② 그 직계비속, ③ 자녀 또는 그 직계비속의 법정대리인이다(제863조). 태아는 인지청구권이 없으며, 또 대리할 법정대리인이 있을 수 없으므로 그 母도 이 소를 제기할 수 없다. 또한 자녀가 사망한 후가 아니면 그 자녀의 직계비속은 소의 청구권자가 되지 못한다(김주수/김상용, 327면).

b) 친생자관계부존재확인판결의 기판력은 인지청구에는 미치지 않는다(대판 1982.12.14, 82므46).

예컨대 '생부 甲과 자녀 乙 사이에는 친생자관계가 없음을 확인한다'는 판결이 확정되더라도 乙은 甲을 상대로 다시 인지청구를 할 수 있다. 또한 생부의 인지 없이 생모에 의해 임의로 생부의 친생자로 출생신고가 되었다는 이유로 한 인지무효확인판결의 기판력은 인지청구에 미치지 않는다(대판 1999.10.8, 98므1698).

(ii) 피 고 인지청구의 소의 상대방은 父 또는 母이고(제863조), 부 또는 모가 사망한 때에는 검사이다(제864조). 자녀가 친생자의 추정을 받고 있을 때에는 자기의 생부에 대하여 인지청구의 소를 제기할 수 없으나, 친생자의 추정을 받지 않는 혼인 중의 출생자는 다른 사람의 가족관계등록부에 등재되어 있더라도 인지청구의 소를 제기할 수 있다(대판 1964.9.22, 64다112). 다시 말하면 친생추정을 받는 자녀는 친생부인의 소에 의하여 그 친생추정을 깨뜨리지 않고서는 다른 사람을 상대로 인지청구를 할 수 없으나, 생부모가 등록부상의 부모와 다른 사실이 객관적으로 명백한 경우에는 친생추정이 미치지 아니하므로, 이 경우에는 생부모를 상대로 인지청구를 할 수 있다(대판 2000.1.28, 99므1817).

판 례

신분상의 법률행위는 본인의 의사결정을 존중하여 대리를 허용하지 않으나 인지청구의 소송에 있어서 상대방이 의사무능력자이기 때문에 법정대리인이 대리하지 않는 한 소송을 할 수 없는 경우에는 법정대리인의 대리를 인정하여야 할 것이며, 이 같은 경우에 법정대리인이 없거나 대리권을 행할 수 없는 때에는 당사자는 민사소송법 제62조에 의해 특별대리인을 신청할 수 있다(대결 1984.5.30, 84스12).

다) 부자관계의 증명

인지청구의 소를 제기하는 자는 자녀와 父가 될 사람 사이에 생물학적인 부자관계가 있음을 증명하여야 한다. 그러나 부자관계는 모자관계와 달리 분만의 사실과 같이 객관적으로 명확한 증명방법이 없다. 따라서 법원은 직권조사에 의하여 자유심증에 기하여 부자관계를 판단한다(대판 2005.6.10, 2005므365; 대판 2002.6.14, 2001므1537). 판례는 어머니의 임신시기에 아버지와 어머니의 성적 교섭이 있었고 자녀와 아버지 사이에 혈액형상의 배치가 없으면 부자관계를 추정하고 있다(대판 1986.7.22, 86므63).

3) 제소기간

자녀는 생부가 생존 중이면 언제든지 인지청구의 소를 제기할 수 있다. 인지청구권의 포기가 인정되지 않기 때문에 권리실효의 법리가 적용될 여지가 없다(대판 2001.11.27, 2001므1353). 그러나 부 또는 모가 사망하여 상대방이 없을 때에는 그 사망을 안 날부터 2년 내에 검사를 상대로 인지청구의 소를 제기할 수 있다(제864조). 여기서 '사망을 안 날'은 사망이라는 객관적 사실을 아는 것을 의미하고, 사망자와 친생자관계에 있다는 사실까지 알아야 하는 것은 아니다(대판 2015.2.12, 2014므4871). 미성년자인 자녀의 '법정대리인'이 인지청구의 소를 제기한 경우에는 그 법정대리인이 부 또는 모의 사망사실을 안 날이 제864조에서 정한 제척기간의 기산일이 된다. 그러나 자녀가 '미성년자인 동안' 법정대리인이 인지청구의 소를 제기하지 않은 때에는 '자녀가 성년'이 된 뒤로 부 또는 모의 사망을 안 날부터 2년 내에 인지청구의 소를 제기할 수 있다. 인지청구권은 자녀 본인의 일신전속적인 신분관계상의 권리로서 그 의사가 최대한 존중되어야 하고, 법정대리인에게 인지청구의 소를 제기할 수 있도록 한 것은 소송능력이 제한되는 미성년자인 자녀의 이익을 두텁게 보호하기 위한 것일 뿐 그 권리행사를 제한하기 위한 것이 아니기 때문이다(대판 2024.2.8, 2021므13279).

한편 父가 사망한 경우에는 그 사망을 안 날부터 2년 이내에 검사를 상대로 인지청구의 소를 제기하여야 하고, 생모나 친족 등 이해관계인이 혼인외 출생자를 상대로 혼인외 출생자와 사망한 父 사이의 친생자관계존재확인을 구하는 소는 허용될 수 없다(대판 2022.1.27, 2018므11273).

판 례

(ㄱ) 인지청구권의 행사가 상속재산에 대한 이해관계에서 비롯되었다 하더라도 정당한 신분관계를 확정하기 위해서라면 신의칙에 반하는 것이라 하여 막을 수 없다(대판 2001.11.27, 2001므1353).

(ㄴ) 제864조의 '부모의 사망을 안 날부터 2년 내에 인지청구 등의 소를 제기할 수 있다'라는 것은 그 청구인이 아들인 경우 그 연령이나 능력여하를 불문하는 것이 아니고 사망사실을 알고서 인지청구 등 자기의 신문행위를 할 수 있는 의사능력이 있는 자가 사망사실을 안 때부터 2년 내에 인지청구 등의 소를 제기할 수 있는 뜻으로 해석함이 타당하다(대판 1977.6.24, 77므7).

4) 가족관계등록신고

인지의 재판이 확정되면 소를 제기한 사람은 재판의 확정일로부터 1개월 이내에 재판서의 등본과 확정증명서를 첨부하여 그 취지를 신고하여야 한다(가족관계등록법 제58조). 이것은 보고적 신고이다.

(라) 인지의 효과

1) 소 급 효

(i) 인지의 효력은 그 자녀의 출생시에 소급하여 발생한다(제860조 본문). 즉 임의인지는

인지신고의 수리나 유언자의 사망에 의하여, 강제인지는 인지판결의 확정에 의하여 인지자와 피인지자 사이의 법률상의 친자관계가 그 자녀의 출생시에 소급하여 발생한다. 이와 같이 인지의 효력은 자녀의 출생시로 소급하여 발생하므로, 인지된 자녀와 그 부모 사이의 부양·상속의 권리의무는 출생시부터 생기게 된다. 즉 자녀는 출생시부터 부양받을 권리가 있다. 그런데 자녀의 양육에 관하여는 원칙적으로 부가 모와 함께 생활비용을 부담하여야 하기 때문에(제833조), 부의 인지 전까지 특별한 약정 없이 모만이 양육비용을 부담하고 있었을 경우에 모는 부에 대하여 부당이득반환을 청구할 수 있다(통설; 대결 1994.5.13, 91스21).

(ii) 인지에 의하여 피인지자는 출생시부터 상속권을 갖는다. 그러나 인지의 소급효는 제3자가 이미 취득한 권리를 해하지 못한다(제860조 단서). 예컨대 A의 상속인 B가 상속재산 X(시가 1억)를 C에게 처분한 후에 D가 A의 사후에 인지를 받아 B와 공동상속인이 된 경우, 인지의 소급효에 의하여 B의 상속분을 넘는 부분에 대한 처분행위가 무효로 되지 않는다. 이와 같이 상속이 개시된 이후에 인지 또는 인지판결을 받은 자녀는 새로운 상속인으로서 상속재산의 분할을 청구할 수 있지만, 다른 공동상속인이 이미 상속재산을 분할하거나 그 밖의 처분을 한 이후이면 자신의 상속분에 상당한 가액의 지급을 청구할 수 있다(제1014조). 따라서 D는 공동상속인 B에 대하여 자신의 상속분(1억×1/2)에 상당한 가액인 5천만원의 지급을 청구할 수 있다. 다만 인지 전에 생부의 사망으로 상속이 개시된 경우에 '피인지자보다 후순위 상속인'인 피상속인의 직계존속이나 형제자매는 상속권을 상실하고, 이들은 제860조 단서의 제3자에 포함되지 않는다(대판 1993.3.12, 92다48512). 주의할 것은 혼인 외의 출생자와 생모 사이에는 생모의 인지나 출생신고를 기다리지 않고 자녀의 출생으로 당연히 법률상의 친자관계가 생긴다. 따라서 인지를 요하지 않는 모자관계에는 인지의 소급효 제한에 관한 제860조 단서가 적용 또는 유추적용되지 않는다(대판 2018.6.19, 2018다1049).

(iii) 생부가 사망한 이후 혼인외의 출생자가 인지청구의 소를 제기하였더라도 인지판결이 확정되기 전에는 상속인으로서의 권리를 행사할 수 없으며, 인지판결이 확정되기 전의 정당한 상속인이 채무자에 대하여 소를 제기하고 승소판결까지 받았다면, 그러한 표현상속인에 대한 채무자의 변제는 채권의 준점유자에 대한 변제로서 적법하다(대판 1995.1.24, 93다32200). 채무자가 표현상속인을 정당한 권리자로 믿은데 과실이 없기 때문이다.

판 례

(ㄱ) 인지청구의 소는 부와 자 사이에 사실상의 친자관계의 존재를 확정하고 법률상의 친자관계를 창설함을 목적으로 하는 소송으로서, 당사자의 증명이 충분하지 못할 때에는 법원이 직권으로

사실조사와 증거조사를 하여야 하고, 친자관계를 증명할 때는 부와 자 사이의 혈액형검사, 유전자검사 등 과학적 증명방법이 유력하게 사용되며, 이러한 증명에 의하여 혈연상 친생자관계가 인정되어 확정판결을 받으면 당사자 사이에 친자관계가 창설된다. 이와 같은 인지청구의 소의 목적, 심리절차와 증명방법 및 법률적 효과 등을 고려할 때, 인지의 소의 확정판결에 의하여 일단 부와 자 사이에 친자관계가 창설된 이상, 재심의 소로 다투는 것은 별론으로 하고, 확정판결에 반하여 친생자관계부존재확인의 소로써 당사자 사이에 친자관계가 존재하지 않는다고 다툴 수는 없다(대판 2015.6.11, 2014므8217).

(ㄴ) 이혼한 부부나 혼인외 출생자의 생모, 생부 사이에서 미성년 자녀에 대한 양육비의 지급을 구할 권리는 당사자의 협의나 가정법원의 심판으로 구체적인 내용과 범위가 정해지기 전에는 추상적인 청구권에 불과하고 당사자의 협의 또는 가정법원의 심판에 의하여 구체적인 청구권의 내용과 범위가 확정되었더라도 그 이행기가 도래하기 전의 양육비채권은 친족법상의 신분으로부터 독립하여 처분이 가능한 완전한 재산권이라고 보기 어렵다(대결 2024.7.18, 2018스724). 따라서 당사자의 협의 또는 가정법원의 심판에 의하여 구체적인 청구권의 내용과 범위가 확정되기 전이거나, 확정된 이후라도 그 이행기가 도래하기 전이라면, 장래 양육비채권을 포기하기로 하는 약정을 하였더라도 다른 특별한 사정이 없는 한 자녀의 복리에 반하여 그 포기의 효력이 자녀에게 미친다고 볼 수 없다(대판 2025.9.11, 2023므11758).

(ㄷ) 부모는 자녀를 공동으로 양육할 책임이 있고, 그 양육에 소요되는 비용도 원칙적으로 부모가 공동으로 부담하여야 하며, 인지는 그 자녀의 출생 시에 소급하여 효력이 생긴다(제860조). 따라서 인지판결 확정으로 법률상 부양의무가 현실화되는 것이기는 하지만 부모의 법률상 부양의무는 인지판결이 확정되면 그 자녀의 출생 시로 소급하여 효력이 생기는 것이므로, 양육자는 인지판결의 확정 전에 발생한 과거의 양육비에 대하여도 상대방이 부담함이 상당한 범위 내에서 그 비용의 상환을 청구할 수 있다(대결 2023.10.31, 2023스643). 이는 혼인외의 자녀가 부양의무자를 상대로 인지판결 확정 전 미성년인 기간 동안 발생한 과거 부양료를 청구하는 경우에도 마찬가지이고, 비록 혼인외의 자녀가 부모 일방으로부터 성년에 이르기까지 현실적으로 부양을 받았더라도 달리 볼 것은 아니다. 따라서 혼인외의 자녀는 부모의 소득과 재산 정도, 경제생활의 수준 등 제반 사정에 비추어 부모 일방의 부양만으로도 부모 쌍방의 생활수준에 상응하는 정도로 충분한 부양을 받았다는 등의 특별한 사정이 없는 한 양육하지 않은 부모 일방을 상대로 미성년인 기간 동안의 과거 부양료를 청구할 수 있다(대판 2025.9.11, 2023므11758). 즉 혼외자의 친모와 친부가 자녀의 양육비를 청구하지 않기로 합의하였더라도 혼외자는 친부인 부양의무자를 상대로 미성년인 기간 동안 발생한 과거 부양료를 청구할 수 있다.

2) 가족관계등록의 변동

혼인외의 출생자가 인지된 경우 자녀는 부모의 협의에 따라 종전의 성과 본을 계속 사용할 수 있다(제781조 5항 본문). 다만 부모가 협의할 수 없거나 협의가 이루어지지 않은 경우에는 자녀는 법원의 허가를 받아 종전의 성과 본을 계속 사용할 수 있다(제781조 5항 단서). 한편 자녀는 인지한 부 또는 모의 8촌 이내의 혈족과 4촌 이내의 인척과의 사이에 친족관계가 발생한다.

3) 친권의 행사

혼인외의 자녀가 인지된 경우에는 부모의 협의로 친권자를 정하여야 하고, 협의할 수 없거나 협의가 이루어지지 않는 경우에는 가정법원은 직권으로 또는 당사자의 청구에 따라 친권자를 지정하여야 한다(제909조 4항 본문). 다만 부모의 협의가 자녀의 복리에 반하는 경우에는 가정법원은 보정을 명하거나 직권으로 친권자를 정한다(제909조 4항 단서). 반면에 인지청구의 소의 경우에는 가정법원이 직권으로 친권자를 정한다(제909조 5항). 한편 자녀가 인지된 경우에 자녀의 양육과 면접교섭에 대하여 이혼의 경우에 관한 제837조와 제837조의2를 준용한다(제864조의2).

(3) 준정에 의한 혼인중의 출생자

(가) 의 의

준정(準正)이란 법률상 혼인관계가 없는 부모 사이에서 출생한 혼인외의 출생자가 그 부모의 혼인에 의하여 혼인 중의 출생자의 신분을 취득하는 것을 말한다. 이는 혼인외의 출생자를 보호하고, 법률상 정상적인 혼인을 장려하기 위한 것이다.

(나) 준정의 종류

1) 혼인에 의한 준정

부모의 혼인 전에 출생하여 父로부터 인지를 받은 혼인외의 출생자가 부모의 혼인에 의하여 혼인 중의 출생자의 신분을 취득한다(제855조 2항).

2) 혼인 중의 준정

부모의 혼인 전에 출생하여 인지를 받지 못하고 있던 혼인외의 출생자가 그 부모의 혼인 중에 부모로부터 인지 또는 친생자출생신고에 의해 준정이 된다(가족관계등록법 제57조).

3) 혼인해소 후의 준정

혼인외의 출생자가 부모의 혼인 중에 인지를 받지 못한 상태에서 부모의 혼인이 해소되거나 취소된 후에 인지되면 준정이 된다.

4) 사망자의 준정

사망한 혼인외의 자녀에게 직계비속이 있는 경우에 인지할 수 있는데(제857조) 사망한 자녀를 인지한 후 그 부모가 혼인한 경우, 인지된 혼인외의 자녀가 직계비속을 남기고 사망한 후 그 부모가 혼인한 경우, 직계비속을 두고 사망한 자녀를 그 부모가 혼인 중에 인지한 경우 등의 준정을 말한다.

(다) 준정의 효력

'부모가 혼인한 때부터' 혼인외의 출생자가 혼인 중의 출생자로 의제된다(제855조 2항). 인지의 경우는 자녀의 출생시로 소급하여 인지의 효력이 발생하지만(소급효), 준정의 경우는 자녀의 출생시로 소급하지 않는다. 즉 소급효가 없는 점을 주의하여야 한다. 또한 준정에 의한 혼인 중의 출생자는 친생추정(제844조)을 받지 못하므로, 친자관계에 대한 다툼이 있는 경우에는 친생자관계존부확인의 소에 의한다.

(4) 친생자관계존부확인의 소

(가) 일 반

1) 의 의

친생자관계존부확인의 소란 특정인 사이의 법률상 친생자관계존부의 확인을 구하는 소를 말한다. 친생자관계는 부양·상속 등 가족법상 중대한 이해관계가 걸려 있는 것이고, 그것이 등록부에 사실과 다르게 기재되어 있을 때 이를 바로 잡는 방법이 필요하므로, 이 소가 인정되고 있다. 이에는 친생자관계존재확인의 소와 친생자관계부존재확인의 소가 있다.

2) 성 질

친생자관계존부확인의 소는 기존 또는 현재의 법률관계의 존부를 확정하는 확인의 소이고, 장래에 향하여 새로운 법률관계를 형성하는 것이 아니다. 따라서 장래에 향하여 새로운 친자관계의 발생·소멸을 목적으로 하는 父를 정하는 소, 친생부인의 소, 인지에 대한 이의의 소, 인지청구의 소 등의 형성의 소와 구별된다. 결국 인지청구의 소로 하여야 할 것을 친생자관계존부확인의 소로써 한다든지, 친생부인의 소로 할 것을 친자관계부존재확인의 소로 대용하는 것은 허용되지 않는다(통설; 대판 2000.8.22, 2000므292). 또한 혼인외의 출생자는 그 생부가 사망한 경우 검사를 상대로 인지청구의 소를 제기하여야 하므로, 생모가 혼인외의 출생자와 검사를 피고로 하여 생부와 혼인외의 출생자 사이의 친자관계존재확인을 청구하는 것은 허용될 수 없다(대판 1997.2.14, 96므738; 대판 1984.9.25, 84므73). 다만 판례는 친생부인의 소가 아닌 친생자관계부존재확인의 심판을 선고받아 확정된 경우, 당연무효가 아니며 그 기판력은 제3자에게도 미친다고 한다(대판 1992.7.24, 91므566). 따라서 확정심판의 효과로서 친생자로서의 추정이 깨진다고 한다.

판 례

친생자관계부존재확인소송은 가족관계등록부상의 부 또는 모와 자 사이에 친생자 관계가 존재하지 아니함을 확인하는 소송으로서 친족법상 중대한 영향을 미침은 물론이고 공익에도 관련된다. 그리하여 가사소송법 제17조는 이러한 소송에 대하여 직권주의를 채용하고 있으므로, 법원은 당사자의 입증이 충분하지 못할 때에는 가능한 한 직권으로라도 필요한 사실조사 및 증거조사를 하여야 한다(대판 2010.2.25, 2009므4198).

(나) 친생자관계존부확인의 소를 제기할 수 있는 경우

이 소의 청구는 이미 등록부에 기재되어 있는 친·자간에 법률상 친자관계가 실제로 있느냐 여부의 주장이어야 한다. 따라서 ① 父의 혼인외의 출생자가 허위의 출생신고에 의해 父와 그 아내와의 자녀로 등록부에 기재되어 있는 경우(대판 1993.7.27, 91므306), ② 친생자추정을 받지 못하는 혼인 중의 출생자, 즉 혼인이 성립한 날(사실혼 포함)로부터 200일 전에 출생한 자녀에 대한 경우, ③ 외형상 친생자로 추정을 받는 것으로 보이지만(제844조) 남편의 해외출장·교도소수감·질병치료를 위한 병원입원이나 그 밖의 사정으로 아내가 그 남편의 아이를 임신할 수 없는 것이 외관상 명백한 경우(대판 1983.7.12, 82므59), ④ 등록부의 기재가 사실과 다르고 그것이 가족관계등록법 제104조에 따른 등록기록의 정정대상이 아닌 경우 등에는 친생자관계존부확인의 소를 제기할 수 있다.

판례는 허위친생자출생신고에 의하여 입양의 효력이 인정되는 경우, 친생자관계부존재확인의 소를 제기하더라도 파양의 원인이 없는 한 확인의 이익이 없다고 한다(대판 2001.5.24, 2000므1493; 대판 1991.12.13, 91므153). 다만 입양신고 대신 출생신고를 한 경우 중에 입양의 효력이 발생할 수 없는 경우(예: '데리고 온' 아이를 내연관계의 남편등록부에 출생신고한 때)는 친생자관계부존재확인의 소로 그 친자관계를 부정할 수 있다(대판 1995.1.24, 93므1242; 대판 1993.7.27, 91므306).

(다) 절차와 당사자

1) 절 차

친생자관계존부확인의 소는 부를 정하는 소(제845조), 친생부인의 소(제846조, 제848조, 제850조, 제851조), 인지에 대한 이의의 소(제862조) 및 인지청구의 소(제863조)의 목적과 저촉되지 않는 '다른 사유'를 원인으로 하여 등록부상의 기재를 정정함으로써 신분관계를 명백히 할 수 있을 경우에 제기할 필요가 있다(제865조 1항). 제865조 1항이 정한 친생자관계존부확인의 소는 법적 친생자관계의 성립과 해소에 관한 다른 소송절차에 대하여 보충성을 가진다(대판 2020.6.18, 2015므8351). 따라서 친생자관계존부확인의 소를 제기할 수 있는 자는 제865조 1항에서 정한 제소권자로 한정된다.

친생자관계의 존부를 확인하려면 가정법원에 소를 제기하여야 한다(가사소송법 제2조 1항 가류 사건 4호). 다시 말하면 조정절차를 거칠 필요 없이 바로 소를 제기할 수 있다.

2) 당 사 자

가) 원 고

(i) 친생자관계존부확인의 소를 제기할 수 있는 자는 父를 정하는 소, 친생부인의 소, 인지에 대한 이의의 소, 인지청구의 소를 제기할 수 있는 자이다(제865조 1항). 따라서 ① 친생자관계의 당사자인 부, 모, 자녀는 제845조, 제846조, 제862조, 제863조에 의하여 소를 제기할 수 있는 자로서 다른 사유를 원인으로 하는 경우에는 친생자관계존부확인의 소를 제기할 수 있다(대판 2020.6.18, 2015므8351). ② 친생자관계의 당사자인 자녀의 직계비속과 그 법정대리인은 제863조에 의하여 소를 제기할 수 있는 자로서 다른 사유를 원인으로 하는 경우에는 친생자관계존부확인의 소를 제기할 수 있다(대판 2020.6.18, 2015므8351). ③ 제848조, 제850조, 제851조의 제소권자인 성년후견인, 유언집행자, 부 또는 처의 직계존속이나 직계비속은 위 규정들에 의하여 소를 제기할 수 있는 요건을 갖춘 경우에 한하여 원고적격이 있다. 즉 성년후견인은 남편이나 아내가 성년후견을 받게 되었을 때(제848조), 유언집행자는 부 또는 처가 유언으로 친생자관계를 부정하는 의사를 표시한 때(제850조), 부 또는 처의 직계존속이나 직계비속은 부(夫)가 자녀의 출생 전에 사망하거나 부 또는 처가 친생부인의 소의 제기기간 내에 사망한 때(제851조) 비로소 다른 사유를 원인으로 하여 친생자관계존부확인의 소를 제기할 수 있다(대판 2020.6.18, 2015므8351). ④ 이해관계인은 제862조에 따라 다른 사유를 원인으로 하여 친생자관계존부확인의 소를 제기할 수 있다(대판 2020.6.18, 2015므8351). 여기서 이해관계인은 다른 사람들 사이의 친생자관계가 존재하거나 존재하지 않는다는 내용의 판결이 확정됨으로써 일정한 권리를 얻거나 의무를 면하는 등 법률상 이해관계가 있는 제3자를 뜻한다.

(ii) 제777조에서 정한 친족이라는 사실만으로 당연히 친생자관계존부확인의 소를 제기할 수 없다(대판 2020.6.18, 2015므8351). 제865조 1항은 친생자관계의 당사자 아닌 제3자가 이해관계인에 해당하는 경우에는 그 존부를 다툴 수 있게 하고 있으므로, 친족관계에 있는 제3자도 이해관계인에 해당하는 경우에는 원고적격을 가진다. 따라서 제777조의 모든 친족에게 일률적으로 원고적격을 부여하지 않더라도 친생자관계의 존부에 대해 법률상 이해관계를 가지는 제3자의 권리나 재판청구권을 부당하게 제약한다고 볼 수 없기 때문이다.

나) 피 고

친생자관계가 있는 당사자 한쪽이 소를 제기할 경우에는 다른 한쪽의 당사자를 상대방으로 하고, 다른 한쪽이 사망한 때에는 검사를 상대방으로 한다(가사소송법 제28조, 제24조 1항, 3항). 제3자가 소를 제기할 경우에는 등록부 기재상 친생자관계가 있는 당사자 양쪽을 상대방으로 하고, 당사자 양쪽이 모두 사망한 때에는 검사를 상대방으로 한다(동법 제24조 2항, 3항).

판 례

(ㄱ) 이해관계 있는 제3자가 친생자관계부존재확인을 구하는 심판청구에 있어서는 친·자 쌍방이 피심판청구인의 적격이 있다 할 것이므로 친·자 쌍방이 다 생존하고 있는 경우에는 필수적 공동소송의 경우에 해당된다(대결 1983.9.15, 83즈2).

(ㄴ) 민법 제865조의 규정에 의하여 이해관계 있는 제3자가 친생자관계 부존재확인을 청구하는 경우, 친자 쌍방이 다 생존하고 있는 경우는 친자 쌍방을 피고로 삼아야 하고, 친자 중 어느 한편이 사망하였을 때에는 생존자만을 피고로 삼아야 하며, 친자가 모두 사망하였을 경우에는 검사를 상대로 소를 제기할 수 있다. 친생자관계존부 확인소송은 소송물이 일신전속적인 것이므로, 제3자가 친자 쌍방을 상대로 제기한 친생자관계 부존재확인소송이 계속되던 중 친자 중 어느 한편이 사망하였을 때에는 생존한 사람만 피고가 되고, 사망한 사람의 상속인이나 검사가 절차를 수계할 수 없다. 이 경우 사망한 사람에 대한 소송은 종료된다(대판 2018.5.15, 2014므4963).

(라) 제소기간

친생자관계존부확인의 소를 제기할 이익이 존재하는 한 당사자가 생존하는 경우는 언제든지 소를 제기할 수 있으므로, 제소기간에 제한이 없다. 다만 당사자 한쪽이 사망한 경우는 그 사망사실을 안 날부터 2년 내에 검사를 상대로 소를 제기하여야 한다(제865조 2항). 친생자관계존부확인의 대상이 되는 당사자 양쪽이 모두 사망한 경우에는 당사자 양쪽 모두가 사망한 사실을 안 날부터 2년 내에 소를 제기하여야 한다(대판 2004.2.12, 2003므2503).

판 례

(ㄱ) 친생자관계존부 확인소송은 소송물이 일신전속적인 것이지만, 당사자 일방이 사망한 때에는 일정한 기간 내에 검사를 상대로 하여 그 소를 제기할 수 있으므로(제865조 제2항), 당초에는 원래의 피고적격자를 상대로 친생자관계존부 확인소송을 제기하였으나 소송 계속 중 피고가 사망한 경우 원고의 수계신청이 있으면 검사로 하여금 사망한 피고의 지위를 수계하게 하여야 한다. 그러나 그 경우에도 가사소송법 제16조 제2항을 유추적용하여 원고는 피고가 사망한 때부터 6개월 이내에 수계신청을 하여야 하고, 그 기간 내에 수계신청을 하지 않으면 그 소송절차는 종료된다고 보아야 한다. 이와 같은 법리는 친생자관계존부 확인소송 계속 중 피고에 대하여 실종선고가 확정되어 피고가 사망한 것으로 간주되는 경우에도 마찬가지로 적용된다(대판 2014.9.4, 2013므4201).

(ㄴ) 소송이 적법하게 계속된 후 당해 소송의 당사자에 대하여 실종선고가 확정된 경우에 실종자가 사망하였다고 보는 시기는 실종기간이 만료한 때라 하더라도 소송상 지위의 승계절차는 실종선고가 확정되어야만 비로소 취할 수 있으므로, 실종선고가 있기까지는 소송상 당사자능력이 없다고 할 수 없고 소송절차가 법률상 진행을 할 수 없게 된 때, 즉 실종선고가 확정된 때에 소송절차가 중단된다. 따라서 친생자관계존부 확인소송의 계속 중 피고에 대하여 실종선고가 확정된 경우, 원고는 실종선고가 확정된 때부터 6개월 이내에 위와 같은 수계신청을 하여야 한다(대판 2014.9.4, 2013므4201).

(마) 판결의 효력

1) 친생자관계존부확인의 재판이 확정되면 가족관계등록부상 부 또는 모와 자녀 사이의 친생자관계의 존재 또는 부존재가 확인되는 효과가 생기며, 그 효력은 제3자에게도 미친다(가사소송법 제21조). 판결이 확정되면 소를 제기한 사람은 그 확정일로부터 1개월 이내에 판결의 등본과 확정증명서를 첨부하여 등록부의 정정을 신청하여야 한다(가족관계등록법 제107조).

2) 주의할 것은 친생자관계의 존부 확인과 같이 가사소송법상의 가류 가사소송사건에 해당하는 청구는 성질상 당사자가 임의로 처분할 수 없는 사항을 대상으로 하므로, 이에 관하여 조정이나 재판상 화해가 성립하더라도 효력이 없다는 점이다(대판 2007.7.26, 2006므2757,2764). 따라서 혼인외의 자녀가 친생자관계의 부존재를 확인하는 대가로 금전 등을 지급받으면서 추가적인 금전적 청구를 포기하기로 합의하였더라도 이러한 합의는 당사자가 임의로 처분할 수 없는 사항에 관한 처분을 전제로 한 것이므로, 이에 반하여 인지청구를 하고 그 확정판결에 따라 상속분상당가액지급청구를 하더라도 신의칙 위반으로 보기 어렵다(대판 2007.7.26, 2006므2757,2764).

Ⅲ. 양 자

1. 의 의

양자제도는 자연혈연적인 친생자관계가 없는 사람 사이에 당사자들이 친자관계를 설정하려는 합의와 신고를 함으로써 법률상 친자관계로 의제하는 제도이다. 친생자관계는 부모와 자식 사이에 자연혈연관계로 맺어지지만, 양친자관계는 입양이라는 신분계약으로 맺어진다는 점에서 근본적인 차이가 있다. 입양은 친자관계를 형성하는 양친과 양자 사이의 신분계약으로서 혼인과 유사한 점이 많다. 그런데 혼인에서는 당사자의 의사가 절대적으로 존중되어야 하는 반면 입양에서는 자녀의 복리가 우선적으로 고려되어야 한다. 양자제도는 '家를 위한 양자'에서 '부모를 위한 양자'로, 다시 '자녀를 위한 양자'로 변화되어 왔다. 또한 양자와 친생부모의 친족관계를 단절시키고 양부의 성과 본을 따르도록 하는 친양자 제도를 2005년 개정시에 도입하였다. 결국 친양자 제도의 도입으로 우리 민법상 양자제도에는 보통(일반) 양자와 친양자의 두 가지가 있다.

2. 보통(일반)양자

(1) 입양의 성립요건

(가) 당사자 사이에 입양의 합의가 있을 것

1) 당사자 사이에 친자관계를 성립시키려는 의사의 합치가 있어야 한다. 입양의사는 실질적으로 친자관계를 성립시키려는 의사를 말한다. 입양의사는 신고서면의 작성시뿐만 아니라 신고의 수리시에도 존재하여야 한다. 따라서 유효하게 작성된 신고서가 제출 전에 일방이 입양의사를 철회하면 그것이 수리되더라도 무효이다. 판례는 아이의 생부가 사망한 후 생모가 재혼하고 그 아이의 취학을 위해 현재 남편과의 사이에서 출생한 친생자인 것처럼 신고한 경우에 父의 입양의사를 인정한다(대판 1990.7.27, 89므1108).

2) 입양당사자 자신의 독립의사에 의한 것이어야 한다. 13세 이상의 미성년자나 피한정후견인은 의사능력이 인정되어 입양에 대한 승낙능력을 가진다. 다만 양자가 될 사람이 13세 미만인 경우에는 법정대리인이 그를 갈음하여 입양을 승낙하며(제869조 2항), 가정법원의 입양허가가 있기 전에 법정대리인은 그 승낙을 철회할 수 있다(제869조 5항).

3) 양부모와 양자가 입양의 당사자이므로, 양조부가 양손자를 입양하는 것은 허용되지 않는다. 즉 민법상 아무런 근거가 없는 양손입양은 강행법규인 가족법규정에 위반되어 무효다(대판 1988.3.22, 87므105).

(나) 입양신고가 있을 것

1) 입양은 가족관계등록법에서 정한 바에 따라 신고함으로써 그 효력이 생긴다(제878조). 양자가 13세 미만인 경우에는 입양을 대락(代諾)한 법정대리인(제869조 2항)이 신고하여야 한다(가족관계등록법 제62조 1항). 재외국민 사이의 입양신고는 해외공관장(대사·공사·영사)에게 신고할 수 있다(제882조, 제814조).

2) 입양신고 대신에 자기의 친생자인 것처럼 허위출생신고를 한 경우에 입양의

효력을 인정할 것인가에 대하여, 학설과 판례는 당사자 사이에 양친자관계를 창설하려는 명백한 의사가 있고 기타 입양의 실질적 요건이 모두 구비되어 있다면 입양신고 대신 친생자출생신고 또는 인지신고를 한 경우는 형식에 다소 잘못이 있더라도 입양의 효력이 발생한다고 한다(통설; 대판 2004.11.11, 2004므1484; 대판 2001.8.21, 99므2230). 이와 같은 경우 ① 양친자관계는 파양에 의하여 해소될 수 있는 점을 제외하고는 법률적으로 친생자관계와 똑같은 내용을 갖게 되므로, 파양에 의하여 양친자관계를 해소할 필요가 있는 등 특별한 사정이 없는 한 등록부의 기재자체를 말소하여 법률상 친자관계의 존재를 부인하게 하는 친생자관계부존재확인청구는 확인의 이익이 없는 것으로 부적법하다(대판 2001.5.24,2000므1493; 대판 1994.5.24, 93므119). ② 친생자출생신고에 입양의 효력을 인정하려면 입양의 실질적 요건이 구비되어야 하는데, 그 속에는 감호·양육 등의 양친자로서의 생활사실이 반드시 수반되어야 한다(대판 2000.6.9, 99므1633,1640). 하지만 개정민법은 "미성년자를 입양하려는 사람은 가정법원의 허가를 받아야 한다"고 하여(제867조 1항), 가정법원의 허가를 성립요건으로 규정하고 있고, 이를 위반한 입양은 무효이므로(제883조 2호), 이 경우 입양의 요건을 구비한 것으로 볼 수 있는지가 의문이다.

판 례

(ㄱ) 제874조 1항은 부부의 공동입양원칙을 선언하고 있고, 파양에 관하여는 별도의 규정을 두고 있지는 않지만 부부의 공동입양원칙에 비추어 보면, 양친이 부부인 경우 파양을 할 때에도 부부가 공동으로 하여야 한다고 해석할 여지가 없지 아니하나, 그렇게 해석한다고 하더라도 양친 부부 중 일방이 사망하거나 또는 양친이 이혼한 때에는 부부의 공동파양의 원칙이 적용될 여지가 없다고 할 것이고, 따라서 양부가 사망한 때에는 양모는 단독으로 양자와 협의상 또는 재판상 파양을 할 수 있으되 이는 양부와 양자 사이의 양친자관계에 영향을 미칠 수 없는 것이고, 또 양모가 사망한 양부에 갈음하거나 또는 양부를 위하여 파양을 할 수는 없다고 할 것이며, 이는 친생자부존재확인을 구하는 청구에 있어서 입양의 효력은 있으나 재판상 파양사유가 있어 양친자관계를 해소할 필요성이 있는 이른바 재판상 파양에 갈음하는 친생자관계부존재확인청구에 관하여도 마찬가지라고 할 것이다. 왜냐하면 양친자관계는 파양에 의하여 해소될 수 있는 점을 제외하고는 친생자관계와 똑같은 내용을 갖게 되는데, 진실에 부합하지 않는 친생자로서의 등록부기재가 법률상의 친자관계인 양친자관계를 공시하는 효력을 갖게 되었고 사망한 양부와 양자 사이의 이러한 양친자관계는 해소할 방법이 없으므로, 그 등록부 기재 자체를 말소하여 법률상 친자관계를 부인하게 하는 친생자관계존부확인청구는 허용될 수 없는 것이기 때문이다(대판 2009.4.23, 2008므3600).

(ㄴ) 제844조의 친생추정을 받는 자는 친생부인의 소에 의하여 그 친생추정을 깨뜨리지 않고서는 다른 사람을 상대로 인지청구를 할 수 없으나, 등록부상의 부모의 혼인 중의 자로 등재되어 있는 자라 하더라도 그의 생부모가 등록부상의 부모와 다른 사실이 객관적으로 명백한 경우에는 그 친생추정이 미치지 아니하므로, 그와 같은 경우에는 곧바로 생부모를 상대로 인지청

구를 할 수 있다(대판 2000.1.28, 99므1817).

(2) 입양의 효력요건

(가) 양친이 되는 자는 성년자일 것

성년자이면 남녀·기혼·미혼 등을 묻지 않고 누구든지 양부모가 될 수 있다(제866조). 따라서 부부가 양친이 되는 경우에는 모두 성년자이어야 한다. 그러나 미성년자가 혼인하면 성년으로 의제되는 경우(제826조의2), 양친이 될 수 있다는 견해가 있지만(김용한, 195면; 박동섭/양경승, 361면) 양부모가 될 수 없다고 할 것이다(김주수/김상용, 356면; 이경희, 216면; 조은희, 217면). 양자의 복리를 위해서는 양자의 감호나 양육을 맡게 되는 양부모가 사회적·정신적으로 이를 감당할 수 있어야 하며, 또한 성년의제는 미성년자가 혼인한 후에도 부모의 친권에 복종함에 따른 복잡한 법률문제를 해결하기 위한 제도이기 때문이다.

(나) 가정법원의 허가를 받을 것

미성년자를 입양하려는 사람은 가정법원의 허가를 받아야 한다(제867조 1항). 피성년후견인이 입양을 하거나 양자가 되는 경우에도 가정법원의 허가를 받아야 한다(제873조 2항). 가정법원은 양자가 될 미성년자나 피성년후견인의 복리를 위하여 그 양육 상황, 입양의 동기, 양부모(養父母)의 양육능력, 그 밖의 사정을 고려하여 입양의 허가를 하지 아니할 수 있다(제867조 2항, 제873조 2항). 이는 입양 전에 양부모의 양육능력, 양육동기 등에 관한 심사를 강화하여 가장입양으로 인한 폐해를 사전에 예방하기 위한 것이다. 종전에는 일반양자는 당사자의 합의와 신고만으로 성립하였는데, 이는 양자될 아동의 복리가 위태롭게 되는 것을 막을 수 없고, 다른 목적을 위해서 입양제도를 남용하는 경우에도 사전에 이를 저지할 수 없는 문제가 제기되어, 개정민법은 가정법원의 허가를 받도록 규정하였다. 참고로 성년자 입양의 경우에는 가정법원의 허가를 필요로 하지 않는다(제871조).

(다) 법정대리인이 13세 미만자에 갈음하여 입양을 승낙하거나 13세 이상의 미성년자가 법정대리인의 동의를 받아 입양을 승낙할 것

1) 양자가 될 사람이 13세 미만인 경우에는 법정대리인이 그를 갈음하여 입양을 승낙하여야 한다(제869조 2항). 이를 대락입양(代諾入養)이라 하며, 이에 위반한 입양은 무효이다(제883조 2호). 입양은 신분행위이므로 대리에 친하지 않지만, 의사능력이 없는 유아를 입

양시키기 위해서는 대신해서 입양절차를 밟을 사람이 필요하기 때문에 예외적으로 대락입양 제도를 두고 있는 것이다. 이와 같이 대락은 사리를 판단할 능력이 없거나 불완전한 어린이의 의사능력을 보충해 주는 제도로서 미성년자의 법률행위에 대한 법정대리와 유사한 성질을 갖는다. 따라서 대락권이 없는 자가 한 대락은 무권대리로서 자녀가 13세 이상이 되어 이를 추인하면 그 입양은 소급해서 유효하게 된다(대판 1997.7.11, 96므1151; 대판 1990.3.9, 89므389; 김주수/김상용, 360면). 그 밖에 양자가 될 사람이 13세 이상의 미성년자인 경우에는 법정대리인의 동의를 받아 입양을 승낙하여야 한다(제869조 1항). 법정대리인은 가정법원의 입양허가가 있기 전까지 그 동의나 승낙을 철회할 수 있다(제869조 5항).

2) 한편 가정법원은 ① 법정대리인이 정당한 이유 없이 동의 또는 승낙을 거부하는 경우(법정대리인이 친권자이면 부모가 3년 이상 자녀에 대한 부양의무를 이행하지 아니한 경우, 부모가 자녀를 학대 또는 유기하거나 그 밖에 자녀의 복리를 현저히 해친 경우이어야 한다)에는 법정대리인의 동의 또는 승낙이 없더라도 입양을 허가할 수 있으며(제869조 3항 1호), 이 경우 법정대리인을 심문하여야 한다(제869조 4항). 여기서 법정대리인이 정당한 이유 없이 동의 또는 승낙을 거부하는 경우란 법정대리인이 자신의 의무는 이행하지 않으면서, 입양이 자녀의 복리실현에 기여하리라고 객관적으로 예상되는 경우에도 동의나 승낙을 거부하는 경우를 말한다. ② 가정법원은 법정대리인의 소재를 알 수 없는 등의 사유로 동의 또는 승낙을 받을 수 없는 경우에도 법정대리인의 동의 또는 승낙이 없더라도 입양을 허가할 수 있다(제869조 3항 2호). 이는 법정대리인의 생사불명, 장기간의 의식불명이나 불치의 정신병 등으로 인하여 의사표시를 할 수 없는 상태에 있는 경우에도 법정대리인의 동의 또는 승낙이 없이 입양이 가능하도록 함으로써 자녀의 복리를 실현하기 위한 것이다.

판 례

제869조 소정의 입양승낙 없이 친생자로서의 출생신고 방법으로 입양된 13세 미만의 자인 甲이 입양의 승낙능력이 생긴 13세 이후에도 계속하여 자신을 입양한 乙을 어머니로 여기고 생활하는 등 입양의 실질적인 요건을 갖춘 이상, 甲은 그가 13세가 된 이후에 乙이 한 입양에 갈음하는 출생신고를 묵시적으로 추인하였다고 봄이 상당하고, 일단 추인에 의하여 형성된 양친자관계는 파양에 의하지 않고는 이를 해소시킬 수 없다(대판 1997.7.11, 96므1151).

(라) 양자가 될 자는 부모의 동의를 받을 것

1) 미성년자의 입양

양자가 될 미성년자는 부모의 동의를 받아야 하며(제870조 1항), 부모는 입양의 허가가 있기 전까지 그 동의를 철회할 수 있다(제870조 3항). 다만 ① 13세 이상의 미성년자가 부모의 동의를 받아 입양을 승낙한 경우, ② 부모가 13세 미만의 미성년자에 갈음하여 입양을 승낙한 경우, ③ 부모가 친권상실의 선고를 받은 경우, ④ 부모의 소재를 알 수 없는 등의 사유로 동의를 받을 수 없는 경우에는 부모의 동의를 필요로 하지 않는다(제870조 1항 단서). 부모의 입양동의권은 자녀의 보호를 위하여 부모에게 주어진 권리로써 친권의 일부분이라고 볼 수 있으므로, 친권상실선고를 받은 부모에 대해서는 입양의 동의권을 인정하지 않는 것이 타당하다. 따라서 부모가 친권상실선고를 받은 경우나 소재불명 등의 사유로 동의를 할 수 없는 경우에는 부모의 동의가 없어도 가정법원은 입양의 허가를 할 수 있다(제870조 1항 단서). 한편 가정법원은 ① 부모가 3년 이상 자녀에 대한 부양의무를 이행하지 아니한 경우, ② 부모가 자녀를 학대 또는 유기(遺棄)하거나 그 밖에 자녀의 복리를 현저히 해친 경우에는 부모가 동의를 거부하더라도 미성년자의 입양을 허가할 수 있으며, 이 경우 가정법원은 부모를 심문하여야 한다(제870조 2항).

2) 성년자의 입양

양자가 될 사람이 성년인 경우, 부모의 소재를 알 수 없는 등의 사유로 동의를 받을 수 없는 때를 제외하고는 부모의 동의를 받아야 한다(제871조 1항). 만일 부모가 정당한 이유 없이 동의를 거부하는 경우, 가정법원은 양부모가 될 사람이나 양자가 될 사람의 청구에 따라 부모의 동의를 갈음하는 심판을 할 수 있고, 이 경우 부모를 심문하여야 한다(제871조 2항).

3) 피성년후견인의 입양

피성년후견인은 성년후견인의 동의를 받아 입양을 할 수 있고 양자가 될 수 있다(제873조 1항). 만일 성년후견인이 정당한 이유 없이 동의를 거부하거나 피성년후견인의 부모가 정당한 이유 없이 동의(제871조 1항)를 거부하는 경우, 가정법원은 그 동의가 없어도 입양을 허가할 수 있으며, 이 경우 가정법원은 성년후견인 또는 부모를 심문하여야 한다(제873조 3항).

(마) 배우자 있는 자는 공동으로 양자를 하여야 하며, 양자가 될 때에는 다른 한쪽의 동의를 받을 것

1) 배우자가 있는 사람은 배우자와 공동으로 입양하여야 하는데(제874조 1항), 이를 부부공동입양이라고 한다. 즉 남편과 아내가 각각 양부·모가 되어야 한다. 부부공동입양은 법률상 정당한 부부에게만 인정되는 것이고, 사실혼 부부나 부첩관계의 부부에게는 인정될 수 없다. 부부공동입양은 부부와 양자 사이에 각각 양친자관계가 성립하므로, 부부 각자와 양자 사이에 입양의 일반요건뿐만 아니라 부부공동입양의 요건을

갖추어야 한다. 판례는 배우자 있는 甲이 혼자만의 의사로 부부공동명의의 입양신고를 하여 수리된 경우, 甲의 배우자 乙과 양자가 될 자(丙) 사이에 입양합의가 없으므로 乙과 丙 사이의 입양은 무효이다. 다만 甲과 丙 사이에 입양의 일반요건을 모두 갖추었어도 부부공동입양의 요건을 갖추지 못하였으므로, 乙이 그 입양을 취소할 수 있으나, 그 취소를 하지 않는 한 甲과 丙 사이의 입양은 유효하게 존속한다고 한다(대판 2006.1.12, 2005도8427; 대판 1998.5.26, 97므25).

2) 배우자가 있는 사람은 그 배우자의 동의를 받아야만 양자가 될 수 있다(제874조 2항). 부부가 공동으로 양자가 되는 것이 아니기 때문이다. 한편 부부 한쪽이 심신상실·행방불명 그 밖의 사유로 인해 부부공동입양을 할 수 없거나 양자가 될 때에 동의할 수 없는 경우, 단독으로 양자를 하거나 양자가 될 수 있는가에 대하여 부정설(박병호, 181면)과 긍정설이 있으며(김주수/김상용, 368면), 판례는 이를 긍정하고 있다(대판 1998.5.26, 97므25).

(바) 양자는 양친의 존속 또는 연장자가 아닐 것

존속이나 연장자를 입양할 수 없다(제877조). 입양당사자가 부부인 경우에는 부부 양쪽에 대하여 이 요건이 충족되어야 한다. 여기서 존속은 직계와 방계를 모두 포함하며, 존속일 경우에는 연장자가 아니라도 양자로 할 수 없다. 또한 연장자이면 비속일지라도 양자로 할 수 없다. 그러나 존속만 아니면 되므로 같은 항렬이거나 아래 항렬에 있는 자도 연장자가 아니면 양자로 할 수 있고, 동갑인 자라도 자기보다 출생일이 늦은 자는 양자로 할 수 있다. 또한 양자는 양부와 동성동본이 아니어도 무방하며, 미성년자뿐만 아니라 성년자도 양자로 할 수 있다.

한편 판례는 '조부모'가 손자녀를 입양하여 부모·자녀 관계를 맺을 수 있다고 한다. 그 논거로 입양은 출생이 아니라 법에 정한 절차에 따라 원래는 부모·자녀가 아닌 사람 사이에 부모·자녀 관계를 형성하는 제도라는 점, 조부모와 손자녀 사이에는 이미 혈족관계가 존재하지만 부모·자녀 관계에 있는 것은 아니라는 점, 민법은 입양의 요건으로 동의와 허가 등에 관하여 규정하고 있을 뿐이고 존속을 제외하고는 혈족의 입양을 금지하고 있지 않다는 점을 들고 있다. 따라서 조부모가 자녀의 입양허가를 청구하는 경우에 입양의 요건을 갖추고 입양이 자녀의 복리에 부합한다면 이를 허가할 수 있다고 한다. 다만 조부모가 자녀를 입양하는 경우, 양부모가 될 사람과 자녀 사이에 이미 조손(祖孫)관계가 존재하고 있고 입양 후에도 양부모가 여전히 자녀의 친생부 또는 친생모에 대하여 부모의 지위에 있다는 특수성이 있으므로, 이러한 사정이 자녀의 복리에 미칠 영향에 관하여 세심하게 살필 필요가 있다고 한다(대결 2021.12.23. 2018스5).

(3) 입양의 무효와 취소

(가) 입양의 무효

1) 무효원인

① 당사자 사이에 입양의 합의가 없는 경우, 그 입양은 무효이다(제883조 1호). 즉 입양의 합의에서 입양의사는 실질적으로 양친자로서의 신분적 생활관계를 형성하려는 의사이며, 그러한 의사의 합치가 없는 경우에는 입양은 무효이다. 가령 당사자가 의사무능력자인 경우, 사회적 의미에서 친자관계를 창설할 의사가 결여된 가장입양, 신고서의 제출을 타인에게 위탁한 당사자가 신고수리 전에 사망하거나(다만 우송의 경우에는 특칙이 있다) 입양의사를 철회한 후에 이루어진 입양, 조건부 또는 기한부로 입양의 합의를 한 경우 등이 이에 속한다. 다만 당사자 몰래 제3자가 한 입양은 무효가 아니라 불성립(학설은 무효라고 함)이라고 볼 것이다(송덕수, E-135). ② 미성년자를 입양하려는 사람이 가정법원의 허가를 받지 않은 경우, 가정법원의 허가 없이 피성년후견인이 입양을 하거나 양자가 되는 경우, 법정대리인이 13세 미만인 자에 갈음하여 승낙하지 않은 경우 및 양자가 양친의 존속이거나 연장자인 경우에 그 입양은 무효이다(제883조 2호).

판 례

(ㄱ) 제883조 1호의 입양무효사유인 '당사자 간에 입양의 합의가 없는 때'라 함은 당사자 간에 실제로 양친자로서의 신분적 생활관계를 형성할 의사를 가지고 있지 아니한 경우를 말하므로, 입양신고가 가족관계등록부상 형식적으로만 입양한 것처럼 가장하기로 하여 이루어진 것일 뿐 당사자 사이에 실제로 양친자로서의 신분적 생활관계를 형성한다는 의사의 합치가 없었던 것이라면 이는 당사자 간에 입양의 합의가 없는 때에 해당하여 무효라고 보아야 한다(대판 2004.4.9, 2003므2411; 대판 1995.9.29, 94므1553,1560).

(ㄴ) 2013. 7. 1. 민법 개정으로 입양허가제도가 도입되기 전에는 성년에 달한 사람은 성별, 혼인 여부 등을 불문하고 당사자들의 입양 합의와 부모의 동의 등만 있으면 입양을 할 수 있었으므로, 당시의 민법 규정에 따라 적법하게 입양신고를 마친 사람이 단지 동성애자로서 동성과 동거하면서 자신의 성과 다른 성 역할을 하는 사람이라는 이유만으로는 입양이 선량한 풍속에 반하여 무효라고 할 수 없고, 이는 그가 입양의 의사로 친생자 출생신고를 한 경우에도 마찬가지이다(대판 2014.7.24, 2012므806).

2) 입양무효의 주장방법

가) 입양무효의 법적 성질

입양무효의 성질은 혼인무효와 마찬가지로 이해하여야 할 것이다. 즉 입양의 무효는 당연무효이다(김주수/김상용, 379면; 김용한, 198면; 조은희, 228면; 지원림, 6-92). 따라서 당사자와 이해관계인은 다른 소송에서도 선결문제로 입양의 무효를 주장할 수 있고, 입양무효확인의 소를 제기할 수 있다(가사소송법 제2조 1항 가류 사건 5호). 다만 입양무효의 소를 형성의 소로 이해하여 입양무효의 소에 의해 무효판결이 확정되지 않는 한 다른 소송의 선결문제로 입양의 무효를 주장할 수 없다는 견해가 있다(이경희, 217면; 송덕수, E-136).

나) 입양무효의 소

① 혼인무효의 소의 경우와 마찬가지로 당사자·그 법정대리인 또는 4촌 이내의 친족이 제소할 수 있다. 피고는 양친자의 한쪽(양친 또는 양자)이 제기하는 경우는 양친자의 다른 한쪽이 되고, 그 다른 한쪽이 사망한 때에는 검사를 상대방으로 한다. 제3자가 제기하는 경우에는 양친과 양자를 상대방으로 하고, 양친자의 한쪽이 사망한 때에는 그 생존자를 상대방으로 한다. 상대방이 될 자가 모두 사망한 때에는 검사를 상대방으로 한다(가사소송법 제31조, 제23조, 제24조). 한편 입양무효소송의 당사자적격은 제소 당시 존재하면 되고, 입양신고 당시에 존재할 필요는 없다(대판 1985.12.10, 85므28). ② 입양이 무효이면 기간의 제한 없이 방법 여하를 불문하고 양친자 등은 그 무효를 주장할 수 있다.

3) 입양무효의 효과

(i) 입양무효판결의 효력은 당사자뿐만 아니라 제3자에게도 미친다(가사소송법 제21조). 승소판결이 확정되면 소를 제기한 사람은 판결확정일로부터 1개월 이내에 판결의 등본 및 그 확정증명서를 첨부하여 등록부의 정정을 신청하여야 하며(가족관계등록법 제107조), 입양으로 발생된 양친자관계, 그 밖의 친족관계는 소멸한다.

(ii) 입양무효의 당사자는 과실 있는 상대방에 대하여 재산상·정신상의 손해배상을 청구할 수 있다. 그러나 정신적 손해에 대한 배상청구권은 일신전속권이므로, 그에 관한 계약 또는 소송이 있기 전에는 양도 또는 승계할 수 없다(제897조, 제806조).

4) 입양무효의 추인

친생자 출생신고 당시 입양의 실질적 요건을 갖추지 못하여 입양신고로서의 효력이 생기지 않았더라도 그 후에 입양의 실질적 요건을 갖추게 된 경우에는 무효인 친생자 출생신고는 소급적으로 입양신고로서의 효력을 갖게 된다고 할 것이나, 당사자 간에 무효인 신고행위에 상응하는 신분관계가 실질적으로 형성되어 있지 아니한 경우에는 무효인 신분행위에 대한 추인의 의사표시만으로 그 무효행위의 효력을 인정할 수 없다(대판 2020.5.14, 2017므12484).

(나) 입양의 취소

입양취소는 이미 이루어진 입양에 일정한 하자가 있음을 이유로 이를 취소하여 양친자관계를 장래에 향하여 소멸시키는 것을 목적으로 하는 형성의 소이다.

1) 취소원인

입양취소의 원인은 ① 미성년자가 입양을 한 경우(제884조 1항 1호, 제866조), ② 입양이 적법한 동의 또는 가정법원의 허가 없이 이루어진 경우(제884조 1항 1호, 제869조 1항, 제869조 3항 2호, 제870조 1항, 제871조 1항, 제873조 1항), ③ 배우자 있는 사람이 배우자와 공동으로 입양을 하지 않거나 배우자의 동의 없이 양자가 된 경우(제884조 1항 1호, 제874조), ④ 입양 당시 양부모와 양자 중 어느 한쪽에게 악성 질병이나 그 밖의 중대한 사유가 있음을 알지 못한 경우(제884조 1항 2호), 여기서 중대한 사유는 그러한 사유가 존재하는 것을 입양 당시에 알았더라면 입양하지 않았으리라는 정도의 것이어야 한다. ⑤ 사기·강박으로 입양의 의사표시를 한 경우이다(제884조 1항 3호).

2) 입양취소의 주장방법

가) 취소권자

(i) 미성년자가 입양을 한 경우(제866조)

양부모, 양자와 그 법정대리인 또는 직계혈족이 입양의 취소를 청구할 수 있으나(제885조), 미성년자(양부모)가 성년이 되면 그 취소를 청구하지 못한다(제889조).

(ii) 13세 이상의 미성년자가 법정대리인의 동의 없이 입양을 승낙한 경우(제869조 1항), 소재불명 등의 사유로 법정대리인의 동의나 승낙을 받을 수 없는 때에는 가정법원의 입양허가를 받아야 하는데 허가를 받지 않은 경우(제869조 3항 2호), 양자가 될 미성년자가 부모의 동의를 받지 않은 경우(제870조 1항)

양자나 동의권자가 입양의 취소를 청구할 수 있다(제886조). 다만 양자가 성년이 된 후 3개월이 지나거나 사망한 경우(제891조 1항), 그 사유가 있음을 안 날부터 6개월, 그 사유가 있었던 날부터 1년이 지난 경우(제894조)에는 그 취소를 청구하지 못한다.

(iii) 성년자가 부모의 동의 없이 양자가 된 경우(제871조 1항)

동의권자가 입양의 취소를 청구할 수 있다(제886조). 다만 양자가 사망한 경우(제891조 2항), 그 사유가 있음을 안 날부터 6개월, 그 사유가 있었던 날부터 1년이 지난 경우(제894조)에는 그 취소를 청구하지 못한다.

(iv) 피성년후견인이 성년후견인의 동의 없이 입양하거나 양자가 된 경우(제873조 1항)

피성년후견인이나 성년후견인이 입양의 취소를 청구할 수 있다(제887조). 다만 성년후견개시의 심판이 취소된 후 3개월이 지난 경우(제893조), 그 사유가 있음을 안 날부터 6개월, 그 사유가 있었던 날부터 1년이 지난 경우(제894조)에는 그 취소를 청구하지 못한다.

(v) 배우자 있는 사람이 배우자와 공동으로 입양하지 않거나 배우자의 동의 없이 양자가 된 경우(제874조)

배우자가 입양의 취소를 청구할 수 있으나(제888조), 그 사유가 있음을 안 날부터 6개월, 그 사유가 있었던 날부터 1년이 지나면 그 취소를 청구하지 못한다(제894조).

(vi) 입양 당시 양부모와 양자 중 어느 한쪽에게 악성 질병이나 그 밖의 중대한 사유가 있음을 알지 못한 경우(제884조 1항 2호)

양부모나 양자가 입양의 취소를 청구할 수 있으나, 양부모와 양자 중 어느 한쪽이 그 사유가 있음을 안 날부터 6개월이 지나면 그 취소를 청구하지 못한다(제896조).

(vii) 사기·강박으로 입양의 의사표시를 한 경우(제884조 1항 3호)

사기 또는 강박으로 인하여 의사표시를 한 사람이 입양의 취소를 청구할 수 있으나, 사기를 안 날 또는 강박을 면한 날부터 3개월이 지나면 그 취소를 청구하지 못한다(제897조, 제823조).

나) 취소의 상대방

취소의 상대방은 양친자의 한쪽이 소를 제기할 때에는 다른 양친자이며, 제3자가 소를 제기한 때에는 양친자 양쪽을 상대방으로 하고, 그중 한쪽이 사망한 때에는 생존자를 상대방으로 한다. 물론 상대방이 될 사람이 사망한 경우에는 검사를 상대방으로 한다(가사소송법 제31조, 제24조).

다) 취소의 방법 – 조정전치주의

취소원인이 있는 경우에 취소권자는 가정법원에 우선 조정을 신청하여야 하며(제884조, 가사소송법 제2조 1항 나류 사건 10호, 제50조), 취소는 소로써 하여야 한다. 다만 가정법원은 양자의 복리를 위하여 그 양육 상황, 입양의 동기, 양부모(養父母)의 양육능력, 그 밖의 사정을 고려하여 입양의 취소를 하지 아니할 수 있다(제884조 2항, 제867조 2항).

3) 입양취소의 효과

(i) 입양으로 인하여 발생한 친족관계는 입양의 취소로 종료한다(제776조). 다만 그 효과는 장래에 향하여 발생할 뿐이고 소급하지 않는다(제897조, 제824조). 판결이 확정되면 소를 제기한 사람은 재판의 확정일로부터 1개월 내에 재판서의 등본 및 확정증명서를 첨부하여 입양취소를 신고하여야 한다(가족관계등록법 제65조 2항, 제58조). 이 신고는 보고적 신고이다.

(ii) 상대방의 과실로 인하여 입양이 취소된 경우에 당사자는 그 과실 있는 상대

방에 대하여 재산적·정신적 손해에 대하여 손해배상을 청구할 수 있다. 그러나 정신적 손해에 대한 배상청구권은 일신전속권이므로, 그에 관한 계약 또는 소송이 있기 전에는 양도 또는 승계할 수 없다(제897조, 제806조).

판 례

부(父) 乙이 丙을 입양의 의사로 친생자출생신고를 한 것이 아니라는 취지로 자(子) 甲이 다툰 경우, 제884조 3호가 규정하는 '사기 또는 강박으로 인하여 입양의 의사표시를 한 때'의 입양취소는 그 성질상 그 입양의 의사를 표시한 자에 한하여 원고 적격이 있고, 사기를 안 날 또는 강박을 면한 날부터 3월을 경과한 때에는 그 취소를 청구하지 못하며(제897조, 제823조), 입양의 취소의 효력은 기왕에 소급하지 않는바(제897조, 제824조), 그 원인 사유 및 효력 등에 있어서 친생자관계존부확인의 소와는 구별되는 것이므로, 甲이 입양의 취소를 구하는 의미에서 친생자관계부존재확인을 구할 수는 없다(대판 2010.3.11, 2009므4099).

(4) 입양의 효과

(가) 법정혈족관계의 발생

양자는 입양된 때부터 양부모의 친생자와 같은 지위를 가지며(제882조의 2 제1항), 양부모의 혈족·인척과도 친족관계가 발생한다(제772조 1항). 따라서 양자와 양부모 및 그 혈족 사이에는 서로 부양관계·상속관계가 발생한다. 또한 양친이 입양 후 이혼한 경우에 양부모와의 사이에 법정혈족관계가 유지된다(대판 2001.5.24, 2000므1493).

(나) 생가친족관계의 존속

입양은 양자의 친생부모와의 친자관계 등 종래의 친족관계에는 영향을 미치지 않는다(제882조의 2 제2항). 따라서 생가의 친족에 대한 부양관계·상속관계 등의 친족적 효과는 그대로 존속한다. 다만 양자가 미성년자인 경우, 친생부모의 친권은 소멸하고 양부모가 친권자가 된다(제909조 1항).

(다) 양자의 성

동성양자의 경우에는 문제가 없다. 그러나 이성양자인 경우에 입양으로 인하여 양자의 성(姓)이 변경되는지에 대하여, 양부의 성을 따를 수 있다는 견해(김용한, 201면)와 원래의 성을 바꿀 수 없다는 견해가 있다(김주수/김상용, 384면; 이경희, 220면; 조은희, 232면). 생각건대 이성양자의 성에 대한 명문의 규정이 없으므로 양자의 성은 변경되지 않는다고 할 것이다. 보통(일반)양자는 입양 후에도 친생부모와의 친족관계를 그대로 유지하기 때문이다. 다만 자녀의 복리를 위하여 필요한 때에는 가정법원의 허가를 얻어 자녀의 성과 본을 변경할 수 있다(제781조 6항). 또한 입양특례법에 따라 입양된 경우, 양자는 민법상 친양자와 동일한 지위를 가지므로(동법 제14조) 양친의 성을 따른다(민법 제781조 1항).

(5) 파 양

(가) 서 설

양친자관계는 파양(罷養)에 의해서만 해소된다. 따라서 입양당사자의 사망만으로 해소되지 않는다. 입양은 단지 당사자만의 관계가 아니고, 양자와 양부모(양친) 및 양부모의 혈족과도 친족관계가 생기기 때문이다. 이는 부부의 한쪽이 사망하여도 인척관계가 소멸되지 아니하는 것과 같다. 자연혈족관계인 친생자관계를 임의로 해소시키는 길은 없지만, 법정혈족관계인 양친자관계를 임의로 해소시키는 방법은 파양이라는 점에서 구별된다. 파양은 입양성립 후에 생긴 사유로 인하여 입양을 해소하는 것으로서 입양의 취소와 구별된다. 이것은 이혼과 혼인의 취소가 구별되는 것과 동일하다. 이와 같이 파양은 양친자관계를 해소시키는 가족법상의 법률행위이며, 여기에는 협의에 의한 파양과 재판에 의한 파양이 있다.

(나) 협의상 파양

양부모와 양자는 협의하여 파양할 수 있다(제898조). 이를 협의상 파양이라고 한다.

1) 요 건

가) 당사자 사이에 파양에 대한 합의가 있을 것

(i) 협의상 파양은 일종의 계약이므로, 파양이 성립하려면 당사자 사이에 파양의 합의(파양의사의 합치)가 있어야 한다(제898조 본문). 파양당사자는 양부모와 양자이다. 다만 양자가 미성년자 또는 피성년후견인인 경우에는 협의파양을 할 수 없고(제898조 단서), 재판상 파양만을 할 수 있다. 파양합의는 단순히 파양신고를 한다는 합의가 아니고 실질적으로 파양을 한다는 합의이어야 하므로, 협의이혼의 경우처럼 그 성질상 조건이나 기한을 붙여서는 안 된다. 따라서 어떤 방편을 위한 가장파양은 무효이고, 파양의 의사표시 과정에서 사기나 강박이 개입된 경우는 파양취소의 문제가 생긴다. 파양의사는 파양신고서 작성시부터 수리시까지 존재하여야 한다. 따라서 파양신고서의 수리 이전에 파양의사를 철회하면 파양의 효력이 생기지 않는다.

(ii) 협의파양의 당사자인 양부모가 부부인 경우에 입양의 경우와 마찬가지로 공동으로 하여야 할 것인가에 대하여 명문의 규정이 없다. 다수설과 판례는 원칙적으로 양부모 공동으로 파양하여야 하지만, 부부 한쪽이 사망하거나 이혼 등으로 의사표시를 할 수 없는 경우는 부부 한쪽이 단독으로 파양할 수 있다고 한다

(대판 2009.4.23, 2008므3600; 김주수/김상용, 390면; 박동섭/양경승, 389면; 이경희, 222면).

한편 양자에게 배우자가 있는 경우, 입양의 경우와 마찬가지로 제874조 2항을 유추적용하여 배우자의 동의가 필요하다(김주수/김상용, 390면; 박동섭/양경승, 389면; 이경희, 222면). 양자의 배우자와 양부모 사이에는 친족관계가 생기는데, 양자의 일방적인 의사로 이러한 친족관계가 소멸되는 것은 바람직하지 못하기 때문이다. 물론 양자의 배우자는 양자가 아니므로 양자가 사망하거나 이혼하면 양부모와 파양할 수 없고 파양할 필요도 없다.

(iii) 파양의 협의에는 의사능력이 필요하며, 양부모가 피성년후견인인 때에는 성년후견인의 동의가 필요하다(제902조). 따라서 피성년후견인인 양부모는 성년후견인의 동의를 받아 파양을 협의할 수 있다.

나) 파양신고가 있을 것

협의상 파양은 가족관계등록법에서 정한 바에 따라 신고함으로써 그 효력이 생긴다(제904조, 제878조). 이 신고는 창설적 신고이다. 담당공무원은 협의파양신고를 형식적으로 심사하여 법령위반이 없으면 이를 수리하여야 한다(제903조).

2) 협의상 파양의 무효와 취소

재판상 파양은 상소·재심으로 다툴 수 있을 뿐이고 파양의 무효·취소를 주장할 수 없지만, 협의상 파양에는 파양의 무효·취소를 주장할 수 있음은 협의이혼의 경우와 같다.

가) 협의상 파양의 무효

파양의 무효에 관하여 명문의 규정이 없지만, 입양의 무효에 관한 규정(제883조)을 유추적용하여, ① 미성년 또는 피성년후견인인 양자의 파양(제898조 단서), ② 조건부 파양, ③ 당사자가 모르는 사이에 제3자가 한 파양, ④ 신고가 수리되기 전에 파양의사를 철회한 경우에 무효이다.

나) 협의상 파양의 취소

사기·강박으로 인한 파양은 사기 또는 강박을 당한 자가 그 파양의 취소를 청구할 수 있다. 그 취소권은 사기를 안 날 또는 강박을 면한 날부터 3개월 이내에 행사하여야 한다(제904조, 제823조). 그 밖에 제902조(피성년후견인의 협의상 파양)를 위반한 경우에 대하여는 민법에 규정이 없다. 이 경우 파양은 유효하다는 견해(김주수/김상용, 391면)가 있지만, 입양취소의 규정을 유추적용하여 취소를 청구할 수 있다고 할 것이다(송덕수, E-144). 취소의 방법은 협의이혼취소의 경우와 같다(가사소송법 제2조 1항 나류 사건 11호, 제50조). 즉 파양취소의 소는 조정전치주의의 적용을 받지만(동법 제50조), 파양취소는 소로서만 주장할 수 있는 형성의 소이므로, 당사자의 임의처분이 허용되지 않는다. 파양취소는 소급효를 가진다.

(다) 재판상 파양

1) 의 의

재판상 파양이란 양친자관계를 유지하게 하는 것이 부당하다고 생각되는 사유(법률에 정하여진 파양원인)가 있는 경우에 그 양친자관계를 재판에 의하여 해소시키는 것을 말한다.

2) 파양원인

재판상 파양사유는 재판상 이혼사유와 매우 비슷하다. 즉 민법이 규정하는 재판상 파양원인은 ① 양부모가 양자를 학대 또는 유기하거나 그 밖에 양자의 복리를 현저히 해친 경우, ② 양부모가 양자로부터 심히 부당한 대우를 받은 경우, ③ 양부모나 양자의 생사가 3년 이상 분명하지 아니한 경우, ④ 그 밖에 양친자관계를 계속하기 어려운 중대한 사유가 있는 경우이다(제905조).

3) 재판상 파양의 절차

가) 조정에 의한 파양

재판상 파양은 조정절차가 선행하며(가사소송법 제2조 1항 나류 사건 12호, 제50조), 조정이 성립되면 파양의 효력이 생긴다(동법 제59조 2항). 조정이 성립하지 않으면 당연히 소송절차로 이행된다. 이 경우 조정신청 당시에 파양의 소가 제기된 것으로 본다(동법 제49조, 민사조정법 제36조 1항).

나) 재판에 의한 파양

(i) 청구권자　　파양소송의 당사자는 원칙적으로 양부모와 양자이며(제905조), 제3자는 파양청구권이 없다(대판 1983.9.13, 83므16). 그러나 ① 양자가 13세 미만인 경우에는 입양을 대락한 법정대리인(제869조 2항)이 양자를 갈음하여 파양을 청구할 수 있지만, 파양을 청구할 수 있는 사람이 없는 경우에는 제777조에 따른 양자의 친족이나 이해관계인이 가정법원의 허가를 받아 파양을 청구할 수 있다(제906조 1항). ② 양자가 13세 이상의 미성년자인 경우에는 입양을 동의한 부모(제870조 1항)의 동의를 받아 파양을 청구할 수 있지만, 부모가 사망하거나 그 밖의 사유로 동의할 수 없는 경우에는 동의 없이 파양을 청구할 수 있다(제906조 2항). ③ 양부모나 양자가 피성년후견인인 경우에는 성년후견인의 동의를 받아 파양을 청구할 수 있다(제906조 3항). ④ 검사는 미성년자나 피성년후견인인 양자를 위하여 파양을 청구할 수 있다(제906조 4항). 한편 부부 공동입양의 원칙에 비추어 양부모가 부부인 경우 파양도 부부 공동으로 하여야 할 것이나, 양부모인 부부 한쪽이 사망하거나 양

부모가 이혼한 때에는 공동파양의 원칙이 적용될 여지가 없다(대판 2001.8.21, 99므2230).

(ii) 제소기간 — 파양청구권의 소멸 　파양청구권자는 ① 양부모가 양자를 학대 또는 유기하거나 그 밖에 양자의 복리를 현저히 해친 경우(제905조 1호), ② 양부모가 양자로부터 심히 부당한 대우를 받은 경우(제905조 2호), ③ 그 밖에 양친자관계를 계속하기 어려운 중대한 사유가 있는 경우(제905조 4호), 그 사유가 있음을 안 날부터 6개월, 그 사유가 있었던 날부터 3년이 지나면 파양을 청구할 수 없다(제907조).

(iii) 파양판결의 효력 　재판상 파양은 판결의 확정으로 그 효력이 발생하며, 제3자에 대해서도 효력이 있다(가사소송법 제21조 1항). 파양청구의 인용판결이 있으면 소를 제기한 사람은 재판의 확정일로부터 1개월 이내에 재판서의 등본 및 확정증명서를 첨부하여 파양신고를 하여야 한다(가족관계등록법 제66조, 제58조). 이 신고는 보고적 신고이다.

(라) 파양의 효과

1) 친족관계의 소멸

협의상 파양이나 재판상 파양이 성립하면 입양으로 발생하였던 법정친족관계(양자와 양부모, 양부모의 혈족간의 관계)는 소멸된다(제776조). 따라서 입양으로 인하여 발생하였던 친생자로서의 법률효과, 즉 부양관계·상속관계·친권관계 등은 파양으로 소멸한다. 다만 양부모 한쪽이 사망하여 양자가 상속을 받은 후에 파양이 이루어진 경우, 파양의 효과는 소급하지 아니하므로 상속은 유효하다. 한편 양자가 미성년자인 경우, 친생부모 한쪽 또는 양쪽, 미성년자, 미성년자의 친족은 파양 사실을 안 날부터 1개월, 파양된 날부터 6개월 내에 가정법원에 친생부모 한쪽 또는 양쪽을 친권자로 지정할 것을 청구할 수 있다(제909조의2 제2항 본문). 즉 파양으로 인해 친생부모의 친권이 자동으로 부활하는 것이 아니다.

판 례

입양이 무효임의 확인을 구하는 반소청구가 협의파양신고로 인하여 양친자관계가 해소된 이후에 제기된 것이므로 그 협의파양의 무효를 구하는 본소청구가 인용되어 양친자관계가 회복되지 아니하는 한 이는 과거의 법률관계에 대한 확인을 구하는 것이라 하겠지만, 그 입양은 모든 분쟁의 근원이 되는 것이어서 이의 효력 유무에 대한 판단결과는 당사자 간의 분쟁을 발본적으로 해결하거나 예방하여 주는 효과가 있다 할 것이므로 이를 즉시 확정할 법률상의 이익이 있다(대판 1995.9.29, 94므1553,1560). 즉 협의파양으로 양친자관계가 해소된 후에도 입양무효사유가 있는 때에는 입양무효확인청구도 가능하다.

2) 손해배상청구 — 재판상 파양의 경우

재판상 파양을 한 때에는 당사자 한쪽은 과실 있는 상대방에 대하여 이로 인하여 발생한 재산상·정신상 손해에 대하여 배상을 청구할 수 있다(제908조, 제806조). 이 경우 손해배상청구를 하기 위해서는 가정법원에 먼저 조정신청을 하여야 한다(가사소송법 제2조 1항 다류 사건 3호, 제50조).

3. 친 양 자

(1) 서 설

보통양자의 경우에는 친생부모와의 친생자관계는 그대로 유지되며, 원칙적으로 양자의 성도 그대로 유지된다. 그러나 친양자는 그 효과면에서 보면, 양자와 친생부모의 관계가 완전히 단절되어, 양자가 법적으로뿐만 아니라 실제생활에서도 양부모의 친생자와 동일하게 양부모의 가족에 흡수되는 제도이다. 그 때문에 양자와 그 친생부모 및 그 친족과의 관계는 친생자 입양의 성립으로 종료되며(제908조의3 제2항), 양부모의 가족관계등록부에는 양부모의 친생자로 기재된다.

(2) 친양자 입양의 요건

친양자 입양이 성립하려면 친양자를 입양하려는 사람이 일정한 요건을 갖추어 가정법원에 친양자 입양을 청구하여야 하고(제908조의2), 가정법원이 그 청구를 인용하는 재판을 하여야 한다.

(가) 3년 이상 혼인 중인 부부로서 공동으로 입양할 것

보통양자의 경우에는 배우자 있는 사람이 입양을 할 때에만 부부가 공동으로 입양하여야 하지만(제874조 1항), 친양자는 3년 이상 혼인을 계속한 부부만 입양할 수 있다(제908조의2 제1항 1호 본문). 이것은 양자에게 안정적인 가정에서 양육되도록 하기 위한 배려이다(이경희, 225면). 다만 재혼가정의 경우, 혼인지속 기간이 1년 이상이면 부부의 한쪽이 단독으로 그 배우자의 친생자(전혼에서 출생한 자녀 또는 혼인외의 자녀)를 친양자로 입양할 수 있다(제908조의2 제1항 1호 단서). 원래의 친생친자관계가 존재하는 경우에는 새로 친양자관계를 형성할 필요가 없기 때문이다.

(나) 친양자가 될 사람이 미성년자일 것

친양자 입양은 가정법원에 입양을 청구할 때에 친양자가 될 사람이 미성년자인 경우에만 인정된다(제908조의2 제1항 2호). 종래에는 친양자가 될 사람이 15세 미만이었지만, 개정 민법은 입양가능 나이를 미성년자로 상향하였다. 즉 오랜 기간의 가족공동생활을 통하여 계부모(예: 계부)와 계자녀(예: 처의 자녀) 사이에 사실상의 친자관계가 형성되어 있는 경우, 친양자로 될 사람이 15세가 넘은 때에도 친양자 입양이 가능하도록 규정한 것이다.

(다) 친양자가 될 사람의 친생부모가 친양자 입양에 동의할 것

친양자 입양이 확정되면, 입양 전의 친족관계가 종료되므로(제908조의3 제2항), 친양자로 되는 사람의 친생부모의 동의는 매우 중요한 의미를 가진다. 따라서 친양자가 될 사람의 친생부모가 친양자 입양에 동의하여야 한다(제908조의2 제1항 3호 본문). 그러나 부모가 친권상실의 선고를 받거나 소재를 알 수 없거나 그 밖의 사유로 동의할 수 없는 경우에는 동의를 요하지 않는다(제908조의2 제1항 3호 단서). 친권이 상실된 부모는 자녀를 보호·교양할 자격이 없으므로 동의권이 인정되지 않으며, '그 밖의 사유'로는 생사불명이나 심신상실의 상태가 있는 경우 등을 생각할 수 있다. 물론 부모 중 한쪽만이 이러한 사유가 있을 때에는 다른 한쪽의 동의는 필요하다고 할 것이다.

(라) 법정대리인의 동의를 받거나 법정대리인이 대락할 것

친양자가 될 사람이 13세 이상인 경우에는 법정대리인의 동의를 받아 입양을 승낙하여야 하고, 13세 미만인 경우에는 법정대리인이 그를 갈음하여 입양을 승낙하여야 한다(제908조의2 제1항 4호, 5호).

(마) 가정법원의 허가를 얻을 것

1) 친양자를 입양하려는 사람은 제908조의2 제1항에서 정한 요건을 갖추어 가정법원에 친양자 입양을 청구하여야 한다. 가정법원은 친양자가 될 사람의 복리를 위하여 그 양육상황, 친양자 입양의 동기, 양부모의 양육능력 그 밖의 사정을 고려하여 친양자 입양이 적당한지 여부를 결정하며, 적당하지 않다고 인정되는 경우에는 그 청구를 기각할 수 있다(제908조의2 제3항).

2) 가정법원은 ① 법정대리인이 정당한 이유 없이 동의를 거부하는 경우(다만 법정대리인이 친권자인 경우에는 친생부모가 3년 이상 부양의무를 이행하지 않고 면접교섭을 하지 않거나 자녀의 복리를 현저히 해친 경우이어야 한다), ② 친생부모가 자신에게 책임이 있는 사유로 3년 이상 자녀에 대한 부양의무를 이행하지 아니하고 면접교섭을 하지 아니한 경우, ③ 친생부모가 자녀를 학대 또는 유기하거나 그 밖에 자녀의 복리를 현저히 해친 경우에는 법정대리인이 친양자 입양에 동의하지 않거나 대락 승낙이 없어도 친생자 입양청구를 인용할 수 있다. 이 경우 가정법원은 동의권자 또는 승낙권자를 심문하여야 한다(제908조의2 제2항). 즉 친양자 입양에서 법정대리인의 승낙 또는 동의, 부모의 동의를 요건으로 하는 이유는 자녀의 복리실현과 부모(또는 법정대리인)의 권리보호에 있는데, 승낙이나 동의의 거부가 권리남용에 해당하고, 친양자 입양이 되지 않을 경우 양자가 될 사람의 복리를 해치는 사정이 있을 때에는 승낙이나 동의 없이도 친양자 입양을 할 수 있다.

3) 가정법원의 청구인용 재판이 확정되면, 친양자를 입양하고자 하는 사람은 친양자 입양재판의 확정일부터 1개월 이내에 재판의 등본 및 확정증명서를 첨부하여 신고하여야 한다(가족관계등록법 제67조 1항). 이 신고의 성질에 관하여 창설적 신고라는 견해(이경희, 226면)와 보고적 신고라는 견해가 있다(송덕수, E-150).

(3) 친양자 입양의 효력

(가) 혼인중의 출생자의 신분취득

친양자 입양이 확정되면 친양자는 보통 양자와 같이 부부의 혼인 중의 출생자의 신분을 갖게 된다(제908조의 3 제1항). 따라서 친양자는 양친의 성을 따르게 되며(제781조 1항), 양부모가 친양자의 친권자가 된다(제909조 1항).

(나) 입양 전의 친권관계의 종료

1) 보통양자의 경우에는 입양 후에도 종전의 친생부모와의 친자관계가 소멸되지 않지만, 친양자의 경우에는 종전의 친생부모 및 그 혈족과의 친족관계는 '친양자 입양이 확정된 때'에 종료한다(제908조의3 제2항 본문). 따라서 친족관계의 종료로 인하여, 상속권, 부양의 권리의무, 면접교섭권, 그 밖의 친족관계의 존재를 전제로 하여 친생부모와 그 친족에게 생기는 법률효과는 발생하지 않게 된다. 물론 친족관계 종료의 효과는 친양자 입양의 성립이 확정된 때부터 장래를 향하여 생기므로, 입양 전에 생겼던 부양·상속 등의 권리의무관계에는 영향이 없다. 또한 친양자 입양에 의하여 종료되는 것은 법률상의 친족관계뿐이며, 생물학상·사실상의 자연적 혈족관계는 종료하지 않는다. 따라서 친양자 입양 전의 혼인장애가 있었던 사람 사이에서는 입양 성립에 의한 친족관계의 종료 후에도 혼인할 수 없다(제809조 1항).

2) 부부의 한쪽이 다른 한쪽의 친생자를 친양자로 입양하였을 경우, 부부공동 입양의 원칙의 예외로서 부부의 한쪽이 단독으로 입양할 수 있다(제908조의2 제1항 1호 단서). 이 경우에 한쪽은 양부·모(양친)로서 다른 한쪽은 친생부·모(친생친)로서, 부부가 공동으로 양자를 양육하게 되므로, 배우자 및 그 친족과 친생자와의 사이의 친족관계는 종료하지 않는다(제908조의3 제2항 단서). 물론 양자의 친생부모 중에서 양부모의 배우자가 아닌 사람과 그 친족과의 사이에는 원칙적으로 그 친족관계는 종료한다.

(4) 친양자 입양의 취소 등

(가) 친양자 입양의 취소

1) 친양자로 될 사람의 친생의 아버지 또는 어머니는 자신에게 책임이 없는 사유

로 인하여(예: 자녀가 제3자에 의하여 유괴되거나 미아가 된 경우 또는 친생부모가 심신상실의 상태에 있었을 경우) 친양자 입양에 동의할 수 없었던 경우, 친양자 입양의 사실을 안 날부터 6개월 안에 가정법원에 친양자 입양의 취소를 청구할 수 있다(제908조의4 제1항). 그러나 이러한 취소사유가 있더라도 가정법원은 친양자가 될 사람의 복리를 위하여 그 양육상황, 친양자 입양의 동기, 양부모의 양육능력 그 밖의 사정을 고려하여, 입양취소가 적당하지 않다고 인정될 경우에는 취소청구를 기각할 수 있다(제908조의6, 제908조의2 제3항).

2) 친양자 입양이 취소되면 친양자 관계는 소멸하고 입양 전의 친족관계는 부활한다(제908조의7 제1항). 따라서 친생부모가 친권자가 되고 자녀는 친생부모의 성과 본을 따르게 된다. 그러나 취소의 효력은 소급하지 않는다(제908조의7 제2항).

(나) 제883조와 제884조의 부적용

보통양자의 입양무효와 입양취소에 관한 규정(제883조, 제884조)은 친양자 입양에 적용되지 않는다(제908조의4 제2항).

(5) 친양자의 파양

(가) 서 설

양자를 마치 양부모의 친생자처럼 다루는 친양자제도의 본질상 원칙적으로 파양은 인정되지 않으며, 민법은 제한된 범위에서 재판상 파양을 인정하고 있다(제908조의5). 즉 친양자에 대해서는 협의상 파양은 허용하지 않고, 재판상 파양만 허용한다.

(나) 청구권자와 파양원인

1) 파양원인이 있는 경우에 양부모, 친양자, 친생의 부 또는 모나 검사가 가정법원에 친양자의 파양을 청구할 수 있다(제908조의5 제1항).

2) 재판상 친양자의 파양원인은 ① 양부모가 친양자를 학대 또는 유기하거나 그 밖에 친양자의 복리를 현저히 해하는 때, ② 친양자의 양부모에 대한 패륜행위로 인하여 친양자 관계를 유지시킬 수 없게 된 때이다(제908조의5 제1항). 가정법원은 후자의 파양원인이 있더라도 친양자의 복리를 위하여 그 양육상황, 친양자 파양의 동기, 양부모와 친생부모의 양육능력 그 밖의 사정을 고려하여 적당하지 않다고 인정되는 경우에는 파양청구를 기각할 수 있다(제908조의6, 제908조의2 제3항).

(다) 파양의 효과

친양자가 파양이 되면 친양자관계는 소멸하고 입양 전의 친족관계는 부활한다(제908조의7 제1항).

Ⅳ. 친 권

1. 서 설

친권(親權)은 부모가 그 미성숙의 자녀를 보호하고 교양할 권리·의무를 말한다(제913조). 친권은 자녀에 대한 지배권이 아니며, 부모의 개인적 이익을 위한 권리라고 볼 수 없다. 친권을 권리적 측면에서 파악하면 자녀를 보호하고 양육할 의무를 누구에게도 방해받지 않고 행사할 수 있는 권리이다. 다시 말하면 친권은 자녀의 복리를 위하여 그를 보호·교양하는 지위일 뿐이다.

2. 친권관계

(1) 친 권 자

(가) 혼인 중의 출생자에 대한 친권자

1) 부모가 혼인 중인 경우 — 친권공동행사의 원칙

(i) 부모는 미성년자인 자녀의 친권자가 된다(제909조 1항). 미성년 자녀에 대한 친권은 부모가 혼인 중인 때에는 공동으로 행사하고(제909조 2항 본문), 부모의 의견이 일치하지 아니하는 경우에는 당사자의 청구에 의하여 가정법원이 이를 정한다(제909조 2항 단서). 여기서 친권을 '공동으로 행사한다'라 함은 부모의 의견이 일치하여 친권을 행사하는 것을 말하고, 행위 자체를 부모 양쪽이 공동으로 하거나 공동명의로 하여야 하는 것을 의미하지 않는다(김주수/김상용, 424면; 김용한, 211면; 이경희, 231면). 예컨대 父의 명의만으로 자녀의 부동산을 매매하더라도 母가 동의하거나 추인하면 유효하다. 따라서 부모 한쪽이 다른 한쪽의 동의를 받지 않고 한 친권행사는 부모의 법정대리인으로서의 대리 또는 동의의 효과가 생기지 않는다. 다시 말하면 ① 부모 한쪽이 임의로 '단독명의'로 친권을 행사하는 경우 무권대리행위로서 무효이지만, 상대방이 선의·무과실인 때에는 제126조를 유추하여 상대방을 보호해야 할 것이다(김주수/김상용, 425면; 김용한, 211면). ② 다만 부모의 한쪽이 '공동명의'로 자녀를 대리하거나 자녀의 법률행위에 동의한 경우에 다른 한쪽의 의사에 반하더라도 그 효력이 발생하지만, 상대방이 악의인 때에는 법률행위의 효력이 생기지 않는다(제920조의2). 여기서 상대방의 악의는 과실을 포함한다고 보아야 한다. 상대방의 악의·과실에 대한 증명책임은 행위의 무효를 주장하는 사람이 부담하여야 한다

(대판 2018.4.26, 2016다3201; 김주수/김상용, 425면).

(ii) 한편 부모의 한쪽이 친권을 행사할 수 없을 때에는 다른 한쪽이 이를 행사한다(제909조 3항). 여기서 '친권을 행사할 수 없을 때'란 법률상 행사할 수 없는 경우(예: 성년후견개시심판·친권상실선고·친권행사금지가처분 등)뿐만 아니라 사실상 행사할 수 없는 경우(예: 중병·생사불명·정신이상·수감 등)를 포함한다.

2) 부모가 이혼한 경우

부모가 협의이혼을 한 경우에는 부모의 협의로 친권자를 정하여야 하고, 협의할 수 없거나 협의가 이루어지지 아니하는 때에는 가정법원은 직권으로 또는 당사자의 청구에 따라 친권자를 지정하여야 한다(제909조 4항 본문). 다만 부모의 협의가 자녀의 복리에 반하는 경우에는 가정법원은 보정을 명하거나 직권으로 친권자를 정한다(제909조 4항 단서). 혼인의 취소, 재판상 이혼의 경우에는 가정법원이 직권으로 친권자를 정한다(제909조 5항). 또한 제909조 4항, 5항에 따라 단독 친권자로 정하여진 부모의 한쪽이 사망한 경우, 가정법원은 생존하는 부 또는 모를 친권자로 지정하거나 미성년후견인을 선임할 수 있다(제909조의2 제1항, 제3항).

(나) 혼인외의 출생자에 대한 친권자

혼인외의 출생자가 인지되지 않은 경우에는 생모만이 친권자가 된다. 반면에 ① '임의인지'가 된 경우에는 父와 生母의 협의로 친권을 행사할 자를 정하고, 협의할 수 없거나 협의가 이루어지지 않는 때에는 가정법원은 직권으로 또는 당사자의 청구에 따라 친권자를 지정하여야 하며, 부모의 협의가 자녀의 복리에 반하는 경우에는 가정법원은 보정을 명하거나 직권으로 친권자를 정한다(제909조 4항, 가사소송법 제2조 1항 마류 사건 5호). ② '강제인지'의 경우에는 가정법원이 직권으로 친권자를 정한다(제909조 5항). 그 밖에 가정법원은 제909조 4항에 따라 단독 친권자로 정하여진 부모의 한쪽이 사망한 경우, 생존하는 부 또는 모를 친권자로 지정하거나 미성년후견인을 선임할 수 있다(제909조의2 제1항, 제3항).

(다) 양자의 친권자

양자의 친권자는 양부모(양친)이며, 생가부모(生家父母)는 친권자가 되지 못한다(제909조 1항). 양부모는 양자와 법정혈족관계에 있는 부모로서 친생부모와 동일하므로, 친권공동행사의 원칙 등은 혼인 중의 출생자와 동일하다. 한편 양부모가 모두 사망한 경우, 가정법원은 친생부모 한쪽 또는 양쪽을 친권자로 지정하거나 미성년후견인을 선임할 수 있다(제909조의2 제2항, 제3항).

(라) 친권자지정과 미성년후견인의 선임

1) 친권자지정청구

① 인지, 이혼, 혼인의 취소 등으로 인해 단독 친권자로 정하여진 부모의 한쪽이 사망한 경우, 생존하는 부 또는 모, 미성년자, 미성년자의 친족은 그 사실을 안 날부터 1개월, 사망한 날부터 6개월 내에 가정법원에 생존하는 부 또는 모를 친권자로 지정할 것을 청구할 수 있다(제909조의2 제1항). ② '입양이 취소'되거나 '파양'된 경우 또는 '양부모가 모두 사망'한 경우, 친생부모 한쪽 또는 양쪽, 미성년자, 미성년자의 친족은 그 사실을 안 날부터 1개월, 입양이 취소되거나 파양된 날 또는 양부모가 모두 사망한 날부터 6개월 내에 가정법원에 친생부모 한쪽 또는 양쪽을 친권자로 지정할 것을 청구할 수 있다(제909조의2 제2항 본문). 다만 친양자의 양부모가 사망한 경우에는 친권자 지정을 청구할 수 없다(제909조의2 제2항 단서). 한편 가정법원은 친권자 지정 청구가 생존하는 부 또는 모, 친생부모 한쪽 또는 양쪽의 양육의사 및 양육능력, 청구 동기, 미성년자의 의사, 그 밖의 사정을 고려하여 미성년자의 복리를 위하여 적절하지 아니하다고 인정하면 그 청구를 기각할 수 있고, 이 경우 직권으로 미성년후견인을 선임하여야 한다(제909조의2 제4항).

2) 후견인선임청구

친권자 지정 청구기간(제909조의2 제1항, 제2항) 내에 지정 청구가 없을 때에는 가정법원은 직권으로 또는 미성년자, 미성년자의 친족, 이해관계인, 검사, 지방자치단체의 장의 청구에 의하여 미성년후견인을 선임할 수 있다. 이 경우 생존하는 부 또는 모, 친생부모 한쪽 또는 양쪽의 소재를 모르거나 그가 정당한 사유 없이 소환에 응하지 아니하는 경우를 제외하고 그에게 의견을 진술할 기회를 주어야 한다(제909조의2 제3항). 한편 가정법원은 후견인 선임 청구가 생존하는 부 또는 모, 친생부모 한쪽 또는 양쪽의 양육의사 및 양육능력, 청구 동기, 미성년자의 의사, 그 밖의 사정을 고려하여 미성년자의 복리를 위하여 적절하지 아니하다고 인정하면 청구를 기각할 수 있고, 이 경우 가정법원은 직권으로 생존하는 부 또는 모, 친생부모 한쪽 또는 양쪽을 친권자로 지정하여야 한다(제909조의2 제4항). 또한 가정법원은 제909조의2 제3항 또는 제4항에 따라 미성년후견인이 선임된 경우라도 미성년후견인 선임 후 양육상황이나 양육능력의 변동, 미성년자의 의사, 그 밖의 사정을 고려하여 미성년자의 복리를 위하여 필요하면 생존하는 부 또는 모, 친생부모 한쪽 또는 양쪽, 미성년자의 청구에 의하여 후견을 종료하고 생존하는 부 또는 모, 친생부모 한쪽 또는 양쪽을 친권자로 지정할 수 있다(제909조의2 제6항).

(마) 직무대행자선임

가정법원은 ① 단독 친권자가 사망한 경우, ② 입양이 취소되거나 파양된 경우, ③ 양부모가 모두 사망한 경우에 직권으로 또는 미성년자, 미성년자의 친족, 이해관계인, 검사, 지방자치단체의 장의 청구에 의하여 제909조의2 제1항부터 제4항까지의 규정에 따라 친권자가 지정되거나 미성년후견인이 선임될 때까지 그 임무를 대행할 사람을 선임할 수 있다. 이 경우 그 임무를 대행할 사람에 대하여는 가정법원의 후견사무에 관한 처분(제954조)과 부재자 재산관리인의 권한에 관한 규정(제25조)이 준용된다(제909조의2 제5항).

(2) 친권행사능력

친권의 내용은 신분과 재산에 걸치는 광범위한 것이므로 친권을 행사하기 위해서는 재산상의 행위능력이 있어야 한다. 따라서 제한능력자는 친권자가 될 수 없다(김주수/김상용, 439면; 이경희, 235면). 다만 혼인한 미성년자는 성년자로 의제되므로(제826조의2), 친권을 행사할 수 있다.

(3) 협의나 심판에 의한 친권자의 변경

이혼·혼인취소·혼인의 무효·혼인외의 자녀의 인지 등으로 부모 중 한쪽이 친권자로 정해진 경우이더라도 가정법원은 자녀의 이익과 복리를 위해서 필요하다고 인정할 때에는 자녀의 4촌 이내의 친족의 청구에 의하여 친권자를 다른 한쪽으로 변경할 수 있다(제909조 6항, 가사소송법 제2조 1항 마류 사건 5호).

3. 친권의 내용 — 친권자의 권리와 의무

(1) 친권행사와 친권자 지정의 기준

친권을 행사하거나 가정법원이 친권자를 지정할 때에는 자녀의 복리를 우선적으로 고려하여야 한다(제912조 1항). 가정법원은 친권자를 지정할 때에 관련 분야의 전문가나 사회복지기관으로부터 자문을 받을 수 있다(제912조 2항).

(2) 자녀의 신분에 관한 권리·의무

(가) 보호·교양의 권리의무

1) 친권자는 미성년 자녀를 보호하고 교양할 권리·의무가 있다(제913조). 보호는 주로 신체에 대한 보호이고, 교양은 정신의 발달을 위한 교육이다. 따라서 보호·교양은 자녀의 정신·육체 모두 건전한 인간으로 육성하는 것을 의미한다. 보호·교양의 의미에는 그에 소요되는 비용부담은 포함되지 않는다. 보호·교양의 권리의무는 친권의

작용인데 반해, 보호·교양에 필요한 비용 부담은 미성년자에 대한 부모의 부양의무에 해당된다. 결국 보호·교양에 필요한 비용은 부부의 혼인공동생활에 필요한 비용의 일종으로서(제833조), 당사자 사이에 특별한 약정이 없으면 부모가 공동으로 부담한다(박동섭/양경승, 415면; 이경희, 236면). 그 밖에 보호·교양의 권리의무를 구체적으로 실현하기 위하여 거소지정권·인도청구권·의무교육 등 권리의무가 친권자에게 부여되어 있다. 보호·교양의무를 남용하거나 게을리하면 친권상실이나 친권자변경의 사유가 된다.

2) 한편 보호교양의 의무와 관련하여, 책임능력이 없는 미성년 자녀가 제3자에게 불법행위를 한 때에 친권자는 그 보호감독의무를 게을리한 경우 손해배상책임을 진다(제755조 1항, 제753조). 그리고 피해자를 보호하기 위하여, 책임능력이 있는 미성년자의 친권자는 감독상 부주의와 손해발생 사이에 상당인과관계가 있으면 일반불법행위(제750조)로 인한 손해배상책임을 진다(대판 2003.3.28, 2003다5061; 대판 1998.6.9, 97다49404).

(나) 거소지정권

자녀는 친권자가 지정한 장소에서 거주하여야 한다(제914조). 이는 자녀의 보호·교양을 위하여 인정되는 권리이므로, 친권자가 그 목적 범위를 넘어 거소를 지정한 경우(예: 자녀의 심신의 발달에 나쁜 영향을 미치는 장소를 거소로 지정한 때)에는 친권남용이 될 수 있다.

(라) 자녀의 인도청구권

자녀의 자유의사를 억압하여 또는 의사능력 없는 자녀를 부당하게 억류하고 있는 사람에 대하여 친권자는 자녀의 인도청구권을 행사할 수 있다. 자녀의 인도청구는 친권 또는 양육권의 침해에 대한 방해배제의 성질을 가지므로(이경희, 238면), 위법하게 친권 또는 보호·교양권이 방해되고 있는 경우에만 인정된다. 특히 부모가 이혼하고 母가 자녀를 양육하고 있으나 父가 친권자인 경우, 친권자로서 父는 '자녀의 복리에 반하지 않는 범위 내'에서 母에게 자녀의 인도를 청구할 수 있다(대판 1970.11.30, 70므28).

(마) 신분상의 행위에 대한 대리권과 동의권

1) 특별규정이 있는 경우에 인정되는 가족행위의 대리권

신분행위는 원칙적으로 행위자 본인의 진의가 중요하므로, 법률에 특별한 규정이 있는 경우를 제외하고는 친권자도 미성년자의 신분행위를 대리할 수 없다. 예외적으로 친권자의 대리가 허용되는 경우는 다음과 같다. 즉 ① 친생부인의 소의 상대방이 될 수 있는 지위(제847조 1항), ② 인지에 대한 이의의 소를 제기할 수 있는 권리(제863조), ③ 13세 미만의 자녀가 양자가 되는 경우 입양에 대한 승낙(제869조), ④ 미성년자가 입양한 경우 그 입양의 취소청구(제885조), ⑤ 부모 등의 동의를 받지 않고 양자가 된 경우 그 입양의 취소청구(제886조), ⑥ 13세 미만의 양자에 갈음한 재판상 파양청구(제906조), ⑦ 상속의 승인·포기(제1019조, 제1020조), ⑧ 혼인무효·이혼무효·인지무효·입양무효·파양무효의 소(가사소송법 제23조, 제28조, 제31조)를 제기할 수 있다.

2) 신분행위의 동의권

가족법상 동의권은 일반적으로 친권자가 아닌 '부모'의 지위에서 인정된다. 예컨대 약혼이나 혼인에 관한 동의권(제801조, 제808조), 입양에 관한 동의권(제871조) 등이 그것이다.

(3) 자녀의 재산에 관한 권리·의무

친권자는 미성년인 자녀의 법정대리인으로서(제911조) 자녀의 재산관리와 재산상의 법률행위를 대리한다.

(가) 재산관리권

1) 자녀의 특유재산에 관한 재산관리

미성년자가 상속·증여·근로 등으로 자기 명의로 취득한 재산은 그의 특유재산이며, 이러한 재산은 법정대리인인 친권자가 관리한다(제916조). 재산관리에는 보존·이용·개량행위가 포함되고, 관리목적에 필요한 범위 내의 처분행위도 포함된다(예: 시가하락이나 부패하기 쉬운 물건의 매각 등). 미성년 자녀의 특유재산을 관리하는 경우, 친권자는 '자기 재산에 관한 행위와 동일한 주의'로 하여야 한다(제922조). 이 주의의무는 선량한 관리자의 주의의무보다 낮은 정도인데, 그 이유는 자녀에 대한 부모의 애정과 친권자에게 보수청구권이 없기 때문이다(김주수/김상용, 446면; 박동섭/양경승, 419면; 이경희, 240면). 만일 친권자가 이 주의의무를 위반하여 자녀에게 손해를 끼치면 불법행위로 인한 손해배상의 책임을 지며(통설), 부적당한 관리는 경우에 따라 법률행위 대리권·재산관리권의 상실원인이 될 수 있다(제925조).

2) 재산수익권

제923조 2항은 "子의 재산으로부터 수취한 과실은 그 子의 양육·재산관리의 비용과 상계한 것으로 본다"고 규정하여, 자녀의 재산에 대한 친권자의 수익권을 인정하고 있다. 상계하고 남은 재산, 즉 수익의 잉여재산은 친권자의 소득이 된다는 견해가 있지만(정광현, 257면), 수익과 관리비용·양육비용이 계산상 명백히 되어서 수익의 잉여가 있으면 친권자는 이를 자녀에게 반환하여야 할 것이다(다수설). 그러나 무상으로 자녀에게 재산을 수여한 제3자가 반대의 의사표시를 한 때에는 그 재산에 관하여는 수익권

이 인정되지 않는다(제923조 2항 단서).

3) 제3자에 의한 재산관리권의 배제

무상으로 미성년인 자녀에게 재산을 수여한 제3자가 친권자의 재산관리에 반대하는 의사를 표시한 때에는 친권자는 그 재산을 관리하지 못한다(제918조 1항). 따라서 이 경우 친권자가 자녀를 대리하여 재산을 관리·처분할 수 없을 뿐만 아니라 자녀의 처분행위 등에 동의할 수도 없다. 또한 친권자는 그 재산으로부터 수취한 과실을 자녀의 양육비·재산관리비용과 상계할 수 없다(제923조 2항 단서). 한편 제3자의 의사표시에 의해 무상으로 수여받은 재산에 대한 친권자의 재산관리권이 배제된 경우, 제3자는 재산관리인을 지정할 수 있으며, 제3자의 지정이 없거나 제3자가 지정한 관리인의 권한이 소멸 또는 관리인을 개입할 필요가 있는 때에는 그 재산을 수여받은 자녀 또는 친족(제777조)의 청구에 의하여 가정법원이 재산관리인을 선임한다(제918조 2항, 3항). 가정법원이 선임한 재산관리인에 대해서는 부재자의 재산관리인에 관한 규정이 준용된다(제918조 4항).

4) 재산관리권의 종료

친권자의 권한이 소멸한 경우에 그 자녀의 재산관리에 관한 계산을 하여야 한다(제923조 1항). 여기서 '관리의 계산'이란 자녀의 재산을 관리하던 기간의 그 재산에 관한 수입과 지출을 명확히 결산하여 자녀에게 귀속되어야 할 재산과 그 액수를 확정하는 것을 말한다. 친권자의 위와 같은 재산 관리 권한이 소멸한 때에는 위임에 관한 제683조, 제684조가 유추적용되므로, 친권자는 자녀 또는 그 법정대리인에게 위와 같은 계산 결과를 보고하고, 자녀에게 귀속되어야 할 재산을 인도하거나 이전할 의무가 있다(대판 2022.11.17, 2018다294179).

관리권 종료시의 처리의무와 관리권 종료의 대항요건에 대해서는 위임사무 종료시의 처리의무(제691조)와 대항요건(제692조)의 규정이 준용된다(제919조).

판 례

부모는 자녀를 공동으로 양육할 책임이 있고 양육에 소요되는 비용도 원칙적으로 공동으로 부담하여야 하는 점을 고려할 때, 친권자는 자녀의 특유재산을 자신의 이익을 위하여 임의로 사용할 수 없음은 물론 자녀의 통상적인 양육비용으로도 사용할 수도 없는 것이 원칙이나, 친권자가 자신의 자력으로는 자녀를 부양하거나 생활을 영위하기 곤란한 경우, 친권자의 자산, 수입, 생활수준, 가정상황 등에 비추어 볼 때 통상적인 범위를 넘는 현저한 양육비용이 필요한 경우 등과 같이 정당한 사유가 있는 경우에는 자녀의 특유재산을 그와 같은 목적으로 사용할 수 있다.

따라서 친권자는 자녀에 대한 재산 관리 권한에 기하여 자녀에게 지급되어야 할 돈을 자녀 대신 수령한 경우 그 재산 관리 권한이 소멸하면 그 돈 중 재산 관리 권한 소멸 시까지 위와 같이 정당하게 지출한 부분을 공제한 나머지를 자녀 또는 그 법정대리인에게 반환할 의무가 있다. 이 경우 친권자가 자녀를 대신하여 수령한 돈을 정당하게 지출하였다는 점에 대한 증명책임은 친권자에게 있다. 친권자의 위와 같은 반환의무는 제923조 1항의 계산의무 이행 여부를 불문하고 그 재산 관리 권한이 소멸한 때 발생한다. 이에 대응하는 자녀의 친권자에 대한 위와 같은 반환청구권은 재산적 권리로서 일신전속적인 권리라고 볼 수 없으므로, 자녀의 채권자가 그 반환청구권을 압류할 수 있다(대판 2022.11.17, 2018다294179).

(나) 재산상 행위의 대리권과 동의권

1) 재산에 관한 법률행위의 대리권 · 동의권 및 영업허락권

(i) 친권자는 자녀의 '재산에 관한 법률행위'에 대하여 대리한다(제920조 본문). 여기서 재산에 관한 법률행위란 현재 그 자녀가 소유하는 재산에 관한 법률행위뿐만 아니라 상속의 승인·포기 등 널리 자녀의 재산에 영향을 미치는 재산상의 법률행위를 포함한다. 친권자의 대리행위는 특별한 규정이 없는 한 재산행위에 국한된다. 또한 재산행위라도 친권자가 관리권을 갖지 않는 재산, 즉 친권자가 자녀에게 처분을 허락한 재산(제6조), 영업을 허락한 경우의 영업재산(제8조), 제3자가 무상으로 자녀에게 수여하여 친권자의 관리를 배제한 재산(제918조 1항) 등에 대해서는 친권자의 대리권이 인정되지 않는다.

(ii) 친권자의 대리행위가 자녀의 행위를 목적으로 하는 채무를 부담할 경우에는 자녀의 동의를 받아야 한다(제920조 단서). 이것은 자녀의 자유를 지키기 위하여 친권자의 대리권에 가해진 제한이므로, 만일 동의를 받지 않고 친권자가 법률행위를 하면 그것은 무권대리가 되어, 상대방에게 자녀의 동의를 받은 것으로 믿을 만한 정당한 이유가 있을 때에는 권한을 넘은 표현대리(제126조)가 성립한다(대판 2000.10.27, 2000다36118; 김주수/김상용, 448면). 이에 대해 제한능력자의 법정대리인에 대해서까지 제126조의 표현대리를 인정한다면, 이는 제한능력자를 보호한다는 제한행위능력 제도의 취지에 반하므로 제950조, 제920조의 경우에 표현대리가 성립하지 않는다는 견해가 있다(이영준, 민법총칙, 590면).

(iii) 친권자는 자녀의 재산상 행위에 관하여 동의할 권한을 갖는다. 즉 미성년자는 단순히 권리만을 취득하거나 의무를 면하는 행위가 아닌 이상 친권자의 동의를 받지 않으면 유효한 법률행위를 할 수 없다(제5조 1항). 친권자인 법정대리인의 동의 없이 미성년자가 재산상의 법률행위를 한 경우에 친권자는 이를 취소할 수 있다(제5조 2항). 또한 친권자는 법정대리인으로서 미성년자에게 특정한 영업을 허락할 수 있다(제8조 1항). 여기서 영업은 널리 영리를 목적으로 하는 사업을 말한다. 친권자는 영업의 허락을 취소 또는 제한할 수 있지만, 이로써 선의의 제3자에게 대항하지 못한다(제8조 2항). 그 밖에

친권자는 미성년자의 근로계약을 대리하여 체결할 수 없으나(근로기준법 제67조 1항), 미성년자가 친권자의 동의를 받지 않고 근로계약을 체결한 때에는 이를 취소할 수 있다(제5조 2항).

2) 대리권의 남용

친권자가 자신의 사리·사욕을 꾀할 목적으로 대리권을 남용한 경우, 그 대리행위의 효력에는 원칙적으로 영향이 없다. 그 결과 자녀는 막대한 손해를 입을 수 있다. 이러한 자녀를 보호하기 위하여 다수설은 제3자가 그 사정을 알고 있거나 알 수 있었을 때에는 제107조 1항 단서를 유추적용하여 대리행위의 효력을 부정한다. 판례도 친권자의 대리행위가 친권남용이 될 경우에 그 효과는 자녀에게 미치지 않는다고 한다(대판 1997.1.24, 96다43928; 대판 1981.10.13, 81다649). 그러나 그에 따라 외형상 형성된 법률관계를 기초로 하여 새로운 법률상 이해관계를 맺은 선의의 제3자에대하여는 대항할 수 없다(제107조 2항 유추적용). 제3자가 악의라는 사실에 관한 주장·증명책임은 무효를 주장하는 자에게 있다(대판 2018.4.26, 2016다3201).

판 례

친권자가 자(子)를 대리하는 법률행위는 친권자와 자(子) 사이의 이해상반행위에 해당하지 않는 한, 그것을 할 것인가 아닌가는 자(子)를 위하여 친권을 행사하는 친권자가 자(子)를 둘러싼 여러 사정을 고려하여 행할 수 있는 재량에 맡겨진 것으로 보아야 하므로, 이와 같이 친권자가 자(子)를 대리하여 행한 자(子) 소유의 재산에 대한 처분행위에 대해서는 그것이 사실상 자(子)의 이익을 무시하고 친권자 본인 혹은 제3자의 이익을 도모하는 것만을 목적으로 하여 이루어졌다고 하는 등 친권자에게 자(子)를 대리할 권한을 수여한 법의 취지에 현저히 반한다고 인정되는 사정이 존재하지 않는 한 친권자에 의한 대리권의 남용에 해당한다고 쉽게 단정할 수 없다(대판 2009.1.30, 2008다73731).

(4) 자녀의 친권대행

친권자는 그 친권에 따르는 미성년 자녀가 혼인외의 자녀를 출산한 경우, 자녀에 갈음하여 그 미성년 자녀의 혼인외의 자녀에 대한 친권을 행사한다(제910조). 미혼의 미성년자는 자기의 자녀에 대하여 친권을 행사할 수 없기 때문이다. 한편 제826조의2는 혼인에 의한 성년의제를 인정하고 있으므로, 자녀의 친권대행에 관한 제910조는 자녀가 혼인외의 자녀를 출산한 경우에 한한다.

(5) 이해상반행위에 관한 친권의 제한

(가) 특별대리인의 선임

친권자가 그 친권에 따르는 자녀와 이해가 상반되는 행위를 하거나 친권에 따르는 여러 명의 자녀 사이에 이해가 상반되는 경우에 공정한 친권행사를 기대할 수 없다. 이해상반행위의 경우에 친권자의 법정대리권은 제한되고, 친권자가 특별대리인의 선임을 법원에 청구하여(제921조) 그 특별대리인과 친권자가 법률행위를 하여야 한다. 여러 명의 자녀 사이의 이해상반의 경우에 미성년자 각자마다 특별대리인을 선임하여야 한다(대판 2001.6.29, 2001다28299).

판 례

제921조의 특별대리인 제도는 친권자와 그 친권에 복종하는 자 사이 또는 친권에 복종하는 자들 사이에 서로 이해가 충돌하는 경우에는 친권자에게 친권의 공정한 행사를 기대하기 어려우므로 친권자의 대리권 및 동의권을 제한하여 법원이 선임한 특별대리인으로 하여금 이들 권리를 행사하게 함으로써 친권의 남용을 방지하고 미성년인 자의 이익을 보호하려는 데 그 취지가 있으므로, 특별대리인은 이해가 상반되는 특정의 법률행위에 관하여 개별적으로 선임되어야 한다. 따라서 특별대리인선임신청서에는 선임되는 특별대리인이 처리할 법률행위를 특정하여 적시하여야 하고, 법원도 그 선임심판시에 '특별대리인이 처리할 법률행위를 특정'하여 이를 심판의 주문에 표시하는 것이 원칙이며, 특별대리인에게 미성년자가 하여야 할 법률행위를 무엇이든지 처리할 수 있도록 포괄적으로 권한을 수여하는 심판을 할 수는 없다(대판 1996.4.9, 96다1139).

(나) 이해상반행위

1) 이해상반행위는 행위의 객관적 성질상 친권자와 그 자녀 사이 또는 친권에 따르는 여러 자녀 사이에 이해의 대립이 생길 우려가 있는 행위를 의미한다. 예컨대 친권자를 위해서는 이익이 되고 미성년자를 위해서는 불이익한 행위(대판 1971.7.27, 71다1113) 또는 친권에 따르는 자녀의 한쪽을 위해서는 이익이 되고 다른 한쪽을 위해서는 불이익한 행위(대판 1976.3.9, 75다2340)가 이에 해당하며, 이해는 상반하더라도 친권자에게는 불이익이고 자녀에게만 이익인 경우는 이해상반행위가 아니다. 이해상반행위는 계약이든 단독행위(예: 친권자인 모와 자녀가 공동상속인인 경우, 모는 자신의 상속을 승인하면서 자녀의 대리인으로서 子의 상속을 포기하는 행위)이건 재산상·신분상 이익에 관한 것이든 묻지 않는다. 반면에 성년이 되어 친권자의 친권에 따르지 않는 자녀와 친권에 따르는 미성년인 자녀 사이에 이해상반이 되는 경우가 있더라도 친권자는 미성년자를 위한 법정대리인으로서 그 고유의 권리를 행사할 수 있으므로, 그러한 친권자의 법률행위는 제921조의 이해상반행위에 해당하지 않는다(대판 1989.9.12, 88다카28044).

2) 이해상반되는 행위이냐의 여부는 그 '행위 자체를 객관적으로' 관찰하여 판단해야 하고(형식적 판단설), 친권자의 의도나 그 행위의 결과 실제로 이해의 대립이 생겼는지 여부는 묻지 않는다(대판 1996.11.22, 96다10270). 친권자의 동기, 결과 등을 고려하여 이해상반행위를 판단하게 되면 그 사정을 알지 못하는 상대방이 예측하지 못한 손해를 입을 염려가

있기 때문이다. 가령 친권자 甲이 미성년자 乙의 대학입학금을 마련하려고 甲명의로 금전을 차용하는 계약을 체결하면서 乙을 대리하여 乙소유의 X부동산에 저당권을 설정하였다면, 이는 이해상반행위에 해당한다. 반면에 甲이 자기의 사업자금을 마련하려고 乙을 대리하여 乙의 명의로 금전을 차용하는 계약을 체결하면서 X부동산에 저당권을 설정하였다면, 이는 이해상반행위가 되지 않는다.

3) 판례가 이해상반행위로 인정한 사례로는, ① 자녀의 재산관리에 관한 포괄적 위임을 받은 父가 자신의 채무지급을 위하여 자녀를 대리하여 공동명의로 어음을 발행한 경우(대판 1971.2.23, 70다2916), ② 친권자가 자기 채무를 위하여 미성년의 자녀의 부동산을 담보로 제공한 경우(대판 1971.7.27, 71다1113), ③ 양모가 미성년의 양자를 상대로 소유권이전등기청구소송을 제기한 경우(대판 1991.4.12, 90다17491), ④ 친권자인 모가 공동상속인으로서 미성년의 자녀를 대리하여 상속재산분할협의를 하는 경우(대판 2001.6.29, 2001다28299; 대판 1993.3.9, 92다18481), ⑤ 친권자인 모가 자신의 연대보증한 채무의 담보로 자신과 자녀의 공유인 토지 중 자녀의 공유지분에 관하여 법정대리인의 자격으로 근저당권설정계약을 체결한 경우(대판 2002.1.11, 2001다65960) 등이 있다.

4) 한편 판례가 이해상반되지 않는 것으로 인정한 사례로는, ① 친권자인 모가 자기 오빠의 제3자에 대한 채무담보로 미성년인 자녀의 부동산에 근저당권을 설정한 경우(대판 1991.11.26, 91다32466), ② 친권자인 모가 자신이 대표이사로 있는 주식회사의 채무보증을 위하여 자신과 미성년인 자녀의 공유재산을 담보로 제공한 경우(대판 1996.11.22, 96다10270), ③ 친권자가 미성년의 자녀의 강력한 반대에도 미성년자의 이복형제인 성년의 다른 아들에게 미성년자 소유의 부동산을 증여한 경우(대판 1981.10.13, 81다649), ④ 친권자가 부동산을 미성년인 자녀에게 명의신탁하는 경우(대판 1998.4.10, 97다4005) 등이 있다.

판 례

(ㄱ) 법정대리인인 친권자와 그 자 사이의 이해상반의 유무는 전적으로 그 행위 자체를 객관적으로 관찰하여 판단하여야 할 것이지 그 행위의 동기나 연유를 고려하여 판단하여야 할 것은 아니다(대판 2002.1.11, 2001다65960).

(ㄴ) 법정대리인인 친권자가 부동산을 매수하여 이를 그 자에게 증여하는 행위는 미성년자인 자에게 이익만을 주는 행위이므로, 친권자와 자 사이의 이해상반행위에 속하지 아니하고, 또 자기계약이지만 유효하다(대판 1981.10.13, 81다649).

(다) 이해상반행위의 효력

친권자가 이해상반되는 행위를 특별대리인에 의하여 행하지 않고 스스로 하는 경우에는 무권대리가 된다. 다만 본인(성년이 된 후에)이 그 행위를 추인하면 유효하게 된다(대판 2001.6.29, 2001다28299; 김주수/김상용, 458면; 이경희, 244면). 추인은 대리인 또는 상대방에 대하여 하여야 한다. 가령 공유물분할에 관한 절차는 그 절차의 객관적 성질상 공유자들 사이에 이해의 대립이 생길 우려가 있다. 따라서 미성년자 여럿과 그 친권자가 공유물분할의 소의 당사자가 된 경우에는 미성년자마다 특별대리인을 선임하여 그 특별대리인이 미성년자를 대리하여 소송행위를 하여야 한다. 만약 친권자가 미성년자 여럿의 법정대리인으로서 소송행위를 하였다면 이는 제921조에 위반되어 미성년자들의 적법한 추인이 없는 한 무효이다(대판 2024.7.11, 2023다301941).

한편 미성년자가 이해상반되는 친권자의 동의를 받아서 한 행위에 대하여, 동의를 받지 않고 한 행위와 같은 효력을 가지게 되어 취소할 수 있다는 견해(김주수/김상용, 458면), 자녀와 친권자 사이에 이해상반되는 행위에 대하여는 처음부터 친권자에게 동의권이 없다는 견해가 있다(이경희, 244면).

판 례

(ㄱ) 어느 부동산에 관하여 등기가 경료되어 있는 경우 특별한 사정이 없는 한 그 원인과 절차에 있어서 적법하게 경료된 것으로 추정된다(대판 2008.3.27, 2007다91756). 따라서 전 등기명의인이 미성년자이고 당해 부동산을 친권자에게 증여하는 행위가 이해상반행위라 하더라도 일단 친권자에게 이전등기가 경료된 이상, 특별한 사정이 없는 한 그 이전등기에 관하여 필요한 절차를 적법하게 거친 것으로 추정된다(대판 2002.2.5, 2001다72029).

(ㄴ) 친권자가 미성년자와 이행상반되는 행위를 특별대리인에 의하지 않고 한 경우에는 특별한 사정이 없는 한 그 행위는 무효이다(대판 2013.1.24, 2010두27189).

(ㄷ) 민사소송법 제59조 전단과 제60조는 소송능력·법정대리권 또는 소송행위에 필요한 권한의 수여에 흠이 있는 경우에는 법원은 기간을 정하여 이를 보정하도록 명하여야 하고, 소송능력·법정대리권 또는 소송행위에 필요한 권한의 수여에 흠이 있는 사람이 소송행위를 한 뒤에 보정된 당사자나 법정대리인이 이를 추인한 경우에는 그 소송행위는 이를 한 때에 소급하여 효력이 생긴다고 규정하고 있다. 그러므로 미성년자의 법정대리인에게 법정대리권이 흠결된 경우 법원은 그 흠을 보정할 수 없음이 명백한 때가 아닌 한 기간을 정하여 보정을 명하여야 할 의무가 있고, 법정대리권의 보정은 항소심에서도 가능하다(대판 2024.7.11, 2023다301941; 대판 2024.4.12, 2023다313241).

(6) 친권자의 동의를 갈음하는 재판

가정법원은 친권자의 동의가 필요한 행위에 대하여 친권자가 정당한 이유 없이 동의하지 아니함으로써 자녀의 생명, 신체 또는 재산에 중대한 손해가 발생할 위험이 있는 경우에는 자녀, 자녀의 친족, 검사 또는 지방자치단체의 장의 청구에 의하여 친권자의 동의를 갈음하는 재판을 할 수 있다(제922조의2). 가령 부모가 종교의 힘으로 질병을 치료할 수 있다고 믿어 자녀의 종양제거 수술에 동의하지 않는 경우에 가정법원의 재판으로 친권자의 동의를 갈음 할 수 있다. 친권자의 동의가 필요한 행위에는 신상감호에 관한 것뿐만 아니라 재산법상이나 친족법상의 법률행위도 포함된다.

4. 친권의 상실 · 일시정지 · 일부제한과 회복

(1) 친권의 소멸

(가) 절대적 소멸원인

미성년 자녀의 사망·실종선고, 미성년자가 성년이 되거나 혼인한 때(제826조의2)에 친권은 절대적으로 소멸한다.

(나) 상대적 소멸원인

친권자가 사망(실종선고 포함)한 때, 혼인외의 자녀가 인지된 후 父가 친권자로 된 때(제909조 4항), 자녀가 타인의 양자로 된 때(제909조 1항), 부모의 이혼 또는 혼인무효·이혼취소로 부모 중 한 쪽이 친권자로 정하여진 때(제909조 4항, 5항), 입양이 무효·취소되거나 양자가 파양된 때, 법원의 심판에 의하여 친권자가 변경된 때(제909조 6항), 친권자가 대리권 또는 관리권을 사퇴한 때(제927조 1항) 또는 친권자가 친권상실의 선고를 받은 때에(제924조) 친권은 상대적으로 소멸한다.

(2) 친권의 상실

(가) 서 설

부 또는 모가 친권을 남용하여 자녀의 복리를 현저히 해치거나 해칠 우려가 있는 경우, 가정법원은 자녀, 자녀의 친족, 검사 또는 지방자치단체의 장의 청구에 의하여 그 친권의 상실을 선고할 수 있다(제924조 1항). 이것이 친권상실 제도이다.

(나) 친권상실선고의 요건

1) 친권을 남용하여 자녀의 복리를 현저히 해치거나 해칠 우려가 있을 것

친권상실을 청구할 수 있기 위해서는 친권을 남용하여 자녀의 복리를 현저히 해치거나 해칠 우려가 있어야 한다(제924조 1항). 여기서 친권남용이란 친권을 자녀의 복리실현에 현저하게 반하는 방식으로 행사하는 것을 말한다. 예컨대 친권자의 이익을 위하여 자녀의 재산을 마음대로 처분하거나 이해상반행위를 하면서 특별대리인을 선임하지 않는 경우, 자녀에 대한 신체적·정신적 학대, 자녀의 취학 거부 등이 이에 해당한다. 친권자의 행위가 친권남용에 해당하는지 여부는 자녀의 보호·교양, 자녀의 복리 등 제반사정을 고려하여 결정하여야 한다. 판례는 친권자인 모가 자기 오빠의 제3자에 대한 채무담보로 미성년인 자녀의 부동산에 근저당권을 설정한 경우, 모의 근저당권설정행위는 이해상반행위가 아니며 친권을 남용한 경우에 해당하지 않는다고 한다(대판 1991.11.26, 91다32466).

판 례

친권자인 모(母)가 미성년자인 자(子)의 법정대리인으로서 자의 유일한 재산을 아무런 대가도 받지 않고 증여하였고 상대방이 그 사실을 알고 있었던 경우, 그 증여행위는 친권의 남용에 의한 것이므로 그 효과는 자에게 미치지 않는다. 이 처럼 친권자의 법정대리권의 남용으로 인한 법률행위의 효과가 미성년인 자(子)에게 미치지 아니한다고 하여 그 친권자의 친권이 상실되어야 하는 것은 아니며, 친권자가 자의 법정대리인으로서 소송대리인을 선임하여 그 증여에 기하여 이루어진 소유권이전등기의 말소를 구하는 소를 제기하였다고 하여 이를 금반언의 원칙에 어긋난 것으로 볼 수도 없다(대판 1997.1.24, 96다43928).

2) 일정한 자의 청구가 있을 것

자녀, 자녀의 친족, 검사 또는 지방자치단체의 장이 친권상실선고를 청구하여야 한다(제924조 1항). 이 경우에 우선 가정법원에 조정을 신청하여야 한다(가사소송법 제2조 1항 마류 사건 7, 제50조). 친권상실선고의 재판이 확정된 때에는 그 재판을 청구한 사람이 재판의 확정일부터 1개월 이내에 그 취지를 신고하여야 한다(가족관계등록법 제79조 2항, 제58조).

(다) 친권상실선고의 보충성 · 최후성

1) 제924조에 따른 친권 상실의 선고는 같은 조에 따른 친권의 일시 정지, 제924조의2에 따른 친권의 일부 제한, 제925조에 따른 대리권·재산관리권의 상실선고 또는 그 밖의 다른 조치에 의해서는 자녀의 복리를 충분히 보호할 수 없는 경우에만 할 수 있다(제925조의2 제1항). 즉 친권상실선고는 보충적인 제도임과 동시에 다른 제도로는 목적달성이 불가능한 경우에 최후로 사용할 수 있는 제도이다.

2) 제924조 1항에 따른 친권 상실 청구가 있으면 가정법원은 제925조의2의 판단기준을 참작하여 친권 상실사유에는 해당하지 않지만 자녀의 복리를 위하여 친권의 일부제한이 필요하다고 볼 경우, 청구취지에 구속되지 않고 친권의 일부제한을 선고할 수 있다(대결 2018.5.25, 2018스520).

(라) 친권상실선고의 효과

1) 대리권 등의 상실

친권자가 친권상실선고를 받으면 미성년 자녀의 보호·교양권 및 재산관리권을 상실하고, 자녀의 신상에 관한 법률행위 내지 재산에 관한 법률행위의 대리권·동의권을 상실한다.

2) 후견의 개시

공동친권자 중 한쪽이 친권상실선고를 받은 경우 다른 한쪽이 친권행사자가 되고(제909조 3항), 공동친권자 양쪽 또는 단독친권자가 친권상실선고를 받은 때에는 후견이 개시된다(제928조). 주의할 것은 이혼 등으로 인해 단독친권자가 된 부 또는 모가 친권상실의 선고를 받은 경우, 부모의 다른 한쪽이 생존해 있는 때에는 일정한 자가 일정한 기간 내에 생존하는 부나 모를 친권자로 지정할 것을 청구할 수 있고(제927조의2 제1항, 제909조의2 제1항), 그 기간 내에 친권자 지정청구가 없으면 가정법원은 직권으로 또는 일정한 자의 청구에 의하여 미성년후견인을 선임할 수 있다는 점이다(제927조의2 제1항, 제909조의2 제3항).

3) 부모와 자녀 사이의 직계혈족으로서 발생한 권리의 소멸 여부

친권의 상실이 선고된 경우에도 부모의 자녀에 대한 그 밖의 권리와 의무는 변경되지 않는다(제925조의3). 예컨대 자녀의 혼인동의권(제808조), 입양에 대한 대락권(제869조), 부양의 권리·의무(제974조 1호), 상속에 관련된 권리·의무(제1000조, 제1001조, 제1112조) 등에 대해서는 아무런 영향을 미치지 않는다(박병호, 212면; 이경희, 249면; 송덕수, E-173). 다만 부모의 혼인동의권은 자녀의 보호를 목적으로 하는 것으로, 실질적으로 친권의 작용으로 보아야 하기 때문에 친권상실자에게 동의권을 주지 않아야 한다는 견해가 있다(김주수/김상용, 470면; 지원림, 6-105).

(3) 친권의 일시정지

(가) 서 설

가정법원은 부 또는 모가 친권을 남용하여 자녀의 복리를 현저히 해치거나 해칠 우려가 있는 경우에는 자녀, 자녀의 친족, 검사 또는 지방자치단체의 장의 청구에 의하여 그 친권의 일시정지를 선고할 수 있다(제924조 1항). 이것이 친권의 일시정지제도이다.

민법은 친권자의 동의를 갈음하는 재판규정(제922조의2)을 신설하여 미성년 자녀를 보호할 수 있도록 하고 있다. 그런데 가령 법원이 친권자의 동의를 갈음하는 재판을 하여 자녀의 치료를 강제하는 조치를 취하더라도 부모가 법정대리인으로서 의료계약을 해지하거나 거소지정권 또는 자녀의 인도청구권을 주장하여 법원의 조치를 무력화할 수 있다. 그래서 그러한 경우에 미성년 자녀를 보호하기 위하여 친권의 일시정지(제924조 1항)와 일부제한(제924조의2)제도를 도입한 것이다.

(나) 친권의 일시정지의 보충성

제924조에 따른 친권의 일시정지는 제922조의2에 따른 동의를 갈음하는 재판 또는 그 밖의 다른 조치에 의해서는 자녀의 복리를 충분히 보호할 수 없는 경우에만 할 수 있다(제925조의2 제2항).

(다) 친권의 일시정지의 효과

1) 정지기간

가정법원은 친권의 일시정지를 선고할 때에는 자녀의 상태, 양육상황, 그 밖의 사정을 고려하여 그 기간을 정하여야 하며, 그 기간은 2년을 넘을 수 없다(제924조 2항). 만일 자녀의 복리를 위하여 친권의 일시정지 기간의 연장이 필요하다고 인정하는 경우에는 가정법원은 자녀, 자녀의 친족, 검사, 지방자치단체의 장, 미성년후견인 또는 미성년후견감독인의 청구에 의하여 2년의 범위에서 그 기간을 한 차례만 연장할 수 있다(제924조 3항).

2) 일시정지의 효과

친권의 일시정지선고가 있으면 친권자는 정지된 기간 동안 친권을 행사하지 못한다. 한편 친권의 일시정지가 선고된 경우에도 부모의 자녀에 대한 그 밖의 권리와 의무는 변경되지 않는다(제925조의3).

(4) 친권의 일부제한

(가) 서 설

가정법원은 거소의 지정, 그 밖의 신상에 관한 결정 등 특정한 사항에 관하여 친권자가 친권을 행사하는 것이 곤란하거나 부적당한 사유가 있어 자녀의 복리를 해치거나 해칠 우려가 있는 경우에는 자녀, 자녀의 친족, 검사 또는 지방자치단체의 장의 청구에 의하여 구체적인 범위를 정하여 친권의 일부 제한을 선고할 수 있다(제924조의2).

(나) 친권의 일부제한의 보충성

제924조의2에 따른 친권의 일부제한은 제922조의2에 따른 동의를 갈음하는 재판 또는 그 밖의 다른 조치에 의해서는 자녀의 복리를 충분히 보호할 수 없는 경우에만 할 수 있다(제925조의2 제2항).

(다) 친권의 일부제한의 효과

가정법원이 친권의 일부제한 선고를 할 때에는 구체적인 범위를 정하여야 한다

(제924조의2). 친권자는 그 범위에서 친권을 행사하지 못한다. 한편 친권의 일부제한이 선고된 경우에도 부모의 자녀에 대한 그 밖의 권리와 의무는 변경되지 않는다(제925조의3).

(5) 대리권과 재산관리권의 상실

가정법원은 법정대리인인 친권자가 부적당한 관리로 인하여 자녀의 재산을 위태롭게 한 경우에는 자녀의 친족, 검사 또는 지방자치단체의 장의 청구에 의하여 그 법률행위의 대리권과 재산관리권의 상실을 선고할 수 있다(제925조).

(가) 요 건

1) 친권자의 부적당한 관리로 인하여 자녀의 재산을 위태롭게 할 것

법정대리인인 친권자가 미성년 자녀의 재산을 관리하면서 부주의로 또는 부당하게 관리하여 그 재산을 위태롭게 하여야 한다. 부적당한 재산관리는 반드시 친권자의 악의에 기할 것일 필요는 없다. 그리고 재산을 위태롭게 하는 사정이 있으면 충분하고 반드시 재산이 상실되어야 하는 것은 아니다.

2) 일정한 자의 청구가 있을 것

자녀의 친족, 검사 또는 지방자치단체의 장의 청구가 있어야 한다. 물론 조정전치주의가 적용되므로 청구권자는 먼저 가정법원에 조정을 신청하여야 한다(가사소송법 제2조 1항 마류 사건 7, 제50조).

(나) 대리권·재산관리권 상실선고의 보충성

제925조에 따른 대리권·재산관리권의 상실선고는 제922조의2에 따른 동의를 갈음하는 재판 또는 그 밖의 다른 조치에 의해서는 자녀의 복리를 충분히 보호할 수 없는 경우에만 할 수 있다(제925조의2).

(다) 효 과

대리권 또는 재산관리권 상실선고의 심판이 확정되면 친권자는 대리권과 재산관리권을 상실한다(제925조). 그러나 대리권과 재산관리권의 상실이 선고된 경우에도 부모의 자녀에 대한 그 밖의 권리와 의무는 변경되지 않는다(제925조의3). 또한 공동친권자인 부모 중 한쪽이 대리권이나 재산관리권을 상실하면 다른 한쪽이 행사하고, 미성년 자녀의 신분상 행위에 대하여는 여전히 친권을 공동으로 행사한다. 단독친권자가 대리권 등을 상실하면 대리권·재산관리권만을 행사하기 위하여 후견이 개시된다(제928조). 물론 이혼 등으로 단독친권자가 된 부 또는 모가 대리권 등을 상실하면 가정법원은 미성년자의 재산에 관한 행위를 위해 친권자를 지정하거나 미성년후견인을 선임할 수 있다(제927조의2 제1항). 그 밖에 법률행위의 대리권과 재산관리권을 상실한 친권자는 미성년자의 후견인을 지정하는 유언을 할 수 없다(제931조 1항 단서).

(6) 실권회복 — 실권선고의 취소

친권의 상실·일시정지(제924조), 친권의 일부제한(제924조의2) 또는 대리권·재산관리권 상실선고(제925조)가 있은 후 그 선고의 원인이 소멸된 경우, 가정법원은 본인, 자녀, 자녀의 친족, 검사 또는 지방자치단체의 장의 청구에 의하여 실권의 회복을 선고할 수 있다(제926조). 이 경우 가정법원에 우선 조정을 신청하여야 한다(가사소송법 제2조 1항 마류 사건 7, 제50조). 실권회복선고의 심판이 확정되면 친권자는 그때부터 친권 또는 대리권·재산관리권을 회복하고, 후견이 개시되어 있는 경우에는 후견이 종료된다.

(7) 대리권·재산관리권의 사퇴와 회복

(가) 친권은 자녀를 보호·교양할 권리인 것과 동시에 의무이기 때문에 친권의 일반적 포기 또는 사퇴는 원칙적으로 허용되지 않는다. 예컨대 자녀에 대한 법정대리권을 행사하지 않을 것을 선언하거나 합의하더라도 무효이다. 다만 법정대리인인 친권자는 정당한 사유가 있는 경우에 한하여 가정법원의 허가를 얻어 그 법률행위의 대리권과 재산관리권을 사퇴할 수 있다(제927조 1항, 가사소송법 제2조 1항 라류 사건 17). 즉 친권 중 법률행위의 대리권과 재산관리권의 사퇴만을 인정하고 있다. 따라서 신상의 행위에 대한 권리의무에 관하여 사퇴는 허용되지 않는다. 정당한 사유로는 장기간의 해외체류·중병 또는 복역 등을 들 수 있다.

(나) 공동친권자의 한쪽이 대리권·재산관리권을 사퇴한 경우에 다른 한쪽의 친권자가 단독친권자가 된다. 공동친권자 양쪽 또는 단독친권자가 대리권·재산관리권을 사퇴한 경우, 후견개시 여부는 대리권과 재산관리권의 상실의 경우와 같다.

(다) 사퇴의 사유가 소멸하면, 가정법원의 허가를 얻어서 사퇴한 권리를 회복할 수 있다(제927조 2항, 가사소송법 제2조 1항 라류 사건 17).

(8) 친권의 상실·일시정지·일부제한과 친권자의 지정 등

(가) 인지, 이혼, 혼인의 취소 등으로 인해(제909조 4항~6항) 단독친권자가 된 부 또는 모, 양부모(친양자의 양부모를 제외한다) 양쪽에게 ① 친권의 상실·일시정지의 선고가 있는 경우(제924조), ② 친권 일부제한의 선고가 있는 경우(제924조의2), ③ 대리권과 재산관리권 상실의 선고가 있는 경우(제925조), ④ 대리권과 재산관리권을 사퇴한 경우(제927조 1항), ⑤ 소재불명 등 친권을 행사할 수 없는 중대한 사유가 있는 경우에는 생존하는 부 또는 모, 미성년자, 미성년자의

친족은 그 사실을 안 날부터 1개월, 사망한 날부터 6개월 내에 가정법원에 생존하는 부 또는 모를 친권자로 지정할 것을 청구할 수 있다(제927조의2 제1항, 제909조의2 제1항). 만일 친권자 지정 청구기간 내에 지정 청구가 없을 때에는 가정법원은 직권으로 또는 미성년자, 미성년자의 친족, 이해관계인, 검사, 지방자치단체의 장의 청구에 의하여 미성년후견인을 선임할 수 있고(제927조의2 제1항, 제909조의2 제3항), 후견인 선임청구가 미성년자의 복리를 위하여 적절하지 아니하다고 인정하면 청구를 기각할 수 있으며, 이 경우 직권으로 친권자를 지정할 수 있다(제927조의2 제1항, 제909조의2 제4항). 다만 친권 일부제한의 선고가 있는 경우(제924조의2), 대리권과 재산관리권 상실의 선고가 있는 경우(제925조), 대리권과 재산관리권을 사퇴한 경우(제927조 1항), 새로 정하여진 친권자 또는 미성년후견인의 임무는 제한된 친권의 범위에 속하는 행위에 한정된다(제927조의2 제1항 단서).

(나) 가정법원은 친권자가 지정되거나 미성년후견인이 선임된 후 단독 친권자이었던 부 또는 모, 양부모 한쪽 또는 양쪽에게 ① 실권의 회복이 선고된 경우(제926조), ② 사퇴한 대리권과 재산관리권을 회복한 경우(제927조 2항), ③ 소재불명이던 부 또는 모가 발견되는 등 친권을 행사할 수 있게 된 경우에는 그 부모 한쪽 또는 양쪽, 미성년자, 미성년자의 친족의 청구에 의하여 친권자를 새로 지정할 수 있다(제927조의2 제2항).

제 4 절 후 견

Ⅰ. 서 설

후견은 정신적 제약을 가지고 있는 사람을 보호하고 미래에 정신적 능력이 약해질 상황을 대비하기 위하여 마련된 제도이다. 종전 금치산·한정치산제도는 그 대상자가 심신상실·미약자로 한정되어 보호가 필요한 사람들에게 효율적인 조력을 제공한다는 측면에서 미흡한 점이 적지 않았다. 새로운 제도는 ① 질병, 노령 등의 사유로 인한 정신적 제약으로 사무를 처리할 능력이 결여된 사람(성년후견), 사무를 처리할 능력이 부족한 사람(한정후견), 일시적 또는 특정한 사무에 관한 후원이 필요한 사람(특정후견)으로 그 대상을 넓히고, ② 가정법원이 이용자의 정신적 제약의 정도에 따라 후견인의 조력을 받아야 하는 행위 유형 등을 개별적으로 결정할 수 있도록 하고 있다. 또한 모든 유형의 제도 이용자에게 잔존 능력을 인정하고, 피한정후견인 및 피특정후견인은 원칙적으로 완전한 행위능력을 보유한다(제13조, 제14조의2). 즉 성년후견을 받는 사람의 법률행위 중 일용품의 구입 등 일상생활을 영위하는 데 필요한 행위이거나 후견개시의 심판에서 달리 정한 것은 취소할 수 없고, 한정후견을 받는 사람의 법률행위는 가정법원에서 한정후견인의 동의 사항으로 결정하지 아니한 이상 확정적으로 유효한 법률행위로 인정되며, 특정후견을 받는 사람의 법률행위는 어떠한 법적 제약이 따르지 않는다. 그 밖에 후견을 받는 사람의 복리, 치료행위, 주거의 자유 등에 관한 신상보호 규정이 신설되었다(제947조, 제947조의2). 한편 후견에는 미성년후견·성년후견·한정후견·특정후견이 있으며, 실질적인 후견인 감독을 위한 후견감독인제도(제940조의2 이하)와 후견을 받을 사람 스스로 후견인을 선임하고 후견의 내용을 정할 수 있는 후견계약제도가 있다(제959조의14 이하).

Ⅱ. 미성년후견

1. 후견의 개시

(1) 후견개시의 원인

미성년자에게 친권자가 없거나 친권자가 제924조, 제924조의2, 제925조 또는 제927조 1항에 따라 친권의 전부 또는 일부를 행사할 수 없는 경우에는 후견이 개시된다(제928조).

(가) 미성년자에게 친권자가 없을 때

친권은 부모가 공동으로 행사하여야 하므로(제909조 2항), 부모 한쪽의 사망(실종선고 포함)·친권상실의 경우에 다른 한쪽이 친권을 행사할 수 있기 때문에 후견은 개시되지 않는다. 또한 친권대행자(제910조)가 있으면 후견이 개시되지 아니한다. 반면에 부모가 모두 사망하거나 친권을 상실한 경우, 단독친권자가 사망하거나 친권상실의 선고를 받은 경우, 심신상실·행방불명이나 그 밖의 사유로 사실상 친권을 행사할 수 없는 경우에 후견이 개시된다. 또한 양자의 경우에는 양부모가 친권자가 되고 친생부모의 친권은 소멸하므로, 양부모가 모두 사망하면 친생부모의 친권은 부활하지 않고 후견이 개시된다.

(나) 미성년자의 친권자가 친권의 전부 또는 일부를 행사할 수 없을 때

친권자가 제924조, 제924조의2, 제925조 또는 제927조 1항에 따라 친권의 전부 또는 일부를 행사할 수 없는 경우에 후견이 개시된다.

(2) 후견개시의 신고

후견이 개시되면 후견인은 취임일부터 1개월 이내에 후견개시의 신고를 하여야 한다(가족관계등록법 제80조 1항). 이는 보고적 신고이다. 유언에 의하여 후견인을 지정한 경우에는 지정에 관한 유언서 그 등본 또는 유언녹음을 기재한 서면을 신고서에 첨부하여야 하고, 후견인 선임의 재판이 있는 경우에는 재판서의 등본을 신고서에 첨부하여야 한다(동법 제82조).

2. 후 견 인

(1) 후견인의 수

미성년후견인은 1인으로 한다(제930조 1항). 이는 책임소재를 분명히 하고 사무의 신속처리를 도모하기 위한 것이다.

(2) 후견인의 순위

후견인은 1순위가 지정후견인, 2순위는 선임후견인이다. 참고로 개정민법은 "지정후견인이 없는 경우에 미성년자의 직계혈족·3촌 이내의 방계혈족의 순으로 후견인이 된다"는 법정후견인 제도를 폐지하였다.

(가) 지정후견인

미성년자에게 친권을 행사하는 부모는 유언으로 미성년후견인을 지정할 수 있다(제931조 1항 본문). 미성년자에 대하여 친권을 행사하는 부모만이 유언으로 후견인을 지정할 수 있으므로, 친권상실 등의 이유로 친권을 행사할 수 없는 부모는 후견인을 지정할 수 없다. 또한 법률행위의 대리권과 재산관리권이 없는 친권자도 후견인을 지정할 수 없다(제931조 1항 단서). 한편 미성년후견인이 지정된 경우라도 가정법원은 미성년자의 복리를 위하여 필요하면 생존하는 부 또는 모, 미성년자의 청구에 의하여 후견을 종료하고 생존하는 부 또는 모를 친권자로 지정할 수 있다(제931조 2항).

(나) 선임후견인

유언으로 지정된 미성년후견인이 없는 경우, 미성년후견인이 없게 된 경우에는 가정법원은 직권으로 또는 미성년자, 친족, 이해관계인, 검사, 지방자치단체의 장의 청구에 의하여 미성년후견인을 선임한다(제932조 1항). 가정법원은 제924조, 제924조의2 및 제925조에 따른 친권의 상실·일시정지·일부제한의 선고 또는 법률행위의 대리권이나 재산관리권 상실의 선고에 따라 미성년후견인을 선임할 필요가 있는 경우에는 '직권으로' 미성년후견인을 선임한다(제932조 2항). 한편 친권자가 대리권 및 재산관리권을 사퇴한 경우에는 지체 없이 가정법원에 미성년후견인의 선임을 청구하여야 한다(제932조 3항).

3. 후견인의 결격 · 사퇴 · 변경

(1) 결 격

① 미성년자, ② 피성년후견인, 피한정후견인, 피특정후견인, 피임의후견인, ③ 회생절차개시결정 또는 파산선고를 받은 자, ④ 자격정지 이상의 형의 선고를 받고 그 형기(刑期) 중에 있는 사람, ⑤ 법원에서 해임된 법정대리인, ⑥ 법원에서 해임된 성년후견인, 한정후견인, 특정후견인, 임의후견인과 그 감독인, ⑦ 행방이 불분명한 사람, ⑧ 피후견인을 상대로 소송을 하였거나 하고 있는 자 또는 그 배우자와 직계혈족(다만 피후견인의 직계비속은 제외)은 후견인이 되지 못한다(제937조). 특히 소송에서 후견인이 원고이건 피고이건 상관없이 결격된다. 다시 말하면 피후견인과 이해가 대립되는 자는 후견인이 될 수 없다.

(2) 사 임

후견인은 정당한 사유가 있는 경우에는 가정법원의 허가를 받아 사임할 수 있다. 이 경우 그 후견인은 사임청구와 동시에 가정법원에 새로운 후견인의 선임을 청구하여야 한다(제939조).

(3) 변 경

가정법원은 피후견인의 복리를 위하여 후견인을 변경할 필요가 있다고 인정하면, 직권으로 또는 피후견인, 친족, 후견감독인, 검사, 지방자치단체의 장의 청구에 의하여 후견인을 변경할 수 있다(제940조).

판 례

후견인해임심판은 후견인에게 제940조의 사유가 있는 경우에 그 지위를 상실하게 하는 절차이므로, 실제 후견인이 아닌데도 후견인인 것처럼 등록부에 등재되어 있다 하여도 후견인해임심판의 대상이 될 수 없는 것이고, 진정한 후견인이 위와 같이 등재된 자를 상대로 그 지위를 확정하기 위하여 후견인해임심판을 구하는 것은 부적법하다(대결 1991. 4.4, 90스3).

4. 후견인의 임무

(1) 후견인의 취임 당시의 임무

(가) 재산조사와 재산목록작성

후견인은 지체 없이 피후견인(미성년자)의 재산을 조사하여 2개월 내에 그 목록을 작성하여야 한다. 다만 정당한 사유가 있는 경우에는 법원의 허가를 받아 그 기간을 연장할 수 있다(제941조 1항). 만약 후견감독인이 있는 경우에는 이러한 재산조사와 목록작성에 후견감독인이 참여하여야 하고, 그의 참여가 없으면 효력이 없다(제941조 2항). 한편 재산목록의 작성을 완성하기까지 긴급·필요한 경우(예: 소멸시효의 중단, 채권자대위, 채무자재산의 압류, 가옥의 긴급수리 등)가 아니면 후견인은 재산에 관한 권한을 행사하지 못한다(제943조 본문). 긴급한 필요가 없는데 후견인이 재산에 관한 행위를 하면 무권대리행위가 되지만(대판 1997.11.28, 97도1368), 선의의 제3자에게 대항하지 못한다(제943조 단서).

(나) 후견인의 채권·채무의 제시

후견인과 피후견인 사이에 채권·채무의 관계가 있고 후견감독인이 있는 경우에는 후견인은 재산목록의 작성을 완료하기 전에 그 내용을 후견감독인에게 제시하여야 하며, 후견인이 피후견인에 대한 채권이 있음을 알고도 이를 제시하지 않은 때에는 채권을 포기한 것으로 본다(제942조).

(다) 피후견인이 취득한 포괄적 재산의 조사 등

후견인의 취임 후 피후견인(미성년자)이 포괄적 재산을 취득한 경우에도 제941조 내지 제943조의 규정이 준용된다(제944조).

(2) 미성년자의 신분에 관한 후견인의 권리·의무

미성년자를 위한 후견은 친권의 연장이므로, 미성년자의 신분에 대해서 친권자와 동일한 권리의무를 가지지만 일정한 제한을 받는다(제945조).

(가) 양 육 권

후견인은 미성년자인 피후견인의 보호·교양(제913조), 거소지정(제914조), 유아의 인도청구에 관하여 친권자와 동일한 권리·의무를 가진다(제945조 본문). 다만 ① 친권자가 정한 교육방법, 양육방법 또는 거소를 변경하는 경우, ② 친권자가 허락한 영업을 취소하거나 제한하는 경우에는 미성년후견감독인이 있으면 그의 동의를 받아야 한다(제945조 단서).

(나) 신분행위의 대리권과 동의권

후견인도 법률이 정하는 일정한 경우에는 미성년자의 신분상의 행위에 대하여 대리권과 동의권을 가진다.

1) 대리권을 가지는 경우

① 나이위반의 혼인에 대한 취소(제817조), ② 인지청구의 소(제863조), ③ 13세 미만자의 입양승낙(제869조), ④ 미성년자가 양친이 된 입양의 취소(제885조), ⑤ 13세 이상의 미성년자가 동의권자의 동의를 받지 않고 양자가 되었을 때의 취소(제886조), ⑥ 상속의 승인·포기(제1019조, 제1020조) 등이며, 그 밖에 가사소송법에 의하여 법정대리인으로서 소송을 제기할 수 있다(동법 제23조, 제28조, 제31조).

2) 동의권이 있는 경우

약혼(제801조)·혼인(제808조 2항)에 관하여 동의할 권한을 갖는다. 후견인이 미성년자의 인지, 협의이혼에 대한 동의권이 없는 이유는 미성년자에게 인지능력이 있고, 미성년자도 혼인하면 성년자로 간주되기 때문이다(박동섭, 384면).

(다) 친권의 대행

미성년후견인은 미성년자를 갈음하여 미성년자의 자녀에 대한 친권을 행사하며, 친권행사에는 미성년후견인의 임무에 관한 규정을 준용한다(제948조).

(3) 미성년자의 재산에 관한 후견인의 권리 · 의무

(가) 대리권과 재산관리권

1) 후견인은 피후견인의 법정대리인이 된다(제938조 1항). 따라서 후견인은 피후견인의 재산을 관리하고 그 재산에 관한 법률행위에 대하여 피후견인을 대리한다(제949조 1항). 한편 미성년자의 친권자가 제924조의2, 제925조 또는 제927조 1항에 따라 친권 중 일부에 한정하여 행사할 수 없는 경우에 미성년후견인의 임무는 제한된 친권의 범위에 속하는 행위에 한정된다(제946조). 이 경우 후견인의 임무는 미성년자의 재산에 관한 행위에 한하며, 미성년자의 신분상 행위에 관해서는 친권자가 계속하여 친권을 행사하게 된다.

2) 자기 재산에 관한 행위와 동일한 주의를 요하는 친권자와 달리 미성년후견인은 재임 중 피후견인의 재산을 선량한 관리자의 주의로 관리하여야 한다(제956조, 제681조).

3) 미성년자에게 재산을 무상으로 수여한 제3자가 미성년후견인의 관리에 반대하는 의사를 표시한 경우에는 재산관리권이 없다(제956조, 제918조). 이 경우 관리인을 지정하지 않았을 때에는 가정법원이 선임하는 관리인이 관리한다.

(나) 동 의 권

미성년자가 의사능력이 있을 때에는 동의를 주어 스스로 법률행위를 하도록 할 수 있다(제5조-제7조).

(다) 후견인의 권한에 대한 제한

1) 대리권의 제한

후견인은 피후견인의 행위를 목적으로 하는 채무를 부담할 경우에는 본인의 동의를 받아야 한다(제949조 2항, 제920조 단서). 또한 미성년자의 근로계약에 대하여도 친권자의 경우와 같이 계약을 체결할 수 없다(근로기준법 제67조 1항).

2) 중요한 행위에 대한 제한

후견인이 피후견인을 대리하여 일정한 행위를 하거나 미성년자의 일정한 행위에 동의를 할 때는 후견감독인이 있으면 그의 동의를 받아야 한다(제950조 1항). 즉 ① 영업에 관한 행위, ② 금전을 빌리는 행위, ③ 의무만을 부담하는 행위, ④ 부동산 또는 중요한 재산에 관한 권리의 득실변경을 목적으로 하는 행위, ⑤ 소송행위, ⑥ 상속의 승인, 한정승인 또는 포기 및 상속재산의 분할에 관한 협의에는 후견감독인이 있으면 그의 동의를 받아야 한다. 그 밖에 후견인이 피후견인에 대한 제3자의 권리를 양수하는 경우에도 후견감독인이 있으면 후견인은 그의 동의를 받아야 한다(제951조 2항). 만일 후견감독인의 동의가 필요한 행위에 대하여 후견감독인이 피후견인의 이익이 침해될 우려가 있음에도 동의하지 않은 경우에는 가정법원은 후견인의 청구에 의하여 후견감독인의 동의를 갈음하는 허가를 할 수 있다(제950조 2항). 주의할 것은 후견인이 그와 미성년자 사이에 이해가 상반되는 행위를 할 때에는 특별대리인을 선임하여야 하지만, 후견감독인이 있는 경우에는 그가 미성년자를 대리하므로(제940조의 6 제3항) 특별대리인을 선임할 필요가 없다는 점이다(제949조의3).

3) 후견감독인의 동의 없는 후견인의 행위의 효력

(i) 후견감독인의 동의가 필요한 법률행위를 후견인이 후견감독인의 동의 없이 하였을 때에는 피후견인 또는 후견감독인이 그 행위를 취소할 수 있다(제950조 3항, 제951조 2항).

물론 후견감독인의 동의 없는 후견인의 행위에 대한 취소권은 행사상의 일신전속권이므로, 채권자대위권의 목적이 될 수 없다(대판 1996.5.31, 94다35985). 또한 후견인이 후견감독인의 동의를 필요로 하는 경우에 이를 얻지 않고 대리행위를 하였을 경우, 그것은 무권대리행위이며 상대방이나 제3자는 후견감독인에 대하여 추인 여부를 최고할 수 있다(제952조, 제15조). 다만 행위의 상대방이 과실 없이 동의를 받은 것으로 믿고 그렇게 믿을 만한 정당한 이유가 있으면 제126조의 표현대리가 성립될 수 있다(대판 1997.6.27, 97다3828; 김주수/김상용, 517면; 박동섭/양경승, 461면).

(ii) 후견감독인의 동의가 필요한 법률행위를 후견인이 후견감독인의 동의 없이 한 경우에 발생하는 취소권은 제146조에 의하여 추인할 수 있는 날부터 3년 내에, 법률행위를 한 날부터 10년 내에 행사하여야 하지만(취소권의 존속기간은 제척기간이며, 그 제척기간 내에 재판상 또는 재판 외에서 취소권을 행사할 수 있다: 대판 1993.7.27, 92다52795), 여기에서 '추인할 수 있는 날'이라 함은 취소의 원인이 종료한 후를 의미한다.

판 례

甲과 그의 생모인 乙이 丙과의 사이에 계쟁부동산지분에 관하여 민·형사상의 이의를 제기하지 않기로 하는 취지의 약정을 하였더라도 약정 당시 甲은 미성년자로서 제한능력자이고 乙은 이미 재혼하여 친권을 상실한 자였다면 설사 乙이 甲에 대한 후견인의 지위에서 피후견인인 甲의 부동산지분에 관한 권리의 득실변경을 목적으로 하는 행위를 동의하거나 대리한 취지로 부제소합의를 하게 된 것이더라도 이에 관하여 후견감독인의 동의를 받지 못한 이상 甲이 성년에 달한 후 3년 이내에 부제소합의를 취소한 것은 적법하다(대판 1989.10.10, 89다카1602,1619).

5. 후견인의 보수

법원은 후견인의 청구에 의하여 피후견인의 재산상태 등을 참작하여 피후견인의 재산으로 보수를 줄 수 있다(제955조). 후견인은 친권자 대신 미성년 자녀를 보호하고 교양하는 등 그 임무수행에 상당한 시간과 노력을 제공하기 때문이다. 그 밖에 후견인이 후견사무를 수행하는데 필요한 비용은 피후견인의 재산 중에서 지출한다(제955조의2).

6. 미성년자를 위한 후견종료

(1) 종료사유

(가) 절대적 종료

피후견인의 사망, 피후견인인 미성년자의 성년 도달 또는 혼인에 의한 성년의제, 친권상실선고의 취소 등으로 친권자의 친권행사가 가능해진 경우, 미성년자의 인지 또는 입양 등과 같이 후견의 필요성이 없어져 후견관계 자체가 소멸해 버리는 경우에 후견은 절대적으로 종료한다.

(나) 상대적 종료

후견인의 사망, 실종선고, 결격, 사임 또는 변경 등과 같이 후견 그 자체는 종료하지 않지만 현재 후견임무를 수행하는 후견인의 임무가 종료하는 경우이다. 후견종료의 사유는 이를 다른 한쪽에게 통지하거나 또는 다른 한쪽이 이를 안 때가 아니면 그 종료로써 다른 한쪽에게 대항할 수 없다(제959조, 제692조).

(2) 후견종료시의 임무

(가) 관리의 계산

후견인의 임무가 종료된 때에는 후견인 또는 그 상속인은 1개월 내에 피후견인의 재산에 관한 계산을 하여야 한다(제957조 1항 본문). 다만 정당한 사유가 있는 경우에는 법원의 허가를 받아 그 기간을 연장할 수 있다(제957조 1항 단서). 이 계산은 후견감독인이 있는 경우에는 그가 참여하지 아니하면 효력이 없다(제957조 2항).

(나) 이자의 부가 및 손해배상

후견인이 피후견인에게 지급할 금액이나 피후견인이 후견인에게 지급할 금액에는 계산종료의 날부터 이자를 부가하여야 한다(제958조 1항). 또 후견인이 자기를 위하여 피후견인의 금전을 소비한 때에는 그 소비한 날부터 이자를 부가하고 피후견인에게 손해가 있으면 이를 배상하여야 한다(제958조 2항).

(다) 후견종료와 긴급처리

후견종료의 경우에 급박한 사정이 있으면 후견인, 그 상속인이나 법정대리인은 피후견인, 그 상속인이나 법정대리인이 그 후견사무를 처리할 수 있을 때까지 그 사무의 처리를 계속하여야 한다. 이러한 경우에는 후견의 존속과 동일한 효력이 있다(제959조, 제691조).

(3) 후견종료의 신고

후견종료의 신고는 가족관계등록법에서 정하는 바에 따라 후견인이 1개월 이내에 하여야 한다. 다만 미성년자가 성년이 되어 후견이 종료된 경우에는 그렇지 않는다(동법 제83조).

7. 미성년후견감독인

(1) 후견감독인의 지정과 선임

미성년후견인을 지정할 수 있는 사람은 유언으로 후견감독인을 지정할 수 있다

(제940조의2). 한편 미성년후견감독인의 지정이 없는 경우에 가정법원은 필요하다고 인정하면 직권으로 또는 미성년자, 친족, 미성년후견인, 검사, 지방자치단체의 장의 청구에 의하여 후견감독인을 선임할 수 있다(제940조의3 제1항). 가정법원은 미성년후견감독인이 사망, 결격, 그 밖의 사유로 없게 된 경우에는 직권으로 또는 미성년자, 친족, 미성년후견인, 검사, 지방자치단체의 장의 청구에 의하여 후견감독인을 선임한다(제940조의3 제2항). 주의할 것은 미성년후견인은 1명이지만, 미성년후견감독인은 여러 명을 둘 수 있고, 법인도 후견감독인이 될 수 있다는 점이다(제940조의7, 제930조 2항, 3항). 후견감독인은 정당한 사유가 있는 경우에 가정법원의 허가를 받아 사임할 수 있고, 가정법원은 직권으로 또는 청구권자의 청구에 의하여 후견감독인을 추가로 선임하거나 변경할 수 있으며, 후견감독인을 선임할 때에는 피후견인의 의사를 존중하여야 하고, 피후견인의 건강, 생활관계 등의 사정도 고려하여야 한다(제940조의7, 제936조 3항, 4항, 제939조, 제940조).

(2) 결격사유

결격사유로는 후견인의 결격사유(제940조의7, 제937조) 이외에 미성년후견인의 가족(제779조)이라는 사유가 추가된다(제940조의5). 즉 미성년후견인의 가족은 후견감독인이 될 수 없다. 적절한 감독을 위하여 미성년후견인과 가까운 위치에 있는 그의 가족은 후견감독인이 될 수 없도록 한 것이다.

(3) 후견감독인의 임무

(가) 후견감독인은 후견인의 사무를 감독하며, 후견인이 없는 경우 지체 없이 가정법원에 후견인의 선임을 청구하여야 한다(제940조의6 제1항). 후견감독인은 피후견인의 신상이나 재산에 대하여 급박한 사정이 있는 경우 그의 보호를 위하여 필요한 행위 또는 처분을 할 수 있고(제940조의6 제2항), 후견인과 피후견인 사이에 이해가 상반되는 행위에 관하여는 후견감독인이 피후견인을 대리한다(제940조의6 제3항). 또한 후견감독인은 선관주의를 다하여 후견감독사무를 수행하여야 한다(제940조의7, 제681조).

(나) 후견감독인은 피후견인의 신체를 침해하는 의료행위에 대하여 피후견인이 동의할 수 없는 경우에는 그를 대신하여 동의할 수 있다(제940조의7, 제947조의2 제3항). 이 경우 피후견인이 의료행위의 직접적인 결과로 사망하거나 상당한 장애를 입을 위험이 있을 때에는 가정법원의 허가를 받아야 한다. 다만 허가절차로 의료행위가 지체되어 피후견인의 생명에 위험을 초래하거나 심신상의 중대한 장애를 초래할 때에는 사후에 허가를 청구할 수 있다(제940조의7, 제947조의2 제4항). 또한 후견감독인이 피후견인을 대리하여 피후견인이 거주

하고 있는 건물 또는 그 대지에 대하여 매도, 임대, 전세권 설정, 저당권 설정, 임대차의 해지, 전세권의 소멸, 그 밖에 이에 준하는 행위를 하는 경우에는 가정법원의 허가를 받아야 한다(제940조의7, 제947조의2 제5항).

(다) 한편 여러 명의 후견감독인이 있는 경우, 가정법원은 직권으로 여러 명의 후견감독인이 공동으로 또는 사무를 분장하여 그 권한을 행사하도록 정할 수 있고, 이를 변경하거나 취소할 수 있다(제940조의7, 제949조의2).

(4) 후견감독인의 보수 등

법원은 후견감독인의 청구에 의하여 피후견인의 재산상태나 그 밖의 사정을 참작하여 피후견인의 재산 중에서 상당한 보수를 후견감독인에게 수여할 수 있다(제940조의7, 제955조). 후견감독인이 후견감독사무를 수행하는데 필요한 비용은 피후견인의 재산 중에서 지출한다(제940조의7, 제955조의2).

(5) 후견감독의 종료

(가) 후견감독의 종료에는 후견 그 자체가 종료하는 경우(예: 피후견인의 사망 등)와 후견은 종료하지 않으나 현재 후견감독임무를 수행하는 후견감독인의 임무가 종료하는 경우가 있다. 후자의 경우는 후견감독인의 사망·사임·변경·결격의 사유가 발생하였을 때 등이다(제940조의7, 제937조, 제939조, 제940조). 후견감독종료의 사유는 이를 상대방에게 통지하거나 상대방이 이를 안 때가 아니면 이로써 상대방에게 대항하지 못한다(제940조의7, 제692조).

(나) 후견감독종료의 경우 급박한 사정이 있는 때에는 후견감독인, 그 상속인이나 법정대리인은 피후견인, 그 상속인이나 법정대리인이 스스로 그 사무를 처리할 수 있을 때까지 그 사무의 처리를 계속하여야 한다(제940조의7, 제691조).

Ⅲ. 성년후견

1. 성년후견의 개시와 종료

(1) 서 설

성년후견은 질병, 장애, 노령, 그 밖의 사유로 인한 정신적 제약으로 사무를 처리할 능력이 지속적으로 결여된 사람에 대하여 본인, 배우자, 4촌 이내의 친족, 미성년후견인, 미성년후견감독인, 한정후견인, 한정후견감독인, 특정후견인, 특정후견감독인,

검사 또는 지방자치단체의 장의 청구에 의하여 가정법원의 심판으로 개시한다(제9조 1항). 그러한 원인이 소멸한 때에 본인, 배우자, 4촌 이내의 친족, 성년후견인, 성년후견감독인, 검사 또는 지방자치단체의 장의 청구에 따라 가정법원의 심판으로 성년후견이 종료한다(제11조). 종료 후 성년후견인의 임무는 미성년후견의 경우와 동일하다(제957조 이하).

(2) 성년후견의 원인

성년후견의 원인은 '질병, 장애, 노령, 그 밖의 사유로 인한 정신적 제약으로 사무를 처리할 능력이 지속적으로 결여'된 상태이다. 즉 통상적인 정신적인 질병·장애 또는 노령 등으로 인하여 정신적 판단능력이 제약되는 경우가 주된 적용대상이다.

(3) 절차의 개시

성년후견은 본인, 배우자, 4촌 이내의 친족 등 일정한 청구권자의 청구에 의한 가정법원의 심판으로 개시되며, 가정법원은 직권으로 절차를 개시할 수는 없다. 여기서 배우자는 법률상의 배우자를 의미하며 사실혼 관계에 있는 배우자는 포함되지 않는다. 이와 관련하여 혼인생활이 실질적으로 파탄한 경우의 배우자를 포함시키면 성년후견을 남용할 우려가 있어, 혼인생활의 실질적 관계를 고려하여야 하는 것이 아닌지 의문이다. 그러나 배우자가 당연히 후견인이 되는 규정(제934조)이 폐지되어, 법률상 배우자에게 절차개시에 관한 주도권을 부여한다고 해서 후견을 필요로 하는 사람에게 불리한 결과가 발생한다고 할 수 없고, 남용의 위험은 성년후견인의 선임 과정에서 통제할 수 있다고 보인다(김형석, 성년후견제 도입을 위한 민법개정안 공청회, 14면). 그 밖에 우리 민법은 법원의 직권에 의한 절차 개시를 인정하지 않기 때문에, 근친이 없는 사람에 대한 성년후견을 가능하도록 공익의 대표자로서 검사에게, 또한 정신장애자·노령자의 일상에 대하여 보다 전문성을 가지고 접근할 수 있는 관련 지방자치단체의 장에게 청구권을 인정하고 있다.

(4) 본인의사의 고려

가정법원은 성년후견개시의 심판을 할 때 본인의 의사를 고려하여야 한다(제9조 2항). 즉 본인이 성년후견의 개시 여부에 대하여 가지고 있는 의견을 청취하여 본인의 복리에 부합하는 한도에서 그것을 적극적으로 고려해야 함을 의미한다.

2. 성년후견인

(1) 성년후견인의 선임·결격 등

(가) 성년후견개시심판이 있는 경우에 가정법원은 그 심판을 받은 사람의 성년후

견인을 직권으로 선임하여야 한다(제929조, 제936조 1항). 종전에는 법정후견인과 선임후견인이 있었지만, 개정민법은 법정후견인을 폐지하고, 가정법원이 제반사정을 종합적으로 고려하여 가장 적절한 성년후견인을 선임하도록 하고 있다. 가정법원이 성년후견인을 선임할 때에는 피성년후견인의 의사를 존중하여야 하고, 그 밖의 제반사정을 고려하여야 한다(제936조 4항). 즉 피성년후견인의 건강, 생활관계, 재산상황, 성년후견인이 될 사람의 직업과 경험, 피성년후견인과의 이해관계의 유무(법인이 성년후견인이 될 때에는 사업의 종류와 내용, 법인이나 그 대표자와 피성년후견인 사이의 이해관계의 유무) 등의 사정을 고려하여야 한다.

(나) 가정법원은 성년후견인이 사망, 결격, 그 밖의 사유로 없게 된 경우에도 직권으로 또는 피성년후견인, 친족, 이해관계인, 검사, 지방자치단체의 장의 청구에 의하여 성년후견인을 선임한다(제936조 2항).

(다) 한편 성년후견인의 결격·사임·변경에 대해서는 미성년후견인의 경우와 동일하다(제937조, 제939조, 제940조). 물론 이러한 사유에 대해서는 그 임무가 미성년후견과 다르다는 것을 고려하여 결정하여야 한다.

(2) 성년후견인의 수와 자격

(가) 미성년후견인은 1명이다(제930조 1항). 반면에 성년후견인은 피성년후견인의 신상과 재산에 관한 모든 사정을 고려하여 여러 명을 둘 수 있고(제930조 2항), 성년후견인이 이미 선임된 경우에도 필요하다고 인정하면 가정법원은 직권으로 또는 피성년후견인, 친족, 이해관계인, 검사, 지방자치단체의 장이나 성년후견인의 청구에 의하여 추가로 성년후견인을 선임할 수 있다(제936조 3항). 성년후견인의 임무는 피성년후견인의 재산과 신상의 사무를 모두 관리하는 것이어서, 가령 피성년후견인이 상당한 재산을 가진 경우에는 그 관리의 임무가 쉽지 않아 보호에 불충분한 점이 있을 수 있어, 다수의 후견인을 선임할 수 있도록 한 것이다.

(나) 다수의 성년후견인이 존재하는 경우, 가정법원은 직권으로 그들이 공동으로 또는 사무를 분장하여 그 권한을 행사하도록 정할 수 있고(제949조의2 제1항), 이를 변경하거나 취소할 수 있다(제949조의2 제2항). 만일 가정법원이 성년후견인의 사무분장 등에 관한 결정을 하지 않은 경우, 민법의 원칙에 따라 각자 권한을 행사할 수 있다고 할 것이다(제119조). 그리고 성년후견인들이 공동으로 권한을 행사하여야 하는데, 어느 성년후견인이 협력하지 않는 경우에는 가정법원에 그의 의사표시에 갈음하는 재판을 구할 수 있다. 즉 여러 명의 성년후견인이 공동으로 권한을 행사하여야 하는 경우에 어느 성년후견

인이 피성년후견인의 이익이 침해될 우려가 있음에도 법률행위의 대리 등 필요한 권한행사에 협력하지 아니할 때에는 가정법원은 피성년후견인, 성년후견인, 후견감독인 또는 이해관계인의 청구에 의하여 그 성년후견인의 의사표시를 갈음하는 재판을 할 수 있다(제949조의2 제3항).

(다) 법인도 성년후견인이 될 수 있다(제930조 3항). 즉 자연인뿐만 아니라 사회복지법인 등 법인도 성년후견인이 되어 임무를 수행할 수 있다. 주의할 것은 미성년후견의 경우 미성년자의 원만한 인격형성을 위하여 친권의 행사 등에서 인적인 접촉이 불가결하므로, 법인은 미성년후견인이 될 수 없다는 점이다.

(3) 성년후견인의 임무

(가) 피성년후견인의 복리와 의사존중

성년후견인은 피성년후견인의 재산관리와 신상보호를 할 때, 여러 사정을 고려하여 그의 복리에 부합하는 방법으로 사무를 처리하여야 한다. 이 경우 성년후견인은 피성년후견인의 복리에 반하지 아니하면 피성년후견인의 의사를 존중하여야 한다(제947조). 성년후견인이 이러한 복리배려의무와 의사존중의무를 위반하여 임무를 수행하는 경우, 이는 후견인 변경의 사유가 될 수 있다(제940조). 더 나아가 가정법원은 성년후견인의 임무수행이 피성년후견인의 복리에 부합하지 않는다고 판단하는 때에는 직권으로 또는 피후견인, 후견감독인, 제777조에 따른 친족, 그 밖의 이해관계인, 검사, 지방자치단체의 장의 청구에 의하여 재산관리 등 후견임무 수행에 관하여 필요한 처분을 할 수 있다(제954조).

(나) 성년후견인의 재산관리권과 법정대리권

1) 성년후견인은 피성년후견인의 재산을 관리하고 그 재산에 관한 법률행위에 대하여 피성년후견인을 대리한다(제949조 1항). 즉 성년후견인은 기본적으로 포괄적인 재산관리권과 법정대리권을 가진다(제938조 1항). 물론 가정법원은 피성년후견인의 신상과 재산에 관한 제반사정을 고려하여 적절하다고 생각될 때에는 성년후견인의 법정대리권의 범위를 조절할 수 있고(제938조 2항, 3항), 사정의 변화에 따라 변경할 수 있다(제938조 4항). 즉 가정법원은 본인, 배우자, 4촌 이내의 친족, 성년후견인, 성년후견감독인, 검사 또는 지방자치단체의 장의 청구에 의하여 그 범위를 변경할 수 있다. 따라서 성년후견인은 법정대리인이지만, 그 대리권의 범위는 가정법원이 탄력적으로 조절할 수 있다.

2) 일정한 경우에는 성년후견인의 법정대리권 행사가 제한된다. ① 피성년후견인

의 행위를 목적으로 하는 채무를 부담하는 법률행위를 성년후견인이 대리할 때에는 본인의 동의가 필요하다(제949조 2항, 제920조 단서). ② 성년후견인이 피성년후견인의 이익을 침해할 수 있는 이해상반행위를 한 때에는 법원에 특별대리인의 선임을 청구하여야 한다(제949조의3 본문, 제921조). 다만 후견감독인이 있는 경우에는 후견감독인이 피성년후견인을 대리하여 특별대리인의 역할을 수행할 수 있으므로(제940조의6 제3항), 특별대리인의 선임을 청구할 필요는 없다(제949조의3 단서). ③ 성년후견인이 피성년후견인을 대리하여 ㉠ 영업에 관한 행위, ㉡ 금전을 빌리는 행위, ㉢ 의무만을 부담하는 행위, ㉣ 부동산 또는 중요한 재산에 관한 권리의 득실변경을 목적으로 하는 행위, ㉤ 소송행위, ㉥ 상속의 승인, 한정승인 또는 포기 및 상속재산의 분할에 관한 협의를 할 때에는 성년후견감독인이 있으면 그의 동의를 받아야 한다(제950조 1항). 이와 같이 후견감독인의 동의가 필요한 법률행위를 성년후견인이 후견감독인의 동의 없이 하였을 때에는 피성년후견인 또는 성년후견감독인이 그 행위를 취소할 수 있다(제950조 3항). 후견감독인의 동의가 필요한 행위에 대하여 성년후견감독인이 피성년후견인의 이익이 침해될 우려가 있음에도 동의를 하지 않은 경우에는 가정법원은 성년후견인의 청구에 의하여 후견감독인의 동의를 갈음하는 허가를 할 수 있다(제950조 2항). ④ 다수의 성년후견인이 공동으로 또는 사무를 분장하여 그 권한을 행사하도록 가정법원이 결정한 경우(제949조의2 제1항), 법정대리권의 행사가 제한된다.

(다) 피성년후견인의 신상보호

개정민법은 피성년후견인의 재산관리 외에도 신상보호에 관한 규정을 두고 있다.

1) 피성년후견인은 자신의 신상에 관하여 그의 상태가 허락하는 범위에서 단독으로 결정한다(제947조의2 제1항). 피성년후견인이 거주·이전·주거·면접교섭·의학적 치료 등 신상에 대한 결정을 내릴 수 있는 상태에 있는 한 그의 의사가 가장 중요한 요소이므로, 그에 따라 그의 신상에 관한 관계가 형성되어야 한다는 의미이다. 이러한 신상에 대한 결정은 일반적으로 법률행위가 아니므로 성년후견인이 이를 대리할 수도 없을 뿐만 아니라 설령 그것이 가능하더라도 피성년후견인의 의사가 결정적인 의미를 가지기 때문이다. 가령 성년후견인은 임대차계약이나 의료계약을 대리할 수 있지만, 주거지의 선택이나 치료에 수반하는 의학적 침습에 대한 동의는 그의 상태가 허락하는 한에서 피성년후견인만이 할 수 있다.

2) 성년후견인이 피성년후견인을 치료 등의 목적으로 정신병원이나 그 밖의 다른 장소에 격리하려는 경우에는 가정법원의 허가를 받아야 한다(제947조의2 제2항). 치료 등의

목적으로 정신병원 그 밖의 다른 장소에 피성년후견인을 격리하기 위해서는 반드시 가정법원의 사전허가가 필요하며, 이를 위반하는 경우 위법한 감금행위가 된다.

3) 피성년후견인의 신체를 침해하는 의료행위에 대하여 '피성년후견인이 동의할 수 없는 경우'에는 성년후견인이 그를 대신하여 동의할 수 있다(제947조의2 제3항). 즉 피성년후견인은 자신의 신상에 관하여 단독으로 결정할 수 있는 신체적·정신적 상태에 있지 아니하는 경우, 가령 피성년후견인이 중태로 의식이 없는 상태에서 의학적 침습을 수반하는 수술이 필요한 경우에 그의 갈음하여 성년후견인이 보충적으로 동의할 수 있다. 이와 같이 성년후견인이 피성년후견인을 대신하여 동의를 하는 경우, 피성년후견인이 의료행위의 직접적인 결과로 '사망하거나 상당한 장애'를 입을 위험이 있을 때에는 '가정법원의 허가'를 받아야 한다. 다만 허가절차로 의료행위가 지체되어 피성년후견인의 생명에 위험을 초래하거나 심신상의 중대한 장애를 초래할 때에는 사후에 허가를 청구할 수 있다(제947조의2 제4항). 예컨대 중대한 수술을 전제하는 경우, 의사가 성년후견인에게 설명의무에 좇아 수술의 이익과 위험을 설명·고지하면 성년후견인은 피성년후견인의 복리를 고려하여 주의의무(제947조)에 좇아 그 위험을 충분히 고려한 다음 동의를 해야 하며, 만일 사망이나 상당한 장애의 위험이 의사에 의해 설명된 때에는 성년후견인은 가정법원의 허가를 받아야 한다. 반면에 피성년후견인이 동의할 수 없고, 의료행위가 사망 또는 중대한 장애를 초래하지 않는 때에는 성년후견인은 가정법원의 허가 없이 의료행위에 동의할 수 있다.

4) 성년후견인이 피성년후견인을 대리하여 피성년후견인이 거주하고 있는 건물 또는 그 대지에 대하여 매도, 임대, 전세권 설정, 저당권 설정, 임대차의 해지, 전세권의 소멸, 그 밖에 이에 준하는 행위를 하는 경우에는 가정법원의 허가를 받아야 한다(제947조의2 제5항). 이는 신상결정과는 관계가 없고, 피성년후견인의 주거와 관련된 성년후견인의 대리권 행사에 대한 제한이다. 이러한 법률행위는 피성년후견인의 주거에 큰 영향을 미치므로, 가정법원의 허가를 받도록 한 것이다.

(라) 피성년후견인에 대한 제3자의 권리양수의 제한

성년후견인이 피성년후견인에 대한 제3자의 권리를 양수(讓受)하는 경우에는 피성년후견인은 이를 취소할 수 있다(제951조 1항). 이러한 행위는 피후견인과 성년후견인 사이의 이익을 충돌시킬 염려가 있기 때문이다. 다만 성년후견감독인이 있으면 성년후견인은 후견감독인의 동의를 받아야 하고, 이를 위반한 경우에는 피성년후견인 또는 후견감독인이 이를 취소할 수 있다(제951조 2항). 이 경우 상대방의 추인여부 최고에 관한 규정이 준용된다(제952조).

(마) 후견종료시의 임무

성년후견 종료사유와 종료 후 성년후견인의 임무는 미성년후견의 경우(Ⅱ.6)와 동일하다(제957조, 제958조, 제959조).

3. 성년후견감독인

(1) 성년후견감독인의 선임· 결격

(가) 가정법원은 필요하다고 인정하면 직권으로 또는 피성년후견인, 친족, 성년후견인, 검사, 지방자치단체의 장의 청구에 의하여 성년후견감독인을 선임할 수 있다(제940조의4 제1항). 따라서 성년후견인과 달리 성년후견감독인은 필수적 기관이 아니라 임의적 기관이다. 또한 가정법원은 성년후견감독인이 사망, 결격, 그 밖의 사유로 없게 된 경우에는 직권으로 또는 피성년후견인, 친족, 성년후견인, 검사, 지방자치단체의 장의 청구에 의하여 성년후견감독인을 선임한다(제940조의4 제2항).

(나) 후견감독인은 성년후견인과 마찬가지로 여러 명을 둘 수 있고, 법인도 후견감독인이 될 수 있다(제940조의7, 제930조 2항, 3항). 가정법원은 필요하다고 인정하는 때에는 피성년후견인, 친족, 이해관계인, 검사, 지방자치단체의 장, 성년후견인의 청구 또는 직권에 의하여 성년후견감독인을 추가로 선임할 수 있으며, 후견감독인을 선임할 때에는 피성년후견인의 의사를 존중하여야 하고, 피성년후견인의 건강, 생활관계 등의 사정도 고려하여야 한다(제940조의7, 제936조 3항, 4항).

(다) 여러 명의 성년후견감독인이 있는 경우, 가정법원은 직권으로 그들이 공동으로 또는 사무를 분장하여 그 권한을 행사하도록 정할 수 있고, 이를 변경하거나 취소할 수 있다. 그 밖에 성년후견감독인이 공동으로 권한을 행사하여야 하는데 어느 후견감독인이 협력하지 않는 경우에는 가정법원에 그의 의사표시에 갈음하는 재판을 구할 수 있다(제940조의7, 제949조의2).

(라) 결격사유로는 후견인의 결격사유(제940조의7, 제937조) 이외에 성년후견인의 가족(제779조)이라는 사유가 추가된다(제940조의5). 즉 성년후견인의 가족은 후견감독인이 될 수 없다.

(2) 성년후견감독인의 임무 등

성년후견감독인의 직무, 보수, 후견감독의 종료에 관한 설명은 미성년후견감독인의 그것[II.7.(3)(4)(5)]과 동일하다(제940조의6, 제940조의7).

Ⅳ. 한정후견

1. 한정후견의 개시와 종료

질병, 장애, 노령, 그 밖의 사유로 인한 정신적 제약으로 사무를 처리할 능력이 부족한 사람에 대하여, 본인, 배우자, 4촌 이내의 친족, 미성년후견인, 미성년후견감독인, 성년후견인, 성년후견감독인, 특정후견인, 특정후견감독인, 검사 또는 지방자치단체의 장의 청구에 의하여 가정법원이 심판을 함으로써 한정후견은 개시하며(제12조 1항), 한정후견개시의 심판을 할 때에는 본인의 의사를 고려하여야 한다(제12조 2항, 제9조 2항). 한정후견개시의 원인이 소멸된 경우, 본인, 배우자, 4촌 이내의 친족, 한정후견인, 한정후견감독인, 검사 또는 지방자치단체의 장의 청구에 의하여, 가정법원이 심판을 함으로써 한정후견이 종료한다(제14조).

2. 한정후견인과 한정후견감독인

한정후견인과 한정후견감독인의 선임, 수와 자격, 결격, 사임, 변경은 기본적으로 성년후견인과 성년후견감독인의 경우와 동일하다(제959조의3, 제959조의5). 또한 가정법원은 피한정후견인이 한정후견인의 동의를 받아야 하는 행위의 범위를 정할 수 있다(제13조 1항). 일정한 행위에 관하여 한정후견인은 동의권이 있다. 만일 일정한 행위에 관하여 한정후견인과 피한정후견인 사이에 이해가 상반되는 경우, 후견감독인이 피후견인을 대리하거나 피후견인이 그 행위를 하는데 동의할 수 있다(제959조의5, 제940조의6 제3항).

3. 한정후견인의 임무

(1) 피한정후견인의 복리와 의사존중

한정후견인은 성년후견인과 마찬가지로 피한정후견인의 재산관리 및 신상보호를 할 때 여러 사정을 고려하여 그의 복리에 부합하는 방법으로 사무를 처리하여야 하며, 특히 피한정후견인의 복리에 반하지 아니하는 한 피한정후견인의 의사를 존중하여야 한다(제959조의6, 제947조).

(2) 한정후견인의 재산관리

(가) 가정법원이 한정후견인의 동의를 받도록 정한 피한정후견인의 행위에 관하여, 한정후견인은 피후견인의 법률행위에 동의를 함으로써 피후견인의 재산관리에 조력할 수 있다(제13조 1항). 한정후견인의 동의가 필요한 법률행위를 피한정후견인이 한정

후견인의 동의 없이 하였을 때에는 한정후견인과 피한정후견인은 그 법률행위를 취소할 수 있다(제13조 4항 본문, 제140조). 다만 일용품의 구입 등 일상생활에 필요하고 그 대가가 과도하지 아니한 법률행위에 대해서는 취소할 수 없다(제13조 4항 단서).

(나) 가정법원은 한정후견인에게 대리권을 수여하는 심판을 할 수 있고(제959조의4 제1항), 한정후견인이 피한정후견인의 신상에 관하여 결정할 수 있는 권한의 범위를 정할 수 있다(제959조의4 제2항, 제938조 3항). 이러한 한정후견인의 권한의 범위가 적절하지 아니하게 된 경우, 가정법원은 본인, 배우자, 4촌 이내의 친족, 성년후견인, 성년후견감독인, 검사 또는 지방자치단체의 장의 청구에 의하여 그 범위를 변경할 수 있다(제959조의4 제2항, 제938조 4항). 이와 같이 한정후견인이 법정대리권을 부여받은 한도에서 그는 피한정후견인의 법정대리인이 된다. 한정후견인의 법정대리권의 행사 및 제한에 대해서는 기본적으로 성년후견인의 법정대리권에 대하여 서술한 것이 그대로 타당하다. 즉 재산관리권과 대리권(제949조), 한정후견인이 여러 명인 경우의 권리행사(제949조의2), 이해상반행위(제949조의3), 후견감독인의 동의를 필요로 하는 행위(제950조), 피후견인의 재산 등의 양수(제951조) 등도 성년후견인의 경우와 같다(제959조의6). 그 밖에 피한정후견인의 행위를 목적으로 하는 채무를 부담할 경우에는 동의를 받아야 한다(제920조 단서, 제959조의6).

(3) 피한정후견인의 신상결정 등

피한정후견인의 신상결정에 관해서도 기본적으로 성년후견과 관련하여 서술한 내용이 그대로 타당하다. 즉 피한정후견인의 신체를 침해하는 의료행위에 대하여 피한정후견인이 동의할 수 없는 경우에는 한정후견인이 그를 대신하여 동의할 수 있고, 피한정후견인이 의료행위의 직접적인 결과로 사망하거나 상당한 장애를 입을 위험이 있을 때에는 가정법원의 허가를 받아야 한다. 한정후견인이 피한정후견인을 대리하여 피한정후견인이 거주하고 있는 건물 또는 그 대지에 대하여 매도, 임대, 전세권 설정 등의 행위를 하는 경우에도 가정법원의 허가를 받아야 한다(제959조의6, 제947조의2 제3항, 제4항, 제5항).

(4) 후견종료시의 임무

한정후견 종료사유와 종료 후 한정후견인의 임무는 미성년후견의 경우(Ⅱ.6)와 동일하다(제959조의7, 제691조, 제692조, 제957조, 제958조).

4. 한정후견감독인의 임무 등

한정후견감독인의 임무, 보수, 후견감독의 종료는 미성년후견감독인의 그것

[II.7.(3)(4)(5)]과 동일하다(제959조의5 제2항).

V. 특정후견

1. 서 설

(1) 의 의

가정법원은 질병, 장애, 노령, 그 밖의 사유로 인한 정신적 제약으로 일시적 후원 또는 특정한 사무에 관한 후원이 필요한 사람에 대하여 본인, 배우자, 4촌 이내의 친족, 미성년후견인, 미성년후견감독인, 검사 또는 지방자치단체의 장의 청구에 의하여 특정후견의 심판을 한다(제14조의2 제1항). 특정후견은 성년·한정후견과 달리 정신적 제약으로 인하여 사무를 처리할 능력이 결여되어 있거나 부족한 사람이 '일시적 사무' 또는 '특정한 사무'에 대하여 가정법원에 의한 후원을 받는 보호제도이다. 가령 후견을 필요로 하는 사람이 혼수상태에 있는 경우, 4촌 이내의 친족이 필요한 수술에 대하여 동의할 특정후견인의 선임을 청구할 수 있다.

(2) 특정후견의 심판절차

특정후견은 본인의 의사를 존중하여 행해지는 특정적 보호제도이므로, 본인의 의사에 반하여 할 수 없다(제14조의2 제2항). 특정후견도 정신적 제약으로 인하여 사무처리 능력이 부족한 사람을 위해 인정되는 제도이므로, 그 심판에 있어 본인의 심신상태에 대한 감정 등을 기초로 판단하여야 할 것이다. 한편 특정후견은 지속적인 보호제도인 성년·한정후견과 달리 일시적·특정적 보호제도이므로 개시와 종료를 별도로 심판할 필요는 없다. 따라서 가정법원은 특정후견의 심판을 하는 경우에는 특정후견의 기간 또는 사무의 범위를 정하여야 한다(제14조의2 제3항). 이와 같이 기간의 도과 또는 사무처리의 종결로 특정후견은 종료하며, 후견의 종료와 관련된 민법의 규정은 그대로 특정후견에 준용된다(제959조의13).

2. 특별후견에 따른 보호조치

(1) 가정법원의 처분

가정법원은 피특정후견인의 후원을 위하여 필요한 처분을 명할 수 있다(제959조의8). 가정법원은 피특정후견인의 사무를 처리하기 위하여 관계인에게 특정행위를 명하거나 부작위를 명하는 등의 방법으로 사무처리에 필요한 처분을 할 수 있다.

(2) 특정후견인·특정후견감독인의 선임

(가) 특정후견인의 선임과 임무

1) 가정법원은 특정후견에 의한 처분으로 피특정후견인을 후원하거나 대리하기 위한 특정후견인을 선임할 수 있다(제959조의9 제1항). 성년후견인의 경우와 마찬가지로 가정법원은 특정후견인이 사망, 결격, 그 밖의 사유로 없게 된 경우 직권으로 또는 청구권자의 청구에 의하여 특정후견인을 선임할 수 있고(제959조의9 제2항, 제936조 2항), 특정후견인이 선임된 경우에도 필요하다고 인정하면 추가로 특정후견인을 선임할 수 있다(제959조의9 제2항, 제936조 3항). 그 밖에 특정후견인의 수와 자격, 결격, 사임과 변경에 관해서는 성년후견인의 그것과 동일하다(제959조의9 제2항, 제930조 제2항, 제3항, 제937조, 제939조, 제940조).

한편 사무처리의 성질에 따라 피특정후견인의 후원을 위하여 필요하다고 인정하면, 가정법원은 기간이나 범위를 정하여 특정후견인에게 대리권을 수여하는 심판을 할 수 있고(제959조의11 제1항), 특정후견인의 대리권 행사에 가정법원이나 특정후견감독인의 동의를 받도록 명할 수 있다(제959조의11 제2항). 이 경우에는 특정후견인은 피특정후견인의 법정대리인이 된다.

2) 특정후견인이 여러 명을 선임한 경우, 가정법원은 공동으로 또는 사무를 분장하여 그 권한을 행사하도록 정할 수 있으며, 이를 변경하거나 취소할 수 있다(제959조의12, 제949조의2). 특정후견인은 선량한 관리자의 주의로써 후견사무를 처리하여야 하며(제959조의12, 제681조), 피특정후견인의 행위를 목적으로 하는 채무를 부담하는 법률행위를 대리하는 때에는 본인의 동의를 받아야 한다(제959조의12, 제920조 단서). 또한 특정후견인은 피특정후견인을 보좌하고 후원하는 임무를 수행하며, 그의 복리를 배려하고 의사를 존중할 의무가 있다(제959조의12, 제947조).

3) 특정후견 종료사유와 종료 후 특정후견인의 임무는 미성년후견의 경우(Ⅱ.6)와 동일하다(제959조의13, 제691조, 제692조, 제957조, 제958조).

(나) 특정후견감독인의 선임과 임무

가정법원은 필요하다고 인정하면 직권으로 또는 피특정후견인, 친족, 특정후견인, 검사, 지방자치단체의 장의 청구에 의하여 특정후견감독인을 선임할 수 있다(제959조의10 제1항). 특정후견감독인의 선임·결격, 임무, 보수, 후견감독의 종료 등은 성년후견감독인의 경우(Ⅲ.3.)와 같다(제959조의10 제2항).

Ⅵ. 후견계약

1. 후견계약에 의한 임의후견

(1) 의 의

후견계약이란 질병, 장애, 노령, 그 밖의 사유로 인한 정신적 제약으로 사무를 처리할 능력이 부족한 상황에 있거나 부족하게 될 상황에 대비하여 자신의 재산관리 및 신상보호에 관한 사무의 전부 또는 일부를 다른 자에게 위탁하고 그 위탁사무에 관하여 대리권을 수여하는 것을 내용으로 하는 계약을 말한다(제959조의14 제1항). 후견계약은 위임계약의 성질을 가지지만, 후견을 사무처리의 내용으로 한다는 점에서 특징이 있다. 후견계약에 의하여 행해지는 후견을 임의후견이라 한다.

(2) 후견계약의 성립과 내용

(가) 후견계약은 임의후견을 받을 본인과 임의후견인이 될 상대방 사이의 계약에 의하여 성립한다. 다만 후견계약은 공정증서로 체결하여야 한다(제959조의14 제2항). 이는 분쟁에 대비하여 계약의 내용을 명확히 하기 위한 것이다. 따라서 후견계약은 요식행위이다. 후견계약을 체결하기 위해서는 당사자 특히 본인은 의사능력을 가지고 있어야 하며, 그렇지 않은 경우에는 무효이다. 한편 대리에 의하여 후견계약을 체결할 수 있는지가 의문이다.

생각건대 본인의 재산관리 및 신상보호에 관한 사무의 처리를 타인에게 위탁할 필요가 있는데, 의사능력이 없을 경우에는 스스로 후견계약을 체결할 수 없다는 점을 고려할 때, 4촌 이내의 친족 등의 청구로 선임된 특정후견인이 본인을 대리하여 후견계약을 체결할 수 있다고 할 것이다. 한편 피성년후견인의 경우 그의 법률행위는 취소할 수 있으므로(제10조 1항), 피성년후견인이 의사능력을 회복한 상태에서 후견계약을 체결하더라도 이를 취소할 수 있다. 그 밖에 후견계약이 중대한 착오·사기·강박에 의하여 체결된 경우에는 임의후견감독인이 있더라도 이를 취소할 수 있다고 할 것이다(제109조, 제110조).

(나) 임의후견의 내용은 후견계약에 따라 당사자가 정한 바에 의한다. 즉 임의후견인은 본인이 수여한 대리권 등에 기초하여 후견사무를 처리한다. 임의후견인은 본인의 승낙이 있거나 부득이한 사유가 없는 한 복임권이 없으며(제120조, 제682조), 승낙이 있거나 부득이한 사유가 있더라도 포괄적인 복대리인의 선임은 허용되지 않는다. 또한 가정법원, 임의후견인, 임의후견감독인 등은 후견계약을 이행·운영할 때 본인의

의사를 최대한 존중하여야 한다(제959조의14 제4항).

(3) 후견계약의 효력발생

후견계약은 가정법원이 임의후견감독인을 '선임한 때'부터 효력이 발생한다(제959조의14 제3항). 이는 가정법원으로 하여금 효력발생시기를 명확히 하고 동시에 임의후견감독인의 선임에 의하여 임의후견인에 대한 감독을 가능하게 하기 위한 것이다. 또한 가정법원은 임의후견인이 결격사유(제937조)에 해당하는 자 또는 그 밖에 현저한 비행을 하거나 후견계약에서 정한 임무에 적합하지 아니한 사유가 있는 자인 경우에는 임의후견감독인을 선임하지 않음으로써(제959조의17 제1항), 후견계약의 효력발생을 저지할 수 있다. 이는 본인의 보호를 위하여 부적절한 임의후견인의 후견사무 개시를 허용하지 않기 위한 것이다.

(4) 후견계약의 철회

임의후견감독인의 '선임 전'에는 본인 또는 임의후견인은 언제든지 공증인의 인증을 받은 서면으로 후견계약의 의사표시를 철회할 수 있다(제959조의18 제1항).

2. 임의후견감독인

(1) 임의후견감독인의 선임

가정법원은 후견계약이 등기되어 있고, 본인이 사무를 처리할 능력이 부족한 상황에 있다고 인정할 때에는 본인, 배우자, 4촌 이내의 친족, 임의후견인, 검사 또는 지방자치단체의 장의 청구에 의하여 임의후견감독인을 선임한다(제959조의15 제1항). 이때 본인이 아닌 자의 청구에 의하여 가정법원이 임의후견감독인을 선임할 때에는 본인이 의사를 표시할 수 없는 경우를 제외하고는 미리 본인의 동의를 받아야 한다(제959조의15 제2항). 이와 같이 임의후견감독인을 선임할 때부터 후견계약은 효력을 발생한다(제959조의14 제3항). 한편 가정법원은 임의후견감독인이 없게 된 경우에는 직권으로 또는 본인, 친족, 임의후견인, 검사 또는 지방자치단체의 장의 청구에 의하여 임의후견감독인을 선임하며(제959조의15 제3항), 임의후견임감독인이 선임된 경우에도 필요하다고 인정하면 직권으로 또는 제3항의 청구권자의 청구에 의하여 임의후견감독인을 추가로 선임할 수 있다(제959조의15 제4항). 이와 같이 여러 명의 임의후견감독인을 둘 수 있고, 법인도 임의후견감독인이 될 수 있지만(제959조의16 제3항, 제940조의7, 제930조 2항, 3항), 임의후견인의 가족은 임의후견감독인이 될 수 없다(제959조의15 제5항, 제940조의5). 그 밖에 임의후견감독인의 결격사유·사임·변경, 임의후견감독인이 여러 명인 경우의 권한행사 등에 대해서는 성년후견에 관한 규정이 준용된다(제959조의16 제3항, 제940조의7, 제937조, 제939조, 제940조, 제949조의2, 955조, 제955조의2).

(2) 임의후견감독인의 임무

(가) 임의후견감독인은 임의후견인의 사무를 감독하며, 그 사무에 관하여 가정법원에 정기적으로 보고하여야 한다(제959조의16 제1항). 임의후견감독인은 감독을 위하여 임의후견인의 임무수행에 관한 보고와 재산목록의 제출을 요구할 수 있고, 본인의 재산상황을 조사할 수 있다(제959조의16 제3항, 제953조). 이와 관련하여 가정법원은 필요하다고 인정하면, 임의후견감독인에게 감독사무에 관한 보고를 요구할 수 있고, 임의후견인의 사무 또는 본인의 재산상황에 대한 조사를 명하거나 그 밖에 임의후견감독인의 직무에 관하여 필요한 처분을 명할 수 있다(제959조의16 제2항). 그 밖에 임의후견감독인은 성년후견감독인과 마찬가지로 긴박한 경우 필요한 처분을 할 수 있고, 이해상반행위의 경우 본인을 대리한다(제959조의16 제3항, 제940조의6 제2항, 제3항).

(나) 또한 임의후견감독인에 대하여, 수임인의 선관주의(제681조), 위임종료시의 긴급처리(제691조), 위임종료의 대항요건(제692조)에 관한 규정이 준용된다(제940조의7).

3. 후견계약의 종료

(1) 정당한 사유로 인한 해지

임의후견감독인의 선임 이후에는 본인 또는 임의후견인은 정당한 사유가 있는 때에만 가정법원의 허가를 받아 후견계약을 종료할 수 있다(제959조의18 제2항). 후견계약은 본인의 재산관리·신상보호를 목적으로 하므로 임의의 해지는 본인의 복리에 반할 우려가 있기 때문에 법원의 허가를 필요로 한다. 여기서 정당한 사유는 후견계약의 당사자 어느 한쪽에 대하여 후견계약의 존속 및 그에 따른 후견사무의 계속을 더 이상 기대하기 어렵게 하는 중대한 사정을 말한다.

(2) 임의후견인의 비행 등을 이유로 하는 해지

임의후견감독인을 선임한 이후 임의후견인이 현저한 비행을 하거나 그 밖에 그 임무에 적합하지 아니한 사유가 있게 된 경우에는 가정법원은 임의후견감독인, 본인, 친족, 검사 또는 지방자치단체의 장의 청구에 의하여 임의후견인을 해임할 수 있다(제959조의17 제2항). 가령 임의후견인이 본인의 재산을 횡령하거나 본인을 학대하는 경우에 임의후견인을 해임할 수 있다.

(3) 해지의 효과

후견계약이 해지되면 본인과 임의후견인의 권리와 의무는 장래를 향하여 소멸한다. 따라서 후견계약이 해지되면 후견계약에 기초하여 본인이 임의후견인에게 수여한 대리권도 소멸한다(제128조). 다만 임의후견인의 대리권 소멸은 등기하지 아니하면 선의의 제3자에게 대항할 수 없다(제959조의19). 이는 후견계약의 해지로 인해 대리권이 소멸하였는데 임의후견인이 대리행위를 한 경우, 표현대리가 인정되면 대리행위의 효과가 본인에게 귀속되는 불이익을 방지하기 위한 것이다. 따라서 제959조의19는 제129조의 특칙이므로, 제129조는 후견계약에 적용되지 않는다고 할 것이다.

4. 법정후견의 보충성

(1) 임의후견이 있는 경우, 원칙적으로 법정후견은 개시하지 않는다. 즉 후견계약이 등기되어 있는 경우에는 가정법원은 본인의 이익을 위하여 특별히 필요할 때에만 임의후견인 또는 임의후견감독인의 청구에 의하여 성년후견, 한정후견 또는 특정후견의 심판을 할 수 있다. 이 경우 후견계약은 본인이 성년후견 또는 한정후견 개시의 심판을 받은 때 종료된다(제959조의20 제1항). 또한 후견계약의 본인이 피성년후견인, 피한정후견인 또는 피특정후견인인 경우에 가정법원은 임의후견감독인을 선임함에 있어서 종전의 성년후견, 한정후견 또는 특정후견의 종료 심판을 하여야 한다(제959조의20 제2항 본문). 다만 성년후견 또는 한정후견 조치의 계속이 본인의 이익을 위하여 특별히 필요하다고 인정하면, 가정법원은 임의후견감독인을 선임하지 아니한다(제959조의20 제2항 단서). 즉 본인의 복리를 고려할 때 임의후견에 의한 보호보다 법정후견에 의한 보호가 더 적합한 경우, 가정법원은 법정후견을 유지할 수 있고, 이때에는 후견계약은 효력을 발생하지 않는다(제959조의14 제3항).

(2) 제959조의20 제1항은 후견계약의 등기 시점에 특별한 제한을 두지 않고 있고, 제2항 본문이 본인에 대해 이미 한정후견이 개시된 경우에는 임의후견감독인을 선임하면서 종전 한정후견의 종료 심판을 하도록 한 점 등에 비추어 보면, 제1항은 본인에 대해 한정후견개시심판 청구가 제기된 후 심판이 확정되기 전에 후견계약이 등기된 경우에도 적용되며, 이 경우 가정법원은 본인의 이익을 위하여 특별히 필요하다고 인정할 때에만 한정후견개시심판을 할 수 있다(대결 2021.7.15, 2020으547). 여기서 '본인의 이익을 위하여 특별히 필요할 때'란 후견계약에 따른 후견이 본인의 보호에 충분하지 아니하여 법정후견에 의한 보호가 필요하다고 인정되는 경우를 말한다(대결 2017.6.1, 2017스515).

(3) 후견계약이 등기된 경우 본인의 이익을 위한 특별한 필요성이 인정되어 제9조 1항 등에서 정한 법정후견 청구권자, 임의후견인이나 임의후견감독인의 청구에 따라 법정후견 심판을 한 경우, 후견계약은 임의후견감독인의 선임과 관계없이 본인이 성년후견 또는 한정후견 개시의 심판을 받은 때 종료한다(대결 2021.7.15, 2020으547).

제 5 절 부 양

I. 서 설

사람이 유아·고령·질병이나 실업 등 자연적 원인 내지 사회적 원인으로 인하여 자신의 자력이나 근로로 그 생계를 유지하며 살아갈 수 없는 경우가 발생하는데, 이런 경우 다른 사람의 도움을 받아야 살아갈 수 있다. 여기에 부양제도의 필요성이 있는데, 부양은 일정한 범위의 친족이 생활공동체를 구성하여 서로 부조하여야 할 의무와 권리를 가지는 것을 말한다. 헌법 제34조에 기초하여 국가는 적극적인 생존권보장의 법적 장치로써 국민기초생활보호법, 사회보장기본법, 노인복지법, 아동복지법, 산업재해보상보험법 등의 국가적 부양제도를 마련하고 있다. 그러나 이러한 사회법규가 정비되어 있더라도 국가의 재정이 넉넉하지 않은 현실에서는 그 실효를 기대할 수 없다. 이런 의미에서 민법상 친족 사이의 부양의무가 제1차적인 것이고, 국가적 부양은 2차적·보충적인 것이다. 한편 민법은 부부 사이의 부양에 관해서는 제826조 1항에 따로 규정함으로써 친족간의 부양(제974조)과 구별하고 있다.

Ⅱ. 부양청구권

1. 의 의

부양청구권은 경제적으로 생활비의 지급을 그 내용으로 하므로, 재산권의 성질을 가지고 있으나 필요한 경우는 동거·양육·간호·장례에 이르기까지 매우 포괄적인 부조행위를 의미한다. 민법상 부양의무에는 1차적 부양의무(제826조; 제913조)와 2차적 부양의무(제974조; 제975조)가 있다. 1차적 부양의무는 부부 사이(제826조)·부모의 미성년 자녀(제913조)에 대한 부양의무로서, 부양권리자가 부양의무자와 같은 정도의 생활을 할 수 있도록 하는 의무를 말한다. 2차적 부양의무는 직계혈족 및 그 배우자 사이·생계를 같이 하는 친족 사이의 부양의무로서 부양권리자의 생계가 곤궁할 때 부양의무자가 자기의 생활을 희생하지 않고 부양권리자의 생계를 유지할 수 있도록 도와주는 의무이다. 2차적 부양은 1차적 부양과 달리 부양의 필요성 및 가능성을 갖추어야 한다.

판 례

제826조 1항에 규정된 부부간 상호부양의무는 혼인관계의 본질적 의무로서 부양을 받을 자의 생활을 부양의무자의 생활과 같은 정도로 보장하여 부부공동생활의 유지를 가능하게 하는 것을 내용으로 하는 제1차 부양의무이고, 반면 부모가 성년의 자녀에 대하여 직계혈족으로서 제974조 1호, 제975조에 따라 부담하는 부양의무는 부양의무자가 자기의 사회적 지위에 상응하는 생활을 하면서 생활에 여유가 있음을 전제로 하여 부양을 받을 자가 자력 또는 근로에 의하여 생활을 유지할 수 없는 경우에 한하여 그의 생활을 지원하는 것을 내용으로 하는 제2차 부양의무이다(대판 2012.12.27, 2011다96932).

2. 부양청구권의 성질

부양청구권은 일정한 신분관계를 바탕으로 인정되고 그 개인을 위하여 부여된 권리이기 때문에 일신전속권이다. 따라서 타인에게 양도할 수 없고, 채권자의 대위행사가 허용되지 않으며(제404조 1항 단서), 상속되지도 않는다(제1005조 단서). 또한 압류의 대상이 되지 않으며(민사집행법 제246조 1호), 파산재단에 속하지도 않는다(채무자회생법 제383조). 그 밖에 부양청구권은 상계의 수동채권으로 할 수 없으며(제497조), 장래에 향하여 포기할 수도 없다(제979조).

판 례

부양받을 권리는 일종의 신분적 재산권이므로 그 권리가 충족되지 않음에 관련되는 일반적인 정신상의 고통은 그 재산권의 실현에 의하여 회복되는 것이라고 봄이 상당하고 부의 자에 대한 부양의무불이행으로 인한 '회복할 수 없는' 정신적 손해는 특별사정으로 인한 손해이다(대판 1983.9.13, 81므78).

3. 부양청구권의 성립요건

(1) 직계혈족 및 그 배우자 사이나 그 밖에 생계를 같이하는 친족일 것

부양의무는 직계혈족 및 그 배우자 사이나 그 밖에 생계를 같이하는 친족 사이에 생긴다(제974조).

(가) 직계혈족 및 그 배우자 사이

부모와 자녀 사이의 부양에 관한 법적 근거로, 다수설은 부모와 미성년의 자녀 사이에서는 친권에 관한 제913조를 그리고 부모와 성년의 자녀 사이에서는 제974조를 든다. 따라서 부모와 성년의 자녀(미성년인 자녀의 경우에는 제1차적 부양의 문제이므로 제외된다), 조부모와 손자녀는 직계혈족으로서 부양의무가 있다. 외조부모와 외손자녀와 같은 모계의 직계혈족 사이에도 서로 부양의무가 있으며, 자연혈족은 물론 법정혈족(양친·양자) 사이에도 마찬가지이다. 또한 며느리와 시부모, 사위와 장인·장모, 계부와 아내의 자녀, 계모와 남편의 자녀 등은 직계혈족의 배우자 사이로서 부양의무가 있다(송덕수, E-199). 판례는 부양의무가 있는 딸이 고령과 지병으로 고통을 겪고 있는 상태에서 마땅히 거처도 없는 아버지와 그를 부양하면서 동거하고 있는 남동생을 상대로 자기 소유 주택의 명도 및 퇴거를 청구하는 행위는 인륜에 반하는 행위로서 권리남용에 해당한다고 한다(대판 1998.6.12, 96다52670). 한편 부부는 제1차적 부양의무가 문제되므로 여기에서 제외된다고 할 것이다.

판 례

(ㄱ) 제3자인 원고가 피고의 혼인외 출생자를 양육 및 교육하면서 그 비용을 지출하였다고 하여도 피고가 혼인외 출생자를 인지하거나 부모의 결혼으로 그 혼인 중의 출생자로 간주되지 않는 한 실부인 피고는 혼인외 출생자를 부양할 법률상 의무는 없으므로, 피고가 원고의 행위로 인하여 부당이득을 하였다거나 원고가 피고의 사무를 관리하였다고 볼 수 없다(대판 1981.5.26, 80다2515).

(ㄴ) 부모와 성년의 자녀·그 배우자 사이에 제974조 1호, 제975조에 따라 부담하는 부양의무는 부양의무자가 자기의 사회적 지위에 상응하는 생활을 하면서 생활에 여유가 있음을 전제로 하여 부양을 받을 자가 자력 또는 근로에 의하여 생활을 유지할 수 없는 경우에 한하여 그의 생활을 지원하는 것을 내용으로 하는 제2차 부양의무이다(대결 2013.8.30, 2013스96). 따라서 성년의 자녀는 요부양상태, 즉 객관적으로 보아 생활비 수요가 자기의 자력 또는 근로에 의하여 충당할 수 없는 곤궁한 상태인 경우에 한하여, 부모를 상대로 그 부모가 부양할 수 있을 한도 내에서 생활부조로서 생활필요비에 해당하는 부양료를 청구할 수 있다(대결 2017.8.25, 2017스5).

(나) 생계를 같이하는 그 밖의 친족 사이

1) 생계를 같이하는 친족(8촌 이내의 혈족, 4촌 이내의 인척) 사이에는 촌수에 관계없이 부양의무가 있다(제974조 3호). 즉 동거친족의 경우 그 촌수에 관계없이 친족의 범위(제777조) 내에 속하기만 하면 서로 부양의무가 있다. 따라서 형제자매라도 생계를 같이하지 아니하고 별거하면 서로 부양의무가 없다.

2) 제775조 2항에 의하면 부부의 일방이 사망한 경우에 혼인으로 인하여 발생한 그 직계혈족과 생존한 상대방 사이의 인척관계는 일단 그대로 유지되다가 상대방이 재혼한 때에 비로소 종료하게 되어 있으므로 부부의 일방이 사망하여도 그 부모 등 직계혈족과 생존한 상대방 사이의 친족관계는 그대로 유지되나, 그들 사이의 관계는 제974조 1호의 '직계혈족 및 그 배우자 간'에 해당한다고 볼 수 없다(대결 2013.8.30, 2013스96). 배우

자관계는 혼인의 성립에 의하여 발생하여 당사자 일방의 사망, 혼인의 무효·취소, 이혼으로 인하여 소멸하는 것이므로, 그 부모의 직계혈족인 부부 일방이 사망함으로써 그와 생존한 상대방 사이의 배우자관계가 소멸하였기 때문이다. 따라서 부부 일방의 부모 등 그 직계혈족과 상대방 사이에서는, 직계혈족이 생존해 있다면 제974조 1호에 의하여 생계를 같이하는지와 관계없이 부양의무가 인정되지만, 직계혈족이 사망하면 생존한 상대방이 재혼하지 않았더라도 제974조 3호에 의하여 '생계를 같이하는 경우'에 한하여 부양의무가 인정된다(대결 2013.8.30, 2013스96).

(2) 부양의 필요성과 가능성이 존재할 것

부양의무가 발생하기 위해서는 '부양의 필요성'과 '부양의 가능성'이 존재하여야 하며, 어느 하나라도 소멸하면 부양의무는 소멸하고, 또한 일정한 친족관계가 소멸하였을 때에 소멸한다.

(가) 부양의 필요성

부양청구권자는 자기의 자력이나 근로로 생활을 유지할 수 없는 경우에만 부양청구를 할 수 있다(제975조).

(나) 부양의 가능성

부양의무자는 자기의 생활을 적절하게 꾸려나갈 자력 외에 부양을 받을 자의 생활을 도와줄 수 있는 경제적 능력, 즉 자기의 생활을 희생하지 않고도 부양할 수 있는 여력을 갖추어야 한다(제977조).

Ⅲ. 부양의 정도와 방법

1. 부양의 정도

부양의 정도는 원칙적으로 당사자의 협정에 의하고, 협정이 없는 때에는 당사자의 청구에 의하여 가정법원이 이를 정하는데, 부양을 받을 자의 생활정도와 부양의무자의 자력 기타 제반사정을 참작하여 정한다(제977조). 여기서 제반사정이란 친족관계의 종류와 원근, 당사자의 생활상태나 과거의 교재관계, 생활 곤궁에 빠진 원인 등을 의미한다. 판례는 의식주에 필요한 비용, 의료비, 최소한의 문화비, 오락비, 교제비와 통상의 교육비 등이 이에 해당하지만(대판 1986.6.10, 86므46), 통상적인 생활필요비라고 보기 어려운 유학비용의 충당을 위해 성년의 자녀는 부모에 대하여 부양료를 청구할 수 없다고 한다(대결 2017.8.25, 2017스5).

2. 부양의 방법

(1) 부양의 구체적 방법은 대체로 동거부양과 금전급부부양으로 나누어진다. 이 중 동거부양은 동거할 자의 의향, 부양의무가 발생하기까지의 경위, 주거 및 생활문제 등을 고려하여 정하여지며, 금전급부부양은 정기급의 형식으로 지급하는 것이 원칙이다. 금전의 급부는 그 성질상 선불이어야 한다.

(2) 부양의 방법에 관한 당사자의 협정이나 법원의 심판이 있은 후 이에 관한 사정변경이 있는 때에 가정법원은 당사자의 청구에 의하여 그 협정이나 심판을 취소 또는 변경할 수 있다(제978조).

판 례

부양권리자와 부양의무자 사이에 부양의 방법과 정도에 관하여 협정이 이루어지면 당사자 사이에 다시 협의에 의하여 이를 변경하거나, 법원의 심판에 의하여 협정이 변경, 취소되지 않는 한 부양의무자는 그 협정에 따른 의무를 이행하여야 하는 것이고, 법원이 그 협정을 변경, 취소하려면 그럴 만한 사정의 변경이 있어야 하는 것이므로, 부양권리자들이 협정의 이행을 구하는 사건에서 법원이 임의로 협정의 내용을 가감하여 부양의무자의 부양의무를 조절할 수는 없다(대판 1992.3.31, 90므651,668).

3. 이행의 확보

부양의무의 이행은 부양청구권자의 생존과 관련된 문제이므로, 법원은 원칙적으로 담보를 제공하지 않고 가집행할 수 있음을 선고하고(가사소송법 제42조), 신속한 이행을 요하는 경우에 임시로 필요한 사전처분을 할 수 있다(동법 제62조). 부양의무자가 심판에서 정한 방법에 따라 이행하지 않으면 가정법원은 당사자의 신청에 의하여 일정기간 내에 그 의무를 이행할 것을 명하는 것과 함께 과태료를 부과할 수 있다(동법 제64조 1항, 제67조). 또한 금전의 정기적 지급을 명령 받은 사람이 정당한 이유 없이 3기 이상 그 의무를 이행하지 아니한 경우에는 30일의 범위에서 그 의무를 이행할 때까지 의무자에 대한 감치(監置)를 명할 수 있다(동법 제68조 1항).

Ⅳ. 효 과

1. 부양청구권의 발생

직계혈족 및 그 배우자 사이 기타 생계를 같이하는 친족은 부양의무자에 대하여 부양을 청구할 수 있다(제974조). 부양청구권은 경제적으로 생활비의 지급을 그 내용으로 하므로 재산권의 성질을 가지고 있으나 필요한 경우는 동거·양육·간호·장례에 이르기까지 매우 포괄적인 부조행위를 의미한다.

2. 부양당사자가 여럿인 경우의 순위

(1) 제1차 또는 제2차 부양의무자가 여럿인 경우

부양의무자가 여럿인 경우, 부양의무자의 순위는 우선 당사자의 협의로 정하고, 당사자 사이에 협정이 없는 때에는 가정법원이 당사자의 청구에 의하여 이를 정한다(제976조 1항 전문). 부양을 받을 권리자가 여럿인 경우, 부양의무자의 자력이 그 전원을 부양할 수 없는 때에도 마찬가지로 당사자의 협정, 가정법원의 결정의 순으로 부양을 받을 권리자의 순위를 정한다(제976조 1항 후문). 이들 경우에 가정법원은 여럿을 부양의무자 또는 부양권리자로 선정할 수 있다(제976조 2항).

한편 부양을 할 사람 또는 부양을 받을 사람의 순위에 관하여 당사자의 협정이나 가정법원의 판결이 있은 후 이에 관한 사정변경이 있는 때에는 가정법원은 당사자의 청구에 의하여 그 협정이나 판결을 취소 또는 변경할 수 있다(제978조).

(2) 제1차 부양의무자와 제2차 부양의무자가 동시에 존재하는 경우

제1차 부양의무와 제2차 부양의무는 의무이행의 정도뿐만 아니라 의무이행의 순위도 의미하는 것이므로, 제2차 부양의무자는 제1차 부양의무자보다 후순위로 부양의무를 부담한다. 따라서 제1차 부양의무자와 제2차 부양의무자가 동시에 존재하는 경우에 제1차 부양의무자는 특별한 사정이 없는 한 제2차 부양의무자에 우선하여 부양의무를 부담하므로, 제2차 부양의무자가 부양받을 자를 부양한 경우에는 소요된 비용을 제1차 부양의무자에 대하여 상환청구할 수 있다(대판 2012.12.27, 2011다96932).

3. 부양료의 구상청구

(1) 과거의 부양료청구

(가) 부양에 관한 협정이나 심판이 있는 경우에는 그에 따른 부양료를 구상할 수 있다. 그런데 협정이나 심판이 없는 경우, 가령 부모 한쪽이 자녀를 양육하였다면 그는 상대방 배우자에게 과거의 부양료를 청구할 수 있는지가 문제이다. 추상적 권리인 부양청구권이 언제 구체적 권리로서 부양료청구권으로 되는지에 관하여, ① 부양요건을 충족할 때에 부양의무가 발생한다는 부양요건성립시설, ② 부양료를 청구할

때에 부양의무가 발생한다는 부양청구시설이 대립한다. 판례는 미성년의 자녀에 대한 부양에 해당하는 양육비에 대해서는 ①의 입장을 따른 반면, 부부 사이의 부양의무와 제2차 부양의무에 관하여는 ②의 입장을 따르고 있다. 즉 ① 부모의 자녀양육의무는 특별한 사정이 없는 한 자녀의 출생과 동시에 발생하는 것이므로 과거의 양육비에 대하여도 상대방이 분담함이 상당하다고 인정되는 경우에는 그 비용의 상환을 청구할 수 있다고 한다(대결 1994.5.13, 92스21). ② 부부간의 부양의무 중 과거의 부양료는 특별한 사정이 없는 한 부양을 받을 사람이 부양의무자에게 부양의무의 이행을 청구하였는데도 부양의무자가 부양의무를 이행하지 아니함으로써 '이행지체에 빠진 후의 것'에 대하여만 청구할 수 있을 뿐, 부양의무자가 부양의무의 이행을 청구받기 이전의 것은 청구할 수 없다고 한다(대판 2012.12.27, 2011다96932). 그리고 부모와 성년의 자녀·그 배우자 사이의 경우에도 부부의 경우와 마찬가지라고 한다(대결 2013.8.30, 2013스96).

(나) 제860조는 "인지는 그 자의 출생 시에 소급하여 효력이 생긴다."라고 규정하고 있다. 따라서 인지판결 확정으로 법률상 부양의무가 현실화되는 것이기는 하지만 부모의 법률상 부양의무는 인지판결이 확정되면 그 자의 출생 시로 소급하여 효력이 생기는 것이므로, 양육자는 인지판결의 확정 전에 발생한 과거의 양육비에 대하여도 상대방이 부담함이 상당한 범위 내에서 그 비용의 상환을 청구할 수 있다(대결 2023.10.31, 2023스643).

판 례

(ㄱ) 부모는 그 소생의 자녀를 공동으로 양육할 책임이 있고, 양육에 소요되는 비용도 원칙적으로 부모가 공동으로 부담하여야 하는 것이며, 이는 부모 중 누가 친권을 행사하는 자인지 또 누가 양육권자이고 현실로 양육하고 있는 자인지를 물을 것 없이 친자관계의 본질로부터 발생하는 의무이다. 어떠한 사정으로 인하여 부모 중 어느 한쪽만이 자녀를 양육하게 된 경우에, 그와 같은 일방에 의한 양육이 그 양육자의 일방적이고 이기적인 목적이나 동기에서 비롯한 것이라거나 자녀의 이익을 위하여 도움이 되지 아니하거나 그 양육비를 상대방에게 부담시키는 것이 오히려 형평에 어긋나게 되는 등 특별한 사정이 있는 경우를 제외하고는, 양육하는 일방은 상대방에 대하여 현재 및 장래에 있어서의 양육비 중 적정 금액의 분담을 청구할 수 있음은 물론이고, 부모의 자녀양육의무는 특별한 사정이 없는 한 자녀의 출생과 동시에 발생하는 것이므로 과거의 양육비에 대하여도 상대방이 분담함이 상당하다고 인정되는 경우에는 그 비용의 상환을 청구할 수 있다. 다만 한쪽의 양육자가 양육비를 청구하기 이전의 과거의 양육비 모두를 상대방에게 부담시키게 되면 상대방은 예상하지 못하였던 양육비를 일시에 부담하게 되어 지나치고 가혹하며 신의성실의 원칙이나 형평의 원칙에 어긋날 수도 있으므로, 이와 같은 경우에는 반드시 이행청구 이후의 양육비와 동일한 기준에서 정할 필요는 없고, 부모 중 한쪽이 자녀를 양육하게 된 경위와 그에 소요된 비용의 액수, 그 상대방이 부양의무를 인식한 것인지 여부와 그 시기, 그것이 양육에 소요된 통상의 생활비인지 아니면 이례적이고 불가피하게 소요된 다액의 특별한 비용(치료비 등)인지 여부와 당사자들의 재산 상황이나 경제적 능력과 부담의 형평성 등 여러 사정

을 고려하여 적절하다고 인정되는 분담의 범위를 정할 수 있다(대결 2023.10.31, 2023스643).

(ㄴ) 제974조, 제975조에 의하여 부양의 의무 있는 사람이 여러 사람인 경우에 그중 부양의무를 이행한 1인이 다른 부양의무자에 대하여 이미 지출한 과거 부양료의 지급을 구하는 권리는 당사자의 협의 또는 가정법원의 심판 확정에 의하여 비로소 구체적이고 독립한 재산적 권리로 성립하게 되지만, 그러한 부양료청구권의 침해를 이유로 채권자취소권을 행사하는 경우의 제척기간은 부양료청구권이 구체적인 권리로서 성립한 시기가 아니라 제406조 2항이 정한 '취소원인을 안 날' 또는 '법률행위가 있은 날'로부터 진행한다(대판 2015.1.29, 2013다79870).

(ㄷ) 부부간의 부양의무를 이행하지 않은 부부의 일방에 대한 상대방의 부양료 청구는 가사소송법 마류사건 1호의 가사비송사건에 해당하고, 친족간의 부양의무를 이행하지 않은 친족의 일방에 대한 상대방의 부양료 청구는 같은 법 마류사건 8호의 가사비송사건에 해당하지만, 부부간의 부양의무를 이행하지 않은 부부의 일방에 대하여 상대방의 친족이 구하는 부양료의 상환청구는 같은 법 제2조 1항 2호 나. 마류사건의 어디에도 해당하지 아니하여 이를 가사비송사건으로 가정법원의 전속관할에 속하는 것이라고 할 수는 없고, 이는 민사소송사건에 해당한다(대판 2012.12.27, 2011다96932).

(2) 제3자의 부양료구상청구

부양의무 없는 제3자가 부양을 한 경우에 제3자는 법률상 의무 없이 부양의무자의 사무를 대신 처리하여 준 것이므로 사무관리가 성립한다(제734조). 따라서 부양의무 없는 제3자는 부양의무자에 대하여 부양료를 구상(제739조)할 수 있다(김주수/김상용, 604면; 조은희, 316면; 이경희, 291면; 지원림, 6-118).

판 례

제3자인 원고가 피고의 혼인외 출생자를 양육 및 교육하면서 그 비용을 지출하였더라도 피고가 혼인외 출생자를 인지하거나 부모의 결혼으로 그 혼인중의 출생자로 간주되지 않는 한 실부인 피고는 혼인외 출생자를 부양할 법률상 의무는 없으므로, 피고가 원고의 위 행위로 인하여 부당이득을 하였다거나 원고가 피고의 사무를 관리하였다고 볼 수 없다(대판 1981.5.26, 80다2515).

(3) 부양의무자 사이의 구상청구

부양의무자가 여럿인 경우에 그중 1인이 부양료를 부담하였다면 다른 의무자가 분담하였을 범위에서 구상할 수 있다고 할 것이다(제688조, 제739조). 판례도 제974조, 제975조에 의하여 부양의 의무 있는 자가 여러 사람인 경우에 그중 부양의무를 이행한 1인은 다른 부양의무자를 상대로 하여 이미 지출한 과거의 부양료에 대하여도 상대방이 분담함이 상당하다고 인정되는 범위에서 그 비용의 상환을 청구할 수 있는 것이고, 이 경우 법원이 분담비율이나 분담액을 정함에 있어서는 과거의 양육에 관하여 부모 양쪽이 기여한 정도, 자녀의 나이 및 부모의 재산상황이나 자력 등 그 밖의 제반사정을 참작하여 적절하다고 인정되는 분담의 범위를 정할 수 있다고 한다(대판 1994.6.2, 93스11).

4. 부양청구권과 구상청구권의 소멸

부양의 필요성이나 가능성이 소멸되면 부양청구권도 소멸한다. 또한 부양청구권은 단기소멸시효에 걸린다. 즉 부양권리자는 3년간 그 권리를 행사하지 않으면 권리가 소멸한다(제163조 1호). 한편 공동부양의무자 상호간의 구상청구권이나 제3자가 의무 없이 부양을 하여 생긴 구상권은 10년의 시효(제162조 1항)에 걸린다(박동섭/양경승, 497면).

Civil Law

제3장 상 속 법

제3장 상 속 법

제3장 상 속 법

제 1 절 상속제도

Ⅰ. 서 설

1. 상속의 의의

(1) 상속(相續)이란 자연인의 사망으로 고인이 가지고 있던 일체의 재산상 권리의무를 일정한 사람에게 포괄적으로 승계되는 것을 말하며, 이를 규율하는 법을 상속법이라고 한다. 상속은 자연인에게만 인정되는 것이고 법인에게는 상속이라는 개념이 없다. 상속에는 당사자의 의사와 관계없이 법률규정에 따른 효과가 당연히 발생하는 '법정상속'과 유언이라는 형태로 표시된 피상속인의 최종의사에 따라 이루어지는 '유언상속'이 있다. 이들 상속 중에서 유언상속이 우선하고 법정상속은 유언이 없을 경우에만 2차적·보충적으로 적용된다(유언상속우선의 원칙). 이와 같이 상속이라는 말은 넓은 의미에서는 법정상속과 유언상속을 포함하는 말이고, 좁은 의미로는 법정상속만을 가리킨다. 또한 현행 민법은 재산권의 승계를 목적으로 하는 재산상속만 인정하고 있다.

(2) 상속시키는 사람(사망자)을 피상속인(被相續人)이라 하고, 피상속인의 재산법상의 지위를 승계하는 사람을 상속인(相續人)이라 한다. 예컨대 배우자 B와 자녀 C, D를 둔 A가 사망한 경우, 그의 재산(X소재 부동산, 예금채권 등)은 B와 C, D에게 포괄적으로 승계되는데, 이때 A를 피상속인이라 하고 B, C, D를 상속인이라 한다. 상속의 객체가 되는 피상

속인의 재산상 권리의무를 '상속재산'(예: A의 X소재 부동산, 예금채권 등)이라 한다. 즉 상속개시시에 피상속인이 가지고 있던 적극재산 및 소극재산을 포함한 모든 재산이 상속재산이다. 한편 민법상 상속개시에 의해서 상속재산에 속한 일체의 권리의무를 승계한 상속인이 갖는 권리를 '상속권'이라고 한다.

2. 상속제도의 인정근거

사유재산제도를 완전히 부정하는 사회주의자들은 "상속은 인간을 출발선상에서부터 불평등하게 만들어 사회계층간의 위화감을 조성하게 되어 결국 사회정의에 어긋나며, 개인의 활동능력에 따른 소유의 불평등은 참을 수 있을지라도 조상(상속)으로 인한 소유의 불평등은 참을 수 없다"고 하여, 상속제도 그 자체를 부정하였다(박동섭/양경승, 504면). 그러나 사회주의국가는 일정한 범위의 상속을 인정하고 있다(북한가족법 제46조 이하, 중국상속법 제1조 등). 사유재산제도가 완전히 폐지될 수 없는 것과 같이 상속제도 역시 폐지될 수 없다. 결국 상속은 사유재산제와 그 근거를 같이 한다(지원림, 6-128). 다시 말하면 사유재산제 하에서 개인은 자기 재산을 사용·수익·처분할 수 있는데, 이러한 사유재산제의 연장으로 소유자는 유언에 의하여 사후에도 자기 재산을 임의로 처분할 수 있어야 하고, 이러한 관점에서 근대법은 개인이 사망한 경우에 그의 재산이 국가나 지방자치단체에 귀속되지 않고 수유자나 일정한 범위의 친족에 승계되는 상속제도를 인정하고 있다. 그 밖에 상속의 근거를 ① 유족의 생활보장, ② 상속인의 잠재적 지분 청산, ③ 거래의 안전보장 등에서 찾을 수 있을 것이다(이경희, 339면).

Ⅱ. 상속의 개시

1. 일 반

민법은 사후상속만을 인정하고 있다. 즉 상속은 피상속인에 대하여 법률로 정해진 상속개시원인이 발생하였을 때에 개시된다. 상속의 개시원인은 사람의 '자연적인 사망'과 '법에 의해 사망'으로 의제되는 사유이다.

2. 상속개시의 원인

(1) 상속은 '자연인의 사망'에 의해서만 개시된다(제997조). 사망에 의하여 상속이 당연히 개시되는 것이므로, 상속인이 그것을 알았느냐의 여부는 관계없으며 또한 신고나 상속등기가 있어야 상속이 개시되는 것은 아니다. 그 이유는 무주(無主)의 재산이

일순간이라도 존재하지 않게 하기 위한 근대법의 요청이며, 피상속인이 사망한 때 상속인이 있는 것이 불명하였다가 후일에 그 존재가 명백히 된 때에도 마찬가지이다.

(2) 실종선고는 사망을 의제하므로, 실종선고를 받은 자는 실종기간이 만료된 때에 사망한 것으로 보아(제28조) 그것에 의하여 상속이 개시된다. 그 밖에 인정사망의 경우에도 사망으로 추정되어 상속이 개시된다.

3. 상속개시의 시기

상속개시의 시기는 ① 상속인의 자격·범위·순위의 확정 및 상속재산 등을 정하는 기준이 되고, ② 재산분리의 청구·상속회복청구권 등 상속에 관한 권리의 제척기간 또는 소멸시효의 기산점이 되며(제1045조, 제1117조 등), ③ 상속분, 유언의 효력발생 또는 유류분의 산정기준이 된다는 점에서 중요한 의미를 가진다.

(1) 피상속인의 사망

상속의 개시는 현실적으로 사망이라는 사실이 발생한 때이며, 등록부상의 사망신고와는 관계가 없다. 사망시기의 확정은 의사의 진단으로 정하여지는 것이 보통이며(가족관계등록법 제84조), 호흡과 심장의 박동이 멈추는 순간이 사망시기이다(다수설). 사람이 사망한 때 동거친족 등은 그 사망사실을 안 날부터 1개월 이내에 진단서 또는 검안서를 첨부하여 사망신고를 하여야 하며(동법 제84조, 제85조), 등록부에 기재된 사망연월일시는 사망 시기를 인정하는 중요한 근거가 된다.

(2) 실종선고

실종선고를 받은 사람은 실종기간이 만료한 때에 사망한 것으로 보기 때문에(제28조), 그 기간의 종료일에 상속이 개시된다. 다만 실종선고가 취소되는 경우 상속이 일어나지 않은 것으로 되므로 상속의 효과는 소멸되고, 상속인이었던 자가 선의인 때에는 그 받은 이익이 존재하는 한도에서 재산을 반환하여야 하며, 실종선고 후 취소 전에 악의로 한 행위는 그 효력을 잃고 동시에 받은 이익에 이자를 붙여서 반환하고 손해가 있으면 배상하여야 한다(제29조).

(3) 인정사망

화재·수재 등 재해발생시 사람의 시체가 발견되지 아니하여 진단서·검안서를 작성할 수 없는 경우, 경찰관 등 공무원의 사망보고서에 의거하여 시·읍·면의 장은 등록부에 사망기재를 한다(가족관계등록법 제87조). 이것이 인정사망인데, 이는 사람의 '사망을 추정'

하는 효력이 있으며, 이 점이 사망으로 간주하는 실종선고와 다르다. 이것을 인정하는 이유는 시체의 확인은 없지만 고도의 사망확률이 있는데도 실종선고의 절차를 밟게 하는 것이 적당하지 않기 때문이다.

(4) 동시사망의 추정

비행기사고·화재 등으로 父와 자녀가 함께 사망한 경우처럼 2인 이상이 동일한 위난으로 사망한 경우, 민법은 동시에 사망한 것으로 추정한다(제30조). 동시사망의 추정을 받은 경우에는 사망자 상호간에는 상속이 개시되지 않는다. 가령 父와 자녀가 동시사망의 추정을 받을 때에 父의 상속인으로서 자녀, 자녀의 상속인으로서 父의 어느 쪽에도 상속은 개시되지 않는다. 다만 대습상속(제1001조, 제1003조 2항)은 가능하기 때문에 父와 자녀가 동일한 위난으로 사망하였다면, 父의 재산은 자녀의 배우자나 자녀가 대습상속하게 된다(대판 2001.3.9, 99다13157).

4. 상속개시의 장소

상속은 피상속인의 '주소지'에서 개시된다(제998조). 피상속인의 주소를 알 수 없는 경우 또는 국내에 주소를 가지지 않은 경우에는 그 거소를 주소로 보며(제19조, 제20조), 거소도 알 수 없는 경우에는 사망지를 상속개시의 장소로 보는 것이 타당하다(다수설). 피상속인의 주소가 복수인 경우에는 관할법원이 여러 개 있는 것이 되는데, 이러한 경우 가사비송사건(가사소송법에 규정되어 있는 상속관계사건은 전부 가사비송사건이다)에 대해서는 최초의 사건 신청을 받은 법원이 그 사건을 관할한다(가사소송법 제34조, 비송사건절차법 제3조).

한편 상속개시 장소는 상속에 관한 소송(민사소송법 제22조)이나 상속재산의 파산(채무자회생법 제3조 6항)에 관한 관할기준이 되고, 상속세부과의 기준이 된다.

5. 상속에 관한 신고

상속인은 상속세법에서 정하는 바에 따라 상속개시지의 시·읍·면의 장에게 상속개시를 안 날부터 6개월 이내에 상속신고를 하여야 하고(상속세법 제67조), 그 신고는 시·읍·면의 장에 의하여 세무서장에게 신고된다. 즉 상속세의 부과를 위한 절차상의 조치이다.

6. 상속에 관한 비용

상속에 관한 비용은 상속재산 자체가 부담하는 비용이므로 상속재산 중에서 지급된다(제998조의2). 상속에 관한 비용이란 상속재산의 관리 및 청산에 필요한 비용을 의미한다

(대판 2003.11.14, 2003다30968). 예컨대 재산목록작성비용, 감정·평가 등 청산비용, 상속채무에 관한 공고·최고 또는 변제비용(제1032조 이하), 상속재산의 경매비용(제1037조), 소송비용, 유언집행비용(제1107조) 등이 이에 해당한다. 또한 장례비용·상속세 등 공과금도 상속재산에 관한 비용에 속한다(김주수/김상용, 626면; 김용한, 285면; 박동섭/양경승, 531면; 이경희, 350면). 판례도 장례비용은 피상속인이나 상속인의 사회적 지위와 그 지역의 풍속 등에 비추어 합리적인 금액의 범위 내라면 이를 상속비용으로 보는 것이 옳고, 묘지구입비는 장례비용의 일부라고 볼 것이며, 상속재산의 관리·보존을 위한 소송비용도 상속에 관한 비용에 포함된다고 한다(대판 2003.11.14, 2003다30968; 대판 1997.4.25, 97다3996). 한편 상속재산의 분할시 상속재산에 포함되어 있는 개별적 권리이전 등에 필요한 비용(예: 등기이전비용 등)은 상속비용이 아니므로, 그 권리를 취득하는 상속인이 부담하여야 한다.

제 2 절 법정상속 — 재산상속

Ⅰ. 상 속 인

1. 서 설

(1) 의 의

상속인은 피상속인이 사망하였을 때 피상속인이 가지고 있었던 재산상의 권리의무를 승계할 수 있는 법적 자격을 가진 사람이다. 우리 민법은 상속인에 대하여는 유언에 의한 지정을 인정하지 않는다. 따라서 상속인은 민법의 규정에 의하여 그 범위와 순위가 정하여져 있는 '법정상속인'만이 인정되기 때문에, 민법에 규정된 일정 범위의 친족 이외에는 상속인이 될 수 없다. 다만 피상속인은 유언으로 재산의 전부 또는 일부를 임의로 일정한 자에게 유증할 수 있으므로, 유언에 의하여 포괄적 유증을 받은 자(포괄적 수유자)는 상속인과 동일한 권리의무가 있어 실질적으로 상속인과 동일한 취급을 받게 된다(제1078조). 즉 포괄적 수유자는 엄격한 의미에서 상속인은 아니다.

(2) 상속인의 범위

상속인은 법률이 정하는 일정한 범위의 혈족과 배우자이다(제1000조, 제1003조). 즉 피상속인의 직계비속·직계존속·형제자매·4촌 이내의 방계혈족 및 배우자가 상속인의 자격이 있다. 상속인은 상속순위와 관련하여 정해진다. 후순위상속권자는 선순위의 상속인이 없는 경우에만 상속하며, 상속인이 여럿인 경우에 동일 상속순위에 있는 자가 공동으로 상속재산을 승계한다. 만일 상속인이 없는 경우에 상속재산은 특별연고자에게 분여되지 않은 때에는 국가에 귀속한다(제1057조의 2, 제1058조).

(3) 상속능력

상속능력은 상속인이 될 수 있는 자격이다. 상속은 피상속인의 재산상 권리의무를 승계하는 것이기 때문에(제1005조), 일반적으로 권리의무의 주체가 될 수 있는 능력, 즉 권리능력 있는 자는 모두 상속능력이 있다. 결국 상속인은 상속개시 당시에 생존하고 있어야 한다(제3조). 따라서 상속인이 피상속인보다 먼저 사망하거나 동시에 사망한 경우에는 상속능력이 없다. 그러나 이를 관철하면 아직 출생하지 않은 태아는 권리능력이 없어 상속인이 될 자격이 없게 되므로 상당히 불이익을 받게 된다. 이런 이유로 민법은 태아의 권리를 보호하기 위하여 예외적으로 태아는 상속순위에 관하여는 이미 출생한 것으로 본다고 규정하고 있다(제1000조 3항). 즉 태아는 상속능력을 가진다. 태아가 출생하기까지의 법률상 지위에 관한 법적 구성을 어떻게 할 것인가에 대하여, 정지조건설(대판 1976.9.14, 76다1365; 소수설)과 해제조건설(다수설)이 있다. 주의할 것은 태아가 살아서 출생하거나 죽어서 출산되면 결과적으로 학설상의 차이가 없다는 점이다.

한편 상속인은 피상속인과 일정한 친족관계에 있는 자연인만이 될 수 있으므로, 법인은 상속능력을 가지지 못한다. 이는 사망자가 유언으로 재산을 법인에게 증여할 수 있는 것과 대조적이다.

2. 상속인의 순위

상속인에는 혈족상속인과 배우자상속인이 있다. 혈족상속인에는 피상속인의 직계비속·직계존속·형제자매 및 4촌 이내의 방계혈족이 있으며, 상속순위에 따라 상속인이 된다. 또 배우자상속인은 혼인신고를 한 법률상의 배우자에 한한다.

(1) 혈족상속의 순위—배우자 이외의 상속순위

(가) 제1순위 : 피상속인의 직계비속(제1000조 1항 1호)

1) 직계비속

제1순위 상속인은 피상속인의 직계비속이며, ① 직계비속에는 피상속인(망인)의 자녀·손자녀·증손자녀 등은 물론 외손자녀·외증손자녀 등이 모두 포함된다. 직계비속인 한 성별·혼인·국적의 동일성 여부, 부계·모계에 관계없이 1순위 상속인에 속한다. 따라서 부계혈족인 손자녀와 모계혈족인 외손자녀는 모두 피상속인의 직계혈족으로서 동순위의 상속인이 된다. ② 법정혈족인 양자도 자연혈족인 친생자와 마찬가지로 1순위의 상속인이며, 혼인 중의 자녀와 혼인외의 자녀(즉 인지된 자녀) 사이에도 상속순위에 아무런 차별이 없다. 따라서 양자의 경우 친생부모와 친자관계가 단절되지 않으므로, 양자는 양부모와 친생부모 모두에 대하여 1순위 상속인이 된다.

한편 종래 법정혈족관계가 인정되던 적모·서자 및 계모자 사이는 1990년 민법개정으로 인척관계가 인정될 뿐이므로, 적모서자 및 계모자 관계에는 서로 상속권이 없다. 친양자의 경우에는 친양자 입양이 확정된 때에 입양 전의 친족관계가 종료하기 때문에 친양자 입양이 확정된 후에 생가에 상속개시원인이 발생한 경우, 생가 친족의 재산에 대한 상속권이 없다(제908조의3 제2항).

2) 직계비속의 상속순위

직계비속이 여럿인 경우에는 피상속인과 촌수가 가장 가까운 사람(최근친)이 선순위자로 상속하고, 촌수가 같은 비속이 여럿인 경우에는 공동으로 상속한다(제1000조 2항). 예컨대 자녀와 손자녀·외손자녀가 있을 때는 1촌인 자녀만 상속하고 2촌인 (외)손자녀는 상속할 수 없으며, 피상속인의 자녀가 여럿인 경우에는 이들 모두 촌수가 같으므로 공동상속인이 된다. 그 밖에 태아는 상속순위에 관하여는 이미 출생한 것으로 본다(제1000조 3항).

3) 대습상속문제

(i) 피상속인보다 먼저 그 자녀가 사망하거나 결격된 경우, 그 자녀의 배우자와 직계비속이 대습상속한다(제1001조, 제1003조). 이러한 대습상속인들은 먼저 사망한 사람의 상속분만을 자신의 상속분에 따라 대습상속한다. 그런데 피상속인의 여러 자녀가 상속이 개시되기 전에 '모두 사망 또는 결격된 경우'에 그들의 자녀(피상속인의 손자녀)는 본래의 고유한 상속인으로서 상속하는지 아니면 대습상속을 하는지가 문제된다. ① 본위상속설은 피상속인의 손자녀는 자녀의 배우자가 있으면 대습상속을 하게 되나, 자녀의 배우자가 없으면 대습상속을 하는 것이 아니라 본위상속을 한다고 한다(김주수/김상용, 650면). 즉 제1000조 1항 1호에 의하여 직계비속은 본래부터 제1순위의 상속인으로서 상속권을 갖는다고 한다. ② 대습상속설은 상속인의 일부가 상속권을 잃고 있는 경우와 상속인 전부가 상속권을 잃고 있는 경우를 구별할 필요가 없다는 이유로 대습상속을 인정한다(곽윤직, 101면; 이경희, 359면). 즉 손자·손녀들은 그 부모를 대신하여 상속하는 것이므로 그들의 상속분도 어디까지나 그들 각자의 부모의 상속분만을 상속할 수 있다고 한다. ③ 판례는 피상속인의 자녀가 상속개시 전에 전부 사망한 경우, 피상속인의 손자녀는 본위상속을

하는 것이 아니라 대습상속을 한다고 하여(대판 2001.3.9, 99다13157), 대습상속설을 따르고 있다.

(ii) 결국 대습상속설에 의하면 사망한 자녀의 생존배우자는 자녀와 함께 대습상속을 하게 되지만, 본위상속설에 따르면 사망한 자녀의 생존배우자는 피상속인의 직계비속이 아니므로 상속에서 제외될 것이다. 가령 1억 4천만원의 유산을 남긴 피상속인 甲에게 장남 乙과 차남 丙이 있었고, 또 乙에게는 자녀 A·B 및 배우자 丁이 있으며, 丙에게는 아내가 없고 아들 C만 있었는데, 乙과 丙이 피상속인 甲보다 먼저 사망한 경우, 본위상속설에 의하면 피상속인의 직계비속 A·B·C가 평등하게 각각 1/3씩 상속한다. 그러나 대습상속설에 의하면 머리수로 평등상속하는 것이 아니라 A·B는 모 丁과 함께 乙의 상속분(1/2)을 공동상속하고(A·B는 각각 2천만원(2/7×7천만원), 丁은 3천만원(3/7×7천만원)을 상속한다), C는 丙의 상속분(1/2)을 단독상속(7천만원)한다.

4) 상속포기의 경우

1순위 상속인 중 촌수가 가까운 상속인(예: 자녀)이 '모두 상속포기'를 한 경우, 상속을 포기한 자는 상속개시시부터 상속인이 아니었던 것과 같은 지위에 놓이게 되므로 그 다음 근친직계비속인 피상속인의 손자녀 등이 고유의 상속권으로 상속한다(대판 1995.9.26, 95다27769; 박동섭/양경승, 602면). 가령 할아버지 甲은 사망 당시 5천만원의 채무가 있었는데, 할머니·아버지·숙부 등이 모두 상속포기를 한 경우, 후순위상속인인 손자녀들이 대습상속하는 것이 아니라 본위상속(머리수로 평등하게 상속)한다. 참고로 공동상속인인 배우자와 자녀들 중 자녀 전부가 상속을 포기한 경우에는 제1043조에 따라 상속을 포기한 자녀의 상속분은 남아 있는 '다른 상속인'인 배우자에게 귀속되고, 따라서 배우자가 단독상속인이 된다(대판 2023.3.23, 2020그42). 자세한 것은 후술한다.

(나) 제2순위 : 피상속인의 직계존속(제1000조 1항 2호)

1) 피상속인의 직계존속은 피상속인의 직계비속이 없는 경우, 1순위 상속인 전원이 상속결격되거나 상속포기를 한 경우에 상속인이 된다. 직계존속인 한 부계·모계, 양자·생가, 남녀를 묻지 않는다. 따라서 조부모가 손자녀의 상속인이 될 수 있고 외조부모도 외손자녀의 상속인이 될 수 있다. 주의할 것은 이혼한 배우자는 전 배우자의 재산을 상속할 수 없지만, 직계존속으로서 그 자녀의 재산은 상속할 수 있다는 점이다. 또한 적모서자 및 계모자 관계는 혈족 사이가 아니므로(인척관계) 상호간에 상속권이 없다.

2) 촌수가 다른 존속이 여럿인 경우에는 피상속인과 촌수가 가장 가까운 사람

(최근친)이 상속하고, 촌수가 같은 상속인이 여럿인 경우는 공동상속한다(제1000조 2항). 예컨대 양친부모 A·B와 친생모 C 및 조부모 D·E가 생존하고 있는 피상속인이 9천만원의 유산을 남긴 경우, A·B·C가 각각 3천만원씩(1/3×9천만원) 공동상속하며, 조부모(2촌)는 A·B·C보다 후순위가 되어 상속할 수 없다. 양자가 '직계비속이나 배우자 없이' 사망하면 상속재산은 친생부모와 양친부모 4명이 공동상속한다. 물론 1명만 생존하고 나머지 3명이 사망하였다면 1명이 단독상속한다. 한편 직계존속에 대해서는 대습상속이 인정되지 않는다(제1001조). 가령 부모 중에 모가 먼저 사망하였다면 父만 단독상속할 뿐이고, 모의 부모가 생존하고 있더라도 모의 부모(피상속인의 외조부모)가 대습상속할 수 없다.

3) 혼인외의 출생자가 그 생부 사망 후 인지판결로 친생자로 인지된 경우, 피상속인의 지위를 상속하였던 생부의 직계존속이나 형제자매들은 인지판결로 이미 취득한 상속권을 소급하여 잃게 된다. 생부의 직계존속(즉 부모)이 인지판결 이전에 가해자들과 손해배상을 합의하였더라도 이와 관계없이 피인지자는 다시 손해배상을 청구할 수 있다(대판 1993.3.12, 92다48512).

4) 피상속인 甲에게 자녀 A·B·C 및 손자녀 D·E 그리고 부모 乙·丙이 있는데, 甲의 직계비속 A·B·C가 '모두 상속을 포기'하였지만 손자녀 D·E가 상속포기를 하지 않은 경우, 앞에서 살펴본 바와 같이 후순위 상속인인 손자녀(D·E)가 고유의 상속권으로 상속하며, 직계존속이 상속하는 것은 아니다(대판 1995.4.7, 94다11835).

(다) 제3순위 : 피상속인의 형제자매(제1000조 1항 3호)

1) 피상속인의 형제자매는 피상속인의 직계비속·직계존속 및 배우자가 없는 경우, 1순위·2순위 상속인 전원이 상속결격이 되거나 상속포기를 한 경우에 상속인이 된다. 형제자매도 자연혈족·법정혈족, 부계·모계, 남녀·혼인여부를 묻지 않는다. 또한 부모가 서로 같은 형제자매뿐만 아니라 부나 모가 서로 다른 형제자매(동성이복·이성동복)도 포함된다(대판 2007.11.29, 2007도7062; 대판 1997.11.28, 96다5421).

2) 형제자매가 여럿인 때에는 모두 촌수가 동일하므로 공동상속인이 된다. 그리고 형제자매의 직계비속과 배우자에게는 대습상속이 인정된다(제1001조).

(라) 제4순위 : 피상속인의 4촌 이내의 방계혈족(제1000조 1항 4호)

1) 피상속인의 4촌 이내의 방계혈족은 직계비속·직계존속·배우자 및 형제자매가 없는 경우, 1순위·2순위·3순위 상속인 전원이 상속결격되거나 상속포기를 한 경우에 상속인이 된다. 방계혈족도 부계·모계, 남녀·기혼여부를 묻지 않는다.

2) 4촌 이내의 방계혈족 중에서 촌수가 다른 사람이 여럿인 경우에는 최근친이 우선하여 상속인이 되고, 촌수가 같은 사람이 여럿인 때에는 공동상속인이 된다(제1000조 2항). 예컨대 피상속인에게 백부·숙부·고모·형제자매의 자녀·외숙부·이모(3촌)와 4촌 형제자매·내종형제자매(고종 4촌)·종조부(할아버지의 형제)·조모의 형제자매·외종형제자매(외 4촌)·이종형제자매(이종 4촌) 등이 있을 경우, 백부 등은 3촌이므로 백부 등이 피상속인의 재산을 공동상속하게 되며, 4촌 형제자매 등은 제외된다. 한편 4촌 이내의 방계혈족은 대습상속이 인정되지 않는다. 가령 피상속인 甲에게 숙부 1명·고모 2명 및 이모 1명이 있었는데, 숙부와 이모가 甲보다 먼저 사망한 경우 4촌 형제자매나 이종형제자매가 대습상속할 수 없고 甲 사망 당시에 생존하고 있는 고모 2명이 모두 상속한다.

(2) 배우자의 상속순위

(가) 배우자는 그 직계비속과 동순위로 공동상속인이 되고, 직계비속이 없는 경우에 피상속인의 직계존속과 공동상속인이 되며, 피상속인에게 직계비속과 직계존속이 없으면 단독상속인이 된다(제1003조 1항). 또한 대습상속의 경우에 상속개시 전에 사망 또는 결격된 자의 배우자는 대습상속인과 동순위로 공동상속인이 되고, 그 상속인이 없을 때에는 단독상속인이 된다(제1003조 2항). 여기서 배우자란 혼인신고를 한 법률상의 배우자를 말한다(다수설). 따라서 사실혼 배우자는 남편 또는 아내로서 상속권을 가지지 않지만(각종 연금법 등의 특별법에 의하여 보호되는 경우는 별문제이다), 상속인의 부존재의 경우에 특별연고자로서 상속재산의 전부 또는 일부를 분여 받을 수 있을 뿐이다(제1057조의2).

(나) 혼인 중의 부부인 이상 별거 중인 사람·사실상 이혼을 하거나 사실상 재혼하고 있는 사람·중혼 중인 사람(서울고판 1987.10.13, 86구1565)도 배우자로서 상속권이 있다. 이혼소송 계속 중에 원고가 사망하면 이혼청구권은 상속의 대상이 아니므로 소송수계가 허용되지 않으며(대판 1994.10.28, 94므246,253; 대판 1993.5.27, 92므143), 따라서 유책배우자라 하더라도 생존배우자는 상속권을 가진다. 또한 배우자로서 상속받은 후에 혼인이 취소된 경우에는 혼인취소는 소급효가 없기 때문에(제824조) 그 상속은 유효하다(대판 1996.12.23, 95다48308). 그러나 혼인무효의 사유가 있는 경우, 혼인은 당연무효이므로(당연무효설) 무효인 혼인의 당사자 한쪽이 사망한 때에 생존배우자에게는 상속권이 인정되지 않는다. 그런데 무효판결에 의하여 비로소 무효로 된다는 견해에 의하면 무효판결이 확정될 때까지는 상속권을 가진다고 한다(송덕수, E-234).

(3) 국가귀속

상속인이 없는 경우에 가정법원은 특별연고자의 청구에 의하여 상속재산의 전부 또는 일부를 분여할 수 있고(제1057조의2), 특별연고자에게 분여되지 않은 상속재산은 국가에 귀속한다(제1058조 1항). 다만 예외적으로 공유자가 그 지분을 포기하거나 상속인 없이 사망한 때에 그 지분은 다른 공유자에게 각 지분의 비율로 귀속한다(제267조).

3. 대습상속

(1) 서 설

(가) 의 의

대습상속(代襲相續)이란 상속인이 될 직계비속 또는 형제자매가 상속개시 전에 사망하거나 상속결격으로 인하여 상속인이 되지 못한 경우, 그 직계비속이나 배우자가 있으면 그 직계비속이나 배우자가 그 사망자나 결격자에 갈음하여 그 순위에서 상속인이 되는 것을 말한다(1001조, 제1003조 2항). 예컨대 피상속인 甲에게 자녀 A·B·C가 있고 상속개시 전에 B가 사망하였는데, B에게 자녀가 乙·丙이 있는 경우, 乙·丙은 A·C(예: 백부·고모)와 동순위로 상속인이 된다. 대습상속은 피상속인의 사망 전에 상속인이 상속권을 잃은 경우에도 그 직계비속이나 배우자의 상속에 대한 기대를 보호함으로써 공평의 이념을 실현하고, 그들의 생활보장을 확보하기 위하여 인정되는 제도이다.

(나) 성 질

대습상속인은 피대습자(추정상속인)의 권리를 승계 또는 대위하는 것이 아니라 자기 고유의 권리로 직접 피상속인을 상속한다. 다시 말하면 본래의 상속인은 이미 사망·결격으로 인하여 권리능력·상속인자격을 상실하였으므로, 대습상속인이 그를 대위하거나 승계할 수는 없다. 따라서 대습상속권은 법률규정에 의하여 대습상속인에게 부여되는 고유의 상속권이다(통설).

(2) 대습상속의 요건

(가) 상속인이 될 직계비속 또는 형제자매가 상속개시 전에 사망하거나 결격되었을 것

1) 대습상속이 인정되기 위해서는 상속인이 될 직계비속 또는 형제자매가 상속개시 전에 사망(실종선고 포함)하거나 결격자가 되어 상속권을 상실하여야 한다(제1001조, 제1003조 2항). 가령 피상속인에게 자녀로 甲·乙이 있는데 甲이 상속개시 전에 사망하였거나 상속결격자가 된 경우, 甲에게 자녀로 A·B가 있으면 A·B는 甲을 대습하여 그들의 백숙부이거나 고모인 乙과 함께 공동상속인이 된다. 또한 피상속인에게 직계비속도 없고 직계존속도 없고 배우자도 없어서 형제자매인 甲·乙이 상속인이 되는데, 甲이 상속개시

전에 사망하였거나 상속결격자가 된 경우에 甲에게 배우자 A와 자녀 B가 있으면 A·B는 甲을 대습하여 乙과 함께 공동상속인이 된다.

상속개시 전의 사망은 피상속인이 '사망하기 전'에 상속인이 될 사람(추정상속인)이 먼저 사망한 것을 의미하지만, ① 피상속인과 피대습자가 동시에 사망한 경우에도 대습상속이 인정된다(대판 2001.3.9, 99다13157; 김주수/김상용, 658면). 상속인이 될 직계비속이나 형제자매(피대습자)의 직계비속 또는 배우자(대습자)는 피대습자가 상속개시 전에 사망한 경우에는 대습상속을 하고, 피대습자가 상속개시 후에 사망한 경우에는 피대습자를 거쳐 피상속인의 재산을 본위상속을 하므로 두 경우 모두 상속을 하는데, 만일 피대습자가 피상속인의 사망, 즉 상속개시와 동시에 사망한 것으로 추정되는 경우에만 그 직계비속 또는 배우자가 본위상속과 대습상속의 어느 쪽도 하지 못하게 된다면 동시사망 추정 이외의 경우에 비하여 현저히 불공평하고 불합리하기 때문이다. 따라서 조부 甲과 父 乙이 동시에 사망한 것으로 추정되는 경우에 乙의 자녀 丙이 甲의 대습상속인이 되며(제1001조), 동시에 丙은 乙의 본위상속인이 된다(제1000조 1항 1호). ② 제1001조는 상속개시 전에 결격자가 된 경우라고 하고 있으나 상속개시 후에 결격사유가 발생한 경우(제1004조)도 포함된다(김주수/김상용, 658면; 박동섭/양경승, 621면; 이경희, 361면). 즉 상속개시 후에 결격사유가 발생하더라도 상속권 상실의 효과는 상속개시시로 소급하게 되므로, 상속개시 후의 결격도 대습원인이 된다.

2) 상속포기는 그 원인이 되지 않는다. 민법은 상속포기를 대습상속의 원인으로 규정하고 있지 않으며, 대습상속을 대습상속인의 고유권이라고 새긴다면 상속포기의 경우에도 대습상속을 인정하여야 할 것이지만 제1043조의 규정에 비추어 대습상속이 부정된다(통설). 다시 말하면 1순위 상속인 중 선순위 상속인들(예: 배우자와 자녀)이 모두 상속포기를 한 경우, 후순위 상속인(손자·손녀들)이 피상속인의 직계비속으로서 본위상속한다(대판 1995.9.26, 95다27769; 대판 1995.4.7, 94다11835). 다만 상속포기는 포기자가 자기 이익을 포기하는 것으로 허용할 수 있지만, 포기자의 직계비속이나 배우자가 대습상속할 기회까지 박탈하여 결과적으로는 이들의 상속까지 강제적으로 포기시키는 결과가 되기 때문에, 입법적으로 상속포기를 대습상속의 원인으로 개정해야 한다는 견해가 있다(박병호, 334면; 이경희, 361면).

3) 대습상속은 상속인이 될 1순위 상속인인 직계비속 또는 3순위 상속인인 형제자매가 피상속인보다 먼저 사망·결격되었을 때 인정되므로(제1001조), 직계존속이나 3촌·4촌 이내의 방계혈족이 상속인인 때에는 대습상속이 인정되지 아니한다. 예컨대 부모 중 1명이 상속개시 전에 먼저 사망하였고, 나중에 피상속인 甲(자녀)이 사망한 경우에 생존하고 있는 부 또는 모가 상속한다. 그리고 백부가 먼저 사망하였는데 그 아들

인 4촌이 생존하고 있으면 그 4촌이 본위상속하게 되고, 4촌이 사망하고 없으면 그의 처자(5촌이나 4촌의 형수나 계수)는 대습상속할 수 없다.

(나) 상속인이 될 사람(피대습자)의 직계비속이나 배우자일 것

1) 대습상속인은 피대습자의 직계비속이거나 배우자이어야 한다. 대습상속이 개시된 경우 피대습자의 배우자는 그 직계비속과 같은 순위의 공동상속인이 되고, 그 상속인이 없으면 배우자가 단독상속한다(제1003조 2항). 여기서 배우자는 상속개시 당시 법률상 혼인을 한 정당한 배우자이어야 한다. 따라서 사실혼의 배우자는 대습상속할 수 없고, 배우자인 이상 남편이든 아내이든 불문한다. 물론 배우자의 사망 후 생존배우자가 그 사망배우자의 피상속인(시부모나 장인·장모)이 사망 전에 재혼하면 인척관계가 소멸되므로(제775조 2항) 대습상속권이 없다(박동섭/양경승, 626면). 즉 며느리 또는 사위는 재혼하면 대습상속을 할 수 없지만, 법률상 재혼이 아닌 사실상 재혼의 경우에는 대습상속을 할 수 있다.

2) 대습상속인은 상속개시(피상속인의 사망) 당시에 존재하면 충분하고, 대습원인 발생 당시에 존재하고 있을 필요는 없다. 상속결격사유 발생 후 출생하거나 입양된 비속의 출생시점이 결격의 전후이냐에 따라 그 출생자를 차별하는 것은 부당하므로, 결격 후 출생하거나 입양된 양자도 대습상속할 수 있다(김주수/김상용, 660면; 김용한, 309면; 박동섭/양경승, 623면; 이경희, 362면). 양자는 입양 당시부터 혼인 중의 출생자와 동일한 것으로 보기 때문이다(제772조 1항). 다만 배우자의 경우에는 상속인이 결격자가 된 후에 혼인한 배우자도 대습상속권을 가지도록 허용한다면, 결격자 스스로 상속하는 결과가 되므로 결격 당시의 배우자에 한정할 필요가 있다는 견해가 있다(곽윤직, 127면).

생각건대 민법은 부부별산제를 취하고 있으므로(제830조), 결격자 스스로 상속한다고 해석하기는 곤란하다고 할 것이다. 따라서 대습상속인인 배우자는 상속개시시에 배우자로서의 신분을 가지고 있으면 이를 배제할 이유가 없다(다수설). 즉 상속결격으로 인하여 상속권을 잃은 사람이 그 후에 혼인한 경우, 그러한 배우자는 나중에 발생한 상속개시로 인하여 대습상속을 할 수 있다.

태아도 대습상속할 수 있다. 상속개시 당시 태아로 존재하는 것에 대하여 명문의 규정이 없지만, 태아는 상속순위에 관하여 이미 출생한 것으로 보는 제1000조 3항을 유추적용하여 대습상속인이 될 수 있다(통설). 따라서 피대습자의 사망이나 결격 당시의 태아뿐만 아니라 상속결격 후 상속개시 당시에 잉태한 태아도 대습상속을 할 수 있다. 가령 조부모 사망 당시 이미 임신되어 있는 손자녀는 조부모의 재산을 상속할 수 있다.

3) 동순위의 공동상속인이 전부 상속개시 전에 사망하거나 결격자가 된 경우에 그 상속인의 직계비속, 즉 피상속인의 자녀가 상속개시 전에 모두 사망·결격되어 상속권을 잃고 손자녀와 외손자녀만이 있을 때 이들이 대습상속을 하게 되는지에 대하여, 전술한 바와 같이 본위상속설과 대위상속설이 있다. 가령 피상속인에게 아들 甲이 있었으나 상속개시 전에 사망하였고 甲에게 아내 乙과 자녀 A·B가 있을 경우, 피상속인의 직계비속 A·B가 본위상속을 한다고 해석하면 乙은 상속을 받을 여지가 없게 되지만, A·B가 甲을 대습상속한다고 해석하면 乙도 A·B와 함께 대습상속을 받을 수 있게 된다. 판례는 피상속인의 자녀가 상속개시 전에 '전부 사망한 경우' 피상속인의 손자녀는 본위상속이 아니라 대습상속을 한다고 하여, 대습상속설을 따르고 있다(대판 2001.3.9, 99다13157). 따라서 비행기사고로 피상속인의 직계비속이 모두 동시에 사망한 경우, 형제자매보다는 생존한 사위가 우선하여 단독으로 대습상속한다.

4) 대습상속인에게 다시 대습원인이 발생한 경우, 그의 직계비속이 대습상속을 할 수 있다(재대습상속). 다시 말하면 피상속인의 직계비속이나 형제자매에게 대습상속의 원인이 있으면, 직계비속이나 형제자매의 직계비속이 대습상속인이 되고, 이 대습상속인이 상속개시 전에 사망 또는 결격이 되면 그 직계비속이 대습상속인이 된다(통설). 가령 손자가 이미 사망한 경우 그의 자식(증손자)이 대습상속한다. 한편 상속인이 될 자(사망자 또는 결격자)의 배우자는 제1003조에 의하여 대습상속인이 될 수 있지만, 피대습자(사망자 또는 결격자)의 배우자가 대습상속의 상속개시 전에 사망하거나 결격자가 된 경우, 그 배우자에게 다시 피대습자로서의 지위가 인정될 수는 없다(대판 1999.7.9, 98다64318,64325).

(다) 대습상속인은 상속인의 자격을 상실하지 않을 것

대습상속인이 되려는 사람은 스스로 상속인의 자격을 잃어서는 안 된다. 즉 대습자가 결격자인 경우에는 대습상속권이 없다. 대습상속인도 본위상속의 상속인과 마찬가지로 피상속인을 직접 상속하는 자이기 때문이다. 예컨대 손자가 그 아버지를 살해하여 상속결격자가 되었는데 나중에 할아버지가 사망한 경우, 손자는 아버지를 대습하여 할아버지의 재산을 상속할 수 없다.

(3) 대습상속의 효과

대습상속에 의하여 대습자가 피대습자의 순위로 올라가 피대습자가 받았을 상속분을 상속하게 된다(제1010조). 다시 말하면 자녀는 부 또는 모의 상속분을 상속하게 되며, 배우자는 피대습자인 배우자의 상속분을 상속하게 된다. 이때 자녀가 여럿인 경우에는 피대습자의 상속분을 각각의 상속분의 비율에 따라 받게 된다. 또 자녀와 배우자가 공동으로 대습상속을 하는 경우에도 피대습자의 상속분을 다시 각각 자기의 상속분의 비율에 따라 상속한다. 가령 피상속인 甲에게 자녀로 乙·丙이 있고 유산으로 1억원이 있는데, 아내 A와 자녀 B가 있는 乙이 甲보다 먼저 사망한 경우, A·B가 乙의 상속분(1/2)을 상속하고 丙이 자기의 상속분(1/2)을 상속한다. 결국 A는 3천만원(3/5×5천만원), B는 2천만원(2/5×5천만원) 그리고 丙은 5천만원을 공동상속하게 된다.

4. 상속결격

(1) 의 의

상속결격(相續缺格)이란 어떤 피상속인의 재산을 상속할 순위에는 있지만, 그 상속인에게 상속시키는 것이 적당하지 않는 일정한 법정사유가 발생한 경우에 재판상의 선고를 기다리지 않고 법률상 당연히 상속인의 자격을 상실케 하는 것을 말한다. 혈족간의 상속협동체라고 할 수 있는 윤리적·경제적 결합관계를 파괴하는 비행을 저지른 사람에게는 상속인자격을 인정하여서는 안 된다는 것이 상속결격제도의 존재이유이다.

(2) 결격사유

제1004조에서 규정한 결격사유는 피상속인 등에 대한 학대행위와 피상속인의 유언에 대한 부정행위로 나눌 수 있다. 상속결격은 법정사유가 인정되면 상속권 박탈이라는 중대한 효과가 법률상 당연히 발생하므로 그 사유를 엄격하게 해석하여야 하고, 유추에 의하여 상속결격사유를 확장하는 것은 허용되지 않는다(대판 2024.6.27, 2022므13504,13511).

(가) 피상속인 등에 대한 신체적 가해행위

1) 고의로 직계존속·피상속인·그 배우자 또는 상속의 선순위나 동순위에 있는 자를 살해하거나 살해하려고 한 경우(제1004조 1호)

직계존속·피상속인·그 배우자 또는 상속의 선순위나 동순위에 있는 자를 '고의로' 살해하거나 살해하려고 하여야 한다. 따라서 상속과 관계없는 직계존속을 살해한 경우도 결격사유가 된다(박동섭/양경승, 548면). 예컨대 (외)조부모를 살해한 사람은 (외)조부모는 물론 자기 부모의 재산도 상속할 수 없다.

'고의범'에 한정되므로 과실로 사람을 사망하게 한 경우(과실치사)는 결격사유가 아니다. 여기의 '살해'는 살인죄의 기수·미수·예비·음모를 포함하고, 정범·종범·교사범, 촉탁·승낙에 의한 살인, 위계 등에 의한 살인도 포함한다(통설). 이와 같이 살해의 고의가 있어야 하지만, 상속에 유리하다는 인식이 있어야 하는 것은 아니다. 판례는 선순위 또는 동순위에 있는 태아를 낙태한 경우도 이에 해당한다고 한다(대판 1992.5.22, 92다2127). 가령 남편의 사망 당시 태아를 임신하고 있던 아내가 낙태하였다면 그 아내는 같은 순위의 상속인인 태아를 살해한 자로서 상속인자격을 잃게 된다.

2) 고의로 직계존속·피상속인과 그 배우자에게 상해를 가하여 사망에 이르게 한 경우 (제1004조 2호)

고의의 상해로 인한 치사에 한하며(상해치사), 과실치사는 여기에 해당하지 않는다. 이때 고의에는 상속에 유리하다는 인식을 요하지 않는다(대판 1992.5.22, 92다2127). 피해자는 가해자의 직계존속·피상속인과 그 배우자이며, 제1004조 1호와 달리 상속의 선순위자나 동순위자는 제외된다. 상해를 가하여 사망에 이르게 하여야 하므로, 상해만으로는 결격사유가 되지 않는다.

(나) 피상속인의 유언에 관한 부정행위

1) 사기 또는 강박으로 피상속인의 상속에 관한 유언 또는 유언의 철회를 방해한 경우 (제1004조 3호)

상속에 관한 유언이란 상속인의 지위 또는 그 승계할 수 있는 권리의무에 영향을 미칠 수 있는 유언을 의미하며, 유효한 것이어야 한다. 예컨대 상속재산분할방법의 지정·인지·재단법인설립과 관련된 유언 및 유증 등은 이에 해당하지만, 후견인의 지정과 같은 단순한 친족법상의 사항을 내용으로 하는 유언(제931조)은 이에 해당하지 않는다(박동섭/양경승, 550면). 방해행위는 어떤 것이든 상관없으나 방해행위에 의하여 피상속인이 유언행위를 하지 못하였거나 기존의 유언을 철회하지 못한 경우이다. 따라서 미수에 그친 경우는 결격이 되지 아니한다. 그 밖에 행위자의 '고의'는 사기와 강박의 사실에 대한 고의뿐만 아니라 유언행위를 방해하여 자기에게 유리하게 상속재산을 돌리려는 고의, 즉 2단의 고의가 있어야 한다(다수설).

2) 사기 또는 강박으로 피상속인의 상속에 관한 유언을 하게 한 경우(제1004조 4호)

사기·강박으로 상속에 관한 유언을 한 경우, 유언자는 사기·강박을 이유로 제110조에 의하여 취소하거나 제1108조에 의하여 철회할 수 있으며, 상속결격의 문제로 해결할 수도 있다.

3) 피상속인의 상속에 관한 유언서를 위조·변조·파기 또는 은닉한 경우(제1004조 5호)

유효하게 성립된 유언서를 위조·변조·파기 또는 은닉하는 행위가 있어야 하며, 이러한 행위는 '고의'에 기인하여야 한다. 그러므로 과실로 인한 파기는 결격사유가 되지 않는다. 또한 문제가 된 상속의 개시시에 위조 등의 행위가 없었더라면 유효하게 존재하였을 유언서에 관한 것이어야 한다(김주수/김상용, 666면). 따라서 피상속인이 행위자의 부정행위가 있은 후 그 유언을 철회 내지 취소한 경우에는 결격이 되지 아니한다. 상속에 관하여 영향을 줄 염려가 없기 때문이다.

한편 '상속에 관한 유언서를 은닉한 자'라 함은 유언서의 소재를 불명하게 하여 그 발견을 방해하는 행위를 한 자를 의미하는 것으로, 공동상속인들 사이에 그 내용이 널리 알려진 유언서에 관하여 피상속인의 사망 후 일정한 기간이 경과한 시점에서 비로소 그 존재를 주장하는 등의 사정만으로 이를 두고 유언서의 은닉에 해당한다고 단정할 수 없다(대판 2024.6.27, 2022므13504,13511).

(3) 상속결격의 효과

(가) 상속자격의 당연상실

결격사유가 발생하면 상속인은 법률상 당연히 상속할 자격을 잃는다. 즉 상속개시 전에 결격사유가 생기면 그 후 상속이 개시되더라도 그 추정상속인은 상속을 할 수 없다. 또한 상속개시 후에 결격사유가 생긴 경우에는 유효하게 개시한 상속도 그 개시시에 소급하여 무효가 된다. 따라서 결격자가 상속재산을 선의·무과실의 제3자에게 양도한 경우에 그 양도행위는 처음부터 당연무효이며, 선의취득의 보호를 받지 않는 한 제3자는 아무런 권리도 취득하지 못한다(대판 1964.7.14, 64다135). 이 경우 진정한 상속인은 상속회복청구를 할 수 있다(제999조). 가령 X부동산을 소유하고 있는 乙이 사망할 당시 직계존속 甲, 배우자 丙, 태아 丁을 두고 있었고, 丙이 상속을 원인으로 X부동산에 관한 소유권을 상속등기를 한 다음 자신의 지분을 戊에게 양도하여 등기를 마쳤다. 그 후 丙은 乙과의 사이에 임신한 태아 丁을 낙태시켰다. 이 경우 丙이 태아 丁을 낙태시킨 것은 상속결격사유이고, 그 사유가 상속개시 후에 생겼지만 상속이 소급해서 무효로 되므로, 丙이 행한 지분양도도 무효로 된다. 따라서 진정한 상속인 甲은 戊에게 상속회복청구로서 X부동산의 공유지분등기의 말소를 청구할 수 있다. 그런데 진정상속인이 참칭상속인으로부터 상속재산을 양수한 제3자를 상대로 등기말소청구를 하는 경우에도 상속회복청구권의 단기의 제척기간이 적용되므로(대판 2010.1.14, 2009다41199), 甲은 낙태사실을 안 날부터 3년, 낙태가 있었던 때부터 10년 내에 그 권리를 행사하여야 한다.

판 례

자신이 진정한 상속인임을 전제로 그 상속으로 인한 소유권 또는 지분권 등 재산권의 귀속을 주장하면서 참칭상속인 또는 참칭상속인으로부터 상속재산에 관한 권리를 취득하거나 새로운 이해관계를 맺은 제3자를 상대로 상속재산인 부동산에 관한 등기의 말소 등을 청구하는 경우에는, 그 소유권 또는 지분권이 귀속되었다는 주장이 상속을 원인으로 하는 것인 이상 그 청구원인 여하에 관계없이 이는 제999조 소정의 상속회복청구의 소에 해당하고, 상속회복청구권의 제척기간에 관한 제999조 2항은 이 경우에도 적용된다(대판 2010.1.14, 2009다41199; 대판 1981.1.27, 79다854).

(나) 수유능력의 결격

상속결격자는 특정의 피상속인에 대하여 상속인이 될 수 없음과 동시에 수유결격자도 되므로(제1064조, 제1004조), 유증을 받을 수 없다(다수설). 그러나 제1064조는 유증에 관하여 제1004조에 해당하는 비행을 한 때에 수유결격자가 되므로, 그 후에는 유증을 할 수 있다는 견해가 있다(곽윤직, 92면; 이경희, 366면). 즉 상속결격에 해당하는 비행이 있은 후에도 피상속인이 유증을 한 경우에는 수유결격(受遺缺格)이 아니라고 한다.

(다) 결격효과의 범위

1) 상속결격의 효과는 특정의 피상속인에 대한 관계에만 미치며, 다른 피상속인에 대한 상속자격에는 영향을 미치지 않는다. 따라서 상속결격자의 배우자나 자녀에게는 결격의 효과가 미치지 않으므로, 그의 배우자나 직계비속의 대습상속에는 지장이 없다(제1001조, 제1003조). 예컨대 피상속인 A는 자녀로 B·C가 있으며 1억원의 유산을 남겼는데, 아내 甲과 딸 乙이 있는 B가 유언서를 위조할 경우 B는 상속에서 제외된다. 이 경우 C는 본위상속으로 5천만원(1/2× 1억)을 상속하고, 甲은 3천만원(3/5×5 천만원) 乙은 2천만원(2/5×5 천만원)을 각각 대습상속한다.

2) 한편 대습자의 피대습자에 대한 결격은 피상속인에게까지 미친다(김주수/김상용, 668면; 박동섭/양경승, 555면). 즉 대습상속인 자신이 결격자이면 그는 대습상속도 할 수 없다. 예컨대 乙의 직계비속 丙이 乙에 대한 살인미수가 되었고, 그 후에 乙이 그의 부친인 甲보다 먼저 사망한 경우 丙은 甲을 대습상속할 수 없다.

(라) 결격의 용서

상속결격의 효과는 법률상 당연히 발생하고, 피상속인의 의사와는 관계가 없다. 그러므로 피상속인 등이 임의로 결격자를 용서하여 상속결격을 해소시켜 상속자격을 회복시키지 못한다(다수설). 그러나 상속결격을 인정하는 이유는 상속적 공동체의 파기에 있는 것이므로, 피상속인의 용서로 인하여 상속적 협동관계의 회복이 가능하므로 결격의 효과를 소멸시켜도 좋다는 견해가 있다(박병호, 312면; 이경희, 366면). 물론 피상속인이 결격자에 대하여 생전증여를 하는 것이 가능하므로, 용서를 하지 않는다는 것은 사실상

별로 의미가 없을 것이다(김주수/김상용, 668면).

5. 상속권 상실 선고

세월호 사건 등 재난재해 사고 이후 피상속인을 부양하지 않은 상속인이 보상금, 보험금을 달라며 소송을 제기하거나 재산상속을 주장하는 등 일반 국민의 법 감정에 반하는 사건이 발생하여 사회적 논란이 지속되었다. 제1004조의2는 피상속인의 직계존속으로서 상속인이 될 사람이 피상속인에 대한 부양의무를 중대하게 위반하거나 중대한 범죄행위 또는 그 밖에 심히 부당한 대우를 한 경우 등에는 피상속인의 유언 또는 공동상속인 등의 청구에 따라 가정법원이 상속권의 상실을 선고할 수 있도록 위한 것이다.

(1) 피상속인은 상속인이 될 사람이 피상속인의 직계존속으로서 ① 피상속인에 대한 부양의무(미성년자에 대한 부양의무로 한정)를 중대하게 위반한 경우 또는 ② 피상속인 또는 그 배우자나 피상속인의 직계비속에게 중대한 범죄행위(제1004조의 경우는 제외)를 하거나 그 밖에 심히 부당한 대우를 한 경우에는 제1068조에 따른 공정증서에 의한 유언으로 상속권 상실의 의사를 표시할 수 있다. 이 경우 유언집행자는 가정법원에 그 사람의 상속권 상실을 청구하여야 한다(제1004조의2 제1항). 유언에 따라 상속권 상실의 대상이 될 사람은 유언집행자가 되지 못한다(제1004조의2 제2항).

(2) 상속권 상실에 관한 피상속인의 유언이 없었던 경우, '공동상속인'은 피상속인의 직계존속으로서 ① 피상속인에 대한 부양의무(미성년자에 대한 부양의무로 한정)를 중대하게 위반한 경우, ② 피상속인에게 중대한 범죄행위(제1004조의 경우는 제외)를 하거나 그 밖에 심히 부당한 대우를 한 경우에 해당하는 사람이 상속인이 되었음을 안 날부터 6개월 이내에 가정법원에 그 사람의 상속권 상실을 청구할 수 있다(제1004조의2 제3항). 만일 상속권 상실을 청구를 할 수 있는 공동상속인이 없거나 모든 공동상속인에게 제3항의 사유가 있는 경우에는 상속권 상실 선고의 확정에 의하여 상속인이 될 사람이 이를 청구할 수 있다(제1004조의2 제4항).

(3) 가정법원은 상속권 상실을 청구하는 원인이 된 사유의 경위와 정도, 상속인과 피상속인의 관계, 상속재산의 규모와 형성 과정 및 그 밖의 사정을 종합적으로 고려하여 상속권 상실청구를 인용하거나 기각할 수 있다(제1004조의2 제5항). 상속개시 후에 상속권 상실의 선고가 확정된 경우, 그 선고를 받은 사람은 상속이 개시된 때에 소급하여 상속권을 상실한다. 다만 이로써 해당 선고가 확정되기 전에 취득한 제3자의 권리를 해치지 못한다(제1004조의2 제6항).

가정법원은 상속권 상실의 청구를 받은 경우, 이해관계인 또는 검사의 청구에 따라 상속재산관리인을 선임하거나 그 밖에 상속재산의 보존 및 관리에 필요한 처분을 명할 수 있다(제1004조의2 제7항). 가정법원이 상속재산관리인을 선임한 경우, 상속재산관리인의 직무, 권한, 담보제공 및 보수 등에 관하여는 부재자재산관리에 관한 규정(제24조~제26조)을 준용한다(제1004조의2 제8항).

6. 상속인의 부존재

(1) 의 의

상속인의 부존재란 상속인의 존재가 확인되지 않은 것을 말한다. 상속개시 후 상속인의 존부가 불분명한 경우에 상속인을 수색하기 위하여 일정한 절차가 필요할 뿐만 아니라 상속재산의 최후의 귀속자인 국가를 위하여 또는 상속채권자와 수유자(유증받은 자) 등의 이익을 위하여 상속재산에 대한 관리와 청산을 할 필요가 있다. 이를 위한 것이 상속인의 부존재제도이다. '상속인의 존부가 분명하지 않은' 경우(제1053조 1항)로는 신원불명의 자가 사망한 경우, 상속을 한 사람이 참칭상속인이고 진정한 상속인의 존부가 불분명한 경우, 상속인이 전부 상속을 포기하여 상속인이 없는 경우 또는 유일한 상속인이 상속결격자이거나 동시사망한 것으로 추정되는 경우 등이 있다. 주의할 것은 상속인의 존재는 분명하지만 그 행방이나 생사가 불분명한 때에는 상속인부존재의 절차에 의해서가 아니라 부재자 내지 실종자로 처리되어야 한다는 점이다.

(2) 상속재산의 관리 및 청산

(가) 상속재산의 관리

1) 재산관리인의 선임

상속인의 존부가 분명하지 아니한 경우에 가정법원은 피상속인의 친족(제777조) 기타 이해관계인 또는 검사의 청구에 의하여 상속재산관리인을 선임하고, 지체 없이 이를 공고하여야 한다(제1053조 1항). 재산관리인의 선임은 상속인이 나타날 때까지 상속재산을 관리하지 않으면 상속재산이 흩어질 염려가 있기 때문이다. 여기서 이해관계인은 상속채권자, 수유자, 상속채무자, 상속재산상의 담보권자 등 상속재산에 대하여 법률상 이해관계를 가지는 자를 말한다.

판 례

상속재산의 관리인은 그의 지위에서 소송을 제기하고 이를 수행할 수 있는 것이므로 상속재산의 소유권확인을 구하는 원고 상속재산의 관리인으로서는 구태어 상속인일 필요는 없다(대판 1977.1.11, 76다184,185).

---

2) 상속재산관리인의 권리의무

(i) 관리인은 원칙적으로 부재자를 위한 재산관리인과 비슷하므로, 상속재산관리인에 대하여 부재자를 위한 재산관리에 관한 규정이 준용된다(제1053조 2항, 제24조-제26조). 그런데 상속재산관리인은 장래 나타날 상속인 또는 포괄적 수유자의 법정대리인의 지위에 서게 되고(박동섭/양경승, 831면; 이경희, 367면; 지원림, 6-189), 따라서 상속재산에 관한 소송에서 당사자적격이 인정된다(대판 2007.6.28, 2005다55879; 대판 1976.12.28, 76다797). 즉 재산상속인의 존재가 분명하지 아니한 상속재산에 관한 소송에서 정당한 피고는 법원에서 선임된 상속재산관리인이다. 그리고 소송계속 중 당사자가 사망하고 그 상속인의 존부가 분명하지 않은 경우, 상속재산관리인이 민사소송법에 따라 소송을 수계할 수 있으므로, 법원은 소송절차를 중단한 채 상속재산관리인의 선임을 기다려 그로 하여금 소송을 수계하도록 하였어야 한다(대판 2002.10.25, 2000다21802).

(ii) 한편 상속재산관리인은 상속채권자나 수유자의 청구가 있으면 언제든지 상속재산의 목록을 제시하고 그 상황을 보고하여야 한다(제1054조). 상속인의 존재가 분명해진 경우에 관리인의 임무는 그 상속인이 '상속의 승인을 한 때' 종료한다(제1055조 1항). 상속인의 출현으로 관리가 종료된다고 하면 상속재산이 관리 없는 상태로 빠질 염려가 있기 때문이다. 상속인이 승인을 한 때에 관리인은 지체 없이 그 상속인에 대하여 관리의 계산을 하여야 한다(제1055조 2항).

(나) 상속인 없는 재산의 청산절차

1) 청산공고

가정법원이 상속재산관리인의 선임을 공고(제1차 공고)한 날부터 3개월 이내에 상속인이 나타나지 아니하면, 관리인은 지체 없이 상속채권자와 유증 받은 자(수유자)에 대하여 2개월 이상의 기간을 정하여 그 기간 내에 채권 또는 수증을 신고할 것을 공고(제2차 공고)하여야 한다(제1056조 1항). 이 공고는 청산절차를 개시한다는 뜻을 공고하는 것이지만, 제2차 상속인수색공고의 역할을 한다. 이 공고에는 상속채권자 또는 수유자가 소정기간 내에 신고하지 않으면 그 권리가 청산에서 제외된다는 것을 표시하여야 하고, 공고방법은 법원의 등기사항의 공고와 동일한 방법에 의한다. 관리인은 알고 있는 상속채권자와 수유자에 대하여 각각 그 채권과 수유액을 신고할 것을 최고하여야 하고, 그가 알고 있는 채권자와 수유자를 청산에서 제외하지 못한다(제1056조 2항, 제88조 2항, 3항, 제89조).

2) 상속채무의 변제

상속재산관리인은 채권신고의 공고절차를 거친 후 일반상속채권자와 수유자에 대하여 한정승인의 경우와 동일한 방법으로 변제하여야 한다(제1056조 2항, 제1033조-제1039조).

3) 상속인수색의 공고

(i) 상속재산관리인의 선임공고(제1053조 1항) 및 채권신고의 공고(제1056조 1항)도 상속인수색의 의미도 있다. 그러나 일반상속채권자 및 수유자에 대한 채권신고의 공고에서 정한 2개월 이상의 기간이 경과하여도 상속인의 존부를 알 수 없는 경우, 법원은 관리인의 청구에 의하여 상속인이 있으면 일정한 기간 내에 그 권리를 주장할 것을 공고(제3차 공고)하여야 한다(제1057조 전문). 그 기간은 1년 이상이어야 한다(제1057조 후문).

(ii) 이러한 상속인수색공고는 상속재산관리인이 상속재산을 청산한 후 잔여재산이 있는 경우에만 필요하다. 제3차 공고(상속인수색공고)에 정한 기간 내에 신고한 상속채권자 및 수유자에 대해서도 잔여재산이 있는 때에는 그 한도 내에서 변제할 수 있다. 그러나 제3차 공고기간 내에 상속인이라고 주장하는 자가 나타나지 않는 경우 상속인의 권리는 소멸하며, 상속재산관리인이 몰랐던 상속채권자 및 수유자도 변제를 청구할 수 없다. 즉 상속재산은 동결되고, 특별연고자에 대한 재산분여가 결정되고, 잔여재산은 국고에 귀속되기 때문에, 상속인이나 다른 권리자라 하더라도 그 권리를 행사할 수 없게 된다(이경희, 369면).

(3) 특별연고자에 대한 상속재산분여

(가) 의 의

특별연고자에 대한 재산분여란 상속인수색공고(제3차 공고)가 있은 후에도 공고기간 내에 상속권을 주장하는 자가 없는 때에 피상속인과 생계를 같이 하고 있던 자, 피상속인의 요양간호를 한 자, 그 밖에 피상속인과 특별한 연고가 있던 자의 청구에 의하여 가정법원은 상당하다고 인정되는 경우에 상속재산의 전부 또는 일부를 분여하는 것을 말한다(제1057조의2). 이 제도는 피상속인의 뜻에도 부합되고(망인이 유언을 남기지 아니한 경우), 특별연고자의 기대권을 보호하여 주는 역할을 한다.

(나) 재산분여의 요건

1) 상속권을 주장하는 자가 없을 것

상속재산분여를 청구하기 위해서는 상속인수색공고(제3차 공고, 제1057조)가 있은 후에도 공고기간 내에 상속권을 주장하는 자가 없어야 한다. 따라서 피상속인에게 상속인이 1인이라도 있는 경우, 아무리 피상속인과 특별한 연고가 있는 자라 하더라도 상속재산을 분여받을 수 없다.

2) 특별한 연고관계가 있을 것

민법은 특별연고자로서 '피상속인과 생계를 같이하고 있던 자', '피상속인의 요양·간호를 한 자'를 예시하고, '기타 특별한 연고가 있던 자'를 규정하고 있다. 특별연고자는 자연인에 한정되지 않고, 법인이나 법인 아닌 사단도 포함된다(예: 양로원, 요양소, 고아원, 동창회 등). 물론 피상속인의 사망시에 이미 사망한 자는 재산분여를 청구할 수 없다.

가) 피상속인과 생계를 같이하고 있던 사람

사실상의 배우자, 사실상의 양친 또는 양자, 인지되지 않은 혼외자, 계모자 등과 같이 피상속인과 가족처럼 밀접하게 같이 살아오던 자가 이에 해당한다. 이러한 사람들은 피상속인과 반드시 혈연관계가 없더라도 상관없고, 생계를 같이하게 된 동기나 형태는 묻지 않는다.

나) 피상속인의 요양 · 간호를 한 사람

피상속인과 생계를 같이 하지는 않지만 피상속인을 돌보고 그 요양이나 간호에 특별히 애쓴 자가 이에 해당한다. 예컨대 무료양로원 등 자선단체나 자선봉사자가 여기에 해당하며, 가정부·간호사·간병인 등이 상당한 보수를 받았더라도 보수를 초월하여 헌신적으로 돌보는 등의 특별한 사정이 있는 때에는 여기에 해당한다. 요양이나 간호의 동기는 묻지 않는다.

다) 기타 특별한 연고가 있던 사람

법원이 구체적인 사정을 고려하여 판단할 문제이며, 정신적·물질적으로 밀접한 관계가 있던 자로 상속재산을 그에게 분여하는 것이 피상속인의 의사에 부합하는 것으로 볼 수 있을 정도로 특별한 관계에 있던 자를 말한다(박병호, 418면).

3) 재산분여의 청구가 있을 것

재산분여를 원하는 특별연고자는 상속인수색공고기간(제1057조)이 만료된 후 2개월 이내에 가정법원에 재산분여를 청구하여야 한다(제1057조의2 제2항). 특별연고자가 재산분여를 청구하지 않고 사망한 경우에 그 특별연고자의 상속인은 재산분여를 청구할 수 없다. 재산분여는 특별연고자에 대하여 어떠한 권리를 인정하는 것이라기보다는 은혜적으로 인정되는 것이기 때문이다.

4) 재산분여의 상당성이 있을 것

상당성 여부는 법원이 재량으로 판단할 문제이며, 연고관계의 내용·친밀도·동거기간, 연고자의 성별·직업·교육정도, 상속재산의 종류·액수·소재 기타 일체의 사정이 고려될 수 있을 것이다.

(다) 재산분여의 효과

재산분여의 대상이 되는 재산은 '청산 후에 잔존하는 상속재산의 전부 또는 일부'이다. 어느 정도 재산분여를 할 것인가는 가정법원의 자유재량에 속한다. 특별연고자는 상속인이 아니므로 상속채무 등을 승계하지 않는다(통설). 또한 특허권·실용신안권·디자인권·상표권 등의 지식재산권은 상속인이 없이 상속이 개시되면 소멸하게 되므로, 재산분여의 대상이 될 수 없다(특허법 제124조, 실용신안법 제28조, 디자인법 제111조). 그러나 저작권은 분여의 대상이 될 수 있다(저작권법 제49조, 제88조).

(라) 상속재산이 공유지분인 경우 — 제1057조의2와 제267조의 관계

공유자가 그 지분을 포기하거나 상속인 없이 사망한 때에는 그 지분은 다른 공유자에게 각 지분의 비율로 귀속한다(제267조). 그런데 어떤 자가 상속인 없이 사망한 경우 일정 기간 내에 '피상속인과 생계를 같이하고 있던 자, 피상속인의 요양간호를 한 자, 그 밖에 피상속인과 특별한 연고가 있던 자'의 청구가 있으면, 가정법원은 이들에 대하여 상속재산의 전부 또는 일부를 분여할 수 있다(제1057조의2). 여기서 상속재산이 공유지분인 경우 그것은 제267조에 의하여 다른 공유자에게 귀속되는지 아니면 제1057조의2에 따라 특별연고자에게 분여될 수 있는 것인지가 문제된다. 가령 공유자 A·B·C 중 A가 상속인 없이 사망하고, A의 공유지분에 대하여 특별연고자 D가 분여를 청구한 경우, 가정법원은 그 공유지분을 D에게 분여할 수 있는가(제1057조의2) 아니면 법률상 당연히 B·C에게 각 지분의 비율로 귀속되는지(제267조) 여부가 문제이다. ① 공유자우선설은 공유란 공유자간에 특별한 긴밀관계가 존재함으로써 비로소 성립하는 것이므로, 이러한 경우에 특별연고자(제1057조의2)나 국고(제1058조)가 공유지분을 취득하게 된다면, 특별연고자나 국고와 다른 공유자간에 특별한 긴밀관계가 존재한다는 보장이 없기 때문에 제267조에 따라 다른 공유자에게 각 지분의 비율로 귀속한다고 한다(고상룡, 물권법, 370면). ② 연고자우선설은 공유자가 특별연고자보다 우선하는 것으로 새길 만한 합리적 이유가 없고, 오히려 상속재산 중에 공유지분과 다른 재산권이 병존하는 경우에 공유지분권만 분여되지 못한다는 것은 불합리하다는 점, 제267조는 공유자의 1인이 상속인 없이 사망한 때 그 지분을 국가에 귀속시키는 것보다는 다른 공유자에게 귀속시키는 것이 더 합리적이라고 하는 입법정책에 기인한 것이므로, 특별연고자에 대한 분여제도가 신설된 이상 공유지분은 상속인도 특별연고자도 없는 경우에 한하여 다른 공유자에게 귀속되는 것으로 해석되어야 한다는 점 등을 이유로, 공유지분은 제1057조의2에 따라 특별연고자에 대한 분여의 대상이 되며, 이러한 분여가 없을 때에 비로소 제267조에 의하여 다른 공유자에게 귀속하는 것이라고 한다(정상현, 인권과 정의 2003년 10월호, 152면; 김진우, 법조 2007년 11월호, 71면).

생각건대 제267조는 공유자의 1인이 상속인 없이 사망한 때 그 지분을 국가에 귀속시키는 것보다는 다른 공유자에게 귀속시키는 것이 더 합리적이라고 하는 입법정책에 기인한 점, 특별연고자에 대한 재산분여는 피상속인이 생존시에 특별연고자로부터 받은 정신적·물질적 기여에 대한 청산 내지 보상의 의미가 있기 때문에, 특별연고자는 상속재산을 분여 받을 수 있는 자로서 일반적으로 인적 특별결합관계가 없는 다른 공유자보다 더욱 보호받을 가치가 있다는 점을 고려할 때, 연고자우선설이 타당하다고 할 것이다.

(4) 상속재산의 국가귀속

(가) 잔여재산의 국가귀속

특별연고자에 대한 분여가 되지 않은 상속재산은 국가에 귀속한다(제1058조 1항). 국가귀속에 의하여 관리인의 임무가 종료하므로, 관리인은 지체 없이 관리의 계산을 하여야 한다(제1058조 2항, 제1055조 2항).

판 례

무주의 토지는 제252조 2항에 의하여 국유로 되는 것이고, 토지 소유자가 존재하였으나 그의 상속인의 존부가 분명하지 아니한 경우에 적용되는 제1053조 내지 제1058조 소정의 절차를 밟아야만 국유로 되는 것은 아니므로, 무주의 토지라고 인정을 한 이상 그 토지를 국유라고 하기 위하여 상속인 부존재의 경우에 필요한 절차를 밟았는지를 별도로 심리할 필요는 없다(대판 1997.11.28, 96다30199).

(나) 귀속시기

잔여상속재산의 국가귀속 시기에 대하여, ① 상속재산관리인이 잔여재산을 국가에 인계한 때에 귀속한다는 견해(김주수/김상용, 802면), ② 피상속인의 사망으로 상속이 개시된 때부터 국가에 귀속한다는 견해(곽윤직, 357면; 이경희, 372면)가 있다. 생각건대 피상속인의 사망이라는 사실이 발생한 때에 상속이 개시되고 재산권 등은 피상속인으로부터 상속인에게 이전되므로, 상속재산관리인은 국가의 대리인으로서 청산업무를 담당하는 것으로 보고, 상속재산은 상속개시시에 소급하여 국가에 귀속한다고 할 것이다. 관리인이 잔여재산을 국가에 인계한 때에 귀속하는 것으로 보게 되면, 상속개시 후 관리인이 잔여재산을 국가에 인계하기까지 잔여재산의 소유는 누구에게 귀속되는지의 문제가 발생하므로 타당하다고 할 수 없다.

(다) 원시취득

잔여재산의 국가귀속은 상속이나 승계가 아니고 법률규정(제1058조 1항)에 의한 원시취득이므로, 국가는 '적극재산'만 취득하고 채무 등을 승계하지 않는다(김주수/김상용, 802면; 김용한, 379면; 이경희, 372면; 박동섭/양경승, 844면. 다만 곽윤직, 215면; 송덕수, E-334는 청산 후에 남은 상속재산을 법률규정에 의하여 국가가 포괄승계하는 것이라고 한다). 따라서 잔여재산이 국가에 귀속된 후에는 '상속재산으로 변제받지 못한' 상속채권자나 수유자는 국가에 대하여 그 변제를 청구하지 못한다(제1059조).

Ⅱ. 상속재산

1. 상속재산의 포괄적 승계

상속인은 상속개시 시점부터 피상속인의 '재산'에 관한 권리·의무를 포괄적으로 승계한다(제1005조 본문). 이러한 승계를 인정하는 것은 피상속인에게 속한 재산이 주체를 잃고 무주물이 되는 것을 피하기 위한 것이다. 상속의 효과는 상속개시 사실에 대한 상속인의 지(知)·부지(不知)를 묻지 않고 또한 부동산의 등기·동산의 인도 또는 채권양도의 통지 없이 법률상 당연히 발생한다. 여기서 상속재산이란 피상속인으로부터 상속인에게 승계되는 재산법상의 객체를 말하는데, 피상속인의 적극재산뿐만 아니라 소극재산(예: 채무)도 포함한다. 또한 구체적인 권리·의무뿐만 아니라 아직 권리 또는 의무로 구체화되지 않은 재산법상의 법률관계 내지 법적 지위(예: 청약을 받은 지위, 매도인으로서 담보책임을 지는 지위, 선의·악의자의 지위 등)도 포함된다(대판 2008.7.10, 2007다12364; 대판 1996.9.20, 96다25319). 결국 상속에 의하여 상속인은 피상속인의 재산법상의 지위를 포괄적으로 승계한다. 다만 피상속인의 일신에 전속하는 것은 상속되지 않는다(제1005조 단서). 그 밖에 제사용 재산도 상속과 별도로 승계된다(제1008조의3). 한편 현실적으로 상속을 포기하지 않은 상속인이 피상속인의 권리의무를 상속분에 따라 승계하고, 구체적으로 누가 어떠한 재산을 취득하는가는 상속재산분할절차에 의하여 확정된다.

2. 상속재산의 범위

상속의 대상이 되는 재산은 적극적·소극적 재산이지만, 그 재산은 상속개시 당시에 존재하여야 한다. 참고로 유언으로 재단법인을 설립하는 경우, 출연재산의 귀속시기에 관하여 학설과 판례가 나누어져 있지만, 판례에 의하면 출연재산은 유언의 효력이 발생한 때, 즉 출연자가 사망한 때부터 법인에 귀속되므로 출연재산은 상속인의 상속재산에 포함되지 않는다(대판 1984.9.11, 83누578).

(1) 재산상 권리

(가) 물 권

1) 소유권·제한물권·점유권 등의 물권은 그 목적물의 소재지 여하를 묻지 않고 상속인에게 이전된다. 피상속인의 생존시에 현실화된 물권적 청구권도 상속된다. 이와 같이 용익물권이나 담보물권도 당연히 상속되지만, 담보물권은 피담보채권에 대해서 부종성이 있으므로 피담보채권이 상속되지 않는 경우에는 담보물권만 분리해서 상속될 수는 없다. 또한 부동산물권의 득실변경은 일반적으로 등기를 하여야 효력이 발생하지만(제186조), 상속으로 인한 부동산물권의 취득은 등기를 필요로 하지 않는다(제187조). 동산물권에 관하여도 역시 인도가 없더라도 상속인에게 당연히 이전된다.

2) 점유권도 상속인에게 이전된다(제193조). 즉 피상속인의 점유권은 상속인이 현실적으로 상속재산을 지배하는지 여부를 묻지 않고 상속에 의하여 상속인에게 이전된다. 이때 상속인은 피상속인의 점유의 성질 및 그 하자를 그대로 승계한다. 따라서 상속은 타주점유가 자주점유로 전환되기 위하여 필요한 새로운 권원이 아니다. 예컨대 피상속인의 점유의 성질을 그대로 승계하므로, 피상속인의 점유가 타주점유인 경우 상속인의 점유도 타주점유이다(대판 2008.7.10, 2007다12364). 그런데 "점유자의 승계인은 자기의 점유만을 주장하거나 자기의 점유와 전점유자의 점유를 아울러 주장할 수 있다"는 제199조를 점유권의 상속에 적용될 수 있는지가 문제이다. ① 다수설은 피상속인의 점유를 병합하여 주장하거나 또는 자신의 점유만을 분리하여 주장할 수 있다고 한다. ② 소수설과 판례는 점유의 분리·병합은 상속의 경우에는 적용될 수 없다고 한다(대판 2008.7.10, 2007다12364; 이영준, 물권법, 328면; 김상용, 물권법, 286면; 이상태, 물권법, 165면). 즉 제193조에 의해 점유에 관한 피상속인의 지위가 그대로 상속인에게 이전되는 것이고 점유가 이전되는 것이 아니므로, 상속인이 사실상의 지배를 현실적으로 취득하더라도 새로운 권원을 취득하는 것이 아니며, 단지 제193조에 의해 관념화된 점유가 구체화되는 것에 불과하다고 한다.

생각건대 상속은 점유변경의 새로운 권원이 될 수 없으므로, 상속인은 피상속인의 점유의 성질과 하자를 떠나 새로운 점유를 주장할 수 없다고 할 것이다. 즉 상속인의 점유가 자주점유가 되기 위해서는 점유자는 소유자에 대하여 소유의 의사를 표시하거나 새로운 권원에 의하여 다시 소유의사로써 점유를 시작하여야 한다.

3) 부동산의 합유자 중 일부가 사망한 경우, 합유자 사이에 특별한 약정이 없는

한 사망한 합유자의 상속인은 합유자로서의 지위를 승계하지 못하므로, 해당 부동산은 잔존 합유자가 2인 이상일 경우에는 잔존 합유자의 합유로 귀속되고, 잔존 합유자가 1인인 경우에는 잔존 합유자의 단독소유로 귀속된다(대판 1996.12.10, 96다23238). 즉 합유자의 합유지분은 상속되지 않는다.

4) 농지는 자기의 농업경영에 이용하거나 이용할 자가 아니면 소유하지 못한다(농지법 제6조 1항). 따라서 농지분배를 받은 사람이 소유권이전등기를 받기 전에 사망한 경우에는 농가 또는 그 농지의 경작에 의하여 생계를 유지하는 재산상속인만이 수분배권을 상속한다(대판 1997.12.26, 97다22003). 다만 피상속인 소유의 농지를 상속하는 경우, 자기의 농업경영에 이용하지 않는 상속인도 농지를 상속받을 수 있지만(동법 제6조 2항 4호), 상속농지 중 총 1만제곱미터까지만 소유할 수 있다(동법 제7조 1항). 참고로 1만제곱미터를 초과하여 농지를 상속받은 경우, 초과부분은 1년 이내에 처분하여야 하지만(동법 제10조 1항 6호), 한국농어촌공사 등에 위탁하면 그 기간 동안 소유할 수 있다(동법 제23조 7호).

판 례

(ㄱ) 등기부취득시효에 있어서 선의·무과실은 등기에 관한 것이 아니고 점유취득에 관한 것으로서, 그 무과실에 관한 증명책임은 그 시효취득을 주장하는 사람에게 있다(대판 2005.6.23, 2005다12704). 상속에 의하여 점유권을 취득한 경우에는 상속인은 새로운 권원에 의하여 자기의 고유의 점유를 개시하지 않는 한 피상속인의 점유를 떠나 자신만의 점유를 주장할 수 없다고 할 것이므로, 등기부시효취득을 주장하는 당사자가 그의 부의 사망으로 토지에 대한 점유권을 상속에 의하여 취득하였고, 그의 부 역시 조부의 사망으로 그 토지에 대한 점유권을 상속에 의하여 취득한 것이라면, 특별한 사정이 없는 한 그 당사자나 그의 부는 새로운 권원에 의하여 그 점유를 개시한 것이라고 볼 수는 없다 할 것이어서 결국 그 당사자는 그의 조부가 그 토지에 대한 점유를 개시한 때에 과실이 없었음을 주장·증명하여야 한다(대판 1995.2.10, 94다22651).

(ㄴ) 공동상속인의 1인이 상속재산인 부동산을 전부 점유한다고 하더라도 달리 특별한 사정이 없는 한 다른 공유자의 지분비율의 범위에서는 타주점유로 보아야 한다(대판 2008.9.25, 2008다31485; 대판 2005.5.12, 2004다63484).

(나) 지식재산권(무체재산권)

특허권·실용신안권·상표권·디자인권 등 지식재산권과 저작권·광업권·어업권 등도 당연히 상속된다(광업법 제11조). 다만 공동광업권자의 지위는 조합계약을 한 것으로 간주되며(광업법 제17조 5항, 제34조), 이는 일신전속적 권리의무 관계이므로 상속되지 아니한다(대판 1981.7.28, 81다145). 물론 조합계약에서 조합원(광업권자)의 지위를 상속인에게 승계하기로 약정한 경우는 상속된다.

(다) 채 권

채권도 특별한 예외를 제외하고는 상속된다. 따라서 매매나 임대차 등에 관한 채권은 상속된다. 그러나 부작위채무(예: 22시 이후에는 악기를 연주하지 않겠다)라든가 특정인에게 노래가사를 받을 채권과 같이 채무자가 변경되면 이행의 내용도 변경되는 경우에는 상속권을 인정할 수 없다. 또 부양청구권도 상속성이 없다(김용한, 313면). 부양청구권은 부양권리자 자신을 부양하는 것을 내용으로 하는 권리이기 때문이다.

1) 주택임차권

임차권은 재산가치가 있는 채권이기 때문에, 피상속인의 임차권은 상속인에게 승계된다(대판 1966.9.20, 66다1203). 이로 인해 임차인이 사실혼 배우자와 같이 상속권이 없는 자와 동거를 하다가 사망한 경우, 상속권 없는 동거가족의 거주보호와 상속권자의 상속권 보호가 충돌하게 된다. 그리하여 주택임대차보호법은 민법상의 특례를 인정하여 사망한 임차인과 같은 주택에서 가정공동생활을 하던 사실상의 혼인관계에 있는 자와 2촌 이내의 친족에게 다음과 같은 특별승계를 인정하고 있다. ① 임차인이 상속권자 없이 사망한 경우, 그 주택에서 가정공동생활을 하던 사실상의 혼인관계에 있는 자는 임차인의 권리와 의무를 승계한다(동법 제9조 1항). 그러나 임차권의 승계를 원하지 않을 때에는 임차인이 사망한 후 1개월 이내에 임대인에 대하여 반대의사를 표시함으로써 승계를 거부할 수 있다(동법 제9조 3항). ② 임차인이 사망한 경우에 사망 당시 상속권자가 그 주택에서 가정공동생활을 하고 있지 않는 때에는, 그 주택에서 가정공동생활을 하던 사실상의 혼인관계에 있는 자와 2촌 이내의 친족은 임차인의 권리와 의무를 공동으로 승계한다(동법 제9조 2항). 이때도 임대인에게 승계권자가 반대의사표시를 하여 승계를 포기할 수 있다.

2) 손해배상청구권

가) 피상속인의 통상의 손해배상청구권

채무불이행 또는 불법행위로 인한 피상속인의 손해배상청구권은 당연히 상속된다. 즉 손해배상청구권은 생전에 청구의 의사표시가 없었더라도 상속이 된다. 다만 약혼·혼인·입양 등 신분행위의 무효·취소 및 이혼·파양으로 인한 정신적 손해(위자료)에 대하여는 원칙적으로 그 양도나 승계를 하지 못하지만, 당사자 사이에 이미 그 배상에 관한 계약이 성립하거나 소를 제기한 경우에는 그 청구권이 상속된다(제806조 3항, 제825조, 제843조, 제897조, 제908조).

나) 생명침해로 인한 손해배상청구권

(i) 재산적 손해배상청구권 피해자가 중상을 입은 후 치료를 받던 중

사망한 경우, 신체침해 당시에 피해자 본인에게 재산적 손해배상청구권이 귀속되었다가 사망으로 상속된다. 그러나 즉사의 경우, 피해자는 사망으로 인하여 권리능력을 상실하기 때문에 사망에 의한 손해배상청구권을 취득할 수 없고, 결국 상속인에게 상속될 수 없게 되어 중상을 입은 후 사망한 경우와 불균형이 생긴다. 이에 대하여 다수설과 판례는 즉사라 하더라도 피해자가 치명상을 입은 때와 사망한 때의 사이에 이론상·실제상 시간적 간격이 있으며, 치명상을 입었을 때 피해자가 손해배상청구권을 취득하고 그의 사망으로 그 청구권이 상속인에게 승계된다고 한다(대판 1995.5.12, 93다48373).

(ii) 정신적 손해배상청구권 생명침해나 명예훼손 등을 원인으로 한 정신적 손해배싱칭구권(즉 위자료 청구권)의 상속성에 대하여, 소수설은 위사료청구권은 일신전속권이므로 원칙적으로 상속되지 않지만, 피해자가 생전에 배상청구를 한 경우에만 상속된다고 한다(김주수/김상용, 677면; 이경희, 378면). 그러나 다수설과 판례는 피해자가 위자료청구권을 포기하거나 면제하였다고 볼 수 있는 특별한 사정이 없는 한 원칙적으로 상속된다고 하고(대판 1970.2.24, 69다2160; 대판 1966.10.18, 66다1335), 이는 피해자가 즉사한 경우에도 동일하다고 한다(대판 1969.4.15, 69다268).

판 례

이혼위자료청구권은 원칙적으로 일신전속적 권리로서 양도나 상속 등 승계가 되지 아니하나 이는 행사상 일신전속권이고 귀속상 일신전속권은 아니므로, 그 청구권자가 위자료의 지급을 구하는 소송을 제기함으로써 청구권을 행사할 의사가 외부적 객관적으로 명백하게 된 이상 양도나 상속 등 승계가 가능하다(대판 1993.5.27, 92므143).

3) 재산분할청구권

이혼시의 재산분할청구권에는 청산적 요소와 부양적 요소가 포함되어 있다. 따라서 학설은 일반적으로 이혼을 하였으나 아직 재산분할청구를 하지 않거나 재산분할청구의 소송이 계속 중에 청구권자가 사망한 경우, 청구의 의사표시와 관계없이 당연히 승계되지만, 부양적 요소에 해당하는 부분은 상속되지 않는다고 한다(김주수/김상용, 263면; 김용한, 162면; 이경희, 130면; 곽윤직, 144면; 조은희, 355면). 주의할 것은 이혼한 배우자가 2년간 재산분할청구권을 행사하지 않은 경우에 상속의 여지가 없게 되며, 또한 아직 이혼이 성립되지 않고 단지 이혼 및 재산분할청구의 소를 제기한 상태에서 당사자 한쪽이 사망하면, 재산분할은 이혼을 전제로 하는 것이므로 그 상속성을 인정할 수 없다는 점이다(대판 1994.10.28, 94므246,253).

4) 형 성 권

법률행위의 취소권·추인권·해제권·해지권·상계권·항변권·환매권·채권자대위권·

채권자취소권 등 형성권도 상속된다.

5) 생명보험금청구권 또는 생명보험수익자의 지위

① 피상속인이 자기를 피보험자(보험계약자) 및 수익자로 한 경우에 보험금청구권은 상속재산에 속한다. 그러나 ② 피상속인이 자기를 피보험자로 하고 수익자를 특정상속인으로 지정한 경우, 보험계약의 효력에 의하여 보험금청구권은 피보험자의 사망시에 그 보험수익자인 상속인의 고유재산이 되고 상속재산에 속하지 아니한다(대판 2004.7.9, 2003다29463; 대판 2001.12.28, 2000다31502). 이때 상속인은 한정승인·상속포기를 하여도 보험금청구를 할 수 있고, 그러한 보험금은 상속재산이 되지 아니한다(통설). ③ 피상속인이 상속인이 아닌 제3자를 보험수익자로 지정한 경우, 수익자가 보험사고발생 전에 먼저 사망한 때에 계약자는 다시 수익자를 지정할 수 있고, 이 지정권을 행사하지 않고 계약자가 사망한 때에는 그 수익자(제3자)의 상속인이 보험수익자로 된다(상법 제733조 3항). 따라서 이 경우 보험금청구권은 상속재산에 속하지 않는다.

판 례

생명보험의 보험계약자가 생명보험은 피보험자의 사망, 생존, 사망과 생존을 보험사고로 하는 보험이다(상법 제730조). 생명보험의 보험계약자가 스스로를 피보험자로 하면서 자신이 생존할 때의 보험수익자로 자기 자신을, 자신이 사망할 때의 보험수익자로 상속인을 지정한 후 그 피보험자가 사망하여 보험사고가 발생한 경우, 이에 따른 보험금청구권은 '상속인들의 고유재산'으로 보아야 하고 이를 상속재산이라고 할 수는 없다(대판 2001.12.28, 2000다31502). 상속인들은 보험수익자의 지위에서 보험자에 대하여 보험금 지급을 청구할 수 있고 이러한 권리는 보험계약의 효력으로 당연히 생기는 것이기 때문이다. 보험계약이 피보험자의 사망, 생존, 사망과 생존을 보험사고로 하는 이상 이는 생명보험에 해당하고, 그 보험계약에서 다액인 보험료를 일시에 납입하여야 한다거나 사망보험금이 일시 납입한 보험료와 유사한 금액으로 산출되도록 설계되어 있다 하더라도 특별한 사정이 없는 한 생명보험으로서의 법적 성질이나 상속인이 보험수익자 지위에서 취득하는 사망보험금청구권의 성질이 달라지는 것은 아니다(대판 2023.6.29, 2019다300934).

6) 퇴직수당·유족연금청구권 등

(i) 근로자가 생존 중에 퇴직하여 이미 수령한 퇴직금은 당연히 상속재산이 된다. 한편 사망퇴직금은 일반적으로 미지급임금인 동시에 유족의 생활보장에 충당하는 것이라는 성질을 갖는다. 그리하여 근로자가 근로계약의 존속 중에 사망한 경우, 즉 퇴직원인이 사망인 때에는 법률이나 회사의 내규·취업규칙에 사망퇴직금의 수령권자의 범위나 순위가 정해져 있는 경우가 많다. 따라서 민법이 정하는 상속인의 그것과 별도로 독자적으로 규정하는 유족연금·유족보상금청구권은 수령권자의 고유의 권리로 파악되며; 상속재산이 되지 않는다(대판 1996.9.24, 95누9945; 김주수/김상용, 683면; 이경희, 380면; 박동섭/양경승, 639면; 지원림, 6-150).

(ii) 부의금은 상호부조의 정신에 따라 유족의 정신적 고통을 위로하고 장례에 따르는 유족의 경제적 부담을 덜어줌과 아울러 유족의 생활안정에 기여함을 목적으로 증여되는 금품이다. 따라서 부의금은 상속재산이 아니며, 상속인들이 이를 장례비용에 충당하고 나머지는 상속분대로 상속인들이 권리를 취득한다(대판 1992.8.18, 92다2998).

판 례

(ㄱ) 단체협약에서 근로자의 사망으로 지급되는 퇴직금(이하 '사망퇴직금'이라 한다)을 근로기준법이 정한 유족보상의 범위와 순위에 따라 유족에게 지급하기로 정하였다면, 개별 근로자가 사용자에게 이와 다른 내용의 의사를 표시하지 않는 한 수령권자인 유족은 상속인으로서가 아니라 위 규정에 따라 직접 사망퇴직금을 취득하는 것이므로, 이러한 경우의 사망퇴직금은 상속재산이 아니라 수령권자인 유족의 고유재산이라고 보아야 한다(대판 2023.11.16, 2018다283049). 일반적으로 퇴직금은 후불적 임금으로서의 성격과 공로보상적 성격 외에도 사회보장적 급여로서의 성격을 함께 가지므로, 사망퇴직금은 사망한 근로자의 생전 근로에 대한 대가로서의 성격 외에 근로자의 사망 당시 그에 의하여 부양되고 있던 유족의 생활보장과 복리향상 등을 위한 급여로서의 성격도 함께 가진다고 볼 수 있기 때문이다. 따라서 단체협약에서 근로자의 재직 중 사망으로 말미암아 생활보장이 필요한 유족에게 사망퇴직금을 지급하는 내용을 정하는 것은 사망퇴직금의 성격에도 부합한다.

(ㄴ) 퇴직연금을 받을 수 있었던 사람이 타인의 불법행위로 인한 직무상 재해로 사망함에 따라 발생되는 망인의 일실 퇴직연금 상당 손해배상채권은 상속인들에게 각자의 상속분 비율에 따라 공동상속된다. 그 후 수급권자가 지급받는 직무상 유족연금은 그 수급권자가 상속한 일실 퇴직연금 상당 손해배상채권을 한도로 하여 그 손해배상채권에서만 공제된다(상속 후 공제). 이와 달리 망인의 일실 퇴직연금 상당의 손해배상채권 전체에서 직무상유족연금을 먼저 공제한 후 그 나머지 손해배상채권이 상속인들에게 각자의 상속분 비율에 따라 공동상속된다(공제 후 상속)고 볼 것은 아니다(대판 2024.11.21, 2021다255853). 직무상 유족연금은 재해보상·손실전보로서의 성격을 가지는 동시에 퇴직유족연금 및 퇴직연금과 동일하게 수급권자의 생활안정과 복지향상을 도모하기 위한 목적과 성격을 아울러 가지는 급부이고, 이러한 직무상유족연금의 수급권자가 일실 퇴직연금 상당의 손해배상채권까지 상속하게 된다면 같은 목적의 급부를 이중으로 지급받게 되기 때문이다. 따라서 수급권자가 지급받는 직무상유족연금은 수급권자가 상속한 일실 퇴직연금 상당의 손해배상채권에서 공제하는 것이 형평의 이념에 부합하며, 직무상유족연금은 사망 이후 비로소 지급되는 것이므로, 망인의 사망과 동시에 발생하는 손해배상채권의 상속 이후에 공제가 이루어진다고 보는 것이 시간적, 논리적으로도 타당하다. 가령 사립대학 교직원 甲은 A의 불법행위로 사망하였고 사학연금에 가입하였지만, 사망 당시 연금을 받을 수 있는 재직기간이 되지 않았다. 甲의 상속인으로 58세인 배우자 乙과 25세 이상 자녀 丙, 丁이 있으며, 상속재산으로 A에 대한 일실 퇴직연금 상당의 손해배상채권 7억원이 있고, 수급권자 乙(퇴직연금을 받을 권리가 있는 사람이 사망한 경우에는 사망자의 상속인에게 유족연금을 지급하지만, 유족연금은 25세 이상 자녀, 60세 미만 부모에게 지급하지 않음)이 사학연금공단으로부터 유족연금 3억 5,000만원을 지급받는 경우, '공제 후 상속설'에 따르면 일실 퇴직연금(7억원)에서 유족연금(3억 5,000만원)을 공제한 뒤 남은 일실 퇴직연금(3억 5,000만원)을 상속분만큼 배분하게 되므로

배우자 乙은 1억 5,000만원, 자녀 丙과 丁은 각 1억원을 받게 된다. 반면에 '상속 후 공제설'에 따르면 일실 퇴직연금 7억원을 상속 비율에 따라 배우자 乙 3억원, 자녀 丙·丁 각 2억원을 상속하고 배우자의 상속분에서만 유족연금을 공제하게 된다. 이 경우 배우자의 손해배상금은 0원이 되지만 자녀들은 각각 2억원씩 받을 수 있어 배상총액이 조금 더 늘어나게 된다.

(2) 재산상 의무

(가) 일반채무

채무 기타 재산적 의무는 일반적으로 상속된다. 상속재산 중에 적극재산이 없고 채무뿐인 경우도 상속된다. 그러나 채무자가 변경됨으로써 이행의 내용이 변경되는 채무는 상속되지 않는다. 예컨대 예술가나 기술자의 작품완성채무·특정영업자의 부작위채무 등은 일신전속적인 것으로서 상속되지 않는다(제1005조 단서).

판 례

(ㄱ) 상속인이 2인 이상인 경우에 그중의 한 사람이 피상속인의 재산을 실질적으로 단독 상속하였더라도 그 상속인에게 승계되는 피상속인의 국세 등에 관한 납부의무는 제1009조, 제1010조 및 제1012조 등에 의한 자기의 상속분에 따라 안분계산한 금액 범위에 한정된다(대판 1997.10.24, 96누9973).

(ㄴ) 부동산실명법 제5조에 의하여 부과된 과징금 채무는 대체적 급부가 가능한 의무이므로, 과징금을 부과받은 자가 사망한 경우 그 상속인에게 포괄승계된다(대판 1999.5.14, 99두35).

(나) 보증채무 · 연대보증 등

1) 보증채무 · 연대보증

기존채무의 보증이나 금전채무의 보증채무·연대보증은 책임의 범위가 확정되어 있으므로, 보증인이 사망하면 그 보증채무·연대보증은 상속된다. 한편 당좌대월계약이나 어음할인계약 등의 계속적 보증의 경우, 보증기간과 보증한도액을 정하지 않는 경우가 많다. 그러므로 '보증한도액이 정해진 계속적 보증계약'의 경우, 보증인의 사망으로 보증계약이 당연히 종료되는 것은 아니고 특별한 사정이 없는 한 상속인들이 보증인의 지위를 승계한다(대판 1999.6.22, 99다19322,19339). 반면에 '보증기간과 보증한도액의 정함이 없는 계속적 보증계약'의 경우에는 보증인의 지위가 상속인에게 상속되지 않고, 보증인이 사망하기 전에 이미 발생한 보증채무만이 상속된다(대판 2003.12.26, 2003다30784; 대판 2001.6.12, 2000다47187).

2) 신원보증

신원보증계약은 신원보증인의 사망으로 그 효력을 잃지만(신원보증법 제7조), 신원보증인이 사망하기 전에 신원보증계약으로 인하여 이미 발생한 채무는 상속인에게 상속된다(대판 1972.2.29, 71다2747).

(3) 법률상 지위나 계약상 지위

(가) 대리인의 지위

민법상 대리관계는 본인이나 대리인의 사망으로 소멸하므로(제127조), 대리인의 지위나 본인의 지위는 상속되지 않는다. 물론 사망시까지 이미 발생한 본인 또는 대리인의 권리·의무는 당연히 상속된다. 한편 상사대리관계에서 본인의 지위는 상속된다(상법 제50조).

(나) 무권대리인의 지위

협의의 무권대리의 경우에 본인이 그 대리행위에 대해서 추인권 및 추인거절권을 가지고(제132조), 상대방은 최고권(제131조)·철회권(제134조)·이행 또는 손해배상청구권(제135조)을 갖는다. 그런데 무권대리인이 본인을 상속하거나(예: 子가 父의 대리인이라고 사칭하여 부의 재산을 처분한 후 부의 사망으로 부를 상속하는 경우) 본인이 무권대리인을 상속한 경우(예: 父가 子의 대리인이라고 사칭하여 자의 재산을 처분한 후에 부의 사망으로 子가 부의 지위를 상속한 경우)처럼 두 사람의 지위가 동일하게 된 때에는 본인의 자격으로 추인을 거절할 수 있는지가 문제이다.

1) 무권대리인이 본인을 상속한 경우

무권대리인이 본인의 지위를 상속한 경우, 무권대리인은 상대방에 대하여 무권대리인으로서 제135조에 의한 이행 또는 손해배상의 책임을 지는 지위와 본인의 상속인으로서 무권대리행위를 추인하거나 추인을 거절할 수 있는 지위를 동시에 가지게 되는데, 이 경우 추인거절권이 인정되는지에 관하여, ① 무권대리행위는 지위의 혼동으로 당연히 유효로 되어 본인의 지위에서 추인을 거절하지 못한다는 당연유효설, ② 본인의 지위와 무권대리인의 지위가 병존하지만 본인의 지위에서 추인을 거절하는 것은 신의칙상 허용되지 않는다는 병존설, ③ 원칙적으로 무권대리행위가 유효하게 되나 공동상속을 한 때에는 상속인 전원의 추인이 없으면 유효하게 되지 않는다는 절충설이 있다. 판례는 무권대리인이 본인을 단독상속한 경우에 관하여, 즉 甲이 대리권 없이 乙 소유 부동산을 丙에게 매도하고 丙은 丁에게 매도하여 그 소유권이 전등기가 되었는데, 그 후 乙의 사망으로 甲이 乙을 상속한 사안에서, 본래 甲은 乙의 무권대리인으로서 丙에게 부동산에 대한 소유권이전등기를 이행할 의무를 지므로(제135조 1항), 상속을 통해 그러한 의무를 이행하는 것이 가능하게 된 甲이 자신의 매매행위가 무권대리행위여서 무효라고 주장하여 丙과 丁 명의의 등기말소를 청구하거나 부동산의 점유로 인한 부당이득금의 반환을 구하는 것은 금반언의 원칙이나 신의칙에 반하여 허용되지 않는다고 한다(대판 1994.9.27, 94다20617).

생각건대 甲이외에 다른 상속인이 乙 소유 부동산을 공동상속한 경우에 다른 공동상속인의 추인거절권을 이유 없이 박탈하는 결과를 가져오며, 또한 상대방은 제134조의 철회권이나 제135조의 무권대리인의 책임을 묻지 못하는 불합리한 결과를 초래한다. 따라서 무권대리인이 본인을 상속하는 경우, 신의칙에 위반되는 특별한 사정이 없는 한 원칙적으로 본인의 지위에서 추인거절권을 가지고 이와 별개로 상대방은 무권대리인에게 이행 또는 손해배상을 가진다고 할 것이다.

2) 본인이 무권대리인을 상속한 경우

본인이 무권대리인을 상속한 경우, 가령 乙이 甲의 대리인이라고 사칭하여 甲의 재산을 처분한 후에 乙의 사망으로 甲이 乙의 지위를 상속한 경우, 본인은 추인거절권을 행사할 수 있는지에 관하여, ① 무권대리행위가 당연히 유효로 되며, 따라서 추인을 거절할 수 없다는 당연유효설, ② 상속에 의하여 무권대리인의 지위와 본인의 지위가 동일인에게 귀속되더라도 무권대리행위가 당연히 유효로 되는 것은 아니라는 병존설이 있다.

생각건대 무권대리인이 본인을 상속한 경우와 달리 아무런 잘못이 없는 본인이 무권대리인의 지위를 상속하였다고 하여 추인거절권을 박탈하는 것은 부당하므로 병존설이 타당하다. 따라서 甲은 자신의 지위에서 행사할 수 있었던 무권대리행위의 추인을 거절할 수 있다. 다만 추인을 거절한 경우에 甲은 무권대리인 乙의 책임(제135조 1항)을 승계하므로 거절의 실익은 크지 않지만, 상대방이 악의(과실)인 때에는 그 책임을 지지 않는다는 점(제135조 2항)에서 거절의 실익은 있다.

(다) 사 원 권

주식회사의 주주권(상법 제335조), 유한회사사원의 지분과 합자회사의 유한책임사원의 지위는 상속된다(상법 제283조). 그러나 합명회사사원의 지분(상법 제218조 3호)·합자회사의 무한책임사원의 지분(상법 제269조)·민법상 조합원의 지위(제717조 1호) 및 영리를 목적으로 하지 않는 사단법인의 사원권(제56조)은 상속되지 않는다.

판 례

사단법인의 사원의 지위는 양도 또는 상속할 수 없다고 규정한 제56조의 규정은 강행규정이라고 할 수 없으므로, 비법인사단에서도 사원의 지위는 규약이나 관행에 의하여 양도 또는 상속될 수 있다

(대판 1997.9.26, 95다6205).

(라) 계약상의 지위

당사자의 신뢰에 기초한 계속적 법률관계에서 피상속인의 계약상 지위는 상속되지 않지만, 그렇지 않은 경우에 계약상 지위는 상속된다. 예컨대 당사자 사이의 신뢰성이 강한 위임·고용계약은 그 지위의 상속이 인정되지 않는다(제690조, 제657조). 다만 위임종료의 경우에 급박한 사정이 있는 때에는 수임인의 상속인 등은 위임인의 상속인 등이 위임사무를 처리할 수 있을 때까지 그 사무의 처리를 계속하여야 하며, 이 경우에는 위임의 존속과 같은 효력이 있다(제691조). 이와 달리 매매계약상의 매도인·매수인의 지위, 이전등기에 협력할 의무는 상속된다. 따라서 제3자에게 피상속인의 부동산을 양도하고 등기하지 않은 동안에 상속이 개시되면, 제3자에 대한 피상속인의 등기협력의무는 상속인에게 승계된다.

판 례

(ㄱ) 조합에 있어서 조합원의 1인이 사망한 때에는 제717조에 의하여 그 조합관계로부터 당연히 탈퇴하고, 특히 조합계약에서 사망한 조합원의 지위를 그 상속인이 승계하기로 약정한 바 없다면 사망한 조합원의 지위는 상속인에게 승계되지 아니한다. 따라서 탈퇴한 조합원과 다른 조합원 간의 계산은 제719조 1항에 의하여 탈퇴 당시의 조합재산상태에 의하여야 하는 것이므로, 그 지분계산에 있어서 자산평가의 기준시기는 탈퇴 당시라고 보아야 한다(대판 1987.6.23, 86다카2951).

(ㄴ) 신탁자가 그 신탁계약을 해지하면 수탁자는 그 권리를 신탁자에게 이전하여 줄 의무가 있고, 명의수탁자가 사망하면 그 명의신탁관계는 그 재산상속인과의 사이에 존속하게 된다(대판 1996.5.31, 94다35985).

(4) 소송상 지위

소송은 당사자의 사망에 의하여 중단되므로, 상속인 등은 소송절차를 수계하여야 소송을 계속할 수 있다(민사소송법 제233조 1항). 다만 소송대리인이 있는 경우에는 소송절차가 중단되지 않고 소송대리인의 소송대리권도 소멸하지 않는다(동법 제238조, 제233조 1항). 이 경우 소송대리인은 상속인들 전원을 위하여 소송을 수행하게 되며, 판결은 상속인들 전원에 대하여 효력이 있다(대판 2010.12.23, 2007다22866). 물론 심급대리의 원칙상 1심의 판결정본이 소송대리인에게 송달되면 소송대리인의 대리권이 소멸하며, 이와 동시에 소송절차는 중단된다(대판 2016.9.8, 2015다39357). 그 밖에 소송의 목적인 권리가 피상속인의 일신에 전속하는 것(예: 이혼·파양 등)이라면 당사자의 사망으로 소송은 종료된다.

(5) 상속되지 않는 것—일신전속권

(가) 피상속인의 일신에 전속한 권리는 상속인에게 승계되지 아니한다(제1005조 단서). 따라서 인격권(생명·신체·정신의 자유 등 인격적 이익의 향수를 내용으로 하는 권리), 친족법상의 권리·의무(예: 친권, 배우자의 권리, 후견인의 권리, 부양청구권 등)는 상속대상이 될 수 없다. 다만 약혼의 부당파기, 혼인의 무효·취소, 이혼, 입양의 무효·취소, 파양으로 인한 위자료청구권은 당사자 사이에 배상에 관한 계약이나 합의가 성립되거나 소를 제기한 경우에는 예외적으로 상속이 인정된다(제806조 3항 단서). 그리고 신체·자유·명예의 침해로 인한 위자료청구권은 이미 청구의 의사표시가 행하여져 재산권이 된 것은 상속된다.

(나) 한편 특정의 신분이 있는 것을 전제로 하는 것은 일반적으로 일신전속이지만, 특정신분을 전제로 하는 것도 '재산적인 것'은 상속된다(김주수/김상용, 689면). 예컨대 상속의 승인이나 포기를 하는 권리, 공동상속인 1인이 상속재산의 분할 전에 상속분을 양도한 경우의 다른 공동상속인의 양수권 등은 상속성이 있다.

판 례

재판상의 이혼청구권은 부부의 일신전속의 권리이므로 이혼소송 계속 중 배우자의 일방이 사망한 때에는 상속인이 그 절차를 수계할 수 없음은 물론이고, 또 그러한 경우에 검사가 이를 수계할 수 있는 특별한 규정도 없으므로 이혼소송은 종료된다(대판 1993.5.27, 92므143; 대판 1994.10.28, 94므246,253).

3. 제사용 재산

(1) 일 반

(가) 분묘에 속하는 1정보(3,000평) 이내의 금양임야, 600평 이내의 묘토인 농지, 족보 그리고 제구(제사를 올리는데 필요한 일체의 기구)의 소유권은 제사를 주재하는 자가 이를 승계한다(제1008조의3). 이러한 제사용 재산은 상속재산이 아니고 특별재산이므로 상속분·유류분 산정에서 계산되지 아니하며, 상속포기를 한 자도 승계할 수 있다. 이러한 소유권의 승계는 특별수익이 되지 않으며, 한정승인을 한 경우에도 이를 환가하여 변제에 충당할 필요가 없다(제1034조). 재산분리가 된 경우에도 상속재산에서 제외된다(제1052조).

(나) 금양임야 등 제사용 재산을 일반상속의 대상에서 제외하여 특별상속에 의하도록 하고 있는 이유는 제사용 재산을 공동상속하게 하거나 평등 분할하도록 하는 것은 조상숭배나 가통(家統)의 계승을 중시하는 우리의 습속이나 국민감정에 반하는 것이므로 일반 상속재산과는 구별하여 달리 취급하기 위한 것이다(대판 1997.11.28, 96누18069). 따라

서 제1008조의3은 헌법상 재산권보장의 원칙, 평등의 원칙, 인간으로서의 존엄과 가치 및 행복추구권의 본질적인 내용을 침해하는 위헌적인 규정이라고 볼 수 없다(대판 2008.3.13, 2005다5614).

(2) 금양임야

금양임야는 분묘를 보호하기 위해 분묘나 그 예정지 주위의 벌목을 금하고 나무를 기르는 임야를 의미한다. 금양임야인지는 그 승계를 주장하는 자가 증명하여야 한다(대판 2009.3.26, 2006다38109; 대판 2006.7.4, 2005다45452).

판 례

금양임야가 수호하는 분묘의 기지가 제3자에게 이전된 경우에도 그 분묘를 사실상 이전하기 전까지는 그 임야는 여전히 금양임야로서의 성질을 지니고 있으므로, 금양임야가 수호하던 분묘의 기지가 포함된 토지가 토지수용으로 인하여 소유권이 이전된 후에도 미처 분묘를 이장하지 못하고 있던 중 피상속인이 사망하였다면 그 임야는 여전히 금양임야로서의 성질을 지닌다(대판 1997.11.28, 96누18069).

(3) 묘토인 농지

(가) 묘토인 농지는 그 경작하여 얻은 수확으로 분묘의 수호, 관리비용이나 제사의 비용을 조달하는 자원인 농토를 의미한다(대판 2008.3.13, 2005다5614). 따라서 임야나 농지의 현황과 관리상태 등에 비추어 전체적으로 금양임야나 묘토인 농지에 해당하는지 여부를 판단하여야 한다(대결 2008.10.27, 2006스140). 즉 단지 그 토지상에 분묘가 설치되어 있다는 사정만으로 이를 묘토인 농지에 해당한다고 할 수 없다(대판 2006.7.4, 2005다45452).

(나) 묘토인 농지를 제사주재자로서 단독으로 승계하였음을 주장하는 자는, 피승계인의 사망 이전부터 당해 토지가 농지로서 거기에서 경작한 결과 얻은 수익으로 인접한 조상의 분묘의 수호 및 관리와 제사의 비용을 충당하여 왔음을 증명하여야 한다(대판 2006.7.4, 2005다45452).

판 례

상속세법 제8조의2 제2항 제2호에 의하여 상속세 과세가액에 산입하지 아니하는 민법 제1008조의3의 묘토라고 함은 상속개시 당시에 이미 묘토로서 사용되고 있는 것만을 말하고, 원래 묘토로 사용되지 아니하던 농지를 상속개시 후 묘토로 사용하기로 한 경우는 해당하지 아니한다(대판 1996.9.24, 95누17236).

(4) 제사주재자와 제사용 재산의 승계

(가) 제사용 재산은 제사주재자가 이를 승계하며, 다른 상속인이 등기를 하면 이는 무효등기가 된다. 판례도 어느 토지가 제1008조의3 소정의 금양임야이거나 묘토인 농지에 해당한다면 그 규정에 정한 범위 내의 토지는 제사주재자가 단독으로 그 소유권을 승계할 것이고, 그 경우 다른 상속인 등의 명의로 소유권이전등기가 경료되었다 하여도 그 부분에 관한 한은 무효의 등기에 불과하므로, 그 소유권이전등기로써 제사주재자가 승계할 금양임야가 일반 상속재산으로 돌아가는 것은 아니라고 한다(대판 1997.11.28, 96누18069). 유의할 것은 판례는 제1008조의3은 금양임야 등을 소유하던 피상속인이 사망한 후 상속인들이 여러 명이 있을 경우, 금양임야 등의 승계권을 그 금양임야로서 수호하는 분묘의 제사를 주재하는 상속인에게 귀속시키기 위한 규정이라고 보아야 할 것이고, 금양임야 등의 소유자가 사망한 후 상속인과 그 금양임야로서 수호하는 분묘의 제사를 주재하는 자가 다를 경우에는 그 금양임야 등은 상속인들의 일반 상속재산으로 돌아간다고 보아야 할 것이며, 상속인이 아닌 제사를 주재하는 자에게 금양임야 등의 승계권이 귀속된다고 할 수 없다고 한다(대판 1994.10.14, 94누4059).

(나) 제사주재자는 우선적으로 피상속인의 공동상속인들 사이의 협의에 의해 정하되, 협의가 이루어지지 않는 경우에는 제사주재자의 지위를 유지할 수 없는 특별한 사정이 있지 않은 한 피상속인의 직계비속 중 남녀, 적서를 불문하고 최근친의 연장자가 제사주재자가 된다(대판 2023.5.11, 2018다248626). 피상속인의 직계비속 중 최근친의 연장자를 제사주재자로 우선하는 것은 우리의 전통 미풍양속과 현행 법질서 및 사회 일반의 보편적 법인식에 부합한다고 볼 수 있기 때문이다.

분묘는 제1008조의3에 따라 그 분묘에 안장된 망인의 제사를 주재하는 사람이 승계한다(대판 2014.5.16, 2013다28865). 구 관습법에 따르면 종손이 있는 경우에 그가 제사주재자의 지위를 유지할 수 없는 특별한 사정이 있는 경우를 제외하고는 일반적으로 선조의 분묘를 수호·관리하는 권리는 제사주재자인 그 종손에게 있었다(대판 2000.9.26, 99다14006). 그 후 종전 판례는 위 입장을 변경하면서, 제사주재자는 우선적으로 망인의 공동상속인들 사이의 협의로 정하되, 협의가 이루어지지 않는 경우 제사주재자의 지위를 유지할 수 없는 특별한 사정이 있지 않는 한 망인의 장남(장남이 이미 사망한 경우에는 장손자)이 제사주재자가 되고, 공동상속인들 중 아들이 없는 경우에는 망인의 장녀가 제사주재자가 된다고 판시하였다(대판 2008.11.20, 2007다27670). 최근 판례는 다시 제사주재자 결정방법에 관한 종전 견해를 변경하여, 공동상속인들 사이에 협의가 이루어지지 않는 경우 제사주재자의 지위를 인정할 수 없는 특별한 사정이 있지 않는 한 피상속인의 직계비속 중 남녀, 적서를 불문하고 최근친의 연장자가 제사주재자로 우선하고, 새로운 법리는 그 판결 선고 이후에 제사용 재산의 승계가 이루어지는 경우에만 적용된다고 판시하였다(대판 2023.6.29, 2022다302039).

(다) 제1008조의3에 의한 제사용 재산에 대해 이를 일반 상속재산으로 보아 상속인들이 상속한 경우, 이를 승계할 제사주재자가 상속인이나 그의 양수인을 상대로 그 반환을 구하는 것은 상속회복청구에 해당한다. 따라서 이 경우에도 상속회복청구의 제척기간이 적용된다(대판 2006.7.4, 2005다45452).

판 례

(ㄱ) 사람의 유체·유골은 매장·관리·제사·공양의 대상이 될 수 있는 유체물로서, 분묘에 안치되어 있는 선조의 유체·유골은 제1008조의3 소정의 제사용 재산인 분묘와 함께 그 제사주재자에게 승계되고, 피상속인 자신의 유체·유골 역시 위 제사용 재산에 준하여 그 제사주재자에게 승계된다(대판 2008.11.20, 2007다27670).

(ㄴ) 토지 매수인이 그 토지에 사후 자신의 분묘를 설치하게 한 경우에는, 후손 중의 1인이 개인의 자금으로 분묘지를 단독 매수하여 조상의 분묘를 설치한 경우와는 달리, 장손에게 단독 상속시켜 후에 용이하게 처분할 수 있게 하기보다는 오히려 자신을 공동 선조로 하는 종중의 총유 재산으로 하여 자손들로 하여금 영구 보존하게 할 의사였다고 봄이 우리의 전통적 사고에 부합한다. 그러나 이러한 법리가 토지 매수인이 현행 부동산등기법이 시행된 이후에 토지를 매수하여 소유권이전등기를 마쳤다가 생존 중에 자녀에게 소유권이전등기를 해 준 경우에까지 적용될 수는 없다(대판 2008.10.23, 2008다43693).

Ⅲ. 공동상속

1. 의 의

상속에는 상속인이 한 사람뿐이어서 그가 상속재산을 단독으로 승계하는 단독상속도 있지만, 대부분의 경우에는 여러 명의 상속인이 상속재산을 공동으로 승계하는 공동상속의 모습을 띠고 있다. 따라서 여러 명의 상속인이 존재하는 경우에 공동상속인이 일단 공동적으로 상속재산을 승계하는 것을 공동상속이라 한다(제1006조, 제1007조).

2. 상속재산 공유의 성질

공동상속의 경우에 상속인은 각자의 상속분에 따라 피상속인의 권리·의무를 승계하지만(제1007조), 분할할 때까지 상속재산을 공유한다(제1006조). 여기서 공유의 의미가 물권법상의 공유(제262조 이하)를 의미하는지 아니면 합유(제271조 이하)를 뜻하는지에 대하여 견해가 나누어져 있다.

(1) 합 유 설

공동상속인들은 혈연에 의하여 결합된 조합체이며, 상속재산에 물권·채권·채무·사원권·지식재산권 등이 포함되므로 합유로 된 조합재산과 유사하다는 점을 근거로, 상속재산의 공유는 개개의 상속재산의 공유가 아니라 상속재산 전체에 대하여 상속분에 따라 권리·의무를 가지는데 불과하다고 한다. 이 견해에 의하면 공동상속인은 '상속재산 전체'에 대한 상속지분을 처분할 수 있지만(제1011조), '개개의 재산'에 대한 지분은 처분할 수 없고, 채권·채무는 분할 전까지는 공동상속인에게 불가분적으로 합유적·연대적으로 귀속하게 된다고 한다(정광현, 357면; 박병호, 349면).

(2) 공유설 — 다수설과 판례

상속재산분할의 소급효는 제3자의 권리를 침해하지 못하는데(제1015조 단서), 이는 개개의 물건에 대한 지분을 단독으로 처분할 수 있다는 것을 의미하며, 조합재산에서와 같은 지분처분의 금지에 관한 명문규정(제704조, 제273조)이 없는 점을 근거로, 상속재산의 공유는 본래의 의미의 공유라고 한다. 즉 공동상속인은 각자 개개의 상속재산에 대하여 상속분에 따라 물권적 지분을 가지며, 그 지분을 자유로이 양도할 수 있을 뿐만 아니라 지분에 저당권 등을 설정할 수 있다고 한다. 개개의 상속재산 전부를 처분하기 위해서는 모든 공동상속인의 동의를 필요하고, 개개의 채권·채무가 불가분의 것이면 공유관계가 생기지만, 가분적인 것(예: 1억원의 예금채권)이면 당연히 공동상속인 사이에 분할되어 분할채권·분할채무가 된다고 한다(대판 1997.6.24, 97다8809; 대판 1996.2.9, 94다61649)

판 례

(ㄱ) 공동상속재산은 상속인들의 공유이고, 또 부동산의 공유자인 한 사람은 그 공유물에 대한 보존행위로서 그 공유물에 관한 원인 무효의 등기 전부의 말소를 구할 수 있다. 다만 공유자 중 1인의 지분에 관하여 확정판결에 따라 타인 앞으로 소유권이전등기를 마친 경우, 그 공유자는 확정판결의 기판력에 의하여 더 이상 말소청구를 할 수 없게 된 자신의 공유지분에 관한 한, 보존행위로서도 그 소유권이전등기의 말소를 구할 수 없다(대판 1996.2.9, 94다61649).

(ㄴ) 제1007조에 따르면 공동상속인은 각자의 상속분에 응하여 피상속인의 권리·의무를 승계한다. 여기서 '상속분'은 법정상속분을 의미하므로 일단 상속이 개시되면 공동상속인은 각자의 법정상속분의 비율에 따라 모든 상속재산을 승계한다. 제1006조는 "상속인이 수인인 때에는 상속재산은 그 공유로 한다."라고 정하므로, 공동상속인들은 상속이 개시되어 상속재산의 분할이 있을 때까지 제1007조에 기하여 각자의 법정상속분에 따라서 이를 잠정적으로 공유하다가 특별수익 등을 고려한 구체적 상속분에 따라 상속재산을 분할함으로써 위와 같은 잠정적 공유상태를 해

소하고 최종적으로 개개의 상속재산을 누구에게 귀속시킬 것인지를 확정하게 된다. 그러므로 공동상속인들 사이에서 상속재산의 분할이 마쳐지지 않았음에도 특정 공동상속인에 대하여 특별수익 등을 고려하면 그의 구체적 상속분이 없다는 등의 이유를 들어 그 공동상속인에게는 개개의 상속재산에 관하여 법정상속분에 따른 권리승계가 아예 이루어지지 않았다거나, 부동산인 상속재산에 관하여 법정상속분에 따라 마쳐진 상속을 원인으로 한 소유권이전등기가 원인무효라고 주장하는 것은 허용될 수 없다(대판 2023.4.27, 2020다292626). 가령 상속재산인 부동산에 관하여 공동상속인인 甲·乙·丙 앞으로 법정상속분에 따라 상속을 원인으로 한 소유권이전등기가 마쳐졌고, 甲·乙은 丙이 초과특별수익자이므로, 丙은 상속분이 없다고 주장하면서 丙 앞으로 마쳐진 상속을 원인으로 한 지분이전등기에 관하여 진정명의회복을 원인으로 한 이전등기청구(상속회복청구)를 한 경우, 제1007조에서 정한 상속분은 법정상속분을 의미하고 이는 상속재산인 권리와 의무 모두에 대하여 동일하며, 상속재산 분할 전에는 법정상속분에 따른 상속재산 공유만을 인정함이 타당하므로, 상속재산 분할 전에 민사소송에서 구체적 상속분을 주장하여 개개의 상속재산에 대한 법정상속분에 따른 권리승계가 아예 이루어지지 않았다거나 무효라고 주장하는 것은 허용될 수 없다.

(3) 소 결

생각건대 공동상속인 사이에 공동의 목적을 가지고 활동한다고 보기 어렵다. 만일 합유관계로 본다면 공동상속인은 상속재산에 대하여 각자의 상속분에 따른 권리를 가지게 되므로, 분할 전에는 채권·채무가 공동상속인에게 불가분적으로 귀속되고, 공동상속인은 분할 전의 상속재산에 대한 지분을 처분하지 못하게 되는 불편한 점이 있으며, 이는 법률관계를 불필요하게 복잡하게 하고 신속한 거래를 방해한다. 또한 개개의 상속재산에 대한 지분의 처분을 무효로 하면 상속재산의 분할에 의하여 단독소유로 옮아가는 시기가 제3자에게 명백하지 아니하여 제3자에게 불측의 손해를 주게 될 수도 있어 거래의 안전을 해치게 된다. 그리고 제1015조 단서의 취지는 분할의 소급효를 제한하여 제3취득자의 권리를 보호하려는 것이고, 이는 지분의 처분을 간접적으로 긍정하는 것이라고 할 수 있다. 따라서 제1006조는 규정대로 공유로 해석하는 것이 타당하다고 할 것이다.

3. 공동상속의 구체적인 형태

(1) 소유권이나 그 밖의 물권

소유권이나 그 밖의 물권은 공동상속인에게 공유의 형태로 귀속한다. 따라서 각 상속인은 상속개시와 동시에 상속재산을 구성하는 개개의 물건 또는 권리에 대하여 그 '상속분'에 따른 공유지분을 취득한다(제262조 참조). 그 결과 그 물건이 파손되는 등 불법행위가 있는 경우에는 그 지분에 상응한 비율로 손해배상청구권을 가진다(대판 1970.4.14, 70다171). 또한 상속인은 자기의 지분을 부인하거나 다투는 다른 상속인 또는 제3자에 대하여 그 자만을 상대로 자기의 지분확인을 구할 수 있다. 그러나 공동상속인 1인이 제3자를 상대로 다른 상속인의 지분확인을 구하는 것은 타인의 권리관계의 확인을 구하는 소에 해당하므로, 그 타인 간의 권리관계가 자기의 권리관계에 영향을 미치는 경우에 한하여 확인의 이익이 있다(대판 1994.11.11, 94다35008).

(2) 채 권

(가) 가분채권의 상속

공유설에 따르면 상속채권이 가분인 한 상속인은 각자 자신의 지분에 따라 분할된 채권을 취득한다. 이로써 다수당사자의 채권관계에서의 '분할채권관계'(제408조)와 같은 법률관계가 발생하게 된다. 한편 합유설에 의하면 가분채권도 분할되지 않고 공동상속인에게 합유적으로 귀속하고 채무자에 대한 청구도 상속인 전원이 공동으로 하여야 한다고 한다. 판례는 손해배상청구권을 상속한 공동상속인들의 청구를 인정함에 있어서 각자의 상속분이 법정되어 있음에도 불구하고 배상의무자에 대하여 전액에 대한 연대지급을 명한 것은 위법이라고 하여(대판 1962.5.3, 4294민상1105), 가분채권은 공동상속인 사이에 상속분에 따라 분할되어 승계된다는 입장을 취하고 있다.

판 례

불법행위로 사망한 피해자의 상속인들이 그 상속분에 따라 각자 손해배상청구를 하고 이에 의한 가집행선고부 제1심 판결에 기하여 각기 강제집행을 하였다면 제1심 판결의 변경으로 인한 가지급물의 반환채무는 연대채무가 아니라 각자가 별도로 부담하고 있는 채무이다(대판 1980.11.25, 80다1847).

(나) 불가분채권의 상속

불가분채권은 그것이 성질상 불가분이거나 의사표시에 의해 불가분채권이 된 것인지를 불문하고, 상속재산 분할시까지 공동상속인 전원에게 불가분적으로 귀속된다. 그러므로 채권자인 공동상속인은 공동으로 또는 단독으로 모든 상속인을 위하여 전액의 이행청구를 할 수 있으며, 수령한 급부는 공동으로 분배하여야 한다(제409조).

(3) 형 성 권

취소권·해제권·동의권·추인권·상계권·예약완결권 등과 같은 형성권은 그 1회의 행사로 인하여 그 권리의 소멸을 가져오므로, 그 성질상 공동상속인 전원에게 불가분적으로 귀속된다. 그러므로 이들 권리는 공동상속인 전원에 의하여 공동으로 행사되어야 한다.

(4) 채 무

(가) 가분채무의 상속

1) 학 설

(i) 분할채무설 피상속인의 금전채무 기타 가분채무는 법률상 당연히 분할되어 각 상속인은 그 상속분에 따라 이를 승계하며, 따라서 각 공동상속인은 각자 상속분에 따른 단독채무만을 부담하기 때문에, 피상속인의 채권자는 각 상속인에 대해 각별로 청구해야 하고, 공동상속인 중 무자력자가 있으면 그만큼 손실을 보게 된다고 한다(곽윤직, 232면; 김창종, 재판자료 제78집, 188면; 김소영, 민사판례연구 35호, 769면).

(ii) 불가분채무설 상속재산의 공동소유관계를 합유로 해석하는 입장에서 가분채무도 공동상속인 사이에 합유적으로 귀속한다고 한다(김기선, 한국물권법, 298면; 박병호, 350면). 이 견해에 의하면 상속재산을 포괄적인 한 개의 재산으로 보아 각 공동상속인은 합수적 공동관계에 서게 되며, 채권자는 공동상속인 전원에 대하여만 청구할 수 있고, 상속인은 상속재산을 책임재산으로 하는 한도 내에서만 책임을 부담한다고 한다.

(iii) 불가분채무 내지 연대채무설 상속재산의 공동소유형태를 공유로 해석하면서도 분할채무설과 같이 상속채무에 대해서 공동상속인이 상속분에 따라 처음부터 분할채무를 부담한다고 해석하면, 상속채권자는 상속개시에 의하여 자기의 의사와 관계없이 자기의 채권이 분할되는 불이익을 입게 되며, 이렇게 될 경우 각 상속인은 각각 상속분에 따른 변제만 하게 됨으로써 상속인 중에 무자력자가 있는 경우, 채권자는 위험을 많이 부담하게 된다고 한다. 따라서 피상속인이 상속채권자(피상속인의 채권자)에 대하여 지고 있던 채무는 상속재산을 분할할 때까지는 피상속인의 사망에 의하여 변하지 않고 피상속인이 생존하고 있었던 당시와 같은 형태로 상속재산 중에 존속하며, 따라서 공동상속인은 불가분채무 내지 연대채무를 부담한다고 한다(김주수/김상용, 699면; 이은영, 686면; 이경희, 431면).

2) 판 례

판례는 금전채무와 같이 급부의 내용이 가분인 채무가 공동상속된 경우, 이는 상속개시와 동시에 당연히 법정상속분에 따라 공동상속인에게 분할되어 귀속되는 것이므로, 상속재산 분할의 대상이 될 여지가 없다. 따라서 상속재산 분할의 대상이 될 수 없는 상속채무에 관하여 공동상속인들 사이에 분할의 협의가 있는 경우라면 이러한 협의는 제1013조에서 말하는 상속재산의 협의분할에 해당하는 것은 아니지만, 위 분할의 협의에 따라 공동상속인 중의 1인이 법정상속분을 초과하여 채무를 부담하기로 하는 약정은 면책적 채무인수의 실질을 가진다고 할 것이어서, 채권자에 대한 관계에서 위 약정에 의하여 다른 공동상속인이 법정상속분에 따른 채무의 일부 또는 전부를 면하기 위하여는 제454조에 따른 채권자의 승낙을 필요로 한다고 할 것이다. 여기에 상속재산 분할의 소급효를 규정하고 있는 제1015조가 적용될 여지는 전혀 없다고 하여(대판 1997.6.24, 97다8809), 분할채무설을 따르고 있다.

3) 소 결

채권자가 아무런 담보 없이 채무자에 대하여 신용을 제공한 이상 이후 채무자가 무자력에 빠졌다고 하더라도 그 결과를 감수하여야 하고, 그 부주의의 결과를 다른 곳에 전가시킬 수는 없다는 점, 우리 민법은 다수당사자 사이의 채권관계는 분할채권관계를 원칙으로 하고 있다는 점, 상속재산 전체는 물론 개개의 상속재산을 상속채무의 책임재산으로 규정하고 있지 않을 뿐만 아니라 단순승인을 원칙으로 규정하고 있다는 점에 비추어 볼 때, 가분채무는 상속과 동시에 공동상속인들에게 당연히 분할된다고 할 것이다.

(나) 불가분채무의 상속

1) 상속채무가 불가분채무인 경우에는 공동상속인 각자가 그 불가분채무 전부에 대한 이행책임을 진다. 따라서 채권자는 공동상속인 가운데 1인에 대하여 또는 모든 상속인에 대하여 동시 또는 순차로 전부의 이행을 청구할 수 있다(제411조, 제414조).

2) 상속에 따라 임차건물의 소유권을 취득한 자도 주택임대차보호법 제3조 4항, 상가건물임대차보호법 제3조 2항에서 말하는 임차건물의 양수인에 해당하고, 임대인 지위를 공동으로 승계한 공동임대인들의 임차보증금 반환채무는 성질상 불가분채무에 해당한다(대판 2021.1.28, 2015다59801). 불가분채무자가 변제 등으로 공동면책을 얻은 때에는 다른 채무자의 부담부분에 대하여 구상할 수 있다(대판 2020.7.9, 2020다208195). 공동상속인은 각자의 상속분에 응하여 피상속인의 권리·의무를 승계한다는 제1007조에서 '상속분'은 법정상속분을 의미한다(대판 2023.4.27, 2020다292626). 따라서 임대인 지위를 공동으로 승계한 상속인 중 1인이 변제 등으로 공동면책을 얻은 때에는 다른 공동상속인들을 상대로 법정상속분에 따라 구상할 수 있다(대판 2024.8.1, 2023다318857).

한편 상속재산분할심판에서 분할대상 상속재산 중 특정 상속재산을 공동상속인 중 1인의 단독소유로 하고 그의 구체적 상속분과 그 특정 상속재산의 가액과의 차액을 현금으로 정산하는 방법(이른바 대상분할의 방법)으로 상속재산을 분할하였는데 그 특정 상속재산이 주택임대차보호법 제3조 1항, 상가건물임대차보호법 제3조 1항이 정한 대항요건을 갖춘 임대차의 목적물인 경우, 그 공동상속인은 임대차보증금반환채무를 면책적으로 인수하고 다른 공동상속인들은 임대차관계에서 탈퇴하여 임차인에 대한 임대차보증금반환채무를 면하게 된다(대판 2013.1.17, 2011다49523). 그런데 상속재산분할심판에서 '임대차보증금반환채무가 분할대상에서 제외'된 가운데 임대차 목적물을 단독으로 상속받게 된 공동상속인이 그 임대차보증금반환채무를 면책적으로 인수하면서 다른 공동상속인들에게는 이러한 채무인수를 고려하지 않은 방식에 따라 산정된 차액을 지급하게 되면, 그는 본래 상속재산분할에서 의도되었던 것보다 과도한 부담을 안을 수 있어 부당하다. 이러한 경우 다른 공동상속인들이 임대차보증금반환채무를 면하는 것을 정당화할 만한 특별한 사정이 없는 한 공동상속인들 사이에서는 임대차보증금반환채무에 관하여 법정상속분에 따른 내부적 부담부분이 그대로 유지되고, 그 임대차 목적물을 단독소유하게 된 공동상속인이 나중에 임대차보증금을 반환한 때에는 다른 공동상속인들을 상대로 구상할 수 있다(대판 2024.8.1, 2023다318857).

판 례

(ㄱ) 공동상속인들의 건물철거의무는 그 성질상 불가분채무라고 할 것이고 각자 그 지분의 한도 내에서 건물 전체에 대한 철거의무를 지는 것이다(대판 1980.6.24, 80다756).

(ㄴ) 공동상속인은 각자의 상속분에 응하여 피상속인의 권리·의무를 승계한다는 제1007조에서 '상속분'은 법정상속분을 의미하므로 일단 상속이 개시되면 공동상속인은 각자의 법정상속분 비율에 따라 모든 상속재산을 승계한다. 또한 제1006조는 "상속인이 수인인 때에는 상속재산은 그 공유로 한다."라고 정하므로, 공동상속인들은 상속이 개시되어 상속재산의 분할이 있을 때까지 제1007조에 기하여 각자의 법정상속분에 따라 이를 공유한다(대판 2023.4.27, 2020다292626). 그리고 공유물에 관계되는 지방세는 공유자가 연대하여 납부할 의무를 지고, 이에 관하여는 출재채무자의 구상권에 관한 제425조를 준용한다(지방세기본법 제2조 1항 제22호, 제44조 1항, 5항). 한편 제1015조는 "상속재산의 분할은 상속개시된 때에 소급하여 그 효력이 있다. 그러나 제3자의 권리를 해하지 못한다."라고 규정함으로써 상속재산분할의 소급효를 인정하고 있으나, 상속재산분할에 소급효가 인정된다고 하더라도, 상속개시 이후 공동상속인들이 상속재산의 공유관계에 있었던 사실 자체가 소급하여 소멸하는 것은 아니다(대판 2020.7.9, 2020두34841). 따라서 공동상속인들이 각자의 법정상속분에 따라 상속재산을 공유하는 동안 상속재산에 부과된 재산세는 공동상속인들이 연대하여 납부할 의무를 지고, 그중 1인이 위 재산세를 납부함으로써 공동면책을 얻었다면 그 공동상속인은 특별한 사정이 없는 한 다른 공동상속인들을 상대로 각자의 법정상속분에 따라 구상할 수 있다. 그리고 구상을 하지 않은 상태에서 상속재산분할 절차가 진행되는 경우 그 절차에서 위와 같이 납부된 재산세가 고려될 수 있으나, 이에 대한 고려가 이루어지지 않았다면 그 상속재산을 재산세를 납부한 공동상속인의 단독소유로 하는 내용의 상속재산분할이 이루어졌다고 해도 여전히 다른 공동상속인들을

상대로 구상할 수 있다(대판 2025.3.24, 2024스866867; 대판 2024.8.1, 2023다318857).

(다) 연대채무의 상속

연대채무자 중 1인이 사망하고 그 상속인이 1인뿐이라면 상속인과 다른 채무자 사이에 여전히 연대채무관계가 존재한다는 점에는 의문의 여지가 없다. 그러나 상속인이 여럿인 경우에 대해서는 다툼이 있다. 즉 연대채무의 공동상속과 관련하여, ① 연대채무는 그 채무가 불가분임을 본질로 하기 때문에 불가분채무와 마찬가지로 각 공동상속인은 당연히 본래의 연대채무를 그대로 부담한다고 보아야 한다는 견해(김주수/김상용, 699면), ② 연대채무도 가분채무이고 피상속인이 연대채무를 부담하였다고 하여 상속인들도 연대채무를 부담한다는 것은 상속인들 보호에 미흡하므로, 연대채무는 분할승계된다고 보아 상속인은 피상속인이 부담하던 채무액 중 상속분에 따른 채무액(부담부분)에 대하여만 책임을 지고 그 금액의 범위에서 본래의 채무자와는 연대관계에 서지만 상속인 상호간에는 연대관계를 부정하는 것이 타당하다는 견해가 있다(김운호, 재판자료 제78집, 704면; 허만, 민법주해(Ⅹ), 94면).

(라) 부동산소유권이전등기의무의 공동상속과 불가분성 여부

부동산의 매도인이 매매계약체결 후 소유권이전등기를 마치기 전에 사망하고 그 공동상속인이 소유권이전등기의무를 상속한 경우, 그 채무는 가분채무인지 아니면 불가분채무인지가 문제된다. 즉 공동상속인이 피상속인의 채무를 승계하는 경우에 그 상속채무는 어떤 형태로 각 상속인에게 귀속되는가의 문제이다.

1) 학 설

공동상속한 소유권이전등기의무는 상속인이 각 공유지분에 따라 부동산을 상속했기 때문이 아니라 그것과는 관계없이 상속개시와 동시에 당연히 부담하게 되는 의무이므로 성질상의 불가분급부이며, 따라서 다수의 공동상속인이 피상속인의 소유권이전등기의무를 상속했을 때에는 그들이 상속한 적극재산의 상속지분과는 관계없이 불가분채무를 부담하게 된다고 한다(김종화, 민사판례연구(Ⅴ), 190면; 김형배, 채권총론, 440면).

2) 판 례

지분에 따라 분할된 의무를 승계한다고 볼 수 있으므로, 공동상속인의 소유권이전등기의무는 가분채무라고 한다. 즉 토지의 매도인은 2인의 공동매수인에게 특별한 사정이 없는 한 각 1/2씩의 지분권에 관하여 각 소유권이전등기절차를 이행할 의무가 있는 것인바 잔대금 지급을 지체하고 있던 위 공동매수인 중의 1인이 잔대금 전액을 지급하였다고 하더라도 그러한 사정만으로는 동인에게 다른 공동매수인의 지분부분에 관해서까지 소유권이전등기 소요서류를 교부할 수 있는 특별한 사정이 있다고 할 수 없다고 한다(대판 1981.2.24, 79다14).

3) 소 결

공동상속인이 피상속인의 소유권이전등기의무를 승계하는 것은 적극적 권리에 관한 상속을 전제로 하는 것이 아니고 그와 관계없이 상속개시와 동시에 확정적으로 발생하는 채무이기 때문에 불가분채무라고 볼 수 있을지 모르지만, 통상의 상속채무(예: 금전채무)와 달리 피상속인이 매수인에게 부담하는 소유권이전등기의무는 상속재산으로 된 특정부동산과 불가분의 관계에 있으므로, 그 부동산에 대한 상속과 소유권이전등기의무의 승계를 분리하여 판단하는 것은 타당하다고 할 수 없다. 만일 소유권이전등기의무를 불가분채무로 보게 되면, 등기원인이 이미 존재하고 있으나 아직 등기신청을 하지 않고 있는 동안에 매도인이 사망하여 상속이 개시된 경우, 매수인은 1인의 공동상속인에 대하여 또는 모든 공동상속인에 대하여 동시나 순차로 부동산 전부에 대한 소유권이전등기를 청구할 수 있게 된다. 그러나 공동상속의 경우에 상속인은 각자의 상속분에 따라 피상속인의 권리·의무를 승계하지만(제1007조), 분할할 때까지는 상속재산을 공유하므로(제1006조), 매수인으로부터 이행청구를 받은 공동상속인 1인은 매매목적물인 부동산에 대한 자신의 상속지분을 이전할 수 있지만, 목적물에 대한 소유권은 다른 상속인의 동의 없이 단독으로 매수인에게 이전할 수는 없다. 또한 이행청구를 받은 공동상속인 중 1인(A)이 매매목적물에 대한 자신의 상속지분 이외에 다른 상속인(B, C)의 지분을 이전하지 않을 경우, 즉 매매목적물에 대한 소유권이전등기를 해 주지 않는 한 매수인은 다른 상속인의 상속지분을 양도할 권한이 없는 A에 대하여 채무불이행으로 인한 손해배상을 청구할 수 있게 되어(제390조), 채권자를 더 보호하는 결과를 야기하게 된다. 결국 소유권이전등기 등 등기신청행위는 지분별로 분할하여 이행하는 것이 가능하므로, 공동상속된 소유권이전등기의무는 성질상 가분(분할)채무로 보아야 할 것이다.

4. 공동재산상속의 법률관계

(1) 공동관리

공동상속재산이 공동상속인에게 분할되기 전에는 어느 견해에 의하든 공동 관리된다고 할 수밖에 없으며, 공유 또는 합유에 관한 제262조 이하의 규정이 유추적용된다. 따라서 보존행위는 각 공동상속인이 단독으로 할 수 있다(제265조 단서, 제272조 단서). 가령 공동상속인 1인은 상속재산의 보존행위로서, 불법점유자에 대하여 소유물반환을 청구하거나 원인 무효의 소유권이전등기를 마친 제3자에 대하여 등기 전부의 말소를 구할 수 있다(대판 1999.8.20, 99다15146; 대판 1996.2.9, 94다61649).

판 례

부동산의 공유자는 그 공유물의 일부라 하더라도 협의 없이 이를 배타적으로 사용·수익할 수는 없는 것이므로, 원·피고와 소외인들의 공동상속재산인 이 사건 건물에 관한 피고의 배타적 사용은 공유지분 과반수의 결의에 의한 것이 아닌 한 부적법하다(대판 1982.12.28, 81다454).

(2) 상속재산의 처분·변경

공동상속재산은 전원의 동의 또는 수권 없이 단독으로 처분·변경하지 못한다(제264조, 제272조). 그러나 각 공동상속인은 개개의 상속재산에 대하여 각자의 상속분의 범위 내에서 단독으로 처분할 수 있으며(제263조), 상속재산 전체에 대한 상속분을 처분할 수 있다(제1011조). 따라서 공동상속인 1인이 상속재산에 속하는 부동산에 대한 상속지분을 양도한 경우, 그 양수인은 이를 적법하게 취득하여 다른 공동상속인과 함께 그 부동산을 공유하게 된다.

(3) 관리비용

공유물의 관리비용은 공유자가 지분의 비율로 부담하는 것이 원칙이다(제266조 1항). 그러나 상속재산의 관리비용에 대해서는 특칙이 있다. 즉 상속재산의 관리비용은 상속비용에 해당되고, 상속비용은 상속재산에서 지급된다(제998조의2).

(4) 공동상속재산에 관한 소송당사자

개개의 상속재산에 관한 소송(예: 제3자에 대한 개개의 재산의 인도, 방해배제, 등기의 이전·말소청구, 소유권확인청구를 구하거나 제3자가 이러한 청구를 한 경우)에서 ① 특정재산에 관한 공유관계 자체가 소송대상이면 상속인 전원이 당사자로 되어야 하는 필수적 공동소송이다(대판 1957.5.2, 4289민상379). 가령 택지개발예정지구 내의 이주자택지 공급대상자가 사망하여 공동상속인들이 이주자택지에 관한 공급계약을 체결할 수 있는 청약권을 공동상속한 경우, 공동상속인들이 그 상속지분비율에 따라 피상속인의 청약권을 준공유하게 되며, 공동상속인 전원이 공동으로만 청약권을 행사할 수 있는 것이므로 청약권에 기하여 청약의 의사표시를 하고, 그에 대한 승낙의 의사표시를 구하는 소송은 청약권의 준공유자 전원이 원고가 되어야 하는 고유필수적 공동소송이다(대판 2003.12.26, 2003다11738).

② 상속재산상의 각자의 지분권이 소송의 대상인 경우, 각 상속인이 당사자로 되고 기판력도 그 상속인에게만 미친다(대판 1965.5.18, 65다279). 만일 이를 공동으로 제소한다면 이는 통상의 공동소송(민사소송법 제65조, 제66조)이 된다. 한편 상속인 중 1인은 단독으로 제3자인 상속분 양수인을 상대로 하여 상속분권의 양도 또는 양수(제1011조)의 존부 내지 그 효력을 다툴 수 있으며, 이 경우 판결의 기판력은 다른 상속인에게 미치지 않는다. ③ 공동상속인이 다른 공동상속인을 상대로 어떤 재산이 상속재산임의 확인을 구하는 소는 고유필수적 공동소송이며, 고유필수적 공동소송에서는 원고들 일부의 소 취하 또는 피고들 일부에 대한 소취하는 특별한 사정이 없는 한 그 효력이 생기지 않는다(대판 2007.8.24, 2006다40980).

판 례

공동상속인 사이에 어떤 재산이 피상속인의 상속재산에 속하는지 여부에 관하여 다툼이 있어 일부 공동상속인이 다른 공동상속인을 상대로 그 재산이 상속재산임의 확인을 구하는 소를 제기한 경우, 이는 그 재산이 현재 공동상속인들의 상속재산분할 전 공유관계에 있음의 확인을 구하는 소송으로서, 그 승소확정판결에 의하여 그 재산이 상속재산분할의 대상이라는 점이 확정되어 상속재산분할심판 절차 또는 분할심판이 확정된 후에 다시 그 재산이 상속재산분할의 대상이라는 점에 대하여 다툴 수 없게 되고, 그 결과 공동상속인 간의 상속재산분할의 대상인지 여부에 관한 분쟁을 종국적으로 해결할 수 있으므로 확인의 이익이 있다(대판 2007.8.24, 2006다40980).

Ⅳ. 상 속 분

1. 서 설

(1) 의 의

상속분이란 2인 이상의 상속인이 공동상속을 하는 경우에 각 공동상속인이 소극재산을 포함하는 포괄적인 상속재산에 대하여 가지는 권리·의무의 비율을 말한다. 상속분은 상속재산의 1/2, 1/3과 같이 표시되며, 각 상속인이 받을 구체적인 상속재산가액은 상속재산 전체에 각자의 상속분을 곱하여 산정한다.

각 상속인의 구체적 상속분 = 상속개시시의 상속재산의 가액 × 각 상속인의 상속비율 ÷ 공동상속인 전원의 상속비율의 합계

(2) 상속분의 결정—지정상속분

피상속인은 유언에 의하여 포괄유증을 할 수 있으며(제1074조), 포괄유증을 받은 자는 재산상속인과 동일한 권리·의무를 가진다(제1078조). 여기서 피상속인이 유언에 의하여

공동상속인의 상속분을 지정(법정상속분의 변경)할 수 있는지가 문제이다. 학설은 ① 피상속인이 포괄적 유증을 하면 상속분의 지정과 다를 바 없으므로, 수유자가 받는 수유재산을 지정상속분으로 파악하는 견해(김주수/김상용, 700면; 박동섭/양경승, 669면; 이경희, 393면; 조은희, 365면), ② 상속분의 지정은 유언사항이 아니어서 현행법상 지정상속분은 인정되지 않는다는 견해(곽윤직, 157면; 송덕수, E-249)가 있다. 후자는 포괄적 유증에 의하여 사실상 법정상속분을 변경한 것과 같은 결과를 가져올 수는 있으나 그것은 결코 유언에 의한 상속분의 지정은 아니라고 한다. 주의할 것은 상속채무에 대해서는 그것을 부담할 비율을 유언으로 지정할 수 없다는 점이다. 즉 포괄유증이 있더라도 각 상속인들은 상속채무를 상속분에 따라 분담한다(제1078조, 제1007조). 만일 이것을 피상속인의 의사로 자유로이 지정할 수 있다면 무자력 내지 변제능력이 없는 상속인이 지정됨으로써 상속채권자를 해할 염려가 있기 때문이다.

2. 법정상속분

피상속인이 공동상속인의 1인 또는 여럿에게 포괄적 유증을 한 경우, 각 공동상속인은 그 몫을 받게 되지만, 그러한 유언이 없는 때에는 법정상속분에 따른다.

(1) 동순위 상속인 사이의 상속분

같은 순위의 상속인이 여럿인 때에는 그 상속분은 균분으로 한다(제1009조 1항). 따라서 혼인 중의 출생자·혼인외의 출생자, 남·녀, 기혼·미혼 여부에 따른 아무런 차별이 없다.

(2) 배우자의 상속분

피상속인의 배우자가 직계비속과 공동으로 상속하는 경우에는 직계비속의 상속분에 5할을 가산하고, 배우자의 직계존속과 공동으로 상속하는 때에는 직계존속의 상속분에 5할을 가산한다(제1009조 2항).

(3) 대습상속인의 상속분

대습상속인의 상속분은 피대습자의 상속분에 의한다(제1010조 1항). 따라서 대습상속인이 여럿인 때에는 그 상속분은 피대습자(즉 사망 또는 결격된 자)의 상속분의 한도에서 제1009조의 법정상속분에 의하여 결정된다(제1010조 2항). 즉 피대습자의 직계비속의 상속분은 균등하고(제1009조 1항), 피대습자의 배우자의 상속분은 직계비속의 상속분에 50%를 가산한다(제1009조 2항). 물론 직계비속이 없으면 배우자가 단독으로 대습상속한다(제1003조 2항).

3. 특별수익자의 상속분

(1) 의 의

공동상속인 가운데 1인 또는 여러 명이 피상속인으로부터 재산의 증여 또는 유증을 받은 경우, 이러한 증여나 유증으로 받은 재산을 특별수익(特別受益)이라 한다. 상속인의 특별수익을 고려하지 않고 법정상속분에 따라 상속재산을 분할하게 되면 공동상속인 사이에 불공평한 결과가 발생하게 되므로, 수증재산을 상속분의 선급으로 다루어 구체적인 상속분을 산정함에 참작할 필요가 있다. 그래서 민법은 공동상속인 사이의 공평을 기하기 위하여 "수증재산이 자기의 상속분에 미달하는 때에 그 부족한 부분의 한도 내에서 상속분이 있다"고 하여(제1008조), 수증재산이 상속분을 초과하는 경우는 그 초과부분을 반환하도록 하고 있다. 이를 특별수익반환제도라 한다. 예컨대 피상속인의 직계비속 甲·乙·丙이 법정상속분에 따라 상속재산을 나누면 각각 5,000만원이지만, 甲이 생전에 2,000만원을 증여받은 경우에는 법정상속분에 미달하는 부분인 3,000만원을 분배받을 수 있다.

(2) 특별수익반환의 요건

(가) 공동상속인일 것

1) 특별수익의 반환의무를 부담하는 자는 공동상속인이어야 하며, 공동상속인이라도 상속을 포기하면 반환의무가 없다. 즉 반환의무를 부담하게 되는 자는 '상속을 승인(단순승인, 한정승인)한 공동상속인'이며, '상속을 포기한 자'는 다른 공동상속인의 유류분을 침해하지 않는 한 반환의무를 부담하지 않는다. 상속인의 종류는 묻지 않으므로 혈족상속인이든 배우자상속인이든 이에 해당한다. 상속결격 사유가 발생한 이후에 상속에 결격된 자가 피상속인으로부터 증여를 받은 경우에는 상속인의 지위에서 받은 것이 아니므로, 반환의무를 지지 않는다(대판 2015.7.17, 2004스206,207). 또한 상속인이 아닌 자로서 포괄적 유증을 받은 포괄적 수유자는 상속인과 동일한 권리의무가 있지만(제1078조), 학설은 공동상속인이 아닌 포괄적 수유자는 반환의무를 지지 않는다고 한다(김주수/김상용, 706면; 박동섭/양경승, 686면; 윤진수, 427면; 조은희, 368면). 포괄적 수유자에 대한 증여는 생전분재의 성질이 없고, 피상속인의 의사도 포괄적 수유자에 대하여 유증한 전액을 증여할 의사를 가진 것이지 그 비율의 증감을 예상하지는 않은 것으로 봄이 타당하기 때문이다. 그러나 공동상속인으로서 포괄적 유증을 받은 자와 제2순위 이하의 자로서 포괄적 유증을 받은 후에 선순위 상속인 전원의 상속포기 또는 결격으로 인하여 공동상속인으로 된 경우에는 특별수익을 반환하여야 한다(김용한, 333면).

2) 상속인이 아닌 공동상속인의 직계비속·직계존속·배우자·후순위 상속인 등 제3자가 재산을 받은 경우는 반환할 의무가 없다. 그러나 '피대습인'이 생전에 피상속인으로부터 특별수익을 받은 경우, 대습상속이 개시되었다고 하여 피대습인의 특별수익을 고려하지 않고 대습상속인의 구체적인 상속분을 산정한다면 대습상속인은 피대습인이 취득할 수 있었던 것 이상의 이익을 취득하게 된다. 이는 공동상속인들 사이의 공평을 해칠 뿐만 아니라 대습상속의 취지에도 반한다. 따라서 '피대습인'이 대습원인의 발생 이전에 피상속인으로부터 생전 증여로 특별수익을 받은 경우, 그 생전증여는 대습상속인의 특별수익에 해당한다(대판 2022.3.17, 2020다267620). 가령 피상속인 甲으로부터 생전에 피대습자 乙이 1억원의 증여를 받고 사망한 다음 甲재산에 상속이 개시되어 甲의 손자 丙이 대습상속하게 된 경우, 대습상속인 丙은 특별수익을 정산해야 한다.

반면에 '대습상속인'이 대습원인의 발생 이전에 피상속인으로부터 증여를 받은 경우, 이는 상속인의 지위에서 받은 것이 아니므로 상속분의 선급으로 볼 수 없다. 그렇지 않고 이를 상속분의 선급으로 보게 되면, 피대습인이 사망하기 전에 피상속인이 먼저 사망하여 상속이 이루어진 경우에는 특별수익에 해당하지 아니하던 것이 피대습인이 피상속인보다 먼저 사망하였다는 우연한 사정으로 인하여 특별수익으로 되는 불합리한 결과가 발생한다. 따라서 대습상속인의 위와 같은 수익은 특별수익에 해당하지 않는다(대결 2024.6.13, 2024스525,526; 대판 2014.5.29, 2012다31802). 가령 피상속인 甲이 사망하기 이전에 甲의 자녀들 중 乙 등이 먼저 사망하였는데, 甲이 乙 사망 전에 乙의 자녀인 丙에게 임야를 증여한 경우, 丙이 甲으로부터 임야를 증여받은 것은 상속인의 지위에서 받은 것이 아니므로, 상속분의 선급으로 볼 수 없어 특별수익에 해당하지 아니하여 유류분 산정을 위한 기초재산에 포함되지 않는다.

판 례

상속분의 산정에서 증여 또는 유증을 참작하게 되는 것은 원칙적으로 상속인이 유증 또는 증여를 받은 경우에만 발생하고, 그 상속인의 직계비속, 배우자, 직계존속이 유증 또는 증여를 받은 경우에는 그 상속인이 반환의무를 지지 않는다고 할 것이나, 증여 또는 유증의 경위, 증여나 유증된 물건의 가치, 성질, 수증자와 관계된 상속인이 실제 받은 이익 등을 고려하여 실질적으로 피상속인으로부터 상속인에게 직접 증여된 것과 다르지 않다고 인정되는 경우에는 상속인의 직계비속, 배우자, 직계존속 등에게 이루어진 증여나 유증도 특별수익으로서 이를 고려할 수 있다(대결 2007.8.28, 2006스3,4).

(나) 공동상속인이 유증 또는 증여를 받을 것

공동상속인의 반환의무는 '공동상속인이 유증 또는 증여'를 받은 경우에만 발생하고, 그 공동상속인의 직계비속·배우자·직계존속이 유증 또는 증여를 받은 때에는 그 공동상속인이 반환의무를 지지 않는다.

1) 증 여

특별수익으로 반환의 대상이 되는 증여는 상속분 선급의 의미를 가진 것에 한한다. 구체적 상속분 산정을 위한 분할대상 상속재산에 포함되는 증여에 해당하는지 여부를 판단할 때에는 피상속인의 재산처분행위의 법적 성질을 형식적·추상적으로 파악하는 데 그쳐서는 안 되고, 재산처분행위가 실질적인 관점에서 피상속인의 재산을 감소시키는 무상처분에 해당하는지 여부에 따라 판단해야 한다(대판 2022.8.11, 2020다247428; 대판 2021.8.19, 2017다230338). 즉 피상속인의 생전의 자산·수입·생활수준·가정상황 등을 참작하고 공동상속인 사이의 형평을 고려하여 당해 생전증여가 장치 상속인으로 될 지에게 돌아갈 상속재산 중에서 그의 몫의 일부를 미리 주는 것이라고 볼 수 있는 것에 한한다(대판 1998.12.8, 97므513,520,97스12). 예컨대 생계의 기초가 되는 주택구입 자금·영업자금, 혼인자금(혼수감 준비·지참금 등 혼인비용 포함), 통상적인 정도를 넘은 학자금 등이 이에 해당된다. 그러나 부양료나 생활비, 관례적 선물이나 소액의 용돈과 같은 것은 특별수익에 해당되지 않는다.

판 례

(ㄱ) 생전 증여가 특별수익에 해당하는지는 피상속인의 생전의 자산, 수입, 생활수준, 가정상황 등을 참작하고 공동상속인들 사이의 형평을 고려하여 당해 생전 증여가 장차 상속인으로 될 자에게 돌아갈 상속재산 중 그의 몫의 일부를 미리 주는 것이라고 볼 수 있는지에 의하여 결정하여야 하는데, 생전 증여를 받은 상속인이 배우자로서 일생 동안 피상속인의 반려가 되어 그와 함께 가정공동체를 형성하고 이를 토대로 서로 헌신하며 가족의 경제적 기반인 재산을 획득·유지하고 자녀들에게 양육과 지원을 계속해 온 경우, 생전 증여에는 위와 같은 배우자의 기여나 노력에 대한 보상 내지 평가, 실질적 공동재산의 청산, 배우자 여생에 대한 부양의무 이행 등의 의미도 함께 담겨 있다고 봄이 타당하므로 그러한 한도 내에서는 생전 증여를 특별수익에서 제외하더라도 자녀인 공동상속인들과의 관계에서 공평을 해친다고 말할 수 없다(대판 2011.12.8, 2010다66644).

(ㄴ) 제1008조는 공동상속인 중 피상속인에게서 재산의 증여 또는 유증을 받은 특별수익자가 있는 경우 공동상속인들 사이의 공평을 기하기 위하여 수증재산을 상속분의 선급으로 다루어 구체적인 상속분을 산정할 때 이를 참작하도록 하려는 데 취지가 있는 것이므로, 상속결격사유가 발생한 이후에 결격된 자가 피상속인에게서 직접 증여를 받은 경우, 그 수익은 상속인의 지위에서 받은 것이 아니어서 원칙적으로 상속분의 선급으로 볼 수 없다. 따라서 결격된 자의 수익은 특별한 사정이 없는 한 특별수익에 해당하지 않는다(대결 2015.7.17, 2014스206,207).

2) 유 증

유증은 그 목적을 불문하고 반환의 대상이 된다. 다만 유증의 목적물은 상속개시 당시에 상속재산 속에 포함되어 있으므로, 생전증여처럼 상속재산에 가산할 필요는 없다.

3) 생명보험금 · 사망퇴직금 등

(i) 피상속인인 보험계약자가 그 재산 속에서 보험료를 지급한 대가가 보험금청구권이므로, 이는 유증 내지 사인증여에 준하는 무상의 재산이전이다. 따라서 상속인 중 1인을 수익자로 한 생명보험금은 상속재산에 포함되지 않지만, 특별수익에 해당한다. 피상속인의 사망에 의하여 상속인 중의 1인이 사망퇴직금·유족연금 등을 취득한 경우, 사망퇴직금 등은 상속재산은 아니지만 공동상속인간의 공평을 도모하기 위하여 이를 특별수익으로 보아야 할 것이다(김주수/김상용, 707면; 박동섭/양경승, 690면; 이경희, 398면; 지원림, 6-158).

(ii) 피상속인이 피대습인을 피보험자로 하되 대습상속인을 보험수익자로 지정한 생명보험계약을 체결하고 보험계약자로서 보험료를 납부하다가 피대습인이 사망하여 대습상속인이 생명보험금을 수령한 경우, 대습상속인을 보험수익자로 지정한 때 이미 실질적으로 피상속인의 재산을 감소시키는 증여가 있었다고 볼 수 있다. 이와 같이 '대습상속인'이 대습원인 발생 전에 보험수익자로 지정된 이상 그 후에 피대습인의 사망이라는 조건 성취에 따라 생명보험금을 수령하였더라도, 그 보험금은 대습상속인이 상속인의 지위에서 받은 것이 아니므로 상속분의 선급인 특별수익으로 볼 수 없다(대결 2024.6.13, 2024스525,526). 대습상속인이 대습원인의 발생 전에 피상속인으로부터 증여를 받은 경우, 이는 상속인의 지위에서 받은 것이 아니므로 상속분의 선급으로 볼 수 없기 때문이다.

(3) 특별수익의 평가시기와 방법

(가) 증여가액의 평가시점

특별수익으로 반환되는 것은 현물이 아니라 계산상의 가액이므로(가액반환주의), 반환재산의 가액을 평가하는 기준시점을 언제로 할 것인지가 문제이다. 이에 대하여 ① 상속재산의 평가는 상속개시시를 기준으로 하므로 증여의 평가도 상속개시시를 기준으로 하여야 한다는 상속개시시설(다수설), ② 상속개시시와 상속재산의 분할시의 재산평가액에 차이가 생길 수 있으므로 현실적으로 상속재산을 분할할 당시의 가액으로 재산을 평가하여 정산하여야 한다는 상속재산분할시설(박병호, 364면)이 있다. 판례는 특별수익자의 구체적 상속분의 산정은 '상속개시시'를 기준으로 상속재산과 특별수익재산을 평가하여 이를 기초로 하여야 한다. 다만 법원이 실제로 상속재산분할을 함에 있어 분할의 대상이 된 상속재산 중 특정재산을 1인 및 다수의 상속인 소유로 하고 그의 상속분과 그 특정재산의 가액과의 차액을 현금으로 정산할 것을 명하는 방법(소위 대상분할의 방법)

을 취하는 경우, 분할의 대상이 되는 재산을 그 '분할시'를 기준으로 하여 재평가하여 그 평가액에 의하여 정산을 하여야 한다고 한다(대결 1997.3.21, 96스62).

(나) 평가방법

1) 수증자의 행위에 의하여 증여목적물이 멸실하거나 그 가액이 증감한 경우에 증여 당시의 상태대로 존재한다고 평가하여야 한다. 그러나 천재지변 기타 불가항력으로 증여목적물이 멸실된 경우에는 증여를 받지 않는 것으로 보아 상속재산에 가산하여서는 안 된다(다수설). 이 경우까지 가산하는 것은 상속인에게 너무 가혹한 결과가 되기 때문이다.

2) 금전이 증여된 경우, 수증시부터 상속개시시까지의 화폐가치의 변동을 고려하여, 상속개시 당시의 시가로 환산하여 평가하여야 한다.

(다) 상속채무의 분담방법

특별수익자의 상속분 산정의 기초가 되는 '피상속인이 상속개시 당시에 가지고 있던 재산의 가액'은 상속재산 가운데 적극재산을 의미한다. 즉 제1008조는 '적극재산'에 대해서만 적용된다(대판 1995.3.10, 94다16571). 상속분산정의 기초재산을 상속채무를 공제한 순재산액으로 보면, 자기의 법정상속분을 초과하여 특별이익을 얻은 초과특별수익자는 상속채무를 전혀 부담하지 않게 되어 다른 공동상속인에 대하여 심히 균형을 잃게 되는 부당한 결과에 이르기 때문이다. 따라서 공동상속인은 상속의 대상이 되는 적극재산에 증여재산을 합한 가액을 상속분에 따라 상속하고, 특별수익자가 있는 경우에도 상속채무는 제1008조가 아니라 법정상속의 비율(제1009조)에 따라 승계한다.

(4) 특별수익자가 있는 경우의 구체적 상속분의 산정

(가) 단순 특별수익자가 있는 경우

상속개시 당시를 기준으로 상속재산과 특별수익재산을 평가하여 이를 기초로 하여야 하고, 공동상속인 중 특별수익자가 있는 경우 구체적 상속분 가액의 산정을 위해서는, 피상속인이 상속개시 당시 가지고 있던 재산 가액에 생전 증여의 가액을 가산한 후, 이 가액에 각 공동상속인별로 법정상속분율을 곱하여 산출된 상속분의 가액으로부터 특별수익자의 수증재산인 증여 또는 유증의 가액을 공제하는 계산방법에 의한다(대결 2022.6.30, 2017스98,99). 유증은 상속재산분할절차에 의하지 않고 유언집행자가 상속개시 당시의 상속재산에서 이행하여야 하므로 생전증여처럼 이미 받은 것으로 의제하여 공제한다.

법정 상속분액 = (상속개시 당시의 상속재산 + 생전증여액) × 법정상속분율
구체적 상속분액 = 법정 상속분액 - (생전증여액 또는 유증액)

가령 피상속인 A의 공동상속인으로 배우자 B, 자녀 C·D가 있고, 사망 당시의 상속재산은 10억원이며, A는 B에게 증여 1억원, 유증 2억원을 하였고, C에게 사업자금으로 3억원을 증여한 경우, 구체적 상속분은 다음과 같다.

- 명목상 상속재산 총액
  사망 당시 상속재산 10억 + 증여액 1억(B) + 증여액 3억(C) = 14억원
- 명목상 상속재산 총액에 대한 각 상속인의 법정 상속분액
  B: 14억 × B의 법정상속비율 3/7 = 6억원
  C: 14억 × C의 법정상속비율 2/7 = 4억원
  D: 14억 × D의 법정상속비율 2/7 = 4억원
- 법정 상속분액에 특별수익을 고려한 각 상속인의 구체적 상속분액
  B: 6억 - 증여액 1억(B) - 유증액 2억(B) = 3억원
  C: 4억 - 증여액 3억(C) = 1억원
  D: 4억원
- 상속재산분할의 기준이 되는 각 상속인의 구체적 상속분액

이렇게 계산한 상속인별 구체적 상속분 가액을 전체 공동상속인들 구체적 상속분 가액 합계액으로 나누면 상속인별 구체적 상속분 비율, 즉 상속재산분할의 기준이 되는 구체적 상속분을 얻을 수 있다(대결 2022.6.30, 2017스98,99). 이때 유증액은 유언집행자가 상속개시 당시의 상속재산에서 상속재산분할절차에 의하지 않고 이행하여야 하고, 이에 따라 분할할 재산에 속하지 않으므로 상속개시 당시의 상속재산에서 이를 공제한 나머지만이 분할의 대상이 된다. 따라서 위 사례에서 분할할 재산액은 8억원=사망 당시 상속재산 10억-2억(유증액)이고, 이를 각 상속인이 구체적 상속분액비율로 분할하여 상속한다.

- 상속재산분할의 기준이 되는 각 상속인의 구체적 상속분액
  = 분할대상 상속재산(상속개시 당시의 상속재산 - 유증액) × (상속인별 구체적 상속분 가액 ÷ 전체 공동상속인들 구체적 상속분 가액 합계액)
  B: 8억원 × 3억원/[3억(B) + 1억(C) + 4억(D)] = 3억원
  C: 8억원 × 1억원/[3억(B) + 1억(C) + 4억(D)] = 1억원
  D: 8억원 × 4억원/[3억(B) + 1억(C) + 4억(D)] = 4억원
- 상속개시 당시의 상속재산 분할 후 각 상속인의 최종 취득액
  B: 3억 + 1억(생전증여) + 2억(유증액) = 6억원

C: 1억 + 3억(생전증여) = 4억원

D: 4억원

위와 같이 상속개시 당시의 상속재산 분할 후 각 상속인의 최종 취득액은 명목상 상속재산 총액에 대한 각 상속인의 법정 상속분액과 동일하게 되어 상속의 공평이 실현된다(박동섭/양경승, 697면).

(나) 초과특별수익자가 있는 경우

1) 공동상속인 사이에서 특별수익을 산정한 결과, 수증재산이 수증자의 법정상속분에 미달하는 경우에는 부족한 부분의 한도에서 상속분을 더 받을 수 있지만, 초과하는 경우에는 특별수익자는 상속재산으로부터 더 이상 상속받을 수는 없다. 여기서 특별수익의 가액이 상속분을 초과하는 경우, 그 초과부분을 반환하여야 하는지가 문제이다. 다수설과 판례는 '특별수익으로 인해 다른 공동상속인의 유류분을 침해하는 경우'에만 그 한도에서 반환할 의무가 있다고 한다(대결 2016.5.4, 2014스122). 이와 같이 보지 않으면 피상속인의 상속인에 대한 유증이나 증여는 언제나 상속분의 범위 내에서만 가능하다는 것이 되어, 피상속인의 유언의 자유를 지나치게 제한하게 되며, 공동상속인 사이에서는 유류분제도가 적용될 여지가 없게 되기 때문이다(윤진수, 436면). 그러나 상속인들의 협의에 의하여 상속재산을 분할하는 때에는 이에 따르지 않고 초과 수익액을 반환하기로 합의할 수 있음은 물론이다.

2) 한편 초과특별수익자가 있는 경우, 상속재산을 어떻게 분배하는지가 문제된다. 가령 피상속인 A의 공동상속인으로 배우자 B, 자녀 C·D가 있고, 사망 당시의 상속재산은 6억원이며, A는 B에게 8억원을 증여하였고, C에게 3억원을 유증하였다. 이 경우 명목상 상

속재산 총액은 14억원(= 6억+8억)이고, 위 명목상 상속재산 총액에 대한 각 상속인의 법정 상속분액은 B: 6억원(= 14억×3/7), C·D: 각 4억원(= 14억×2/7)이다. 여기서 특별수익을 공제하면, 구체적 상속분액은 B: −2억원(= 6억−8억), C: 1억원(= 4억−3억), D: 4억원이 된다. 즉 B는 공동상속인인 C·D가 유류분반환청구권을 행사하지 않는 한 초과특별수익 2억원을 반환할 의무가 없지만, 구체적 상속분이 0이 되므로 상속개시 당시의 상속재산에서 상속을 받을 수 없다(제1008조). 그런데 B의 초과특별수익으로 인하여 나머지 상속인들은 자신의 구체적 상속분에 미달하는 액을 상속재산의 분할 절차에서 받게 되고, 결국 상속재산의 분할 후 나머지 상속인들(C·D)의 최종 취득액 역시 명목상의 상속재산 총액에 대한 그들의 법정 상속분액에 미달하게 된다. 이는 초과특별수익자 B가 초과특별수익을 반환하지 않는데 따른 것이므로, 이는 나머지

상속인들이 분담하여 그 손실을 감수하여야 한다(박동섭/양경승, 698면). 이때 그들의 손실분담액을 산정하는 방법에 관하여, 판례는 초과특별수익은 다른 공동상속인들이 그 법정상속분율에 따라 안분하여 자신들의 구체적 상속분액에서 공제하는 방법으로 조정하여야 한다고 한다. 즉 "피상속인이 상속개시 당시 가지고 있던 재산 가액에 생전 증여의 가액을 가산한 후, 이 가액에 각 공동상속인별로 법정상속분율을 곱하여 산출된 상속분의 가액으로부터 특별수익자의 수증재산인 증여 또는 유증의 가액을 공제하는 계산방법에 의한다. 이렇게 계산한 상속인별 구체적 상속분 가액을 전체 공동상속인들 구체적 상속분 가액 합계액으로 나누면 상속인별 구체적 상속분 비율, 즉 상속재산분할의 기준이 되는 구체적 상속분을 얻을 수 있다. 위와 같이 구체적 상속분 가액을 계산한 결과 공동상속인 중 특별수익이 법정상속분 가액을 초과하는 초과특별수익자가 있는 경우, 그러한 초과특별수익자는 특별수익을 제외하고는 더 이상 상속받지 못하는 것으로 처리하되(구체적 상속분 가액 0원), 초과특별수익은 다른 공동상속인들이 그 법정상속분율에 따라 안분하여 자신들의 구체적 상속분 가액에서 공제하는 방법으로 구체적 상속분 가액을 조정하여 위 구체적 상속분 비율을 산출함이 바람직하다. 결국 초과특별수익자가 있는 경우 그 초과된 부분은 나머지 상속인들의 부담으로 돌아가게 된다"고 한다(대결 2022.6.30, 2017스98,99).

법정상속분액 = (상속개시 당시의 상속재산 + 생전증여액) × 법정상속분율

구체적 상속분액 = 법정상속분액 - (생전증여액 또는 유증액)

- 상속재산분할의 기준이 되는 각 상속인의 구체적 상속분액

  초과특별수익자 = 0원

  다른 공동상속인 = [분할대상 상속재산(상속개시 당시의 상속재산 - 유증액) × (상속인별 구체적 상속분 가액 ÷ 전체 공동상속인들 구체적 상속분 가액 합계액)] - (초과특별수익 × 법정상속분율)

위 사례처럼 초과특별수익이 있는 경우, 공동상속인의 최종 취득액은 다음과 같다.

- 명목상 상속재산 총액

  사망 당시 상속재산 6억 + 생전증여 8억(B) = 14억원

- 명목상 상속재산 총액에 대한 각 상속인의 법정 상속분액

  B: 14억 × B의 법정상속분율 3/7 = 6억원

  C: 14억 × C의 법정상속분율 2/7 = 4억원

  D: 14억 × D의 법정상속분율 2/7 = 4억원

- 법정 상속분액에 특별수익을 고려한 각 상속인의 구체적 상속분액

  B: 6억 - 증여액 8억(B) = -2억원

C: 4억 - 유증액 3억(C) = 1억원

D: 4억원

• 상속재산분할의 기준이 되는 각 상속인의 구체적 상속분액

유증액은 분할할 재산에 속하지 않으므로 이를 공제한 나머지만이 분할의 대상이 되므로, 위 사례에서 분할 대상재산은 3억원(= 사망 당시 상속재산 6억 - 유증액 3억)이다.

B: 3억원 × -2억원/[(-2억(B) + 1억(C) + 4억(D)) = -2억원

C: 3억원 × 1억원/[(-2억(B) + 1억(C) + 4억(D)) = 1억원

D: 3억원 × 4억원/[(-2억(B) + 1억(C) + 4억(D)) = 4억원

초과특별수익자 B의 구체적 상속분액 비율은 0원이고 B의 초과특별수익 2억원에 대한 다른 공동상속인의 분담액은 법정상속분율에 따라 안분하므로, C·D의 초과특별수익 분담액은 각 1억원(= 2억×법정상속분율 1/2)이다.

• 상속개시 당시의 상속재산 분할 후 각 상속인의 최종 취득액

B: 0원 + 8억(생전증여) = 8억원

C: 0원(1억 - 초과특별수익 분담액 1억) + 3억(유증액) = 3억원

D: 4억 - 초과특별수익 분담액 1억 = 3억원

따라서 초과특별수익자가 있거나 없거나 관계없이 초과특별수익자 아닌 특별수익자와 다른 공동상속인의 상속이익의 비율이 항상 법정상속분의 비율과 같게 된다.

4. 기여상속인의 상속분

(1) 의 의

기여분이란 공동상속인 중에 상당한 기간 동거·간호 그 밖의 방법으로 피상속인을 특별히 부양하거나 피상속인 재산의 유지 또는 증가에 기여한 자가 있는 경우에 상속분 산정에 그러한 기여나 부양을 고려하는 제도를 말한다(제1008조의2). 기여분제도는 특별수익반환제도와 마찬가지로 공동상속인 사이의 실질적 공평을 꾀하려는 제도이며, 따라서 비상속인의 특별기여는 인정되지 않는다.

(2) 요 건

(가) 공동상속인일 것

1) 기여분 권리자는 공동상속인 중에서 피상속인의 재산의 유지 또는 증가에 관하여 특별히 기여한 자나 피상속인을 특별히 부양한 자이다(제1008조의2). 따라서 기여분권을 주장할 수 있는 자는 '공동상속인'에 한하므로, 공동상속인이 아닌 자는 아무리 피상속인의 재산의 유지 또는 증가에 기여하였더라도 기여분의 청구를 할 수 없다.

예컨대 사실상의 배우자·상속결격자·상속포기자·포괄적 수유자 등은 상속인이 아니므로, 기여분 권리자가 될 수 없다. 또한 피상속인의 형제자매의 한사람이 피상속인의 사업에 협력한 사실이 있어도 선순위 상속인인 피상속인의 직계비속·직계존속·배우자 등이 있는 한 상속인이 될 수 없기 때문에 기여분 권리자가 될 수 없다.

2) 기여분을 받을 수 있는 자는 한 사람에 한정되지 않으며, 여러 명이 있는 경우에도 그들의 기여분액이 같아야 하는 것은 아니다. 또한 대습상속인은 기여분 권리자가 될 수 있고, 피대습자의 기여도 주장할 수 있다.

(나) 상당한 기간 동거 · 간호 그 밖의 방법으로 피상속인을 특별히 부양하거나 피상속인의 재산의 유지나 증가에 특별히 기여하였을 것

1) 특별부양

상당한 기간 동거·간호 그 밖의 방법으로 피상속인을 특별히 부양한 경우에는 기여분을 청구할 수 있다. 그런데 여기의 특별부양으로 되려면 친족 사이의 통상의 부양의무의 범위를 넘는 것이어야 한다. 판례도 아내가 교통사고를 당한 남편을 간병한 경우에 대하여, 이는 부부간의 부양의무 이행의 일환일 뿐, 상속재산 취득에 특별히 기여한 것으로 볼 수 없다고 한다(대결 1996.7.10, 95스30,31). 또한 성년인 자녀가 부양의무의 존부나 그 순위에 구애됨이 없이 스스로 장기간 그 부모와 동거하면서 생계유지의 수준을 넘는 부양자 자신과 같은 생활수준을 유지하는 부양을 한 경우에는 부양의 시기·방법 및 정도의 면에서 각기 특별한 부양이 된다고 보아 각 공동상속인 사이의 공평을 도모한다는 측면에서 그 부모의 상속재산에 대하여 기여분을 인정함이 상당하다고 한다(대판 1998.12.8, 97므513,520, 97스12). 특별부양이 있는 경우에는 그 부양으로 피상속인의 재산의 유지나 증가에 기여가 있을 필요는 없다(김주수/김상용, 715면; 송덕수, E-259).

판 례

배우자가 장기간 피상속인과 동거하면서 피상속인을 간호한 경우, 제1008조의2의 해석상 가정법원은 배우자의 동거·간호가 부부 사이의 제1차 부양의무 이행을 넘어서 '특별한 부양'에 이르는지 여부와 더불어 동거·간호의 시기와 방법 및 정도뿐 아니라 동거·간호에 따른 부양비용의 부담 주체, 상속재산의 규모와 배우자에 대한 특별수익액, 다른 공동상속인의 숫자와 배우자의 법정상속분 등 일체의 사정을 종합적으로 고려하여 공동상속인들 사이의 실질적 공평을 도모하기 위하여 배우자의 상속분을 조정할 필요성이 인정되는지 여부를 가려서 기여분 인정 여부와 그 정도를 판단하여야 한다(대결 2019.11.21, 2014스44,45).

2) 재산상의 특별기여

(i) 피상속인의 재산 유지나 증가에 특별히 기여한 경우에 기여분을 청구할 수

있다. 특별기여란 상속인과 피상속인 사이의 가족관계 내지 친족관계에서 일반적으로 또는 당연히 기대되는 공헌(협력·부조·부양 등)의 정도를 넘는 기여이어야 한다. 즉 상속인의 공로를 특별히 인정하지 않으면 공동상속인 사이에 불공평이 생길 정도의 기여이어야 한다. 예컨대 자녀가 급여를 받지 않고 피상속인인 父가 경영하는 사업을 위하여 장기간 노무를 제공한 경우, 음식점을 경영하는 남편이 첩과 동거하면서 점포경영을 돌보지 않기 때문에, 부인이 자녀들을 키우면서 음식점을 열심히 경영하여 점포 규모를 2배로 확대시키고 이익을 많이 올려서 남편 명의의 재산을 크게 증가시킨 경우 등이 이에 해당한다. 이와 달리 자녀의 양육비, 배우자의 가사노동·가족생활상 불가피한 생활비용부담은 특별기여로 볼 수 없다. 통상의 가사노동 등은 부부간의 동거·부양·협조의무의 범위 내의 행위이기 때문이다.

(ii) 피상속인의 재산의 유지·증가와 기여행위 사이에 인과관계가 있어야 한다. 따라서 재산상의 효과가 따르지 않는 정신적 협력이나 원조는 기여행위가 되지 않으며, 아무리 기여를 많이 하여도 재산이 증가하지 아니한 경우는 특별한 기여로 볼 수 없다. 또한 기여에 대한 반대급부가 있는 경우에는 기여라 할 수 없다. 그러므로 기여는 무상으로 하는 것이 원칙이다. 고용계약이나 조합계약에 따라 기여한 경우는 대가를 받기 때문에 특별한 기여가 아니다.

판 례

기여분을 인정하기 위해서는 공동상속인 간의 공평을 위하여 상속분을 조정하여야 할 필요가 있을 만큼 피상속인을 특별히 부양하였다거나 피상속인의 상속재산 유지 또는 증가에 특별히 기여하였다는 사실이 인정되어야 한다(대결 2014.11.25, 2012스156,157).

(3) 기여분의 결정과 산정

기여분은 공동상속인간의 공평을 기하기 위하여 인정된 제도이고, 또 그것은 공동상속인의 협의 또는 가정법원의 심판에 의해서만 결정할 수 있다. 따라서 기여분의 결정은 유언사항이 아니므로 피상속인이 기여분을 지정하는 유언은 법률상 효력이 없다(김용한, 339면; 김주수/김상용, 721면).

(가) 기여분의 결정

1) 공동상속인의 협의

기여분은 상속인의 협의에 의하여 결정한다. 공동상속인이면 누구나(기여자가 아닌 상속인도) 기여분의 산정을 제의할 수 있고, '공동상속인 전원의 협의로' 기여분을 결정할 수 있다(제1008조 의2 제1항). 기여분은 금전으로 정할 수 있고, 현물로 정할 수도 있으며, 기여액수도 자유로이 정할 수 있다. 기여분에 대하여 협의가 이루어지면 먼저 상속재산으로부터 그 기여분을 공제하고, 기여분을 받을 상속인을 포함한 공동상속인 전원이 나머지 상속재산을 상속분에 따라 분할한다.

2) 가정법원의 심판

공동상속인이 기여분에 관하여 협의가 되지 않거나 협의를 할 수 없는 때에는 가정법원이 기여자의 청구에 의하여 기여분을 정하게 된다(제1008조 의2 제2항). 이에 대해서는 먼저 조정을 신청하여야 한다(가사소송법 제50조). 따라서 이와 같은 방법으로 기여분이 결정되기 전에는 유류분 반환청구소송에서 피고가 된 기여상속인은 상속재산 중 자신의 기여분을 공제할 것을 항변으로 주장할 수 없다(대판 1994.10.14, 94다8334). 다만 예외적으로 상속재산분할 후에도 '피인지자'나 '재판의 확정에 의하여 공동상속인이 된 자'의 상속분에 상당한 가액의 지급청구가 있는 경우에는 기여분의 결정청구를 할 수 있다(제1008조 의2 제4항). 따라서 단지 유류분반환청구만 있는 경우에는 기여분 결정청구가 허용되지 않는다(대결 1999.8.24, 99스28).

(나) 기여분의 산정

기여분의 산정방법은 피상속인의 직업·기능·가족구성·건강상태·나이·학력·자산상태·기여의 시기·방법·정도, 상속재산의 액 기타 여러 가지의 사정을 참작하여 그 액수를 산정하여야 한다(제1008조 의2 제2항).

1) 기여분과 상속채무

상속채무는 상속인들의 법정상속분에 따라서 분담하여야 한다. 기여분을 고려한 상속재산분할의 대상은 '적극재산'이기 때문이다. 그러나 구체적인 경우 상속채무를 '기타 사정'의 하나로 참작하여야 할 것이다(제1008조 의2 제2항).

2) 기여분과 특별수익

피상속인이 기여분을 주장하는 상속인에 대하여 유증 또는 증여를 한 경우, 특별수익으로 받은 유증이나 증여가 기여에 대한 충분한 보상이 되는 경우에는 특별수익의 반환을 면제하고, 특별수익이 기여의 정도에 미달할 때에는 부족액만을 협의하여 정하면 될 것이다(이경희, 404면).

3) 기여분과 유증

민법은 기여분의 지정을 유언사항으로 하고 있지 않으므로, 피상속인이 기여분을 지정하는 유언은 법률적 구속력은 없다. 그러나 유증을 한 경우, 유증과 기여분에 대하여 민법은 "기여분은 상속이 개시된 때의 피상속인의 재산가액에서 유증의 액수를 공제한 액을 넘지 못한다"고 하여(제1008조 의2 제3항), 기여분보다 유증을 우선시키고 있다. 가령 상속재산이 2억원인데, 피상속인이 제3자에게 1억원을 유증한 경우, 기여자의 공헌이 1억 5,000만원인 때에도 기여분은 1억원까지만 인정된다. 따라서 피상속인의 의사에 의한 재산처분인 유증이 기여분에 우선하고, 피상속인의 재산처분의 자유의사는 기여분에 의하여 제약을 받지 않는다.

4) 기여분과 유류분

유증은 기여분에 우선하고(제1008조 의2 제3항), 유류분은 유증에 우선하지만(제1115조), 기여분은 유류분과 무관하다. 민법은 유류분액 계산을 위한 기초재산에 기여분을 포함시키지 않고 있으며(제1113조 1항), 기여분에 관한 규정을 유류분에 준용하지 않고 있다(제1118조). 기여분은 상속인이 상속재산의 유지와 증가에 특별히 기여하였거나 피상속인을 특별히 부양한 경우, 상속분 산정에서 그 기여액을 가산하여 상속인간의 공평을 유지하기 위한 제도이고, 유류분은 피상속인의 상속재산의 일정부분을 자유로이 처분할 수 없게 제한하여 상속인에게 일정비율의 상속분을 확보케 함으로써 상속인 보호를 위한 제도이기 때문이다(김용한, 339면). 따라서 기여분의 가액이 상속재산의 거의 대부분을 차지하는 경우에도 유류분에 대한 침해로 되지 않는다.

판 례

민법 제1008조의2, 제1112조, 제1113조 1항, 제1118조에 비추어 보면, 기여분은 상속재산분할의 전제 문제로서의 성격을 가지는 것으로서, 상속인들의 상속분을 일정 부분 보장하기 위하여 피상속인의 재산처분의 자유를 제한하는 유류분과는 서로 관계가 없다. 따라서 공동상속인 중에 상당한 기간 동거·간호 그 밖의 방법으로 피상속인을 특별히 부양하거나 피상속인의 재산의 유지 또는 증가에 특별히 기여한 사람이 있을지라도 공동상속인의 협의 또는 가정법원의 심판으로 기여분이 결정되지 않은 이상 유류분반환청구소송에서 기여분을 주장할 수 없음은 물론이거니와, 설령 공동상속인의 협의 또는 가정법원의 심판으로 기여분이 결정되었다고 하더라도 유류분을 산정함에 있어 기여분을 공제할 수 없고, 기여분으로 유류분에 부족이 생겼다고 하여 기여분에 대하여 반환을 청구할 수도 없다(대판 2015.10.29, 2013다60753).

(다) 기여분이 있는 경우의 구체적 상속분

기여분이 공동상속인의 협의나 가정법원의 조정·심판에 의하여 정해지면 상속재산의 가액에서 기여분액을 공제한 것을 상속재산으로 보고, 법정상속분에 따라(제1009조, 제1010조) 산정한 상속분에 기여분을 가산한 액으로써 기여상속인의 상속분으로 한다(제1008조 의2 제1항). 예컨대 상속재산 1억 3,000만원을 남긴 피상속인 甲의 상속인은 배우자 乙

과 A·B·C의 세 자녀이고, B에게 4,000만원의 기여분이 있는 것으로 결정되었다면, 각 상속인의 구체적 상속분을 계산해 보면, 우선 甲이 남긴 명목상의 총상속재산은 1억 3,000만원이지만, 여기에서 B의 기여분 4,000만원을 공제하면 실질적인 상속재산은 9,000만원이 된다. 여기에 각 상속인의 상속분의 비율(乙 1.5: A 1: B 1: C 1)을 곱하면, 乙의 구체적 상속분은 3,000만원(9천만원 ×3/9), A와 C는 각각 2,000만원(9천만원 ×2/9)이고, 기여자 B의 구체적 상속분은 6,000만원(9천만원×2/9 + 기여분 4천만원)이다.

(4) 기여분의 승계와 포기

(가) 기여분의 승계

공동상속인의 협의 또는 심판에 의하여 기여분이 결정된 후에 그 기여분은 상속분과 같이 상속·양도가 가능하다. 그러나 기여분이 결정되기 전에는 상속할 수 있지만, 양도할 수 없다(김주수/김상용, 721면; 김용한, 339면; 박동섭/양경승, 721면; 이경희, 405면. 다만 송덕수, E-263은 기여분은 재산권이므로 상속개시 후에는 양도·상속할 수 있다고 한다). 기여분의 협의는 그 성질상 공동상속인 사이에 이루어지는 것인데, 그 결정 전에 양도를 인정하게 되면 제3자가 공동상속인 사이에 끼어들어 기여분을 주장하게 되는 것이 자연스럽지 못하기 때문이다.

(나) 기여분의 포기

상속개시 전에는 상속포기를 할 수 없으므로, 기여분도 포기할 수 없고 사전포기는 무효이다. 그러나 상속개시 후에는 상속재산분할이 종료될 때까지 언제든지 공동상속인 전원에 대한 의사표시로 기여분을 포기할 수 있다(제1019조 1항).

5. 상속분의 양도와 양수

(1) 상속분의 양도

(가) 의 의

공동상속인은 상속개시 후 상속재산의 분할 전에 자기의 상속분을 자유로이 양도할 수 있다(제1011조). 다시 말하면 상속인은 자기의 상속분을 공동상속인뿐만 아니라 제3자에게도 자유로이 양도할 수 있다. 상속분의 양도는 유상·무상을 가리지 않으며, 특별한 방식을 요하지 않는다.

(나) 상속분 양수인의 지위

'상속분의 양도'란 상속재산분할 전에 적극재산과 소극재산을 모두 포함한 상속재산 전부에 관하여 공동상속인이 가지는 포괄적 상속분, 즉 상속인 지위의 양도를 의미하므로, 상속재산을 구성하는 개개의 물건 또는 권리에 대한 개개의 물권적 양도는 이에 해당하지 않는다(대판 2006.3.24, 2006다2179). 예컨대 공동상속인 가운데 일부가 상속재산인 임야 중 자신들의 상속지분을 양도한 경우, 이는 상속분의 양도가 아니라 상속받은 임야에 관한 공유지분을 양도한 것에 불과하다(대판 2006.3.24, 2006다2179). 결국 상속분의 양도는 상속인 지위의 양도이므로, 양수인은 상속인과 같은 지위에 서게 되며, 상속재산의 관리는 물론 상속재산의 분할에도 참여할 수 있다.

(다) 대항요건

상속분의 양도에 대항요건을 필요로 하는가에 관하여, ① 상속분 양도 후 다른 공동상속인의 상속분양수(환수)권 행사는 상속분의 양도사실을 안 날부터 3개월, 양도일로부터 1년 이내에 양수권을 행사하여야 한다(제1011조 2항)는 점에 비추어 볼 때, 즉 상속분 양수의 기회가 박탈되는 것을 막기 위해서 상속분의 양도를 공동상속인에게 통지하여야 한다는 견해(김주수/김상용, 611면; 이경희, 406면), ② 입법론적으로는 필요하지만 명문의 규정이 없으므로 대항요건을 갖출 필요가 없다는 견해가 있다(곽윤직, 217면; 박동섭/양경승, 723면; 지원림, 6-163; 송덕수, E-264).

(라) 효 과

상속분의 양도로 양수인은 양도인이 갖고 있던 상속재산 전체에 대한 지위를 그대로 취득한다. 따라서 양수인은 상속재산을 관리하고, 상속재산의 분할에 참여할 수 있으며, 다른 공동상속인이 상속권을 포기하면 양수인의 상속분이 증가한다.

한편 상속분의 양도가 있더라도 상속인은 상속채무를 면하지 못하며, 양수인이 병존적으로 채무를 인수한다고 할 것이다(김주수/김상용, 722면; 박동섭/양경승, 724면; 이경희, 406면; 송덕수, E-264). 그렇지 않으면 채권자의 동의 없이 채무가 이전하는 것이 되어 채권자를 해할 위험이 있기 때문이다.

(2) 상속분의 양수(환수)

(가) 의 의

상속분의 양도로 제3자가 상속재산의 분할에 참가하게 되면 다른 공동상속인에게 중대한 영향을 미칠 염려가 있으므로, 다른 공동상속인은 그 가액과 양도비용을 상환하고 그 상속분을 양수할 수 있다(제1011조 1항). 이것을 상속분의 양수(환수)라고 한다.

(나) 요 건

1) 공동상속인 이외의 제3자에 대한 상속분의 양도가 있을 것

상속분의 양수가 인정되기 위해서는 상속분의 양도가 있어야 하고, 양수인은 공동상속인이 아닌 제3자이어야 한다.

2) 상속분의 양도가 상속재산분할 전에 행하여졌을 것

상속재산분할이 이루어진 후이면 상속재산은 상속인의 단독소유가 되므로, 그 양도는 자유이고 다른 상속인이 관여할 수 없게 된다.

(다) 양수권의 행사

1) 양수권의 법적 성질은 형성권이므로, 공동상속인은 단독으로 상속분의 양수인이나 전득자에 대하여 일방적인 의사표시로 하며 상대방의 동의나 승낙을 필요로 하지 않는다. 상속분의 일부 양수가 인정되는지에 관하여, 긍정하는 견해가 있지만(김용한, 341면), 상속분의 양수는 재산분할시에 타인을 배제하기 위한 제도이므로, 일부 양수는 허용되지 않는다고 할 것이다(김주수/김상용, 724면; 박동섭/양경승, 726면; 지원림, 6-164).

2) 양수권을 행사하기 위해서는 다른 공동상속인은 양도된 상속분의 가액, 즉 상속분을 양수할 당시의 시가와 양수한 제3자가 지출한 비용을 상환하여야 한다(김용한, 341면; 김주수/김상용, 724면; 이경희, 407면). 그 밖에 양수권은 그 사유를 안 날부터 3개월, 그 사유가 있은 날부터 1년 내에 행사하여야 한다(제1011조 2항). 이 기간은 제척기간이다. 한편 양수권은 성질상 공동상속인만 행사할 수 있고, 채권자의 대위행사(제404조)는 인정되지 않는다(김주수/김상용, 724면; 박동섭/양경승, 726면).

(라) 효 과

양수권의 행사에 의하여 제3자에게 양도된 상속분은 양도인 이외의 공동상속인 전원에게 그 상속분에 따라 귀속된다(다수설). 즉 공동상속인 중의 1인이 양수권을 행사하더라도 양도되었던 상속분이 그 1인에게만 귀속하는 것이 아니다. 따라서 양수권의 행사에 필요한 양수비용과 상환비용도 공동상속인이 그 상속분에 따라 분담한다.

V. 상속의 승인과 포기

1. 서 설

(1) 의 의

상속에 의하여 피상속인의 재산이 법률상 당연히 상속인에게 포괄적으로 승계되지만, 상속재산에 권리뿐만 아니라 의무도 포함되므로, 상속인의 의사를 무시하고 상속에 의한 당연 포괄승계를 강제할 수는 없다. 따라서 상속인의 자유의사 및 상속인의 이익을 보호하기 위하여 상속의 승인·포기의 제도가 인정된다. 여기서 상속의 승인이란 상속을 포기하지 않겠다는 의사표시를 말하며, 승인에는 단순승인과 한정승인이 있다. 상속의 포기는 상속개시에 의하여 발생하는 권리의무의 승계를 상속개시 당시에 소급하여 소멸시키는 의사표시이다.

(2) 법적 성질

(가) 상속의 승인·포기는 상속인만이 할 수 있는 상대방 없는 단독행위이며, 따라서 조건이나 기한을 붙이지 못한다(한정승인은 민법이 허용하는 조건부 승인에 해당한다). 이와 같이 상속의 승인·포기는 상속인만이 할 수 있는 일신전속권이므로, 채권자대위권(제404조)이나 채권자취소권(제406조)의 대상이 되지 않는다. 또한 한정승인과 상속포기는 일정한 기간 내에 가정법원에 신고하여야 하므로, 상속개시 전의 승인과 포기는 허용되지 않는다(대판 1998.7.24, 98다9021). 즉 상속개시 후에 하여야 한다. 그리고 상속은 포괄적이므로 그 승인·포기도 상속재산에 대하여 포괄적으로 하여야 하며, 특정재산에 대하여 선택적으로 할 수 없다(대판 1995.11.14, 95다27554).

(나) 상속의 승인·포기는 재산법상의 법률행위이므로, 승인·포기를 할 때에는 재산법상의 행위능력이 있어야 한다. 미성년자의 경우에는 친권자가 미성년인 자녀에 갈음하여 승인 또는 포기할 수 있으나(제920조), 이해가 상반될 수 있다. 예컨대 父가 사망하여 母의 친권에 복종하는 甲·乙·丙의 자녀가 있는데, 母가 미성년자인 甲에 갈음하여 포기를 하면 그 포기한 상속분은 乙·丙에게 귀속하며, 이때 포기 당한 甲과 다른 자와는 이해상반의 관계가 있다. 만일 친권에 복종하는 자녀가 1명인 때에는 직접 모자 사이에 이해가 상반된다. 이들 경우에는 친권자는 자녀를 위하여 특별대리인의 선임을 가정법원에 청구하여야 한다(제921조). 후견인이 피후견인에 갈음하여 승인·포기를 하거나 피후견인인 미성년자가 승인·포기를 하는데 동의할 때는 후견감독인이 있으면 그의 동의를 받아야 한다(제950조 1항 6호).

판 례

유류분을 포함한 상속의 포기는 상속이 개시된 후 일정한 기간 내에만 가능하고 가정법원에 신고하는 등 일정한 절차와 방식을 따라야만 그 효력이 있으므로, 상속개시 전에 한 상속포기약정은 그와 같은 절차와 방식에 따르지 아니한 것으로 그 효력이 없다(대판 1994.10.14, 94다8334). 따라서 상속인 중의 1인이 피상속인의 생존시에 피상속인에 대하여 상속을 포기하기로 약정하였더라도, 상속개시 후 민법이 정하는 절차와 방식에 따라 상속포기를 하지 아니한 이상, 상속개시 후에 자신의 상속권을 주장하는 것은 정당한 권리행사로서 권리남용에 해당하거나 또는 신의칙에 반하는 권리의 행사라고 할 수 없다(대판 1998.7.24, 98다9021).

(3) 승인·포기의 기간

(가) 숙려(고려)기간

승인과 포기를 할 수 있는 기간은 상속인이 상속개시 있음을 안 날부터 3개월 이내이며, 이해관계인이나 검사의 청구에 의하여 가정법원이 그 기간을 연장할 수 있다(제1019조 1항). 상속인은 승인·포기를 하기 전에 상속재산을 조사할 수 있다(제1019조 2항). 만일 ① 상속인이 상속채무가 상속재산을 초과하는 사실을 중대한 과실 없이 제1항의 3개월 내에 알지 못하고 단순승인(제1026조 1호, 2호에 따라 단순승인한 것으로 보는 경우 포함)을 한 경우에는 그 사실을 안 날부터 3개월 이내에 한정승인을 할 수 있다(제1019조 3항). ② 미성년자인 상속인이 ㉠ 상속채무가 상속재산을 초과하는 상속을 성년이 되기 전에 단순승인한 경우, ㉡ 제3항에 따른 한정승인을 하지 아니하였거나 할 수 없었던 경우에는 성년이 된 후 그 상속의 상속채무 초과사실을 안 날부터 3개월 내에 한정승인을 할 수 있다(제1019조 4항). 이 기간을 고려기간 내지 숙려기간이라 하는데, 그 법적 성질은 제척기간이다(대결 2003.8.11, 2003스32).

(나) 기 산 점

1) 숙려기간(고려기간)의 기산점은 '상속개시가 있음을 안 날'부터 진행한다(제1019조 1항). 여기서 '상속개시 있음을 안 날'이란 상속개시의 원인이 되는 사실의 발생을 알고 이로써 자기가 상속인이 되었음을 안 날을 말하며(대판 2005.7.22, 2003다43681), 상속재산 또는 상속채무의 존재에 대한 것은 아니다(대결 1991.6.11, 91스1). 따라서 사실의 오인 또는 법률의 무지로 인하여 자기가 상속인이라는 사실을 알지 못하였다면 숙려기간이 진행하지 않는다(대결 1988.8.25, 88스10,13).

2) 상속인이 여럿이면 각 상속인마다 따로 기산하여야 한다. 상속의 제1순위자 전원이 상속을 포기하여 제2순위자가 상속인으로 되는 경우, 제2순위 상속인의 숙려기간은 제1순위자 전원이 포기하여 자기가 상속인이 되었음을 안 날부터 기산한다. 판례도 선순위 상속인인 피상속인의 아내와 자녀들이 모두 적법하게 상속을 포기한 경우, 일반인의 입장에서 피상속인의 손자녀가 자신들이 상속인이 되었다는 사실까지 안다는 것은 이례에 속한다고 할 것이고, 따라서 이와 같은 과정에 의해 피상속인의 손자녀가 상속인이 된 경우에는 상속인이 상속개시의 원인사실을 아는 것만으로 자신이 상속인이 된 사실을 알기 어려운 특별한 사정이 있다고 한다(대판 2006.2.10, 2004다33865,33872; 대판 2005.7.22, 2003다43681).

3) 상속인이 제한능력자인 경우에는 3개월의 기간은 그 '친권자 또는 후견인'이 상속이 개시된 것을 안 날부터 기산한다(제1020조). 상속인이 승인이나 포기를 하지 않고 숙려기간인 3개월 이내에 사망한 때에는 그의 '상속인'이 자기의 상속개시 있음을

안 날부터 3개월을 기산한다(제1021조).

(4) 상속의 승인·포기 전의 상속재산에 관한 법률관계

(가) 상속재산의 관리의무

상속개시시부터 승인 또는 포기가 있기까지 사이에 상속재산은 일응 상속인에게 귀속된다. 따라서 상속인은 상속을 승인 또는 포기하기까지 고유재산에 대한 것과 동일한 주의로 상속재산을 관리해야 한다(제1022조 본문). 이러한 관리의무는 단순승인이 되면 확정적으로 자기의 재산이 되므로 소멸하며, 한정승인을 하면 상속채권자를 위하여 청산이 끝날 때까지 계속되고(제1031조), 포기를 한 경우에는 그 재산을 승계할 자가 관리할 수 있을 때까지 계속해야 한다(제1044조).

(나) 가정법원의 관리처분

가정법원은 이해관계인 또는 검사의 청구에 의하여 상속인의 관리의무와 별도로 상속재산의 보존에 필요한 처분을 명할 수 있다(제1023조 1항). 여기서 이해관계인은 상속채권자, 공동상속인, 상속의 포기에 의하여 상속인이 될 자 등 법률상 이해관계를 가진 자를 말한다. 보존에 필요한 처분은 상속인에게 재산을 관리시키는 것이 부적당한 경우에 제3자를 상속재산관리인으로 선임하거나, 재산목록의 작성·제출을 명하거나, 상속재산을 현금화하는 것 등을 가리킨다. 가정법원이 이러한 처분의 한 방법으로 상속재산관리인을 선임한 경우에는 부재자의 재산관리인에 관한 제24조 내지 제26조가 준용된다(제1023조 2항).

한편 위 처분은 상속개시 후 숙려기간이 경과되기 전에 한하여 청구할 수 있고, 그 심판에서 정한 처분의 효력은 심판청구를 할 수 있는 시적 한계시까지만 존속한다(대결 1999.6.10, 99으1).

(5) 상속의 승인·포기의 취소 및 무효

(가) 승인·포기의 취소

1) 상속의 승인·포기를 한 후에는 3개월의 기간 내에도 이것을 취소할 수 없다(제1024조 1항). 승인·포기의 취소는 이해관계인의 신뢰에 반하게 되어 그들의 이익을 심하게 해칠 우려가 있기 때문이다. 그러나 미성년자가 법정대리인의 동의 없이 승인·포기를 한 경우(제5조), 피성년후견인이 승인·포기를 한 경우(제10조), 착오·사기·강박에 의하여 승인·포기를 한 경우(제109조, 제110조)에는 승인·포기를 취소할 수 있다(제1024조 2항 본문). 한정승인과 포기의 취소는 그 신고가 수리된 가정법원의 심판으로 하며(가사소송법 제2조 1항 라류 사건 32호), 단순승인을

한 경우의 취소는 그 이해관계인에 대하여 하면 된다.

2) 취소한 상속의 승인 또는 포기는 처음부터 무효인 것으로 된다(제141조). 이 취소의 소급효는 당사자의 제한행위능력을 이유로 하는 취소에서는 절대적이지만, 착오·사기·강박에 의한 취소는 선의의 제3자에게 대항할 수 있는지 여부에 관하여, ① 제109조 2항과 제110조 3항은 신분행위에는 적용되지 않기 때문에 선의의 제3자에게 대항할 수 있다는 견해(김용한, 356면; 박동섭/양경승, 747면), ② 상속의 승인·포기는 재산상의 행위이므로 제109조 2항과 제110조 3항이 적용되어야 한다는 견해가 있다(곽윤직, 302면; 김주수/김상용, 763면; 지원림, 6-177; 송덕수, E-307). 즉 선의의 제3자에게 대항할 수 없다고 한다.

3) 승인·포기의 취소권은 추인할 수 있는 날부터 3개월, 승인·포기를 한 날부터 1년 내에 행사하지 않으면 시효로 인하여 소멸한다(제1024조 2항 단서).

(나) 승인·포기의 무효

승인·포기의 무효에 대한 명문의 규정이 없지만, 무효원인으로는 승인·포기가 ① 숙려기간이 경과한 후에 행한 경우, ② 진의에 의하지 않은 경우, ③ 무권대리에 의한 경우, ④ 신고방식에 하자가 있는 경우, ⑤ 상속권 확정 후에 한 경우 등이 있다(김주수/김상용, 763면).

2. 단순승인

(1) 의 의

단순승인이란 상속인이 무한정으로 피상속인의 권리의무의 승계를 승인하는 것을 말한다. 즉 상속의 효력을 전면적으로 승인하는 상속의 방법이다. 단순승인은 한정승인이나 포기와 달리 가정법원에 신고하는 절차를 필요하지 않는다.

(2) 법정단순승인

민법은 다음의 사유가 있는 때에는 상속인에게 단순승인의 의사가 있는지를 묻지 않고 단순승인을 한 것으로 본다(제1026조).

(가) 상속인이 상속재산에 대한 처분행위를 한 때(제1026조 1호)

1) 여기의 처분행위는 상속재산의 일부나 전부에 대한 사실행위(예: 산림의 벌채, 가옥의 파괴 등)와 법률행위(예: 산림의 매각, 주식의 질권설정 등)를 포함한다. 다만 과실에 의한 물건의 훼손은 여기의 처분행위가 아니다. 판례는 상속인이 피상속인의 채권을 추심하여 변제받는 것도 상속재산에

대한 처분행위에 해당한다고 한다(대판 2010.4.29, 2009다84936). 한편 상속인은 상속재산의 관리의무가 있으므로(제1022조, 제1023조), 관리행위(예: 단기임대차계약, 장례비용의 지출 등)는 처분행위에 해당하지 않는다. 따라서 권원 없이 공유물을 점유하는 자에 대한 공유물의 반환청구는 공유물의 보존행위이므로, 상속인들이 상속포기신고를 하기에 앞서 점유자를 상대로 피상속인의 소유였던 주권에 관하여 주권반환청구소송을 제기한 것은 상속재산의 처분행위에 해당하지 않는다(대판 1996.10.15, 96다23283).

2) 상속의 한정승인이나 포기의 효력이 생긴 이후에는 더 이상 단순승인으로 간주할 여지가 없으므로, 제1026조 1호는 '한정승인이나 포기의 효력이 생기기 전'에 상속재산을 처분한 경우에만 적용된다. 그런데 상속의 한정승인이나 포기는 가정법원에 신고를 하여 가정법원의 심판을 받아야 하며, 심판은 당사자가 이를 고지받음으로써 효력이 발생한다(대판 2016.12.29, 2013다73520). 따라서 상속인이 가정법원에 상속포기의 신고를 하였더라도 이를 수리하는 가정법원의 심판이 고지되기 이전에 상속재산을 처분하였다면, 이는 상속포기의 효력 발생 전에 처분행위를 한 것이므로 제1026조 1호에 따라 상속의 단순승인을 한 것으로 된다(대판 2016.12.29, 2013다73520).

(나) 상속인이 3개월의 고려기간 내에 한정승인 또는 포기를 하지 않을 때(제1026조 2호)

상속인이 고려기간 내에 승인이나 포기를 하지 않으면 단순승인으로 의제된다. 다만 상속인이 상속채무가 상속재산을 초과하는 사실을 중대한 과실 없이 알지 못하고 고려기간 내에 한정승인 또는 포기를 하지 않은 경우에 상속인은 그 사실을 안 날부터 3개월 이내에 한정승인을 할 수 있다(제1019조 3항).

(다) 상속인이 한정승인 또는 포기를 한 후에 상속재산을 은닉하거나 부정소비하거나 고의로 재산목록에 기입하지 않은 때(제1026조 3호)

1) 상속재산의 은닉은 상속재산의 존재를 쉽게 알 수 없게 만드는 것을 뜻하고, 상속재산의 부정소비는 정당한 사유 없이 상속재산을 써서 없앰으로써 그 재산적 가치를 상실시키는 것을 의미한다(대판 2010.4.29, 2009다84936). 따라서 ① 상속인이 상속재산을 처분하여 그 대금 전액을 우선변제권자에게 귀속시킨 경우(대판 2004.3.12, 2003다63586), ② 상속부동산에 대하여 이미 상당한 금액의 근저당권이 설정되어 있어서 일반 상속채권자들에게는 강제집행을 통하여 배당될 금액이 전혀 없거나 그 지목이 하천 및 제방이어서 강제집행의 실익이 없는 것이라면, 상속인들이 한정승인의 신고 후에 그중 1인에게만 상속부동산에 대하여 협의분할에 의한 소유권이전등기를 한 경우(대판 2004.12.9, 2004다52095)는 상속재산의 부

정소비에 해당하지 않는다.

2) 재산목록은 그것을 작성하여야 하는 한정승인에서만 문제되며(제1030조), 여기서 '고의로 재산목록에 기입하지 아니한 때'란 한정승인을 함에 있어 상속재산을 은닉하여 상속채권자를 사해할 의사로써 상속재산을 재산목록에 기입하지 않는 것을 의미한다(대판 2003.11.14, 2003다30968). 주의할 것은 제1순위 상속인이 상속을 포기하여 제2순위 상속인이 상속을 승인한 경우에는 제1순위 상속인이 제1026조 3호의 부정행위를 하더라도 단순승인의 효력이 생기지 않는다(제1027조). 이때에도 단순승인을 의제하면 제2순위 상속인의 상속권이 침해되기 때문이다. 이 경우 제2순위 상속인은 제1순위 상속인에 대하여 은닉한 재산의 반환이나 부정소비에 의한 손해의 배상을 청구할 수 있다.

판 례

(ㄱ) 제1026조 1호는 상속인이 한정승인 또는 포기를 하기 이전에 상속재산을 처분한 때에만 적용되는 것이고, 상속인이 한정승인 또는 포기를 한 후에 상속재산을 처분한 때에는 그로 인하여 상속채권자나 다른 상속인에 대하여 손해배상책임을 지게 될 경우가 있음은 별론으로 하고, 그것이 3호에 정한 상속재산의 부정소비에 해당되는 경우에만 상속인이 단순승인을 한 것으로 보아야 한다(대판 2004.3.12, 2003다63586).

(ㄴ) 제1026조 3호에 해당하기 위해서는 상속인이 어떠한 상속재산이 있음을 알면서 이를 재산목록에 기입하지 아니하였다는 사정만으로는 부족하고, 상속재산을 은닉하여 상속채권자를 사해할 의사, 즉 그 재산의 존재를 쉽게 알 수 없게 만들려는 의사가 있을 것을 필요로 한다. 위 사정은 이를 주장하는 측에서 증명하여야 한다(대판 2022.7.28, 2019다29853).

(3) 단순승인의 효과

(가) 상속인은 피상속인의 일신전속권을 제외한 모든 권리의무를 승계한다(제1025조). 따라서 상속인의 고유재산과 상속재산은 혼동되며, 상속인은 피상속인의 적극재산을 승계할 뿐만 아니라 소극재산에 대하여 제한 없이 책임을 진다. 상속인은 상속재산의 관리의무를 면하며, 상속재산을 자유로이 처분할 수 있다. 다만 재산분리의 명령이 있는 경우에는 고유재산에 대하는 것과 동일한 주의의무가 계속된다(제1048조).

(나) 단순승인 효과가 확정된 후에 한정승인이나 포기신고가 수리되더라도 무효이다.

(다) 상속인이 파산선고를 받기 전에 상속이 개시된 경우, 채무자(파산자)인 상속인이 파산선고 후에 한 단순승인은 상속포기와 같이 파산재단에 대하여는 한정승인의 효력이 발생한다(채무자회생법 제385조, 제386조).

판 례

상속인 중 1인이 다른 공동재산상속인과 협의하여 상속재산을 분할한 때는 제1026조 1호에 규정된 상속재산에 대한 처분행위를 한 때에 해당되어 단순승인을 한 것으로 보게 되어 이를 취소할 수 없는 것이므로 그 뒤 가정법원에 상속포기신고를 하여 수리되었다 하여도 포기의 효력이 생기지 않는다(대판 1983.6.28, 82도2421).

3. 한정승인

(1) 의 의

한정승인이란 상속인이 상속으로 취득하게 된 재산의 한도에서 피상속인의 채무와 유증을 변제할 것을 조건으로 상속을 승인하는 것을 말한다(1028조). 민법은 단순승인을 원칙으로 하지만, 피상속인의 채무가 상당히 많은 경우에 그 전부를 상속인이 부담해야 한다는 것은 너무 가혹하므로, 상속인의 보호를 위한 하나의 방법으로 상속포기와 함께 한정승인의 제도를 두고 있다(조은희, 424면).

(2) 한정승인의 기간과 방식

(가) 한정승인의 기간

한정승인은 원칙적으로 상속인이 상속개시 있음을 안 날부터 3개월 이내에 할 수 있다(제1019조 1항 본문). 예외적으로 ① 상속채무가 상속재산을 초과하는 사실을 중대한 과실 없이 숙려기간 내에 알지 못하고 단순승인을 하였거나 제1026조 1호(상속재산에 대한 처분행위를 한 때), 2호(숙려기간 내에 한정승인·포기를 하지 않은 때)에 따라 단순승인한 것으로 보는 경우에는 그 사실을 안 날부터 3개월 이내에 한정승인(특별한정승인)을 할 수 있다(제1019조 3항). ② 미성년자인 상속인이 ㉠ 상속채무가 상속재산을 초과하는 상속을 성년이 되기 전에 단순승인한 경우, ㉡ 제1019조 3항에 따른 한정승인을 하지 아니하였거나 할 수 없었던 경우에는 성년이 된 후 그 상속의 상속채무 초과사실을 안 날부터 3개월 내에 한정승인(특별한정승인)을 할 수 있다(제1019조 4항). 따라서 상속인들이 상속재산 협의분할을 통해 이미 상속재산을 처분하였더라도 상속인들은 여전히 제1019조 3항에 의하여 한정승인을 할 수 있다(대판 2006.1.26, 2003다29562).

판 례

제1019조 3항의 '상속채무가 상속재산을 초과하는 사실을 중대한 과실로 알지 못한다' 함은 '상속

인이 조금만 주의를 기울였다면 상속채무가 상속재산을 초과한다는 사실을 알 수 있었음에도 이를 게을리 함으로써 그러한 사실을 알지 못한 것'을 의미하고, 상속인이 상속채무가 상속재산을 초과하는 사실을 중대한 과실 없이 제1019조 1항의 기간 내에 알지 못하였다는 점에 대한 증명책임은 상속인에게 있다(대판 2021.1.28, 2015다59801).

(나) 한정승인의 방식

1) 상속인이 여럿인 때에는 각 상속인은 그 상속분에 따라 취득할 재산의 한도에서 그 상속분에 따른 피상속인의 채무와 유증을 변제할 것을 조건으로 상속을 승인할 수 있다(제1029조).

2) 상속인이 한정승인을 할 때에는 제1019조 1항·3항 또는 4항의 기간 내에 상속재산의 목록을 첨부하여 법원에 한정승인의 신고를 하여야 한다(제1030조 1항). 제1019조 3항 또는 4항에 따라 한정승인을 한 경우, 상속재산 중 이미 처분한 재산이 있는 때에는 그 '목록과 가액'을 함께 제출하여야 한다(제1030조 2항). 특히 상속인이 재산목록을 작성하면서 재산 일부를 고의로 기입하지 않은 경우에 한정승인은 효력이 없고 단순승인한 것으로 본다(제1026조 3호). 여기서 '고의로 재산목록에 기입하지 아니한 때'란 한정승인을 할 때 상속재산을 은닉하여 상속채권자를 해할 의사로써 상속재산을 재산목록에 기입하지 않는 것을 뜻한다(대판 2021.1.28, 2015다59801).

3) 한정승인의 의사표시는 상속인 또는 그 대리인이 가정법원에 대하여 서면으로 하여야 하며, 이러한 방식에 좇지 않는 의사표시는 한정승인으로서 효력이 없다. 한편 파산선고 전에 채무자(파산자)를 위하여 상속이 개시된 경우에는 채무자가 파산선고 후에 한 단순승인이나 포기도 파산재단에 대해서는 한정승인의 효력이 생긴다(채무자회생법 제385조, 제386조).

참고로 판례는 가정법원의 한정승인신고 수리의 심판은 한정승인의 요건을 구비한 것으로 인정한다는 것일 뿐 그 효력을 확정하는 것이 아니고, 한정승인의 효력이 있는지 여부에 대한 최종적인 판단은 실체법에 따라 민사소송에서 결정될 문제이다. 따라서 ① 제1019조 3항에 의한 한정승인신고의 수리 여부를 심판하는 가정법원은 그 신고가 형식적 요건을 구비한 이상 상속채무가 상속재산을 초과하였다거나 상속인이 중대한 과실 없이 이를 알지 못하였다는 등의 실체적 요건에 대하여는 이를 구비하지 아니하였음이 명백한 경우 외에는 이를 문제삼아 한정승인신고를 불수리할 수 없다(대판 2006.2.13, 2004스74). ② 상속인이 단순승인을 하거나 단순승인한 것으로 간주된 후에 한정승인신고를 하고 가정법원이 특별한정승인의 요건을 갖추었다는 취지에서 수리심판을 하였다면 상속인이 특별한정승인을 한 것으로 보아야 한다. 그렇다면 제1019조 3항이 적용되는 사건에서 상속인이 단순승인을 하거나 제1026조 1호, 2호에 따라 단순승인한 것으로 간주된 다음 한정승인신고를 하여 이를 수리하는 심판을 받았다면, 상속채권에 관한 청구를 심리하는 법원은 위 한정승인이 제1019조 3항에서 정한 요건을 갖춘 특별한정승인으로서 유효한지 여부를 심리·판단해야 한다고 한다(대판 2021.2.25, 2017다289651).

(3) 한정승인의 효과

(가) 물적 유한책임

1) 한정승인을 한 상속인은 '상속으로 인하여 취득할 재산'(상속재산)의 한도에서 피상속인의 채무와 유증을 변제하면 된다(제1028조). 상속인이 한정승인의 신고를 하게 되면 피상속인의 채무에 대한 한정승인자의 책임은 상속재산으로 한정되고, 그 결과 상속채권자는 특별한 사정이 없는 한 상속인의 고유재산에 대하여 강제집행을 할 수 없으며 상속재산으로부터만 채권의 만족을 받을 수 있다(대판 2016.5.24, 2015다250574). 즉 채무와 책임이 분리되어 상속인은 상속재산의 한도에서만 책임을 진다(물적 유한책임). 주의할 것은 상속인은 고유재산으로 변제할 책임이 없는 것뿐이고 채무 전액을 승계한다는 점이다. 따라서 한정승인을 한 상속인이 초과부분을 임의로 변제한 때에는 채무자의 변제로서 유효하며 비채변제가 되지 않는다.

2) 상속채권자가 아닌 한정승인자의 고유채권자가 상속재산에 관하여 저당권 등의 담보권을 취득한 경우, 담보권을 취득한 채권자와 상속채권자 사이의 우열관계는 민법상 일반원칙에 따라야 하고 상속채권자가 우선적 지위를 주장할 수 없다. 그러나 상속재산에 관하여 담보권을 취득하였다는 등 사정이 없는 이상, 한정승인자의 고유채권자는 상속채권자가 상속재산으로부터 채권의 만족을 받지 못한 상태에서 상속재산을 고유채권에 대한 책임재산으로 삼아 이에 대하여 강제집행을 할 수 없다고 보는 것이 형평의 원칙이나 한정승인제도의 취지에 부합하며, 이는 한정승인자의 고유채무가 조세채무인 경우에도 그것이 상속재산 자체에 대하여 부과된 조세나 가산금, 즉 당해세에 관한 것이 아니라면 마찬가지이다(대판 2016.5.24, 2015다250574).

3) 한정승인 전에 피상속인의 채무에 대하여 보증 및 병존적 채무인수를 한 상속인은 한정승인을 한 후에도 '상속채무 전액'에 대하여 책임을 진다. 그러나 한정승인한 상속인은 피상속인의 보증인에 대한 구상채무에 대하여 그것이 상속개시 전에 발생하였는지 여부를 묻지 않고 물적 유한책임을 진다.

4) 채무자가 한정승인을 하고도 채권자가 제기한 소송의 사실심 변론종결시까지 그 사실을 주장하지 아니하여 책임의 범위에 관한 유보가 없는 판결이 선고되어 확정되었더라도, 채무자는 그 후 한정승인 사실을 내세워 청구에 관한 이의의 소를 제기할 수 있다(대판 2006.10.13, 2006다23138). 한정승인에 의한 책임의 제한은 상속채무의 존재 및 범위의 확정과는 관계없이, 다만 판결의 집행 대상을 상속재산의 한도로 한정함으로써 판결의 집행력을 제한할 뿐으로, 채권자가 피상속인의 금전채무를 상속한 상속인을 상대로 그 상속채무의 이행을 구하여 제기한 소송에서 채무자가 한정승인 사실을 주장하지 않으면 책임의 범위는 현실적인 심판대상으로 등장하지 아니하여 주문에서는 물론 이유에서도 판단되지 않는 관계로 그에 관하여는 기판력이 미치지 않기 때문이다(대판 2009.5.28, 2008다79876).

판 례

(ㄱ) 상속의 한정승인은 채무의 존재를 한정하는 것이 아니라 단순히 그 책임의 범위를 한정하는 것에 불과하기 때문에, 상속의 한정승인이 인정되는 경우에도 상속채무가 존재하는 것으로 인정되는 이상, 법원으로서는 상속재산이 없거나 그 상속재산이 상속채무의 변제에 부족하다고 하더라도 상속채무 전부에 대한 이행판결을 선고하여야 하고, 다만 그 채무가 상속인의 고유재산에 대해서는 강제집행을 할 수 없는 성질을 가지고 있으므로, 집행력을 제한하기 위하여 이행판결의 주문에 상속재산의 한도에서만 집행할 수 있다는 취지를 명시하여야 한다(대판 2003.11.14, 2003다30968).

(ㄴ) 제1019조 3항에 의한 이른바 특별한정승인의 경우, 비록 상속채무가 상속재산을 초과한다 하더라도 상속으로 취득하게 될 재산의 한도로 상속채무에 대한 책임이 제한되는 점에서 제1028조에 의한 통상의 한정승인과 다를 바 없고, 상속인이 한정승인을 할 경우 책임이 제한된 상태로 피상속인의 재산에 관한 권리·의무를 포괄적으로 승계하는 것이다(대판 2007.4.12, 2005두9491).

(나) 상속재산과 고유재산의 분리

한정승인이 된 경우에는 상속재산과 상속인의 고유재산이 당연히 분리되므로, 피상속인에 대한 상속인의 재산상 권리의무는 혼동으로 소멸하지 않는다(제1031조). 즉 상속인은 상속재산에 대하여 제3자와 같은 지위에 서게 되며, 피상속인에 대한 채권으로 상속재산에서 배당변제를 받게 되고, 피상속인에 대한 채무는 상속재산이 된다.

판 례

상속인이 한정승인을 하는 경우에도, 피상속인의 채무와 유증에 대한 책임 범위가 한정될 뿐 상속인은 상속이 개시된 때부터 피상속인의 일신에 전속한 것을 제외한 피상속인의 재산에 관한 포괄적인 권리·의무를 승계하지만(민법 제1005조), 피상속인의 상속재산을 상속인의 고유재산으로부터 분리하여 청산하려는 한정승인 제도의 취지에 따라 상속인의 피상속인에 대한 재산상 권리·의무는 소멸하지 아니한다(제1031조).

그러므로 상속채권자가 피상속인에 대하여는 채권을 보유하면서 상속인에 대하여는 채무를 부담하는 경우, 상속이 개시되면 위 채권 및 채무가 모두 상속인에게 귀속되어 상계적상이 생기지만, 상속인이 한정승인을 하면 상속이 개시된 때부터 제1031조에 따라 피상속인의 상속재산과 상속인의 고유재산이 분리되는 결과가 발생하므로, 상속채권자의 피상속인에 대한 채권과 상속인에 대한 채무 사이의 상계는 제3자의 상계에 해당하여 허용될 수 없다. 즉, 상속채권자가 상속이 개시된 후 한정승인 이전에 피상속인에 대한 채권을 자동채권으로 하여 상속인에 대한 채무에 대하여 상계하였더라도, 그 이후 상속인이 한정승인을 하는 경우에는 제1031조의 취지에 따라 상계가 소급하여 효력을 상실하고, 상계의 자동채권인 상속채권자의 피상속인에 대한 채권과 수동채권인 상속인에 대한 채무는 모두 부활한다(대판 2022.10.27, 2022다254154,254161).

(다) 상속재산의 관리

한정승인을 한 경우에 상속인은 상속재산을 자기의 고유재산에 대하는 것과 동일한 주의로 관리하여야 한다(제1022조). 한정승인자가 여럿인 경우에는 가정법원은 각 상속인, 그 밖의 이해관계인의 청구에 의하여 공동상속인 중에서 상속재산관리인을 선임할 수 있다(제1040조 1항).

(라) 한정승인과 상속재산의 청산절차

1) 채권자에 대한 공고와 최고

(i) 한정승인자는 한정승인을 한 날부터 5일 이내에 상속채권자와 유증 받은 자에 대하여 한정승인의 사실과 2개월 이상의 기간을 정하여 그 기간 내에 채권 또는 수증을 신고할 것을 공고하여야 한다(제1032조 1항). 그러나 상속인이 여럿인 경우, 상속재산관리인이 가정법원에 의하여 선임된 때에는 공고할 5일의 기간은 그 관리인이 그 선임을 안 날부터 기산한다(제1040조 3항 단서). 이 공고에는 기간 내에 신고하지 않으면 청산으로부터 제외될 것임을 표시하여야 한다(제1032조 2항, 제88조 2항).

(ii) 한정승인자가 알고 있는 채권자와 유증을 받은 자에 대하여는 공고 이외에 각각 별도로 채권신고를 최고하여야 한다(제1032조 2항, 제89조).

판 례

상속부동산에 관하여 민사집행법 제274조 1항에 따른 형식적 경매절차가 진행된 것이 아니라 담보권 실행을 위한 경매절차가 진행된 경우에는 비록 한정승인 절차에서 상속채권자로 신고한 자라고 하더라도 집행권원을 얻어 그 경매절차에서 배당요구를 함으로써 일반채권자로서 배당받을 수 있다(대판 2010.6.24, 2010다14599).

2) 변제의 순서와 방법

가) 변제거절권

한정승인을 한 자는 채권신고기간 만료되기 전에 상속채권자와 유증 받은 자(수유자)에 대하여 상속채권의 변제를 거절할 수 있다(제1033조).

나) 변제방법

(i) 채권신고기간이 만료한 후에 한정승인자는 그 기간 내에 신고한 채권자와 자기가 알고 있는 채권자에 대하여 각 채권액의 비율에 따라 상속재산으로써 변제를 하여야 한다(제1034조 1항 본문).여기서 제1034조 1항에 따라 배당변제를 받을 수 있는 '한정승인자가 알고 있는 채권자'에 해당하는지 여부는 한정승인자가 채권신고의 최고를 하는 시점이 아니라 배당변제를 하는 시점을 기준으로 판단하여야 한다. 따라서 한정승인자가 채권신고의 최고를 하는 시점에는 알지 못했더라도 그 이후 실제로 배당변제를 하기 전까지 알게 된 채권자가 있다면 그 채권자는 제1034조 1항에 따라 배당변제를 받을 수 있는 '한정승인자가 알고 있는 채권자'에 해당한다(대판 2018.11.9, 2015다75308).

(ii) 제1019조 3항 또는 4항에 따라 한정승인을 한 경우, 그 상속인은 상속재산 중에서 남아 있는 상속재산과 함께 이미 처분한 재산의 가액을 합하여 배당변제를 하여야 하지만, 한정승인을 하기 전에 상속채권자나 수유자에 대하여 변제한 가액은 이미 처분한 재산의 가액에서 제외한다(제1034조 2항). 특히 변제기에 이르지 않은 채권, 조건부 또는 기한부의 채권과 존속기간이 불확정한 채권도 변제하여야 하며(제1035조 1항), 조건 있는 채권·존속기간이 불확정한 채권은 법원이 선임한 감정인의 평가에 의하여 변제해야 한다(제1035조 2항).

(iii) 채무초과의 경우에 각 채권액의 비율에 따라 변제하는 배당변제는 ① 유치권·질권·저당권 등 우선권이 있는 채권자, ② 일반채권자, ③ 유증을 받은 자의 순서로 하여야 한다. 즉 질권·저당권 등의 우선변제권을 가지고 있는 채권자에 대하여 우선적으로 변제해야 한다(제1034조 1항 단서). 따라서 그 우선권의 목적물의 가액에 대하여 우선적으로 변제한 후에, 잔여재산이 있을 때에 비로소 그 밖의 채권자에 대한 채무변제에 충당하게 된다. 또한 수유자를 상속채권자와 같은 순위로 한다면, 상속채권자를 침해할 목적으로 유증이 행해질 염려가 있으므로, 한정승인자는 각 상속채권자에 대한 변제를 완료한 후가 아니면 수유자에게 변제할 수 없다(제1036조).

다) 미신고자에 대한 변제

채권신고기간 내에 신고하지 않은 상속채권자와 유증을 받은 자로서 한정승인자가 알지 못한 자는 상속재산의 잔여가 있는 경우에 한하여 그 변제를 받을 수 있다(제1039조). 그러나 상속재산에 대하여 질권·저당권 등의 특별담보권이 있는 때에는 그 담보가격의 한도 내에서 변제받는다(제1039조 단서).

라) 상속재산의 경매

상속채권자와 수유자에 대하여 변제를 위하여 상속재산의 전부나 일부를 매각할 필요가 있는 때에는 민사집행법에 의하여 경매하여야 한다(제1037조).

판 례

제1037조에 근거하여 민사집행법 제274조에 따라 행하여지는 상속재산에 대한 형식적 경매는 한정승인자가 상속재산을 한도로 상속채권자나 유증받은 자에 대하여 일괄하여 변제하기 위하여 청산을 목적으로 당해 재산을 현금화하는 절차이므로, 제도의 취지와 목적, 관련 민법 규정의 내용, 한정승인자와 상속채권자 등 관련자들의 이해관계 등을 고려할 때 일반채권자인 상속채권자로서는 민사집행법이 아닌 민법 제1034조, 제1035조, 제1036조 등의 규정에 따라 변제받아야 한다고 볼 것이고, 따라서 그 경매에서는 일반채권자의 배당요구가 허용되지 아니한다(대판 2013.9.12, 2012다33709).

3) 부당변제로 인한 한정승인자의 책임

(i) 한정승인자가 상속채권자 또는 수유자에 대한 공고 내지 최고(제1032조)를 게을리하거나 최고기간 중의 변제거절(제1033조)·배당변제(제1034조)·변제기 전의 채무변제(제1035조) 등에 위반하여 어느 상속채권자 또는 수유자에게 변제함으로써 다른 상속채권자 또는 수유자에게 변제할 수 없게 된 때에는 한정승인자는 그 손해를 배상하여야 한다(제1038조 1항 전문). 이런 사유에 의하여 변제를 받지 못한 상속채권자·수유자는 그 사정을 알고 변제를 받은 상속채권자나 수유자에 대하여 구상권을 행사할 수 있다(제1038조 2항 전문).

(ii) 제1019조 3항에 따라 한정승인을 한 경우, 그 이전에 상속채무가 상속재산을 초과함을 알지 못한데 과실이 있는 상속인이 상속채권자나 수유자에게 변제함으로써 다른 상속채권자 또는 수유자에게 변제할 수 없게 된 때에도 한정승인자는 그 손해를 배상하여야 한다(제1038조 1항 후문). 이 경우에 변제를 받지 못한 상속채권자나 수유자는 제1019조 3항 또는 4항에 의한 한정승인이 있기 전에 상속채무가 상속재산을 초과함을 알고 변제받은 상속채권자나 수유자에 대하여 구상권을 행사할 수 있다(제1038조 2항 후문).

(iii) 이러한 손해배상청구권과 구상청구권은 손해사실을 안 날부터 3년, 부당변제가 행하여진 날부터 10년을 경과하면 소멸한다(제1038조 3항, 제766조).

4. 상속의 포기

(1) 의 의

상속의 포기란 상속으로 인하여 생기는 권리의무의 포괄적 승계를 전면적으로 거부하여 처음부터 상속인이 아니었던 효과를 생기게 하는 상속인의 단독행위를 말한다.

(2) 상속포기의 방식

(가) 상속을 포기할 수 있는 자는 상속권이 있고 또 상속순위에 해당한 자에 한한다. 다만 상속인이 제한능력자인 경우에는 법정대리인이 대리하여 상속을 포기할 수 있고, 또 상속인이 법정대리인의 동의를 받아 할 수 있다. 다만 후견인이 피후견인을 대리하여 상속을 포기하거나 동의를 할 때는 후견감독인이 있으면 그의 동의를 받아야 한다(제950조 1항 6호). 상속포기를 하려는 자는 상속이 개시된 사실을 안 날부터 3개월 이내(숙려기간)에 가정법원에 포기의 신고를 하여야 한다(제1041조, 제1019조 1항 본문). 가정법원은 이해관계인 또는 검사의 청구에 의하여 3개월의 숙려기간을 연장할 수 있으며(제1041조, 제1019조 1항 단서), 상속인은 상속을 포기하기 위하여 상속재산을 조사할 수 있다(제1041조, 제1019조 2항). 또한 상속포기는 상속개시 전에는 할 수 없으며, 상속개시 후에 포기한 때에는 취소할 수 없다(제1024조 1항).

(나) 여기서 '상속개시 있음을 안 날'이란 상속개시의 원인이 되는 사실의 발생을 알고 이로써 자기가 상속인이 되었음을 안 날을 말한다. 가령 종국적으로 상속인이 누구인지를 가리는 과정에 사실상 또는 법률상의 어려운 문제가 있어 상속개시의 원인사실을 아는 것만으로는 바로 자신의 상속인이 된 사실까지 알기 어려운 특별한 사정이 없는 한, 피상속인의 사망으로 인하여 상속이 개시되고 상속의 순위나 자격을 인식함에 별다른 어려움이 없는 통상적인 상속의 경우에는 상속인이 상속개시의 원인사실을 앎으로써 그가 상속인이 된 사실까지도 알았다고 할 수 있다(대판 2005.7.22, 2003다43681).

판 례

상속의 포기는 상속인이 법원에 대하여 하는 단독의 의사표시로서 포괄적·무조건적으로 하여야 하므로, 상속포기는 재산목록을 첨부하거나 특정할 필요가 없다고 할 것이고, 상속포기서에 상속재산의 목록을 첨부했다 하더라도 그 목록에 기재된 부동산 및 누락된 부동산의 수효 등과 제반 사정에 비추어 상속재산을 참고 자료로 예시한 것에 불과하다고 보여지는 이상, 포기 당시 첨부된 재산 목록에 포함되어 있지 않은 재산의 경우에도 상속포기의 효력은 미친다(대판 1995.11.14, 95다27554).

(3) 상속포기의 효과

(가) 포기의 소급효

1) 상속의 포기는 상속개시된 때에 소급하여 그 효력이 생긴다(제1042조). 따라서 상속을 포기한 자는 상속개시시부터 상속인이 아니었던 것으로 된다. 한편 상속포기의 사실이 적법한 청구이의 사유인지에 관하여, 판례는 상속인이 상속포기를 하였으나 상속채권자가 상속인을 상대로 제기한 소송에서 사실심변론종결시까지 상속인이 상속포기하였음을 주장하지 않은 경우, 상속채권자의 승소판결 확정 후에는 상속채무에 관하여 기판력이 발생하므로 상속인은 청구이의의 소를 제기할 수 없다고 한다(대판 2009.5.28, 2008다79876). 즉 채무의 상속에 따른 책임의 제한 여부만이 문제되는 한정승인과 달리 상속에 의한 채무의 존재 자체가 문제되는 상속포기의 경우에는 확정판결의 주문에 당연히 기판력이 미친다고 한다.

2) 상속포기의 효력은 피상속인의 사망으로 개시된 상속에만 미치고, 그 후 피상속인을 피대습자로 하여 개시된 대습상속에까지 미치지는 않는다. 대습상속은 상속과는 별개의 원인으로 발생하는 것인 데다가 대습상속이 개시되기 전에는 이를 포기하는 것이 허용되지 않기 때문이다. 이는 종전에 상속인의 상속포기로 피대습자의 직계존속이 피대습자를 상속한 경우에도 마찬가지이다. 또한 피대습자의 직계존속이 사망할 당시 피대습자로부터 상속받은 재산 외에 적극재산이든 소극재산이든 고유재산을 소유하고 있었는지에 따라 달리 볼 이유도 없다. 따라서 피상속인의 사망 후 상속채무가 상속재산을 초과하여 상속인인 배우자와 자녀들이 상속포기를 하였는데, 그 후 피상속인의 직계존속이 사망하여 제1001조, 제1003조 2항에 따라 대습상속이 개시된 경우에 대습상속인이 민법이 정한 절차와 방식에 따라 한정승인이나 상속포기를 하지 않으면 단순승인을 한 것으로 간주된다(대판 2017.1.12, 2014다39824).

판 례

(ㄱ) 상속인들이 적법하게 상속포기를 한 경우, 피상속인이 납부하여야 할 양도소득세를 승계하여 납부할 의무가 없다(대판 2006.6.29, 2004두3335).

(ㄴ) 상속인의 채권자의 입장에서는 상속의 포기가 그의 기대를 저버리는 측면이 있다고 하더라도 채무자인 상속인의 재산을 현재의 상태보다 악화시키지 아니한다. 따라서 '상속의 포기'는 제406조 1항에서 정하는 '재산권에 관한 법률행위'에 해당하지 아니하여 사해행위취소의 대상이 되지 못한다(대판 2011.6.9, 2011다29307). 반면에 '상속재산의 분할협의'는 상속이 개시되어 공동상속인 사이에 잠정적 공유가 된 상속재산에 대하여 그 전부 또는 일부를 각 상속인의 단독소유로 하거나 새로운 공유관계로 이행시킴으로써 상속재산의 귀속을 확정시키는 것으로 그 성질상 재산권을 목적

으로 하는 법률행위이므로 사해행위취소권 행사의 대상이 될 수 있다(대판 2008.3.13, 2007다73765).

(나) 포기한 상속분의 귀속

1) 단독상속인 또는 공동상속인 전원이 포기한 경우

단독상속인 또는 공동상속인 전원이 포기한 경우에 그 직계비속이 상속인으로 되고(대판 1995.4.7, 94다11835), 직계비속이 없으면 법정상속순위에 따라 상속인이 결정된다. 예컨대 피상속인의 배우자와 직계비속인 자녀가 모두 상속을 포기하면 직계비속인 손자가 상속하고(대습상속이 아니라 본위상속이다), 손자도 모두 포기하고 그 직계비속이 없으면 직계존속·형제자매 등의 순서로 상속인이 된다.

판 례

원고가 피고의 사망 사실을 모르고 사망자를 피고로 표시하여 소를 제기한 경우, 실질적인 피고는 당사자능력이 없어 소송당사자가 될 수 없는 사망자가 아니라 처음부터 사망자의 상속자이고, 다만 그 표시에 잘못이 있는 것에 지나지 않는다고 인정되면 사망자의 상속인으로 피고의 표시를 정정할 수 있다(대결 2006.7.4, 2005마425). 이러한 법리는 상속개시 이후 상속의 포기를 통한 상속채무의 순차적 승계 및 그에 따른 상속채무자 확정의 곤란성 등 상속제도의 특성에 비추어, 채권자가 채무자의 사망 이후 그 1순위 상속인의 상속포기 사실을 알지 못하고 1순위 상속인을 상대로 소를 제기한 경우에도 채권자가 의도한 실질적 피고의 동일성에 관한 전제요건이 충족되는 한 마찬가지로 적용이 된다(대판 2009.10.15, 2009다49964).

2) 공동상속인 중 일부가 포기한 경우

상속인이 여럿인 경우에 그중 일부가 상속을 포기하면 그 상속분은 다른 상속인의 상속분의 비율로 그 상속인에게 귀속된다(제1043조). 따라서 공동상속인인 배우자와 자녀들 중 자녀 일부만 상속을 포기한 경우에는 제1043조에 따라 그 상속포기자인 자녀의 상속분이 배우자와 상속을 포기하지 않은 다른 자녀에게 귀속된다(대결 2023.3.23, 2020그42). 여기서 다수의 공동상속인 중 일부가 포기한 경우에 포기한 상속인의 직계비속이 그 상속재산을 대습상속할 수 있는가에 대하여, 학설은 사망 또는 결격의 경우에 한하여 대습상속이 인정되므로 이를 부정하고 있다(김주수/김상용, 785면; 곽윤직, 326면; 박동섭/양경승, 795면). 또한 다른 상속인에는 혈족상속인 이외에 배우자가 포함되는가에 대하여, 혈족상속인만을 의미한다는 견해가 있지만(김용한, 365면), 다수설은 배우자를 포함시키고 있다. 판례는 제1000조부터 제1043조까지 각각의 조문에서 규정하는 '상속인'은 모두 동일한 의미이고, 따라서 제

1043조의 '상속인이 수인인 경우' 역시 제1000조 2항의 '상속인이 수인인 때'와 동일한 의미로서 같은 항의 '공동상속인이 되는' 경우에 해당하므로 그 공동상속인에 배우자도 당연히 포함되며, 제1043조에 따라 상속포기자의 상속분이 귀속되는 '다른 상속인'에도 배우자가 포함된다고 한다(대결 2023.3.23, 2020그42). 가령 피상속인이 배우자 甲과 乙·丙의 자녀를 남겨 놓고 사망한 경우, 丙이 상속을 포기하면 포기한 丙이 처음부터 없었던 것으로 하여 甲과 乙이 법정상속분의 비율에 따라 상속한다.

3) 피상속인의 배우자와 자녀 중 자녀 전부가 상속을 포기한 경우

피상속인의 배우자와 자녀 중 '자녀 전부'가 상속을 포기한 경우, 배우자가 단독상속하는지 아니면 배우자와 피상속인의 손자녀 또는 직계존속이 공동상속하는지가 문제된다. 이에 대하여 ① 피상속인의 직계비속인 손자녀가 있는 경우 자녀 모두가 상속을 포기하더라도 상속포기의 소급효(제1042조)에 따라 자녀는 처음부터 상속인이 아니었던 것이 되어 피상속인의 배우자는 손자녀와 공동상속인이 된다는 견해(김주수/김상용, 786면; 신영호/김상훈, 가족법 강의, 세창출판사(2018), 427면), 즉 제1000조 1항, 2항, 제1003조 1항에 의하면 피상속인에게 손자녀 또는 직계존속이 있다면 배우자가 단독상속인이 될 수 없고, 배우자는 그들과 공동상속을 하어야 한다고 한다. ② 특별규정인 제1043조에 의하여 일반규정인 제1003조 1항의 적용이 배제되고, 상속을 포기한 자녀 또는 직계존속이 있더라도 배우자가 상속을 포기하지 않으면 배우자만이 단독상속인이 된다는 견해가 있다(박근웅, 가족법연구 제29권 2호, 203면; 윤진수, 525면; 현소혜, 비교사법 제29권 1호, 211면). 판례는 배우자와 피상속인의 손자녀 또는 직계존속이 공동으로 상속인이 된다는 종전의 입장(대판 2015.5.14, 2013다48852)을 변경하여, 피상속인의 배우자와 자녀 중 자녀 전부가 상속을 포기한 경우에는 배우자가 단독상속인이 된다고 한다(대결 2023.3.23, 2020그42). 그 논거로 배우자는 상속인 중 한 사람이고 다른 혈족 상속인과 법률상 지위에서 차이가 없다는 점, 제1043조의 '상속인이 여럿인 경우' 역시 제1000조 2항의 '상속인이 여럿인 때'와 동일한 의미로서 같은 항의 '공동상속인이 되는' 경우에 해당하므로 그 공동상속인에 배우자도 당연히 포함되며, 제1043조에 따라 상속포기자의 상속분이 귀속되는 '다른 상속인'에도 배우자가 포함된다는 점, 피상속인의 상속재산 중 소극재산이 적극재산을 초과하는 경우의 상속에서 피상속인의 배우자와 자녀들 중 자녀 전부가 상속을 포기한 경우, 피상속인의 배우자와 손자녀 또는 직계존속이 공동상속인이 된다고 보는 것은 상속을 포기하려는 당사자들의 기대나 의사에 반하고 사회 일반의 법감정에도 반한다는 점을 들고 있다.

생각건대 민법은 혈족상속인의 상속순위(제1000조)와 배우자의 상속순위(제1003조)를 별도로 규정하고 있다. 제1043조는 상속포기자의 상속분은 '다른 상속인'의 상속분의 비율로 그 상속인에게 귀속된다고 규정하고 있다. 따라서 제1043조의 '다른 상속인'에 배우자도 포함된다고 할 것이다. 만약 제1043조의 적용 범위에 배우자를 제외한다면, 피상속인의 배우자와 자녀 중 자녀 일부만 포기한 경우에도 배우자의 상속분이 증가하지 않고 다른 자녀들의 상속분만 증가한다는 결과가 되는데, 이러한 결과는 제1042조에 따라 상속포기한 자녀를 처음부터 상속인이 아니었던 것으로 보아야 한다는 점에도 반하게 된다.

(다) 특정인을 위한 포기

공동상속인 중 1인이 특정상속인을 위하여 자기의 상속분을 포기하는 것은 인정될 수 없다(김주수/김상용, 787면; 박동섭/양경승, 794면). 상속포기를 하면 포기자의 상속분이 특정의 상속인에게 귀속되는 것은 아니기 때문이다(제1043조). 물론 상속분의 양도(제1011조)나 상속재산의 협의분할에 의해 동일한 효과를 달성할 수 있다.

(라) 상속재산의 관리의무

상속을 포기한 자는 그 포기로 인하여 상속인이 된 자가 상속재산을 관리할 수 있을 때까지 그 재산의 관리를 계속하여야 하는데, 상속재산의 관리에 관한 제1022조와 상속재산의 보전에 필요한 처분에 관한 제1023조가 준용된다(제1044조).

판 례

상속인은 상속개시된 때부터 피상속인의 재산에 관한 포괄적 권리의무를 승계한다(제1005조 본문). 다만 상속인은 상속개시 있음을 안 날부터 3월 내에 단순승인이나 한정승인 또는 포기를 할 수 있고(제1019조 1항 본문), 상속의 포기는 상속개시된 때에 소급하여 그 효력이 있다(제1042조). 상속인은 상속포기를 할 때까지는 그 고유재산에 대하는 것과 동일한 주의로 상속재산을 관리하여야 한다(제1022조). 상속인이 상속을 포기할 때에는 제1019조 1항의 기간 내에 가정법원에 포기의 신고를 하여야 하고(제1041조), 상속포기는 가정법원이 상속인의 포기신고를 수리하는 심판을 하여 이를 당사자에게 고지한 때에 효력이 발생하므로(대판 2016.12.29, 2013다73520), 상속인은 가정법원의 상속포기신고 수리 심판을 고지받을 때까지 제1022조에 따른 상속재산 관리의무를 부담한다.

이와 같이 상속인은 아직 상속 승인, 포기 등으로 상속관계가 확정되지 않은 동안에도 잠정적으로나마 피상속인의 재산을 당연 취득하고 상속재산을 관리할 의무가 있으므로, 상속채권자는 그 기간 동안 상속인을 상대로 상속재산에 관한 가압류 결정을 받아 이를 집행할 수 있다. 그 후 상속인이 상속포기로 인하여 상속인의 지위를 소급하여 상실한다고 하더라도 이미 발생한 가압류의 효력에 영향을 미치지 않는다. 따라서 상속채권자는 종국적으로 상속인이 된 사람 또는 제1053조에 따라 선임된 상속재산관리인을 채무자로 한 상속재산에 대한 경매절차에서 가압류채권자로서 적법하게 배당을 받을 수 있다(대판 2021.9.15, 2021다224446).

(4) 사실상의 포기

상속인이 가정법원에 상속포기를 하지 않아서 형식적으로 공동상속을 하고 있지만, 공동상속인 사이에 의사의 합치에 따라 상속인 중 1인에게 재산을 집중시킬 목적으로 상속재산분할협의를 하는 경우가 있으며, 상속포기의 숙려기간 경과 후에 상속인 중 일부가 상속포기를 하는 경우가 있다. 이 과정에서 상속재산에 대한 지분권의 포기나 양도를 할 수 있고, 이러한 상속포기는 유효하다. 특히 상속재산을 공동상속인 1인에게 상속시킬 방편으로 나머지 상속인들이 한 상속포기 신고가 제1019조 1항의 기간을 지난 후에 이루어진 경우, 판례는 상속포기로서의 효력은 없지만 공동상속인 사이에서는 1인이 고유의 상속분을 초과하여 상속재산 전부를 취득하고 나머지 상속인들은 이를 전혀 취득하지 않기로 하는 내용의 상속재산에 관한 협의분할이 이루어진 것으로 보아야 한다고 한다(대판 1996.3.26, 95다45545,45552).

Ⅵ. 상속재산의 분할

1. 의 의

상속재산의 분할은 상속개시로 인하여 생긴 공동상속인 사이에서의 상속재산의 공유관계를 종료시키고, 상속분에 따라 그 배분·귀속을 확정시키는 청산행위를 말한다. 공동상속의 경우 상속개시와 동시에 피상속인의 재산이 공동상속인의 공유로 되는 것은 어디까지나 잠정적인 현상에 지나지 않으며, 이를 해소하는 제도가 상속재산의 분할이다.

2. 요 건

(1) 상속재산에 대한 공유관계가 존재할 것

상속재산의 분할을 청구할 수 있기 위해서는 피상속인의 재산을 공동상속하여야 한다. 따라서 상속인이 1인이면 상속재산분할의 여지가 없다.

(2) 공동상속인이 확정될 것

공동상속인의 1인 또는 여럿이 상속의 승인 또는 포기를 하지 않은 동안은 상속인이 확정되지 않았으므로 분할할 수 없다. 한편 상속인인가의 여부에 대하여 다툼이 있는 경우, 상속인인 신분의 발생을 다투고 있는 자가 있는 경우 등에는 상속인을 확정할 필요가 있다.

(가) 태아가 있을 경우

태아의 법적 지위에 관한 정지조건설에 의하면, 상속재산의 분할에서 태아는 당연히 제외되고, 나머지 공동상속인들 사이에서 언제든지 상속재산이 분할될 수 있다. 만일 분할 후에 태아가 살아서 출생하면 제1014조를 유추하여 가액을 지급하면 될 것이다(지원림, 6-166). 한편 해제조건설에 의하면 태아도 그 법정대리인을 통하여 상속재산의 분할에 참가할 수 있다고 할 것이지만, 사산되는 일도 있고 특별대리인의 선임 등 복잡한 문제가 생기므로 태아가 출생할 때까지 상속인의 수가 불분명한 것으로 보아 분할을 연기하여야 할 것이다(김주수/김상용, 731면).

(나) 상속인이 행방불명 또는 생사불명인 경우

상속인이 상속을 승인한 후에 행방불명이 된 때에는 상속재산의 협의분할을 할 수 없으므로, 분할심판을 할 수 있다(대판 1982.12.28, 81다452,453). 상속인이 상속개시 당시부터 행방불명인 경우에는 부재자재산관리인이 가정법원의 허가를 얻어(제25조) 분할을 하여야 한다.

판 례

망인의 직계비속인 딸이 이북에 있어 생사 불명이라는 이유만으로는 재산상속인에서 제외될 수 없다 할 것이다(대판 1982.12.28, 81다452,453).

(다) 상속인 지위의 소멸이 다투어지고 있는 경우

상속인에 대하여 친생부인, 상속결격, 친생자관계부존재, 혼인·인지·입양의 무효 등의 소가 제기되어 소송이 계속 중인 경우, 원칙적으로 그 재판이 확정될 때까지 기다려서 분할하여야 할 것이다. 확정판결이 선고되기 전에 분할하는 경우에는 그러한 소송의 피고들도 공부상 상속인이므로 그들을 분할협의에 분할에 참가시켜야 할 것이다(김주수/김상용, 730면; 박동섭/양경승, 811면; 지원림, 6-166).

(라) 상속인지위의 발생을 다투고 있는 자가 있을 경우

피상속인의 사후에 인지청구의 소가 제기된 경우, 이혼 또는 파양의 무효소송이 계속 중인 경우, 父를 정하는 소가 제기되고 있는 경우에는 가족관계등록부상의 상속인만으로 재산분할을 할 수 있고, 물론 나중에 소송의 결과 상속인으로 확정된 자는 가액상환을 청구할 수 있다(제1014조).

(3) 분할금지가 없을 것

피상속인은 유언으로 상속이 개시된 날부터 5년을 초과하지 않는 기간 동안 상속재산의 분할을 금지할 수 있다(제1012조). 또한 상속재산은 공동상속인의 공유에 속하므로, 제268조에 따라 공동상속인 전원의 협의에 의하여 재산분할을 5년간 금지시킬 수 있다.

(4) 상속을 승인한 공동상속인 또는 포괄적 수유자일 것

분할을 청구할 수 있는 자는 상속을 승인한 공동상속인과 포괄적 수유자이다. 분할청구권은 일신전속권이 아니므로 공동상속인의 상속인이나 상속분의 양수인은 물론 상속인의 채권자도 대위청구(제404조)를 할 수 있다.

3. 분할의 대상인 상속재산

(1) 분할의 대상

상속재산인 이상 그것이 부동산·동산·원물·과실·채권 등을 묻지 않고 모두 분할의 대상이 된다. 그런데 상속재산에 속하지만 분할의 대상이 되는지 여부가 문제되는 경우가 있다.

(가) 가분·불가분채권

1) 가분채권

예금채권이나 손해배상청구권 등의 가분채권이 분할의 대상이 되는지에 관하여, 학설은 ① 가분채권은 상속개시와 동시에 당연히 공동상속인 사이에서 그들의 상속분에 따라 분할되어 승계된다는 견해(곽윤직, 232면), ② 당사자 사이의 합의로 가분채권을 분할의 대상으로 할 수 있지만, 채무자에 대한 통지가 있어야 그에게 대항할 수 있다는 견해(김주수/김상용, 734면), ③ 가분채권을 분할의 대상으로 하는 것에 대하여 공동상속인 사이에 이의가 없거나 이것을 포함하여 분할을 행하는 것이 상속인 사이의 구체적 형평을 실현하는데 적당한 경우에는 가분채권도 분할의 대상으로 할 수 있지만, 채무자를 보호하기 위하여 가분채권을 분할의 대상으로 한다는 사실을 채권양도에 준하는 방법으로 채무자에게 알리지 않으면 그 자에게 대항하지 못한다는 견해(김소영, 민사판례연구(25호), 768면; 김창종, 재판자료 제78집, 187면), ④ 가분채권을 상속재산분할의 대상에서 제외한다면 가분채권의 귀속에 관한 당사자의 분쟁이 해결되지 않고 계속될 우려가 있으므로 상속재산분할의 절차에서 일괄하여 처리하는 것이 바람직할 것이므로 가분채권을 상속재산의 분할대상에서 제외할 이유가 없고, 단 채무자에게 대항하기 위해서는 대항요건으로서 통지를 필요로 한다는 견해로 나누어져 있다(윤진수, 판례월보 1998년 6월호, 25면). 한편 판례는 금전채권과 같이 급부의 내용이 가분인 채권은 공동상속되는 경우 상속개시와 동시에 당연히 법정상속분에 따라 공동상속인들에게 분할되어 귀속되므로 상속재산분할의 대상이 될 수 없는 것이 원칙이다. 그러나 가분채권을 일률적으로 상속재산분할의 대상에서 제외하면 부당한 결과가 발생할 수 있는 경우(예: 초과특별수익자가 있는 경우, 특별수익이 존재하거나 기여분이 인정되어 구체적인 상속분이 법정상속분과 달라질 수 있는 경우)에는 상속재산분할을 통하여 공동상속인들 사이에 형평을 기할 필요가 있으므로 가분채권도 예외적으로 상속재산분할의 대상이 될 수 있다고 한다(대결 2025.3.24, 2024스866867; 대결 2016.5.4, 2014스122).

2) 불가분채권

일반적으로 불가분채권(예: 물건의 인도청구권 등)은 성질상 공동상속인에게 불가분적으로 귀속되므로 당연히 상속재산분할의 대상이 된다. 그러나 분할에 의하여 상속인 중 1인의 단독채권으로 한 때에는 제450조의 대항요건을 갖추지 않으면 채무자나 제3자에게 대항할 수 없다(곽윤직, 232면).

(나) 상속채무

상속채무가 상속재산분할의 대상이 되는지 여부에 관하여, 학설과 판례는 가분채무·불가분채무로 나누어 대상 여부를 판단하고 있다.

가) 가분채무

학설은 대체로 금전채무와 같은 가분채무에 관하여 상속개시와 동시에 당연히 법정상속분에 따라 공동상속인에게 분할되어 귀속되는 것이므로 상속재산분할의 대상이 될 여지가 없다고 한다(김윤호, "채무상속", 재판자료 제78집, 695면; 지원림, 6-167). 다만 만일 공동상속인간의 협의에 의하여 어느 상속인이 자기의 상속분을 초과하여 채무를 부담하기로 약정하였다면, 이는 상속재산분할협의가 아니라 면책적 채무인수의 실질을 가지므로 채권자의 승낙이 필요하다는 견해가 있다(김주수/김상용, 734면; 박순성, "채무의 상속", 민사판례연구(XXV), 668면; 송덕수, E-279). 이 견해에 의하면 채권자는 이를 승낙할 수도 있고, 이를 거절하고 각 상속인에 대하여 법정상속분에 따른 채무의 이행을 청구할 수도 있다고 한다.

한편 판례는 금전채무와 같이 급부의 내용이 가분인 채무가 공동상속된 경우, 이는 상속 개시와 동시에 당연히 법정상속분에 따라 공동상속인에게 분할되어 귀속되는 것이므로, 상속재산 분할의 대상이 될 여지가 없다. 상속재산 분할의 대상이 될 수 없는 상속채무에 관하여 공동상속인들 사이에 분할의 협의가 있는 경우라면 이러한 협의는 제1013조에서 말하는 상속재산의 협의분할에 해당하는 것은 아니지만, 분할의 협의에 따라 공동상속인 중의 1인이 법정상속분을 초과하여 채무를 부담하기로 하는 약정은 면책적 채무인수의 실질을 가진다고 할 것이어서, 채권자에 대한 관계에서 약정에 의하여 다른 공동상속인이 법정상속분에 따른 채무의 일부 또는 전부를 면하기 위하여는 제454조에 따른 채권자의 승낙을 필요로 하고, 여기에 상속재산 분할의 소급효를 규정하고 있는 제1015조가 적용될 여지는 전혀 없다고 한다(대판 1997.6.24, 97다8809).

나) 불가분채무

불가분채무에 대하여, 학설은 대체로 성질상 또는 당사자의 의사에 의해 급부가 불가분적으로 취급되므로 불가분채권과 마찬가지로 분할의 대상이 되지만, 공동상속인들 사이에 그중 1인이 그 불가분채무를 단독으로 이행하기로 하는 분할협의가 이루어졌더라도 이는 그들 사이의 내부문제일 뿐이므로, 그 분할에 대한 채권자의 승낙이 있거나 채무인수의 요건을 갖추지 못하는 한 채권자에게 대항할 수 없다고 한다(김소영, 769면; 지원림, 6-167). 다만 불가분채무에 관하여 상속이 개시된 경우 공동상속인들이 상속지분에 따라서만 채무를 부담한다면 채권자는 계약목적을 달성할 수 없을 것이므로, 각 공동상속인들이 불가분적으로 채무를 부담하고, 다만 상호간의 분담부분만 협의의 대상이 된다고 보아야 한다는 견해도 있다(박일환, "상속재산의 분할과 공동상속인들의 소유권이전등기의무와의 관계", 민사재판의 제문제 제9권, 77면).

판례는 원고 소유의 토지 위에 불법으로 건립된 건물에 관하여 불법건립자의 공동상속인들의 철거의무에 관하여, 공동상속인의 건물철거의무는 그 성질상 불가분채무라고 보면서도 공동상속인 각자는 그 '지분의 한도' 내에서만 채무를 진다고 한다(대판 1980.6.24, 80다756).

다) 소유권이전등기의무

학설은 상속이 개시될 때까지 매수인에게 이전등기가 마쳐지지 않은 부동산은 여전히 상속재산분할의 대상이 되는 것이고, 한편 피상속인이 부담하던 그 부동산에 관한 소유권이전등기의무도 불가분채무이므로 역시 그 부동산 소유권과는 별도로 상속인들에게 포괄적으로 상속되어 상속재산분할의 대상이 된다고 한다(김소영, 770면; 김창종, 225면). 판례는 소유권이전등기의무도 상속재산분할의 대상으로 보며, 재산분할협의에 따라 공동상속인 1인의 명의로 소유권이전등기가 마친 경우에는 분할의 소급효에 의하여 매매목적물에 대한 소유권취득과 함께 피상속인이 매수인에게 부담하던 소유권이전등기의무까지도 단독으로 전부 승계 받게 된다고 한다(대판 1991.8.27, 90다8237).

판 례

공동상속인 중 1인이 피상속인의 사망 전에 부동산을 증여받았으나 소유권이전등기를 경료하고 있지 않다가 사망 후 소유권이전등기의 방편으로 망인을 상대로 매매를 원인으로 하는 소유권이전등기 소송을 제기하여 승소판결을 받고 소유권이전등기를 경료한 경우, 그 부동산의 공동상속인들은 부동산과 함께 피상속인의 수증자에 대한 부동산의 증여채무도 아울러 상속한 것으로 보아야 할 것이므로, 그 부동산에 대한 수증자 명의의 소유권이전등기 중 수증자의 고유의 상속지분을 초과한 나머지 부분은 다른 공동상속인들의 수증자에 대한 그 증여채무를 이행한 것이라고 할 수 있고, 따라서 그 부동산에 대하여 수증자가 다른 공동상속인들로부터 자신들의 상속지분을 증여받은 것이라고는 할 수 없을 것이므로 그 상속지분을 증여받았음을 전제로 한 증여세 부과처분은 위법하여 취소를 면할 수 없다(대판 1994.12.9, 93누23985).

(다) 대상재산

상속개시시부터 분할시까지 사이에 상속재산의 매각, 멸실 등에 의하여 받은 금전 기타 물건을 대상재산이라고 하는데, 이는 원래 상속재산에 속하던 것의 형태가 변경된 경우에 불과하므로 분할의 대상으로 하는 것은 당연하다. 판례도 상속개시 당시에는 상속재산을 구성하던 재산이 그 후 처분되거나 멸실·훼손되는 등으로 상속재산분할 당시 상속재산을 구성하지 아니하게 되었다면 그 재산은 상속재산분할의 대상이 될 수 없다. 다만 상속인이 그 대가로 처분대금, 보험금, 보상금 등 대상재산을 취득하게 된 경우, 대상재산은 종래의 상속재산이 동일성을 유지하면서 형태가 변경된 것에 불과할 뿐만 아니라 상속재산분할의 본질이 상속재산이 가지는 경제적 가치를 포괄적·종합적으로 파악하여 공동상속인에게 공평하고 합리적으로 배분하는 데에 있는 점에 비추어, 그 대상재산이 상속재산분할의 대상이 될 수 있다고 한다(대결 2022.6.30, 2017스98,99; 대결 2016.5.4, 2014스122).

(라) 재단법인을 설립하려고 출연한 재산

유언으로 재단법인을 설립하는 경우, 출연재산의 귀속시기에 관하여 학설과 판례가 나누어져 있지만, 판례에 의하면 출연재산은 유언의 효력이 발생한 때, 즉 출연자가 사망한 때부터 법인에 귀속되므로 출연재산은 상속인의 상속재산에 포함되지 않는다(대판 1984.9.11, 83누578). 따라서 분할대상으로 삼을 수 없다.

(2) 분할대상재산의 평가

상속재산의 평가 시기는 현실적인 평등을 고려하여 '분할시'로 보아야 할 것이며(대결 1997.3.21, 96스62), 상속개시시로 볼 것은 아니다.

4. 분할의 방법

(1) 피상속인의 지정에 의한 분할—지정분할

피상속인은 유언으로 상속재산의 분할방법을 정하거나 이를 정할 것을 제3자에게 위탁할 수 있다(제1012조). 분할방법의 지정 또는 지정의 위탁은 반드시 유언으로 하여야 하므로, 생전행위에 의한 분할방법의 지정은 그 효력이 없다(대판 2001.6.29, 2001다28299). 물론 분할방법의 지정 또는 지정의 위탁을 한 유언이 무효이든지 분할방법 지정의 위탁을 받은 제3자가 이것을 실행하지 않는 경우에는 협의에 의한 분할을 하고, 협의가 되지 않을 때에는 가정법원의 조정 또는 심판에 의하여 분할을 할 수 있다.

(가) 유언에 의한 분할방법지정

피상속인은 상속개시 후 상속재산을 둘러싼 공동상속인들 사이의 분쟁을 방지하고, 각 상속인의 나이, 직업, 경제상태 등 구체적 사정에 적합한 상속재산의 배분을 위하여 유언으로 상속재산의 분할방법을 정할 수 있다(제1012조). 분할방법의 지정은 반드시 공동상속인 전원에 대하여 또는 상속재산 전부에 대하여 이루어져야 하는 것은 아니다. 또한 분할방법에 아무런 제한이 없다. 따라서 주택과 토지와 같은 특정재산을 특정의 상속인에게 준다는 처분도 유효하다. 또한 유류분을 침해하지 않는 한, 법정상속분을 넘는 재산을 특정의 상속인에게 준다는 처분도 가능하다. 유증을 한 것으로 볼 수 있기 때문이다. 다시 말하면 피상속인이 특정재산을 특정상속인에게 상속시킨다는 유언을 한 경우, 이러한 유언으로 특정상속인이 그의 법정상속분을 넘는 특정재산을 취득하게 되면 그 유언은 상속재산 분할방법의 지정에 해당함과 동시에 유증의 성질을 가지는 것으로 볼 것이다(김창종, 199면; 김소영, 754면; 양형우, "유증에 의한 등기", 법조 2008년 5월호, 57면 이하).

(나) 제3자에의 지정위탁

피상속인은 유언으로 상속재산 분할방법의 지정을 제3자에게 위탁할 수 있다. 위탁되는 제3자는 공동상속인(포괄수증자 포함) 외의 자이어야 하며, 상속인 중의 1인에 대한 위탁은 무효이다. 또한 위탁받은 제3자가 위탁을 수락할 의무를 지지는 않으며, 수락하지 않으면 유언은 효력을 잃는다. 유언에 의한 분할방법 지정의 경우와 달리, 제3자가 분할방법을 지정하는 경우에는 그 분할방법은 각 공동상속인의 법정상속분에 따라야 하고, 특정상속인에게 그 법정상속분을 넘는 재산을 분할하여 줄 수 없다. 제3자는 피상속인의 재산을 유증할 수 있는 권한을 갖고 있지 못하기 때문이다.

(2) 협의에 의한 분할

유언에 의한 분할지정이나 분할금지가 없는 때에는 공동상속인은 언제든지 그 협의에 의하여 상속재산을 분할할 수 있다(1013조 1항).

(가) 분할협의의 성질

상속재산의 분할협의는 잠정적 공유상태에 있던 상속재산의 전부 또는 일부를 공동상속인들의 합의에 의하여 각 상속인의 단독소유로 하거나 새로운 공유관계로 이행시킴으로써 상속재산의 귀속을 확정시키는 것으로 그 성질상 재산권을 목적으로 하는 법률행위(계약)이다(대판 2008.3.13, 2007다73765; 대판 2007.7.26, 2007다29119).

판 례

공동상속인 중 1인이 제3자에게 상속부동산을 매도한 뒤 그 앞으로 소유권이전등기가 경료되기 전에 그 매도인과 다른 공동상속인들 간에 그 부동산을 매도인 외의 다른 상속인 1인의 소유로 하는 내용의 상속재산 협의분할이 이루어져 그 앞으로 소유권이전등기를 한 경우에, 그 상속재산 협의분할은 상속개시된 때에 소급하여 효력이 발생하고 등기를 경료하지 아니한 제3자는 제1015조 단서의 소급효가 제한되는 제3자에 해당하지 아니하는바, 이 경우 상속재산 협의분할로 부동산을 단독으로 상속한 자가 협의분할 이전에 공동상속인 중 1인이 그 부동산을 제3자에게 매도한 사실을 알면서도 상속재산 협의분할을 하였을 뿐 아니라, 그 매도인의 배임행위(또는 배신행위)를 유인, 교사하거나 이에 협력하는 등 적극적으로 가담한 경우에는 그 상속재산 협의분할 중 그 매도인의 법정상속분에 관한 부분은 제103조의 반사회질서의 법률행위에 해당한다(대판 1996.4.26, 95다54426,54433).

(나) 분할협의의 당사자

상속인 중 1인이 분할을 청구하면 다른 상속인은 분할협의를 하여야 한다. 분할의 협의는 공동상속인간에 행해지는 일종의 계약이고, 포괄수유자는 상속인과 동일한 권리의무가 있으므로(제1078조) 포괄수유자를 포함하여 공동상속인 전원이 참여하여야 한다. 따라서 협의분할은 공동상속인 전원의 동의가 있어야 유효하고 공동상속인 중 일부의 동의가 없거나 그 의사표시에 대리권의 흠결이 있다면 분할은 무효이다(대판 2001.6.29, 2001다28299; 대판 1995.4.7, 93다54736). 또한 상속인 중에 미성년자와 친권자가 있는 경우, 분할협의는 이해상반행위이므로 미성년자를 위하여 특별대리인을 선임하여야 하며, 특별대리인을 선임하지 않고서 한 분할협의는 무효이다(대판 2001.6.29, 2001다28299; 대판 1993.3.9, 92다18481). 그 밖에 자기의 상속분을 양도한 상속인은 더 이상 상속인이 아니므로 분할협의에 참여하지 못하며, 그 양수인이 분할협의에 참가하여야 한다. 다만 상속분이 아니라 상속재산에 속하는 개개의 재산에 대한 지분만을 양도한 경우에는 여전히 그 지분을 양도한 상속인이 분할

협의에 참가하여야 한다.

판 례

(ㄱ) 상속재산분할협의에 이미 상속을 포기한 자가 참여하였더라도 그 분할협의의 내용이 이미 포기한 상속지분을 다른 상속인에게 귀속시킨다는 것에 불과하여 나머지 상속인들 사이의 상속재산 분할에 관한 실질적인 협의에 영향을 미치지 않은 경우라면 그 상속재산분할협의는 효력이 있다고 볼 수 있다(대판 2007.9.6, 2007다30447).

(ㄴ) 공동상속재산의 지분에 관한 지분권존재확인을 구하는 소송은 필수적 공동소송이 아니라 통상의 공동소송이다(대판 2010.2.25, 2008다96963,96970).

(ㄷ) 상속재산에 대하여 소유의 범위를 정하는 내용의 공동상속재산 분할협의는 그 행위의 객관적 성질상 상속인 상호간 이해의 대립이 생길 우려가 없다고 볼만한 특별한 사정이 없는 한 제921조의 이해상반되는 행위에 해당한다. 그리고 피상속인의 사망으로 인하여 1차 상속이 개시되고 그 1차 상속인 중 1인이 다시 사망하여 2차 상속이 개시된 후 1차 상속의 상속인들과 2차 상속의 상속인들이 1차 상속의 상속재산에 관하여 분할협의를 하는 경우에 2차 상속인 중에 수인의 미성년자가 있다면 이들 미성년자 각자마다 특별대리인을 선임하여 각 특별대리인이 각 미성년자를 대리하여 상속재산 분할협의를 하여야 하고, 만약 2차 상속의 공동상속인인 친권자가 수인의 미성년자 법정대리인으로서 상속재산 분할협의를 한다면 이는 제921조에 위배되는 것이며, 이러한 대리행위에 의하여 성립된 상속재산 분할협의는 피대리자 전원에 의한 추인이 없는 한 전체가 무효이다(대판 2011.3.10, 2007다17482).

(ㄹ) 상속의 포기는 상속이 개시된 때에 소급하여 그 효력이 있고(제1042조), 포기자는 처음부터 상속인이 아니었던 것이 된다. 따라서 상속포기의 신고가 아직 행하여지지 아니하거나 법원에 의하여 아직 수리되지 아니하고 있는 동안에 포기자를 제외한 나머지 공동상속인들 사이에 이루어진 상속재산분할협의는 후에 상속포기의 신고가 적법하게 수리되어 상속포기의 효력이 발생하게 됨으로써 공동상속인의 자격을 가지는 사람들 전원이 행한 것이 되어 소급적으로 유효하게 된다. 이는 설사 포기자가 상속재산분할협의에 참여하여 그 당사자가 되었다고 하더라도 그 협의가 그의 상속포기를 전제로 하여서 포기자에게 상속재산에 대한 권리를 인정하지 아니하는 내용인 경우에는 마찬가지이다(대판 2011.6.9, 2011다29307).

(ㅁ) 우리 민법이 한정승인 절차가 상속재산분할 절차보다 선행하여야 한다는 명문의 규정을 두고 있지 않고, 공동상속인들 중 일부가 한정승인을 하였다고 하여 상속재산분할이 불가능하다거나 분할로 인하여 공동상속인들 사이에 불공평이 발생한다고 보기 어려우며, 상속재산분할의 대상이 되는 상속재산의 범위에 관하여 공동상속인들 사이에 분쟁이 있을 경우에는 한정승인에 따른 청산절차가 제대로 이루어지지 못할 우려가 있는데 그럴 때에는 상속재산분할청구 절차를 통하여 분할의 대상이 되는 상속재산의 범위를 한꺼번에 확정하는 것이 상속채권자의 보호나 청산절차의 신속한 진행을 위하여 필요하다는 점 등을 고려하면, 한정승인에 따른 청산절차가 종료되지 않은 경우에도 상속재산분할청구가 가능하다(대결 2014.7.25, 2011스226).

(다) 분할의 방법과 기준

1) 분할의 대상이 되는 재산은 피상속인이 남겨 놓은 재산의 전부가 분할의 대상

이 된다. 물론 상속재산 중 일부만 먼저 분할하고 나머지를 다시 협의하여 분할하기로 할 수 있다.

2) 분할의 방법에는 제한이 없고, 공동상속인이 자유롭게 결정할 수 있다. 즉 현물분할·대상분할·환가분할 중 어느 특정의 방법을 택할 것인지 아니면 혼용할 것인지 여부도 얼마든지 자유로이 정할 수 있다. 따라서 ① 공동상속인 사이의 상속지분의 양도는 공동상속인 전원의 약정에 기한 경우, 이를 상속재산의 협의분할의 취지로 한 것으로 볼 수 있고(대판 1995.9.15, 94다23067), ② 상속재산을 공동상속인 1인에게 상속시킬 방편으로 나머지 상속인들이 한 상속포기 신고가 제1019조 1항의 기간을 지난 후에 신고된 것이어서 상속포기로서의 효력이 없다고 하더라도, 공동상속인들 사이에서는 1인이 고유의 상속분을 초과하여 상속재산 전부를 취득하고 나머지 상속인들은 이를 전혀 취득하지 않기로 하는 내용의 상속재산에 관한 협의분할이 이루어진 것으로 보아야 한다(대판 1996.3.26, 95다45545). 또한 상속재산 분할협의는 상속인 전원이 참여하여야 하지만, 반드시 한 자리에서 이루어질 필요는 없고, 순차적으로 이루어질 수도 있다(대판 2001.11.27, 2000두9731). 따라서 상속인 중 한사람이 만든 분할 원안을 다른 상속인이 후에 돌아가며 승인하여도 무방하다(대판 2004.10.28, 2003다65438,65445).

3) 협의에 의한 분할의 경우에는 상속재산을 반드시 각 공동상속인의 상속분에 따라서 분할할 필요는 없다. 따라서 공동상속인 상호간에 상속재산에 관하여 협의분할이 이루어짐으로써 공동상속인 중 일부가 고유의 상속분을 초과하는 재산을 취득하게 되었다고 하여도 이는 상속개시 당시에 소급하여 피상속인으로부터 승계받은 것으로 보아야 하고 다른 공동상속인으로부터 증여받은 것으로 볼 수 없다(대판 2001.11.27, 2000두9731).

판 례

가정법원이 상속재산분할을 함에 있어 분할 대상이 된 상속재산 중 특정 재산을 일부 상속인 소유로 현물분할 한다면, 전체 분할 대상 재산을 분할 시 기준으로 평가하여, ① 특정 재산 가액이 그의 구체적 상속분에 따른 취득가능 가액을 초과하는 상속인이 있는 경우 차액을 정산하도록 하여야 하고(구체적 상속분을 산정함에 있어 유증이나 생전 증여 등으로 인한 초과특별수익과 달리, 산정된 구체적 상속분에 따른 취득가능 가액을 초과하여 분할받게 되는 부분은 다른 상속인들에게 정산해야 한다), ② 특정 재산 가액이 그의 구체적 상속분에 따른 취득가능 가액을 초과하지 않을 경우에도 위와 같은 현물분할을 반영하여 상속인들 사이의 지분율을 다시 산정해서 남은 분할 대상 상속재산은 수정된 지분율로 분할해야 한다. 이를 위해 전체 분할 대상 상속재산의 분할 시 기준 평가액에 상속인별 구체적 상속분을 곱하여 산출된 상속인별 취득가능 가액에서 각자 소유로 하는 특정 재산의 분할 시 기준 평가액을 공제하는 방법으로 구체적 상속분을 수정한 지분율을 산정할 수 있다(대결 2022.6.30, 2017스98,99).

(라) 분할협의의 무효·취소·사해행위의 취소 등

1) 분할협의에 참가한 상속인이 무자격자이거나 상속인의 일부를 제외하고 분할협의가 된 경우에는 분할협의는 무효이다. 그때에는 분할을 다시 하여야 한다(예외: 1014조). 분할협의의 의사표시에 착오나 사기·강박이 있는 경우에는 의사표시자는 제109조 내지 제110조의 요건 하에 취소할 수 있다.

2) 상속재산의 분할협의는 상속이 개시되어 공동상속인 사이에 잠정적 공유가 된 상속재산에 대하여 그 전부 또는 일부를 각 상속인의 단독소유로 하거나 새로운 공유관계로 이행시킴으로써 상속재산의 귀속을 확정시키는 것으로 그 성질상 재산권을 목적으로 하는 법률행위이므로 사해행위취소권 행사의 대상이 될 수 있다(대판 2001.2.9, 2000다51797). 또한 판례에 의하면 채무자가 자기의 유일한 재산인 부동산을 매각하여 소비하기 쉬운 금전으로 바꾸거나 타인에게 무상으로 이전하여 주는 행위는 특별한 사정이 없는 한 채권자에 대하여 사해행위가 되는 것이므로(대판 2002.6.11, 2002다17937; 대판 2001.4.24, 2000다41875), 이미 채무초과 상태에 있는 채무자가 상속재산의 분할협의를 하면서 '유일한 상속재산인 부동산에 관하여 자신의 상속분을 포기하고 대신 소비하기 쉬운 현금을 지급 받기로 한 경우'나 '자신의 상속분에 관한 권리를 포기함으로써 일반채권자에 대한 공동담보가 감소된 경우'에도 원칙적으로 채권자에 대한 사해행위에 해당한다(대판 2008.3.13, 2007다73765; 대판 2007.7.26, 2007다29119).

(마) 협의분할의 해제

1) 법정해제

상속재산 분할협의가 성립된 후 그 협의의 내용인 채무를 불이행하였다는 이유로 제544조 이하에 따라 그 분할 협의를 해제할 수 있는지가 문제이다. 가령 노모(老母)를 모시고 부양하는 대신 상속재산의 대부분을 취득한 상속인이 노모 부양의무를 이행하지 않는 경우, 다른 공동상속인이 그 상속재산 분할협의를 해제하고 상속재산의 재분할을 구할 수 있는지이다. 생각건대 분할협의에 관하여, 상속재산분할은 그 성질상 협의의 성립과 동시에 종료하고 그 이후는 채무를 부담한 상속인과 다른 상속인 사이의 채권채무관계가 남을 뿐이라는 점, 해제를 인정하면 분할의 소급효를 갖는 재분할을 반복함으로써 법적 안정성을 현저히 해친다는 점 등에 비추어, 제544조에 의한 해제를 부정함이 타당하다고 할 것이다(김창종, 235면). 또한 분할 조정 또는 분할 심판에서 정한 채무를 불이행한 경우에도 제544조에 기하여 해제할 수 없다고 할 것이다.

2) 합의해제

법정해제와 달리, 상속재산 분할협의가 일종의 계약인 점에 비추어 공동상속인 전원이 이미 성립한 분할협의의 전부 또는 일부를 합의로 해제하는 데는 아무런 지장이 없다. 분할협의에 해제조건을 붙이거나 약정해제권을 유보한 경우에도 그것이 공동상속인 전원의 합의에 의한 것인 점에서는 합의해제의 경우와 다를 바 없으므로 그에 따른 해제를 인정하여야 할 것이다(김창종, 236면). 다만 분할 조정이나 심판에 대하여는 합의해제를 인정할 수 없다. 판례도 상속재산 분할협의는 공동상속인들 사이에 이루어지는 일종의 계약으로서, 공동상속인들은 이미 이루어진 상속재산 분할협의의 전부 또는 일부를 전원의 합의에 의하여 해제한 다음 다시 새로운 분할협의를 할 수 있다고 한다(대판 2004.7.8, 2002다73203). 이처럼 상속재산 분할협의가 합의해제되면 그 협의에 따른 이행으로 변동이 생겼던 물권은 당연히 그 분할협의가 없었던 원상태로 복귀하지만, 제548조 1항 단서의 규정상 이러한 합의해제를 가지고서는, 그 해제 전의 분할협의로부터 생긴 법률효과를 기초로 하여 새로운 이해관계를 가지게 되고 등기·인도 등으로 완전한 권리를 취득한 제3자의 권리를 해하지 못한다(대판 2004.7.8, 2002다73203).

(3) 조정 또는 심판에 의한 분할

공동상속인 사이에 상속재산분할의 협의가 성립되지 않은 때에 각 공동상속인은 가정법원에 분할을 청구할 수 있다(제1013조 2항). 물론 우선 조정이 선행한다(가사소송법 제2조 1항 마류 사건 10호). 한편 법원은 현물로 분할할 수 없거나 분할로 인하여 현저히 그 가액이 감소될 염려가 있는 때에는 물건의 경매를 명할 수 있다(제1013조 2항).

5. 상속재산분할의 효과

(1) 상속재산분할의 효력발생시기

상속재산의 분할방법이 피상속인의 유언, 공동상속인 사이의 협의 또는 가정법원의 심판에 따라 확정되면, 상속재산이 위 분할방법에 따라 각 공동상속인에게 귀속하는 절차가 뒤따른다. 이 경우 상속재산은 언제 각 공동상속인에게 귀속되는지가 문제이다.

(가) 협의·유언분할의 경우

협의분할 또는 유언에 의한 분할방법의 지정이나 제3자의 분할방법의 지정은 법률행위에 해당하므로, 그에 따른 등기·인도 등이 있어야 분할의 효력이 발생한다는 견해(윤진수, 475면, 476면; 지원림 6-171), 분할의 효력은 상속개시 시점으로 소급하여 발생한다는 법률규정(제1015조)에 따라 등기·인도 등 권리취득요건을 갖추지 않아도 권리를 취득한다는 견해

(김소영, 민사판례연구 제25권, 797면; 양경승, 사법논집 제66집, 476면)로 나뉜다. 생각건대 분할협의에 따른 물권변동은 제186조의 '법률행위로 인한 물권의 득실변경'에 해당하고, 제1015조는 분할협의에 대해 직접 물권변동의 효력을 인정하는 규정이 아니라 분할협의에 따른 등기·인도 등을 갖추면 공동상속인이 취득한 권리의 귀속시점을 상속개시 시점으로 소급시키는 규정이라고 할 것이다.

(나) 심판분할의 경우

가정법원의 심판에 의해 분할방법이 확정되면, 다수설과 판례는 민법 제187조에 의하여 상속재산분할심판에 따른 등기·인도 등이 없이도 물권변동의 효력이 발생한다고 한다(대판 2020.8.13, 2019다249312). 다만 분할의 소급효(제1015조)에 따라 권리귀속 시점은 상속개시 시점으로 소급하게 된다. 이에 대해 상속재산분할심판은 공동상속인 사이에 상속재산분할에 관한 협의가 성립하지 않는 경우에 가정법원이 후견적 견지에서 그러한 협의를 형성하는 절차에 불과하며, 심판이 확정되면 공동상속인 상호간에 분할심판에 따라 법정상속분을 이전 또는 교환하여야 할 법률관계가 형성되는 점에서 형성판결의 일종이지만, 직접 물권변동을 발생시키는 형성판결은 아니므로 분할심판에 따른 등기 등이 있어야 분할의 효력이 발생한다는 견해가 있다(오종근, 가족법연구 제37권 2호, 242면).

생각건대 제187조의 판결은 이행판결이나 확인판결이 아니라 '형성판결'만을 의미하고(대판 1998.7.28, 96다50025), 재판에 의한 공유물분할의 경우에 그 판결은 형식적 형성판결에 해당한다. 그런데 판례는 공유물분할의 소송절차 또는 조정절차에서 공유자 사이에 공유토지에 관한 현물분할의 협의가 성립하여 조정이 성립한 경우, 그 조정조서는 공유물분할판결과 달리 제187조의 판결에 해당하지 않는다고 한다(대판 2013.11.21, 2011두1917). 상속재산분할 심판은 마류 가사비송사건에 속하므로, 조정전치주의가 적용되며(가사소송법 제50조), 조정절차에서 공동상속인이 상속재산분할 방법에 협의하여 조정조서가 작성되면, 조정은 재판상 화해와 동일한 효력이 있다(가사소송법 제59조). 재판상 화해는 판결과 동일한 효력이 있다(민사소송법 제220조). 이처럼 공유물분할의 소송절차 또는 조정절차나 상속재산분할심판의 조정절차에서 조정조서는 확정판결과 동일한 효력이 있으므로 제187조의 '판결'에 해당하며, 따라서 조정이 성립하면 상속재산분할심판에 따른 등기·인도 등이 없이도 물권변동의 효력이 발생한다고 할 것이다.

(2) 상속재산분할의 소급효와 제3자 보호

제1015조는 상속재산분할의 소급효를 인정하여 공동상속인이 분할 내용대로 상속재산을 피상속인이 사망한 때에 바로 피상속인으로부터 상속한 것으로 보면서도,

상속재산분할 전에 이와 양립하지 않는 법률상 이해관계를 가진 제3자에게는 상속재산분할의 소급효를 주장할 수 없도록 함으로써 거래의 안전을 도모하고 있다.

(가) 상속재산분할의 소급효

1) 상속재산의 분할은 통상의 공유물의 분할과 달리 상속이 개시된 때에 소급하여 그 효력이 생긴다(제1015조 본문). 그 결과 각 상속인은 분할에 의하여 피상속인으로부터 직접 권리를 취득한 것으로 된다. 따라서 ① 분할에 의하여 공동상속인 중 1인이 고유의 상속분을 초과하는 재산을 취득하게 되었더라도 이는 상속개시 당시에 피상속인으로부터 승계 받은 것으로 보아야 하고 다른 공동상속인으로부터 증여받은 것으로 볼 수 없다(대판 2002.7.12, 2001두441; 대판 1985.10.8, 85누70). ② 협의분할에 의한 재산상속을 원인으로 피상속인으로부터 상속인 중 1인 앞으로 소유권이전등기가 마쳐졌는데, 그 부동산에 관한 피상속인 명의의 소유권등기가 원인무효의 등기인 경우, 협의분할에 의하여 이를 단독상속한 상속인만이 이를 전부 말소할 의무가 있고 다른 공동상속인은 이를 말소할 의무가 없다(대판 2009.4.9, 2008다87723).

2) 공동상속인이 상속재산을 공유하는 동안에 생긴 과실은 그 상속재산의 취득자에게 소급적으로 귀속되는 것이 아니고, 상속재산에 포함되어 분할의 대상이 된다. 상속개시 후 상속재산분할이 완료되기 전까지 상속재산으로부터 발생하는 과실, 즉 상속재산 과실은 상속개시 당시에는 존재하지 않았던 것이다. 따라서 상속재산분할 심판에서 이러한 상속재산 과실을 고려하지 않은 채, 분할의 대상이 된 상속재산 중 특정 상속재산을 상속인 중 1인의 단독소유로 하고 그의 구체적 상속분과 그 특정 상속재산의 가액과의 차액을 현금으로 정산하는 방법으로 상속재산을 분할한 경우, 그 특정 상속재산을 분할 받은 상속인은 제1015조 본문에 따라 상속개시된 때에 소급하여 이를 단독소유한 것으로 보게 되지만, 그 상속재산 과실까지도 소급하여 그 상속인이 단독으로 차지하게 된다고 볼 수는 없다. 이러한 경우 그 상속재산 과실은 특별한 사정이 없는 한 공동상속인이 수증재산과 기여분 등을 참작하여 상속개시 당시를 기준으로 산정되는 구체적 상속분의 비율에 따라 이를 취득한다(대판 2018.8.30, 2015다27132,27149; 대결 2025.3.24, 2024스866867).

3) 상속재산분할의 소급효는 공동상속인이 분할절차에서 취득한 상속재산에 대해서만 인정된다. 경매분할(환가분할)과 같이 상속재산을 환가하여 그 대금을 각 공동상속인에게 상속분에 따라 분배하는 경우, 대금 취득의 효력이 상속개시 시점으로 소급하지는 않는다. 또한 대상분할의 경우, 상속재산을 취득한 공동상속인에 대해서는 취득의 효력이 소급하지만, 다른 공동상속인이 취득한 대상채권에 대해서는 취득의 효

력이 소급하지 않는다.

상속재산이 부동산인 경우, 분할에 따라 그 부동산을 단독으로 소유하기로 한 공동상속인은 단독으로 등기신청을 하여 자신의 명의로 상속등기를 할 수 있다(부동산등기법 제23조 3항). 등기원인은 '협의분할에 의한 상속', '조정분할에 의한 상속' 또는 '심판분할에 의한 상속'이 되고, 그 연월일은 피상속인이 사망한 날로 한다(법원행정처, 부동산등기실무II, 254면 이하).

(나) 제3자에 대한 소급효의 제한

1) 상속재산의 분할은 제3자의 권리를 해하지 못한다(제1015조 단서). 예컨대 상속개시 후 분할 전에 乙이 X소재지의 부동산에 대한 자기의 지분을 제3자에게 양도하거나 乙의 채권자가 그것을 압류한 경우, 분할에 의하여 甲이 X소재지의 부동산을 상속시부터 취득한 것으로 되더라도 乙로부터 부동산상의 지분을 양도받은 제3자에 대하여 그 반환을 청구할 수 없고, 압류채권자에 대하여 대항할 수 없다.

2) 제1015조 단서의 제3자는 일반적으로 상속재산분할의 대상이 된 상속재산에 관하여 상속재산분할 전에 새로운 이해관계를 가졌을 뿐만 아니라 등기, 인도 등으로 권리를 취득한 사람을 말한다(대판 2020.8.13, 2019다249312). 따라서 상속재산인 부동산의 분할 귀속을 내용으로 하는 상속재산분할심판이 확정되면 제187조에 의하여 상속재산분할심판에 따른 등기 없이도 해당 부동산에 관한 물권변동의 효력이 발생한다. 다만 상속재산분할심판에 따른 등기가 이루어지기 전에 상속재산분할의 효력과 양립하지 않는 법률상 이해관계를 갖고 등기를 마쳤으나 상속재산분할심판이 있었음을 알지 못한 제3자에 대하여는 상속재산분할의 효력을 주장할 수 없다(대판 2020.8.13, 2019다249312). 이 경우 제3자가 상속재산분할심판이 있었음을 알았다는 점에 관한 주장·증명책임은 상속재산분할심판의 효력을 주장하는 자에게 있다(대판 2020.8.13, 2019다249312).

(2) 분할 후 피인지자 등의 청구권

(가) 피상속인의 사망 후 인지소송으로 인지가 확정되면(제864조), 그 인지의 효력은 출생시에 소급하므로 인지된 자녀는 상속개시 당시부터 상속인이었던 것으로 된다. 재판의 확정에 의하여 공동상속인이 된 자녀(예: 친생자관계존재확인의 판결에 의하여 피상속인의 子인 것으로 확정된 자, 피상속인을 당사자로 父를 정하는 소를 제기하여 승소한 자 등)도 상속개시 당시부터 당연히 공동상속인이었던 것으로 된다. 따라서 인지 또는 재판의 확정 전에 이미 다른 공동상속인 사이에서 상속재산의 분할을 한 경우, 다시 분할을 하는 것은 제3자에게 해를 줄 염려가 있고, 또 인지의 소급효는 제3자의 취득한 권리를 해하지 못한다(제860조 단서)고 규정하고 있으므로, 분할의 효력은 그대로 유지할 수밖에 없다.

이 점을 고려하여 제1014조는 "상속개시 후의 인지 또는 재판의 확정에 의하여 공동상속인이 된 자가 상속재산의 분할을 청구할 경우에 다른 공동상속인이 이미 분할 기타 처분을 한 때에는 그 '상속분에 상당한 가액'의 지급을 청구할 권리가 있다"고 규정하고 있다. 여기서 '상속분'은 모든 상속재산에 대한 것이 아니고 적극재산만에 대한 것을 의미한다(통설). 상속채무는 피인지자 등까지 포함하여 따로 상속분에 따라서 승계하여야 하기 때문이다. 또한 다른 공동상속인에 의한 '분할'은 협의분할에 한하지 않고 가정법원에 의한 분할도 포함한다.

피인지자 등이 상속분에 상당한 가액의 지급을 청구하는 경우, 상속재산의 가액은 '사실심 변론종결 당시의 시가'를 기준으로 산정하여야 한다(대판 2002.11.26, 2002므1398). 주의할 것은, 상속재산의 처분에 수반되는 조세부담은 상속에 따른 비용이라고 할 수 없고, 제1014조에 의한 가액의 지급청구는 상속재산이 분할되지 아니한 상태를 가정하여 피인지자의 상속분에 상당하는 가액을 보장하려는 것이므로, 다른 공동상속인들의 분할 기타의 처분에 의한 조세부담을 피인지자에게 지급할 가액에서 공제할 수 없고, 다른 상속인들이 피인지자에게 그 금액의 상환을 구할 수도 없다는 점이다(대판 1993.8.24, 93다12).

(나) 인지 전에 공동상속인들에 의해 이미 분할되거나 처분된 상속재산은 인지의 소급효 제한(제860조 단서)에 따라 이를 분할 받은 공동상속인이나 공동상속인들의 처분행위에 의해 이를 양수한 자에게 그 소유권이 확정적으로 귀속되는 것이며, 그 후 그 상속재산으로부터 발생하는 과실은 상속개시 당시 존재하지 않았던 것이어서 이는 상속재산에 해당하지 않는다. 따라서 상속재산의 소유권을 취득한 자(분할 받은 공동상속인 또는 공동상속인들로부터 양수한 자)가 제102조에 따라 그 과실을 수취할 권능도 보유하고, 제1014조도 '이미 분할 내지 처분된 상속재산' 중 피인지자의 상속분에 상당한 가액의 지급청구권만을 규정하고 있을 뿐 '이미 분할 내지 처분된 상속재산으로부터 발생한 과실'에 대해서는 별도의 규정을 두지 않고 있으므로, 결국 제1014조에 의한 상속분상당가액지급청구에 있어 '상속재산으로부터 발생한 과실'은 그 가액산정 대상에 포함된다고 할 수 없다(대판 2007.7.26, 2006므2757,2764). 즉 피인지자에 대한 인지 이전에 상속재산을 분할한 공동상속인이 그 분할 받은 상속재산으로부터 발생한 과실을 취득하는 것은 피인지자에 대한 관계에서 부당이득이 될 수 없다(대판 2007.7.26, 2006다83796).

(다) 제1014조에 의하여 가액지급청구권을 가지게 되는 공동상속인은 이미 분할이나 그 밖의 처분을 한 공동상속인과 동순위의 자를 가리킨다. 이와 관련하여 문제

는 인지 또는 재판의 확정에 의하여 공동상속인이 된 자녀(예: 피상속인의 子)보다 후순위의 상속인(예: 피상속인의 직계존속이나 형제자매)이 상속재산을 상속하여 분할한 경우에도 가액지급청구권만이 인정되는가이다. 판례는 인지의 경우에 관하여 후순위 상속인에게 제1014조를 적용할 수 없다고 한다(대판 1993.3.12, 92다48512). 따라서 후순위 상속인이 참가한 상속재산 분할은 무효로 되고, 선순위 상속권자는 후순위 상속인에 대하여 가액지급청구권이 아니라 상속회복청구권을 행사할 수 있게 된다.

(라) 한편 후순위 상속인이 상속재산을 이미 제3자에게 처분하거나 채권을 추심한 경우, 상대방은 선의취득(제249조)이나 채권의 준점유자에 대한 변제(제470조) 등에 의하여 보호받을 수 있다(지원림, 6-172). 그 밖에 피인지자 등의 가액지급청구권의 성질에 관하여, ① 상속회복청구권의 일종이며 따라서 제999조 2항의 제척기간에 걸린다는 견해(김주수/김상용, 748면), ② 피인지자 등은 진정한 공동상속인으로서 상속재산의 분할 전이면 분할에 참가할 수 있고, 분할 후 재판이 확정된 경우에는 가액지급을 청구할 수 있으며, 이는 상속재산분할청구권의 일종이라는 견해가 있다(곽윤직, 156면; 지원림, 6-172).

판례는 상속개시 후의 인지 또는 재판의 확정에 의하여 공동상속인이 된 자가 분할을 청구할 경우에 다른 공동상속인이 이미 분할 기타 처분을 한 때에는 그 상속분에 상당한 가액의 지급을 청구할 권리가 있는바, 이 가액청구권은 상속회복청구권의 일종이라고 한다(대판 1993.8.24, 93다12). 또한 제1014조에 의한 피인지자 등의 상속분상당가액지급청구권은 그 성질상 상속회복청구권의 일종이므로 제999조 2항에 정한 제척기간이 적용되며, 같은 항의 3년의 제척기간 기산일인 '그 침해를 안 날'이란 피인지자가 자신이 진정상속인인 사실과 자신이 상속에서 제외된 사실을 안 때를 가리키는 것으로 혼인외의 자가 법원의 인지판결 확정으로 공동상속인이 된 때에는 그 인지판결이 확정된 날에 상속권이 침해되었음을 알았다고 할 것이라고 한다(대판 2007.7.26, 2006므2757,2764).

참고로 헌법재판소는 상속개시 후 인지 또는 재판확정에 의하여 공동상속인이 된 자가 다른 공동상속인에 대해 그 상속분에 상당한 가액의 지급에 관한 청구권(상속분가액지급청구권)을 행사하는 경우에도 상속회복청구권에 관한 '10년의 제척기간'을 적용하도록 한 민법 조항은 청구인의 재산권과 재판청구권을 침해하여 헌법에 위반된다고 한다(헌재결 2024.6.27, 2021헌마1588). 즉 제999조 2항의 '상속권의 침해행위가 있은 날부터 10년' 중 제1014조에 관한 부분은 헌법에 위반된다고 한다. 그 논거로 제1014조의 상속분가액지급청구권은 인지 또는 재판확정으로 공동상속인이 추가되기 전에 기존 공동상속인이 상속재산을 분할·처분한 경우, 추가된 공동상속인에게 제999조의 상속회복청구의 방식 중 '원물반환의 방식'을 차단하여 그 분할·처분의 효력을 유지함으로써 제3취득자의 거래 안전을 존중하는 한편, 추가된 공동상속인에게는 '가액반환의 방식'만을 보장함으로써 기존 공동상속인, 제3취득자, 추가된 공동상속인 사이의 이해관계를 조정한다. 그런데 제999조 2항의 제척기간은 상속분가액지급청구권에서 제3취득자의 거래 안전과는 무관한 것이므로, 결국 '기존의 공동상속인과 추가된 공동상속인' 사이의 권리의무관계를 조속히 안정시킨다는 기능만 수행한다. 제999조 2항의 '침해를 안 날'은 인지 또는 재판이 확정된 날을 의미하므로, 그로부터 3년의 제척기간은 공동상속인의 권리구제를 실효성 있게 보장하는 것으로 합리적 이유가 있다. 그러나 '침해행위가 있은 날'(상속재산의 분할 또는 처분일)부터 10년 후에 인지 또는 재판이 확정된 경우에도 추가된 공동상속인이 상속분가액지급청구권을 원천적으로 행사할 수 없도록 하는 것은 '가액반환의 방식'이라는 우회적·절충적 형태를 통해서라도 인지된 자의 상속권을 뒤늦게나마 보상해 주겠다는 입법취지에 반하며, 추가된 공동상속인의 권리구제 실효성을 완전히 박탈하는 결과를 초래한다는 점을 들고 있다.

판 례

(ㄱ) 상속분에 상당한 가액의 청구권은 원래 피인지자가 상속개시시에 소급하여 취득하였을 상속재산에 대한 권리(상속분)가 변환된 것으로서 그에 상당한 현물과의 등가관계를 전제로 하는 것이라 할 것이므로, 그 가액은 실제로 다른 공동상속인들이 분할 기타 처분에 의하여 얻은 대가를 기준으로 하거나, 그 당시의 시가로 산정할 것이 아니라, '현실의 지급시'를 기준으로 하여 산정하여야 할 것이고, 소송으로써 지급을 청구하는 경우에는 그 소송의 사실심 변론종결 당시의 상속재산가액을 기초로 하여 산정하여야 할 것이며, 이 경우 다른 공동상속인들이 상속재산을 처분하는 방법에 의하여 이를 분할하였다거나, 현실의 지급시 또는 사실심 변론종결 당시의 가액이 분할 당시의 그것보다 현저하게 등귀하였다는 사정에 의하여 결론을 달리할 수는 없다(대판 1993.8.24, 93다12).

(ㄴ) 제1014조에 의한 상속분상당가액지급청구에 있어 그 대상재산의 가액산정시 공제되어야 할 상속세에 신고지연 등으로 인한 가산세가 포함된다(대판 2007.7.26, 2006므2757,2764).

(ㄷ) 혼인 외의 출생자와 생모 사이에는 생모의 인지나 출생신고를 기다리지 않고 자녀의 출생으로 당연히 법률상의 친자관계가 생기고, 가족관계등록부의 기재나 법원의 친생자관계존재확인판결이 있어야만 이를 인정할 수 있는 것이 아니다. 따라서 인지를 요하지 않는 모자관계에는 인지의 소급효 제한에 관한 제860조 단서가 유추적용되지 아니하며, 상속개시 후의 인지 또는 재판의 확정에 의하여 공동상속인이 된 자녀의 가액지급청구권을 규정한 제1014조를 근거로 자녀가 모의 다른 공동상속인이 한 상속재산에 대한 분할 또는 처분의 효력을 부인하지 못한다고 볼 수도 없다. 이는 비록 다른 공동상속인이 이미 상속재산을 분할 또는 처분한 이후에 모자관계가 친생자관계존재확인판결의 확정 등으로 비로소 명백히 밝혀졌다 하더라도 마찬가지이다(대판 2018.6.19, 2018다1049).

(3) 공동상속인의 담보책임

(가) 매도인과 동일한 담보책임

공동상속인은 다른 공동상속인이 분할로 인하여 취득한 재산에 대하여 그 상속분(상속재산분할에 의하여 취득한 재산액)에 응하여 매도인과 같은 담보책임(제570조-제584조)이 있다(제1016조). 그런데 담보책임의 내용 중 해제에 관하여는 특히 필요한 경우에만 인정되는지에 대하여, ① 담보책임의 내용에는 손해배상의 책임뿐만 아니라 분할계약의 전부 또는 일부의 해제권까지도 포함된다는 견해(박동섭/양경승, 825면), ② 해제란 상속재산을 재분할을 하는 것을 의미하므로, 필요한 경우를 제외하고는 거래의 안전을 위해서 인정해서는 안 된다는 견해가 있다(이경희, 445면; 김주수/김상용, 749면). 한편 담보책임의 존속기간은 사실을 안 날부터 1년(제573조, 제574조, 제575조 3항) 또는 6개월이다(제582조).

(나) 상속채무자의 자력에 대한 담보책임

분할에 의하여 채권을 받은 공동상속인이 채무자의 무자력으로 인하여 그 채권을 회수할 수 없을 경우에는 다른 공동상속인은 그 상속분에 응하여 분할 당시의 채무자의 자력을 담보한다(제1017조 1항). 다만 분할 당시에 변제기에 달하지 않은 채권이나 정지조건이 있는 채권에 대해서는 변제를 청구할 수 있는 때의 채무자의 자력을 담보한다(제1017조 2항).

(다) 무자력 공동상속인의 담보책임

담보책임이 있는 공동상속인 중에 상환의 자력이 없는 자가 있는 때에는 그 부담부분은 구상권자와 자력이 있는 다른 공동상속인이 그 상속분에 응하여 분담한다(제1018조 본문). 그러나 구상권자의 과실로 인하여 상환을 받지 못한 때, 즉 담보책임이 있는 자가 자력이 있는 동안에 구상권을 행사하지 않는데 대하여 구상권자에게 과실이 있는 경우, 그 손해는 구상권자 자신이 부담하여야 하며 다른 공동상속인에게 분담을 청구하지 못한다(제1018조 단서).

(4) 협의분할과 법정단순승인·사해행위취소

공동상속인이 상속재산을 협의분할하는 행위는 상속재산의 처분행위가 되어 법정단순승인사유로 된다. 또한 채무초과의 상태에 있는 자가 상속재산분할협의로 상속재산에 관한 권리를 포기하거나 구체적 상속분(자신이 받아야 할 실제 상속분)에 상당하는 정도에 미달하는 과소한 결과가 되는 경우에는 채권자취소의 대상이 될 수 있다.

판 례

상속인 중 1인이 다른 공동재산상속인과 협의하여 상속재산을 분할한 때는 제1026조 1호에 규정된 상속재산에 대한 처분행위를 한 때에 해당되어 단순승인을 한 것으로 보게 되어 이를 취소할 수 없는 것이므로 그 뒤 가정법원에 상속포기신고를 하여 수리되었다 하여도 포기의 효력이 생기지 않는다(대판 1983.6.28, 82도2421).

6. 공유물분할청구와의 관계(이 부분은 김창종, "상속재산의 분할", 재판자료 제78집, 240면 이하를 요약·정리한 것임)

(1) 공동상속인 사이의 공유물분할의 소

제268조에 따라 일반법원에 상속재산에 속하는 개개의 재산에 대한 공유물분할청구의 소를 제기하는 방법으로 상속재산을 분할할 수 있는지가 문제된다. 상속재산분할제도는 집합재산인 상속재산 전체를 가정법원이 후견적 재량에 의하여 공평하고 합리적인 종합적 분배를 목적으로 하므로, 공유물분할의 소와 달리 가정법원의 전속관할로 하고 있고(가사소송법 제2조 1항 마류 사건 10호), 심판에 대한 불복은 즉시항고에 의하도록 하며, 상속재산은 분할방법에 있어 대상분할이 당연히 인정되지만(가사소송규칙 제115조 2항) 공유물의 경우는 현물분할과 가액분할이 원칙이고 판례에 의하여 예외적으로 인정될 뿐인 점 등 그 제도적 차이에 비추어, 공동상속인 사이의 상속재산분할은 상속재산분할심판절차에 의하여야만 하고, 공동상속인이 상속재산분할협의 또는 심판에 의하지 않고 그 상속재산에 속하는 개개의 재산에 대하여 공유물분할의 소를 일반법원에 제기하는 것은 인정되지 않는다 할 것이다. 다만 상속재산에 속한 개개의 재산을 공동상속인의 일부나 전부의 공유로 한다는 내용의 상속재산분할의 협의나 조정·심판이 있는 경우에는 이미 상속재산분할절차가 마쳐져 그때부터 상속재산성은 상실되고 그 공유관계는 고유 의미의 물권법상의 공유에 불과하므로 이의 분할은 공유물분할소송에 의하여야만 할 것이다.

(2) 상속재산분할 전에 상속재산에 속한 특정재산의 지분양수인의 분할절차

공동상속인의 일부가 상속재산분할 전에 상속재산에 속한 특정재산의 공유지분권을 제3자에게 양도한 경우, 제3자에게 상속재산분할심판절차상의 지위를 부여하는 것은 상속재산분할의 본지에 적합하지 않고 그 심판절차를 복잡하게 하며, 공동상속인 및 제3자 쌍방에 큰 부담을 준다는 점, 제3자가 양수한 공유지분권에 기하여 제기한 공유물분할소송은 제3자에 대한 분할부분과 지분양도인을 제외한 다른 공동상속인에 대한 분할부분을 분할하는데 그 목적이 있고, 분할판결에 의하여 공동상속인에게 분할된 부분은 상속재산분할의 대상으로 되기 때문에 공동상속인의 권리를 해하지 않는다는 점을 고려할 때, 지분양수인과 나머지 공동상속인은 통상의 물권법상 공유관계에 있다 할 것이고, 그 공유관계의 해소는 공유물분할절차에 의하여야 할 것이다. 물론 상속분 양도의 경우는 그 상속분 전체가 양수인에게 이전되기 때문에 양수인이 상속재산분할절차의 당사자가 될 뿐이고, 공유물분할소송에 의하여 분할할 수 없게 된다. 한편 공동상속인 중 1인이 상속재산에 속하는 특정부동산의 지분을 제3자가 아닌 다른 공동상속인에게 양도한 경우에는 상속재산분할절차에 따라야 할 것이다.

(3) 피상속인과 상속인(또는 제3자)의 공유이던 상속재산의 분할절차

특정부동산을 피상속인과 상속인(또는 제3자)이 공유하던 중 피상속인이 사망한 경우에도, 피상속인 소유 지분(즉 상속재산)의 분할은 상속재산분할절차에 의하여야 한다. 한편 상속재산과 상속재산에 속하지 않는 상속인(또는 제3자) 소유 지분 사이의 공유관계해소는 역시 공유물분할절차에 따라야 할 것이므로, 분할협의가 성립되지 않는 때에는 상속재산분할심판과 공유물분할이라는 2가지 절차를 거칠 필요가 있게 된다.

(4) 유류분반환청구에 의하여 반환된 재산의 분할절차

유류분반환청구에 의하여 반환될 재산이 1개의 불가분의 물건인 경우에는 유류분 권리자와 수유자 또는 수증자와는 공유관계가 성립하게 되고, 수개의 물건이 반환의 대상이 되는 경우에도 유류분 권리자는 그 목적물을 선택할 수 없고 반환받을 물건에 대하여 유류분의 비율로 유류분 권리자에게 공유적으로 지분이 귀속되는 것이라고 해석되는데, 이때 그 공유관계의 해소방법도 문제이다. ① 피청구자가 상속인 이외의 제3자인 경우에는, 상속재산분할 전에 상속인의 1인이 자기의 상속분을 제3자에게 양도한 경우의 분할방법과 동일하게 그 자와의 공유관계 해소는 공유물분할소송에 의하여야 할 것이다(김소영, "공유물분할의 소에 대하여", 사법논집 제24집, 191면; 김창종, 243면). ② 공동상속인 사이에 유류분반환청구가 행하여진 경우에 관하여, ㉠ 유류분은 상속분의 일부이고 반환된 재산은 상속재산의 성질을 가지므로 피청구자가 공동상속인인 경우에는 그 사이의 공유는 상속재산 공유의 성질을 가진다는 점 등에 비추어 상속재산분할절차에 따라 분할하여야 한다는 심판설(김소영, 192면), ㉡ 유류분반환청구권을 행사할 것인가는 유류분 권리자의 자유이고, 반환청구는 당해 유류분 권리자 개인의 유류분을 보전하는 한도 내에서만 인정되며, 반환의 결과 생기는 법률관계도 유류분 권리자와 수증자·수유자와 사이에 개별적으로 발생하고, 유류분에 관한 소송이 민사소송에 해당하는 점 등에 비추어 보면 반환된 재산은 당해 유류분 권리자에게 귀속되고 그에 대한 공유관계는 물권법상의 공유로 해석되므로 공유물분할소송에 의하여 분할하여야 한다는 소송설이 대립하고 있다(김창종, 244면).

Ⅶ. 상속회복청구권

1. 서 설

(1) 의 의

상속회복청구권은 진정한 상속인이 그 상속권의 실현을 방해하고 있는 참칭상속인 또는 그로부터 상속재산을 취득한 제3자에 대하여 상속권을 주장함으로써 방해의 배제와 상속재산의 회복을 구하는 권리를 말한다. 상속인은 피상속인의 재산에 관하여 포괄적으로 권리의무를 승계하므로 진정한 상속인이 상속재산에 대한 권리를 침해당한 경우, 소유물반환청구권 등 물권적 청구권을 행사하여 상속재산을 회복할 수 있다. 이와 별도로 민법이 상속회복청구권을 인정하는 이유는 ① 상속재산을 일괄적으로 회복할 수 있다는 점, ② 개개의 목적물이 자기에게 속한다는 사실을 증명할 필요 없이 자신이 진정한 상속인이고 목적물이 상속개시 당시에 피상속인의 점유에 있었다는 사실만 증명하면 족하다는 점, ③ 단기의 제척기간을 통해 조속한 기간 내에 상속재산과 관련된 법률관계의 불안을 해소시키고 거래의 안전을 도모할 수 있다는 점(대판 1994.10.21, 94다18249)에 있다.

판 례

제1014조에 의하여, 상속개시 후의 인지 또는 재판의 확정에 의하여 공동상속인이 된 자가 분할을 청구할 경우에 다른 공동상속인이 이미 분할 기타 처분을 한 때에는 그 상속분에 상당한 가액의 지급을 청구할 권리가 있는바, 이 가액청구권은 상속회복청구권의 일종이다(대판 1993.8.24, 93다12; 대판 2007.7.26, 2006므2757,2764).

(2) 법적 성질

(가) 학 설

1) 독립권리설

상속회복청구권은 상속권을 기초로 상속권의 침해배제와 상속재산의 회복을 청구하는 특별한 권리로서 '상속재산에 속하는 개개의 재산'에 대한 물권적 청구권과는 본질적으로 다른 독립된 포괄적 청구권이라고 한다. 따라서 상속권이 침해된 경우에 상속인은 상속회복청구권을 행사할 수 있으며, 상속회복청구의 소에서 패소하거나 제척기간이 지난 후에도 물권적 청구권을 행사할 수 있다고 한다(김용한, 294면; 곽윤직, 284면; 박병호, 316면).

2) 집합권리설

상속회복청구권은 단일·독립된 청구권이 아니라 상속재산을 구성하는 개개의 재산에 대한 개별적·물권적 청구권의 집합에 불과하다고 한다. 따라서 물권적 청구권과 상속회복청구권은 별개의 것이 아니며 양자는 법조 경합 또는 특별조항우선의 관계에 있기 때문에, 상속회복청구소송을 제기하는 경우는 물권적 청구를 할 수 없고, 제999조의 제척기간이 지나면 개별적 상속재산에 대한 물권적 청구권을 행사할 수 없다고 한다(김주수/김상용, 630면; 박동섭/양경승, 569면; 윤진수, 366면).

3) 상속자격확정설

상속회복청구권은 참칭상속인의 지위를 부정하고 진정한 상속인의 자격을 확정하는 것을 목적으로 하는 권리이고, 상속회복의 소는 그 성질상 소송법상 상속확인의 소라고 한다(박영식, "상속회복청구권의 성질", 민사판례연구(Ⅲ), 114면).

(나) 판 례

판례는 상속회복청구권을 단일·독립된 청구권이 아니라 상속재산을 구성하는 개개의 재산에 관하여 생기는 개별적 청구권의 집합으로 보고 있다(집합권리설). 즉 진정상속인이 참칭상속인을 상대로 상속재산인 부동산에 관한 등기의 말소 등을 구하는 경우에 그 소유권·지분권 등의 귀속원인을 상속으로 주장하고 있는 이상 그러한 청구는 모두 상속회복청구의 소에 해당하고, 제999조의 제척기간이 적용된다고 한다(대판 2007.4.26, 2004다5570; 대판 2006.7.4, 2005다45452). 따라서 진정상속인이 참칭상속인의 최초 침해행위가 있은 날부터 10년의 제척기간이 지나기 전에 참칭상속인에 대한 상속회복청구 소송에서 승소의 확정판결을 받았더라도 제척기간이 지난 후에는 제3자를 상대로 상속회복청구 소송을 제기하여 상속재산에 관한 등기의 말소 등을 구할 수 없다고 한다(대판 2006.9.8, 2006다26694).

2. 요 건

(1) 진정한 상속인일 것

(가) 상속권이 참칭상속인으로 인하여 침해된 때에는 상속권자 또는 그 법정대리인이 법원에 상속회복을 청구할 수 있다(제999조). 또한 상속분을 양수한 포괄승계인(제1011조)도 상속회복청구를 할 수 있다. 양수인은 상속인의 지위를 포괄적으로 승계한

자이기 때문이다. 그 밖에 상속개시 후에 인지 또는 재판의 확정에 의하여 공동상속인이 된 자도 상속개시 당시부터 다른 자와 함께 공동상속인이었던 것으로 되므로 다른 공동상속인에 대하여 상속회복을 청구할 수 있다. 다만 상속재산이 이미 분할되었거나 그 밖에 상속재산이 처분된 후라면 자기의 상속분에 상당한 가액의 지급을 청구할 수 있다(제1014조). 이와 달리 상속재산의 특별승계인(예: 상속재산인 토지를 매수한 자)은 그 재산을 취득하기 위하여 상속회복을 청구할 수 없고, 매도인인 상속인을 상대로 이전등기 등을 청구하면 된다.

(나) 진정상속인의 사망으로 상속회복청구권이 그 상속인에게 승계될 수 있는가에 관하여, ① 상속권을 침해당한 상속인이 사망한 경우에 진정상속인의 상속회복청구권은 재산적 성질이 강하므로 그 상속인에게 상속된다는 견해(김용한, 294면; 박동섭/양경승, 572면), ② 상속회복청구권은 각 상속인의 상속권에서 파생하는 각 상속인의 고유의 권리이므로, 진정상속인이 사망하면 상속되지 않고 소멸하며, 그 대신 진정상속인의 상속인은 자기 상속권의 침해에 기한 고유의 상속회복청구권을 행사할 수 있다는 견해가 있다(김주수/김상용, 632면; 박병호, 318면; 곽윤직, 285면; 지원림, 6-141; 송덕수, E-292).

(2) 현재 상속인의 권리를 침해하고 있는 참칭상속인일 것

(가) 참칭상속인이란 정당한 상속권이 없음에도 재산상속인임을 신뢰케 하는 외관(예: 가족관계등록부 등 공부상 상속인으로 기재된 경우)을 갖추거나 상속인이라고 참칭하면서 상속재산의 전부 또는 일부를 점유함으로써 진정한 상속인의 재산상속권을 침해하는 자를 말한다(대판 2009.2.12, 2007다76726; 대판 1998.3.27, 96다37398). 침해되고 있는 상속재산은 일부이든 전부이든 묻지 않으며, 선의·악의 또는 과실의 유무, 침해나 소유의 의사 등을 묻지 않는다. 즉 현재 상속재산을 점유하고 있음으로써 객관적으로 상속권의 침해의 사실상태가 존재하면 된다.

(나) 공동상속인 중의 1인 또는 여럿이 다른 공동상속인을 배제하고 상속재산을 자기의 상속분을 초과하여 '상속을 원인으로' 점유·등기하면 참칭상속인이 되는지에 관하여, ① 상속회복청구권의 근거가 진정상속인의 상속재산 회복에 있다는 전제에서 공동상속인 중의 일부를 제외하고 상속재산을 상속등기하거나 분할한 경우에도 상속권(상속분)의 침해가 있는 것으로 보고 이를 긍정하는 견해(김주수/김상용, 637면; 곽윤직, 277면; 박동섭/양경승, 577면; 송덕수, E-295), ② 진정한 공동상속인 간에 오직 상속분의 다툼만을 목적으로 하는 경우에는 상속회복청구의 대상이 될 수 없고, 통상의 상속등기의 말소청구·공유지분확인·분할의 무효를 전제로 하는 재분할청구 등에 의하여 권리를 행사하게 하여야 한다는 이유로 이를 부정하는 견해가 있다(김용한, 296면; 박병호, 321면; 지원림, 6-143).

판례는 긍정설을 따르고 있다(대판 1991.12.24, 90다5740). 즉 상속재산인 부동산에 관하여 공동상속인 중 1인 명의로 소유권이전등기가 마쳐진 경우, 그 등기가 '상속을 원인으로' 마쳐진 것이라면 등기명의인의 의사와 무관하게 마쳐진 것이라는 등의 특별한 사정이 없는 한 그 등기명의인은 재산상속인임을 신뢰케 하는 외관을 갖추고 있는 자로서 참칭상속인에 해당된다고 한다(대판 1997.1.21, 96다4688).

한편 제사용 재산도 상속회복청구에 관하여는 일반 상속재산과 구별할 이유가 없으므로, 제사용 재산을 제사를 주재하는 자 이외의 자가 일반 상속재산으로 공동상속한 경우에도 그 공동상속인을 상대로 회복청구를 할 수 있다(대판 2006.7.4, 2005다45452; 송덕수, E-295).

(다) 참칭상속인인지 여부는 등기부상의 등기원인으로 기재된 것이 '상속'이냐의 여부에 따라 결정된다. 판례도 소유권이전등기에 의하여 재산상속인임을 신뢰케 하는 외관을 갖추었는지의 여부는 권리관계를 외부에 공시하는 등기부의 기재에 의하여 판단하여야 하므로, 등기부상 등기원인이 매매나 증여로 기재된 이상 재산상속인임을 신뢰케 하는 외관을 갖추었다고 볼 수 없다고 한다(대판 1997.1.21, 96다4688; 대판 2008.6.26, 2007다7898).

(라) 참칭상속인으로부터 권리를 이전받은 제3자와 참칭상속인의 상속인도 상속회복청구권의 상대방이 된다(대판 1989.1.17, 87다카2311; 대판 1981.1.27, 79다854). 이 경우에도 단기제척기간이 적용된다. 거래관계의 조속한 안정을 도모하려는 단기제척기간의 취지를 살리기 위한 것이다.

판 례

(ㄱ) 상속회복청구의 상대방이 되는 참칭상속인이라 함은, 재산상속인인 것을 신뢰케 하는 외관을 갖추고 있는 자나 상속인이라고 참칭하여 상속재산의 전부 또는 일부를 점유하는 자를 가리키는 것으로서, 공동상속인의 한 사람이 다른 상속인의 상속권을 부정하고 자기만이 상속권이 있다고 참칭하는 경우도 여기에 해당한다 할 것이나, 부동산에 관하여 공동상속인의 한 사람인 甲 단독명의로 경료된 소유권보존등기가 甲이 다른 상속인인 乙의 상속권을 부정하고 자기만이 상속권이 있다고 참칭하여 경료한 것이 아니라 제3자가 甲의 의사와는 아무런 상관없이 관계서류를 위조하여 경료한 것이고, 달리 甲이 자기만이 상속한 것이라고 주장하였다고 볼만한 아무런 자료도 없다면, 甲을 상속회복청구의 소에서 말하는 참칭상속인이라고는 할 수 없다(대판 1994.3.11, 93다24490).

(ㄴ) 무허가건물대장은 행정관청이 무허가건물 정비에 관한 행정상 사무처리의 편의를 위하여 직권으로 무허가건물의 현황을 조사하고 필요 사항을 기재하여 비치한 대장으로서 건물의 물권 변동을 공시하는 법률상의 등록원부가 아니며 무허가건물대장에 건물주로 등재된다고 하여 소유권을 취득하는 것이 아닐 뿐만 아니라 권리자로 추정되는 효력도 없는 것이므로, 참칭상속인 또는 그로부터 무허가건물을 양수한 자가 무허가건물대장에 건물주로 기재되어 있다고 하여 이를 상속회복청구의 소에 있어 상속권이 참칭상속인에 의하여 침해된 때에 해당한다고 볼 수 없다(대판 1998.6.26, 97다48937).

(ㄷ) 상속을 유효하게 포기한 공동상속인 중 한 사람이 그 사실을 숨기고 여전히 공동상속인의 지위

에 남아 있는 것처럼 참칭하여 상속지분에 따른 소유권이전등기를 한 경우에도 참칭상속인에 해당할 수 있으나, 이러한 상속을 원인으로 하는 등기가 명의인의 의사에 기하지 않고 제3자에 의하여 상속 참칭의 의도와 무관하게 이루어진 것일 때에는 위 등기명의인을 상속회복청구의 소에서 말하는 참칭상속인이라고 할 수 없다(대판 2012.5.24, 2010다33392).

(3) 참칭상속인이 진정상속인의 재산상속권을 침해할 것

(가) 상속재산에 대한 점유를 하지 않고 단순한 권리주장만으로는 상속권 침해라고 볼 수 없다. 다시 말하면 참칭상속인이란 재산상속인임을 신뢰하게 하는 외관을 갖추고 있거나 상속인이라고 참칭하여 상속재산의 전부 또는 일부를 점유하는 등의 방법에 의하여 진정한 상속인의 상속권을 침해하는 자를 가리키는 것이므로, 상속인 아닌 자가 자신이 상속인이라고 주장하거나 또는 공동상속인 중 1인이 자신이 단독상속인이라고 주장하였더라도 달리 상속권의 침해가 없다면 참칭상속인이라고 할 수 없다(대판 1994.11.18, 92다33701).

(나) 진정상속인이 상속권 침해를 주장하지 않고 '특정의 권원'을 주장하는 경우, 예컨대 ① 공동상속인 중 1인이 피상속인 생전에 토지를 매수한 사실이 없는데 그러한 사유가 있는 것처럼 등기서류를 위조하여 그 명의로 소유권이전등기를 마쳤음을 이유로 그 등기의 말소를 구하는 경우(대판 1998.10.27, 97다38176; 대판 1987.6.23, 86다카1407), ② 공동상속인 중의 1인이 피상속인의 인감증명서와 그 명의의 등기서류를 위조하여 제3자 앞으로 불법등기를 마쳤음을 청구원인으로 하여 제3자에게 그 등기의 말소를 구하는 경우(대판 1991.10.22, 91다21671)는 상속회복청구의 소에 해당하지 않는다. 등기부상 등기원인이 '상속'으로 기재되어야 재산상속인임을 신뢰케 하는 외관을 갖추었다고 볼 수 있는데, 위 경우는 등기명의인이 상속을 원인으로 피상속인 소유의 부동산을 취득한 것으로 등기되어 있지 않기 때문이다.

(다) 상속회복청구의 소는 진정상속인과 참칭상속인이 주장하는 피상속인이 동일인임을 전제로 하는 것이므로, 진정상속인이 주장하는 피상속인과 참칭상속인이 주장하는 피상속인이 다른 사람인 경우에는 진정상속인의 청구원인이 상속에 의하여 소유권을 취득하였음을 전제로 한다고 하더라도 이를 상속회복청구의 소라고 할 수 없다(대판 1998.4.10, 97다54345). 가령 부동산 소유자 甲이 사망하고 그의 진정상속인은 乙인데, 제3자 丙의 상속인 丁이 丙이 생전에 甲으로부터 그 부동산을 매수하였다고 주장하면서 丙으로부터 상속에 의해 현재 사실상 소유하고 있다는 내용의 확인서와 보증서를 기초로 부동산소유권이전등기 등에 관한 특별조치법에 의한 상속등기를 한 경우, 乙이 丁

을 상대로 등기의 말소를 구하는 것은 상속회복청구가 아니라 단순한 소유권에 기한 물권적 청구이다. 乙의 피상속인은 甲이고 丁의 피상속인은 丙이어서 피상속인이 동일하지 않으며, 피상속인 甲으로부터 권리를 취득하였다고 주장하는 丙은 매매에 의해 권리를 취득한 것이라고 하고 있을 뿐 상속을 주장하는 것이 아니기 때문이다.

3. 상속회복청구권의 행사

(1) 행사의 방법

(가) 상속회복청구권을 재판상 행사하는 경우에 그에 관한 소송은 일반 민사소송으로 이행의 소이며, 따라서 관할은 일반법원에 속한다(민소법 제22조). 상속회복을 청구하는 상속인은 자기가 상속권을 가지고 있는 사실과 목적물이 상속개시 당시 피상속인의 점유에 있었던 사실을 증명하면 되고, 이에 대하여 상대방은 상속재산에 대한 특정의 권원이 있음을 증명하여야 한다.

(나) 자신이 진정한 상속인임을 전제로 그 상속으로 인한 소유권 또는 지분권 등 재산권의 귀속을 주장하면서 참칭상속인 또는 참칭상속인으로부터 상속재산에 관한 권리를 취득하거나 새로운 이해관계를 맺은 제3자를 상대로 상속재산인 부동산에 관한 등기의 말소 등을 청구하는 경우, 그 '재산권 귀속' 주장이 '상속'을 원인으로 하는 것인 이상 청구원인이 무엇인지 여부에 관계없이 제999조가 정하는 상속회복청구의 소에 해당한다(대판 2009.10.15, 2009다42321; 대판 2007.4.26, 2004다5570).

판 례

(ㄱ) 피상속인의 사망 후에 그 공동상속인들 중 1인이 다른 공동상속인에게 자신의 상속지분을 중간생략등기 방식으로 명의신탁하여 두었다가 부동산실명법이 정한 유예기간 내에 실명등기를 하지 아니하는 바람에 그 명의신탁이 유예기간 도과 후 무효가 되었음을 이유로 명의수탁자를 상대로 그 상속지분의 반환을 구하는 경우, 그러한 청구는 명의신탁이 유예기간의 도과로 무효로 되었음을 원인으로 하여 소유권의 귀속을 주장하는 것일 뿐 상속으로 인한 재산권의 귀속을 주장하는 것이라고 볼 수 없고, 나아가 명의수탁자로 주장된 피고를 두고 진정상속인의 상속권을 침해하고 있는 참칭상속인이라고 할 수도 없으므로, 위와 같은 청구가 상속회복청구에 해당한다고 할 수 없다(대판 2009.2.12, 2007다76726; 대판 2010.2.11, 2008다16899).

(ㄴ) 동일한 부동산에 관하여 등기명의인을 달리하여 중복된 소유권보존등기가 마쳐진 경우 먼저 이루어진 소유권보존등기가 원인무효로 되지 않는 한 뒤에 된 소유권보존등기는 그것이 실체관계에 부합하는지를 가릴 것 없이 1부동산 1등기기록주의의 법리에 비추어 무효이므로, 선행 보존등기로부터 소유권이전등기를 한 소유자의 상속인이 후행 보존등기나 그에 기하여 순차로 이루어진 소유권이전등기 등의 후속등기가 모두 무효라는 이유로 등기의 말소를 구하는 소는, 후행 보존등기로부터 이루어진 소유권이전등기가 참칭상속인에 의한 것이어서 무효이고 따라서 후속

등기도 무효임을 이유로 하는 것이 아니라 후행 보존등기 자체가 무효임을 이유로 하는 것이므로 상속회복청구의 소에 해당하지 않는다(대판 2011.7.14, 2010다107064).

(ㄷ) 공동상속인 중 1인이 협의분할에 의한 상속을 원인으로 하여 상속부동산에 관한 소유권이전등기를 마친 경우에, 협의분할이 다른 공동상속인의 동의 없이 이루어진 것이어서 무효라는 이유로 다른 공동상속인이 위 등기의 말소를 청구하는 소는 상속회복청구의 소에 해당한다(대판 2011.3.10, 2007다17482).

---

(2) 행사의 효과

(가) 참칭상속인에 대한 효과

참칭상속인은 그가 점유하는 상속재산을 진정상속인에게 반환하여야 한다. 진정상속인이 다수인 경우에는 이들 상속인의 상속분에 따라 반환하여야 한다. 이 경우에 참칭상속인이 선의인 경우는 현존이익의 한도 내에서 반환하여야 하지만, 악의인 경우는 제201조-제203조를 유추적용하여 취득한 재산 전부뿐만 아니라 이자 등 과실과 사용이득도 반환하여야 하고, 손해가 있으면 그 손해도 배상하여야 한다(김주수/김상용, 645면; 김용한, 297면; 곽윤직, 287면; 이은영, 956면; 이경희, 452면). 그러나 선의·악의를 불문하고 참칭상속인은 상속재산 전부와 과실·사용이득을 반환하여야 한다는 견해가 있다(박병호, 324면; 박동섭/양경승, 585면).

(나) 제3자에 대한 효과

1) 참칭상속인으로부터 상속재산을 양수한 제3자

참칭상속인으로부터 제3자가 양수한 재산이 동산, 어음·주식·무기명채권 등 유가증권이면 선의취득으로 보호될 수 있지만, 부동산인 때에는 비록 상속등기가 있더라도 제3자는 보호되지 않는다. 등기에 공신력이 없기 때문이다.

2) 공동상속인으로부터 상속재산을 양수한 제3자

공동상속인 중 1인은 무권리자가 아니므로, 제3자가 공동상속인으로부터 상속재산을 양수한 경우에 선의취득이 인정될 수 없고, 그 공동상속인의 상속지분의 범위 내에서만 유효하게 권리를 취득한다(조은희, 410면; 지원림, 6-145).

(다) 참칭상속인에 대한 채무변제

참칭상속인에 대한 채무변제는 채권의 준점유자에 대한 변제(제470조)로 인정되어 유효하게 된다. 물론 진정상속인은 변제받은 참칭상속인에 대하여 부당이득반환을 청구할 수 있다.

4. 상속회복청구권의 소멸

(1) 청구권의 포기

상속회복청구권의 행사 여부는 진정상속인의 자유이다. 따라서 상속인은 상속개시 후 상속회복청구권을 자유로이 포기할 수 있다.

(2) 제척기간의 경과

(가) 상속회복청구권은 상속인 또는 그 법정대리인이 상속권을 침해당한 사실을 안 날부터 3년, 상속권의 침해행위가 있는 날부터 10년을 경과하면 소멸한다(제999조 2항). 여기서 '상속권의 침해를 안 날'이란 자기가 진정상속인임을 알고 또 자기가 상속에서 제외된 사실을 안 때를 말한다(대판 2007.10.25, 2007다36223; 대판 1981.2.10, 79다2052). '상속권의 침해행위가 있은 날'은 참칭상속인이 상속재산의 전부 또는 일부를 점유하거나 상속재산인 부동산에 관하여 소유권이전등기를 마치는 등의 방법에 의하여 진정한 상속인의 상속권을 침해하는 행위를 한 날을 의미한다(대판 2009.10.15, 2009다42321).

(나) 제999조 2항의 3년 또는 10년의 기간은 제척기간이다(대판 2007.10.25, 2007다36223; 대판 2006.7.4, 2005다45452). 제척기간의 준수 여부는 상속회복청구의 상대방별로 각각 판단하여야 한다. 따라서 ① 진정한 상속인이 참칭상속인으로부터 상속재산에 관한 권리를 취득한 제3자를 상대로 제척기간 내에 상속회복청구의 소를 제기한 이상 그 제3자에 대하여는 제999조에서 정하는 상속회복청구권의 기간이 준수되었으므로, 참칭상속인에 대하여 그 기간 내에 상속회복청구권을 행사한 일이 없더라도 그것이 진정한 상속인의 제3자에 대한 권리행사에 장애가 될 수는 없다(대판 2009.10.15, 2009다42321). ② 참칭상속인의 최초 침해행위가 있은 날부터 10년이 경과한 이후에는 비록 제3자가 참칭상속인으로부터 상속재산에 관한 권리를 취득하는 등의 새로운 침해행위가 최초 침해행위시로부터 10년이 경과한 후에 이루어졌더라도 상속회복청구권은 제척기간의 경과로 소멸되어 진정상속인은 더 이상 제3자를 상대로 그 등기의 말소 등을 구할 수 없다(대판 2006.9.8, 2006다26694).

(다) 주의할 것은, 상속개시 후 인지 또는 재판확정에 의하여 공동상속인이 된 자가 다른 공동상속인에 대해 그 상속분에 상당한 가액의 지급에 관한 청구권(상속분가액지급청구권)을 행사하는 경우에는 상속회복청구권에 관한 10년의 제척기간이 적용되지 않는다(헌재결 2024.6.27, 2021헌마1588). 즉 기존 공동상속인이 상속재산의 유지·증가에 특별히 기여하였다면 그 기여분은 상속재산에서 공제되므로 이를 통해 기존 공동상속인과 추가된 공동상속인의 이해관계가 조정될 수 있는 점, 민법은 인지청구의 소를 '망인의 사망을 안 날

로부터 2년'으로 제한하고 상속분가액지급청구권의 행사도 '상속권의 침해를 안 날부터 3년'으로 제한하므로 인지재판을 바탕으로 한 상속분가액지급청구권의 행사가 무한정 늦춰지지 않도록 이중으로 제한하고 있는 점을 고려할 때, '침해행위가 있은 날'부터 10년 후에 인지 또는 재판의 확정이 이루어진 경우에도 추가된 공동상속인이 상속분가액지급청구권을 원천적으로 행사할 수 없도록 하는 것은, '가액반환의 방식'이라는 우회적·절충적 형태를 통해서라도 인지된 자의 상속권을 뒤늦게나마 보상해 주겠다는 제1014조의 상속분가액지급청구권의 입법취지에 반하며, 추가된 공동상속인의 권리구제 실효성을 완전히 박탈하는 결과를 초래하기 때문이다.

(라) 상속회복청구권이 제척기간의 경과로 소멸하게 되면 상속재산은 상속개시일로 소급하여 참칭상속인의 소유로 된다(대판 1998.3.27, 96다37398).

판 례

(ㄱ) 상속회복의 소는 상속권의 침해를 안 날부터 3년, 상속개시된 날부터 10년 내에 제기하도록 제척기간을 정하고 있는바, 이 기간은 제소기간으로 볼 것이므로, 상속회복청구의 소에서는 법원이 제척기간의 준수 여부에 관하여 직권으로 조사한 후 기간도과 후에 제기된 소는 부적법한 소로서 흠결을 보정할 수 없으므로 각하하여야 할 것이다(대판 1993.2.26, 92다3083).

(ㄴ) 제1014조에 의한 피인지자 등의 상속분상당가액지급청구권은 그 성질상 상속회복청구권의 일종이므로 제999조 2항에 정한 제척기간이 적용되고, 같은 항에서 3년의 제척기간의 기산일로 규정한 '그 침해를 안 날'이라 함은 피인지자가 자신이 진정상속인인 사실과 자신이 상속에서 제외된 사실을 안 때를 가리키는 것으로 혼인외의 자가 법원의 인지판결 확정으로 공동상속인이 된 때에는 그 인지판결이 확정된 날에 상속권이 침해되었음을 알았다고 할 것이다(대판 2007.7.26, 2006므2757,2764).

(ㄷ) 공동상속인 중 1인이 나머지 공동상속인들을 상대로 제기한 상속재산분할심판 사건에서 공동상속인 일부의 소송대리권이 흠결된 채로 소송대리인 사이에 재판상 화해나 조정이 성립하여 화해조서 또는 조정조서가 작성되고, 그 조서에 기하여 공동상속인 중 1인 명의로 상속재산협의 분할을 원인으로 한 소유권이전등기가 경료된 경우, 위와 같은 화해나 조정은 무효라 할 것이나, 그 조서에 확정판결과 같은 효력이 있는 이상 그 조서가 준재심에 의해 취소되기 전에는 당사자들로서는 화해나 조정의 무효를 확신할 수 없는 상태에 있다고 할 것이고, 그 후 소송대리권의 흠결 여부가 다투어진 끝에 준재심에 의해 화해조서나 조정조서가 취소되었다면, 나머지 공동상속인들은 그 준재심의 재판이 확정된 때에 비로소 공동상속인 중 1인에 의해 자신들의 상속권이 침해된 사실을 알게 되었다고 봄이 상당하므로, 상속회복청구권의 제척기간은 그때부터 기산된다(대판 2007.10.25, 2007다36223).

(ㄹ) 상속회복청구권의 경우 상속재산의 일부에 대해서만 제소하여 제척기간을 준수하였을 때에는 청구의 목적물로 하지 않은 나머지 상속재산에 대해서는 제척기간을 준수한 것으로 볼 수 없고, 제1014조에 의한 상속분상당가액지급청구권의 경우도 제999조 2항의 제척기간이 도과되면 소멸하므로 그 기간 내에 한 청구채권에 터잡아 제척기간 경과 후 청구취지를 확장하더라도 그

추가 부분의 청구권은 소멸한다. 만일 상속분상당가액지급청구권의 가액산정 대상재산을 인지 전에 이미 분할 내지 처분된 상속재산 전부로 삼는다는 뜻과 다만, 그 정확한 권리의 가액을 알 수 없으므로 추후 감정결과에 따라 청구취지를 확장하겠다는 뜻을 미리 밝히면서 우선 일부의 금액만을 청구한다고 하는 경우, 그 청구가 제척기간 내에 한 것이라면, 대상 재산의 가액에 대한 감정결과를 기다리는 동안 제척기간이 경과하고 그 후에 감정결과에 따라 청구취지를 확장한 때에는, 위와 같은 청구취지의 확장으로 추가된 부분에 관해서도 그 제척기간은 준수한 것으로 봄이 상당하다(대판 2007.7.26, 2006므2757,2764).

(ㅁ) 상속제도나 상속권의 내용은 입법자가 입법정책적으로 결정하여야 할 사항으로서 원칙적으로 입법자의 입법형성의 자유에 속한다고 할 것인바, 이 사건 법률조항이 정하는 상속회복청구권의 제척기간은 상속인이 자신의 상속재산을 회복하기 위하여 권리를 행사하기에 충분한 기간으로서 입법재량의 범위를 일탈한 것으로 볼 수 없으므로 청구인들의 재산권을 침해하거나 평등원칙에 위반되는 것으로 볼 수 없다(헌재결 2009.9.24, 2008헌바2; 헌재결 2008.7.31, 2006헌바110).

(ㅂ) 상속회복청구권의 단기제척기간은 참칭상속인 자체를 보호하기 위한 것이 아니라, 일정한 상속회복청구의 기간이 지난 경우 진정한 상속인이 더 이상 자기의 권리를 주장할 수 없도록 하여 참칭상속인이 상속재산에 대하여 가지고 있는 외관을 믿고 전득한 제3자를 보호함으로써 궁극적으로는 상속을 둘러싼 법률관계를 조기에 확정하여 거래의 안전을 도모하기 위한 것이라는 점을 고려할 때, 그 적용의 결과 악의의 참칭상속인이 보호받는 결과가 도출된다고 하여 이것이 청구인들의 재산권이나 평등권을 침해한다고도 볼 수 없다(헌재결 2010.11.25, 2010헌바253).

(ㅅ) 남북 주민 사이의 가족관계와 상속 등에 관한 특례법 제11조 1항은 피상속인인 남한주민으로부터 상속을 받지 못한 북한주민의 상속회복청구에 관한 법률관계에 관하여도 민법 제999조 2항의 제척기간이 적용됨을 전제로 한 규정이며, 따라서 남한주민과 마찬가지로 북한주민의 경우에도 다른 특별한 사정이 없는 한 상속권이 침해된 날부터 10년이 경과하면 민법 제999조 2항에 따라 상속회복청구권이 소멸한다(대판 2016.10.19, 2014다46648).

Ⅷ. 재산의 분리

1. 서 설

(1) 의 의

상속개시 후에 상속채권자나 유증 받은 자(수유자) 또는 상속인의 채권자의 청구에 의하여 상속재산과 상속인의 고유재산을 분리시키는 가정법원의 처분을 재산분리(財産分離)라고 한다. 상속에 의하여 피상속인의 재산상의 권리의무는 상속인의 고유재산상의 권리의무와 혼합하게 되는데, 이 경우 상속재산이 채무초과이면 상속인의 채권자가 불이익을 입게 되고 상속인의 고유재산이 채무초과이면 상속채권자가 불이익을 입게 된다. 그래서 민법은 상속채권자·수유자·상속인의 채권자 사이의 상속에 따른 이해의 대립을 해소하기 위하여 재산분리제도를 두고 있다.

(2) 다른 제도와 관계

(가) 상속의 한정승인과 포기는 상속재산이 채무초과인 때에 상속인을 보호하는 제도이고, 재산분리는 상속인의 고유재산이 채무초과인 경우에 상속채권자나 유증받은 자를 보호하기 위한 제도이다. 이와 같이 재산의 분리는 상속인의 '단순승인'에 의하여 상속재산과 고유재산의 혼합이 생기는 것을 막는 것이 목적이다. 따라서 한정승인이 된 경우에는 상속재산과 상속인의 고유재산이 당연히 분리되므로 상속재산 분리신청을 할 필요는 없다. 다만 한정승인이 무효이거나 법정단순승인으로 인정되는 경우, 또는 한정승인의 숙려기간 중인 경우에는 재산분리의 필요가 있다.

(나) 상속인에 대하여 파산선고가 있을 때에는 상속인의 채권은 그 고유재산에 대하여 상속채권자 또는 유증을 받은 자의 채권보다 우선하며, 상속재산에 대하여는 상속채권자 또는 유증을 받은 자의 채권이 상속인의 채권자의 채권보다 우선하게 되므로(채무자회생법 제443조, 제444조), 재산분리와 동일한 효과가 발생한다.

2. 요 건

(1) 상속채권자·유증을 받은 자 또는 상속인의 채권자일 것

재산분리는 상속채권자·특정유증을 받은 자 또는 상속인의 채권자가 청구할 수 있다. 다만 포괄적 수유자는 상속인과 동일한 지위를 가지므로 재산분리 청구권자가 되지 못한다(곽윤직, 334면).

한편 청구의 상대방에 관하여는 명문규정이 없지만 상속인 또는 상속재산의 관리인, 파산관재인, 유언집행자이다(김주수/김상용, 792면; 박동섭/양경승, 803면). 그러나 상대방은 원칙적으로 상속인 또는 파산관재인이며, 상속재산관리인·유언집행자 등은 처음부터 상속재산과 상속인의 고유재산을 별도로 관리하여야 한다는 견해가 있다(이경희, 456면).

(2) 상속이 개시된 날부터 3개월 이내일 것

청구기간은 상속이 개시된 날부터 3개월 이내이다(제1045조 1항). 상속의 승인 또는 포기의 경우와 달리 상속이 개시된 날, 즉 피상속인의 사망의 날부터 3개월 이내이다. 그러나 상속인이 상속의 승인이나 포기를 하지 않는 동안은 3개월의 기간이 경과한 후라도 재산분리의 청구가 허용된다(제1045조 2항).

3. 재산분리의 심판

재산분리의 청구가 있으면 가정법원은 상속재산과 상속인의 고유재산의 상태, 그 밖의 사정을 종합하여 그 필요성을 판단한 후에 재산분리를 명하는 심판을 하여야 한다(가사소송법 제2조 1항 라류 사건 35).

4. 재산분리의 효과

(1) 고유재산과의 분리

(가) 재산분리명령이 있으면 상속재산은 상속인의 고유재산으로부터 분리된다. 따라서 상속재산과 상속인의 고유재산이 혼합되지 않은 경우에 상속인은 그 상태를 유지하여야 하며, 이미 혼합된 경우에는 양 재산을 분리하여야 한다. 결국 재산분리에 의하여 상속으로 상속재산과 상속인의 재산은 혼동이 일어나지 않으므로, 피상속인에 대한 상속인의 재산상의 권리의무는 소멸하지 않는다(제1050조).

(나) 재산분리는 상속재산인 '부동산'에 관하여는 이를 등기하지 않으면 제3자에게 대항하지 못한다(제1049조). 상속재산에 대하여 권리를 취득한 제3자의 이익을 보호하고 거래의 안전을 도모하기 위한 것이다. 물론 동산에 관해서는 선의의 제3자는 선의취득의 원칙(제249조)에 의하여 보호받을 수 있다.

(2) 분리된 상속재산의 관리

가정법원이 재산분리를 명한 때에는 상속재산의 관리에 관하여 필요한 처분을 명할 수 있다(제1047조 1항, 가사소송법 제2조 1항 라류 사건 32호). 여기서 필요한 처분이란 재산관리인의 선임, 재산목록의 작성, 상속재산의 봉인, 파손되기 쉬운 물건의 현금화 등을 말한다. 재산관리의 방법으로서 법원이 재산관리인을 선임한 경우에는 부재자의 재산관리에 관한 규정(제24조-제26조)이 준용된다(제1047조 2항).

한편 단순승인을 한 상속인이 재산분리의 명령으로 인하여 재산관리를 하는 경우, 상속재산에 대하여 자기의 고유재산과 동일한 주의로 관리하여야 한다(제1048조 1항). 이 경우에 위임에 관한 수임인의 권리의무에 관한 규정(제683조-제685조, 제688조 1항, 2항)이 준용된다(제1048조 2항).

(3) 청산절차

(가) 재산분리의 공고와 최고

가정법원이 재산분리를 명하는 심판을 하면, 청구자는 5일 이내에 일반 상속채권자와 수유자에 대하여 재산분리의 명령이 있는 사실과 2개월 이상의 일정기간을 정하고 그 기간 내에 그 채권 또는 수증을 신고할 것을 공고하여야 하며, 알고 있는 상속채권자 또는 수유자에 대해서는 각각 별도로 채권신고를 최고하여야 한다(제1046조).

(나) 변제의 거절과 상속재산에 의한 변제

1) 상속인은 상속재산의 분리청구기간(제1045조), 상속채권자와 수유자에 대한 공고기간(제1046조)이 '만료하기 전'에는 상속채권자와 수유자에 대하여 변제를 거절할 수 있다(제1051조 1항). 만일 이에 위반하여 다른 채권자에게 변제함으로써 상속채권자나 수유자에게 손해를 끼친 경우에는 손해를 배상하여야 한다.

2) 분리청구기간과 공고기간이 '만료한 후'에는 상속인은 상속재산으로써 재산분리의 청구 또는 그 기간 내에 신고한 상속채권자·수유자, 상속인이 알고 있는 상속채권자·수유자에 대하여 각 채권액 또는 수증액의 비율로 변제하여야 한다(제1051조 2항 본문). 그러나 질권·저당권 등의 우선권 있는 채권자에 대하여는 상속재산으로써 우선적으로 변제하여야 한다(제1051조 2항 단서). 그리고 배당변제의 절차는 한정승인의 경우의 변제방법과 비슷하므로 한정승인의 변제에 관한 규정(제1035조-제1038조)이 준용된다(제1051조 3항).

(다) 고유재산으로부터의 변제

신고기간 내에 신고한 상속채권자·수유자, 상속인이 알고 있는 상속채권자·수유자는 상속재산으로써 전액의 변제를 받을 수 없는 경우에 한하여 상속인의 고유재산으로부터 그 변제를 받을 수 있다(제1052조 1항). 그리고 상속인의 채권자는 상속인의 고유재산으로부터 우선변제를 받을 권리가 있다(제1052조 2항).

제 3 절 유 언

Ⅰ. 서 설

1. 의 의

유언제도는 사유재산제도에 기인한 재산처분의 자유의 한 형태로 유언자가 남긴 최종의 의사를 존중하고 사후에 그 의사의 실현을 보장하기 위해 인정되는 제도이다. 재산처분의 자유에는 생전처분의 자유와 사후처분(유언)의 자유가 포함된다. 재산의 사후처분의 방법이 유언이다. 일반적으로 임종직전에 최후로 남기는 말을 유언(遺言)이라고 하지만, 법률상의 유언은 유언자의 사망과 동시에 일정한 법률효과를 발생시키는 것을 목적으로 하여 일정한 방식에 따라 행하는 상대방 없는 단독행위를 의미한다(제1060조). 특히 유언에 의해 상대방에게 재산을 이전시키는 경우를 유증(遺贈)이라고 한다.

2. 법적 성질

(1) 유언은 일정한 방식에 따라야 하는 요식행위이다. 유언은 유언자의 사망 후에 비로소 그 효력이 발생하기 때문에 유언의 존부나 그 내용의 불확실 등으로 인한 다툼을 방지하기 위한 것이다. 따라서 방식에 위반하는 유언은 무효이다(요식행위).

(2) 유언은 상대방 없는 단독행위이다. 따라서 유증을 받을 자의 승낙은 물론 유증을 받을 자 등에 대하여 의사표시를 하는 것도 필요 없다. 이 점에서 유언은 같은 사후행위이지만 생전의 증여계약인 사인증여와 다르다(상대방 없는 단독행위).

(3) 유언은 유언자의 최종의사를 존중하는 것이므로, 유언자 자신의 의사에 의하여 행하여져야 한다. 따라서 대리에 의한 유언행위는 허용되지 않는다(대리의 금지).

(4) 유언은 그 효력이 발생하기까지는 언제든지 철회할 수 있는 행위이다(제1108조-제1111조). 철회의 자유를 인정하는 것은 유언의 자유를 관철시켜 유언자의 최종의사를 존중하기 위한 것이다(철회의 자유).

(5) 유언은 유언자의 사망으로 비로소 그 효력이 발생하는 사인행위이고, 따라서 유언의 효력이 발생하기 전에는 유언으로 이익을 받게 되는 자는 법률상 아무런 권리도 가지지 않는다(사후행위). 주의할 것은 유언의 효력은 유언자의 사후에 발생하지만, 유언이 법률행위로서 성립하는 것은 표시행위가 완료하였을 때이라는 점이다.

판 례

법률상 유언이 아닌 것을 유언이라고 시인하였다 하여 그것이 곧 유언이 될 수 없고 이와 같은 진술은 민사소송법상의 자백이 될 수가 없다(대판 2001.9.14, 2000다66430,66447).

3. 유언의 자유와 그 제한 — 유언사항

(1) 사람은 자기의 재산에 대하여 생존 중에 자유로이 지배할 수 있듯이 사후에도 자유로이 지배하고자 하는 욕망이 있다. 따라서 사유재산제도가 확립된 국가에서는 자기 재산을 사후(死後)에도 자유로이 처분할 수 있도록 하고 있다. 결국 유언제도

는 사람의 최종적 의사를 존중하기 위한 것이다(遺言自由의 원칙). 특히 재산에 관하여 유언을 하게 되면 법정상속분에 의하지 않고 유언의 내용에 따라서 재산을 분배받게 된다.

(2) 이와 같이 유언의 자유는 인정되지만, 유언은 '법률로 정하여진 일정한 사항'에 대하여만 할 수 있으며, 이에 해당하지 않으면 유언은 무효이다. 예컨대 '어머니에게 효도를 하라'는 등의 유언을 하는 것은 자유지만, 그것은 법적으로 아무런 효과가 없다. 민법에서 인정하고 있는 유언사항으로, ① 상속재산 분할방법의 지정 또는 위탁(제1012조 전단), ② 상속재산의 분할금지(제1012조 후단), ③ 재단법인의 설립(제47조 2항), ④ 유증(제1074조), ⑤ 친생부인(제850조), ⑥ 인지(제859조 2항), ⑦ 미성년후견인의 지정(제931조), ⑧ 미성년후견감독인의 지정(제940조의2), ⑨ 유언집행자의 지정 또는 위탁(제1093조) 등이 있고, 신탁법 제3조에 의한 신탁의 설정도 유언사항이다.

(3) 어떤 유언사항이 법정사항에 해당하는가는 유언자의 의사를 해석을 통해서 판단하여야 한다. 이때 유언자의 의사해석은 유언자의 진의를 파악하는 것이어야 하지만, 가능한 유언을 유효하도록 해석하는 것이 유언자의 의사에 부합되며, 이를 위해 유언서의 문언을 기초로 하면서도 유언자가 유언서를 작성할 당시의 상황 및 경위 등을 고려하여야 할 것이다. 상속분의 지정은 민법상 인정되지 않지만 판례도 이러한 원칙에 입각하여 공동상속인에 대한 상속분의 지정을 포괄유증으로 해석하고 있다(대판 1980.2.26, 79다2078).

4. 유언의 능력

(1) 유언능력자

(가) 유언은 일종의 법률행위이기는 하지만, 유언의 취지는 유언자의 최종적 의사를 존중하는데 있으며, 또한 유언은 유언자 자신의 현실적 이익을 침해하는 것은 아니기 때문에, 일반적인 판단능력, 즉 의사능력이 있으면 충분하다. 따라서 유언에 관하여는 제한능력자에 관한 제5조, 제10조, 제13조를 적용하지 않으며(제1062조), 피성년후견인도 의사능력을 회복한 상태에서 독자적으로 유언을 할 수 있다(제1063조). 판례도 유언공정증서를 작성할 당시에 유언자가 반혼수상태였으며, 유언공정증서의 취지가 낭독된 후에도 그에 대하여 전혀 응답하는 말을 하지 아니한 채 고개만 끄덕였다면, 유언공정증서를 작성할 당시에 유언자에게는 의사능력이 없었으며, 그 공정증서에 의한 유언은 유언자가 유언의 취지를 구수(口授)하고 이에 기하여 공정증서가 작성된 것으로 볼 수 없다고 한다(대판 1996.4.23, 95다34514).

(나) 민법은 유언연령을 17세로 정하고 있으므로, 17세 이상이면 누구나 단독으로 유언할 수 있다(제1061조). 즉 17세 이상의 미성년자가 법정대리인의 동의를 받지 않고 유언하거나 철회하여도 이를 이유(동의 여부)로 취소하지 못한다(제1062조).

판 례

제1060조는 '유언은 본법의 정한 방식에 의하지 아니하면 효력이 발생하지 아니한다.'고 정하여 유언에 관하여 엄격한 요식성을 요구하고 있으나, 피성년후견인과 피한정후견인의 유언에 관하여는 행위능력에 관한 제10조 및 제13조가 적용되지 않으므로(제1062조), 피성년후견인 또는 피한정후견인은 의사능력이 있는 한 성년후견인 또는 한정후견인의 동의 없이도 유언을 할 수 있다. 따라서 후견심판 사건에서 가사소송법 제62조 1항에 따른 사전처분으로 후견심판이 확정될 때까지 임시후견인이 선임된 경우, 사건본인은 의사능력이 있는 한 임시후견인의 동의가 없이도 유언을 할 수 있고, 아직 성년후견이 개시되기 전이라면 의사가 유언서에 심신 회복 상태를 부기하고 서명날인하도록 요구한 민법 제1063조 2항은 적용되지 않는다(대판 2022.12.1, 2022다261237).

(2) 유언능력의 존재시기

유언은 다른 법률행위와 달리 그 성립의 시기와 효력발생의 시기 사이에 시간적 간격이 있는 것이 보통이지만, 유언자가 사망하여야 효력이 발생한다는 점, 피성년후견인의 유언능력이 인정되는 점 등에 비추어 볼 때, 유언의 성립시에 유언능력이 있으면 족하다. 따라서 유언 성립시에 유언능력이 있었으나 그 후 유언능력을 상실하여도 이미 한 유언의 효력에는 영향이 없다.

(3) 수유능력

수유자가 될 수 있는 지위나 자격을 의미하는 수유능력(受遺能力)은 의사능력의 존재를 전제로 하지 않으며, 권리능력자이면 족하다. 즉 유언은 상대방 없는 단독행위이므로 의사무능력자도 수유자가 될 수 있으며, 태아나 법인도 수유자가 될 수 있지만(제1064조, 제1000조 3항), 상속결격자는 수유능력이 없다(제1064조, 제1004조). 수유자가 상속개시 전에 사망하거나 실종선고를 받으면 그에 대한 유언은 효력이 생기지 않는다(제1089조 1항).

Ⅱ. 유언의 성립

1. 유언의 요식성

유언서의 작성은 생전에 이루어져도 그 효력은 유언자의 사망 후에 발생한다. 그래서 유언을 둘러싸고 분쟁이 생길 여지가 많다. 유언의 요식성은 유언자의 사망 후 유언자의 진정한 의사를 확보함으로써 유언의 존재여부나 내용의 불확실성을 없애고, 동시에 유언자로 하여금 신중하게 의사표시를 하도록 하고, 또 유언서의 위조나 변조를 막아 사후의 분쟁을 방지하기 위한 것이다. 따라서 법정된 요건과 방식에 어긋난 유언은 그것이 유언자의 진정한 의사에 합치하더라도 무효이다(대판 2009.5.14, 2009다9768; 대판 2008.8.11, 2008다1712).

2. 유언의 방식

유언방식의 종류에는 보통의 방식으로 자필증서유언·녹음유언·공정증서유언·비밀증서유언이 있고, 특별방식으로 구수증서유언이 있다. 특별방식의 유언은 '질병 기타의 급박한 사유로 인하여' 보통방식의 유언이 불가능한 경우에만 보충적으로 인정된다.

(1) 자필증서에 의한 유언

(가) 의 의

자필증서(自筆證書)에 의한 유언은 유언자가 그 전문과 연월일·주소·성명을 자서(自書)하고 날인하는 방식으로 성립하는 유언이다(제1066조 1항). 자필증서유언은 타인의 관여 없이 간단히 작성할 수 있고, 유언의 내용 및 존재를 비밀로 할 수 있는 편리성이 있지만, 내용의 불분명이나 위조·변조의 가능성이 있다. 그러므로 이에 대한 분쟁의 여지를 줄이기 위하여 자필증서유언을 집행하기 위해서는 반드시 가정법원에 검인 절차를 밟아야 한다(제1091조, 가사소송법 제2조 1항 라류 사건 41호).

(나) 요 건

1) 유언자가 그 전문을 자서(自書)하여야 한다. 따라서 타자기나 워드프로세서 등을 사용한 경우 또는 타인에게 구수·필기시킨 경우는 자필증서로 인정되지 않는다. 그러나 자기 스스로 썼다면 외국어나 속기문자를 사용하여도 상관없다. 전문이 한 장의 용지로 되어야 하는 것은 아니며, 여러 장에 걸쳐 있더라도 전체로서 1통의 유언서라는 것을 확인할 수 있으면 유효이다(김주수/김상용, 818면; 김용한, 391면).

2) 유언자는 유언의 년월일·그 주소·성명을 자서하여야 한다. ① 유언 작성일자는 유언능력의 유무를 판단하는 기준이 되고, 내용이 상호 저촉되는 여러 개의 유언증서가 있는 경우에 그 우열을 결정하는 기준이 되기 때문에 유언의 중요한 요소이다. 연월일은 유언서의 본문 중에 기재되어야 하는 것은 아니며, 말미에 기재하거나 봉투에 기재하여도 상관없다. 연월일의 기재방법은 반드시 연월일에 의할 필요는 없으며, 그 작성시기를 알아볼 수 있는 시기, 예컨대 회갑일·몇 년의 조부제사일과 같은 표시는 유효이다. ② 주소의 자서가 없는 유언은 무효이다(대판 2007.10.25, 2006다12848). 이때의 주소는

유언자의 생활의 근거되는 곳이면 되고(제18조 2항), 주민등록법에 의하여 등록된 곳일 필요는 없다. 그리고 유언자의 주소는 유언증서로서 일체성이 인정되는 이상 그 전문을 담은 봉투에 기재하더라도 상관없다(대판 1998.6.12, 97다38510; 대판 1998.5.29, 97다38503). ③ 성명도 기재하여야 하지만, 성명의 기입은 유언자의 동일성을 확인할 수 있으면 되므로, 아호·예명·필명 등을 사용하더라도 무방하다.

3) 날인(捺印)을 하여야 한다. 따라서 유언자의 날인이 없는 유언장은 자필증서에 의한 유언으로서의 효력이 없다(대판 2007.10.25, 2006다12848; 대판 2006.9.8, 2006다25103,25110). 날인은 반드시 실인이어야 할 필요는 없고 무인이라도 무방하며 날인은 타인을 시켜서 하여도 유효하다(대판 1998.6.12, 97다38510; 대판 1998.5.29, 97다38503). 그 밖에 피성년후견인이 유언을 하는 경우, 그의 심신회복 상태를 의사가 유언서에 부기하고 서명날인하여야 한다(제1063조 2항).

4) 문자의 삽입·삭제·변경을 할 때에는 유언자가 자서하고 날인하여야 한다(제1066조 2항). 그러나 유언증서의 기재자체로 보아 명백한 오기를 정정함에 지나지 않는 경우에는 그 정정부분에 날인하지 않았더라도 그 효력에는 영향이 없다(대판 1998.6.12, 97다38510; 대판 1988.5.29, 97다38503).

판 례

(ㄱ) 자필증서에 의한 유언은 유언자가 그 전문과 연월일, 주소 및 성명을 자서(自書)하는 것이 절대적 요건이므로, 전자복사기를 이용하여 작성한 복사본은 이에 해당하지 않는다(대판 1998.6.12, 97다38510).

(ㄴ) 연월일의 기재가 없는 자필유언증서는 효력이 없으며, 자필유언증서의 연월일은 이를 작성한 날로서 유언능력의 유무를 판단하거나 다른 유언증서와 사이에 유언 성립의 선후를 결정하는 기준일이 되므로 그 작성일을 특정할 수 있게 기재하여야 한다. 따라서 연·월만 기재하고 일의 기재가 없는 자필유언증서는 그 작성일을 특정할 수 없으므로 효력이 없다(대판 2009.5.14, 2009다9768).

(ㄷ) 자서와는 별도로 유언자의 날인을 요구하고 있는 제1066조 1항이 유언의 자유를 과도하게 제한하는 규정으로서 헌법에 위반된다고 볼 수는 없다(대판 2006.9.8, 2006다25103,25110).

(ㄹ) 유언집행자가 자필 유언증서상 유언자의 자서와 날인의 진정성을 다투는 상속인들에 대하여 '유언 내용에 따른 등기신청에 이의가 없다'는 진술을 구하는 소는, 등기관이 자필 유언증서상 유언자의 자서 및 날인의 진정성에 관하여 심사하는 데 필요한 증명자료를 소로써 구하는 것에 불과하고, 제389조 2항에서 규정하는 '채무가 법률행위를 목적으로 한 때에 채무자의 의사표시에 갈음할 재판을 청구하는 경우'에 해당한다고 볼 수 없다. 유언집행자로서는, 자필 유언증서상 유언자의 자서와 날인의 진정성을 다투는 상속인들이 유언 내용에 따른 등기신청에 관하여 이의가 없다는 진술서의 작성을 거절하는 경우에는 그 진술을 소로써 구할 것이 아니라, 상속인들을 상대로 유언효력확인의 소나 포괄적 수증자 지위 확인의 소 등을 제기하여 승소 확정판결을 받은 다음, 이를 부동산등기규칙 제46조 1항 1호 및 5호의 첨부정보로 제출하여 유증을 원인으로 하는 소유권이전등기를 신청할 수 있다(대판 2014.2.13, 2011다74277).

(ㅁ) 자필증서에 의한 유언은 제1066조 1항의 규정에 따라 유언자가 전문과 연월일, 주소, 성명을 모두 자서하고 날인하여야만 효력이 있고, 유언자가 주소를 자서하지 않았다면 이는 법정된 요건과 방식에 어긋난 유언으로서 효력을 부정하지 않을 수 없으며, 유언자의 특정에 지장이 없다고 하여 달리 볼 수 없다. 여기서 자서가 필요한 주소는 반드시 주민등록법에 의하여 등록된 곳일 필요는 없으나, 적어도 제18조에서 정한 생활의 근거되는 곳으로서 다른 장소와 구별되는 정도의 표시를 갖추어야 한다(대판 2014.9.26, 2012다71688).

(2) 녹음에 의한 유언

(가) 의 의

녹음에 의한 유언은 음향기기에 유언자가 유언의 취지·그 성명·연월일을 구술하고, 이에 참여한 증인이 유언자 본인의 유언이 틀림없다는 것과 증인 자신의 성명을 구술함으로써 성립하는 유언이다(제1067조).

(나) 요 건

1) 유언자가 유언의 취지·성명·연월일을 녹음하여야 한다. 구술하는 언어에는 제한이 없다. 녹음은 음향기기에 유언의 취지를 기록하는 것이므로, 레코드·카세트테이프·비디오·컴퓨터에 의한 디지털녹음 등 무엇이든 가능하다(이경희, 475면; 박동섭/양경승, 870면).

2) 참여한 증인이 유언의 정확함과 그 성명을 구술하여야 한다. 따라서 증인의 참여 없이 녹음한 유언은 무효이다. 그런데 녹음유언에 참여하는 증인의 수에 대하여 아무런 규정이 없지만, 증인을 요하는 다른 유언인 공정증서·비밀증서·구수증서에 의한 유언의 경우에 2인 이상의 증인을 요하고 있는 점, 증인을 요하는 이유는 유언자의 사후에 유언의 진정성을 확보하고자 하는 점을 고려할 때 2인의 증인이 필요하다고 할 것이다(곽윤직, 381면; 이경희, 475면). 한편 피성년후견인이 의사능력이 회복되어 녹음에 의한 유언을 할 때에는 의사가 심신회복의 상태를 구술하여 녹음하여야 한다(제1063조 2항).

(3) 공정증서에 의한 유언

(가) 의 의

공정증서(公正證書)에 의한 유언은 유언자가 증인 2인이 참여한 가운데 공증인 면전에서 유언의 취지를 구술하고 공증인이 이를 필기·낭독하여 유언자와 증인이 그 정확함을 승인한 후 각자 서명 또는 기명날인함으로써 성립하는 유언이다(제1068조). 공정증서에 의한 유언은 유언증서를 공증인이 보관하므로, 유언의 존재가 분명하고 위조·변조를 막을 수 있으며, 검인 없이 집행할 수 있는 점에서 유용한 방식이다.

(나) 요 건

1) 증인 2인의 참여가 있어야 한다. 증인 1인만이 참여하였거나 증인의 참여가 없으면 무효이다(대판 2002.9.24, 2002다35386; 대판 1994.12.22, 94다13695).

2) 유언자가 공증인의 면전에서 유언의 취지를 구수하여야 한다. 구수는 언어로 진술하는 것을 말하며, 거동으로 유언의 내용을 표시하는 것은 안 된다. 예컨대 유언자가 식물인간이라든지 기타 사유로 손짓, 발짓, 고개만 끄덕 끄덕하는 것만 가지고는 구수로 볼 수 없다(대판 1996.4.23, 95다34514). 여기서 '유언취지의 구수'라 함은 말로써 유언의 내용을 상대방에게 전달하는 것을 뜻하므로 이를 엄격하게 제한하여 해석하여야 할 것이지만, 공증인이 유언자의 의사에 따라 유언의 취지를 작성하고 그 서면에 따라 유언자에게 질문을 하여 유언자의 진의를 확인한 다음 유언자에게 필기된 서면을 낭독하여 주었고, 유언자가 유언의 취지를 정확히 이해할 의사식별능력이 있고 유언의 내용이나 유언 경위로 보아 유언 자체가 유언자의 진정한 의사에 기한 것으로 인정할 수 있는 경우에는, '유언취지의 구수' 요건을 갖추었다고 보아야 한다(대판 2008.8.11, 2008다1712; 대판 2007.10.25, 2007다51550,51567).

3) 공증인이 유언자의 구수를 필기하여 이를 유언자와 증인 앞에게 낭독하여야 한다. 필기는 공증인이 하거나 그 보조자가 하여도 무방하며, 공정증서는 국어로 작성되어야 한다(공증인법 제26조). 또한 공증인 자신이 낭독을 직접 할 필요 없으며, 그 면전에서 공증인의 지시로 제3자에게 낭독하게 하여도 무방하다.

4) 유언자와 증인이 공증인의 필기가 정확함을 승인한 후 각자 서명 또는 기명날인하여야 한다. 질병 등으로 유언자가 서명할 수 없는 때에는 공증인이 그 사유를 부기하고 서명을 대신하여도 무방하다. 서명은 아호·예명 같은 것도 상관없으며, 기명날인은 반드시 유언자나 증인 자신이 할 필요는 없다.

(4) 비밀증서에 의한 유언

(가) 의 의

비밀증서(秘密證書)에 의한 유언이란 유언자가 자기의 유언취지와 실제 유언서를 필기한 필자(유언자일 수도 있고 제3자일 수도 있다)의 성명을 기입한 증서를 엄봉(嚴封; 단단히 봉함)날인하고 이를 2인 이상의 증인에게 자신의 유언서임을 표시한 후 그 봉서표면(封書表面)에 제출연월일을 기재하고 유언자와 증인이 각자 서명 또는 기명날인하여 작성한 것을 말한다(제1069조 1항).

(나) 요 건

1) 유언자가 필자의 성명을 기입한 증서를 작성하고 이를 엄봉·날인하여 한다.

유언증서는 유언자가 자서(自書)할 필요가 없으며, 제3자에게 필기를 시켜도 무방하지만 필자의 성명은 반드시 기재하여야 한다. 또한 다른 유언과 달리 작성연월일이나 주소를 기재할 필요가 없다. 다만 증서의 전문과 연월일, 주소, 성명도 자서하고 날인함으로써 자필증서의 방식에 적합한 때에는 비밀증서로서의 방식에 흠결이 있는 경우라도 자필증서로서 유효하게 된다(제1071조).

2) 엄봉·날인한 유언증서를 2인 이상의 증인의 면전에 제출하여 자기의 유언서임을 표시하여야 하고, 봉서표면에 유언서의 제출연월일을 기재하고, 유언자와 증인이 각자 서명 또는 기명날인하여야 한다.

3) 비밀증서에 의한 유언봉서는 그 표면에 기재한 날부터 5일 내에 공증인 또는 법원서기에게 제출하여 그 봉인상에 확정일자를 받아야 한다(제1069조 2항).

(5) 구수증서에 의한 유언

(가) 의 의

구수증서(口授證書)에 의한 유언이란 질병 기타 급박한 사유로 인하여 자필증서·녹음·공정증서 또는 비밀증서의 방식으로 유언을 할 수 없는 경우에 유언자가 2인 이상의 증인의 참여로 그 1인에게 유언의 취지를 구수하고, 그 구수를 받은 자가 이를 필기·낭독하여 유언자와 증인이 그 정확함을 승인한 후, 각자가 서명 또는 기명날인하여 작성한 것을 말한다(제1070조 1항). 주의할 것은 구수증서에 의한 유언은 보통의 방식에 의한 유언이 가능한 경우에는 허용되지 않는다는 점이다(대판 1999.9.3, 98다17800).

(나) 요 건

1) 질병이나 그 밖의 급박한 사유로 인하여 보통방식에 의한 유언을 할 수 없어야 한다. 여기서 급박한 사유란 부상한 경우, 전염병으로 인하여 교통이 차단된 지역에 있는 경우, 조난한 선박 중에 있는 경우 등을 말한다.

2) 2인 이상의 증인의 참여로 그 1인에게 유언의 취지를 구수하여야 한다. 따라서 증인이 1인만 참여한 경우에는 그 유언은 당연히 무효이다. 여기서 '유언취지의 구수'란 말로써 유언의 내용을 상대방에게 전달하는 것을 뜻하는 것이므로, 증인이 제3자에 의하여 미리 작성된, 유언의 취지가 적혀 있는 서면에 따라 유언자에게 질문을 하고 유언자가 동작이나 간략한 답변으로 긍정하는 방식은 유언 당시 유언자의 의사능력이나 유언에 이르게 된 경위 등에 비추어 그 서면이 유언자의 진의에 따라 작성되었음이 분명하다고 인정되는 등의 특별한 사정이 없는 한 제1070조의 유언취지의 구수에

해당하지 않는다(대판 2006.3.9, 2005다57899). 따라서 유언 당시에 자신의 의사를 제대로 말로 표현할 수 없는 유언자가 유언취지의 확인을 구하는 변호사의 질문에 대하여 고개를 끄덕이거나 '음', '어'라고 말한 것만으로는 유언의 취지를 구수한 것으로 볼 수 없다.

3) 구수를 받은 자가 이를 필기·낭독하여 유언자와 증인이 그 정확함을 승인한 후, 각자가 서명 또는 기명날인하여야 한다.

4) 구수증서에 의한 유언은 증인 또는 이해관계인이 급박한 사유가 종료한 날부터 7일 이내에 가정법원에 검인을 신청하여야 한다(제1070조 2항, 가사소송법 제2조 1항 라류 사건 40호). 여기서 이해관계인이란 상속인, 유증을 받은 자, 유언집행자로 지정된 자 등 그 유언에 의하여 법률적으로 영향을 받는 자를 말한다(대결 1990.2.9, 98스19). 그리고 급박한 사유가 종료한 날부터 7일 이내에 검인을 받지 않으면 그 유언은 무효이다(대결 1994.11.3, 94스16; 대판 1992.7.14, 91다39719).

5) 피성년후견인이 구수증서에 의한 유언을 하는 경우에는 그 의사능력이 회복되어야 한다(제1063조 1항). 의사가 심신회복의 상태를 유언증서에 부기하고 서명·날인할 필요는 없다(제1070조 3항, 제1063조 2항). 구수증서에 의한 유언의 경우에는 사실상 의사의 참여가 거의 불가능한 경우가 많기 때문이다(김주수/김상용, 826면; 박동섭/양경승, 879면; 이경희, 479면).

판 례

유언자가 질병으로 인하여 구수증서의 방식으로 유언을 한 경우에는 특별한 사정이 없는 한 유언이 있은 날에 급박한 사유가 종료한 것으로 보아야 하므로 유언이 있은 날부터 7일 내에 법원에 검인을 신청해야 하고 그 기간이 경과된 후에 제기된 검인신청은 부적법하다(대결 1994.11.3, 94스16; 대결 1989.12.13, 89스11).

3. 유언의 검인

유언의 증서나 녹음을 보관한 자 또는 이를 발견한 자는 유언자의 사망 후 지체없이 이를 가정법원에 제출하여 그 검인을 청구하여야 한다(제1091조 1항). 검인은 유언증서나 녹음의 외형을 검증하여 그 성립·존재를 확보하는 절차에 그치기 때문에, '공정증서'나 '구수증서'에 의한 유언에는 검인이 필요 없다(제1091조 2항). 특히 구수증서에 의한 유언은 그 성립과정에 이미 검인이 필요하므로 그 집행과정에 검인이 필요 없다.

4. 유언증인의 결격

자필증서에 의한 유언을 제외하고 그 밖의 유언방식에는 증인의 참여가 있어야 한다. 유언은 유언자의 사망 후에 효력이 발생하기 때문에, 유언자의 사후에 유언내용의 진실성을 확인해 줄 사람이 필요하다. 한편 자필증서에 의한 유언은 유언자의 친필에 의한 유언이므로 사후에 필적감정 등을 통해 그 진위 여부를 판단할 수 있기 때문에 증인이 필요 없다.

(1) 증인의 결격사유

(가) 법정결격사유

미성년자·피성년후견인·피한정후견인·유언에 의하여 이익을 받을 자 및 그 배우자와 직계혈족에 해당하는 자는 유언에 참여하는 증인이 되지 못한다(제1072조 1항). 물론 혼인에 의하여 성년의제된 미성년자는 증인자격이 있다. 공정증서에 의한 유언의 경우, 공증인법에 의한 결격자는 증인이 되지 못한다(제1072조 2항).

판 례

공정증서에 의한 유언에 있어서는 2인 이상의 증인이 참여하여야 하는데, 유언에 참여할 수 없는 증인결격자의 하나로 제1072조 1항 3호가 규정하고 있는 '유언에 의하여 이익을 받을 자'라 함은 유언자의 상속인으로 될 자 또는 유증을 받게 될 수증자 등을 말하는 것이므로, 유언집행자는 증인결격자에 해당한다고 볼 수 없다(대판 1999.11.26, 97다57733).

(나) 사실상의 결격사유

법정결격사유에 해당하지 않더라도 ① 비밀증서·공정증서·구수증서에 의한 유언에 증인의 서명 또는 기명날인을 하여야 하므로, 서명할 수 없거나 문자를 이해할 수 없으면 증인이 될 수 없다. ② 구수증서·녹음에 의한 유언의 경우에 구수나 녹음된 유언을 이해할 수 없는 자(예: 성년후견개시의 심판을 받지 않은 정신장애자, 유언자가 말하는 언어를 이해할 수 없는 자, 청취불능자 등)는 증인이 될 수 없다. ③ 공정증서·구수증서에 의한 유언의 경우에 증인이 필기의 정확함을 승인하여야 하므로, 이러한 능력이 없는 자는 증인이 될 수 없다.

(2) 결격자가 참여한 유언의 효력

유언의 증인결격자가 증인으로 참여한 유언은 그 유언 전체가 무효이다. 한편 유언이 무효로 되었을 경우 무효행위의 전환의 법리에 의하여 사인증여로의 전환을 고려할 수 있다(양형우, "사인증여에 의한 등기", 홍익법학 제13권 1호, 403면). 판례도 사인증여의 성립을 인정한다(대판 2023.9.27, 2022다302237). 즉 유언자 A는 입원 중이던 병실에서 B, C를 증인으로 참여시키고 D를 유언집행자로 지정하여 자신의 재산 중 일부를 장학기금으로 출연하고, D에게 5,000만원, E에게 1,000만원을 각 증여하는 것 등을 유언내용으로 구수하였고, B가 이를 유언서로 작성하여 낭독하는 과정에 D가 직접 입회하였고, E는 병실 옆에서 이를 듣게 되어, 유언서 작성이 끝난 후 이들은 A에게 위와 같은 유증을 하여 주어 고맙다고 말을 하며 감사의 뜻을 표시하였다. 이에 대해 판례는 구수증서에 의한 유언으로서의 요건을 갖추지 못하여 무효이지만, A와 D·E사이에는 A의 사망으로 인하여 D·E에게 위 유언내용에 해당하는 금원을 증여하기로 하는 의사가 합치가 있었다고 볼 수 있다는 이유로 각 증여부분은 사인증여의 효력을 갖는다고 한다(대판 2005.11.25, 2004두930).

판 례

망인이 단독행위로서 유증을 하였으나 유언의 요건을 갖추지 못하여 효력이 없는 경우, 이를 '사인증여'로서 효력을 인정하려면 증여자와 수증자 사이에 청약과 승낙에 의한 의사합치가 이루어져야 하는데, 유언자인 망인이 자신의 상속인인 여러 명의 자녀들에게 재산을 분배하는 내용의 유언을 하였으나 민법상 요건을 갖추지 못하여 유언의 효력이 부정되는 경우, 유언을 하는 자리에 동석하였던 일부 자녀와 사이에서만 '청약'과 '승낙'이 있다고 보아 사인증여로서의 효력을 인정한다면, 자신의 재산을 배우자와 자녀들에게 모두 배분하고자 하는 망인의 의사에 부합하지 않고 그 자리에 참석하지 않았던 나머지 상속인들과의 형평에도 맞지 않는 결과가 초래된다. 따라서 이러한 경우 유언자인 망인과 일부 상속인인 원고 사이에서만 사인증여로서의 효력을 인정하여야 할 특별한 사정이 없는 이상 그와 같은 효력을 인정하는 판단에는 신중을 기해야 한다(대판 2023.9.27, 2022다302237).

Ⅲ. 유언의 효력

1. 유언의 효력발생시기

(1) 원 칙

유언은 일정한 방식에 의하여 유언증서가 작성된 때에 성립하지만, 그 효력은 유언자가 사망한 때에 발생한다(제1073조 1항). 즉 유언은 상대방 없는 단독행위이므로, 유언에 의한 수익자의 승인 여부와는 아무런 관계가 없다. 다만 유증 받을 자는 유언의 효력이 발생한 후에 그 효력을 받는 것을 거절할 수 있다(제1074조).

(2) 조건부 또는 기한부 유언

유언은 그 내용이 신분에 관한 행위(예: 유언인지)와 같이 그 성질상 허용되지 않는 경우를 제외하고는 조건이나 기한을 붙일 수 있다.

(가) 조건부 유언

유언에 정지조건이 있는 경우(예: 甲이 혼인할 때에 X부동산을 준다), 그 조건이 유언자의 사망 후에 성취되면 그때부터 유언의 효력이 생긴다(제1073조 2항). 정지조건부 유언은 유언자 사망 이전에 조건이 성취되면 그 유언은 무조건의 것으로 되며(제151조 2항), 유언자의 사망 이전에 조건이 성취될 수 없는 것으로 확정되면 그 유언은 무효이다(제151조 3항).

한편 유언에 해제조건이 붙은 경우에 관한 명문의 규정이 없지만, 조건일반의 법리에 따라 해제조건부 유언은 유언자의 사망한 때부터 효력이 발생하고, 나중에 조건이 성취되면 그때부터 효력이 소멸한다(제147조 2항). 유언자의 사망 이전에 해제조건이 성취되면 그 유언은 무효이고(제151조 2항), 조건불성취로 확정되면 그 유언은 조건 없는 유언이 된다(제151조 3항).

(나) 기한부 유언

시기(始期)가 있는 유언은 유언자가 사망한 때부터 그 효력이 생기지만, 그 이행은 기한이 도래한 때에 청구할 수 있다(제152조 1항). 종기(終期)가 있는 유언은 유언자가 사망한 때부터 그 효력이 생기지만, 기한의 도래에 의하여 그 효력을 잃는다(제152조 2항).

(3) 유언자의 사망시 효력이 생기지 않는 유언

(가) 재단법인의 설립행위

유언자가 재단법인을 설립하기 위하여 유언으로 재산출연과 정관작성을 한 경우, 유언자가 사망하여 유언의 효력이 발생하여도 재단법인설립의 효력은 발생하지 않는다. 재단법인은 유언집행자가 주무관청의 허가를 얻어 설립등기를 한 때에 설립되기 때문이다(제32조, 제33조).

(나) 친생부인

남편 또는 아내가 유언으로 친생부인의 의사를 표시한 것(예: A는 내 자식이 아니다 또는 나의 친생자임을 부인한다는 유언)만으로는 친생자관계가 소멸되지 않는다. 유언집행자가 친생부인의 소를 제기하여야 하고(제850조), 그 판결의 확정으로 자녀는 母의 혼인외의 출생자가 된다.

(다) 유언인지

유언인지(예: A는 나의 자식임을 인정한다는 유언)의 경우, 유언집행자는 취임일로부터 1개월 이내에 인지신고를 하여야 한다(가족관계등록법 제59조). 유언에 의한 인지의 효력은 유언자의 사망시에 생기지만, 자녀의 출생시에(제860조) 소급한다(다수설). 즉 유언의 성질상 유언에 의한 인지는 유언자가 사망한 때에 효력을 발생하고, 따라서 신고는 보고적 신고에 불과하다(김주수/김상용, 704면).

2. 유언의 무효와 취소

유언자는 그 생존 중에 유언의 효력을 잃게 하려면 무효·취소를 주장할 것 없이 철회할 수 있으므로, 유언의 무효·취소가 문제되는 것은 주로 유언자가 사망한 후의 일이다.

(1) 유언의 무효

유언의 무효는 유언 당시부터 유언으로서 효력이 없는 것을 말한다. 예컨대 ① 방식을 갖추지 않은 유언(제1060조), ② 유언무능력자, 즉 17세 미만자와 의사능력이 없는 자의 유언(제1061조, 제1063조, 제1062조), ③ 수증결격자에 대한 유언(제1064조), ④ 선량한 풍속 기타 사회질서에 위반된 사항을 내용으로 하는 유언(제103조), ⑤ 강행규정에 위반되는 유언, ⑥ 법정사항 이외의 사항을 내용으로 하는 유언, ⑦ 유언자의 생전행위에 의하여 실현되었거나 유언자의 사망 전에 실현된 것을 내용으로 하는 유언 등은 무효이다.

(2) 유언의 취소

유언내용의 중요부분에 착오가 있거나(제109조) 사기·강박에 의하여 유언이 이루어진 경우에 그 유언을 취소할 수 있다(제110조). 유언의 취소는 유언자의 사후에 상속인의 취소권 행사에 의하여 행하여진다. 유언자는 생전 중에 언제든지 유언을 철회할 수 있으므로, 유언자에게 취소권을 인정하는 것은 무의미하다(이경희, 490면; 박동섭/양경승, 893면).

3. 유언의 철회

(1) 의 의

유효한 유언이 성립한 후에도 유언자는 언제든지 유언 또는 생전행위로써 유언의 전부 또는 일부를 철회할 수 있으며, 유언자는 유언철회권을 포기할 수 없다(제1108조). 따라서 철회권을 포기하거나 유언을 철회하지 않겠다는 의사표시도 모두 무효이다. 이와 같이 유언자의 최종의사를 존중하기 위하여 유언철회의 자유가 인정된다. 철회는 유언자의 일신전속권이므로 유언자 자신만이 단독으로 할 수 있고, 대리가 허용되지 않으며 또 타인의 동의도 필요 없다.

(2) 유언철회의 방식

(가) 임의철회

유언자는 유언 또는 생전행위로써 유언을 철회할 수 있다(제1108조). 이것을 임의철회라고 한다. 유언으로 철회하는 경우, 철회유언도 유언의 방식에 의하여야 하지만, 철회될 유언과 같은 방식으로 할 필요는 없다. 즉 공정증서유언을 자필증서유언으로 철회할 수 있고, 자필증서유언을 공정증서유언으로 철회할 수도 있다(이경희, 493면; 박동섭/양경승, 882면). 한편 철회의 의사표시를 하지 않고 유언증서를 파기하여 버리면 유언은 철회한 것으로 본다(제1110조).

(나) 법정철회

명시적·임의적인 철회유언이 없더라도 다음과 같은 사실이 있으면 유언자의 진의를 묻지 않고 철회의 효과가 인정된다. 즉 ① 전후의 유언이 저촉되는 경우에는 그 저촉되는 부분의 전 유언은 철회된 것으로 본다(제1109조 전단). 여기서 저촉이란 양자가 양립할 수 없음을 의미하고(예: X부동산을 A에게 준다고 유언한 후 B에게 준다고 하는 경우), 따라서 뒤에 한 유언이 앞에 한 유언에 조건을 부가한 경우 등은 이에 해당하지 않는다. ② 유언 후의 생전행위가 유언과 저촉되는 경우(예: 유언자가 유언 후에 유증의 목적물을 제3자에게 매각한 경우)에는 그 저촉된 부분의 전 유언은 철회된 것으로 본다(제1109조 후단). 여기의 '생전행위'는 유언자가 생존 중에 유언의 목적인 특정재산에 대하여 한 처분을 가리키며, 유상·무상을 불문한다. 물론 생전행위에 대한 철회권을 가진 유언자 자신이 할 때 철회 의제 여부가 문제될 뿐이고, 타인이 유언자의 명의를 이용하여 임의로 유언의 목적인 특정재산에 관하여 처분행위를 하더라도 유언 철회로서의 효력은 발생하지 않는다(대판 1998.6.12, 97다38510). ③ 유언자가 고의로 유언증서나 유증의 목적물을 파손한 때에는 그 부분에 관한 유언은 철회된 것으로 본다(제1110조). 즉 유언자가 스스로 고의로 파손하여야 한다. 따라서 ① 제3자가 파손한 경우나 과실이나 불가항력으로 파손한 경우는 법정철회로 인정될 수 없다. ② 유언자가 유언을 철회한 것으로 볼 수 없는 이상, 유언증서가 그 성립 후에 멸실되거나 분실되었다는 사유만으로 유언이 실효되는 것은 아니며, 이해관계인은 유언증서의 내용을 증명하여 유언의 유효를 주장할 수 있다(대판 1996.9.20, 96다21119). 유언서의 파손은 유언서 자체에 대하여 행하여져야 하므로, 공정증서 유언의 경우는 원본이 공증인사무소에 보존되어 있는 한 유언자가 스스로 정본을 파손하더라도 철회의 효력은 생기지 않는다. 또한 유언자가 비밀증서에 의한 유언을 한 후에 그 봉인(封印)을 파손하더라도 그 유언이 자필증서에 의한 유언의 방식을 갖추고 있을 때에는 자필증서 유언으로서 효력을 가지며 철회로 보지 않는다.

판 례

(ㄱ) 망인이 유언증서를 작성한 후 재혼하였다거나, 유언증서에서 유증하기로 한 일부 재산을 처분한 사실이 있다고 하여 다른 재산에 관한 유언을 철회한 것으로 볼 수 없다(대판 1998.5.29, 97다38503).

(ㄴ) 제1109조의 '저촉'이라 함은 전의 유언을 실효시키지 않고서는 유언 후의 생전행위가 유효로 될 수 없음을 가리키되 법률상 또는 물리적인 집행불능만을 뜻하는 것이 아니라 후의 행위가 전의 유언과 양립될 수 없는 취지로 행하여졌음이 명백하면 족하다고 할 것이고, 이러한 저촉 여부 및 그 범위를 결정함에 있어서는 전후 사정을 합리적으로 살펴 유언자의 의사가 유언의 일부라도 철회하려는 의사인지 아니면 그 전부를 불가분적으로 철회하려는 의사인지 여부를 실질적으로 집행이 불가능하게 된 유언 부분과 관련시켜 신중하게 판단하여야 한다(대판 1998.6.12, 97다38510).

(ㄷ) 유언증서가 성립한 후에 멸실되거나 분실되었다는 사유만으로 유언이 실효되는 것은 아니고 이해관계인은 유언증서의 내용을 증명하여 유언의 유효를 주장할 수 있다. 이는 녹음에 의한 유언이 성립한 후에 녹음테이프나 녹음파일 등이 멸실 또는 분실된 경우에도 마찬가지이다. 문서의 제출은 원본으로 하여야 하는 것이고, 원본이 아니고 단순히 사본만으로 한 증거의 제출은 정확성의 보증이 없어 원칙적으로 부적법하므로, 원본의 존재 및 원본의 성립의 진정에 관하여 다툼이 있고 사본을 원본의 대용으로 하는 것에 대하여 상대방으로부터 이의가 있는 경우에는 사본으로써 원본을 대신할 수 없다. 반면에 사본을 원본으로서 제출하는 경우에는 그 사본이 독립한 서증이 되는 것이나 그 대신 이로써 원본이 제출된 것으로 되지는 아니하고, 이때에는 증거에 의하여 사본과 같은 원본이 존재하고 그 원본이 진정하게 성립하였음이 인정되지 않는 한 그와 같은 내용의 사본이 존재한다는 것 이상의 증거가치는 없다. 다만 서증사본의 신청 당사자가 문서 원본을 분실하였다든가, 선의로 이를 훼손한 경우, 문서제출명령에 응할 의무가 없는 제3자가 해당 문서의 원본을 소지하고 있는 경우, 원본이 방대한 양의 문서인 경우 등 원본 문서의 제출이 불가능하거나 곤란한 상황에서는 원본을 제출할 필요가 없지만, 그러한 경우라면 해당 서증의 신청당사자가 원본을 제출하지 못하는 것을 정당화할 수 있는 구체적 사유를 주장·증명하여야 한다. 감정인의 감정 결과는 그 감정방법 등이 경험칙에 반하거나 합리성이 없는 등의 현저한 잘못이 없는 한 이를 존중하여야 한다(대판 2023.6.1, 2023다217534). 가령 변호사가 망인의 유언을 휴대전화로 녹음한 다음 녹음 원본파일을 망인의 상속인에게 카카오톡으로 전송한 후 삭제하였고, 유언 검인기일에는 녹음 사본파일만이 제출되어 유언검인조서가 작성된 경우, 제반 사정에 비추어 유언 검인기일에 제출된 녹음 사본파일이 녹음 원본파일과 동일성이 있는 파일인 사실이 인정되면, 망인의 유언이 민법 제1067조의 요건을 갖춘 것으로서 유효하다.

(3) 유언철회의 효과

유언이 철회되면, 임의철회이든 법정철회이든 유언은 처음부터 없었던 것으로 된다. 철회의 효력발생시기에 관하여 유언의 철회시라는 견해(박동섭/양경승, 887면)와 유언자의 사망시라는 견해(이경희, 493면)가 대립하고 있다. 한편 유언을 철회한 후 그 철회를 다시 철회하는 경우에 처음의 유언이 부활하는가에 대하여, 명문의 규정이 없지만 유언자의 의사를 존중하여 부활한다고 할 것이다(김주수/김상용, 704면; 박병호, 443면; 이경희, 494면; 지원림, 6-203).

4. 유언대용신탁

(1) 위탁자는 자신의 사망시에 수익자에게 수익권을 귀속시키거나(신탁법 제59조 1항 1호) 사망

을 시기로 하여 수익자에게 신탁상 급부를 받을 권리를 취득하게 할 수 있다(동법 제59조 1항 2호). 이를 유언대용신탁이라고 하고, 이러한 수익자를 사후수익자라고 한다. 즉 유언대용신탁은 '위탁자의 사망을 요건'으로 하여 수익자 등 제3자에게 재산이전효과가 나는 생전신탁을 말한다. 유언대용신탁은 위탁자의 사망 이전에 이미 신탁으로서 설정되어야 하며, 자기 재산에 대해 생전에 신탁을 설정하면서 생존 중에는 자신이 수익자가 되고 사망을 시기로 하여 그의 배우자나 자녀 그 밖의 자를 수익자로 정함으로써 사후의 재산귀속관계를 자유롭게 설정할 수 있다.

(2) 신탁법상 신탁이란 위탁자가 수탁자에게 처분한 신탁재산에 관하여 수탁자로 하여금 수익자의 이익을 위하여 관리, 운용 등을 하게 하는 것을 목적으로 하는 법률관계로서(제2조) 수탁자는 수익자의 이익을 위하여 신탁사무를 처리할 의무를 부담하게 되는데(제32조, 제33조), 만약 수탁자가 동시에 수익자가 되면 수탁자는 자신의 이익을 위하여 신탁재산을 관리 또는 운용하는 결과가 되므로 사실상 위탁자가 수탁자에게 재산을 증여한 것과 다름없는 법률관계가 되고 신탁의 효력을 인정할 실익이 없게 된다. 수탁자는 누구의 명의로도 신탁의 이익을 누리지 못하지만, 수탁자가 공동수익자의 1인인 경우에는 그렇지 않는다는 신탁법 제36조도 수탁자가 신탁재산에 관하여 유일한 수익자가 되는 신탁계약은 허용되지 않는다는 것을 분명하게 규정한 것으로 해석된다. 나아가 제5조 2항이 "목적이 위법하거나 불능인 신탁은 무효로 한다"라고 규정하고 있는 사정까지 고려하면, 수탁자가 신탁재산에 관하여 유일한 수익자가 되는 신탁계약은 무효라고 보는 것이 타당하다. 따라서 유언대용신탁에서 위탁자가 사망한 후 유일한 수익자를 수탁자로 정하였다면 그 부분은 무효가 된다(대판 2024.4.16, 2022다307294).

(3) 한편 신탁법 제5조 제3항은 신탁 목적의 일부가 선량한 풍속이나 그 밖의 사회질서에 위반하는 사항을 목적으로 하는 신탁(제1항) 또는 목적이 위법하거나 불능인 신탁(제2항)에 해당하는 경우, 그 신탁은 제1항 또는 제2항에 해당하지 아니한 나머지 목적을 위하여 유효하게 성립한다. 다만 제1항 또는 제2항에 해당하는 목적과 그렇지 아니한 목적을 분리하는 것이 불가능하거나 분리할 수 있더라도 제1항 또는 제2항에 해당하지 아니한 나머지 목적만을 위하여 신탁을 유지하는 것이 위탁자의 의사에 명백히 반하는 경우에는 그 전부를 무효로 한다고 규정하고 있다. 따라서 유언대용신탁에서 위탁자가 사망한 후 유일한 수익자를 수탁자로 정한 부분이 무효가 된다고 하더라도 나머지 부분, 즉 위탁자가 사망하기 전 수익자를 위탁자로 하여 수탁자로 하여금 신탁재산을 관리 또는 운용하도록 하는 부분(이하 '생전 자익신탁 부분'이라 함)은 분리하기 불가

능하거나 분리하더라도 생전 자익신탁 부분만으로 신탁을 유지하는 것이 위탁자의 의사에 명백히 반한다는 사정이 없는 이상 유효하다고 보아야 하고, 위탁자 사망 후 유일한 수익자가 수탁자가 된다는 사정만으로 곧바로 유언대용신탁 계약 전체를 무효라고 할 수는 없다.

이와 같이 유효한 생전 자익신탁 부분은 위탁자가 사망하게 되면 신탁의 목적을 달성하게 되어 곧바로 신탁이 종료되고(신탁법 제98조 1호) 신탁재산의 잔여재산에 관한 귀속절차가 진행된다(동법 제101조). 유언대용신탁 계약에서 신탁재산의 잔여재산이 귀속될 자(이하 '귀속권리자'라 함)를 정하고 있다면 그 사람에게 귀속될 것이고(동법 제101조 1항 단서), 수탁자를 귀속권리자로 정하는 것도 허용된다. 만약 유언대용신탁 계약에서 귀속권리자를 정하지 않았다면 신탁재산의 잔여재산은 신탁법 제101조 1항 본문에 따라 수익자에게 귀속될 것인데, 이때 유효한 생전 자익신탁 부분의 수익자는 위탁자이므로 신탁재산의 잔여재산은 위탁자에게 귀속될 수밖에 없고 이에 따라 상속재산에 편입되게 된다(대판 2024.4.16, 2022다307294).

판 례

신탁법 제59조에 따른 유언대용신탁의 경우 위탁자가 사망하게 되면 수익자가 될 자로 지정된 자는 수익권을 기지게 된다. 만일 그 수익권이 수탁자에 대해 신탁재산인 부동산에 관한 소유권이전등기를 청구할 수 있는 권리와 같이 수익자가 수익권의 행사를 통해 신탁재산 원본인 부동산을 취득할 수 있는 내용이라면, 수익자는 취득세 과세대상 물건에 속하는 부동산에 대하여 소유권이전등기를 마치기 이전이라도 위탁자의 사망으로 상속이 개시된 때 그 부동산을 사실상 무상취득한 것으로 보아 취득세의 납세의무자에 해당하게 되고, 이는 앞서 본 지방세법 제7조 제7항에 따라 '상속'으로 인한 취득에 속하게 된다. 반면 수익자가 가진 수익권의 내용이 신탁재산의 처분대금 등과 같은 금전의 지급을 청구할 수 있는 권리에 불과하다면, 수익자가 위탁자의 사망으로 신탁재산인 부동산 자체를 사실상 이전받았다고 볼 수 없을 뿐 아니라 신탁재산의 대내외적 소유권자인 수탁자에게 해당 부동산에 관한 소유권이전등기를 청구할 권리를 가진다고도 할 수 없어, 수익자는 신탁재산인 부동산을 취득하였다고 볼 수 없다(대판 2025.9.25, 2025두33790).

Ⅳ. 유 증

1. 서 설

(1) 의 의

(가) 유증(遺贈)이란 유언자가 유언에 의하여 그의 재산상의 이익을 타인에게 무상으로 주는 단독행위를 말한다. 즉 유증이란 유언에 의한 재산의 무상증여이다. 유증은 사후행위라는 점에서 성립과 동시에 효력이 생기는 증여와 다르고, 단독행위라는

점에서 계약인 사인증여와 구별된다. 다만 유증과 사인증여는 사후행위라는 점에서 유사하므로 유증에 관한 규정이 사인증여에 준용된다(제562조). 주의할 것은 유언능력(제1061조-제1063조), 유언방식(제1065조 이하), 유언의 승인과 포기(제1074조-제1077조) 등에 관한 규정은 준용될 여지가 없고, 준용되는 것은 주로 유증의 효력에 관한 규정이라는 점이다(대판 2001.9.14, 2000다66430, 66447; 이경희, 501면).

(나) 유증은 '타인'에게 무상으로 재산이나 재산상 이익을 주는 행위이므로, 유언에 의한 재단법인설립은 유증이 아니다. 또한 채무를 면제시키는 것도 유증이지만, 수유자에게 채무만을 부담시키는 유언은 유증이 아니며, 그러한 유증은 무효이다. 다만 재산적 이익을 주면서 일정한 부담을 부과할 수는 있다(제1088조). 이를 부담부 유증이라 한다. 한편 유언의 자유 중 가장 중요한 내용이 유증의 자유이고, 민법상 유증의 자유에 대한 유일한 제한이 바로 유류분제도이다. 그러므로 유언으로 타인에게 증여할 수 있는 재산의 범위는 유류분을 제외한 나머지 부분에 한정된다.

(2) 유증의 종류

(가) 유증은 포괄적 유증과 특정적 유증으로 구별된다. 포괄적 유증은 적극·소극재산을 포괄하는 상속재산의 전부 또는 그 분수적 부분 내지 비율에 의한 유증이다. 예컨대 "나의 재산 전부 또는 1/3을 甲에게 준다"는 형태의 유언을 말한다. 특정적 유증은 개개의 재산상의 이익을 구체적으로 특정하여 유증의 내용으로 하는 것이다. 예컨대 "건물과 토지는 甲에게, 임야는 乙에게 준다"는 유언이 이에 해당한다. 주의할 것은 포괄적 유증은 상속재산의 전부나 일정비율을 주는 것이므로 그 수유자는 '채무(소극재산)도 승계'하지만, 특정적 유증은 상속재산 중 지정된 특정재산만을 주는 것이므로 그 수유자는 '채무를 승계하지 않는다'는 점이다.

(나) 유증은 조건이나 기한 등의 부관을 붙일 수 있고, 또 부담을 붙일 수 있다. 따라서 유증에는 조건 있는 유증·기한 있는 유증 및 부담 있는 유증과 그러한 조건·기한 및 부담이 없는 단순유증이 있다.

(3) 수유자와 유증의무자

(가) 유증을 받은 자 — 수유자

유증을 받는 자로서 유언 중에 지정이 되고 있는 자를 수유자(수증자)라고 한다. 수유자는 유증자와 친족관계에 있는 사람에 한정되지 않고 권리능력자는 누구나 수유자가 될 수 있다.

1) 자연인이나 법인 또는 상속인도 수유자가 될 수 있지만, 유언의 효력이 발생할

때에 생존(법인은 존재하고 있어야 함)하고 있어야 한다. 따라서 유언자의 사망 전에 수유자가 먼저 사망하면 그 유증은 무효가 된다(제1089조 1항). 즉 대습수증(代襲受贈)은 인정되지 않는다. 그런데 유언 중에 특히 수유자의 상속인에게 승계를 인정하는 의사표시 또는 사망자에 대한 유증을 유효로 한다는 의사표시를 한 때에는 수유자의 상속인이 수유자가 된다(제1089조 2항, 제1090조 단서). 이를 보충유증이라고 한다.

2) 태아는 유증에 관하여 이미 출생한 것으로 본다(제1064조, 제1000조 제3항). 따라서 수유자가 될 수 있다. 다만 유언자 사망시에 아직 잉태되지 않았다면 태아가 아니므로 수유자가 되지 못한다.

3) 수유자는 상속결격자가 아니어야 한다(제1064조, 제1004조). 다만 유증자가 상속결격자임을 알면서 그를 수유자로 한 경우에 결격이 용서된 것으로 보아 수유자로 될 수 있다(대결 2015.7.17, 2014스206,207; 박동섭/양경승, 903면; 이경희, 504면). 유언자의 유언의 자유를 막을 수는 없기 때문이다.

4) 한편 수유자는 유증의 승인과 포기의 자유가 인정된다. 결과적으로 그 의사에 반하여 유증받기를 강요당하지 아니한다(제1074조).

판 례

유증을 받을 자는 유언자의 사망 후에 언제든지 유증을 승인 또는 포기할 수 있고, 그 효력은 유언자가 사망한 때에 소급하여 발생하므로(제1074조), 채무초과 상태에 있는 채무자라도 자유롭게 유증을 받을 것을 포기할 수 있다. 또한 채무자의 유증 포기가 직접적으로 채무자의 일반재산을 감소시켜 채무자의 재산을 유증 이전의 상태보다 악화시킨다고 볼 수도 없다. 따라서 유증을 받을 자가 이를 포기하는 것은 사해행위 취소의 대상이 되지 않는다(대판 2019.1.17, 2018다260855).

(나) 유증의무자

유증을 실행할 의무를 지는 사람을 유증의무자라고 하며, 유증에서 재산의 양도의무는 유언자가 사망한 후에 집행되기 때문에 유언자가 의무자가 될 수 없다. 유언집행자(제1101조)나 상속인·포괄적 수유자(제1078조)·상속인 없는 재산의 관리인(제1053조, 제1054조) 등이 유증의무자로 된다. 상속인이 여럿인 경우 또는 포괄적 수유자가 있으면 상속인을 포함한 전원이 공동해서 유증의무자가 되며, 그 유증의무는 각자의 상속분에 따라 공동으로 부담한다(이경희, 505면; 지원림, 6-206).

2. 포괄적 유증

(1) 의 의

포괄적 유증은 적극·소극재산을 포함하는 상속재산의 전부 또는 그 분수적 부분 내지 비율에 의한 유증이다. 포괄적 유증의 특색은 적극재산이나 이익만을 승계하는 것이 아니라 피상속인의 의무까지 그 비율에 따라 승계하는 데 있다. 이 점에서 특정적 유증과 구별된다.

(2) 포괄적 유증의 효과—포괄적 수유자의 법적 지위

(가) 유언자는 유언의 효력발생 전에 언제든지 유언을 철회할 수 있으므로, 유언의 효력발생 전의 수유자는 아무런 권리도 가지지 못한다. 그러나 유언의 효력이 발생하면 포괄적 유증을 받은 자는 상속인과 동일한 권리·의무가 있다(제1078조). 따라서 유증의 비율의 상속분을 가지는 상속인이 한 사람 늘어나게 된다. 예컨대 甲의 상속인으로 乙·丙·丁이 있는데 피상속인 甲이 "A에게 나의 재산 1/3을 준다"고 유언한 경우, A와 乙·丙·丁 사이의 상속재산분배비율은 A가 1/3을 가지고 나머지 2/3을 상속인 乙·丙·丁이 나누어 가진다. 결국 A는 1/3이고, 乙·丙·丁은 각각 2/9(즉 2/3 ×1/3)이다. 주의할 것은 포괄적 수유자는 상속인과 동일한 권리·의무가 있다는 규정(제1078조)은 포괄적 사인증여에는 준용되지 않는다는 점이다(대판 1996.4.12, 94다37714,37721).

(나) 포괄적 수유자는 유언의 효력발생과 동시에 상속재산 전부 또는 비율적 부분을 당연히 승계하며, 유증의무자에 의한 유증의 이행을 요하지 않는다(유증등기에 관해서는, 양형우, "유증에 의한 등기", 법조 2008년 5월호, 39면 이하). 즉 수유자는 상속인과 마찬가지로 유증사실을 알든 모르든 유언대로 상속재산을 당연히(등기나 인도 없이) 포괄승계한다(제1005조). 따라서 포괄적 유증의 승인과 포기에는 상속의 승인 또는 포기에 관한 규정(제1019조-제1044조)이 적용되고, 유증의 승인·포기에 관한 규정(제1074조-제1077조)은 특정유증에만 적용된다(통설).

(다) 포괄수유자와 상속인이 있거나 포괄수유자가 여럿인 경우에 그들 상호간에는 공동상속에서와 동일한 관계가 발생하고, 그 결과 그들은 상속재산을 공유하며(제1006조, 제1007조). 상속재산협의분할에 참가하고 분할에 의하여 공유관계가 해소된다(제1013조). 따라서 포괄유증은 형식적으로는 유증이지만, 실질적으로는 상속인의 지정과 동일하다. 그래서 포괄적 유증에는 유증에 관한 규정이 아니라 상속에 관한 규정이 적용된다(제1078조). 즉 포괄적 수유자는 자기를 위하여 유증의 효력이 발생한 날부터 3개월 이내에 단순 또는 한정승인이나 포기를 할 필요가 있다. 포괄적 수유자가 한정승인을

하면 유증된 재산의 한도에서 상속채무를 변제할 책임을 지게 된다.

(라) 유증에 조건이나 부담을 붙일 수 있다는 점(제1088조, 제1111조)에서 상속과 다르며, 수유자가 상속개시 전에 사망한 경우에 원칙적으로 유증의 효력이 생기지 않는 점도 대습상속이 인정되는 상속과 다르다. 즉 대습상속과 달리 대습수증은 인정되지 않는다.

(마) 포괄적 유증의 효력이 생기지 않은 때, 즉 유언능력이 없는 자가 유증을 한 때, 수유자가 유언자의 사망 전 또는 정지조건성취 전에 사망하거나 혹은 결격자가 된 때, 또 수유자가 포기함으로써 그 효력이 없어졌을 때 등에는 유증의 목적물인 재산은 상속인에게 귀속한다(제1090조 본문). 다만 유증자가 유언으로 이와는 다른 의사표시를 한 때에는 그 의사에 의하게 된다(제1090조 단서).

(바) 상속인의 상속회복청구권 및 그 제척기간에 관한 규정(제999조)도 포괄적 수유자에게 유추적용된다(대판 2001.10.12, 2000다22942). 또한 포괄적 수유자(특정수유자도 포함)에게는 증여세가 아니고 상속세가 부과된다(상속세 및 증여세법 제2조). 다만 수유자가 상속인이 아닌 경우에는 기초공제(동법 제18조)외의 공제에서 상속인보다 불리한 취급을 받게 된다(동법 제19조, 제20조).

(사) 불법행위에 의한 위자료청구권이 상속의 대상이 된다. 그렇다면 포괄적 수유자에게도 상속되는지가 문제이다. 유언자가 포괄적 유증을 할 경우에는 유언서 작성시에 통상 예상되는 자기의 재산상의 권리의무를 염두에 두고 유증을 하기 때문에 위자료청구권은 포괄적 수유자에게는 귀속될 수 없다는 견해가 있다(이경희, 510면). 생각건대 만일 상속성을 부정하게 되면 상속인이 없고 포괄적 수유자만 있는 경우에 피상속인의 위자료청구권에 대해서는 상속인의 부존재 절차가 개시된다는 이상한 결과가 된다는 점, 포괄적 유증을 한 유언자의 의사는 유언이 효력을 발생하는 시점에서의 자신의 재산 전부 또는 비율적 일부를 포괄적 수유자에게 주고자 하는 것으로 보아야 한다는 점을 고려할 때, 불법행위에 의한 위자료청구권의 상속성을 인정하는 이상 상속인과 동일한 권리의무를 가지는 포괄적 수유자에게 위자료청구권이 귀속된다고 할 것이다.

(3) 포괄적 유증과 상속의 이동

(가) 상속과의 공통점

포괄적 수유자는 ① 상속채무를 포함하여 상속재산을 포괄적으로 승계한다는 점, ② 상속인 및 다른 포괄적 수유자가 있으면 이들과 상속재산의 공유관계가 생기고, 이 상태는 상속재산분할에 의하여 해소된다는 점, ③ 승인 또는 포기를 할 수 있다는 점, ④ 재산분리절차에서 상속인과 동일하게 취급된다는 점, ⑤ 결격사유 등에서 상속인과 공통된다.

(나) 상속과의 차이점

① 수유자는 유증자로부터 무상으로 재산적 이익을 받는 자이므로, 권리능력이 있으면 자연인임을 요하지 않는다. 즉 상속능력이 인정되지 않는 법인도 수유능력을 가진다. ② 상속인은 유류분권을 가지지만 포괄적 수유자에게는 유류분권이 없다. 따라서 수유분의 2분의 1 이상을 침해하는 유증이 있었더라도 포괄적 수유자는 유류분반환청구권을 행사하여 이를 되찾을 수 없다. 다만 상속인 중 일부를 수유자로 하는 포괄적 유증이던, 상속인 이외의 제3자를 수유자로 하는 포괄적 유증이던 그것이 상속인의 유류분을 침해하는 때에는 포괄적 수유자가 상속인의 유류분반환청구에 응해야 한다. ③ 포괄적 유증에는 대습상속규정이 적용되지 않으므로, 포괄적 수유자가 유증자보다 먼저 사망하면 유증의 효력이 발생하지 않고(제1089조 1항) 또 대습의 문제도 생기지 않는다. 다만 유언자의 유언으로 수유자의 상속인을 보충수유자로 지정할 수는 있다(제1090조 단서). ④ 공동상속인 중 1인이 그 상속분을 제3자에게 양도한 경우에는 다른 공동상속인에게 그 상속분의 양수권이 있지만(제1011조 1항), 포괄적 수유자에게는 이러한 권리가 없다. ⑤ 상속에는 조건·기한·부담 등의 부관을 붙일 수 없으나 포괄적 유증에는 이를 붙일 수 있다. 따라서 정지조건부 또는 기한부 포괄적 유증의 경우에 조건이 성취하기 전 또는 기한이 도래하기 전의 수유자는 상속인과 달리 상속재산의 분할에 참가할 수 없다.

(4) 상속인이 있는 경우의 포괄적 유증

(가) 상속인의 상속분 변경

상속인이 아닌 제3자를 수유자로 한 포괄적 수유자에서 그 수유분이 상속재산 전부인 때에는 상속인의 상속분은 없고 단지 유류분에 기한 반환청구권이 있을 뿐이고, 수유분이 상속재산의 일부인 때에는 상속인의 유류분을 침해하는 한도에서 반환청구에 응해야 하는 것은 별론으로 하고, 상속인의 상속분은 수유분을 뺀 나머지 재산에 대해서 법정상속분의 규정에 따라 정해진다. 다만 상속인 중 1인에 대해 포괄적 유증이 있는 경우에는 그 유언을 어떻게 해석하느냐 하는 문제가 있다.

(나) 상속채권자에 대한 관계

법정상속인이 있는 유언자가 상속인 중 1인 또는 상속인이 아닌 제3자에게 포괄적 유증을 한 경우에 다른 상속인의 상속분이 변경되는 결과가 되는데, 포괄적 수유자와 상속인이 수유분과 상속분에 따라 피상속인의 권리의무를 승계한다고 하여도 이를 제3자인 상속채권자에게 주장할 수 있느냐가 문제이다. 판례는 포괄적 유증이란 적극재산은 물론 소극재산 즉 채무까지도 포괄하는 상속재산의 전부 또는 일부의 유증을 말하는 것이므로 포괄적 수유자는 재산 상속인과 동일한 권리 의무가 있으며 그 망인의 직계비속은 유류분 제도가 없는 한 그가 상속한 재산이 없으므로 그 망인의 생전채무를 변제할 의무가 없다고 한다(대판 1980.2.26, 79다2078). 즉 포괄적 유증이 된 때에 그에 따른 수유분 및 수유분에 의해 변경된 상속분으로 상속채권자에게 대항할 수 있다는 입장을 취하고 있는 것으로 보인다.

(다) 특정수유자에 대한 관계

특정수유자에 대하여 포괄적 수유자와 상속인이 공동하여 유증의무를 부담하게 되는데, 그 부담비율은 각자의 수유분 내지 상속분에 의하여야 한다(김재호, "포괄적 유증", 재판자료 제78집, 358면). 특정수유자의 채권은 유언의 효력이 발생할 때 생기므로 법정상속분에 따른 채무부담에 대한 채권자(수유자)의 신뢰라고 하는 것을 고려할 필요가 없고, 내부적 채무부담의 관계와 외부적 채무부담의 관계가 서로 다른 법률관계는 결코 바람직한 것은 아니며, 또한 특정수유자에게 특별히 불이익하다고 볼 수 없으므로, 특정수유자는 포괄적 수유분 내지 상속분에 의한 부담비율에 구속된다고 하는 것이 타당하다. 다만 유증의무의 부담비율에 대하여 '이 특정유증에 대해서는 상속인 甲만 유증의무를 부담한다' 또는 '포괄적 수유자는 이 특정유증에 대해서 유증의무를 부담하지 않는다'고 하는 것처럼 유언에 특별한 의사표시가 있는 때에는 이러한 의사표시도 유효하다고 보아야 한다(김재호, 358면). 이는 부담부 유증의 일종으로 유증자가 특정수유자에 대해 어느 상속인 또는 어느 포괄적 수유자에게는 본래의 유증의무 부담비율에 따른 이행청구를 하여서는 안 된다고 하는 부담을 부과한다는 취지로 유증의무자의 지정 또는 유증의무의 부담비율을 지정하는 것도 가능하기 때문이다.

(5) 포괄적 유증과 특정유증의 구별

포괄적 유증과 특정유증의 구별기준에 관하여, 판례는 유증이 포괄적 유증인가 특정유증인가는 유언에 사용한 문언 및 그 외 제반 사정을 종합적으로 고려하여 탐구된 유언자의 의사에 따라 결정되어야 하고, 통상은 상속재산에 대한 비율의 의미로 유증이 된 경우는 포괄적 유증, 그렇지 않은 경우는 특정유증이라고 할 수 있지만, 유언공정증서 등에 유증한 재산이 개별적으로 표시되었다는 사실만으로는 특정유증이라고 단정할 수는 없고 상속재산이 모두 얼마나 되는지를 심리하여 다른 재산이 없다고 인정되는 경우에는 이를 포괄적 유증이라고 볼 수도 있다고 한다(대판 2003.5.27, 2000다73445).

3. 특정적 유증

(1) 의 의

특정적 유증은 구체적으로 특정된 재산을 목적으로 하는 유증이다. 여기서 특정은 상속재산의 전부 또는 일정비율을 의미하는 포괄에 대비되는 개념으로, 목적인 재산의 개수 내지 종류가 구체적으로 지정된 것을 의미한다. 예컨대 부동산을 A에게 동산과 예금은 B에게 준다는 경우가 이에 해당한다. 그리고 유증의 목적은 권리에 한하며 의무는 포함되지 않는다.

(2) 특정적 유증의 효과

(가) 유증목적물의 귀속시기 — 채권적 효력

1) 포괄적 유증에서 수유자가 상속재산의 전부 또는 비율적 부분을 법률상 당연히 승계함에 반하여, 특정유증의 경우에는 유증의 목적물은 상속재산으로서 먼저 상속인에게 귀속되고, 수유자는 유증의무자에 대하여 '유증의 이행을 청구할 수 있는 권리'를 취득하게 된다(채권적 효력). 특정유증의 채권적 효력의 근거로, ① 민법이 물권변동에 관하여 형식주의를 취하는 점, ② 특정적 유증에 관한 규정 중에 '유증의무자'(제1077조, 제1080조-제1082조, 제1085조, 제1087조 등) 또는 '유증의 이행을 청구할 수 있는 때'(제1079조) 등의 문구가 있다는 점, ③ 한정승인의 경우 상속채권자는 특정수유자보다 우선적으로 변제를 받을 수 있다는 점(제1036조), ④ 유증포기의 자유가 있고 유증이 유류분반환청구권자로부터 반환당하는 경우도 있다는 점을 들 수 있다(김주수/김상용, 842면; 이경희, 512면; 박동섭/양경승, 913면; 박병호, 450면).

2) 판례도 포괄적 유증을 받은 자는 제187조에 의하여 법률상 당연히 유증 받은 부동산의 소유권을 취득하게 되지만, 특정유증을 받은 자는 유증의무자에게 유증을 이행할 것을 청구할 수 있는 채권을 취득할 뿐이므로, 특정유증을 받은 자는 유증받은 부동산의 소유권자가 아니어서 직접 진정한 등기명의의 회복을 원인으로 한 소유권이전등기를 구할 수 없다고 한다(대판 2003.5.27, 2000다73445). 또한 교환계약이 해제되기 전에 계약당사자로부터 유증을 받아 계약목적물에 관하여 소유권이전등기를 경유한 자는 이를 포괄적으로 승계한 것이 아닌 이상 계약당사자 아닌 제3자에 불과하므로 교환계약이 해제되더라도 그 해제의 효력이 미치지 아니한다고 한다(대판 1971.9.28, 71다1460).

판 례

(ㄱ) 유언자가 자신의 재산 전부 또는 전 재산의 비율적 일부가 아니라 단지 일부 재산을 특정하여 유증한 데 불과한 특정유증의 경우에는, 유증 목적인 재산은 일단 상속재산으로서 상속인에게 귀속되고 유증을 받은 자는 단지 유증의무자에 대하여 유증을 이행할 것을 청구할 수 있는 채권을 취득하게 될 뿐이므로, 유증자가 사망한 경우 그의 소송상 지위도 일단 상속인에게 당연승계되는 것이고 특정유증을 받은 자가 이를 당연승계할 여지는 없다(대판 2010.12.23, 2007다22859).

(ㄴ) 유언자가 임차권 또는 근저당권이 설정된 목적물을 특정유증하였다면 특별한 사정이 없는 한 유증을 받은 자가 그 임대보증금반환채무 또는 피담보채무를 인수할 것을 부담으로 정하여 유증하였다고 볼 수 있다(대판 2022.1.27, 2017다265884).

(나) 유증이행청구권

특정수유자는 유증의무자에게 유증의 내용에 따른 이행을 청구할 수 있으며, 그에 부수하여 특정물인도청구권이나 등기청구권 등을 행사할 수 있다. 이 경우 특정수유자와 유증의무자의 권리·의무에 관하여는 다음과 같은 특칙이 있다.

1) 과실취득권

수유자는 유증의 이행을 청구할 수 있는 때부터 그 목적물의 과실을 취득한다(제1079조 본문). 과실은 천연과실이든 법정과실이든(제101조) 상관없다. 과실취득권을 가지는 것은 원칙적으로 유언자의 사망시부터이며, 조건부 또는 기한부의 경우에는 조건이 성취되거나 기한이 도래한 때부터이다. 그러나 X소재 부동산은 A에게 그리고 그 과실은 B에게 준다는 경우처럼 유언자가 유언으로 이와 다른 의사를 표시한 때에는 그 의사에 의한다(제1079조 단서).

2) 유증의무자의 비용상환청구권

유증의무자가 유언자의 사망 후에 그 목적물의 과실을 수취하기 위하여 필요비(예: 주택수리비 등)를 지출한 경우에 '과실의 가액의 한도'에서 과실을 취득한 수유자에게 상환을 청구할 수 있다(제1080조). 유증의무자가 유언자의 사망 후에 그 목적물에 대하여 비용을 지출한 때에는 유치권의 비용상환청구권에 관한 규정(제325조)이 준용된다(제1081조). 즉 필요비는 전액을, 유익비는 그 가액의 증가가 현존하는 경우에 한하여 수유자의 선택에 따라 그 지출한 금액이나 증가액의 상환을 청구할 수 있다.

3) 상속재산에 속하지 않는 권리의 유증

특정유증의 목적이 된 권리가 유언자의 사망 당시에 상속재산에 속하지 않는 때

(예: 유언자의 소유였으나 유언자 사망 당시에 이미 매매 등으로 상속재산에 속하지 않거나 처음부터 유언자의 소유가 아닌 경우)에는 그 유증은 효력이 없다(제1087조 1항 본문). 이때 유증의 목적은 특정물 또는 특정권리에 한하고, 금전이나 그 밖의 불특정물의 유증의 경우에는 제1087조 1항이 적용되지 않는다(이경희, 515면). 예컨대 1,000만원을 甲에게 준다는 유언의 경우, 유언자에게 1,000만원이 없더라도 그 유증은 유효하다. 그 밖에 유언자가 자기의 사망 당시에 그 목적물이 상속재산에 속하지 않는 경우에도 유언의 효력이 있게 할 의사인 때에는 유증의무자는 그 권리를 취득하여 수유자에게 이전할 의무가 있다(제1087조 1항 단서). 다만 그 권리를 취득할 수 없거나 그 취득에 과다한 비용을 요할 때에는 그 가액으로 변상할 수 있다(제1087조 2항).

4) 유증의무자의 담보책임

가) 특정물 유증의무자의 담보책임부정

특정물을 유증하는 것은 유언자가 그 목적물을 유언자의 사망 당시의 현상대로 수유자에게 주려는 것으로 볼 수 있다. 따라서 유언자의 사망 당시에 이미 유증의 목적물에 저당권이나 전세권 등이 설정되어 있는 경우처럼 유증의 목적인 물건이나 권리가 유언자의 사망 당시에 제3자의 권리의 목적인 때에 수유자는 유증의무자에 대하여 그 제3자의 권리를 소멸시킬 것을 청구하지 못한다(제1085조). 그러나 이 경우에도 유언자가 유언으로 다른 의사를 표시한 때에는 그 의사에 의한다(제1086조).

판 례

제1085조는 유언자가 다른 의사를 표시하지 않는 한 유증의 목적물을 유언의 효력발생 당시의 상태대로 수증자에게 주는 것이 유언자의 의사라는 점을 고려하여 수증자 역시 유증의 목적물을 유언의 효력발생 당시의 상태대로 취득하는 것이 원칙임을 확인한 것이다. 그러므로 유증의 목적물이 유언자의 사망 당시에 제3자의 권리의 목적인 경우에는 그와 같은 제3자의 권리는 특별한 사정이 없는 한 유증의 목적물이 수증자에게 귀속된 후에도 그대로 존속하는 것으로 보아야 한다(대판 2018.7.26, 2017다289040).

나) 불특정물 유증의무자의 담보책임

불특정물을 유증의 목적으로 한 경우에 유증의무자는 그 목적물에 대하여 매도인과 같은 담보책임이 있다(제1082조 1항). 따라서 그 목적물에 하자가 있는 때에는 유증의무자는 하자 없는 물건으로 인도하여야 한다(제1082조 2항). 다만 유증은 단독행위이기 때문에 불특정물의 유증에 대한 담보책임에는 계약해제가 인정될 여지가 없다(김주수/김상용, 846면; 이경희, 513면). 또한 불특정물 매매에서 목적물에 하자가 있는 경우에 매수인은 계약해제·손해배상청구권이나 완전물 급부청구권을 선택해서 행사할 수 있는데(제581조, 제580조 1항, 제575조 1항), 제1082조

2항은 '목적물에 하자가 있는 경우에는 언제나 완전물의 급부를 우선하여' 청구할 수 있도록 규정하고 있다.

5) 유증의 물상대위성

(i) 유증자가 유증목적물의 멸실·훼손 또는 점유의 침해로 인하여 제3자에게 손해배상을 청구할 권리가 있는 때에는 그 권리를 유증의 목적으로 한 것으로 본다(제1083조). 예컨대 보험금청구권, 제3자에 대한 손해배상청구권, 토지수용 등으로 인한 수용보상금청구권으로 변경된 경우는 그러한 청구권이 유증의 목적이 된다. 다만 유언자가 유언으로 다른 의사표시를 한 때에는 그 의사에 의한다(제1086조).

(ii) 금전 이외의 채권을 유증의 목적으로 한 경우(예: X자동차의 반환청구권 등)에 유언자가 그 변제를 받은 물건이 상속재산 중에 있는 때에는 유언자의 다른 의사표시가 없는 이상, 그 물건을 유증의 목적으로 한 것으로 본다(제1084조 1항). 그러나 금전을 목적으로 하는 채권을 유증의 목적으로 한 경우에는 그 변제받은 채권액에 상당한 금전이 상속재산 중에 없는 때에도 그 금액을 유증의 목적으로 한 것으로 본다(제1084조 2항). 이 경우에도 유언자가 이와 다른 의사를 표시한 때에는 그 의사에 의한다(제1086조).

(3) 특정적 유증의 승인과 포기

유증은 유언자의 단독행위이므로 수유자가 이를 알든 모르든 그의 의사와 관계없이 유언자의 사망시 당연히 그 효력이 발생한다(제1073조 1항). 그러나 수유자에게 유증을 받기를 강제할 수는 없다. 유증의 승인·포기에 관한 제1074조 이하는 특정유증에만 적용된다.

(가) 승인·포기의 자유

1) 시 기

유증을 받은 자는 유언자의 사망 후에 언제든지 유증을 승인 또는 포기할 수 있으며(제1074조 1항), 그 효력은 유언자가 사망한 때에 소급한다(제1074조 2항). 유언자의 사망 전에는 유증을 승인 또는 포기할 수 없다. 수유자는 유언의 효력발생 전에는 아무런 권리를 취득하지 않기 때문이다.

2) 승인·포기의 방법

유증의 승인이나 포기의 방법에는 아무런 제한이 없다. 유증의무자에 대한 의사표시로 하면 되지만, 유언집행자에 대한 의사표시도 유효하다. 또한 포괄적 유증의 포기와 달리 가정법원에 신고할 필요가 없다.

3) 수유자의 상속인의 승인·포기

수유자가 특정유증을 승인·포기하지 않고 사망한 경우, 수유자의 상속인이 이를 승계한다. 그 상속인들은 각자의 상속분의 한도 내에서 승인·포기를 할 수 있다(제1076조 본문). 그러나 유언자가 유언으로 다른 의사를 표시한 때에는 그 의사에 의한다(제1076조 단서).

(나) 유증의무자의 최고권

유증의무자나 이해관계인은 상당한 기간을 정하여 그 기간 내에 승인 또는 포기를 확답할 것을 수유자 또는 그 상속인에게 최고할 수 있고(제1077조 1항), 그 기간 내에 확답이 없으면 유증을 승인한 것으로 본다(제1077조 2항). 그런데 최고는 수유자에게 도달함으로써 그 효력을 발생하고(제111조), 수유자가 제한능력자라면 그 법정대리인이 최고의 사실을 알지 못한 경우에 최고로써 수유자에게 대항할 수 없다(제112조).

(다) 승인·포기의 효력

1) 특정유증을 승인하거나 포기한 후에는 수유자가 임의로 이를 취소할 수 없다(제1075조 1항). 이때 취소는 철회를 의미하며, 이는 유증의무자 기타 이해관계인의 신뢰보호와 불측의 손해를 막기 위한 것이다. 다만 유증의 승인이나 포기가 사기나 강박에 의한 경우 또는 제한능력자가 단독으로 한 경우에 이를 취소할 수 있고, 그 취소권은 추인할 수 있는 날부터 3개월, 승인·포기한 날부터 1년 이내에 행사하여야 한다(제1075조 2항, 제1024조 2항).

2) 유증을 승인한 경우에 이미 발생한 유증의 효력을 확인하는 결과로 되지만, 포기한 경우에는 유언자의 사망시에 소급하여 처음부터 유증이 없었던 것과 같은 결과로 된다. 포기된 유증의 목적물은 유언자가 유언으로 다른 의사를 표시하지 않는 한 상속인에게 귀속된다(제1090조).

(4) 특정적 유증의 무효·실효

유증의 효력이 생기지 않거나 수유자가 이를 포기한 때에는 유증의 목적인 재산은 상속인에게 귀속한다(제1090조 본문). 즉 ① 유언능력이 없는 자가 유증을 한 때, ② 수유자가 유언의 효력발생시에 결격자인 때, ③ 특정물의 유증에 있어서 그 목적물이 유언의 효력발생시에 상속재산 중에 없을 때, ④ 수유자가 유언자의 사망 전 또는 정지조건성취 전에 사망하였을 때, ⑤ 수유자가 이를 포기한 때에는 유증의 목적인 재산은 상속인에게 귀속한다. 그러나 유언자가 유언으로 다른 의사를 표시한 때에는 그 의사에 의한다(제1090조 단서).

4. 부담 있는 유증 — 부담부 유증

(1) 의의와 성질

(가) 부담 있는 유증이란 유언자가 유언으로 수유자에게 유언자 본인, 그 상속인 또는 제3자를 위하여 일정한 법률상 의무를 부담시키는 유증을 말한다. 예컨대 토지를 유증할 터이니 자기의 조모를 간호·부양하여 달라는 경우가 이에 해당한다. 부담부 유증에서 부담은 유증자에 의해 수유자에게 부과된 법률상 의무 내지 채무이기 때문에 그 내용은 수유자의 행위, 즉 작위 또는 부작위이다. 또한 부담은 대가가 아닐 뿐만 아니라 유증자에게 반대급부란 있을 수 없으므로, 부담부 유증도 무상행위이다.

(나) 부담부 유증은 수유자에게 일정한 의무를 부담시킬 뿐이고, 그 이행이나 불이행이 유증의 조건이 되는 것은 아니다. 즉 부담의 이행을 정지조건으로 한다거나 부담의 불이행을 해제조건으로 하는 유증이 아니다. 따라서 부담의 불이행이 있더라도 유증의 효력이 당연히 상실되는 것은 아니다. 그 밖에 부담부 유증은 포괄적 유증이든 특정유증이든 관계없이 인정되며, 부담이 유증의 목적물과 무관한 사항이더라도 상관없다.

(2) 부담의 무효와 부담부 유증의 효력

부담의 내용이 금전적 가치 없는 것이라도 상관없지만, 부담은 법률적 의무를 부과하는 것이기 때문에, 도덕적 유훈은 부담이 아니다. 따라서 법적 구속력이 없다. 한편 부담의 내용이 불능이거나 선량한 풍속 기타 사회질서에 반하는 사항을 목적으로 하는 경우에 그 부담은 무효이다. 부담의 무효가 부담부 유증 그 자체를 무효로 하는가에 대하여 명문의 규정이 없지만, 그 부담이 없으면 유증을 하지 않았을 것이라는 유언자의 의사가 인정되는 경우에 부담부 유증 자체가 무효로 된다(통설).

(3) 부담이행의 의무와 청구

(가) 부담이행의무자

부담은 수유자가 일정한 법률상의 의무를 부담한다고 하는 유증에 수반된 부관이기 때문에, 그 이행의무자는 당연히 '수유자'이다. 또 수유자가 유증의 승인 또는 포기를 하지 않고 사망한 때에는 그 상속인이 자기의 상속분의 범위 내에서 승인 또는 포기할 수 있기 때문에(제1076조 본문), '수유자의 상속인'이 그 유증을 승인하면 그 상속분의 범위 내에서 이행의무가 있다.

(나) 부담의 이행청구권자

부담의 이행을 청구할 수 있는 자는 유언자의 상속인, 유언집행자 또는 부담의 이행청구권자로 지정된 자이다. 상속인이 여럿인 경우 상속인이 각자 이행청구를 할 수 있고, 반드시 공동으로 하여야 하는 것은 아니다.

한편 수익자, 즉 의무의 내용인 급부의 이익을 받는 제3자는 직접 수유자에 대하여 이행청구권을 갖는가에 대하여, 부정하는 견해(김용한, 415면; 지원림, 6-211)가 있지만, 제539조 1항, 제561조를 유추적용하여 수익자도 이익향수의 의사표시를 하여 직접 수유자에 대하여 이행청구를 할 수 있다고 할 것이다(김주수/김상용, 854면; 곽윤직, 423면; 이경희, 521면; 박동섭/양경승, 919면).

(4) 수유자의 책임범위

부담 있는 유증을 받은 자는 유증의 목적의 가액을 초과하지 않는 한도에서 부담한 의무를 이행할 책임이 있다(제1088조 1항). 따라서 부담부 유증의 목적가액이 상속의 한정승인·재산분리 또는 유류분반환청구로 인하여 감소된 경우, 수유자는 그 감소된 범위에서 부담을 이행할 의무를 면한다(제1088조 2항).

5. 유증의 무효와 취소

(1) 유증의 무효

유증은 유언에 의하여 재산을 무상으로 주는 것이므로, 유언의 효력에 의하여 영향을 받는다. 유증에 특유한 무효원인으로는 ① 유언자의 사망 전에 수유자가 먼저 사망한 경우(제1089조 1항), ② 정지조건부 유증에서 조건성취 전에 수유자가 사망한 경우(제1089조 2항), ③ 유언자 사망시 유증의 목적재산이 상속재산에 속하지 아니한 경우(제1087조 1항) 등이 있다. 물론 유언자가 자기의 사망 당시에 그 목적물이 상속재산에 속하지 않는 경우에도 유언의 효력이 있게 할 의사인 때에는 무효가 아니며, 유증의무자는 그 권리를 취득하여 수유자에게 이전할 의무가 있다(제1087조 1항 단서).

(2) 부담 있는 유증의 취소

부담 있는 유증을 받은 자가 그 부담의무를 이행하지 않은 경우, 상속인 또는 유언집행자는 상당한 기간을 정하여 이행할 것을 최고하고 그 기간 내에 이행하지 않은 때에는 가정법원에 유언의 취소를 청구할 수 있다(제1111조 본문). 취소의 효과는 소급하기 때문에 유증이 취소되면 처음부터 유증은 없었던 것으로 된다. 그러나 제3자의 이익을 해하지 못한다(제1111조 단서). 부담부 유증의 취소는 유증이 유언자의 사망 후에 효력이 발생한다는 것과 유증과 부담의 이행이 견련관계에 있다는 이유에서 '부담부 유증에만 인정'되는 특수한 경우이다.

Ⅴ. 유언의 집행

1. 의 의

유언의 집행이란 유언의 내용을 법적으로 실현하는 절차이다. 즉 유언에 의하여 표시된 유언자의 의사를 구체적으로 실현하는 행위를 말한다. 유언 가운데에는 후견인의 지정(제931조)·상속재산의 분할금지(제1012조) 등과 같이 유언의 효력발생으로 당연히 실현되어 따로 집행할 필요가 없는 경우도 있다. 이와 달리 유언내용을 실현하기 위하여 유언집행자의 집행이 필요한 유언으로는 친생부인(제850조)·인지(제859조 2항)가 있고, 상속인 자신이 집행할 수 있는 유언으로는 특정적 유증·재단법인설립·신탁유언 등이 있다. 유언의 집행은 유언자의 사망한 후에 유언자 이외의 자가 수행하게 된다. 그 결과 유언자의 의사와 다른 결과가 야기될 위험이 있으므로, 공정한 유언의 집행을 위하여 민법은 그 집행에 관하여 엄격히 규정하고 있다.

2. 유언집행의 준비절차 — 유언서의 검인·개봉

(1) 유언서의 검인

유언증서나 유언녹음을 보관한 자 또는 이를 발견한 자는 유언자의 사망 후 지체 없이 가정법원에 제출하여 그 검인(檢認)을 청구하여야 한다(제1091조 1항). 검인은 유언서의 위조·변조를 방지하고 유언자의 진의를 확보하기 위하여 유언서의 형식 기타 그 현상을 있는 그대로 확인하여 그 보존을 확실하게 하는 일종의 검증절차(증거보전절차)이다. 즉 유언이 유언자의 진의에 의한 것인지·적법한지 여부를 심사하는 것이 아니며, 유언의 유효 여부를 판단하는 심판도 아니다(대결 1980.11.19, 80스23; 대판 1998.5.29, 97다38503). 따라서 검인을 거친 유언이라도 그 무효 확인청구를 할 수 있고, 법원은 그러한 유언에 대하여 자유로이 그 진부(眞否)와 효력을 판단할 수 있다. 이와 같이 검인은 유언증서나 녹음의 외형을 검증하여 그 성립·존재를 확보하는 절차에 그치기 때문에, '공정증서'나 '구수증서에 의한 유언'에는 검인이 필요 없다(제1091조 2항).

한편 적법한 유언은 이러한 검인이나 개봉절차를 거치지 않더라도 유언자의 사망에 의하여 곧바로 그 효력이 생기는 것이며, 검인이나 개봉절차의 유무에 의하여 유언의 효력이 영향을 받지 않는다(대판 1998.6.12, 97다38510).

(2) 유언서의 개봉

유언의 집행을 공정하게 하기 위하여 가정법원이 봉인(풀로 붙인 자리에 도장을 찍는 것)된 유언서를 개봉할 때에는 유언자의 상속인, 그 대리인 기타 이해관계인의 참여가 있어야 한다(제1092조). 유언증서의 개봉절차는 봉인된 유언증서의 검인을 위해서 개봉이 필요하므로, 그에 관한 절차를 규정한 데에 지나지 아니한다. 따라서 적법한 유언은 검인이나 개봉절차를 거치지 않더라도 유언자의 사망에 의하여 그 효력이 생기는 것이며, 검인이나 개봉절차의 유무에 의하여 유언의 효력이 영향을 받지 아니한다(대판 1998.6.12, 97다38510).

3. 유언집행자

(1) 의 의

유언의 집행절차를 담당하는 자를 유언집행자라 한다. 유언에는 후견인의 지정·상속분할의 금지처럼 유언의 효력발생과 동시에 그 내용이 실현되는 경우에 유언집행자가 필요 없지만, 친생부인·인지·재단법인의 설립 등과 같이 유언자의 의사를 실현하기 위해서는 유언의 집행절차를 담당하는 자가 필요하다. 특히 특정유증·재단법인의 설립·신탁 등은 상속인 스스로 집행할 수 있지만, 친생부인(제850조)·인지(제859조 2항) 등은 반드시 집행자를 두어 집행하여야 한다.

(2) 유언집행자의 지위

(가) 유언집행자의 법적 지위에 관하여, 민법은 "지정 또는 선임에 의한 유언집행자는 상속인의 대리인으로 본다"고 규정하여(제1103조), 유언집행자를 상속인의 대리인으로 보는 동시에 유언집행자의 관리처분권 또는 상속인과의 법률관계에 대해서는 위임관계의 규정(제681조-제685조, 제687조, 제691조, 제692조)을 유언집행자에 준용하고 있다(제1103조 2항).

(나) 유언집행자는 유증의 목적인 재산의 관리 기타 유언의 집행에 필요한 모든 행위를 할 권리의무가 있으므로(제1101조), 유언집행자가 있는 경우 그의 유언집행에 필요한 한도에서 상속인의 상속재산에 대한 처분권은 제한되며, 그 제한 범위 내에서 상속인은 원고적격이 없다(대판 1999.11.26, 97다57733). 또한 "지정 또는 선임에 의한 유언집행자는 상속인의 대리인으로 본다"는 제1103조 1항은 유언집행자의 행위의 효과가 상속인에게 귀속함을 규정한 것이지, 유언집행자의 소송수행권과 별도로 상속인 본인의 소송수행권도 언제나 병존함을 규정한 것은 아니다(대판 2001.3.27, 2000다26920). 따라서 유언집행자가 선임

된 경우(예: 인지, 친생부인 또는 유증부동산의 소유권이전등기청구의 소)는 유언집행자에게 원·피고적격이 있고, 상속인 본인에게는 원·피고적격이 없다(대판 2010.10.28, 2009다20840; 박동섭/양경승, 933면).

판 례

(ㄱ) 상속인이 유언집행자가 되는 경우를 포함하여 유언집행자가 수인인 경우에는, 유언집행자를 지정하거나 지정 위탁한 유언자나 유언집행자를 선임한 법원에 의한 임무의 분장이 있었다는 등의 특별한 사정이 없는 한, 유증 목적물에 대한 관리처분권은 유언의 본지에 따른 유언의 집행이라는 공동의 임무를 가진 수인의 유언집행자에게 합유적으로 귀속되고, 그 관리처분권 행사는 과반수의 찬성으로써 합일하여 결정하여야 하므로, 유언집행자가 수인인 경우 유언집행자에게 유증의무의 이행을 구하는 소송은 유언집행자 전원을 피고로 하는 고유필수적 공동소송으로 봄이 상당하다(대판 2011.6.24, 2009다8345).

(ㄴ) 유언집행자는 유증의 목적인 재산의 관리 기타 유언의 집행에 필요한 모든 행위를 할 권리의무가 있으므로, 유증 목적물에 관하여 마쳐진, 유언의 집행에 방해가 되는 다른 등기의 말소를 구하는 소송에 있어서는 유언집행자가 이른바 법정소송담당으로서 원고적격을 가진다고 할 것이고, 유언집행자는 유언의 집행에 필요한 범위 내에서는 상속인과 이해상반되는 사항에 관하여도 중립적 입장에서 직무를 수행하여야 하므로, 유언집행자가 있는 경우 그의 유언집행에 필요한 한도에서 상속인의 상속재산에 대한 처분권은 제한되며 그 제한 범위 내에서 상속인은 원고적격이 없다(대판 2010.10.28, 2009다20840).

(3) 유언집행자의 결정

유언집행자에는 지정유언집행자·법정유언집행자 및 선임유언집행자가 있으며, 유언집행자는 여러 명이더라도 무방하다(제1102조).

(가) 지정유언집행자

1) 지정유언집행자는 유언자가 유언으로 유언집행자를 지정하거나 또는 제3자에게 그 지정을 위탁하여 결정된 자이다(제1093조). 지정을 위탁받은 제3자는 그 위탁 있음을 안 후 지체 없이 유언집행자를 지정하여 상속인에게 통지하여야 하며, 그 위탁을 사퇴할 때에는 이를 상속인에게 통지하여야 한다(제1094조 1항). 여기서 제3자란 집행될 유언의 효과로서 발생하는 법률관계의 당사자가 아닌 자를 의미하므로, 상속인과 수유자는 지정을 위탁받을 수 없다(김주수/김상용, 858면; 박병호, 463면; 이경희, 529면). 유언집행자의 지정을 위탁받은 자가 지정을 하지 않고 있으면, 상속인 기타 이해관계인은 상당한 기간을 정하여 그 기간 내에 지정할 것을 최고할 수 있고, 그 기간에 지정의 통지를 받지 못한 때에는 지정을 위탁받은 자가 그 지정의 위탁을 사퇴한 것으로 본다(제1094조 2항). 여기서 이해관계인이란 상속인 이외에 상속채권자, 수유자, 수유자의 채권자 등 유언의 집행에 관하

여 이해관계를 가진 자를 말한다.

2) 상속인을 유언집행자로 지정할 수 있으나, 단독상속인을 유언집행자로 지정하는 것은 의미가 없다. 그러한 지정이 없더라도 단독상속인은 유언집행자가 되기 때문이다. 다만 단독상속인을 복수의 유언집행자 중 1인으로 할 수는 있다(윤진수, 592면).

3) 유언집행자로 지정된 자는 상속의 개시 후 지체 없이 그 승낙 또는 포기를 상속인에게 통지하여야 한다(제1097조 1항). 지정된 자가 지정에 대한 승낙 여부를 통지하지 않으면, 상속인 기타 이해관계인은 상당한 기간을 정하여 그 기간 내에 승낙 여부를 확답하도록 지정에 의한 유언집행자에게 최고할 수 있고, 그 기간 내에 최고에 대한 확답을 받지 못한 때에는 유언집행자가 그 취임을 승낙한 것으로 본다(제1097조 3항).

판 례

지정에 의한 유언집행자는 유언자 사망 후 지체 없이 이를 승낙하거나 사퇴할 것을 상속인에게 통지해야 하고(제1097조 1항), 취임을 승낙한 때에는 지체 없이 그 임무를 이행해야 한다(제1099조). 여기서 '지체 없이 그 임무를 이행해야 한다'는 것은 재산목록을 작성하여 상속인에게 교부하거나(제1100조 1항), 유언의 집행에 필요한 행위(제1101조)를 하는 것과 같이 유언집행자가 유언 집행을 준비하거나 집행에 착수하여야 함을 의미할 뿐이므로, 피상속인이 사망한 때 또는 유언집행자 취임을 승낙한 때 곧바로 유증의무의 이행기가 도래한다고 볼 수는 없다. 지정에 의한 유언집행자가 특정유증을 받은 자에게 유증을 이행할 의무는 유언자가 유언으로 달리 정하였다는 등의 특별한 사정이 없는 한 이행기한의 정함이 없는 채무이므로, 유언집행자가 그 의무에 대한 이행청구를 받은 때에 비로소 지체책임을 진다(대판 2025.7.16, 2024다293313). 즉 지정유언집행자의 유증이행의무는 기한의 정함이 없는 채무로서 유언집행자가 그 이행청구를 받은 때에 비로소 지체책임을 진다.

(나) 법정유언집행자 — 지정유언집행자가 없는 경우

지정유언집행자가 없는 경우 상속인이 유언집행자가 된다(제1095조). 지정유언집행자가 없는 경우로는 유언자의 유언에 유언집행자 지정이 없는 경우, 유언집행자의 지정을 위탁을 받은 자가 지정하지 아니한 경우, 유언집행자의 지정을 위탁받은 자가 위탁을 사퇴한 경우(대결 2007.10.18, 2007스31) 등이 있다. 그러나 유언자와 상속인의 이해가 대립할 수도 있으므로, 유언집행자를 지정하지 않은 때에는 상속인이 유언집행자가 되도록 한 것은 적절하지 않다는 견해가 있다(윤진수, 592면).

한편 유언자가 지정 또는 지정위탁에 의하여 유언집행자의 지정을 한 이상 그 유언집행자가 사망·결격 기타 사유로 자격을 상실하였더라도 상속인은 제1095조에 의하여 유언집행자가 될 수는 없다(대판 2010.10.28, 2009다20840). 이때에는 제1096조에 의하여 유언집행자를 선임해야 한다(대판 2010.10.28, 2009다20840). 제1095조는 유언자가 유언집행자의 지정 또는 지정위탁을 하지 않거나 유언집행자의 지정을 위탁받은 자가 위탁을 사퇴한 때에 한하여 적용되기 때문이다.

판 례

유증 등을 위하여 유언집행자가 지정되어 있다가 그 유언집행자가 사망·결격 기타 사유로 자격을 상실한 때에는 상속인이 있더라도 유언집행자를 선임하여야 하는 것이므로, 유언집행자가 해임된 이후 법원에 의하여 새로운 유언집행자가 선임되지 아니하였더라도 유언집행에 필요한 한도에서 상속인의 상속재산에 대한 처분권은 여전히 제한되며 그 제한 범위 내에서 상속인의 원고적격 역시 인정될 수 없다(대판 2010.10.28, 2009다20840).

(다) 선임유언집행자

유언집행자가 없거나 사망·결격 기타 사유로 인하여 없게 된 때에는 가정법원은 이해관계인의 청구에 의하여 유언집행자를 선임하여야 한다(제1096조 1항). 가정법원의 선임에 의한 유언집행자는 선임의 통지를 받은 후 지체 없이 이를 승낙하거나 사퇴할 것을 가정법원에 통지하여야 한다(제1097조 2항). 이해관계인은 선임유언집행자에게 상당한 기간을 정하여 그 기간 내에 승낙여부를 확답할 것을 최고할 수 있으며, 그 기간 내에 최고에 대한 확답을 받지 못한 때에는 유언집행자가 그 취임을 승낙한 것으로 본다(제1097조 3항).

판 례

(ㄱ) 제1096조에 의한 법원의 유언집행자 선임은 유언집행자가 전혀 없게 된 경우뿐만 아니라 유언집행자의 사망, 사임, 해임 등의 사유로 공동유언집행자에게 결원이 생긴 경우와 나아가 결원이 없어도 법원이 유언집행자의 추가선임이 필요하다고 판단한 경우에 이를 할 수 있는 것이고, 이 때 누구를 유언집행자로 선임하느냐는 문제는 제1098조 소정의 유언집행자의 결격사유에 해당하지 않는 한 당해 법원의 재량에 속하는 것이다(대결 1995.12.4, 95스32).

(ㄴ) 유언집행자가 2인인 경우 그중 1인이 나머지 유언집행자의 찬성 내지 의견을 청취하지 아니하고도 단독으로 법원에 공동유언집행자의 추가선임을 신청할 수 있다 할 것이므로, 이러한 단독신청행위가 공동유언집행방법에 위배되었다거나 기회균등의 헌법정신에 위배되었다고 볼 수 없다(대결 1987.9.29, 86스11). 즉 유언집행자의 추가선임청구는 단독으로 할 수 있다.

(라) 유언집행자의 결격·사퇴 및 해임

제한능력자와 파산선고를 받은 자는 유언집행자가 되지 못한다(제1098조). 의사능력이 없으면 유언집행자가 될 수 없을 것이다. 그러나 상속인(제1095조), 유언집행자의 지정을 위탁받은 자는 유언집행자가 될 수 있다. 법인도 유언집행자가 될 수 있다고 보는 것이 일반적이다.

한편 지정 또는 선임에 의한 유언집행자는 정당한 사유가 있는 때에 가정법원의 허가를 얻어 그 임무를 사퇴할 수 있다(제1105조). 그 밖에 가정법원은 지정 또는 선임에 의한 유언집행자가 그 임무를 해태하거나 적당하지 않은 사유가 있는 경우, 상속인 기타 이해관계인의 청구에 의하여 유언집행자를 해임할 수 있다(제1106조).

(4) 유언집행자의 권리 · 의무

(가) 일 반

1) 유언집행자가 그 취임을 승낙한 때에는 지체 없이 그 임무를 이행하여야 한다(제1099조). 유언집행의 임무를 개시하면 유언집행자는 유증의 목적인 재산의 관리, 그 밖에 유언에 필요한 행위를 할 권리의무가 있다(제1101조). 유언집행자의 재산관리의 의무에 대하여는 위임에서의 수임인에 관한 규정이 준용된다(제1103조 2항, 제1104조 2항). 따라서 유언집행자에게는 선량한 관리자의 주의의무(제681조), 복임권의 제한(제682조), 집행사무의 처리상황 보고의무(제683조), 취득물 등의 인도 및 이전의무(제684조), 금전소비에 대한 책임(제685조) 등이 있다.

2) 한편 유언집행자가 여럿인 경우, 유언의 집행은 그 과반수의 찬성으로 결정한다(제1102조 본문). 그러나 유언집행자가 여럿인 경우라도 보존행위만은 각자가 단독으로 할 수 있다(제1102조 단서).

(나) 재산목록의 작성

유언이 재산에 관한 것인 때에는 지정 또는 선임에 의한 유언집행자는 그 재산목록을 작성하여 상속인에게 교부하여야 한다(제1100조 1항). 상속인의 청구가 있는 때에는 재산목록작성에 상속인을 참여시켜야 한다(제1100조 2항).

(다) 보 수

유언집행자에 대한 보수는 유언자가 유언으로 정할 수 있으나 유언으로 달리 정하지 않은 경우에는 상속재산의 상황 기타 사정을 참작하여 가정법원이 지정 또는 선임에 의한 유언집행자의 보수를 정할 수 있다(제1104조 1항). 보수에 관해서는 수임인의 보수에 관한 규정이 준용된다(제1104조 제2항).

(5) 유언집행의 비용

유언증서의 검인비용(제1091조), 상속재산목록작성의 비용(제1100조), 상속재산의 관리비용

(제1101조), 유언집행자의 보수(제1104조), 권리이전을 위한 등기·등록비용, 유언의 집행에 관하여 생긴 소송비용 등과 같은 유언집행비용은 상속재산 중에서 지급된다(제1107조).

(6) 유언집행자의 임무종료

유언집행자의 임무는 ① 유언집행사무의 완결, ② 유언집행자의 사망, ③ 유언집행자의 결격사유의 발생, ④ 사퇴, ⑤ 해임에 의하여 종료한다. 유언집행사무가 종료된 경우에 유언집행자는 상속인에게 지체 없이 그 경과와 결과를 보고하여야 하고(제1103조 2항, 제683조), 급박한 사정이 있으면 유언집행자 또는 그 상속인은 유언자의 상속인이나 그 법정대리인이 상속사무를 처리할 수 있을 때까지 계속하여 그 사무를 처리하여야 한다(제1103조 2항, 제691조). 유언집행사무의 종료사유는 이를 상속인에게 통지하거나 상속인이 이를 안 때가 아니면 이로써 상속인에게 대항하지 못한다(제1103조 2항, 제692조).

제 4 절 유 류 분

I. 서 설

유류분(遺留分)이란 피상속인의 유언에 의한 재산처분의 자유를 제한함으로써 상속인(피상속인의 4촌 이내의 방계혈족은 제외)에게 법정상속분에 대한 일정비율의 상속재산을 확보해 주는 제도를 말한다. 사적재산제도 아래에서는 사람은 자기의 재산을 자기의 의사대로 처분할 수 있다. 따라서 민법은 생전처분뿐만 아니라 사후처분의 자유(즉 유언의 자유)까지 인정하고 있다. 그러나 재산처분의 자유를 무제한 허용하면 상속인의 기대는 무산되고 그 생활기반이 붕괴될 우려가 있다. 그래서 피상속인의 재산처분의 자유를 사후적으로 제한하여 상속이 개시된 경우, 상속인을 위하여 상속재산 중 일정부분을 보장하는 것이 유류분제도이다. 이는 개인의 재산처분의 자유와 상속인의 보호를 조화시키는 제도이다.

판 례

(ㄱ) 유류분제도에 관한 제1112조, 제1113조, 제1118조와 제1008조가 피상속인의 재산처분의 자유와 수증자의 재산권을 과도하게 침해함으로써 헌법 제23조 1항과 제37조 2항에 위반된다고 할 수 없다(대판 2022.2.10, 2020다250783; 대결 2016.10.13, 2016카기284).

(ㄴ) 유류분제도는 피상속인의 재산처분행위로부터 유족의 생존권을 보호하고 법정상속분의 일정비율에 해당하는 부분을 유류분으로 산정하여 상속인의 상속재산 형성에 대한 기여와 상속재산에 대한 기대를 보장하는 데 그 목적이 있다(대판 2024.6.13, 2023다304568).

Ⅱ. 유류분권

1. 의 의

상속이 개시되면 일정범위의 상속인은 상속재산에 대한 일정비율을 취득할 수 있는 지위를 가지게 되는데, 이를 유류분권이라 한다. 유류분권은 상속인의 상속권으로부터 파생되는 것이므로 피상속인의 사망으로 상속이 개시된 후에 발생하며, 상속개시 전에는 유류분은 단지 잠재적인 성격을 지니는 기대권일 뿐이다. 따라서 피상속인의 생전증여가 유류분권을 침해하는 것이 명백하더라도 상속개시 전에는 유류분권을 주장할 수 없고, 유류분권을 보전할 수도 없다. 예컨대 상속개시 전에 '장래의 유류분반환청구권을 보전하기 위하여' 미리 가등기청구 등을 할 수 없다. 그러나 상속이 개시되면 유류분권으로부터 유류분을 침해하는 증여 또는 유증을 받은 자에 대하여 유류분에 해당하는 재산의 반환을 청구할 수 있는 구체적·파생적 권리인 유류분반환청구권이 발생한다(제1115조).

2. 유류분권의 포기

(1) 상속인은 유류분권을 '상속개시 전'에 미리 포기할 수 없고, 포기하여도 무효이다(통설; 대판 1994.10.14, 94다8334). 상속이 개시되기 전에는 상속권을 포기할 수 없는 것과 마찬가지로 유류분권도 포기할 수 없다. 상속이 개시되기 전에는 아직 완전한 유류분권을 인정될 수 없을 뿐만 아니라, 만일 이를 인정하게 되면 피상속인이나 공동상속인이 압력을 행사하여 사전포기를 강요할 우려가 있고, 그 결과 특히 배우자상속권이 침해될 염려가 있기 때문이다. 반면에 '상속개시 후'에는 구체적 재산권으로서 개개의 유류분반환청구권이나 포괄하는 유류분권 자체를 권리자가 자유로이 포기할 수 있다. 판례도 유류분을 포함한 상속의 포기는 상속이 개시된 후 일정한 기간 내에만 가능하다고 한다(대판 1998.7.24, 98다9021). 그러나 상속개시 후에 유류분반환청구권을 포기하는 것은 반드시 상속을 포기할 수 있는 기간 내에만 가능한 것은 아니다. 포기의 방법은 유류분권리자나 그 승계인이 반환청구의 각 상대방에 대한 의사표시로 하여야 하고, 묵시적으로도 포기할 수 있다(예: 상속재산의 협의분할이 이루어진 경우).

(2) 유류분 권리자가 유류분을 포기하면 그 유류분 권리자는 처음부터 없었던 것으로 된다. 그러나 유류분을 포기하더라도 상속인의 지위는 아무런 영향이 없다. 다만 공동상속인 중의 1인이 상속을 포기하면 그 포기자의 상속분이 다른 공동상속인의 상속분의 비율로 그 상속인에게 귀속되므로, 공동상속인 중 유류분을 포기한 경우 다른 공동상속인의 유류분액은 어떻게 되는지가 문제이다. 예컨대 상속인 2인 중 1인이 포기하면 나머지 1인의 권리가 1/4에서 1/2로 변경되는지이다. 이에 대하여 ① 유류분 권리자가 유류분을 포기하면 처음부터 그 유류분권자가 없었던 것으로 하여 유류분액을 다시 산정하여야 하므로 다른 유류분 권리자의 유류분액에 영향을 미친다는 견해(김주수/김상용, 872면; 김용한, 431면), ② 현행법은 유류분액을 개인의 법정상속분에 대한 비율로 정하는 방법을 취하고 있으므로 상속포기가 없는 한 유류분권만의 포기는 다른 유류분 권리자에게 영향을 미치지 않는다는 견해가 있다(이경희, 543면; 박동섭/양경승, 997면).

3. 유류분 권리자

(1) 유류분 권리자는 피상속인의 직계비속·배우자·직계존속이며, 법정상속인인 형제자매·4촌 이내의 방계혈족은 유류분 권리자가 아니다(제1112조). 또한 상속개시시 순위상 상속권이 있어야 한다. 가령 제1·2순위 상속인이 있는 경우는 제2·3순위 상속인들은 유류분 권리를 행사할 수 없다. 따라서 1순위 상속인으로 직계비속이 있는 경우에 직계존속은 유류분권을 가지지 않는다.

참고로 제1112조 4호는 피상속인의 형제자매를 유류분 권리자로 규정하였지만, 헌법재판소의 단순 위헌결정으로 제1112조 4호는 그 효력을 상실하여(헌재결 2024.4.25, 2020헌가4,14) 삭제되었다(2024.9.20. 법률 제20432호). 또한 '유류분 상실사유'를 별도로 규정하지 아니한 제1112조 1호부터 3호 및 '기여분에 관한 제1008조의2를 준용하는 규정을 두지 아니한 제1118조'는 모두 헌법에 합치되지 않고 2025. 12. 31.을 시한으로 입법자가 개정할 때까지 계속 적용된다고 한다(헌재결 2024.4.25, 2020헌가4,14). 그 논거로 유류분에 관한 다양한 사례에 맞추어서 유류분권리자와 각 유류분을 적정하게 정하는 입법을 하는 것이 현실적으로 매우 어려운 점, 법원이 재판에서 구체적 사정을 고려하여 유류분권리자와 각 유류분을 개별적으로 정할 수 있도록 하는 것은 심리의 지연 및 재판비용의 막대한 증가 등을 초래할 수 있는 점 등을 고려하면, 제1112조가 유류분권리자와 각 유류분을 획일적으로 규정한 것이 매우 불합리하다고 할 수 없다. 하지만 피상속인을 장기간 유기하거나 정신적·신체적으로 학대하는 등의 패륜적인 행위를 일삼은 상속인의 유류분을 인정하는 것은 일반 국민의 법감정과 상식에 반한다고 할 것이므로, 제1112조에서 유류분

상실사유를 별도로 규정하지 아니한 것은 불합리하다. 또한 피상속인의 형제자매는 상속재산형성에 대한 기여나 상속재산에 대한 기대 등이 거의 인정되지 않는데도 유류분권을 부여하는 것은 타당하다고 할 수 없다. 그밖에 유류분상실사유를 별도로 두지 않고, 형제자매까지 유류분권리자로 규정하고 있는 제1112조 및 기여분에 관한 제1008조의2를 유류분에 준용하는 규정을 두지 아니한 제1118조는 불합리하고 부당하여 이로 인하여 피상속인과 수증자(수유자)가 받는 재산권의 침해가 공익보다 더 중대하고 심각하다는 점을 들고 있다.

(2) 태아도 상속에 있어서는 이미 출생한 것으로 보기 때문에 유류분권을 가진다. 대습상속인도 '피대습자의 유류분의 범위 내에서' 유류분권을 가진다(제1118조, 제1001조, 제1010조).

(3) 유류분권은 상속권이 있는 유류분 권리자만이 행사할 수 있다. 따라서 상속결격 또는 포기로 인하여 상속권을 잃은 자는 유류분권도 당연히 잃는다. 다만 상속결격의 경우는 대습상속이 인정되므로 상속결격자의 배우자와 직계비속이 유류분 권리자로 된다(제1118조, 제1001조). 그러나 상속포기의 경우는 대습상속이 인정되지 아니하므로 포기자의 상속인은 유류분을 승계할 수 없고, 차순위 상속인이 유류분 권리자가 된다.

한편 상속인이 단순히 유류분만을 포기한 경우에는 그 상속인은 유류분 권리자는 아니지만 아직 상속인이기 때문에, 차순위자는 상속인도 아니고 또 포기된 유류분을 취득할 수도 없다. 상속인이 아닌 제3자가 포괄적 유증을 받은 경우, 그는 상속인과 동일한 권리의무가 있지만(제1078조) 상속인이 아니므로 유류분권리자가 아니다(박동섭/양경승, 947면; 윤진수, 604면).

Ⅲ. 유류분의 범위

1. 유류분의 비율

유류분 권리자의 유류분은 ① 피상속인의 직계비속은 그 법정상속분의 2분의 1, ② 피상속인의 배우자는 그 법정상속분의 2분의 1, ③ 피상속인의 직계존속은 그 법정상속분의 3분의 1이다(제1112조). 대습상속인은 '피대습자의 유류분의 범위 내'에서 유류분 권리자가 되므로(제1118조, 제1001조, 제1010조), 피대습자의 유류분이 대습상속인의 유류분으로 된다.

2. 유류분액의 산정

유류분의 부족(침해)이 존재하는지 판단하기 위해서는 유류분권리자의 유류분액을 산정한 후 그것과 피상속인이 남긴 현재의 상속재산으로부터 그 상속인이 받을 수 있는 실제의 상속분가액 등을 비교하여 후자가 전자에 미달하는지를 살펴보아야 한다. 따라서 유류분액은 유류분권리자의 유류분권 행사의 기준과 한도가 된다.

(1) 유류분액 산정의 기초재산(제1113조)

유류분의 액을 산정(계산)하기 위해서는 먼저 산정의 기초가 되는 피상속인의 재산 가액을 확정하여야 한다. 이에 대하여 제1113조 1항은 "유류분은 피상속인의 상속개시시에 있어서 가진 재산의 가액에 증여재산의 가액을 가산하고 채무의 전액을 공제하여 이를 산정한다"고 규정하고 있다. 이와 같이 유류분 산정의 기초재산을 산정하는 이유는 만약 피상속인이 생전증여(무상처분)을 하지 않았더라면 유류분권리자가 상속으로 얻을 수 있었던 최소한의 이익이 얼마인지를 계산해 내기 위해서이다. 따라서 유류분액 산정의 기초가 되는 재산은 상속재산 그 자체와는 구별된다.

유류분액 산정의 기초재산＝상속개시 당시 상속재산의 가액＋증여재산의 가액 －상속채무

(가) 상속개시 당시의 상속재산

상속재산 가운데 '적극재산'만을 의미한다. 유증한 재산 및 사인증여 재산은 상속개시 당시 아직 이행되지 않았으므로, 상속개시 후에 그것이 이행된 여부와 관계없이 당연히 유류분액 산정을 위한 기초재산에 포함된다. 따라서 유증액이나 사인증여액은 상속개시 당시의 상속재산 가액에 포함되어 있으므로 이를 상속재산 가액에 별도로 더할 필요가 없다.

증여계약이 이행되지 아니하여 소유권이 피상속인에게 남아 있는 상태로 상속이 개시된 재산도 상속재산, 즉 '피상속인의 상속개시 당시 가진 재산'에 포함된다(대판 2012.12.13, 2010다78722). 또한 피상속인이 상속인에 대하여 가지는 채권도 혼동에 의하여 소멸되지 않고 당연히 포함된다. 그러나 제사용 재산(제1008조의3)과 상속되지 않는 피상속인의 일신전속인 권리는 상속재산에 포함되지 않는다.

(나) 가산되는 증여재산

유류분액 산정의 기초가 되는 재산에는 증여재산이 포함된다(제1113조, 제1114조). 제1114조의 증여란 널리 모든 '무상처분'을 의미한다. 따라서 법인설립을 위한 출연재산, 기부행위, 무상의 채무면제 등도 포함된다. 유류분액 산정의 기초가 되는 재산에 가산되는 증여재산은 다음과 같다.

1) 상속개시 1년 전의 증여

증여는 상속개시 전의 1년간에 행하여진 것에 한해서만 그 가액을 산정한다(제1114조 전문). 여기서 1년은 증여계약의 '체결 당시'를 기준으로 그 이전 1년간을 의미하는 것이고, 증여계약의 이행시를 기준으로 하는 것이 아니다(통설). 따라서 상속개시 1년 이전에 증여계약을 체결한 경우에는 비록 상속개시 전 1년 동안에 이행된 경우에도 이에 포함되지 않으며, 정지조건부 증여계약이 상속개시 1년 이전에 체결되고 그 조건이 1년 내에 성취된 경우에도 이에 포함되지 않는다(박동섭/양경승, 953면).

2) 당사자 양쪽이 유류분권리자에게 손해를 가할 것을 알고 한 증여

공동상속인이 아닌 제3자에 대한 증여가 상속개시 1년 전에 한 것이라도 당사자 양쪽이 증여 당시에 유류분권리자에 손해를 가할 것을 알고 증여한 경우에는 그 가액을 산입한다(제1114조 후문). 증여 당시 법정상속분의 2분의 1을 유류분으로 갖는 배우자나 직계비속이 공동상속인으로서 유류분권리자가 되리라고 예상할 수 있는 경우, 제3자에 대한 증여가 유류분권리자에게 손해를 가할 것을 알고 행해진 것이라고 보기 위해서는, 당사자 쌍방이 증여 당시 증여재산의 가액이 증여하고 남은 재산의 가액을 초과한다는 점을 알았던 사정뿐만 아니라, 장래 상속개시일에 이르기까지 피상속인의 재산이 증가하지 않으리라는 점까지 예견하고 증여를 행한 사정이 인정되어야 한다(대판 2023.6.15, 2023다203894; 대판 2022.8.11, 2020다247428). 이러한 당사자 양쪽의 가해의 인식은 증여 당시를 기준으로 판단하여야 하는데, 그 증명책임은 유류분반환청구권을 행사하는 상속인에게 있다(대판 2022.8.11, 2020다247428; 대판 2012.5.24, 2010다50809).

3) 특별수익분 — 공동상속인에 대한 증여

공동상속인이 상속재산 중에서 이미 증여받은 것(특별수익분)에 대해서는 1년 이전의 것도 모두 포함된다(제1118조, 제1008조). 즉 공동상속인 중에 피상속인으로부터 재산의 증여에 의하여 특별수익을 한 사람이 있는 경우에는 제1114조의 적용이 배제되고, 따라서 그 증여는 상속개시 1년 이전의 것인지 여부, 당사자 쌍방이 손해를 가할 것을 알고서 하였는지 여부에 관계없이 유류분액 산정을 위한 기초재산에 산입된다(대판 2021.8.19, 2017다230338).

그러나 ① 피상속인으로부터 특별수익인 생전증여를 받은 공동상속인이 '상속을 포기'한 경우에는 제1114조가 적용되므로, 그 증여가 상속개시 전 1년간에 행한 것이거나 당사자 쌍방이 유류분권리자에 손해를 가할 것을 알고 한 경우에만 유류분액 산정을 위한 기초재산에 산입된다. 제1008조에 따라 구체적인 상속분을 산정하는 것은 상속인이 피상속인으로부터 실제로 특별수익을 받은 경우에 한정되는데, 상속의 포기는 상속이 개시된 때에 소급하여 그 효력이 있고(제1042조), 상속포기자는 처음부터 상속인이 아니었던 것이 되므로, 상속포기자에게는 제1008조가 적용될 여지가 없기 때문이다. 위와 같은 법리는 피대습인이 대습원인의 발생 이전에 피상속인으로부터 생전 증여로 특별수익을 받은 이후 대습상속인이 피상속인에 대한 '대습상속을 포기'한 경우에도 그대로 적용된다(대판 2022.3.17, 2020다267620). ② 피상속인으로부터 생전증여를 받은 상속인이 피상속인을 특별히 부양하였거나 피상속인의 재산의 유지 또는 증가에 특별히 기여하였고, 피상속인의 생전 증여에 상속인의 위와 같은 특별한 부양 내지 기여에 대한 대가의 의미가 포함되어 있는 경우와 같이 상속인이 증여받은 재산을 상속분의 선급으로 취급한다면 오히려 공동상속인들 사이의 실질적인 형평을 해치는 결과가 초래되는 경우에는 그러한 한도 내에서 생전 증여를 특별수익에서 제외할 수 있다(대판 2022.3.17, 2021다230083,230090).

한편 상속분 양도는 상속재산분할 전에 적극재산과 소극재산을 모두 포함한 상속재산 전부에 관하여 공동상속인이 가지는 포괄적 상속분, 즉 상속인 지위의 양도를 뜻한다. 공동상속인이 다른 공동상속인에게 무상으로 자신의 상속분을 양도하는 것은 특별한 사정이 없는 한 유류분에 관한 제1008조의 증여에 해당하므로, 그 상속분은 '양도인'의 사망으로 인한 상속에서 유류분액 산정을 위한 기초재산에 산입된다(대판 2021.7.15, 2016다210498). 이러한 법리는 상속재산 분할협의의 실질적 내용이 어느 공동상속인이 다른 공동상속인에게 자신의 상속분을 무상으로 양도하는 것과 같은 때에도 마찬가지로 적용된다. 따라서 상속재산 분할협의에 따라 무상으로 양도된 것으로 볼 수 있는 상속분은 양도인의 사망으로 인한 상속에서 유류분액 산정을 위한 기초재산에 포함된다(대판 2021.8.19, 2017다230338).

판 례

제1118조에 따라 준용되는 제1008조는 공동상속인 중에 피상속인으로부터 재산의 증여 또는 유증을 받은 특별수익자가 있는 경우에 공동상속인들 사이의 공평을 기하기 위하여 그 수증재산을 상속분의 선급으로 다루어 구체적인 상속분을 산정하는 데 참작하도록 하려는 데 그 취지가 있다. 유류분제도의 입법 목적과 제1008조의 취지에 비추어 보면, 유류분 산정의 기초재산에 산입되는 증여에 해당하는지 여부를 판단할 때에는 피상속인의 재산처분행위의 법적 성질을 형식적·추상적으로 파악하는 데 그쳐서는 안 되고, 재산처분행위가 실질적인 관점에서 피상속인의 재산을 감소시키는 무상처분에 해당하는지 여부에 따라 판단하여야 한다(대판 2024.6.13, 2023다304568).

(다) 공제될 상속채무

채무를 공제하는 것은 상속인의 순취득분을 산정하기 위한 것이므로, 여기서 채무란 상속채무를 말한다. 따라서 사법상의 채무는 물론 공법상의 채무(세금·벌금)도 포함된다. 그러나 상속재산에 관한 비용(상속세·관리비용·소송비용 등)이나 유언집행비용(예: 검인신청비용·재산목록작성비용 등), 장례비 등은 '상속재산 중에서 지급'되어야 하므로(제998조의2) 여기에 포함되지 않으며(대판 2015.5.14, 2012다21720; 김주수/김상용, 877면; 박동섭/양경승, 955면; 이경희, 551면), 또한 유증에 의하여 상속인이 부담하는 채무는 반환의 대상이 되는 것이기 때문에(제1115조) 공제할 필요가 없다(김용한, 433면). 그러나 상속재산에 관한 비용이나 유언집행에 관한 비용과 같이 상속재산이 부담할 비용도 여기의 채무에 포함시켜야 한다는 견해가 있다(곽윤직, 286면; 송덕수, E-378; 지원림, 6-220).

판 례

(ㄱ) 금전채무와 같이 급부의 내용이 가분인 채무가 공동상속된 경우, 이는 상속개시와 동시에 당연히 공동상속인들에게 법정상속분에 따라 상속된 것으로 봄이 타당하므로, 법정상속분 상당의 금전채무는 유류분권리자의 유류분 부족액을 산정할 때 고려하여야 할 것이나, 공동상속인 중 1인이 자신의 법정상속분 상당의 상속채무 분담액을 초과하여 유류분권리자의 상속채무 분담액까지 변제한 경우에는 유류분권리자를 상대로 별도로 구상권을 행사하여 지급받거나 상계를 하는 등의 방법으로 만족을 얻는 것은 별론으로 하고, 그러한 사정을 유류분권리자의 유류분 부족액 산정 시 고려할 것은 아니다(대판 2013.3.14, 2010다42624,42631).

(ㄴ) '공제할 채무'는 상속개시 당시 피상속인이 종국적으로 부담하여야 할 것이 확실한 채무라야 하므로, 피상속인이 제3자를 위하여 연대보증채무를 부담하고 있는 경우, 주채무자가 변제불능의 무자력 상태에 있기 때문에 피상속인이 그 채무를 이행한 후 주채무자에게 구상권을 행사하더라도 변제받을 가능성이 없다는 등의 특별한 사정이 없는 한 유류분 산정을 위한 기초재산에서 그 채무금액을 공제할 수 없다. 이러한 법리는 상속개시 당시 피상속인이 제3자를 위하여 물상보증인으로서 책임을 지고 있는 경우에도 적용된다(대판 2025.7.16, 2024다308079).

(라) 기여분과 유류분의 관계

기여분은 유류분을 산정하는데 있어 공제할 수 없다. 즉 기여분은 상속재산분할의 전제 문제로서의 성격을 가지는 것으로, 상속인들의 상속분을 일정 부분 보장하기 위하여 피상속인의 재산처분의 자유를 제한하는 유류분과는 서로 관계가 없다(대판 2015.10.29, 2013다60753). 이와 관련하여 헌법재판소는 기여분에 관한 제1008조의2를 준용하는 규정을 두지 않은 제1118조는 헌법에 합치되지 않는다고 한다(헌재결 2024.4.25, 2020헌가4,14). 기여분에 관한 제1008조의2를 유류분에 준용하는 규정을 두지 아니한 제1118조는 불합리하고 부당하여 이로 인하여 피상속인과 수증자(수유자)가 받는 재산권의 침해가 공익보다 더 중대하고 심각하기 때문이다.

(2) 유류분액 산정의 기초재산의 평가

(가) 평가기준

기초재산의 평가기준은 교환가치(거래가격)이다. 채권도 액면가액에 의하여 평가할 것이 아니라 거래가격에 의하여 평가하여야 한다. 조건부 권리 또는 존속기간이 불분명한 권리는 가정법원이 선임한 감정인의 평가에 의하여 그 가격을 정한다(제1113조 2항). 부담부 증여는 그 목적인 가액으로부터 부담의 가액을 공제하여 산정한다.

(나) 평가의 기준시기

유류분은 '상속개시 당시'를 기준으로 산정한다. 즉 유류분 산정의 기초재산에 포함되는 증여재산의 가액은 그 증여 시가 아니라 상속개시 당시를 기준으로 산정해야 한다(대판 2021.6.10, 2021다213514). 증여재산이 금전일 경우에는 증여 금액을 상속개시 당시의 화폐가치로 환산하여야 한다. 화폐가치의 환산은 물가변동률을 반영하는 방법으로 산정한다(대판 2009.7.23, 2006다28126). 수증자가 증여받은 재산을 상속개시 전에 처분하였거나 수용된 경우에는 증여재산의 가액은 증여재산의 현실 가치인 '처분 당시의 가액'을 기준으로 '상속개시까지 사이의 물가변동률'을 반영하는 방법으로 산정하여야 한다(대판 2023.5.18, 2019다222867).

(3) 구체적 유류분액의 산정—유류분권리자별 유류분

유류분액 산정의 기초재산이 확정되면, 여기에 다시 각 유류분권리자별 유류분의 비율(법정상속분의 1/2 또는 1/3)을 곱하여 각 유류분권리자의 유류분액을 확정한다. 유류분권리자에게 특별수익(1008조)이 있는 경우에는 이를 공제한다(제1118조, 제1008조).

유류분액 = (유류분액 산정의 기초재산 × 유류분권리자의 유류분비율) - 특별수익액

유류분산정의 기초재산 = 상속개시 당시의 상속재산 + 증여재산의 가액 - 상속채무

여기서 증여는 1년간의 증여액 + 1년 전의 악의의 증여액 + 공동상속인이 받은 모든 증여액을 포함한다. 가령 피상속인은 배우자 A와 두 자녀 B와 C를 두고 12,000만원의 재산을 남기고 사망하였다. 피상속인은 2,000만원의 채무를 부담하고 있으며, C에게는 사망하기 전 3년 전에 결혼자금으로 1,000만원을 지급하였으며, 사망 6개월 전에는 친동생 D에게 3,000만원을 사업자금으로 증여하였다.

유류분산정의 기초재산은 12,000만원 + 1,000만원 + 3,000만원 - 2,000만원 = 14,000만원

A·B·C의 법정상속분은 각각 3/7, 2/7, 2/7

A·B·C의 유류분은 법정상속분의 1/2이므로 각각 3/14, 2/14, 2/14

따라서 A의 유류분액은 기초재산액 14,000만원 × 3/14 = 3,000만원이고, B의 유류분액은 14,000만원 × 2/14 = 2,000만원이다. C의 유류분액은 14,000만원 × 2/14 = 2,000만원에서 특별수익분인 1,000만원을 공제한 1,000만원이 된다. 만일 피상속인의 사망 전에 C가 자녀 甲·乙을 두고 먼저 사망한 경우에는 C의 유류분액 1,000만원에 각각의 법정상속분 1/2를 곱한 500만원이 甲·乙의 유류분액이 된다.

Ⅳ. 유류분의 보전 — 유류분반환청구권

1. 일 반

(1) 의 의

유류분권리자는 피상속인의 증여 또는 유증으로 인하여 그 유류분에 부족이 생긴 때에는 부족한 한도에서 그 재산의 반환을 청구할 수 있는데, 이를 유류분반환청구권이라 한다(제1115조 1항). 이는 유류분권의 구체적인 권리이다. 즉 유류분권은 상속이 개시되면 일정범위의 상속인이 상속분 중 일정비율에 상당하는 피상속인의 재산을 취득할 수 있는 지위를 말하고, 유류분반환청구권은 유류분을 침해하는 행위가 있을 때 그 반환을 청구할 수 있는 권리로, 유류분권에서 파생되어 나오는 권리이다. 따라서 유류분권리자라고 하더라도 유류분이 침해되지 않으면 유류분반환청구권은 갖지 않는다. 이 반환청구권은 유류분권리자의 자유의사에 의하여 행사할 수 있고, 반드시 행사하여야 하는 것은 아니다.

(2) 유류분 부족액의 산정

(가) 유류분은 유류분권리자가 상속으로 얻을 수 있었던 이익 중 법정 최소한도를 보장하는 것이다. 유류분권리자가 피상속인으로부터 실제 얻은 이익이 그 법정 최소한도에 미치지 못하는 한도가 유류분 부족액(침해액)이다. 유류분권리자가 반환을 청구할 수 있는 '유류분 부족액'은 '유류분액'에서 유류분권리자가 받은 '특별수익액과 순상속분액'을 공제하는 방법으로 산정한다. 이때 순상속액은 유류분권리자가 상속에 의하여 받은 재산액에서 상속채무분담액을 공제한 금액이다(대판 2021.8.19, 2017다235791). 이처럼 유류분액에서 순상속분액을 공제하는 것은 유류분권리자가 상속개시에 따라 받은 이익을 공제하지 않으면 유류분권리자가 이중의 이득을 얻기 때문이다.

(나) 유류분권리자의 구체적인 상속분보다 유류분권리자가 부담하는 상속채무가 더 많다면, 즉 순상속분액이 음수인 경우에는 그 초과분을 유류분액에 가산하여 유

류분 부족액을 산정하여야 한다(대판 2022.1.27, 2017다265884). 이러한 경우에는 그 초과분을 유류분액에 가산해야 단순승인 상황에서 상속채무를 부담해야 하는 유류분권리자의 유류분액만큼 확보해 줄 수 있기 때문이다. 그러나 위와 같이 유류분권리자의 구체적인 상속분보다 유류분권리자가 부담하는 상속채무가 더 많은 경우라도 유류분권리자가 한정승인을 했다면, 그 초과분을 유류분액에 가산해서는 안 되고 순상속분액을 0으로 보아 유류분 부족액을 산정해야 한다. 유류분권리자인 상속인이 한정승인을 하였으면 상속채무에 대한 한정승인자의 책임은 상속재산으로 한정되는데, 상속채무 초과분이 있다고 해서 그 초과분을 유류분액에 가산하게 되면 법정상속을 통해 어떠한 손해도 입지 않은 유류분권리자가 유류분액을 넘는 재산을 반환받게 되는 결과가 되기 때문이다(대판 2022.8.11, 2020다247428).

(다) 유류분권리자의 유류분 부족액은 유류분액에서 특별수익액과 순상속분액을 공제하는 방법으로 산정하는데, 유류분권리자가 상속에 의해 얻는 재산액보다 상속채무 분담액이 더 큰 경우에는 순상속분액이 마이너스가 된다. 그런데 마이너스를 뺀다는 것은 수학적으로는 결과적으로 더한다는 의미가 된다. 따라서 유류분권리자의 구체적인 상속분보다 유류분권리자가 부담하는 상속채무가 더 많다면 그 초과분을 유류분액에 가산하여 유류분 부족액을 산정하여야 한다(대판 2022.1.27, 2017다265884). 가령 피상속인 甲이 사망 1개월 전에 유일한 재산인 10억원의 X부동산을 제3자에게 증여하고, 상속채무 1억원을 남겼으며 상속인은 자녀 乙인 경우, 乙의 유류분액은 4억 5,000만원[=(10억 - 1억) × 1/2]이 되고, 순상속액은 - 1억원이 되므로, 乙의 유류분 부족액은 5억 5,000만원(= 4억 5,000만원 + 1억원)이 된다.

다만 유류분권리자 乙이 '한정승인'을 하였다면, 순상속액은 마이너스가 아니라 0원으로 계산해야 한다. 즉 유류분권리자의 구체적인 상속분보다 유류분권리자가 부담하는 상속채무가 더 많은 경우라도 유류분권리자가 한정승인을 했다면, 그 초과분을 유류분액에 가산해서는 안 되고 순상속분액을 0으로 보아 유류분 부족액을 산정해야 한다(대판 2022.8.11, 2020다247428). 유류분권리자인 상속인이 한정승인을 하였으면 상속채무에 대한 한정승인자의 책임은 상속재산으로 한정되는데, 상속채무 초과분이 있다고 해서 그 초과분을 유류분액에 가산하게 되면 법정상속을 통해 어떠한 손해도 입지 않은 유류분권리자가 유류분액을 넘는 재산을 반환받게 되는 결과가 되기 때문이다.

(라) 유언자가 임차권 또는 근저당권이 설정된 목적물을 특정유증하면서 수유자가 그 임대차보증금반환채무 또는 피담보채무를 인수할 것을 부담으로 정한 경우, 상속인이 상속개시 시에 유증 목적물과 그에 관한 임대차보증금반환채무 또는 피담

보채무를 상속하므로 이를 전제로 유류분 산정의 기초가 되는 재산액을 확정하여 유류분액을 산정하여야 한다. 이 경우 상속인은 유증을 이행할 의무를 부담함과 동시에 수유자에게 유증 목적물에 관한 임대차보증금반환채무 등을 인수할 것을 요구할 수 있는 이익 또한 얻었다고 할 수 있으므로, 결국 그 특정유증으로 인해 유류분권리자가 얻은 순상속분액은 없다고 보아 유류분 부족액을 산정하여야 한다(대판 2022.1.27, 2017다265884). 위와 같은 경우에 특정유증을 받은 자가 유증 목적물에 관한 임대차보증금반환채무 또는 피담보채무를 임차인 또는 근저당권자에게 변제하였더라도 상속인에 대한 관계에서는 자신의 채무 또는 장차 인수하여야 할 채무를 변제한 것이므로 상속인에 대하여 구상권을 행사할 수 없다. 이러한 법리는 유증 목적물에 관한 임대차계약에 대항력이 있는지 여부와 무관하게 적용된다(대판 2022.1.27, 2017다265884). 유언자가 임차권 또는 근저당권이 설정된 목적물을 특정유증하였다면 특별한 사정이 없는 한 유증을 받은 자가 그 임대보증금반환채무 또는 피담보채무를 인수할 것을 부담으로 정하여 유증하였다고 볼 수 있다(대판 2022.1.27, 2017다265884).

(마) 유류분의 부족액을 계산하는 식은 다음과 같다.

유류분의 부족액 = 유류분 산정의 기초재산(A) × 그 유류분권리자의 유류분비율(B) - 그 유류분권리자의 특별수익액(C) - 그 유류분권리자의 순상속액(D)

A = 적극적 상속재산 + 산입될 증여액 - 상속채무액

B = 법정상속분의 1/2 또는 1/3

C = 수증액 + 수유액

D = 그 유류분권리자가 상속에 의하여 얻은 재산액(구체적 상속분) - 상속채무분담액(= 소극재산 × 법정상속분율)

1) 단순 특별수익자가 있는 경우

가령 피상속인 甲의 상속인으로 배우자 乙과 자녀 丙이 있는데, 적극재산은 2억원이고 상속채무는 8,000만원이다. 甲은 丁에게 1억원을 유증하였고, 乙에게 사망 5년 전에 X부동산(사망당시 6,000만원, 현재 1억원)을 증여하였다.

- 乙·丙의 유류분액
  - 乙: (상속개시 당시의 상속재산 2억원 + 乙의 수증액 6,000만원 - 상속채무 8,000만원) × 乙의 유류분비율(3/5×1/2) = 5,400만원
  - 丙: (상속개시 당시의 상속재산 2억원 + 乙의 수증액 6,000만원 - 상속채무 8,000만원) × 丙의 유류분비율(2/5×1/2) = 3,600만원

제1008조는 공동상속인 중에 피상속인으로부터 재산의 증여 또는 유증을 받은 자가 있는 경우에 그 수증재산이 자기의 상속분에 달하지 못한 때에는 그 부족한 부분의 한도에서 상속분이 있다고 규정하고 있다. 따라서 공동상속인 중 특별수익자가 있는 경우 구체적 상속분 가액의 산정을 위해서는, 피상속인이 상속개시 당시 가지고 있던 재산 가액에 생전 증여의 가액을 가산한 후, 이 가액에 각 공동상속인별로 법정상속분율을 곱하여 산출된 상속분의 가액으로부터 특별수익자의 수증재산인 증여 또는 유증의 가액을 공제하는 계산방법에 의한다. 이렇게 계산한 상속인별 구체적 상속분 가액을 전체 공동상속인들 구체적 상속분 가액 합계액으로 나누면 상속인별 구체적 상속분 비율, 즉 상속재산분할의 기준이 되는 구체적 상속분을 얻을 수 있다(대결 2022.6.30, 2017스98,99). 여기서 피상속인이 상속개시 당시 가지고 있던 재산 가액은 상속재산 가운데 적극재산의 전액을 가리킨다(대판 1995.3.10, 94다16571).

• 법정 상속분액에 특별수익을 고려한 乙·丙의 구체적 상속분액

乙: (상속개시 당시의 상속재산 2억원 + 乙의 수증액 6,000만원) × 乙의 법정상속분율 3/5 − 乙의 수증액 6,000만원 = 9,600만원

丙: (상속개시 당시의 상속재산 2억원 + 乙의 수증액 6,000만원) × 丙의 법정상속분율 2/5 = 10,400만원

• 상속재산분할의 기준이 되는 乙·丙의 구체적 상속분액

유증액은 분할할 재산에 속하지 않으므로 상속개시 당시의 상속재산에서 이를 공제한다.

乙: (상속개시 당시의 상속재산 2억원 − 유증액 1억원) × (9,600만원/9,600만원 +10,400만원) = 4,800만원

丙: (상속개시 당시의 상속재산 2억원 − 유증액 1억원) × (10,400만원/9,600만원 +10,400만원) = 5,200만원

• 乙·丙의 유류분 부족액

乙: 유류분액 5,400만원 − 순상속액 6,000만원[= 상속재산분할의 기준이 되는 구체적 상속분액 4,800만원 + 수증액 6,000만원 − 상속채무분담액 4,800만원(= 채무 8,000만원 × 乙의 법정상속분율 3/5)] = −600만원(乙은 유류분 부족액이 없다)

丙: 유류분액 3,600만원 − 순상속액 2,000만원[= 상속재산분할의 기준이 되는 구체적 상속분액 5,200만원 − 상속채무분담액 3,200만원(= 채무 8,000만원 × 丙의 법정상속분율 2/5)] = 1,600만원

따라서 乙은 丁에게 유류분반환을 청구할 수 없지만, 丙은 1,600만원의 반환을

청구할 수 있다.

2) 초과특별수익자가 있는 경우

가령 피상속인 A의 공동상속인으로 자녀 B·C가 있고, 적극재산 6억원과 상속채무 3억원을 남겼다. A는 사망 5년 전에 B에게 5억원을 증여하고 유류분 침해사실을 모르는 D에게 채무 3억원을 면제해 주었고, 남은 재산 3억원을 E법인에 유증하였다.

• B·C의 유류분액

(상속개시 당시의 상속재산 6억 + B의 수증액 5억 - 상속채무 3억) × B·C의 유류분비율 각 1/4(1/2×1/2) = 각 2억원

• 법정 상속분액에 특별수익을 고려한 B·C의 구체적 상속분액

B: (상속개시 당시의 상속재산 6억 + B의 수증액 5억) × B의 법정상속분율 1/2 - B의 수증액 5억 = -5,000만원

C: (상속개시 당시의 상속재산 6억 + B의 수증액 5억) × C의 법정상속분율 1/2 = 5억 5,000만원

• 상속재산분할의 기준이 되는 B·C의 구체적 상속분액

상속재산분할의 기준이 되는 구체적 상속분은 법정 상속분액에 특별수익을 고려한 상속인별 구체적 상속분액을 전체 공동상속인의 구체적 상속분액 합계액으로 나누어 산정한 다음(①의 경우), 구체적 상속분 가액을 계산한 결과 공동상속인 중 특별수익이 법정상속분 가액을 초과하는 초과특별수익자가 있는 경우, 그러한 초과특별수익자는 특별수익을 제외하고는 더 이상 상속받지 못하는 것으로 처리하되(구체적 상속분 가액 0원), 초과특별수익은 다른 공동상속인들이 그 법정상속분율에 따라 안분하여 자신들의 구체적 상속분 가액에서 공제하는 방법으로 구체적 상속분 가액을 조정하여야 하므로(②의 경우), 나머지 상속인들의 부담으로 된다(대결 2022.6.30, 2017스98,99).

①의 경우

B: (상속개시 당시의 상속재산 6억 - E법인의 수유액 3억) × -5,000만원/(-5,000만원 + 5억 5,000만원) = -3,000만원

C: (상속개시 당시의 상속재산 6억 - E법인의 수유액 3억) × -5억 5,000만원/(-5,000만원 + 5억 5,000만원) = 3억 3,000만원

②의 경우

B: 초과특별수익자이므로 0원

C: 3억 3,000만원 - B의 초과특별수익 분담액 3,000만원 = 3억원

• B·C의 유류분 부족액

B: 유류분액 2억원 - 순상속액 3억 5,000만원[= 상속재산분할의 기준이 되는 구체적 상속분액 0원 + B의 수증액 5억 - 상속채무분담액 1억 5,000만원(= 상속채무 3억 × B의 법정상속분율 1/2)] = -1억 5,000만원(B는 유류분 부족액이 없다)

C: 유류분액 2억원 - 순상속액 1억 5,000만원[= 상속재산분할의 기준이 되는 구체적 상속분액 3억 - 상속채무분담액 1억 5,000만원(= 상속채무 3억 × C의 법정상속분율 1/2) = 5,000만원

유류분권리자는 먼저 유증(사인증여 포함)을 반환받은 후, 그래도 유류분액에 부족이 있으면 그 부족한 한도에서 증여의 반환을 청구할 수 있다(제1116조). 따라서 C는 E법인에 5,000만원의 반환을 청구할 수 있다.

(3) 유류분반환청구권의 법적 성질

유류분반환청구권의 성질에 관하여, ① 형성권설은 반환청구권을 행사하면 유류분침해행위인 유증 또는 증여계약은 그 효력을 잃고 증여 등의 목적물에 대한 권리는 당연히 유류분 권리자에게 복귀하며 이미 이행된 부분에 대하여 유류분 권리자는 물권적 청구권에 기하여 목적물의 반환을 구할 수 있으며, 유증 또는 증여가 아직 이행되지 않았다면 반환청구권자는 이행의무를 면한다고 한다(다수설). ② 청구권설은 유류분반환청구권은 유류분에 부족한 만큼의 재산의 인도나 반환을 유증 또는 증여받은 자에 대하여 청구할 수 있는 채권적 청구권이며, 아직 이행하지 않은 부분에 대해서는 이행거절권이 발생한다고 한다(곽윤직, 467면; 지원림, 6-221). 판례는 "유류분제도는 피상속인의 증여 및 유증으로 그 유류분에 부족이 생긴 유류분권자에게 그 부족한 한도 내에서 이를 회복하기 위하여 마련된 것으로서 유류분권리자가 유류분반환청구권을 행사한 경우 그의 유류분을 침해하는 범위 내에서 유증 또는 증여는 소급적으로 효력을 상실하고, 상대방은 그와 같이 실효된 범위 내에서 유증 또는 증여의 목적물을 반환할 의무를 부담한다"고 하여(대판 2015.11.12, 2011다55092,55108; 대판 2025.5.29, 2022다220014;), 형성권설을 따르고 있다.

생각건대 형성권설에 의하면 수유자 또는 수증자가 파산한 경우에도 유류분 권리자에게 환취권이 인정되고 또 수유자 또는 수증자의 채권자가 유류분반환의 목적인 재산에 강제집행을 하는 경우에도 유류분 권리자는 제3자 이의로서 구제받을 수 있다. 반면 청구권설에 의하면 유류분반환의무자가 무자력에 빠질 경우에는 유류분반환청구가 실효를 거둘 수 없어 유류분 권리자의 보호가 미흡하게 된다. 결국 유류분 제도는 오로지 유류분 권리자의 권리보호를 위하여 인정된 점을 고려할 때, 형성권설이 타당하다고 할 것이다.

2. 유류분반환청구권의 행사

(1) 반환청구권의 당사자

(가) 반환청구권자

유류분 권리자와 그 승계인(예: 유류분 권리자의 상속인·포괄적 수유자·상속분의 양수인 등의 포괄승계인, 유류분반환청구권의 양수인 등 특정승계인 등)이다. 유류분반환청구권은 '행사상의 일신전속성'을 가지므로, 유류분권리자에게 그 권리행사의 확정적 의사가 있다고 인정되는 경우가 아니라면 채권자대위권의 목적이 될 수 없다(대판 2010.5.27, 2009다93992). 그러나 재산권으로서 유류분반환청구권이 귀속상의 일신전속권은 아니므로, 유류분 권리자의 권리행사가 있은 후에는 상속 또는 양도될 수 있다고 할 것이다(지원림, 6-22).

(나) 상 대 방

수유자(受遺者), 수증자(受贈者) 및 그의 포괄승계인이다. 그러나 특정물을 증여한 경우에 수증자로부터 그 물건을 양도받은 제3자(전득자)는 반환청구의 상대방이 되지 않는다. 그런데 판례는 유류분반환청구권의 행사에 의하여 반환되어야 할 유증 또는 증여의 목적이 된 재산이 타인에게 양도된 경우, 그 양수인이 양도 당시 유류분권리자를 해함을 안 때에는 양수인에 대하여도 그 재산의 반환을 청구할 수 있다고 하여(대판 2002.4.26, 2000다8878), '악의의 제3자'도 반환의무자가 된다고 한다.

(2) 행사방법

(가) 유류분반환청구권의 행사는 재판상 또는 재판 외에서 상대방에 대한 의사표시의 방법으로 할 수 있고, 이 경우 그 의사표시는 침해를 받은 유증 또는 증여행위를 지정하여 이에 대한 반환청구의 의사를 표시하면 그것으로 족하고, 그로 인하여 생긴 목적물의 이전등기청구권이나 인도청구권 등을 행사하는 것과는 달리 그 목적물을 구체적으로 특정하여야 하는 것은 아니다(대판 2002.4.26, 2000다8878; 대판 2001.9.14, 2000다66430,66447).

(나) 유류분의 반환청구는 증여나 유증이 유효함을 전제로 유류분 침해를 이유로 반환을 구하는 것이므로, 반대로 증여나 유증의 무효를 이유로 반환을 구하는 것은 유류분반환을 청구하는 취지가 포함된 것으로 볼 수 없다(대판 2001.9.14, 2000다66430,66447).

판 례

유류분권리자가 반환의무자를 상대로 유류분반환청구권을 행사하고 이로 인하여 생긴 목적물의 이전등기의무나 인도의무 등의 이행을 소로써 구하는 경우에는 그 대상과 범위를 특정하여야 하고, 법원은 처분권주의의 원칙상 유류분권리자가 특정한 대상과 범위를 넘어서 청구를 인용할 수 없다

(대판 2013.3.14, 2010다42624,42631).

(3) 반환청구의 한도

(가) 원 칙

유류분을 침해하는 증여가 이루어진 경우, 유류분의 반환청구는 '유류분에 부족한 한도' 내에서 행사할 수 있다(제1115조 1항). 따라서 공동상속인 중 일부의 상속인이 피상속인으로부터 증여나 유증을 받아 그것이 자신의 상속분을 초과하더라도 그것으로 인하여 다른 공동상속인의 유류분을 침해하지 않는 한 그 초과부분을 반환할 필요가 없다. 이는 피상속인의 유언의 자유를 보장하고 이를 존중하여야 하기 때문이다.

(나) 유류분권리자가 여럿인 경우

유류분반환청구권은 각기 독립된 권리이다. 따라서 유류분권리자가 여럿인 경우, 그들은 각자 따로 따로 권리를 행사할 수 있고, 한 사람의 권리행사는 다른 권리자에게 영향을 미칠 수 없다.

(다) 수증자 등이 여럿인 경우

수증자나 수유자가 여럿인 경우에는 그들 내부관계에서 각자가 얻은 증여나 유증의 가액의 비율로 반환할 의무가 있다(제1115조 2항). 따라서 유류분권리자는 이들에게 그 비율을 초과하여 반환청구를 할 수 없으며, 다수의 수증자나 수유자 가운데 1인만을 상대로 반환청구를 한 경우에도 수증자 등은 위 비율에 의한 범위에서만 지급의무를 진다.

(라) 수증자 등이 공동상속인인 경우

증여 등을 받은 다른 공동상속인이 여럿인 경우, 유류분권리자는 다른 공동상속인들 중 증여 또는 유증을 받은 재산의 가액이 자기 고유의 유류분액을 초과하는 상속인을 상대로 하여 그 유류분액을 초과한 금액의 비율에 따라 반환청구를 할 수 있다(대판 1996.2.9, 95다17885; 대판 1995.6.30, 93다11715). 즉 수증자 등이 공동상속인인 경우, 그들도 각자의 유류분이 있으므로 그 받은 것 전부를 반환할 의무는 없고, 자신의 유류분액을 초과하는 범위에서만 반환의무가 있다.

그러나 수증자 등이 상속인이 아닌 제3자인 경우, 그는 상속인이 아니어서 유류분이라는 것이 없으므로 유류분권리자는 제3자를 상대로 그 받은 것 전부를 한도로 반환을 청구할 수 있다(대판 1996.2.9, 95다17885). 따라서 공동상속인과 공동상속인이 아닌 제3자가 있는 경우, 제3자에게는 유류분이라는 것이 없으므로 공동상속인은 자기 고유의 유류분액을 초과한 금액을 기준으로 하여, 제3자는 그 수증가액을 기준으로 하여 각 그 금액의 비율에 따라 반환청구를 할 수 있다(대판 1996.2.9, 95다17885).

(마) 유류분반환 대상 부동산이 여럿인 경우

1) 개별 부동산의 유류분 반환지분

어느 공동상속인 1인이 특별수익으로서 여러 부동산을 증여받아 그 증여재산으로 유류분권리자에게 유류분 부족액을 반환하는 경우, 반환해야 할 증여재산의 범위는 특별한 사정이 없는 한 "증여 및 유증을 받은 자가 여럿인 때에는 각자가 얻은 유증가액의 비례로 반환하여야 한다"는 제1115조 2항을 유추적용하여 '증여재산의 가액에 비례'하여 안분하는 방법으로 정해야 한다(대판 2013.3.14, 2010다42624,42631). 따라서 유류분반환 의무자는 증여받은 모든 부동산에 대하여 각각 일정 지분을 반환해야 하는데, 그 지분은 모두 증여재산의 '상속개시 당시' 총 가액에 대한 유류분 부족액의 비율이 된다(대판 2025.7.3, 2025다210352; 대판 2022.2.10, 2020다250783). 즉 유류분으로 원물반환되는 증여 부동산이 여럿인 경우, 개별 부동산별 유류분 반환지분은 '유류분 부족액 ÷ 부동산 전체 가액'이다.

2) 증여 이후 수증자의 노력과 비용으로 성상이 변경된 경우

증여 이후 수증자나 수증자로부터 증여재산을 양수받은 사람이 자기의 비용으로 증여재산의 성상(性狀) 등을 변경하여 상속개시 당시 그 가액이 증가되어 있는 경우, 유류분 부족액을 산정할 때 기준이 되는 증여재산의 가액에 관해서는 위와 같이 변경된 성상 등을 기준으로 증여재산의 상속개시 당시 가액을 산정하면 유류분 권리자에게 부당한 이익을 주게 되므로, 그와 같은 변경이 있기 전 '증여 당시의 성상 등을 기준'으로 상속개시 당시 가액을 산정해야 한다(대판 2015.11.12, 2010다104768; 대판 2025.7.3, 2025다210352).

반면 '유류분 부족액 확정 후 증여재산별로 반환 지분을 산정'할 때 기준이 되는 증여재산의 총 가액에 관해서는 상속개시 당시의 성상 등을 기준으로 '상속개시 당시'의 가액을 산정하여야 한다(대판 2022.2.10, 2020다250783). 유류분 반환 지분을 산정하는 단계에서는 현재 존재하는 증여재산에 관한 반환 지분의 범위를 정하는 것이므로, 이와 같이 산정하지 않을 경우 유류분 권리자에게 증여재산 중 성상 등이 변경된 부분까지도 반환되는 셈이 되어 유류분 권리자에게 부당한 이익을 주게 되기 때문이다. 가령 피상속인 甲의 공동상속인으로 자녀 乙·丙이 있고, 상속재산과 상속채무는 없다. 甲은 사망 4년 전에 乙에게 8억원의 X토지를 증여하였고, 乙은 증여를 받은 후 자기의 비용과 노력으로 개간하여 상속개시 당시 X토지의 가액이 16억원이며, 이에 대해 丙이 乙을 상대로 유류분반환을 청구한 경우, 丙의 유류분 부족액은 2억원(= 성상 변경 전 가액

8억×1/4)으로 산정해야 하고, 원물반환 지분을 산정할 때에는 유류분 부족액을 산정하는 경우와 달리 성상 변경 후 토지 가액을 기준으로 산정해야 한다. 따라서 乙이 丙에게 반환해야 할 X토지의 지분은 1/8(= 유류분 부족액 2억÷X토지 가액 16억)이다.

(4) 반환청구의 순서

유증과 증여가 있는 때에는 먼저 '유증의 반환'을 청구하고, 그것으로 부족한 경우에는 '증여의 반환'을 청구할 수 있다(제1116조). 즉 증여받은 자는 2차적 반환의무자이다. 유증을 증여보다 먼저 반환의 대상으로 한 것은, 증여는 상속개시 전에 이미 효력이 발생한 것이므로 증여보다는 상속개시와 동시에 또는 그보다 늦게 효력을 발생하는 유증을 반환의 대상으로 하는 것이 수증자에게 가혹함이 덜하기 때문이다(윤진수, 621면). 사인증여도 유증에 준하는 것이므로 증여보다 먼저 반환해야 한다(통설; 대판 2001. 11.30, 2001다6947). 2인 이상이 증여나 유증을 받은 경우는 각자가 얻은 증여나 유증의 가액의 비율로 반환하여야 한다(제1115조 2항). 그리고 제3자 수증의 경우에 그 제3자는 상속인이 아니므로 유류분이라는 것이 없다. 따라서 유류분 권리자는 제3자를 상대로 그 수증가액을 기준으로 그 금액비율로 반환청구를 할 수 있다(대판 1996.2.9, 95다17885).

판 례

(ㄱ) 유류분반환청구의 목적인 증여나 유증이 병존하고 있는 경우에는 유류분권리자는 먼저 유증을 받은 자를 상대로 유류분 침해액의 반환을 구하여야 하고, 그 이후에도 여전히 유류분 침해액이 남아 있는 경우에 한하여 증여를 받은 자에 대하여 그 부족분을 청구할 수 있는 것이며, 사인증여의 경우에는 유증의 규정이 준용될 뿐만 아니라 그 실제적 기능도 유증과 달리 볼 필요가 없으므로 유증과 같이 보아야 할 것이다(대판 2001.11.30, 2001다6947).

(ㄴ) 수인의 공동상속인이 유증받은 재산의 총 가액이 유류분권리자의 유류분 부족액을 초과하는 경우, 그 유류분 부족액의 범위 내에서 각자의 수유재산을 반환하면 되는 것이지 이를 놓아두고 수증재산을 반환할 것은 아니다. 이 경우 수인의 공동상속인이 유류분권리자의 유류분 부족액을 각자의 수유재산으로 반환함에 있어서 분담하여야 할 액은 각자 증여 또는 유증을 받은 재산 등의 가액이 자기 고유의 유류분액을 초과하는 가액의 비율에 따라 안분하여 정하되, 그중 어느 공동상속인의 수유재산의 가액이 그의 분담액에 미치지 못하여 분담액 부족분이 발생하더라도 이를 그의 수증재산으로 반환할 것이 아니라, 다른 공동상속인들 중 자신의 수유재산의 가액이 자신의 분담액을 초과하는 공동상속인들이 위 분담액 부족분을 위 비율에 따라 다시 안분하여 그들의 수유재산으로 반환하여야 한다(대판 2014.8.26, 2012다77594).

(5) 유류분과 기여분의 관계

기여분이 존재하더라도 유류분을 산정할 때에 그것을 공제하지 않는다(제1118조에 의해서 제1008조의2가 준용되지 않음). 기여분은 상속재산의 가액에서 유증의 가액을 공제한 액의 범위 내에서만 인정되므로(제1008조의2 제3항), 유증과 생전증여가 기여분에 우선한다. 따라서 피상속인이 전 재산을 유증하였다면, 피상속인의 재산증가에 특별히 기여한 상속인이 있다고 해도 기여분은 인정되지 않는다. 참고로 헌법재판소는 기여분에 관한 제1008조의2를 준용하는 규정을 두지 않은 제1118조는 헌법에 합치되지 않는다고 한다(헌재결 2024.4.25, 2020헌가4,14).

기여분은 유류분에 의한 반환청구의 대상이 되지 않으므로(제1115조), 공동상속인 중의 1인에게 다액의 기여분이 인정됨으로써 다른 상속인의 취득액이 그 유류분액에 미달하더라도 기여분은 반환청구의 대상이 되지 않는다. 즉 공동상속인 중에 상당한 기간 동거·간호 그 밖의 방법으로 피상속인을 특별히 부양하거나 피상속인의 재산의 유지 또는 증가에 특별히 기여한 사람이 있을지라도 공동상속인의 협의 또는 가정법원의 심판으로 기여분이 결정되지 않은 이상 유류분반환청구소송에서 기여분을 주장할 수 없음은 물론이거니와, 설령 공동상속인의 협의 또는 가정법원의 심판으로 기여분이 결정되었다고 하더라도 유류분을 산정함에 있어 기여분을 공제할 수 없고, 기여분으로 유류분에 부족이 생겼다고 하여 기여분에 대하여 반환을 청구할 수도 없다(대판 2015.10.29, 2013다60753). 이 점에서 기여분은 유류분에 우선한다. 다만 공동상속인의 협의에 의하여 기여분이 결정되었다면 그것은 유류분의 포기로 볼 수 있을 것이다(김주수/김상용, 891면; 박동섭/양경승, 942면).

3. 유류분반환청구권 행사의 효과

(1) 반환청구 대상인 유증·증여의 효력

유류분 권리자가 반환의무자를 상대로 유류분반환청구권을 행사하는 경우 그의 유류분을 침해하는 증여 또는 유증은 소급적으로 효력을 상실한다(대판 2013.3.14, 2010다42624,42631). 따라서 목적물의 소유권은 유류분반환청구권을 행사한 상속인에게 귀속하므로(형성권설), 유류분권리자는 소유권에 기하여 수증자 또는 수유자에 대하여 목적물의 인도나 소유권이전등기의 이행을 구할 수 있고, 수증자 등의 명의의 소유권이전등기의 말소를 구할 수 있다.

판 례

유류분권리자의 유류분 부족액은 유류분액에서 특별수익액과 순상속분액을 공제하는 방법으로 산정하는데, 피상속인이 상속개시 시에 채무를 부담하고 있던 경우 유류분액은 민법 제1113조 제1항에 따라 피상속인이 상속개시 시에 가진 재산의 가액에 증여재산의 가액을 가산하고 채무의 전액을 공제하여 유류분 산정의 기초가 되는 재산액을 확정한 다음, 거기에 제1112조에서 정한 유류분 비율을 곱하여 산정한다(대판 2022.1.27, 2017다265884). 이와 같이 포괄적 유증을 받은 사람이 승계하는 소극재산은 유류분 산정의 기초가 되는 재산액을 산정할 때 전액 공제되므로, 공제 후 남은 적극재산 중 유류분 부족액에 해당하는 범위 내에서 유증은 효력을 상실하게 된다. 따라서 포괄적 유증을 받은 사람이 승계하는 소극재산 중 일부가 유류분제도 존재나 유류분반환청구권 행사로 인해 유류분권리자에게 승계된다고 볼 수 없다(대판 2025.5.29, 2022다220014). 가령 원고와 피고 등은 A, B의 자녀로서 A 사망 후 B가 사망하였고, B는 사망 전 원고에게 재산 전부에 대해 포괄적 유증을 하였고 원고, 피고 등 A의 상속인은 A의 소극재산 및 A 사망으로 발생한 상속세를 모두 납부하였는데, 원고가 B의 채무(A의 소극재산 중 B의 상속분 및 A 사망으로 B에게 발생한 상속세 포함) 중 일부를 피고 등이 승계하였다고 주장하며 구상금을 청구한 경우, B로부터 포괄적 유증을 받은 원고만 B의 채무를 승계할 뿐, 피고는 유류분제도 존재나 유류분반환청구권 행사로 인해 B의 채무를 승계하지 않는다.

(2) 원물반환주의

(가) 유류분반환청구의 상대방이 된 유증 또는 증여받은 자는 유증 또는 증여받은 재산자체를 반환하여야 할 의무를 부담한다. 판례도 유류분의 반환방법에 관하여 명문의 규정이 없지만, 증여 또는 유증대상 재산 그 자체를 반환하는 것이 통상적인 반환방법이라고 할 것이므로, 유류분 권리자가 원물반환의 방법에 의하여 유류분 반환을 청구하고 그와 같은 원물반환이 가능하다면 달리 특별한 사정이 없는 이상 법원은 유류분 권리자가 청구하는 방법에 따라 원물반환을 명하여야 한다고 한다(대판 2022.2.10, 2020다250783).

(나) 한편 원물반환의 경우 수증재산에서 생긴 과실(반환청구를 받은 이후 발생한 과실)도 반환하여야 할 것인가에 대하여, 긍정설(김주수/김상용, 885면; 박병호, 483면)과 부정설(곽윤직, 473면)이 대립하고 있다. 판례는 제201조 1항은 "선의의 점유자는 점유물의 과실을 취득한다"고 규정하고 있고, 점유자는 제197조에 의하여 선의로 점유한 것으로 추정되므로, 반환의무자가 악의의 점유자라는 사정이 증명되지 않는 한 반환의무자는 목적물에 대하여 과실수취권이 있다고 할 것이어서 유류분권리자에게 목적물의 사용이익 중 유류분권리자에게 귀속되었어야 할 부분을 부당이득으로 반환할 의무가 없다. 다만 제197조 2항은 "선의의 점유자라도 본권에 관한 소에 패소한 때에는 그 소가 제기된 때부터 악의의 점유자로 본다"고 규정하고 있고, 제201조 2항은 "악의의 점유자는 수취한 과실을 반환하여야 하며 소비하였거나 과실로 인하여 훼손 또는 수취하지 못한 경우에는 그 과실의 대가를 보상하여야 한다"고 규정하고 있으므로, 반환의무자가 악의의 점유자라는 점이 증명된 경우에는 악의의 점유자로 인정된 시점부터, 그렇지 않다고 하더라도 본권에 관한 소에서 종국판결에 의하여 패소로 확정된 경우에는 소가 제기된 때부터 악의

의 점유자로 의제되어 각 그때부터 유류분권리자에게 목적물의 사용이익 중 유류분 권리자에게 귀속되었어야 할 부분을 부당이득으로 반환할 의무가 있다고 한다(대판 2013.3.14, 2010다42624,42631).

판 례

유류분으로 반환해야 할 대상이 주식인 경우, 반환의무자가 피상속인으로부터 증여받은 주권 그 자체를 보유하고 있지 않다고 하더라도 그 대체물인 주식을 제3자로부터 취득하여 반환할 수 없다는 등의 특별한 사정이 없는 한 원물반환의무의 이행이 불가능한 것은 아니다(대판 2005.6.23, 2004다51887).

(3) 원물반환주의에 대한 예외—가액반환

(가) 유류분 권리자가 반환을 청구하는 것은 원칙적으로 증여 또는 유증된 원물 자체이고, 원물반환이 불가능한 경우에는 그 가액 상당액을 반환청구할 수 있다. 원물반환이 가능하더라도 유류분권리자와 반환의무자 사이에 가액으로 이를 반환하기로 협의가 이루어지거나 유류분권리자의 가액반환청구에 대하여 반환의무자가 이를 다투지 않은 경우에는 법원은 가액반환을 명할 수 있다(대판 2013.3.14, 2010다42624,42631).

반면에 유류분반환 목적물에 관하여 제3자가 저당권이나 지상권 등의 권리를 취득한 경우에는 원물반환이 불가능하거나 현저히 곤란하므로, 유류분권리자는 반환의무자를 상대로 원물반환 대신 그 가액의 반환을 구할 수 있지만, 유류분권리자가 스스로 위험이나 불이익을 감수하면서 원물반환을 구하는 것도 허용되므로, 법원은 유류분권리자가 청구하는 방법에 따라 원물반환을 명하여야 한다(대판 2022.2.10, 2020다250783; 대판 2014.2.13, 2013다65963). 한편 가액반환을 하는 경우, 그 가액은 사실심 변론종결시를 기준으로 산정해야 한다(대판 2022.9.29, 2022다203583; 대판 2005.6.23, 2004다51887).

(나) 유류분반환청구권의 행사로 인하여 생기는 원물반환의무 또는 가액반환의무는 이행기한의 정함이 없는 채무이므로, 반환의무자는 그 의무에 대한 이행청구를 받은 때에 비로소 지체책임을 진다(대판 2013.3.14, 2010다42624,42631).

4. 유류분반환청구권의 행사기간

(1) 유류분반환청구권은 유류분 권리자가 상속의 개시와 반환하여야 할 증여 또는 유증을 한 사실을 안 때부터 1년 내에 하지 아니하면 시효에 의하여 소멸한다(제1117조 전문). 여기서 '유류분 권리자가 상속의 개시와 반환하여야 할 증여 또는 유증을 한 사실을 안 때'는 유류분 권리자가 '상속이 개시되었다는 사실'과 '증여 또는 유증이 있었다는

사실' 및 '그것이 반환하여야 할 것임을 안 때'를 뜻한다(대판 2023.6.15, 2023다203894; 대판 2016.5.26, 2014다90140).

(2) 상속이 개시된 때부터 10년이 경과하면 반환청구권이 소멸한다(제1117조 후문). 그런데 1년의 기간은 소멸시효기간이라는데 이설이 없으나, 10년의 기간에 대하여 제척기간으로 보는 견해(김주수/김상용, 893면; 이경희, 568면), 소멸시효기간으로 파악하는 견해가 있다(곽윤직, 473면; 지원림, 6-225; 송덕수, E-384). 판례는 제1117조의 내용 및 형식에 비추어 볼 때 1년의 기간은 물론 10년의 기간도 그 성질은 소멸시효기간이라고 한다(대판 1998.6.12, 97다38510; 대판 1993.4.13, 92다3595). 따라서 침해를 받은 유증 또는 증여행위를 지정하여 이에 대한 반환청구의 의사를 표시하면, 그것으로 유류분반환청구권의 행사가 있다고 할 것이고, 그로 인하여 1년 또는 10년의 소멸시효의 진행도 중단된다고 한다(대판 2002.4.26, 2000다8878). 또한 유류분반환청구권은 상속이 개시한 때부터 10년이 지나면 시효에 의하여 소멸하고, 이러한 법리는 상속재산의 증여에 따른 소유권이전등기가 이루어지지 아니한 경우에도 달리 그 소멸시효 완성의 항변이 신의성실의 원칙에 반한다고 하는 등의 특별한 사정이 존재하지 아니하는 이상 달리 볼 것이 아니라고 한다(대판 2008.7.10, 2007다9719).

(3) 유류분권리자가 유류분반환청구권을 행사한 경우, 그의 유류분을 침해하는 범위 내에서 유증 또는 증여는 소급적으로 효력을 상실하고, 상대방은 그와 같이 실효된 범위 내에서 유증 또는 증여의 목적물을 반환할 의무를 부담한다. 유류분반환청구권을 행사함으로써 발생하는 목적물의 이전등기청구권 등은 유류분반환청구권과는 다른 권리이므로, 그 이전등기청구권 등에 대하여는 제1117조의 유류분반환청구권에 대한 소멸시효가 적용될 여지가 없고, 그 권리의 성질과 내용 등에 따라 별도로 소멸시효의 적용 여부와 기간 등을 판단하여야 한다(대판 2015.11.12, 2011다55092,55108).

판 례

(ㄱ) 피상속인의 생전에 유언의 존재를 알고 있었던 유류분권리자가 재판과정에서 여러 가지 이유를 들어 유서가 무효라고 주장하였으나 그 주장들이 한결같이 사실상 또는 법률상의 근거 없이 피상속인의 유언을 부인하려는 구실로밖에 보이지 아니하는 한편 유류분권리자가 유언이 무효임을 확신하였다는 특별한 사정을 엿볼 수 없는 경우, 피상속인이 사망한 다음 날부터 유류분권리자의 유류분반환청구권의 단기소멸시효가 진행된다(대판 1998.6.12, 97다38510).

(ㄴ) 유류분 반환청구는 피상속인이 생전에 한 유효한 증여라도 그 효력을 잃게 하는 것이어서 권리관계의 조속한 안정과 거래안전을 도모할 필요가 있고 이 사건 법률조항이 1년의 단기소멸시효를 정한 것은 이러한 필요에 따른 것으로 그 목적의 정당성이 인정되며 유류분 권리자가 상속이 개시되었다는 사실과 증여가 있었다는 사실 및 그것이 반환하여야 할 것임을 안 때부터 위 기간이 기산되므로 그 기산점이 불합리하게 책정되었다고 할 수 없는 점, 유류분 반환

청구는 반드시 재판상 행사해야 하는 것이 아니고 그 목적물을 구체적으로 특정해야 하는 것도 아니어서 행사의 방법도 용이한 점 등에 비추어 보면 수단의 적정성, 피해의 최소성 및 법익의 균형성을 모두 갖추고 있으므로 위 법률조항은 유류분 권리자의 재산권을 침해하지 않는다. 유류분 제도의 입법취지 및 기능에 비추어 볼 때, 인지청구권자나 상속회복청구권자는 유류분 권리자와 본질적으로 동일한 비교집단이라고 볼 수 없으므로 이 사건 법률조항이 인지청구나 상속회복청구에 비하여 그 행사기간이 짧다고 하여 평등권을 침해하지 않고, 소멸시효 제도는 재판청구권과 직접 관련되는 것이 아니고 재판청구 자체에 대하여 아무런 제한을 가하는 것도 아니므로 재판청구권 역시 침해하지 않는다(헌재결 2010.12.28, 2009헌바20).

사항색인

◄ ㅇ ►

판례색인

◀ 대법원 판결 ▶

◀ 대법원 결정 ▶

헌법재판소 결정

[저자 약력]

양 형 우

연세대학교 법학과 졸업(법학사)
연세대학교 대학원 법학과 석사과정 졸업(법학석사)
연세대학교 대학원 법학과 박사과정 수학
독일 프라이부르크(Freiburg)대학교 법학과 수학(법학박사)
강릉대학교 법학과 조교수, 부교수 역임
사법시험, 행정·입법고시, 외교관후보자선발시험, 법학적성시험(LEET), 7급공무원채용시험, 변리사·공인노무사·세무사·감정평가사·공인중개사·주택관리사 등 각종 국가자격시험위원
현) 홍익대학교 법학과 교수
E-Mail: jurahw@naver.com

주요 저서 및 논문

Rechtsvergleichende Untersuchungen über den Eigentumsvorbehalt im deutschen und koreanischen Recht – Unter besonderer Berücksichtigung des einfachen Eigentumsvorbehalts(Peter Lang, 1999)
Rechtsvergleichende Darstellung der zur Widerspruchsklage legitimierenden Drittrechte im koreanischen und deutschen Recht(ZZPInt 4, 2000)
민법입문 제7판(도서출판 정독, 2025.8)
핵심민법판례와 사례 제4판(도서출판 정독, 2025.8)
민법의 세계 제17판(도서출판 정독, 2026.1)
민사법특강 제6판(도서출판 정독, 2025.1)
판례민법강의 제8판(도서출판 정독, 2026.1)
구분건물의 구조상 구분이 소멸된 경우의 권리관계와 변경등기(민사법학 제68호, 2014.9)
회생절차에서 소유권유보와 매도인의 지위(인권과 정의 2015년 2월호)
회생절차에서 공동보증인의 구상권과 변제자대위(법조 2016년 10월호)
채권자대위권의 행사에 의한 처분제한과 대위채권자의 제3채무자에 대한 추심권능 내지 변제수령권한에 대한 압류명령 등의 효력(홍익법학 제19권 제2호, 2018.6)
저당권의 효력이 미치는 차임채권 등에 대한 저당권 실행방법(토지법학 제35권 제1호, 2019.6)
처분권한이 없는 임대인이 임대주택의 권리를 취득한 경우의 처분행위 효력(재산법연구 제36권 제2호, 2019.8)
회생절차가 담보권실행을 위한 경매절차에 미치는 영향(홍익법학 제21권 제1호, 2020.2)
수익자에 대하여 회생절차가 개시된 경우 사해행위취소에 따른 가액배상청구권이 공익채권에 해당하는지 여부(홍익법학 제21권 제2호, 2020.6)
일부청구와 소멸시효의 중단(재산법연구 제37권 제2호, 2020.8)
통정허위표시에 따른 가등기의 명의인이 임의로 본등기를 마친 경우와 민법 제108조 제2항의 제3자(홍익법학 제21권 제3호, 2020.9)
누적적 근저당과 물상보증인의 변제자대위 인정여부(홍익법학 제21권 제4호, 2020.12)
금전채권자의 공유물분할청구권 대위행사 허용여부(홍익법학 제22권 제1호, 2021.1)
회생담보권조사확정재판이 계속 중인 채권자의 견련파산절차상 지위(재산법연구 제38권 제1호, 2021.5)
회생절차상 회생채권 등의 조사확정재판(홍익법학 제22권 제2호, 2021.6)
하수급인의 직접지급청구권과 도급인의 상계(홍익법학 제22권 제3호, 2021.9)
전세권과 전세금반환채권에 대한 압류(홍익법학 제23권 제1호, 2022.2)
부동산 유치권에 관한 민법전 개정안에 대한 평가와 향후 개정방향 – 개정안 제369조의2, 제369조의3을 중심으로(민사법학 제99호, 2022.6)
유치권부존재확인 확정판결과 후행 경매절차에서 유치권의 효력(홍익법학 제24권 제1호, 2023.2)
별제권 목적의 환수와 파산절차상의 상계(홍익법학 제25권 제2호, 2024.6)
경매절차에서 청구권 보전을 위한 가등기의 효력 – 가등기담보 등에 관한 법률 개정방향을 포함하여(홍익법학 제25권 제3호, 2024.9)
전세권의 개정방향 – 민법 제317조, 제318조 및 제371조를 중심으로(재산법연구 제41권 제4호, 2025.2)
회생절차에서 채권양도통지이행청구권(홍익법학 제26권 제4호, 2025.12) 외 다수

제17판 민법의 세계
친족상속법

초판발행 2007년 8월 27일
제10판발행 2018년 1월 20일
제11판발행 2019년 1월 5일
제12판발행 2021년 1월 11일
제13판발행 2022년 1월 10일
제14판발행 2023년 1월 4일
제15판발행 2024년 1월 2일
제16판발행 2025년 1월 5일
제17판발행 2026년 1월 6일

지은이 양형우
펴낸이 김중용

편 집 심성보 · 김인숙

펴낸곳 도서출판 **정독**
경기도 고양시 일산서구 하이파크로 113, 102-204
등록 제406-2014-000093호
전 화 031)924-7203 팩 스 031)935-0345
홈페이지 www.jeongdok.co.kr 이메일 admin@jeongdok.co.kr
ISBN 979-11-6858-420-4 94360
979-11-6858-416-7 세트

정 가 25,000원